의 암기 공식!
계 태어났습니다.

"
복잡하고 어려운 한자를 어떻게 하면 쉽고 재미있게 익혀
자유자재로 사용하게 할까를 연구 주제로 삼아 오랜 세월 노력하고 있습니다.
"

**이제 중국어 한자 학습도
'한자 3박자 연상 학습법'의 정도가 되었습니다.**

중국 교육부에서 새로운 기준이 적용된 HSK 3.0을 발표하면서 1권에는 1~5급 한자와
어휘를, 2권에는 6~9급 한자와 어휘를 직접 개발한 '한자 3박자 연상 학습법'으로 풀어
내어, 어려운 한자 이제는! 더욱! 쉽고 완벽하게 익힐 수 있도록 하였습니다.

사전이 필요 없이 스스로 학습할 수 있도록 구성했습니다.

❶ 중국 한자(간체자)와 다른 한국 한자(번체자), 동자, 참고자 등으로 관련된 모든 한
자들까지 생생하고 간단명료하게 어원 풀이를 했고, ❷ 각 한자가 들어가는 어휘 풀
이에 동의어, 유의어, 반의어도 추가하였고, ❸ 어원 풀이에 쓰인 한자까지 모두 설명
하였으며, 완전 학습이 되도록 복습용 유튜브 영상도 추가하였습니다.

이 책의 목적은 중국 한자 몇 자, 어휘 몇 개 익히는 차원이 아닙니다.
가벼운 마음으로 재미있게 익히다 보면, 한자에 담긴 만고불변의 진리와 한자 3박자
연상 학습법까지 익혀져, 어떠한 한자나 어휘라도 자신 있게 분석하여 뜻을 생각해
볼 수 있으며, 중국 한자(간체자)를 자유자재로 활용하는 능력도 기르자는 것입니다.

'한자 3박자 연상 학습법'으로 더욱 정교하게 다듬었습니다.

'한자 3박자 연상 학습법'은 한자는 물론 중국 한자(간체자)도 비교적 어원이 분명하고 공통 부분으로 된 한자가 많은 점을 이용하여 ❶ 실감나는 생생한 어원으로, ❷ 동시에 관련된 한자들도 익히면서, ❸ 그 한자가 쓰인 HSK 어휘들까지 생각해 보는 것이지요.

'한자 3박자 연상 학습법'으로 중국 한자(간체자)를 익히면 이런 효과가 있습니다.

억지로 외우는 시간에 그 한자가 만들어진 어원을 생각하며 이해하는 구조니, 중국 한자(간체자) 몇 자 익히는 데 그치지 않고 '한자 3박자 연상 학습법'이 완전히 몸에 익혀져 어떤 중국 한자(간체자)라도 자신 있게 분석해 보고 뜻을 생각해 볼 수 있는 안목이 길러집니다.

이 책을 읽으면서 "오! 이 한자가 바로 이렇게 되었구나! 아! 그래서 이 한자에 이런 뜻이 생겼구나! 어? 이 한자가 이런 말에도 쓰이네!"라는 탄성이 저절로 나오며 짜릿한 희열마저 느끼게 될 것입니다.

이해가 바탕이 된 분명한 한자 실력으로 정확하고 풍부한 어휘력이 길러져 자유로운 언어생활은 물론, 한자의 어원에 담긴 진리를 깨닫고 번뜩이는 아이디어까지 샘솟아 일상생활 속에서 100배, 1000배 활용할 수 있습니다.

어느덧 중국어를 정복하고 일본어까지 쉽게 정복하여 세계의 중심이 된 한자문화권의 당당한 주역으로 우뚝 설 여러분의 모습이 눈에 선합니다.
부디 이 책으로 큰 꿈 이루세요.

여러분을 사랑하는 저자 **박원길, 박정서** 올림

읽으면 저절로 외워지는
기적의 암기공식

중국어
한자
암기
박사 1

기초학습

시대에듀

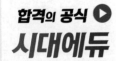

중국어에 대하여

◎ 중국어의 표준어(普通话)

중국어(中国语)라고 하는 것은 중국의 언어를 뜻하며, 중국에서는 자신들의 언어를 '汉语(Hànyǔ 한위)'라고 합니다. 중국 56개 민족 중에서 92% 이상을 차지하고 있는 민족이 바로 '汉族(Hànzú)'이기 때문에 '汉语'가 중국어를 포괄적으로 지칭하는 명칭이 되었습니다.

중국의 표준어는 '普通话(Pǔtōnghuà 푸퉁화)라고 합니다. 보통화는 북경(北京 Běijīng)음을 표준음으로 하고, 7대 방언 중에서 북방 방언을 기초로 삼았으며, 현대의 '백화문(白话文: 입말을 바탕으로 쓴 글을 의미)'으로 쓴 문학 작품의 문장을 문법의 규범으로 삼고 있습니다.

◎ 간체자(简体字)

중화인민공화국 수립 후, 중국 정부는 문맹률을 낮추기 위한 정책의 일환으로 1955년부터 1964년에 걸쳐 자주 사용하는 2,236자의 한자 획수를 줄여서 간단한 모양인 간체자(简体字 jiǎntǐzi)로 바꿨습니다. 그러나 중국의 모든 지역이 간체자만 사용하는 것은 아니며, 홍콩, 대만, 마카오는 물론, 이들 나라와 왕래가 많은 중국 광동 지역에서는 여전히 원래의 한자인 번체자를 사용하고 있습니다.

◎ 한어병음(汉语拼音)

한어병음(汉语拼音 hànyǔpīnyīn)은 중국어 한자의 발음 표기 방식을 말합니다. 우리말이나 영어처럼 글자가 소리를 나타내는 표음 문자(表音文字)와는 달리 중국어의 한자는 뜻을 나타내는 표의 문자(表意文字)를 사용하기 때문에, 한자를 보고 발음하는 방법을 알기 위해 중국어 발음법을 나타내는 로마자 표기인 '병음(拼音 pīnyīn)'이 만들어졌습니다. 한어병음으로 표시된 음절에서 첫소리를 '성모(声母 shēngmǔ)'라고 하고, 나머지를 '운모(韵母 yùnmǔ)'라고 하며, 높낮이를 '성조(声调 shēngdiào)'라고 합니다.

◎ 성조(声调)

중국어는 글자마다 고유의 음을 가지고 있는데, 이것을 '성조(声调 shēngdiào)'라고 합니다. 성모와 운모가 결합한 병음에 성조를 표시해야만이 비로소 의미를 가진 중국어 단어가 완성이 됩니다. 그래서 중국어에서는 병음이 같아도 성조가 다르면 전혀 다른 의미의 단어가 됩니다. 성조에는 1성, 2성, 3성, 4성, 경성 이렇게 5개의 성조가 있으며, 성조는 운모 위에 표시합니다.

한자 3박자 연상 학습법

◎ 한자 3박자 연상 학습법이란?

한자암기박사 시리즈에 적용한 학습법은 '한자 3박자 연상 학습법'입니다. 이 책은 중국 한자(간체자)를 익히는 책이지만, 각 페이지에 적용한 학습법을 보다 쉽게 이해하여 학습의 능력을 높여 드리기 위해서 한국 한자(번체자)로 쉽게 설명하였습니다. 한국 한자나 일본 한자나 중국 한자나 학습법은 모두 똑같습니다.

한자 3박자 연상 학습법(LAM: Learning for Associative Memories)은 어렵고 복잡한 한자를 무조건 통째로 익히지 않고 부수나 독립된 한자로 나누어 ❶ 머리에 쏙쏙 들어오는 생생한 어원으로, ❷ 동시에 관련된 한자들도 익히면서, ❸ 그 한자가 쓰인 단어들까지 생각해 보는 방법입니다.

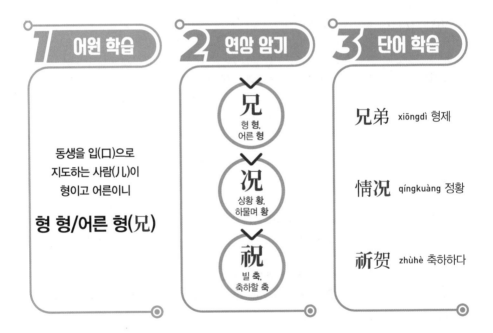

1 어원 학습

동생을 입(口)으로
지도하는 사람(儿)이
형이고 어른이니

형 형/어른 형(兄)

2 연상 암기

兄
형 형,
어른 형

況
상황 황,
하물며 황

祝
빌 축,
축하할 축

3 단어 학습

兄弟 xiōngdì 형제

情况 qíngkuàng 정황

祝贺 zhùhè 축하하다

이런 방법으로 된 책의 내용을 좀 더 체계적으로 익히기 위해서 ❶ 제목을 중심 삼아 외우고, ❷ 그 제목을 보면서 각 한자들은 어떤 공통점과 차이점으로 이루어진 한자들인지 구조와 어원으로 떠올려 보고, ❸ 각 한자들이 쓰인 단어들은 무엇인지 생각해 보세요. 그래서 어떤 한자를 보면 그 한자와 관련된 한자들로 이루어진 제목이 떠오르고, 그 제목에서 각 한자들의 어원과 단어들까지 떠올릴 수 있다면 이미 그 한자는 완전히 익히신 것입니다.

그럼, 한자 3박자 연상 학습법의 바탕이 된 7가지 학습법을 살펴봅시다.

● 한자 3박자 연상 학습법의 바탕이 된 7가지 학습법

(1) 어원(语源)으로 풀어 보기

중국 한자(간체자)에도 비교적 분명한 어원이 있는데 어원을 모른 채 한자와 뜻만을 억지로 외우니 잘 익혀지지 않고 어렵기만 하지요.

한자의 어원을 생각하는 방법은 아주 간단합니다. 한자가 부수나 독립된 한자로 나눠지지 않으면 그 한자만으로 왜 이런 모양에 이런 뜻의 한자가 나왔는지 생각해 보고, 부수나 독립된 한자로 나눠지면 그렇게 나눠진 한자들의 뜻을 합쳐 보면 되거든요. 그래도 어원이 생각나지 않을 때는 상상력을 동원하여 나눠진 한자의 앞뒤나 가운데에 말을 넣어 보면 되고요.

> **작사(炸诈)** ➡ 乍로 된 한자
> 폭탄에 불(火) 붙인 듯 잠깐(乍) 사이에 터지니 터질 작(炸 zhà)
> 또 터지도록 튀기니 튀길 작(炸 zhá)
> 말(讠)을 잠깐(乍) 사이에 꾸며대며 속이니 속일 사(诈 zhá)

(2) 공통 부분으로 익히기

중국 한자에도 여러 한자가 합쳐져 만들어진 한자가 많고, 부수 말고도 많은 한자에 공통 부분이 있으니 이 공통 부분에 여러 부수를 붙여보는 방법도 유익합니다.

> **사시치(寺侍峙)** ➡ 寺로 된 한자
> 일정한 땅(土)에 법도(寸)를 지키며 수도하거나 일하도록 지은 절이나 관청이니 절 사, 관청 시(寺 sì)
> 사람(亻)이 절(寺)에서 부처님을 모시듯 모시니 모실 시(侍 shì)
> 산(山)을 절(寺)에서 보면 우뚝 솟은 모양의 언덕이니 우뚝 솟을 치, 언덕 치(峙 zhì)

이 한자들을 찾으려면 절 사, 관청 시(寺)는 마디 촌, 법도 촌(寸) 부에서, 모실 시(侍)는 사람 인 변(亻) 부에서, 우뚝 솟을 치, 언덕 치(峙)는 산 산(山) 부에서 찾아야 하고, 서로 연관 없이 따로따로 익혀야 하니 어렵고 비효율적이지요. 그러나 부수가 아니더라도 여러 한자의 공통인 절 사, 관청 시(寺)를 고정해 놓고, 절 사, 관청 시(寺)에 사람 인 변(亻)이면 모실 시(侍), 산 산(山)이면 우뚝 솟을 치, 언덕 치(峙)의 방식으로 이해하면 한 번에 여러 한자를 쉽고도 재미있게 익힐 수 있지요.

한자 3박자 연상 학습법

GUIDE

(3) 연결 고리로 익히기

한자에는 앞 글자에 조금씩만 붙이면 새로운 뜻의 글자가 계속 만들어져 여러 글자를 연결 고리로 익힐 수 있는 경우도 많습니다.

도인인(刀刃忍)
칼 모양을 본떠서 칼 도(刀 dāo)
칼 도(刀)의 날(丿) 부분에 점(丶)을 찍어서 칼날 인(刃 rèn)
칼날(刃)로 마음(心)을 위협하면 두려워 참으니 참을 인(忍 rěn)

칼 모양을 본떠서 칼 도(刀), 칼 도(刀)에 점 주(丶)면 칼날 인(刃), 칼날 인(刃)에 마음 심(心)이면 참을 인(忍), 참을 인(忍)이 되지요.

(4) 비슷한 한자 어원으로 구별하기

한자에는 비슷한 한자가 많아서 혼동되는 경우가 많은데 이것도 어원으로 구별하면 쉽고도 분명하게 구별되어 오래도록 잊히지 않습니다.

분분(粉紛)
쌀(米) 같은 곡식을 나눈(分) 가루니 가루 분(粉 fěn)
실(糸)을 나누어(分) 놓은 듯 헝클어져 어지러우니 어지러울 분(紛 fēn)

여노서노(如奴恕怒)
여자(女)의 말(口)은 대부분 부모나 남편의 말과 같으니 같을 여(如 rú)
여자(女)의 손(又)처럼 힘들게 일하는 종이니 종 노(奴 nú)
예전과 같은(如) 마음(心)으로 용서하니 용서할 서(恕 shù)
일이 힘든 종(奴)의 마음(心)처럼 성내니 성낼 노(怒 nù)

(5) 그림으로 생각해 보기

한자가 부수나 독립된 한자로 나눠지지 않으면 이 한자는 무엇을 본떠서 만들었는지 생각해서 본뜬 물건이 나오면 상형(象形)이고, 본뜬 물건이 나오지 않으면 보이지 않는 무슨 일을 추상하여 만든 경우로 지사(指事)지요.

상형(象形)으로 된 한자
가지 달린 나무를 본떠서 나무 목(木 mù)
높고 낮은 산의 모습을 본떠서 산 산(山 shān)

지사(指事)로 된 한자
일정한 기준(一)보다 위로 오르는 모양을 생각하여 위 상, 오를 상(上 shǎng)
일정한 기준(一)보다 아래로 내리는 모양을 생각하여 아래 하, 내릴 해(下 xià)

(6) 하나의 한자에 여러 뜻이 있으면 그 이유를 생각해서 익히기

한자도 처음 만들어질 때는 하나의 한자에 하나의 뜻이었지만 생각이 커지고 문화가 발달할수록 더 많은 한자가 필요하게 되었어요. 그럴 때마다 새로운 한자를 만든다면 너무 복잡해지니 이미 있던 한자에 다른 뜻을 붙여 쓰게 되었지요. 그러나 아무렇게 붙여 쓰는 것이 아니고 그런 뜻이 붙게 된 이유가 분명히 있으니 무조건 외는 시간에 "이 한자는 왜 이런 뜻으로도 쓰일까?"를 생각하여 "아~하! 그래서 이 한자에 이런 뜻이 붙었구나!"를 스스로 터득하면서 익히면 훨씬 효과적입니다.

(7) 한자마다 반드시 예(例)까지 알아두기

한자를 익히면 반드시 그 한자가 쓰인 예(例)까지, 자주 쓰이는 어휘나 성어 중에서 적절한 예(例)를 골라 익히는 습관을 길들여 보세요. 그러면 "어? 이 한자가 이런 말에도 쓰이네!" 하면서 그 한자를 더 분명히 알 수 있을뿐더러 그 한자가 쓰인 어휘들까지도 정확히 알 수 있으니, 정확하고 풍부한 어휘력(语汇力)을 기를 수 있는 지름길이죠.

어휘 풀이도 무조건 의역(意译)으로 된 사전식으로 알지 마시고, 먼저 아는 한자를 이용하여 직역(直译)해 보고 다음에 의역해 보는 습관을 들이세요. 그래야 한자 실력도 쑥쑥 늘어나고 어휘의 뜻도 분명히 알 수 있거든요.

◉ 기대되는 효과

이상 7가지 방법을 종합하여 '한자 3박자 연상 학습법'이 만들어졌습니다.

'한자 3박자 연상 학습법'으로 한자를 익히면 복잡하고 어려운 한자에 대하여 자신감을 넘어 큰 재미를 느낄 것이며, 한자 3박자 연상 학습법이 저절로 익혀져 한자 몇 자 아는 데 그치지 않고 어떤 한자를 보아도 자신 있게 분석해 보고 뜻을 생각해 볼 수 있는 안목도 생길 거예요.

또 일상생활에서 만나는 어려운 어휘의 뜻을 막연히 껍데기로만 알지 않고 분명하게 아는 습관이 길러져, 어휘력이 정확하고 풍부해질 것이고, 정확하고 풍부한 어휘력을 바탕으로 자신 있게 중국 한자(간체자)를 구사하게 될 것입니다.

이 책의 **구성과 특징**

◎ 책의 구성

본 교재는 개편된 HSK 3.0 1급~5급에 해당하는 총 1,500자(참고자 포함 1,610자)의 중국 한자(간체자)를 공통점이 있는 한자들끼리 묶어 총 400개의 그룹으로 나눈 뒤(001번~400번) '한자 3박자 연상학습법'에 따라 공부할 수 있도록 구성하였습니다.

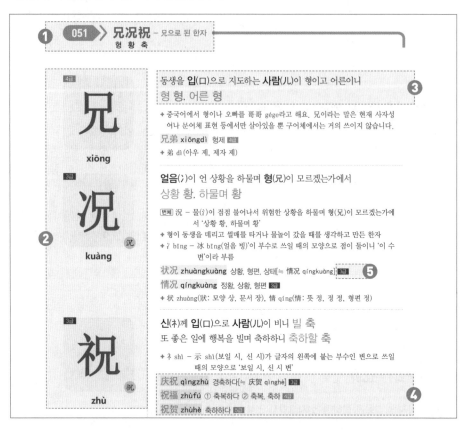

❶ 051 〉**兄况祝** – 兄으로 된 한자
　　　　형 황 축

4급
兄
xiōng

동생을 **입**(口)으로 지도하는 **사람**(儿)이 형이고 어른이니 ❸
형 형, 어른 형

✦ 중국어에서 형이나 오빠를 哥哥 gēge라고 해요. 兄이라는 말은 현재 사자성어나 문어체 표현 등에서만 살아있을 뿐 구어체에서는 거의 쓰이지 않습니다.
兄弟 xiōngdì 형제 **4급**
✦ 弟 dì(아우 제, 제자 제)

3급
况
kuàng

얼음(冫)이 언 상황을 하물며 **형**(兄)이 모르겠는가에서
상황 황, 하물며 황

[번체] 況 – 물(氵)이 점점 불어나서 위험한 상황을 하물며 형(兄)이 모르겠는가에서 '상황 황, 하물며 황'
✦ 형이 동생을 데리고 썰매를 타거나 물놀이 갔을 때를 생각하고 만든 한자
✦ 冫bīng – 冰 bīng(얼음 빙)'이 부수로 쓰일 때의 모양으로 점이 둘이니 '이 수 변'이라 부름
状况 zhuàngkuàng 상황, 형편, 상태[≒ 情况 qíngkuàng] **3급** ❺
情况 qíngkuàng 정황, 상황, 형편 **5급**
✦ 状 zhuàng(状: 모양 상, 문서 장), 情 qíng(情: 뜻 정, 정 정, 형편 정)

3급
祝
zhù

신(礻)께 **입**(口)으로 **사람**(儿)이 비니 빌 축
또 좋은 일에 행복을 빌며 축하하니 **축하할 축**

✦ 礻 shì – 示 shì(보일 시, 신 시)가 글자의 왼쪽에 붙는 부수인 변으로 쓰일 때의 모양으로 '보일 시, 신 시 변'
庆祝 qìngzhù 경축하다[≒ 庆贺 qìnghè] **3급**
祝福 zhùfú ① 축복하다 ② 축복, 축하 **4급** ❹
祝贺 zhùhè 축하하다 **5급**

❶ **제목** ▎'같은 어원으로 된 한자들, 연결 고리로 된 한자들, 비슷하여 혼동되는 한자들'과 같이 서로 관련된 한자들을 한데 묶은 그룹의 제목입니다.
❷ **급수/병음** ▎각 한자들의 급수와 병음을 함께 수록하였으며, 한자와 병음을 익힌 후, 훈음을 익히는 방식으로 학습할 수 있습니다.
❸ **어원 풀이** ▎각 한자의 어원을 철저히 분석하여 원래의 어원에 충실하면서도 가장 쉽게 이해되도록 간단명료하게 풀었습니다. 이 어원을 그대로만 외우지 마시고 이를 참고해 더 나은 어원도 생각해 보며 한자를 익히면 보다 분명하게 익혀질 것입니다.
❹ **활용 어휘** ▎개편된 HSK 3.0 1급~5급에 해당하는 어휘들을 수록하여, HSK를 충분히 대비할 수 있습니다.
❺ **HSK 3.0 급수표기** ▎1급~5급에 해당하는 어휘 옆에 **1급** **2급** **3급** **4급** **5급**으로 표기해 편리함을 더했습니다.

◉ 한자 3박자 연상 학습법에 따른 학습법

▶ 1박자 학습

첫 번째로 나온 한자는 아래에 나온 한자들의 기준이 되는 '기준 한자'이며, 1박자 학습 시엔 기준 한자부터 우측에 설명되어 있는 생생한 어원과 함께 익힙니다. (급수/병음이 표시되어 있으니 참고하며 익히십시오.)

[4급]
兄
xiōng

동생을 **입(口)**으로 지도하는 **사람(儿)**이 형이고 어른이니
형 형, 어른 형

✚ 중국어에서 형이나 오빠를 哥哥 gēge라고 해요. 兄이라는 말은 현재 사자성어나 문어체 표현 등에서만 살아있을 뿐 구어체에서는 거의 쓰이지 않습니다.

兄弟 xiōngdì 형제 **[4급]**

✚ 弟 dì (아우 제, 제자 제)

▶ 2박자 학습

기준 한자를 중심으로 파생된 다른 한자들(첫 번째 한자 아래에 나온 한자들)을 우측의 생생한 어원과 함께 자연스럽게 연상하며 익히도록 합니다.

[3급]
况
kuàng
(况)

얼음(冫)이 언 상황을 하물며 **형(兄)**이 모르겠는가에서
상황 황, 하물며 황

[번체] 況 – 물(氵)이 점점 불어나서 위험한 상황을 하물며 형(兄)이 모르겠는가에서 '상황 황, 하물며 황'
✚ 형이 동생을 데리고 썰매를 타거나 물놀이 갔을 때를 생각하고 만든 한자
✚ 氵 bīng – 冰 bīng(얼음 빙)'이 부수로 쓰일 때의 모양으로 점이 둘이니 '이 수 변'이라 부름

状况 zhuàngkuàng 상황, 형편, 상태[≒ 情况 qíngkuàng] **[3급]**
情况 qíngkuàng 정황, 상황, 형편 **[3급]**

✚ 状 zhuàng(狀: 모양 상, 문서 장), 情 qíng(情: 뜻 정, 정 정, 형편 정)

[3급]
祝
zhù
(祝)

신(礻)께 **입(口)**으로 **사람(儿)**이 비니 빌 축
또 좋은 일에 행복을 빌며 축하하니 축하할 축

✚ 礻 shì – 示 shì(보일 시, 신 시)가 글자의 왼쪽에 붙는 부수인 변으로 쓰일 때의 모양으로 '보일 시, 신 시 변'

庆祝 qìngzhù 경축하다[≒ 庆贺 qìnghè] **[3급]**
祝福 zhùfú ① 축복하다 ② 축복, 축하 **[4급]**
祝贺 zhùhè 축하하다 **[5급]**

✚ 庆 qìng(慶: 경사 경), 福 fú(福: 복 복), 贺 hè(賀: 축하할 하)

▶ 3박자 학습

어원을 중심으로 한자들을 자연스럽게 연상하며 익히는 것과 함께, 각 한자들의 중국 한자(간체자)와 병음+훈·음을 파악하고, 더불어 번체자도 함께 습득하며, HSK 3.0 출제 어휘들을 익히도록 합니다.

이 책의 **구성과 특징**

◎ 학습 효과를 2배로 올리는 부가 콘텐츠 - 암기 훈련 유튜브

 [어원+발음+어휘설명]을 직접 읽어 주는 음성이 삽입된 '한자 암기 훈련 유튜브 영상'을 교재와 함께 학습하실 수 있습니다. 영상에서는 기준 한자를 바탕으로 다른 한자들이 어떻게 형성되는지 '시각적으로 보여 주며 설명'하기 때문에 보다 쉽고 빠른 연상 암기가 가능합니다. (좌측의 QR코드 스캔하거나 유튜브에서 '한자암기박사'를 검색하면 훈련 채널로 이동 / 훈련 영상은 001번부터 순차적으로 업로드 될 예정)

◎ 용어 및 부호 해설

표제자에 나오는 용어 해설	1급~9급	개편된 HSK 3.0의 급수 표시
	부수자	독립하여 쓰이지 못하고 부수로만 쓰이는 글자
	참고자	HSK 3.0 1~5급 제외자지만 다른 글자 어원풀이를 위하여 인용한 글자
한자 풀이 에 나오는 부호 해설	동	뜻이 같은 글자
	비	글자 형태가 유사한 글자
	참	HSK 3.0 '급수 외 한자'이지만 참고로 인용한 한자, 또는 실제 쓰이지 않지만 해당 한자가 들어간 한자들을 참고하여 만들어 본 한자
	번체	쓰기에 번거로운 글자라는 뜻에서 붙여진 번체자(繁体字)를 줄인 말로 원래의 글자, 원자(原字), 정자(正字)라고도 함. 이 책에서는 한국 한자라 부름
	간체	번체자를 간략하게 줄여 만든 글자라는 뜻에서 붙여진 간체자(简体字)를 줄인 말로, 이 책에서는 중국 한자라 부름
단어에 나오는 부호 해설	=	동의어–뜻이 같은 어휘
	≒	유의어–뜻이 서로 비슷한 어휘
	↔	반의어–뜻이 서로 상반되는 어휘
	//	이합사(离合词)–분리할 수도 있고 합할 수도 있는 단어, 일반 동사와 달리 사선 부분에 다른 글자가 끼어들 수 있음
	참고어	HSK 3.0 6급 이상의 어휘 혹은 참고로 인용한 어휘

中国语汉字

중국어
한자
암기
박사 1

기초학습

잠겨 있는 물에 물결이 이는 모양을 본떠서 물 수

+ 글자의 왼쪽에 붙는 부수인 변으로 쓰일 때는 氵 모양으로 점이 셋이니 '삼 수 변', 글자의 아래에 붙는 부수인 발로 쓰일 때는 氺 모양으로 '물 수 발'이라 부릅니다.
+ 물 흐르는 내를 본떠서는 '川 chuān(내 천)' – 제목번호 326 참고

水平 shuǐpíng ① 수평 ② 수준[≒ 程度 chéngdù, 水准 shuǐzhǔn] 2급

开水 kāishuǐ 끓인 물 4급

水分 shuǐfèn ① 수분 ② 과대, 과장 5급

+ 平 píng(平: 평평할 평, 평화 평), 开 kāi(開: 열 개, 시작할 개, 끓을 개), 分 fēn/fèn(나눌 분, 단위 분, 단위 푼, 신분 분, 분별할 분, 분수 분, 점수 분, 성분 분)
+ 중국 한자(간체자)와 한국 한자(번체자)가 다를 경우 '간체자, 병음(번체자: 훈과 음)' 형식으로 주를 달았습니다.

얼음(冫)으로 물(水)이 얼어붙은 얼음이니 얼음 빙
또 얼음처럼 차니 찰 빙

+ 图 氷 bīng – 한 덩어리(丶)로 물(水)이 얼어붙은 얼음이니 '얼음 빙'
+ 글자의 왼쪽에 붙는 부수인 변으로 쓰일 때는 冫의 모양으로, 점이 둘이니 '이 수 변'이라 부릅니다.

冰箱 bīngxiāng ① 냉장고(电冰箱 diànbīngxiāng)의 약칭 ② 아이스박스 4급

冰雪 bīngxuě 얼음과 눈 4급

+ 箱 xiāng(상자 상), 电 diàn(電: 번개 전, 전기 전), 雪 xuě(눈 설, 씻을 설)

높은 산 한 방울(丶)의 물(水)도 길게 오래 흘러 강과 바다를 이루니
길 영, 오랠 영

+ 水 shuǐ(물 수)에 丶 zhǔ(점 주, 불똥 주)를 한 덩어리로 얼어붙음을 강조하기 위하여 처음 쓰는 왼쪽에 붙이면 '氷 bīng(얼음 빙)', 물이 흐르기 시작하는 높은 산을 나타내기 위하여 위에 붙이면 '永 yǒng(길 영, 오랠 영)'이네요.

永远 yǒngyuǎn 영원히, 언제까지나 2급

+ 远 yuǎn(遠: 멀 원)

물(氵)에 오래(永) 있으려고 헤엄치니 헤엄칠 영

游泳 yóuyǒng ① 수영하다 ② 수영 3급

游泳池 yóuyǒngchí 수영장, 풀(pool)[= 泳池 yǒngchí] 5급

+ 游 yóu(헤엄칠 유, 놀 유), 池 chí(연못 지, 늪 지)

참고자

shuǐ

물 수(水)가 글자의 아래에 붙는 부수인 발로 쓰일 때의 모양으로
물 수 **발**

+ '발'은 글자의 아래에 붙는 부수명이기에 원래 글자인 '물 수'의 음을 제목에 넣었습니다.

3급

lù

錄

손(彐)으로 먹물(氺)을 찍어 기록하고 채용하니
기록할 록, 채용할 록

[번체] 錄 – 쇠(金)로 새겨(彔) 기록하니 '기록할 록'
+ 彔 – 엇갈리게(⺕) 한 (一)곳으로 물(氺) 같은 진액이 나오도록 껍질을 벗긴 나무줄기에 새기니 '새길 록'
+ [비] 彖 tuàn (끊을 단)
+ 彐 jì/xuě(고슴도치 머리 계, 오른손 우), 金 jīn(쇠 금, 금 금, 돈 금)

录音 **lùyīn** ① 녹음하다 ② 녹음 3급

记录 **jìlù** ① 기록하다 ② 기록 ③ 서기[기록 담당자] 3급

纪录 **jìlù** ① 기록 ② 최고 기록(성적) ③ 기록하다 3급

+ 현대 중국어에서는 일반적으로 记录 jìlù로 사용합니다.
+ 音 yīn(소리 음), 记 jì(記: 기록할 기, 기억할 기), 纪 jì(紀: 벼리 기, 질서 기, 해 기, 기록할 기)

2급

qiú

하나(一)의 물(氺)방울(丶)이라도 구하니 **구할 구**

+ 一 yī(한 일), 丶 zhǔ('점 주, 불똥 주'지만 여기서는 물방울로 봄)

请求 **qǐngqiú** ① 요구, 요청 ② 요청하다[≒ 要求 yāoqiú] 2급

征求 **zhēngqiú** (광고, 선전 따위를 통하여) 모집하다 4급

追求 **zhuīqiú** ① 추구하다 ② (이성에게) 구애하다[≒ 追逐 zhuīzhú] 4급

+ 请 qǐng(請: 청할 청, 부탁할 청), 征 zhēng(정벌할 정, 徵: 부를 징), 追 zhuī(쫓을 추, 따를 추)

球

qiú

구슬(王)을 **구해(求)** 보면 둥글어 공 같으니 둥글 **구**, 공 **구**

+ 반지, 귀고리, 팔찌 등 구슬로 된 제품들은 대부분 둥글지요.
+ 王 wáng(임금 왕, 으뜸 왕, 구슬 옥 변) - 제목번호 197 참고

球场 qiúchǎng (야구·농구·축구 등의 구기를 하는) 구장 2급
地球 dìqiú 지구 2급
全球 quánqiú 전 세계, 전 지구[= 环球 huánqiú] 3급
气球 qìqiú ① 기구, 애드벌룬 ② (고무) 풍선[= 气球儿 qìqiúr] 4급

+ 球는 공이란 뜻이기 때문에 篮球 lánqiú(농구), 棒球 bàngqiú(야구), 排球 páiqiú(배구) 등의 경기 종목 명칭 그대로 해당 경기에 사용되는 공을 의미하기도 합니다.
+ 场 chǎng(場: 마당 장, 장소 장), 地 dì(땅 지), 全 quán(全: 온전할 전), 气 qì(氣: 기운 기, 공기 기, 날씨 기), 篮 lán(籃:바구니 람), 棒 bàng(몽둥이 봉), 排 pái(排: 물리칠 배, 배열할 배)

救

jiù

(나쁜 길이나 위험에 빠진 사람을 쳐서라도) **구하기(求)** 위하여 **치며(攵)** 구원하고 도우니 구원할 **구**, 도울 **구**

+ 내가 필요해서 구하면 求 qiú(구할 구), 남을 도와주면 救 jiù(구원할 구, 도울 구)
+ 攵 pū(칠 복)

救灾 jiù//zāi ① 재난에서 구원하다 ② 재해를 없애다 5급
抢救 qiǎngjiù 서둘러 구호하다[≒ 急救 jíjiù] 5급

+ 병음 중간에 있는 두 개의 사선(//)은 그 단어가 이합사(离合词)임을 나타냅니다. 이합사(离合词)란 분리할 수도 있고 합할 수도 있다는 풀이처럼 일반 동사와 달리 사선 부분에 다른 글자가 끼어들 수 있는 말이지요.
+ 灾 zāi(災: 재앙 재), 抢 qiǎng(搶: 서두를 창, 빼앗을 창), 离 lí(離: 헤어질 리), 合 hé(합할 합, 맞을 합), 词 cí(詞: 말 사, 글 사)

1급

山

shān

높고 낮은 산봉우리를 본떠서 산 **산**

爬山 pá//shān 산에 오르다, 등산하다 2급

登山 dēng//shān 등산(하다) 4급

✚ 爬 pá(기어갈 파, 오를 파), 登 dēng(오를 등, 기재할 등)

5급

幽

yōu

산(山)속에 **작고(幺) 작은(幺)** 것이 숨어 아득하니

숨을 유, 아득할 유

✚ 幺 yāo(작을 요, 어릴 요) – 제목번호 032 참고

幽默 yōumò[음역어] ① 유머 ② 해학 ③ 익살스럽다[↔ 严肃 yánsù] 5급

✚ 默 mò(말 없을 묵, 고요할 묵)

1급

出

chū

(높은 데서 보면) **산(山)** 아래 또 **산(山)**이 솟아 나오고 나가니

나올 출, 나갈 출

出来 chūlái ① 나오다 ② 출현하다 ③ 나서다[↔ 进去 jìnqù] 1급

出去 chūqù (안에서 밖으로) 나가다, 외출하다[≒ 进来 jìnlái] 1급

出发 chūfā 출발하다, 떠나다 2급

出国 chū//guó 출국하다[= 去国 qùguó] 2급

出门 chū//mén 외출하다 2급

出生 chūshēng 태어나다 2급

出差 chūchāi (외지로) 출장 가다 5급

✚ 来 lái(來: 올 래), 去 qù(갈 거, 제거할 거), 发 fā(發: 쏠 발, 일어날 발, 髮: 머리털 발), 国 guó(國: 나라 국), 门 mén(門: 문 문), 生 shēng(날 생, 살 생, 사람을 부를 때 쓰는 접사 생), 差 chāi(다를 차, 차이 날 차, 보낼 차)

chǔ

돌(石)로 **드러나게**(出) 받친 주춧돌이나 기초니
주춧돌 초, 기초 초

[번체] 礎 – 돌(石)로 곱게(楚) 받친 주춧돌이나 기초니 '주춧돌 초, 기초 초'

✚ 楚 chǔ – 수풀(林)의 발(疋), 즉 밑부분에서 자란 나무는 고우니
　　　　'고울 초, 초나라 초'
　　　　또 곱게 자란 가지로 회초리를 만들어 쳐도 아프니
　　　　'회초리 초, 아플 초'

✚ 초(楚 Chǔ)나라 – 중국 춘추 전국 시대에 양자강 중류에 있었던 나라

✚ 石 shí(돌 석), 林 lín(수풀 림), 疋(필 필, 발 소)

基础 jīchǔ ① (기초를 이루는) 하부 구조 ② 기초, 밑바탕 3급

✚ 基 jī(터 기, 기초 기)

---

004 日旧 – 日로 된 한자
일 구

rì

해의 둥근 모양과 가운데 흑점을 본떠서 해 일
또 해가 뜨고 짐으로 구분하는 날이니 날 일

✚ 둥근 것을 본떠 만든 글자가 어찌 네모일까요? 한자가 만들어지던 시절에는 종이나 좋은 필기도구가 없어서 짐승의 뼈나 나무, 바위 같은 딱딱한 곳에 딱딱한 도구로 글자를 새겼기에, 둥글게 새기기가 네모를 새기는 것보다 어려웠기 때문이지요.

日期 rìqī (특정한) 날짜, 기일 1급

节日 jiérì ① (국경일 따위의 법정) 기념일 ② 명절 2급

日常 rìcháng 일상의, 평소의 3급

日记 rìjì 일기, 일지 4급

日历 rìlì 일력(매일 한 장씩 떼거나 젖혀 보도록 만든 것) 4급

✚ 期 qī(기간 기, 기약할 기), 节 jié(節: 마디 절, 절개 절, 계절 절, 명절 절), 常 cháng(항상 상, 보통 상), 记 jì(記: 기록할 기, 기억할 기), 历 lì(歷: 지낼 력, 겪을 력, 曆: 달력 력)

jiù

일(丨) 일(日)만 지나도 오래된 옛날이니 오랠 구, 옛 구

[번체] 舊 - 풀(艹)로 새(隹)들이 절구(臼) 같은 둥지를 만듦은 오랜 옛날부터니 '오랠 구, 옛 구'

+ 丨 gùn('뚫을 곤'이지만 여기서는 숫자 1로 봄), 艹 cǎo(艹: 초 두) - 제목번호 033 참고, 隹 zhuī(새 추), 臼 jiù(절구 구)

仍旧 réngjiù ① 여전히, 변함없이[≒ 依然 yīrán, 仍然 réngrán] ② 예전대로 하다 5급

依旧 yījiù ① (상황이) 여전하다 ② 여전히 5급

+ 仍 réng(여전히 잉, 따를 잉, 잦을 잉), 然 rán(그러할 연), 依 yī(의지할 의)

---

005 >> **旦但担胆坦 查得碍** – 旦으로 된 한자
단 단 담 담 탄 사 득 애

dàn

해(日)가 지평선(一) 위로 떠오르는 아침이니 아침 단

+ 一 yī('한 일'이지만 여기서는 지평선으로 봄)

一旦 yídàn ① 일단(만약) ~한다면 ② 하루아침, 잠시 ③ 어느 날 갑자기 5급

元旦 yuándàn 설날, 정월 초하루 5급

+ 元 yuán(원래 원, 으뜸 원, 중국 화폐 단위 원)

---

dàn

사람(亻)은 아침(旦)이면 다만 하루 일만 생각하니 다만 단

+ 亻 rén - 사람 인(人)이 글자의 왼쪽에 붙는 부수인 변으로 쓰일 때의 모양으로 '사람 인 변'

但是 dànshì 그러나, 그렇지만[앞에 '虽然 suīrán, 尽管 jǐnguǎn' 등과 호응하여 쓰임] 2급

不但 búdàn ~뿐만 아니라[뒤에 '而且 érqiě'와 호응하여 쓰임] 2급

+ 是 shì(옳을 시, 이 시, ~이다 시), 不 bú(아닐 불, 아닐 부)

擔

dān

손(扌)으로 **아침**(旦)마다 짐을 메거나 맡으니 멜 **담**, 맡을 **담**

[번체] 擔 - 손(扌)으로 짐을 살펴(詹) 메거나 맡으니 '멜 담, 맡을 담'
+ 詹 zhān - 사람들(⺈儿)이 언덕(厂) 위아래에 이르러 말하며(言) 살피니
　　　　'이를 첨, 살필 첨'
+ 扌 shǒu - 手 shǒu(손 수, 재주 수, 재주 있는 사람 수)가 글자의 왼쪽에 붙
　　　　는 부수인 변으로 쓰일 때의 모양으로 '손 수 변'
+ ⺈[人 rén(사람 인)의 변형], 儿 ér(사람 인 발, 兒: 아이 아, 접미사 아),
　　厂 chǎng(굴 바위 엄, 언덕 엄, 廠: 헛간 창, 공장 창), 言 yán(말씀 언)

担保 dānbǎo 보증하다, 책임지다 4급
担任 dānrèn 맡다, 담당하다 4급
担心 dānxīn 염려하다, 걱정하다 4급
承担 chéngdān 담당하다, 책임지다[≒ 承当 chéngdāng] 4급
+ 保 bǎo(지킬 보, 보호할 보), 任 rèn(맡을 임), 心 xīn(마음 심, 중심 심), 承
　chéng(받들 승, 이을 승)

膽

dǎn

몸(月) 상태를 살펴 **아침**(旦)마다 쓸개즙을 내는 쓸개니 쓸개 **담**
또 쓸개와 관련 있는 담력이니 담력 **담**

[번체] 膽 - 몸(月) 상태를 살펴(詹) 쓸개즙을 내는 쓸개니 '쓸개 담'
　　　　또 쓸개와 관련 있는 담력이니 '담력 담'
+ 담력(膽力 dǎnlì) - 겁이 없고 용감한 기운
+ 月 yuè(달 월, 육 달 월)

胆小鬼 dǎnxiǎoguǐ 소심한 사람, 겁쟁이 5급
大胆 dàdǎn ① 대담하다 ② 대담해지다 5급
+ 小 xiǎo(작을 소), 鬼 guǐ(귀신 귀), 大 dà/dài(큰 대)

tǎn

흙(土)이 **아침**(旦) 햇살처럼 넓게 퍼져 평탄하니 평탄할 **탄**
또 평탄한 마음으로 사심 없이 말하며 솔직하니 솔직할 **탄**

平坦 píngtǎn (도로·지대 등이) 평평하다[≒ 平缓 pínghuǎn ↔ 险峻 xiǎnjùn] 5급
+ 平 píng(平: 평평할 평, 평화 평)

查

查

chá

나무(木)까지 **아침**(旦)마다 조사하니 조사할 사

번체 査 - 나무(木)까지 또(且) 조사하니 '조사할 사'

+ 木 mù(나무 목), 且 qiě(또 차, 구차할 차) - 제목번호 098 참고

检查 jiǎnchá ① 검사하다 ② 뉘우치다 2급

调查 diàochá 조사하다 3급

+ 检 jiǎn(檢: 검사할 검), 调 diào(調: 조사할 조, 옮길 조, 고를 조, 조절할 조)

1급

得

dé/de/děi

조금씩이라도 **걸어서**(彳) **아침**(旦)부터 **법도**(寸)에 맞게 일하면 무엇이나 얻으니 얻을 득 (dé)

또 동사나 형용사 뒤에 쓰이는 조사니 조사 득 (de)

또 '~해야 한다'는 뜻의 조동사니 조동사 득 (děi)

+ 彳 chì(조금 걸을 척), 寸 cùn(마디 촌, 법도 촌)

得出 déchū ~을 얻어 내다 2급

得分 dé//fēn ① 득점하다 ② (시험이나 시합의) 점수 3급

认得 rènde (주로 사람·길·글자 따위를) 알다 3급

得意 dé//yì 뜻을 이루다, 만족하다 4급

得以 déyǐ ~할 수 있다 5급

+ 出 chū(나올 출, 나갈 출), 分 fēn/fèn(나눌 분, 단위 분, 단위 푼, 신분 분, 분별할 분, 분수 분, 점수 분, 성분 분), 认 rèn(認: 알 인, 인정할 인), 意 yì(뜻 의), 以 yǐ(써 이)

5급

碍

礙

ài

돌(石)로 **아침**(旦)부터 **마디**(寸)마디 막아 거리끼니

막을 애, 거리낄 애

번체 礙 - 돌(石)로 의심나게(疑) 막아 거리끼니 '막을 애, 거리낄 애'

+ 石 shí(돌 석), 疑 yí(의심할 의)

阻碍 zǔ'ài 방해(하다) 5급

+ 阻 ài(막힐 조, 험할 조)

1급

月
yuè

초승달을 본떠서 달 월
또 고기 **육(肉)**이 글자의 부수로 쓰일 때의 모양으로 육 달 월

+ '육 달 월'은 실제의 '달 월'과 구분하기 위하여 붙인 이름으로, 주로 글자의 왼쪽에 붙지요.
+ 글자의 오른쪽에 붙으면 '달 월'이 부수로 쓰인 경우입니다.

月份 yuèfèn 월분[매월의 계산서] **2급**
月亮 yuèliang 달 **2급**
月底 yuèdǐ 월말 **4급**
月饼 yuèbǐng 월병[반달 모양의 떡으로 중국 중추절의 대표 음식] **5급**
月球 yuèqiú 달 **5급**
岁月 suìyuè ① 세월 ② 시간[≒ 年月 nányue] **5급**

+ 份 fèn(부분 분, 벌 분, 세트 분), 亮 liang(亮: 빛날 량, 밝을 량), 底 dǐ(底: 밑 저), 饼 bǐng(餠: 떡 병), 球 qiú(둥글 구, 공 구), 岁 suì(歲: 해 세, 세월 세, 나이 세)

1급

明
míng

해(日)와 **달(月)**이 함께 뜬 것처럼 밝으니 밝을 명

明白 míngbai ① 명백하다 ② 이해하다 **1급**
明年 míngnián 내년, 명년[= 来年 láinián, 过年 guònian, 开年 kāinián] **1급**
明明 míngmíng 분명히, 명백히 **5급**

+ 白 bai(흰 백, 밝을 백, 깨끗할 백, 아뢸 백), 年 nián(해 년, 나이 년)

1급

朋
péng

몸(月)과 **몸(月)**이 비슷한 벗들의 무리니 벗 붕, 무리 붕

+ 유 友 yǒu(벗 우) – 제목번호 293 참고
朋友 péngyou ① 친구, 벗 ② 연인 **1급**
小朋友 xiǎopéngyou ① 아동 ② 아이들 친구[어른이 어린이를 귀엽게 부르는 말] **1급**
老朋友 lǎopéngyou 오랜 친구 **2급**

+ 小 xiǎo(작을 소), 老 lǎo(늙을 로, 존칭 접사 로)

3급

朝

zhāo/cháo

해는 **돋는데**(卓) 아직 **달**(月)도 있는 아침이니 아침 조 (zhāo)
또 신하들은 아침마다 조정에 나가 임금을 뵈었으니
조정 조, 뵐 조 (cháo)

+ 卓 – 나무 사이에 해(日) 돋는 모양에서 '해 돋을 간'
  (어원 해설을 위한 참고자로 실제 쓰이는 한자는 아님)
+ 한자는 글자마다 뜻을 가진 뜻글자이기에, 표제자가 단독 어휘로 쓰이기도 하고, 다른 글자와 합쳐진 어휘로 쓰이기도 합니다.

4급

潮

cháo

바다에서 **물**(氵)이 **아침**(朝)저녁으로 불었다 줄었다 하는 조수니
조수 조
또 조수가 드나드는 곳처럼 습하니 습할 조
또 들었다가 나갔다가 하는 조수처럼 변하는 시대의 추세니
추세 조

+ 조수(潮水 cháoshuǐ) – 주기적으로 들었다가 나갔다가 하는 바닷물
潮流 cháoliú ① 해양 조류 ② (사회적) 추세, 풍조 **4급**
潮湿 cháoshī 습하다, 축축하다 **4급**
高潮 gāocháo ① 만조 ② (최)고조, 절정 **4급**
+ 流 liú(흐를 류, 번져 퍼질 류), 湿 shī(濕: 젖을 습, 축축할 습), 高 gāo(높을 고)

11

朔塑 – 朔으로 된 한자
삭 소

朔

shuò

거꾸로 선(屰) 모양의 **달(月)**이 생기는 초하루니 초하루 **삭**
또 초하루면 바뀌는 달이니 달 **삭**

+ 屰 nì/jǐ – 사람이 거꾸로 선 모양에서 '거꾸로 설 역'
+ 초승달과 그믐달은 구부러진 방향이 반대니, 그것을 생각하고 만든 한자

4급

塑

sù

초하루(朔), 즉 처음부터 **흙(土)**으로 빚으니 흙 빚을 **소**
또 흙으로 빚듯이 녹여서 만든 비닐이나 플라스틱이니
비닐 **소**, 플라스틱 **소**

塑料 sùliào 일회용품 4급
塑料袋 sùliàodài 비닐봉투 4급

+ 料 liào(헤아릴 료, 재료 료, 값 료), 袋 dài(자루 대)

胡湖糊 – 胡로 된 한자
호 호 호

5급

胡

hú

오래(古)된 **고기(月)**도 즐겨 먹었던 오랑캐니 오랑캐 **호**
또 오랑캐처럼 멋대로 생긴 골목이나 수염이니
멋대로 **호**, 골목 **호**, 수염 **호**

+ 오랑캐 – 중국은 자기 나라를 천하의 중심이라는 데서 중국(中国 Zhōngguó)
이라 칭하고 나머지는 모두 오랑캐로 보아, 방향에 따라 동쪽 오랑캐는 이(夷
yí), 서쪽 오랑캐는 융(戎 róng), 남쪽 오랑캐는 만(蛮 mán), 북쪽 오랑캐는
적(狄 dí), 즉 东夷西戎南蛮北狄(dōngyí xīróng nánmán běidí)이라 불렀답
니다.
胡同儿 hútòngr ① 골목 ② 작은 거리 5급
胡子 húzi ① 수염 ② 비적 ③ (전통극에서) 긴 수염을 단 늙은이 역 5급

+ 비적(匪徒 fěitú) – 무장을 하고 떼를 지어 다니면서 사람들을 해치는 도둑
+ 同 tòng(같을 동), 儿 ér(사람 인 발, 兒: 아이 아, 접미사 아), 子 zī/zi(아들
자, 첫째 지지 자, 자네 자, 접미사 자), 匪 fěi(匪: 비적 비), 徒 tú(한갓 도,
걸을 도, 무리 도)

2급

湖

hú

물(氵)이 **오랜(古)** 세월(月) 고여 있는 호수니 **호수 호**

5급

糊

hú

쌀(米) 같은 곡식을 끓여 **멋대로(胡)** 이겨 만든 죽이나 풀이니
죽 호, 풀 호
또 풀을 칠한 듯 흐려 모호하니 **모호할 호**

+ 米 mǐ(쌀 미, 미터 미)
模糊 móhu ① 모호하다 ② 모호하게 하다 ③ 분명하지 않다 **5급**
+ 模 mó(본보기 모, 본뜰 모)

---

010 ▶▶ **骨 滑** – 骨로 된 한자
　　　　골 활(골)

4급

骨 骨

gǔ

살 속에 있는 뼈를 본떠서 **뼈 골**

+ 한국 한자(번체자)와 중국 한자(간체자)의 모양이 약간 다릅니다.
骨头 gǔtou ① 뼈 ② 가시 **4급**
+ 头 tóu/tou(頭: 머리 두, 우두머리 두, 접미사 두)

5급

滑 滑

huá

물(氵)이 **뼈(骨)**처럼 딱딱한 것에 묻은 듯 미끄러우니 **미끄러울 활**
또 미끄러질 듯 어지러우니 **어지러울 골**

滑 huá 미끄럽다, 미끄러지다 **참고어**

13

5급

夕

xī

초승달이 구름에 가린 모양을 본떠서 **저녁 석**

+ 초승달은 음력 매달 초순 초저녁 서쪽 하늘에 잠깐 떴다가 지지요.
  어두운 밤(night)은 밤 야(夜 yè), 저녁(evening)은 저녁 석(夕 xī)입니다.

除夕 chúxī 섣달그믐날, 섣달그믐날 밤 5급

+ 除 chú(제거할 제, 덜 제, 나눗셈 제)

1급

岁

suì

歲

산(山)처럼 저녁(夕)이 쌓여 해와 세월이 되고 나이도 먹으니
해 세, 세월 세, 나이 세

[번체] 歲 – 크기를 그치고(止) 개(戌)가 작은(少) 새끼를 낳으면 태어난 지 한 해
　　　가 된 세월이고 나이도 먹으니 '해 세, 세월 세, 나이 세'
+ 개는 태어난 지 1년쯤 되면 크기를 그치고(다 커서) 새끼를 낳지요.
+ 止 zhǐ(그칠 지), 戌(구월 술, 개 술, 열한 번째 지지 술) → 제목번호 400 咸
  의 주 참고, 少 [少 shǎo/shào(적을 소, 젊을 소)의 획 줄임]

岁月 suìyuè ① 세월 ② 시간[≒ 年月 niányuè] 5급

+ 岁数 suìshù는 자신보다 연장자의 나이를 물어볼 때 사용하는 공손한 표현입
  니다.
+ 月 yuè(달 월, 육 달 월), 数 shù(數: 셀 수, 두어 수, 숫자 수, 자주 삭, 운수 수)

1급

名

míng

저녁(夕)처럼 보이지 않을 때 입(口)으로 부르는 이름이니
이름 명
또 이름이 알려져 이름나니 **이름날 명**

+ 사회생활이 거의 없었던 옛날에는 보지지 않을 때나 이름을 불렀지요.

名字 míngzi 성명, 이름 1급
名单 míngdān 명단, 명부 2급
点名 diǎn//míng ① 출석을 부르다 ② 지명(指名)하다 4급
名片 míngpiàn 명함 4급
名人 míngrén 명인, 유명한 사람 4급

+ 字 zi(글자 자), 单 dān(單: 홑 단), 点 diǎn(點: 점 점, 점검할 점, 불 켤 점),
  片 piàn(조각 편, 필름 편)

14

夜 yè

머리(亠) 두르고 **사람(亻)**이 자는 **저녁(夕)**부터 **이어지는(乀)**
밤이니 **밤 야**

+ 亠 tóu(머리 부분 부), 乀 fú('파임 불'이지만 여기서는 이어진 모양으로 봄)

夜里 yèli 밤, 밤중 2급

夜间 yèjiān 야간, 밤[= 夜里 yèli, 夜来 yèlái] 5급

+ 里 li(마을 리, 거리 리, 裏: 속 리), 间 jiān(間: 사이 간)

逻 luó
邏

그물(罗)처럼 훑고 **지나가며(辶)** 순행하니 **순행할 라**

번체 邏 – 그물(羅)처럼 훑고 지나가며(辶) 순행하니 '순행할 라'

+ 羅 luó – 그물(罒)을 실(糸)로 떠서 새(隹)를 잡으려고 벌이니
　　　　　 '새 그물 라, 벌일 라'
　　　　　 또 그물 같은 얇은 비단도 뜻하여 '비단 라'

+ 순행(巡行 xúnxíng) – (어떤 목적을 가지고) 이곳저곳을 돌아다님

+ 辶 chuò(뛸 착, 갈 착), 巡(순찰할 순, 돌 순), 行 xíng/háng(다닐 행, 행할 행,
　 줄 항)

逻辑 luójí[음역어] ① 논리, 로직(logic) ② 객관적 법칙 5급

+ 辑 jí(輯: 편집할 집)

多 duō

(세월이 빨라) **저녁(夕)**과 **저녁(夕)**이 거듭되어 많으니 **많을 다**

+ 세월이 빨라 하루하루가 금방금방 감을 생각하고 만든 한자

多数 duōshù ① 다수 ② 대개, 대체로 ③ 과반수(maity) 2급

大多数 dàduōshù 대다수 2급

差不多 chàbuduō ① 비슷하다 ② 그런대로 괜찮다 ③ 일반적인 2급

大多 dàduō 대부분, 거의 다[= 大都 dàdū] 4급

+ 数 shù(數: 셀 수, 두어 수, 숫자 수, 자주 삭, 운수 수), 大 dà(큰 대), 差
　 chà(차이 날 차, 다를 차, 파견할 차)

移 yí

못자리의 **벼(禾)**가 **많이(多)** 자라면 옮겨 심듯 옮기니 **옮길 이**

+ 벼는 일단 못자리에 씨앗을 뿌렸다가 어느 정도 자라면 본 논에 옮겨 심지요.

+ 禾 hé(벼 화)

移动 yídòng 옮기다, 움직이다 4급

移民 yímín ① 이민하다 ② 이민한 사람 4급

转移 zhuǎnyí ① 이동시키다 ② 변경하다 4급

+ 动 dòng(動: 움직일 동), 民 mín(백성 민), 转 zhuǎn(轉: 구를 전, 돌 전, 바
　 뀔 전)

2급

阴
陰

yīn

언덕(阝)의 달(月)빛처럼 희미한 그늘이니 그늘 음

[번체] 陰 – 언덕(阝) 아래는 지금(今)도 말하자면(云) 그늘이니 '그늘 음'

✦ 阝 fù(언덕 부 변), 月 yuè(달 월, 육 달 월), 今 jīn(今: 이제 금, 오늘 금), 云 yún(말할 운, 雲: 구름 운)

阴天 **yīntiān** 흐린 하늘, 흐린 날씨 2급

✦ 天 tiān(天: 하늘 천)

2급

阳
陽

yáng

언덕(阝)을 비추는 햇(日)볕이니 햇볕 양
또 햇볕이 비추면 드러나니 드러날 양

[번체] 陽 – 언덕(阝)을 비추는 햇볕(昜)이니 '햇볕 양'
　　　　　또 햇볕이 비추면 드러나니 '드러날 양'

✦ 昜 yáng – 아침(旦)마다 없던(勿) 해가 떠서 비치는 볕과 햇살이니
　　　　　'볕 양, 햇살 양'

✦ 비 易 yì(쉬울 이, 바꿀 역) – 제목번호 159 참고

✦ 日 rì(해 일, 날 일), 旦 dàn(아침 단), 勿 wù(없을 물, 말 물)

太阳 **tàiyáng** ① 태양 ② 햇빛, 일광 2급

阳光 **yángguāng** ① 양광, 햇빛 ② 공개적인 3급

阳台 **yángtái** 발코니, 베란다 4급

✦ 太 tài(클 태), 光 guāng(빛 광, 영광 광), 台 tái(臺: 돈대 대, 누각 대, 대만 대, 颱: 태풍 태)

4급

阵
陣

zhèn

언덕(阝) 옆에 수레(车)들이 진을 친 줄이니 진 칠 진, 줄 진

[번체] 陣 – 언덕(阝) 옆에 차(車)들이 진을 친 줄이니 '진 칠 진, 줄 진'

✦ 진(摆阵 bǎizhèn) – 군사들을 배치한 줄이나 대열 또는 병력을 배치함

✦ 摆 bǎi(擺: 놓을 파, 배치할 파)

gé

언덕(ß) 같은 장애물이 **막아**(鬲) 사이가 뜨니

막을 격, 사이 뜰 격

+ 鬲 gé – 하나(一)의 구멍(口)을 성(冂)처럼 파고 이쪽저쪽(ヽ ノ) 아래를 막은 (ㅜ) 솥의 모양에서 '솥 력, 막을 격'
[번체] 鬲 – 하나(一)의 구멍(口)을 성(冂)처럼 파고(八) 아래를 막은(ㅜ) 솥의 모양에서 '솥 력, 막을 격'
+ ß fù(언덕 부 변), 口 kǒu(입 구, 말할 구, 구멍 구), 冂 jiong(멀 경, 성 경), 八 bā(여덟 팔, 나눌 팔)

隔开 gékāi 막다, 나누다, 분리하다 4급
隔壁 gébì 옆집, 이웃집, 이웃 5급
+ 开 kāi(開: 열 개, 시작할 개, 끓일 개), 壁 bì(벽 벽)

jī

짐을 싣고 갈 때 **양**(二)쪽으로 **산**(山)에 부딪치듯 치니

부딪칠 격, 칠 격

[번체] 擊 – 수레(車)가 산(山)길을 갈 때 부딪치듯(殳) 손(手)으로 치니 '부딪칠 격, 칠 격'
+ 車 chē(수레 거, 차 차: 车 chē), 殳 shū(칠 수, 창 수, 몽둥이 수), 手 shǒu(손 수, 재주 수, 재주 있는 사람 수)

打击 dǎjī 치다, 때리다 5급
射击 shèjī 사격, 사격하다 5급
+ 打 dǎ(칠 타, 공격할 타, 어조사 타, 다스 타), 射 shè(쏠 사)
※ 다스(dozen): 물품 12개를 한 묶음으로 하여 셀 때의 단위

lù

언덕(ß)에 바닷물이 **부딪치는**(击) 육지니 육지 륙

[번체] 陸 – 언덕(ß)과 언덕(坴)이 높고 낮게 깔린 육지니 '육지 륙'
+ 坴 lù – 흙(土)에 사람(儿)이 또 흙(土)을 쌓아 만든 언덕이니 '언덕 륙'
+ ß fù(언덕 부 변), 儿 ér(접미사 아, 사람 인 발, 兒: 아이 아)

陆地 lùdì 육지, 땅 4급
陆续 lùxù 끊임없이, 연이어 4급
大陆 dàlù ① 대륙 ② 중국 대륙 4급
+ 地 dì(땅 지), 续 xù(續: 이을 속), 大 dà(큰 대)

3급

gè

(세상 만물의 이름이 각각 다름을 나타내기 위해서)

이름 명(名)을 변형시켜 각각 **각**

各地 gèdì 각지, 각처[= 各处 gèchù, 遍地 biàndì] 3급

各自 gèzì 각자, 제각기 3급

各种 gèzhǒng 각종(의), 여러 가지 3급

各种各样 gèzhǒnggèyàng 각양각색, 가지각색 3급

各个 gègè 각각의, 하나하나씩[= 每个 měigè] 4급

+ 地 dì(땅 지), 自 zì(자기 자, 스스로 자, 부터 자), 种 zhǒng(種: 씨앗 종, 종류 종, 심을 종), 样 yàng(樣: 모양 양), 个 gè(個: 낱 개)

3급

gé/gē

나무(木)로 **각각**(各)의 물건을 만드는 격식이니 격식 **격** (gé)

또 웃음소리 등을 나타내는 의성어니 의성어 **격** (gē)

+ 木 mù(나무 목)

表格 biǎogé 양식, 서식 3급

格外 géwài ① 각별히, 특별히 ② 별도로, 따로 4급

+ 表 biǎo(겉 표, 錶: 시계 표), 外 wài(밖 외)

1급

lù

발(𧾷)로 **각각**(各) 걸어 다니는 길이니 길 **로**

+ 𧾷[足 zú(발 족, 넉넉할 족)이 부수로 쓰일 때의 모양]

路口 lùkǒu ① 갈림길 ② 길목 1급

路上 lùshang ① 노상 ② 도중 1급

马路 mǎlù 대로, 자동차 도로 1급

路边 lùbiān 길옆, 노변 2급

公路 gōnglù 공로, 도로 2급

一路顺风 yílùshùnfēng 가시는 길이 순조롭길 빕니다 2급

一路平安 yílùpíng'ān (먼 길을 떠나는 사람에게) 가시는 길에 평안하시길 빕니다 2급

+ 口 kǒu(입 구, 말할 구, 구멍 구), 上 shàng(위 상, 오를 상), 马 mǎ(馬: 말 마), 边 biān(邊: 가 변), 公 gōng(공평할 공, 국가 공, 대중 공, 세계 공통 공, 존칭 공), 顺 shùn(順: 순할 순), 风 fēng(風: 바람 풍, 풍속 풍, 경치 풍, 모습 풍, 기질 풍, 병 이름 풍), 平 píng(푸: 평평할 평, 평화 평), 安 ān(편안할 안)

4급

络

luò/lào

실(纟)로 각각(各)을 이어 만든 그물이니
이을 **락**, 그물 **락**(luò)
또 **실(纟)로 각각(各)을 얽으니 얽을 락**(lào)

+ 纟 sī[糸 mì/sī(실 사, 실 사 변)의 간체자]

网络 wǎngluò ① 조직, 계통, 시스템 ② 전기 회로망 4급
联络 liánluò 연락하다, 소통하다[≒ 接洽 jiēqià] 5급

+ 网 wǎng(그물 망, = 罒), 联 lián(聯: 이을 련)

1급

客

kè

집(宀)에 온 각각(各) 다른 손님이니 손님 객

+ 宀 mián – 지붕을 본떠 만든 부수자로 '집 면'

客人 kèrén ① 손님 ② 고객 ③ 여행객 2급
旅客 lǚkè 여행자 2급
请客 qǐng//kè ① 손님을 초대하다 ② 한턱내다 2급
客观 kèguān ① 객관적이다 ② 객관 3급
做客 zuò//kè 손님이 되다, 방문하다[= 作客 zuò//kè] 3급

+ 人 rén(사람 인), 旅 lǚ(군사 려, 나그네 려), 请 qǐng(請: 청할 청, 부탁할 청), 观 guān(觀: 볼 관), 做 zuò(지을 주)

3급

落

luò/lào/là

풀(艹)에 맺힌 물(氵)방울이 각각(各) 떨어지니 떨어질 락(luò)
또 떨어져 내리니 떨어질 **락**, 내릴 **락**(lào)
또 떨어져 처지고 빠지니 처질 **락**, 빠질 **락**(là)

+ 'luò'와 'lào' 사이에 의미 차이는 없지만 굳이 구분하면 'luò'는 주로 문어체에, 'lào'는 주로 구어체에 많이 쓰이는 정도고요, '처지다, 빠지다' 뜻으로 쓰일 때는 'là'로 발음합니다.

落后 luòhòu ① 뒤떨어지다 ② (시간적으로) 늦다 3급
降落 jiàngluò 내려오다, 착륙하다[→ 起飞 qǐfēi] 4급
落实 luòshí ① 실현되다 ② 실현시키다, 구체화하다 5급

+ 后 hòu(왕비 후, 後: 뒤 후), 降 jiàng(내릴 강, 항복할 항), 实 shí(實: 열매 실, 실제 실)

19

白
bái

빛나는(丿) 해(日)처럼 희고 밝으니 **흰 백**, **밝을 백**

또 흰색처럼 깨끗하니 **깨끗할 백**

또 깨끗하게 분명히 아뢰니 **아뢸 백**

+ 丿 piě('삐침 별'이지만 여기서는 빛나는 모양으로 봄), 日 rì(해 일, 날 일)

白天 báitiān 낮[= 日里 rìlǐ ↔ 晚上 wǎnshang, 夜里 yèli] 1급

白色 báisè ① 흰색 ② 반동(세력)[↔ 红色 hóngsè, 黑色 hēisè] 2급

白菜 báicài ① 배추[= 大白菜 dàbáicài, 黄芽菜 huángyácài] ② 김칫거리
채소 3급

白酒 báijiǔ 배갈, 백주[= 白干儿 báigānr, 烧酒 shāojiǔ] 5급

+ 天 tiān(天: 하늘 천), 色 sè(빛 색), 菜 cài(나물 채, 요리 채), 酒 jiǔ(술 주)

怕
pà

마음(忄)까지 **하얗게(白)** 질릴 정도로 두려워하니 **두려워할 파**

+ 忄 xīn – 心 xīn(마음 심)이 글자의 왼쪽에 붙은 부수인 변으로 쓰일 때의 모
양으로 '마음 심 변'

可怕 kěpà 두렵다, 무섭다 2급

哪怕 nǎpà 설령(비록)~라 해도[주로 '也(yě)·都(dōu)·还(hái)'와 같이 쓰여, 가
정이나 양보를 나타냄] 4급

+ 可 kě(옳을 가, 가히 가, 허락할 가), 哪 nǎ(어느 나, 누구 나)

拍
pāi

손(扌)으로 무엇을 **아뢰려고(白)** 치니 **칠 박**

또 치듯이 알리며 사진 찍으니 **찍을 박**

拍照 pāi//zhào 사진을 찍다[= 拍像 pāi//xiàng, 照相 zhàoxiàng] 4급

拍摄 pāishè 촬영하다[= 拍照 pāi//zhào] 5급

+ 照 zhào(비출 조), 摄 shè(攝: 끌어당길 섭, 알맞게 할 섭)

迫
pò

하얗게(白) 질려 **뛰어갈(辶)** 정도로 무슨 일이 닥쳐 급박하니
닥칠 박, **급박할 박**

+ 辶 chuò(뛸 착, 갈 착)

迫切 pòqiè 절박하다[≒ 急迫 jípò, 急切 jíqiè] 4급

强迫 qiǎngpò 강요하다[≒ 逼迫 bīpò] 5급

+ 切 qiè(끊을 절, 모두 체, 간절할 절), 强 qiǎng(강할 강, 억지 강)

百
bǎi

하나(一)에서 시작하여 **아뢰듯**(白) 소리치는 단위는 일백이니
일백 **백**
또 일백이면 많으니 **많을 백**

+ 물건을 속으로 세다가 큰 단위에서는 소리침을 생각하고 만든 한자
百货 **bǎihuò** 여러 가지 상품이나 재화 4급
百货商店 **bǎihuòshāngdiàn** 백화점 참고어
+ 货 huò(貨: 재물 화, 물품 화), 商 shāng(商: 장사할 상, 협의할 상), 店 diàn(가게 점)

宿
sù/xiǔ

집(宀)에 **사람**(亻)이 **오래**(百) 머물며 자니 오랠 **숙**, 잘 **숙**(sù)
또 잠자는 밤을 세는 단위인 박이니 박 **숙**(xiǔ)

+ 百 bǎi에는 '많다'의 뜻이 있으니 '오래'도 되지요.
宿舍 **sùshè** 기숙사 5급
+ 舍 shè(집 사, 捨: 버릴 사)

缩 縮
suō

실(纟)은 **잠재우듯**(宿) 가만히 두면 줄어드니 줄어들 **축**

+ 纟 sī[糸 mì/sī(실 사, 실 사 변의 간체자)]
缩短 **suōduǎn** 단축하다[↔ 延长 yáncháng] 4급
缩小 **suōxiǎo** 축소하다 4급
+ 短 duǎn(짧을 단, 모자랄 단), 小 xiǎo(작을 소)

4급

quán

깨끗한(白) 물(水)이 나오는 샘이니 샘 천

+ 水 shuǐ(물 수)

礦泉水 kuàngquánshuǐ 생수, 미네랄워터 4급

+ 구어체에서 泉은 단독으로 '샘'을 나타낼 수 없고 '水'를 붙여서 말해야 합니다.
+ 礦 kuàng(礦: 쇳돌 광), 水 shuǐ(물 수)

2급

yuán

바위(厂) 밑에 샘(泉)도 있는 언덕이니 언덕 원
바위(厂) 밑에 샘(泉)이 물줄기의 처음이고 근원이니

처음 원, 근원 원

+ 근원(根源 gēnyuán) – ① 물줄기가 나오기 시작하는 곳 ② 사물이 비롯되는 근본이나 원인
+ 厂 chǎng(굴 바위 엄, 언덕 엄, 廠: 헛간 창, 공장 창), 泉[샘 천(泉)의 변형], 根 gēn(뿌리 근)

原来 yuánlái ① 원래 ② 고유의, 원래의 ③ 알고 보니 2급

原料 yuánliào 원료 4급

原理 yuánlǐ 원리 5급

原先 yuánxiān 종전, 최초, 본래 5급

原有 yuányǒu 원래부터 있다, 고유하다 5급

平原 píngyuán 평원[≒ 平川 píngchuān ↔ 高原 gāoyuán] 5급

+ 来 lái(來: 올 래), 料 liào(헤아릴 료, 재료 료, 값 료), 理 lǐ(이치 리, 다스릴 리), 先 xiān(먼저 선), 有 yǒu(가질 유, 있을 유), 平 píng(平: 평평할 평, 평화 평)

4급

yuán

물(氵)이 솟아나는 근원(原)이니 근원 원

电源 diànyuán (전기) 전원 4급

来源 láiyuán ① 출처, 원산지 ② 유래하다[뒤에 주로 '于 yú(~에서)'가 따라옴, ≒ 出处 chūchù] 4급

资源 zīyuán 자원 4급

+ 电 diàn(電: 번개 전, 전기 전), 来 lái(來: 올 래), 资 zī(資: 재물 자, 자격 자)

2급

願

（願）

yuàn

근원(原)적으로 **마음(心)**은 잘되기를 원하니 원할 원

[번체] 願 – 근원(原)적으로 머리(頁)는 잘되기를 원하니 '원할 원'

+ 心 xīn(마음 심, 중심 심), 頁(머리 혈, 페이지 엽: 页 yè)

願意 yuànyì ① 동의하다 ② (무엇을 하기를) 바라다 **2급**

願望 yuànwàng 희망, 소망, 바람[≒ 心願 xīnyuàn] **3급**

志願 zhìyuàn 지원하다, 희망하다 **3급**

志願者 zhìyuànzhě 지원자 **3급**

自願 zìyuàn 자원하다[↔ 被迫 bèipò] **5급**

+ 意 yì(뜻 의), 望 wàng(바랄 망, 보름 망), 志 zhì(뜻 지, 誌: 기록할 지, 책 지), 者 zhě(者: 놈 자, 것 자), 自 zì(자기 자, 스스로 자, 부터 자)

---

017 ▶ **木荣刺 本体笨** – 木, 本으로 된 한자
목 영 자　본 체 분

3급

木

mù

가지 달린 나무를 본떠서 나무 목

木头 mùtou 나무, 목재 **3급**

+ 头 tóu/tou(頭: 머리 두, 우두머리 두, 접미사 두)

5급

荣

（榮）

róng

풀(艹)로 **덮인(冖)** 듯 **나무(木)**가 잘 자라 성하니 성할 영
또 성하여 누리는 영화니 영화 영

[번체] 榮 – 불(火)과 불(火)에 덮인(冖) 듯 나무(木)에 꽃이 피어 성하니 '성할 영'
　　　　또 성하여 누리는 영화니 '영화 영'

+ 艹 cǎo(艹: 초 두), 冖 mì(덮을 멱), 火 huǒ(불 화)

繁荣 fánróng ① 번영하다 ② 번영시키다 **5급**

+ 繁 fán(번성할 번)

23

4급

cì/cī

가시(束)처럼 **칼(刂)**로 찌르니 찌를 **자**

또 찌르는 가시나 바늘이니 가시 **자**, 바늘 **자**(cì)

또 찢거나 마찰할 때 나는 소리니 소리 **자**(cī)

+ 1성으로 발음하면 '찍, 칙, 쓱, 쭉' 등처럼, 어떤 것을 찢거나 마찰하거나 뿌리거나 혹은 미끄러질 때 나는 소리를 나타내는 의성어입니다.
+ ⓑ 剌 lá(어그러질 랄, 물고기 뛰는 소리 랄)

刺激 **cìjī** ① 자극하다, 북돋우다 ② 자극, 충격 **4급**

+ 激 jī(물 부딪칠 격, 거셀 격, 과격할 격)

1급

běn

나무 목(木) 아래, 즉 뿌리 부분에 **일(一)**을 그어, 나무에서는 뿌리가 제일 중요한 근본임을 나타내서 뿌리 **본**, 근본 **본**

또 공부의 근본이 되는 책이나 책을 찍는 근본이 되는 판이니

책 **본**, 판 **본**

+ 한자에서는 一 yī(한 일), 丿 piě(삐침 별), 丶 zhǔ(점 주, 불똥 주) 등으로 무엇이나 어느 부분을 강조합니다.

本子 **běnzi** ① 책, 노트 ② 판본 ③ 면허증 **1급**

课本 **kèběn** 교과서, 교재 **1급**

本来 **běnlái** ① 본래, 원래 ② 응당, 당연히 **3급**

本事 **běnshì** 능력, 재능 **3급**

本人 **běnrén** ① 나, 본인 ② (사건의) 본인, 당사자 **5급**

+ 子 zǐ/zi(아들 자, 첫째 지지 자, 자네 자, 접미사 자), 课 kè(課: 조목 과, 과목 과), 来 lái(來: 올 래), 事 shì(일 사, 섬길 사)

1급

tǐ

사람(亻)에게 **근본(本)**은 몸이니 몸 **체**

[번체] 體 – 뼈(骨)마디로 풍성하게(豊) 이루어진 몸이니 '몸 체'

+ 亻(사람 인 변), 骨 gǔ(骨: 뼈 골), 丰 fēng[풀 무성할 봉, 예쁠 봉, 豊: 풍성할 풍]

身体 **shēntǐ** ① 몸, 신체 ② 건강 **1급**

体现 **tǐxiàn** ① 구체적으로 드러내다 ② 구현, 구체적인 표현 **3급**

体力 **tǐlì** 체력, 힘 **5급**

主体 **zhǔtǐ** 주체, (사물의) 주요 부분[↔ 客体 kètǐ] **5급**

+ 身 shēn(몸 신), 现 xiàn(現: 이제 현, 나타날 현), 力 lì(힘 력), 主 zhǔ(주인 주)

4급

bèn

대(⺮) 뿌리(本)처럼 거칠어 서툴고 우둔하니

거칠 **분**, 서툴 **분**, 우둔할 **분**

+ 대는 뿌리에도 마디가 있어 거칠지요.
+ ⺮[竹 zhú(대 죽)이 부수로 쓰일 때의 모양]

笨蛋 **bèndàn** 바보, 멍청이 **참고어**

1급

休

xiū

사람(亻)이 나무(木) 옆에서 쉬니 쉴 휴

休假 xiū//jià ① 휴가를 내다, 휴가를 보내다 ② 휴가 **2급**

退休 tuìxiū ① 퇴직(하다) ② (물건이 낡고 사용 기간을 넘겨) 도태되다[= 退役 tuì//yì] **3급**

休闲 xiūxián ① 한가롭게 보내다 ② 휴작하다 **5급**

✦ 假 jià(거짓 가, 임시 가), 退 tuì(물러날 퇴), 闲 xián(閑: 한가할 한)

3급

术 (術)

shù

좋은 나무(木)를 골라 점(丶)찍는 재주와 꾀니 재주 술, 꾀 술

[번체] 術 – 삽주뿌리(朮)처럼 여러 갈래로 뻗어가는(行) 재주와 꾀니
'재주 술, 꾀 술'

✦ 옛날에는 나무로 많은 것을 만들었으니, 나무를 잘 고를 수 있음도 재주지요.

✦ 삽주뿌리 – 가는 뿌리가 여러 갈래로 뻗어 가는 풀로, 뿌리는 한약재로 쓰임

✦ 丶 zhǔ(점 주, 불똥 주), 行 xíng(다닐 행, 행할 행, 줄 항), 朮(삽주뿌리 출)

技术 jìshù 기술, 기교, 재량, 능력[≒ 技巧 jìqiǎo, 技能 jìnéng, 技艺 jìyì] **3급**

美术 měishù 미술 **3급**

手术 shǒushù ① 수술(하다)[= 割术 gēshù] ② 수단, 방법 **4급**

学术 xuéshù 학술[학문과 기술을 아울러 이르는 말] **4급**

✦ 技 jì(재주 기), 美 měi(아름다울 미), 手 shǒu(손 수, 재주 수, 재주 있는 사람 수), 学 xué(學: 배울 학)

4급

述 (述)

shù

재주(术) 부려 가며(辶) 말하고 책 쓰니 말할 술, 책 쓸 술

[번체] 述 – 삽주뿌리(朮)가 뻗어가듯(辶) 말하며 책 쓰니 '말할 술, 책 쓸 술'

描述 miáoshù 묘사(하다)[= 描叙 miáoxù] **4급**

✦ 描 miáo(그릴 묘)

2급

末

mò

나무(木)의 긴 가지(一) 끝이니 끝 말

✦ 一 yī('한 일'이지만 여기서는 가지로 봄)

周末 zhōumò 주말 **2급**

期末 qīmò 학기 말 **4급**

✦ 周 zhōu(두루 주, 둘레 주, 週: 주일 주, 돌 주, 賙: 구제할 주), 期 qī(기간 기, 기약할 기)

4급

袜
(襪)
wà

옷(衤) 중 몸의 **끝**(末)인 발에 신는 버선이나 양말이니
버선 말, 양말 말

[번체] 襪 - 옷(衤) 중에 업신여긴(蔑) 듯 발에 신는 버선이나 양말이니
　　　'버선 말, 양말 말'
+ 衤 yī(옷 의 변), 蔑 miè(업신여길 멸)

袜子 **wàzi** 양말 **4급**
+ 子 zǐ/zi(아들 자, 첫째 지지 자, 자네 자, 접미사 자)

---

019 ▶ **未味妹 朱珠殊** - 未, 朱로 된 한자
　　　미 미 매　주 주 수

4급

未
wèi

나무(木)에서 짧은 **가지**(一)니, 아직 자라지 않았다는데서
아닐 미, 아직 ~않을 미, 여덟째 지지 미

+ 나무 목(木) 위에 가지를 나타내는 一이 길면 끝 말(末) 짧으면 아닐 미, 아직
　~않을 미, 여덟째 지지 미(未)입니다.
未来 **wèilái** ① 미래, 장래 ② 머지않은 **4급**
未必 **wèibì** 반드시 ~한 것은 아니다 **4급**
+ 来 lái(來: 올 래), 必 bì(반드시 필)

2급

味
wèi

입(口)으로 **아니**(未) 삼키고 보는 맛이니 **맛 미**

+ 口 kǒu(입 구, 말할 구, 구멍 구)
味道 **wèidao** 맛, 냄새, 기분 **2급**
味儿 **wèir** ① 맛 ② 냄새[= 气味 qìwèi] ③ 재미 **4급**
+ 道 dao(길 도, 도리 도, 말할 도), 儿 ér(사람 인 발, 접미사 아, 兒: 아이 아)

1급

妹
mèi

여자(女) 중 나보다 **아니**(未) 큰 여동생이니 **여동생 매**

妹妹 **mèimei** 여동생 **1급**
姐妹 **jiěmèi** 자매, 언니와 여동생[≒ 姊妹 zǐmèi] **4급**
+ 姐 jiě(누나 저)

zhū

작아(丿) 아직 자라지 **않은**(未) 어린싹은 붉으니 **붉을 주**

+ 나무나 풀의 어린싹은 대부분 붉지요.
+ 丿 piě('삐침 별'이지만 여기서는 작은 모양)

朱红 zhūhóng 주홍 참고어

+ 红 hóng(紅: 붉을 홍, 이윤 홍)

5급

zhū

구슬(王) 중 **붉은**(朱) 구슬이나 진주니 **구슬 주, 진주 주**

+ 진주(珍珠 zhēnzhū) – 조개의 체내에서 형성되는 구슬 모양의 분비물 덩어리
+ 王 wáng(임금 왕, 으뜸 왕, 구슬 옥 변), 真 zhēn(眞: 참 진), 珍 zhēn(보배 진)

珍珠 zhēnzhū 진주 5급

+ 珍 zhēn(보배 진)

4급

shū

죽도록(歹) **붉은**(朱) 피가 흐름은 보통과 다르니 **다를 수**

+ 歹 dǎi(뼈 부서질 알, 죽을 사 변) – 제목번호 182 列의 주 참고

特殊 tèshū 특수하다[≒ 特别 tèbié ↔ 寻常 xúncháng, 平常 píngcháng] 4급

+ 特 tè(특별할 특)

---

020 **余除途 茶** – 余로 된 한자와 茶
　　여 제 도　차

4급

yú (餘)

(다 가고) **사람**(人) 한(一) 명만 **나무**(木)처럼 남아 있는 나니
남을 여, 나 여

[번체] 餘 – 먹고(食) 남으니(余) '남을 여'
+ 번체자에서는 '남을 여'의 뜻으로 余와 餘로 쓰는데, 중국 한자(간체자)와 일본 한자에서는 '余'로만 씁니다.
+ 朩 pìn[木 mù(나무 목)의 변형], 食[밥 식, 먹을 식 변: 饣 shí]

业余 yèyú ① 업무 외, 여가 ② 비전문의[↔ 专业 zhuānyè] 4급

+ 业 yè(業: 업 업, 일 업)

除

chú

途

tú

茶

chá

3급

언덕(阝)에 **남은(余)** 적을 제거하듯 덜거나 나누니

제거할 제, 덜 제, 나눌 제

+ 阝 fù – 글자의 왼쪽에 붙으면 '阜 fù(언덕 부)'가 글자의 변으로 쓰일 때의 모
양으로 '언덕 부 변', 글자의 오른쪽에 붙으면 '邑 yì(고을 읍)'이 글자
의 방으로 쓰일 때의 모양으로 '고을 읍 방'입니다.

除了 chúle ① ~외에 또 ② ~(지) 않으면, ~(을) 하다['就是 jiùshì'와 호응하
여 사용함] **3급**

除非 chúfēi ① ~한다면 몰라도 ② ~을(를) 제외하고(는) **5급**

解除 jiěchú 없애다, 제거하다 **5급**

+ 了 le(마칠 료, 밝을 료, 어조사 료), 非 fēi(非: 어긋날 비, 아닐 비, 아프리
카 비), 解 jiě(해부할 해, 풀 해)

4급

여유 있게(余) 걸어 **다닐(辶)** 수 있도록 만든 길이니 **길 도**

+ 辶 chuò(뛸 착, 갈 착)

途中 túzhōng 도중[= 中途 zhōngtú] **4급**

长途 chángtú ① 장거리의[↔ 短途 duǎntú] ② 장거리 전화, 장거리 버스 **4급**

前途 qiántú ① 앞길, 전망 ② 장래의 처지[≒ 前程 qiánchéng] **4급**

用途 yòngtú 용도[≒ 用场 yòngchǎng, 用处 yòngchu] **4급**

+ 中 zhōng(가운데 중, 맞힐 중), 长 cháng(長: 길 장, 자랄 장, 어른 장), 前
qián(앞 전), 用 yòng(쓸 용)

1급

풀(艹)처럼 **사람(人)**이 **나뭇(木)**잎을 끓여 마시는 차니 **차 차**

+ 艹 cǎo(艹: 초 두), 人 rén(사람 인), 朩 pìn[木 mù(나무 목)의 변형]

红茶 hóngchá 홍차 **3급**

绿茶 lùchá 녹차 **3급**

+ 红 hóng(紅: 붉을 홍, 이윤 홍), 绿 lù(綠: 푸를 록)

28

1급

条 條
tiáo

본줄기보다 **뒤늦게(夊) 나무(木)**에서 뻗어가는 가지니 **가지 조**
또 가지처럼 나눠진 조목이니 **조목 조**

[번체] 條 - 아득하도록(攸) 길게 나무(木)에서 뻗어가는 가지니 '가지 조'
　　　또 가지처럼 나눠진 조목이니 '조목 조'
+ 攸 yōu - 사람(亻)이 지팡이(丨)로 땅을 치면서(夊) 사라져 아득하니 '아득할 유'
+ 夊 zhi(천천히 걸을 쇠, 뒤져 올 치), 丨 gùn('뚫을 곤'이지만 여기서는 지팡이
　　로 봄), 攵 pō(칠 복, =攴 pū)
面条儿 miàntiáor 면, 면발, 국수 **1급**
条件 tiáojiàn 조건, 기준, 표준 **2급**
便条 biàntiáo ① 메모, 쪽지 ② 비공식적인 편지나 통지문 **5급**
+ 面 miàn(얼굴 면, 향할 면, 볼 면, 麵: 밀가루 면, 국수 면), 件 jiàn(물건 건,
　　사건 건), 便 biàn(편할 편, 똥오줌 변, 쌀 편)

3급

深 深
shēn

물(氵)이 덮어(冖) 사람(八)과 **나무(木)**도 보이지 않게 깊으니
깊을 심

+ 冖 mì(덮을 멱), 八['여덟 팔, 나눌 팔'이지만 여기서는 '儿 ér(사람 인 발, 兒:
　　아이 아, 접미사 아)의 변형으로 봄]
深入 shēnrù ① 깊이 들어가다, 깊이 파고들다 ② 철저하다 ③ 심화시키다 **3급**
深厚 shēnhòu ① (감정이) 깊고 두텁다 ② (기초가) 단단하다 **4급**
深处 shēnchù ① 깊숙한 곳, 심층 ② (내용이나 의미가) 심오한 부분 **5급**
深度 shēndù 심도, 깊이 **5급**
+ 厚 hòu(두터울 후), 处 chǔ/chù(處: 살 처, 처리할 처, 곳 처), 度 dù(법도 도,
　　정도 도, 시간 보낼 도, 헤아릴 탁)

4급

操
cāo

손(扌)으로 **새 떼 지어 우는(喿)** 것처럼 어지러운 일을 잡아 다루니
잡을 조, 다룰 조

+ 喿 zào/qiāo - 새들의 입들(品)이 나무(木) 위에서 떼 지어 우니
　　　　　　　　'새 떼 지어 울 소'
+ 品 pǐn('물건 품, 등급 품, 품위 품, 품평할 품'이지만 여기서는 입들로 봄)
操场 cāochǎng 운동장 **4급**
操作 cāozuò ① 조작하다, 다루다 ② 일하다 **4급**
体操 tǐcāo 체조 **4급**
+ 场 chǎng(場: 마당 장, 장소 장, 무대 장), 作 zuò(지을 작), 体 tǐ(體: 몸 체)

29

[2급]

澡

zǎo

물(氵)로 새 떼 지어 우는 소리(喿)를 내며 씻으니 **씻을 조**

洗澡 xǐzǎo 목욕하다[≒ 沐浴 mùyù, 冲凉 chōngliáng] **[2급]**

✚ 洗 xǐ(씻을 세)

---

022 ▶ 相箱想 － 相으로 된 한자
　　　　상 상 상

[2급]

相

xiāng/xiàng

나무(木)처럼 마주 서서 **바라보는(目)** 서로니 서로 **상**(xiāng)
또 서로의 모습이니 모습 **상**(xiàng)

✚ 目 mù(눈 목, 볼 목, 항목 목)

相机 xiàngjī ① 사진기[= 照相机 zhàoxiàngjī] ② 기회를 보다 **[2급]**

相同 xiāngtóng 서로 같다[↔ 相反 xiāngfǎn, 不同 bùtóng] **[2급]**

照相 zhàoxiàng ① 사진 ② 사진을 찍다[= 摄影 shèyǐng] **[2급]**

相比 xiāngbǐ 비교하다[= 比较 bǐjiào] **[3급]**

真相 zhēnxiàng 진상, 실상[↔ 假象 jiǎxiàng] **[5급]**

✚ 机 jī(機: 기계 기, 비행기 기, 기능 기, 기회 기), 同 tòng(같을 동), 照 zhào(비출 조), 比 bǐ(나란할 비, 견줄 비, 예를 들 비), 真 zhēn(眞: 참 진)

[3급]

箱

xiāng

대(⺮)를 **서로(相)** 걸어 짜 만든 상자니 **상자 상**

✚ ⺮[竹 zhú(대 죽)이 부수로 쓰일 때의 모양]

行李箱 xínglǐxiāng 짐 가방, 화물칸 **[3급]**

箱子 xiāngzi 상자, 트렁크 **[4급]**

邮箱 yóuxiāng 우편함 **[3급]**

信箱 xìnxiāng 사서함, 우체통 **[5급]**

✚ 行 xíng/háng(다닐 행, 행할 행, 줄 항), 李 lǐ(자두 리), 邮 yóu(郵: 우편 우), 信 xìn(믿을 신, 소식 신)

想

xiǎng

서로(相) 마음(心)으로 생각하니 생각할 상

+ 心 xīn(마음 심, 중심 심)

想到 xiǎngdào 생각이 미치다, 생각이 나다 2급

想法 xiǎngfǎ 방법을 생각하다 2급

想起 xiǎngqǐ 상기하다, 생각해내다 2급

理想 lǐxiǎng ① 이상 ② 이상적이다[→ 现实 xiànshí] 2급

想象 xiǎngxiàng ① 상상 ② 상상하다 4급

没想到 méixiǎngdào 생각지 못하다, 뜻밖이다 4급

感想 gǎnxiǎng 감상, 느낌, 소감 5급

+ 到 dào(이를 도, 주도면밀할 도), 法 fǎ(법 법), 起 qǐ(일어날 기, 시작할 기,
세울 기), 理 lǐ(이치 리, 다스릴 리), 象 xiàng(코끼리 상, 모양 상, 본뜰 상),
沒 mò/méi(빠질 몰, 없을 몰, 다할 몰), 感 gǎn(느낄 감, 감동할 감)

---

023 ▶ **果课楳颗** – 果로 된 한자
　　　　과 과 과 과

1급

果

guǒ

과일(田)이 나무(木) 위에 열린 모양을 본떠서 과일 과
또 나무에 열린 과일처럼 어떤 일의 결과니 결과 과

+ 田('밭 전 tián'이지만 여기서는 '과일'로 봄)

水果 shuǐguǒ 과일, 과실 1급

成果 chéngguǒ 성과, (일의) 수확 3급

果实 guǒshí ① 과실, 열매 ② 성과, 수확 4급

+ 水 shuǐ(물 수), 成 chéng(이룰 성), 实 shí(實: 열매 실, 실제 실)

1급

课

kè

말(讠)로 연구한 결과(果)를 적어 놓은 과목이니 과목 과
또 과목을 강의하는 수업이니 수업 과

+ 讠 yán[言 yán(말씀 언 변)의 간체자]

课本 kèběn 교과서 **1급**

上课 shàng//kè 수업하다 **1급**

下课 xià//kè 수업을 마치다 **1급**

课程 kèchéng (교육) 과정, 커리큘럼 **3급**

功课 gōngkè ① 학과목 ② 강의, 학습, 학업 성적 **3급**

课题 kètí ① (연구·토론) 과제, 프로젝트 ② (처리해야 할) 과제 **5급**

+ 本 běn(뿌리 본, 근본 본, 책 본, 판본 본), 上 shàng(위 상, 오를 상), 下 xià(아래 하, 내릴 하), 程 chéng(程: 법 정, 정도 정), 功 gōng(공 공, 공로 공), 题 kè(題: 제목 제, 문제 제)

4급

棵

kē

나무(木)를 열리는 열매(果)에 따라 나눈 그루나 포기니
그루 과, 포기 과

棵 kē 그루, 포기 **참고어**

5급

颗

kē

과일(果)의 머리(页)처럼 둥근 낟알이니 낟알 과

+ 页 yè(頁: 머리 혈, 페이지 엽)

颗粒 kēlì 낟알 **참고어**

+ 粒 lì(낟알 립)

4급

林

lín

나무(木)와 **나무(木)**들이 우거진 수풀이니 **수풀 림**

园林 yuánlín 원림, 정원 5급

+ 园 yuán(園: 동산 원)

4급

森

sēn

나무(木)가 **수풀(林)**처럼 빽빽하니 **빽빽할 삼**
또 **나무(木)**가 **수풀(林)**처럼 엄숙하게 늘어선 모양에서
엄숙한 모양 삼

森林 sēnlín 삼림, 숲, 산림 4급

4급

梦

夢

mèng

수풀(林) 속같이 어두운 **저녁(夕)**에 꾸는 꿈이니 **꿈 몽**

[번체] 夢 – 풀(艹)로 만든 그물(罒) 같은 이불을 덮고(冖) 자는 저녁(夕)에 꾸는
　　　 꿈이니 '꿈 몽'
+ 夕 xī(저녁 석), 艹 cǎo(艹: 초 두), 冖 mì(덮을 멱)
+ 罒 wǎng – 양쪽 기둥에 그물을 얽어맨 모양을 본떠서 '그물 망'

梦见 mèngjiàn 꿈에 보다, 꿈꾸다 4급

梦想 mèngxiǎng ① 몽상 ② 갈망하다 ③ 헛된 생각을 하다 4급

做梦 zuò//mèng ① 꿈을 꾸다 ② 망상하다, 공상하다 4급

+ 见 jiàn(見: 볼 견, 뵐 현), 想 xiǎng(생각할 상), 做 zuò(지을 주)

麻

má

집(广)에서 **수풀(林)**처럼 빽빽하게 기르는 삼이나 참깨니

삼 **마**, 참깨 **마**

또 삼에는 마약 성분이 있어 먹으면 저리니 마약 **마**, 저릴 **마**

[번체] 蔴

+ 여기서 말하는 삼은 인삼(人参 rénshēn)이나 산삼(山参 shānshēn)과 달리 베를 짜는 식물의 한 종류. 삼은 껍질을 벗겨 가공하여 삼베를 짜지만, 잎은 마약 성분이 있는 대마초(大麻草 dàmácǎo)로, 재배하려면 허가를 받아 집 인근에 심어야 하니 글자에 '广 guǎng(집 엄)'이 들어가고, 곁가지가 나지 않도록 수풀처럼 빽빽이 기르니 '林 lín(수풀 림)'이 들어가지요.
+ 广 guǎng(집 엄, 廣: 넓을 광, 많을 광), 번체에 쓰인 巿은 林 lín(수풀 림)의 변형, 参 cān/shēn/sān(參: 참여할 참, 가지런할 참, 蔘: 인삼 삼), 草 cǎo(풀 초)

麻烦 máfan ① 귀찮다, 귀찮게 하다 ② 말썽, 골칫거리[↔ 便当 biàndang, 方便 fāngbiàn] 3급

+ 참새의 울음소리가 마작 패를 섞을 때 나는 소리와 흡사하기 때문에 마작(麻雀 máquè)에 '雀 què(참새 작)'이 쓰였다고 합니다.
+ 烦 fan(煩: 번거로울 번)

摩

mó

삼(麻)을 가공하려고 **손(手)**으로 문지르고 어루만지니

문지를 **마**, 어루만질 **마**

+ 手 shǒu(손 수, 재주 수, 재주 있는 사람 수)

摩擦 mócā ① 마찰하다 ② 마찰 5급

摩托 mótuō[음역어] 모터, 발동기[= 马达 mǎdá] 5급

按摩 ànmó 안마하다[= 推拿 tuīná] 5급

+ 擦 cā(문지를 찰, 닦을 찰, 칠할 찰), 托 tuō(부탁할 탁, 맡길 탁), 按 àn(누를 안, 억누를 안, 따를 안)

5급

氏
shì

(사람의 씨족도 나무뿌리 뻗어가듯 번지니)

나무뿌리가 지상으로 나온 모양을 본떠서 성 **씨**, 뿌리 **씨**

2급

纸
紙
zhǐ

나무의 섬유질 **실(纟)**이 **나무뿌리(氏)**처럼

엉켜서 만들어지는 종이니 종이 **지**

+ 纟 sī[糸 mì/sī(실 사, 실 사 변의 간체자)]

报纸 bàozhǐ 신문 **2급**

+ 한국 한자, 중국 한자, 일본 한자에 공통으로 존재하는 한자어 중에는 쓰임이 비슷하거나 같은 뜻으로 쓰이는 단어가 많지만, 완전히 다른 뜻으로 쓰이는 단어도 있습니다. 예를 들어 한국 한자어에서는 쓰이지 않는 手紙가 일본 한자어에서는 'てがみ(편지)'라는 뜻으로, 중국 한자어에서는 '휴지'라는 뜻으로 쓰입니다.

+ 报 bào(報: 알릴 보, 갚을 보, 신문 보), 手 shǒu(손 수, 재주 수, 재주 있는 사람 수)

3급

派
pài

물(氵)이 **언덕(厂)**으로 뻗은 **나무뿌리(氏)**처럼 갈라져

흐르는 물갈래니 물갈래 **파**

또 물갈래처럼 나눠지는 파벌이니 파벌 **파**

+ 厂 chǎng(굴 바위 엄, 언덕 엄, 廠: 헛간 창, 공장 창), 氏 [氏 shì(성 씨, 뿌리 씨)의 변형]

참고자

氐
氐
dǐ

나무는 **뿌리(氏)** 있는 **밑(丶)**이 근본이니 밑 **저**, 근본 **저**

번체 氐 – 나무는 뿌리(氏)가 있는 밑(一)이 근본이니 '밑 저, 근본 저'

+ 丶 zhǔ('점 주, 불똥 주'지만 여기서는 밑으로 봄), 一 yī('한 일'이지만 여기서는 밑으로 봄)

dī

dǐ

사람(亻)이 밑(氐)에 있어 낮으니 낮을 저

降低 jiàngdī ① 낮추다, 줄이다[↔ 升高 shēnggāo, 提高 tígāo] ② 내려가다 4급
低于 dīyú 밑돌다 5급
+ 降 jiàng(내릴 강, 항복할 항), 于 yú(어조사 우)

집(广)의 밑(氐)이니 밑 저

+ 低 dī(낮을 저)는 주로 높낮이가 낮다는 말이고, 底 dī(밑 저)는 눈에 보이지 않는 밑 부분을 가리킵니다.
+ 广 guǎng(집 엄, 廣: 넓을 광, 많을 광)
底下 dǐxia ① 아래 ② ~방면 ③ 이후, 다음 3급
到底 dàodǐ ① 도대체[의문문에 쓰여 깊이 따지는 것을 나타냄] ② 결국
③ 아무래도 3급
+ 下 xià(아래 하, 내릴 하), 到 dào(이를 도, 주도면밀할 도)

3급

mín

모인(冖) 여러 **씨**(氏)족들로 이루어진 백성이니 백성 민

+ 冖 mì['덮을 멱'이지만 여기서는 '모인'으로 봄]

公民 gōngmín 국민, 공민 3급

人民 rénmín 인민 3급

移民 yímín ① 이민하다 ② 이민한 사람 4급

国民 guómín 국민[= 公民 gōngmín, 人民 rénmín] 5급

+ 公 gōng(공평할 공, 국가 공, 대중 공, 세계 공통 공, 존칭 공), 移 yí(옮길 이), 国 guó(國: 나라 국)

5급

mián

눈(目) 감고 **백성**(民)들은 자니 잘 면

+ 目 mù(눈 목, 볼 목, 항목 목)

睡眠 shuìmián ① 수면, 잠 ② 잠자다 5급

+ 睡 shuì(졸 수, 잘 수)

5급

hūn

나무**뿌리**(氏) 아래로 **해**(日)가 지며 저무니 저물 혼

또 저물어 어두워지듯 정신이 혼미하고 어리석으니

혼미할 혼, 어리석을 혼

3급

hūn

(옛날에는) **여자**(女)와 **저문**(昏) 저녁에 결혼했으니 결혼할 혼

结婚 jié//hūn 결혼하다 3급

离婚 lí//hūn 이혼(하다) 3급

婚礼 hūnlǐ 결혼식, 혼례 4급

+ 어떤 단어가 이합사면, 그 반대말도 대부분 이합사입니다. 예를 들어 离婚의 반대말 结婚 jié//hūn(결혼하다)도 이합사지요.

+ 结 jié(結: 맺을 결), 离 lí(離: 헤어질 리), 礼 lǐ(禮: 예도 례)

1급

一

yī

나무토막 한 개를 옆으로 놓은 모양에서 **한 일**

◆ 一 yī 는 원래 1성이지만 4성 앞에서는 2성으로, 1성, 2성, 3성 앞에서는 4성으로 발음합니다.

一下儿 yīxiàr ① 한번 ~하다[동사 뒤에 보어로 쓰임] ② 금방, 단번에 5급

一下子 yīxiàzi ① 단시간에, 갑자기 ② 동사 뒤에 쓰여 '~ 해 보다', 또는 '좀 ~하다'의 뜻을 나타냄 5급

◆ 下 xià(아래 하, 내릴 하), 儿 ér(사람 인 발, 접미사 아, 兒: 아이 아), 子 zǐ/zi(아들 자, 첫째 지지 자, 자네 자, 접미사 자)

1급

二

èr

나무토막 두 개를 옆으로 놓은 모양에서 **둘 이**

二手 èrshǒu ① 조수 ② 간접적인 4급

◆ 手 shǒu(손 수, 재주 수, 재주 있는 사람 수)

1급

sān

나무토막 세 개를 옆으로 놓은 모양에서 **석 삼**

再三 zàisān 두세 번, 거듭 4급

◆ 再 zài(다시 재, 두 번 재)

1급

sì

에워싼(口) 부분을 사방으로 **나누어(八) 넉 사**

◆ 八 bā(여덟 팔, 나눌 팔)

四周 sìzhōu 사방, 주위, 주변, 둘레 5급

◆ 周 zhōu(두루 주, 둘레 주, 週: 주일 주, 돌 주, 賙: 구제할 주)

1급

wǔ

열(十)을 둘(二)로 나눈(ㅣ) 다섯이니 다섯 오

+ 十 shí(열 십, 많을 십), ㅣ gùn('뚫을 곤'이지만 여기서는 나눈 모양으로 봄)

1급

liù

머리(亠)를 중심으로 나눠지는(八) 방향이
동서남북 상하의 여섯이니 여섯 륙

+ 亠 tóu(머리 부분 두), 八 bā(여덟 팔, 나눌 팔)

五颜六色 **wǔyánliùsè** 여러 가지 빛깔, 가지각색 5급

+ 颜 yán(顏: 얼굴 안, 색 안), 色 sè(빛 색)

1급

qī

하늘(一)의 북두칠성(ㄴ) 모양을 본떠서 일곱 칠

+ 一 yī('한 일'이지만 여기서는 하늘로 봄)

1급

bā

두 손을 네 손가락씩 위로 편 모양에서 여덟 팔
또 양쪽에서 잡아당겨 나누는 모양으로도 보아 나눌 팔

+ 중국인들이 좋아하는 숫자 八는 '发财 fā//cái(돈을 벌다)'의 发 fā와 발음이
八 bā와 발음이 비슷해서 八가 들어간 것을 가지고 있으면 돈을 많이 벌 수
있다고 믿었답니다.

+ 发 fā(發: 쏠 발, 일어날 발, 髮: 머리털 발), 财 cái(財: 재물 재)

1급

九

jiǔ

열 십, 많을 십(十)의 가로줄을 **구부려(九)** 하나가 모자란 아홉이라는 데서 아홉 구
또 아홉은 한 자리 숫자 중에서 제일 크고 많으니 **클 구, 많을 구**

+ 옛날 중국의 선조들은 9를 천의 수라고 했으며, 九는 장수를 뜻하는 久 jiǔ(오랠 구)와 같은 발음으로 중국인들이 좋아하는 숫자입니다. 장수의 의미와 함께 사람 관계에서도 좋은 관계가 오래 지속되기를 기원하는 의미도 담겨 있다고 합니다.

4급

究

jiū

(보이지 않는) **굴(穴)**의 **많은(九)** 부분까지 들어가 찾고 연구하니
연구할 구

+ 穴 xué – (오래된) 집(宀)에 나누어진(八) 구멍이니 '구멍 혈'
 또 구멍이 길게 파인 굴이니 '굴 혈'
+ 宀 mián(집 면), 八 hā(여덟 팔, 나눌 팔)

研究 yánjiū 연구(하다), 고려(하다), 논의(하다) **4급**
研究生 yánjiūshēng 연구생 **4급**
讲究 jiǎngjiu ① ~에 정성들이다 ② 꼼꼼하다 **4급**
研究所 yánjiūsuǒ ① 연구소 ② 대학원[주로 타이완에서 쓰임] **5급**

+ 研 yán(研: 갈 연, 연구할 연), 生 shēng(날 생, 살 생, 사람을 부를 때 쓰는 접사 생), 讲 jiǎng(講: 익힐 강, 강의할 강), 所 suǒ(장소 소, 바 소)

3급

zá

많이(九) 나무(木)로 휘저은 듯 섞이니 **섞일 잡**

번체 雜 – 우두머리(亠) 아래 모인 사람(人)과 사람(人)들이 나무(木)에 여러 종류의 새(隹)들처럼 섞이니 '섞일 잡'
+ 朩 pìn[木 mù(나무 목)의 변형], 亠 tóu(머리 부분 두), 人 rén(사람 인), 隹 zhuī(새 추)

杂志 zázhì ① 잡지 ② 잡기 **3급**
复杂 fùzá 복잡하다[↔ 简单 jiǎndān, 单纯 dānchún] **3급**

+ 志 zhì(뜻 지, 誌: 기록할 지, 책 지), 复 fù(復: 다시 부, 돌아올 복, 複: 거듭 복, 겹칠 복)

5급

rǎn

물(氵) 속에 넣고 **많이(九) 나무(木)**로 휘저으며 물들이니
물들일 염

污染 wūrǎn 오염시키다 **5급**

+ 污 wū(더러울 오)

1급

shí

일(一)에 하나(丨)를 그어 한 묶음인 열을 나타내어 **열 십**
또 전체를 열로 보아 열이니 많다는 데서 **많을 십**

十分 shífēn 매우, 아주, 대단히, 충분히[≒ 非常 fēicháng] 2급
十足 shízú ① 충분하다 ② 순도가 높다 5급

+ 分 fēn/fèn(나눌 분, 단위 분, 단위 푼, 신분 분, 분별할 분, 분수 분, 점수 분, 성분 분), 足 zú(발 족, 넉넉할 족)

1급

shén/shí

사람(亻)에게 꼭 필요한 **열(十)** 가지가 무엇인가에서
무엇 십 (shén)
또 **사람(亻)**이 **열(十)**씩 모인 단위니 **열 사람 십 (shí)**

什么 shénme 무엇, 무슨 1급
干什么 gànshénme ① 무엇을 하는가? ② 어째서, 왜 1급
没什么 méishénme ① 아무것도 아니다 ② 아무것도 없다 ③ 괜찮다 1급
为什么 wèishénme 왜, 무엇 때문에, 어째서 2급

+ 么 me(麼: 작을 마, 어조사 마), 干 gān/gàn(방패 간, 乾: 마를 건, 幹: 줄기 간, 일할 간, 간부 간), 没 mò/méi(沒: 빠질 몰, 다할 몰, 없을 몰), 为 wèi(爲: 할 위, 위할 위)

3급

zhī

짜면 **물(氵)**처럼 **많이(十)** 나오는 진액이니 **진액 즙**

+ 진액(津液 jīnyè) – 생물의 몸 안에서 나는 액체
+ 津 jīn(나루 진, 진액 진), 液 yè(즙 액)

果汁 guǒzhī 과일즙 3급

+ 果 guǒ(과일 과, 결과 과)

2급

jì

計

말(讠)로 **많이(十)** 셈하고 꾀하니 **셈할 계, 꾀할 계**

+ 讠 yán[言 yán(말씀 언 변)의 간체자]

计算机 jìsuànjī 계산기, 컴퓨터[= 电脑 diànnǎo] 2급
计算 jìsuàn 계산(하다) 3급
设计 shèjì ① 설계하다, 계획하다 ② 설계, 디자인 3급
预计 yùjì ① 미리 어림하다, 예상하다 ② 예상 3급

+ 算 suàn(셈할 산), 机 jī(機: 기계 기, 비행기 기, 기능 기, 기회 기), 设 shè(設: 세울 설, 베풀 설), 预 yù(預: 미리 예, 맡길 예, 참여할 예)

4급

말(口)이 많은(十) 것처럼 바람에 나부끼며 소리 내는 나무나 풀의 잎이니 잎 엽

[번체] 葉 - 풀(艹)처럼 세대(世)마다 나무(木)에 나는 잎이니 '잎 엽'
+ 세대(世代 shìdài) - '어린아이가 성장하여 부모 일을 계승할 때까지의 약 30년 정도 되는 기간'을 말하지만, 여기서는 '풀이 돋아나서 씨앗을 맺고 죽는 1년 정도'를 가리킵니다.
+ 口 kǒu(입 구, 말할 구, 구멍 구), 世 shì(세대 세, 세상 세)

叶子 yèzi ① 잎, 잎사귀 ② (가공 한) 찻잎 4급
茶叶 cháyè 차의 잎 4급

+ 子 zǐ/zi(아들 자, 첫째 지지 자, 자네 자, 접미사 자), 茶 chá(차 차)

4급

쇠(钅)를 많이(十) 갈아서 만든 바늘이니 바늘 침

+ 钅jīn[金 jīn(쇠 금, 금 금, 돈 금 변)의 간체자]

打针 dǎzhēn 주사를 놓다. 주사를 맞다 4급
针对 zhēnduì 겨누다, 조준하다, 초점을 맞추다 4급
方针 fāngzhēn 방침 4급

+ 打 dǎ(칠 타, 공격할 타, 어조사 타, 다스 타), 对 duì(對: 상대할 대, 대답할 대), 方 fāng(모 방, 방향 방, 방법 방)

---

031 ▶ **卒碎醉** - 졸로 된 한자
졸 쇄 취

참고자

우두머리(亠) 밑에 모인 사람들의(人人) 많은(十) 무리는 졸병이니
졸병 졸
또 졸병은 전쟁에서 앞장서기 때문에 갑자기 죽어 생을 마치니
갑자기 졸, 죽을 졸, 마칠 졸

+ 亠 tóu(머리 부분 두), 十 shí(열 십, 많을 십)

小卒 xiǎozú 병졸, 졸개, 보잘것없는 사람, 힘없고 하찮은 졸병 참고어

42

5급
碎
suì

돌(石)을 졸병(卒)처럼 잘게 부수니 부술 **쇄**

5급
醉
zuì

술(酉)기운에 졸병(卒) 된 듯 취하니 취할 **취**
또 취한 듯 무엇에 빠지니 빠질 **취**

+ '술(酉) 마심을 마치면(卒) 취하니 취할 취'라고도 합니다.
+ 酉 yǒu(술 그릇 유, 술 유, 닭 유, 열째 지지 유)

---

032 >> 幺乡 率摔 – 幺, 率로 된 한자
　　　요 향 솔 솔

참고자
幺
yāo

작고 어린 아기 모양 본떠서(幺) 작을 요, 어릴 요

+ 纟 sī(실 사, 실 사 변, 糸)의 일부분이니 작다는 데서 작을 요(幺)라고도 합니다.

3급
乡
鄕
xiāng

어린(乡) 시절 뛰어 놀던 시골 고향이니 시골 **향**, 고향 **향**

번체 鄕 – 어려서(乡) 흰(白) 쌀밥을 숟가락(匕)으로 먹으며 살던 시골 고을(阝)이 고향이니 '시골 향, 고향 향'
+ 옛날에는 먹을 것이 귀했으니 당시 좋은 음식으로 여겼던 흰 쌀밥을 먹던 고을을 고향이라고 했네요.
+ 乡 yāo [작을 요, 어릴 요(幺)의 변형], 白 bái(흰 백, 밝을 백, 깨끗할 백, 아뢸 백), 匕 bǐ(비수 비, 숟가락 비), 阝 yì(고을 읍 방)

故乡 gùxiāng 고향[≒ 故园 gùyuán, 故土 gùtǔ ↔ 异乡 yìxiāng] **3급**
家乡 jiāxiāng 고향[↔ 他乡 tāxiāng] **3급**
+ 故 gù(연고 고, 옛 고), 家 jiā(집 가, 전문가 가)

率 lǜ/shuài

4급

우두머리(亠)가 **작은**(幺) 사람을 양쪽에 **둘**(: :)씩, 아래에 **열**(十)의 비율로 거느리니 비율 **률**(lǜ), 거느릴 **솔**(shuài)

또 잘 거느리려고 솔직하니 솔직할 **솔**(shuài)

效率 xiàolǜ 능률, 효율 4급
率领 shuàilǐng 인솔하다[≒ 带领 dàilǐng] 5급
+ 效 xiào(본받을 효, 효험 효), 领 lǐng(領: 거느릴 령)

摔 shuāi

5급

손(扌)으로 **거느린**(率) 것 중 불필요한 것을 내던지니 내던질 **솔**

또 내던진 것처럼 쓰러지니 쓰러질 **솔**

摔倒 shuāidǎo 쓰러지다, 넘어지다, 엎어지다 5급
+ 倒 dǎo(넘어질 도, 거꾸로 도)

---

033 ⟩⟩ 艹 攵散政 – 艹와 攵으로 된 한자
　　　　초　복 산 정

艹 cǎo

부수자

풀 초(艸, 草)가 부수로 쓰일 때의 모양으로,
주로 글자의 머리에 쓰이므로 **머리 두**(头)를 붙여 **초 두**

+ 번체자에서는 4획의 艹이지만, 간체자에서는 3획의 艹로 씁니다.
+ '두'는 글자의 머리에 붙은 부수 이름이기에 원래 '艸 cǎo, 草 cǎo(풀 초)'의
　'초'로 제목을 달았습니다.

攵 pō

부수자

사람(丿)이 **엇갈리게**(乂) 치니 칠 **복**

+ (동) 攴 pū – 점(卜)칠 때 오른손(又)에 회초리 들고 툭툭 치니 '칠 복'
+ (비) 夂 zhǐ(천천히 걸을 쇠, 뒤져올 치) – 제목번호 144 참고
+ 夂 zhǐ (천천히 걸을 쇠, 뒤져올 치)는 3획, 攵 pō(칠 복, = 攴 pū)은 4획입니다.
+ 丿[人 rén(사람 인)의 변형], 乂 yì('벨 예, 다스릴 예, 어질 예'지만 여기서는
　엇갈리는 모양으로 봄), 卜 bǔ(점 복, 葡: 무 복), 又 yòu(오른손 우, 또 우)

44

3급

散

săn/sàn

풀(艹)이 난 **땅**(一)에 **고기**(月)를 놓고 **친**(攵) 듯 여러 조각으로 흩어지니 **흩어질 산**

+ 散은 품사에 따라 발음이 달라지니 주의하세요.
+ 艹 cǎo(艹: 초 두), 一 yī('한 일'이지만 여기서는 '땅'으로 봄), 月 yuè(달 월, 육 달 월)

散 fēnsàn ① 분산하다 ② 분산시키다 **4급**
散文 sǎnwén 산문 **5급**

+ 分 fēn/fèn(나눌 분, 단위 분, 단위 푼, 신분 분, 분별할 분, 분수 분, 성분 분), 文 wén(글 문, 문명 문, 문화 문)

4급

政

zhèng

바르도록(正) **치면서**(攵) 다스리니 **다스릴 정**

+ 正 zhèng(바를 정)

政府 zhèngfǔ 정부 **4급**
政治 zhèngzhì 정치 **4급**

+ 府 fǔ(관청 부, 창고 부), 治 zhì(다스릴 치)

---

034 ▷ **廿 度 革　共 供** - 廿, 共으로 된 한자
　　　입 도(탁) 혁　공 공

참고자

廿

niàn

열 십, 많을 십(十) 두 개를 합쳐서 **스물 입**(= 廿)

2급

度

dù/duó

집(广)에서 **스무**(卄) 번이나 **손**(又)으로 법도에 따라 정도를 재며 시간 보내니 **법도 도, 정도 도, 시간 보낼 도**(dù)
또 법도에 따라 헤아리니 **헤아릴 탁**(duó)

+ 도(度 dù) − ① 수학에서 호와 각의 계산 단위 ② 지리에서 경도와 위도의 단위
　　　　　　③ 킬로와트
+ 广 guǎng(집 엄, 廣: 넓을 광, 많을 광), 又 yòu(오른손 우, 또 우)

角度 jiǎodù 각도 **2급**

制度 zhìdù 제도, 규칙 **3급**

度过 dùguò (시간, 휴가 따위를) 보내다, 지내다 **4급**

长度 chángdù 길이, 장도 **5급**

+ 角 jiǎo(角: 뿔 각, 모날 각, 겨룰 각, 배우 각), 制 zhì(제도 제, 억제할 제,
　製: 지을 제), 过 guò(過: 지날 과, 지나칠 과, 허물 과), 长 cháng(長: 길 장,
　자랄 장, 어른 장)

5급

革

gé

걸어놓은 짐승 가죽의 **머리**(卄)와 **몸통**(口)과 **다리**(一)와 **꼬리**(丨)를 본떠서 **가죽 혁**
또 가죽으로 무엇을 만들려고 가공하여 고치니 **고칠 혁**

+ 卄 niàn('스물 입'이지만 여기서는 짐승 가죽의 머리로 봄)

改革 gǎigé ① 개혁하다 ② 개혁[≒ 改造 gǎizào] **5급**

+ 改 gǎi(고칠 개)

2급

共

gòng

많은(卄) 사람들이 **마당**(一)에서 일을 **나누어**(八) 함께 하니
함께 공

+ 卄 niàn('스물 입'이지만 여기서는 많은의 뜻으로 봄), 一 yī('한 일'이지만 여
　기서는 마당으로 봄), 八 bā(여덟 팔, 나눌 팔)

一共 yígòng 모두, 전부, 합계 **2급**

共同 gòngtóng ① 공동의, 공통의 ② 함께, 다 같이[↔ 单独 dāndú] **3급**

共有 gòngyǒu ① 합계가 ~이다 ② 공유(하다) **3급**

总共 zǒnggòng 모두, 전부, 합쳐 **4급**

共计 gòngjì ① 합계하다 ② 함께 계획하다[≒ 총계 zǒngjì] **5급**

共享 gòngxiǎng ① 함께 누리다 ② 모두의 즐거움 **5급**

+ 同 tòng(같을 동), 有 yǒu(가질 유, 있을 유), 总 zǒng(總: 모두 총, 모을 총,
　거느릴 총), 计 jì(計: 셈할 계), 享 xiǎng(누릴 향)

4급

供

gōng/gòng

사람(亻)이 **함께(共)** 살면서 필요한 물건을 서로 제공하니
제공할 공 (gōng)
또 **사람(亻)**이 **함께(共)** 증거를 바치며 자백하니
바칠 공, 자백할 공 (gòng)

供应 gōngyìng 제공(하다), 공급(하다)[= 供给 gōngjǐ] 4급
提供 tígōng 제공하다, 공급하다 4급
✚ 应 yìng(應: 응할 응), 提 tí(끌어올릴 제, 들 제)

---

035 ▶ **廾异 弄弃算** – 廾으로 된 한자
　　　　공 이 　롱 기 산

부수자

gǒng

물건을 두 손으로 받쳐 든 모양을 본떠서 받쳐 들 공

✚ 내려긋는 두 획을 반듯하게 쓰면 '廾, 廿 nià(스물 입)'
✚ 내려긋는 두 획을 반듯하고 짧게 쓰면 ++(초 두)의 간체자 艹 cǎo
✚ 내려긋는 두 획 중 처음 한 획을 약간 휘게 쓰면 '廾 gǒng(받쳐 들 공)'

5급

異

yì

뱀(巳)도 **받쳐 들고(廾)** 행동함이 우리와 다르니 다를 이

[번체] 異 – 밭(田)은 함께(共) 있어도 주인도 다르고 심어진 곡식도 다르니 '다를 이'
✚ 巳 sì(뱀 사), 田 tián(밭 전), 共 gòng(함께 공)

2급

nòng

구슬(王)을 **받쳐 들고(廾)** 희롱하듯 가지고 노니
희롱할 롱, 가지고 놀 롱

✚ 희롱(戏弄 xìnòng) – (말이나 행동으로) 실없이 놀림
✚ 王 wáng(임금 왕, 으뜸 왕, 구슬 옥 변), 戏 xì(戲: 놀 희)

5급

머리(亠) 속의 사사로움(厶)을 받쳐 들어(廾) 버리니 버릴 기

[번체] 棄 – 머리(亠) 속의 사사로움(厶)을 하나(一)의 그릇(凵)에 담아 나무(木) 위로 던져버리니 '버릴 기'

＋ 亠 tóu(머리 부분 두), 厶 sī/mǒu(사사로울 사, 나 사), 凵 qiǎn(입 벌릴 감, 그릇 감), 木 mù(나무 목)

放弃 fàngqì (권리나 주장·의견 등을) 버리다, 포기하다[↔ 保留 bǎoliú] 5급

＋ 放 fàng(놓을 방)

qì

2급

대(⺮)로 눈(目)알처럼 깎아 만든 주판을 받쳐 들고(廾) 셈하니 셈할 산

＋ 주판(算盘 suànpán) – 옛날 셈을 하는 데 쓰였던 도구, 수판, 주산

＋ ⺮[竹 zhú(대 죽)이 부수로 쓰일 때의 모양], 盘 pán(盤: 쟁반 반)

总算 zǒngsuàn ① 겨우, 간신히 ② 전체적으로(대체로) ~한 셈이다 5급

＋ 总 zǒng(總: 모두 총, 모을 총, 거느릴 총)

suàn

---

036 ▶ **昔惜措 借错籍** – 昔으로 된 한자
　　　　석 석 조 　차 착 적

참고자

이십(廾)일(一) 일(日)이나 지난 오래된 옛날이니 오랠 석, 옛 석

＋ 廾 niàn[= 廿 niàn(스물 입)]은 아래를 막아 써도 같지만, 보다 분명히 하려고 廿 niàn과 一 yī(한 일)로 나누어 풀었습니다.

＋ 日 rì(해 일, 날 일)

昔日 xīrì 옛날, 지난날 참고어

xī

5급

마음(忄)에 어렵던 옛날(昔)을 생각하며 아낌이 가없으니 아낄 석, 가없을 석

可惜 kěxī 섭섭하다, 아쉽다, 애석하다 5급

＋ 可 kě(옳을 가, 가히 가, 허락할 가)

xī

措
cuò

손(扌)으로 **옛날**(昔)의 물건을 잘 배치하여 두니
배치할 조, 둘 조

措施 cuòshī 조치, 대책 4급

◆ 施 shī(행할 시, 베풀 시)

借
jiè

사람(亻)을 **오래**(昔) 사귀면 돈도 빌려 주고 빌리니
빌려줄 차, 빌릴 차

◆ '빌리다'와 '빌려주다'라는 상반된 의미가 다 있기 때문에 문맥을 잘 살펴야 합니다.

错
cuò   錯

쇠(钅)도 **오래**(昔)되면 녹이 섞여 어긋나니 섞일 착, 어긋날 착

◆ 钅 jīn[金(쇠 금, 금 금, 돈 금 변)의 간체자]

不错 búcuò ① 좋다, 잘하다 ② 맞다, 정확하다 2급

错误 cuòwù ① 착오 ② 잘못되다 3급

没错 méi cuò 틀림없다 4급

◆ 不 bú(아닐 불, 아닐 부), 误 wù(誤: 그르칠 오), 没 mò/méi(沒: 빠질 몰, 다할 몰, 없을 몰)

籍
jí

대(⺮) 조각에 **쟁기**(耒)로 밭 갈듯 글을 새겨 **오래**(昔) 남도록
만든 서적이나 문서니 서적 적, 문서 적

◆ 종이가 없던 옛날에는 대(竹) 조각에 글을 새겨 서적이나 문서를 만들었답니다.
◆ ⺮[竹 zhú(대 죽)이 부수로 쓰일 때의 모양], 耒 lěi(耒: 가래 뢰, 쟁기 뢰)

国籍 guójí 국적, 소속국 5급

◆ 国 guó(國: 나라 국)

참고자

莫
mò

풀(艹)에는 **해(日)**처럼 **큰(大)** 영향을 미치는 것이 없으니 없을 **막**
또 없으니 하지 말라는 데서 말 **막**
또 풀(艹)에는 **해(日)**가 가장 **큰(大)** 영향을 미치니 가장 **막**

+ 艹 cǎo(艹: 초 두), 日 rì(해 일, 날 일), 大 dà/dài(큰 대)
莫过于 mòguòyú ~보다 더한 것은 없다 참고어
莫名其妙 mòmíngqímiào 어리둥절하게 하다, 영문을 알 수 없다 참고어
+ 过 guò(過: 지날 과, 지나칠 과, 허물 과), 于 yú(어조사 우), 名 míng(이름
명, 이름날 명), 其 qí(그 기), 妙 miào(묘할 묘)

5급

漠
mò

물(氵)이 **없으면(莫)** 되는 사막이니 사막 **막**
또 사막처럼 아무것도 없어 막막하니 막막할 **막**

沙漠 shāmò ① 사막 ② 냉담하다, 쌀쌀하다 5급
+ 沙 shā(모래 사)

4급

模
mó/mú

나무(木)로 **없어질(莫)** 것을 대비하여 본보기로 본떠 만드니
본보기 **모**, 본뜰 **모**
또 본떠 만들면 아무리 잘해도 차이가 나 모호하니 모호할 **모** (mó)
또 본보기가 되는 거푸집 같은 틀이니 틀 **모** (mú)

规模 guīmó 형태, 범위, 영역 4급
大规模 dàguīmó 대규모의(로) 4급
模特儿 mótèr[음역어] ① 모델 ② 모형[模型 móxíng] 4급
模型 móxíng 모형, 모본 4급
模式 móshì (표준) 양식, 모델[≒ 形式 xíngshì] 5급
+ 规 guī(規: 법 규), 特 tè(특별할 특), 型 xíng(틀 형), 式 shì(법 식, 의식 식)

4급

摸
mō

손(扌)으로 **없어진(莫)** 물건을 더듬어 찾으니 찾을 **모**

5급

幕

mù

없는(莫) 것처럼 **수건(巾)** 같은 천으로 덮은 장막이니 **장막 막**

+ 巾 jīn(수건 건)

开幕 kāi//mù ① 개막하다 ② 시작하다 ③ 개막, 개업 5급

开幕式 kāimùshì 개막식 5급

闭幕 bì//mù ① 폐막하다 ② 폐막 5급

闭幕式 bìmùshì 폐막식[↔ 开幕式 kāimùshì] 5급

+ 开 kāi(开: 열 개, 시작할 개, 끓일 개), 式 shì(법 식, 의식 식), 闭 bì(閉: 닫을 폐)

---

038 >> **世 丰 帮 害** – 世와 丰으로 된 한자
　　　세 봉(풍) 방 해

3급

世

shì

(한 세대를 30년으로 봐서) **열 십, 많을 십(十)** 셋을 합치고,
(세대는 서로 연결되어 있다는 데서) 아랫부분을 연결하여 세대 세
또 세대들이 모여 사는 세상이니 세상 세

世纪 shìjì 세기 3급

世界杯 shìjièbēi 월드컵 3급

全世界 quánshìjiè 전 세계 5급

+ 纪 jì(紀: 벼리 기, 질서 기, 해 기, 기록할 기), 界 jiè(경계 계, 세계 계), 杯 bēi(잔 배), 全 quán(全: 온전할 전)

3급

丰

féng

풀이 무성하게 자라 예쁜 모양에서 **풀 무성할 봉, 예쁠 봉**
또 재물이 **삼(三)** 대까지 **이어질(丨)** 정도로 풍성하니 **풍성할 풍**

[번체] 豐 – 제기(豆)에 음식이 많은 모양을 본떠서 '풍성할 풍'

+ 원래의 번체는 豐이지만 대부분 속자인 豊으로 많이 씁니다.

+ 豊 – 상다리가 굽을(曲) 정도로 제기(豆)에 음식을 차려 풍성하니 '풍성할 풍'

+ 丨 gùn('뚫을 곤'이지만 여기서는 이어지는 모양으로 봄), 豆 dòu(제기 두, 콩 두)

丰收 fēngshōu 풍작[↔ 歉收 qiànshōu] 5급

+ 收 hōu(거둘 수)

51

1급

帮

帮

bāng

나라(邦)에서 수건(巾) 같은 천을 주어 백성들의 살림을 도우니

도울 방

[번체] 幫 - 봉하고(封) 비단(帛)까지 주며 도우니 '도울 방'
+ 邦 bāng - 풀 무성하듯(丰) 고을(阝)이 번성하여 이루어지는 나라니 '나라 방'
+ 巾 jīn(수건 건), 阝 fǔ(고을 읍 방), 封 fēng(봉할 봉) - 제목번호 204 참고, 帛 bó(비단 백, 폐백 백), 丰[丰 fēng(무성할 봉, 예쁠 봉, 풍성할 풍)의 변형]

帮忙 bāngmáng 일(손)을 돕다, 도움을 주다 **1급**

帮助 bāngzhù ① 돕다, 보좌하다 ② 도움, 보조 **2급**

+ 忙 máng(바쁠 망), 助 zhù(도울 조)

3급

害

害

hài

집(宀)에서 어지럽게(丰) 말하며(口) 해치고 방해하니

해칠 해, 방해할 해

+ 宀 mián(집 면), 丰 fēng['풀 무성할 봉, 예쁠 봉, 豐: 풍성할 풍'이지만 풀은 무성하니 어지럽다는 뜻으로 봄, 번체자에서는 丰이 변형된 모습], 口 kǒu(입 구, 말할 구, 구멍 구)

害怕 hàipà 겁내다, 두려워하다 **3급**

厉害 lìhai ① 무섭다 ② 엄하다 ③ 대단하다[↔ 和蔼 hé'ǎi, 和善 héshàn, 和气 héqi] **5급**

损害 sǔnhài 손해를 끼치다[↔ 利益 lìyì] **5급**

有害 yǒuhài 유해하다, 해롭다 **5급**

+ 怕 pà(두려워할 파), 厉 lì(厲: 엄할 려), 损 sǔn(損: 덜 손), 有 yǒu(가질 유, 있을 유)

52

4급

chóng

벌레 모양을 본떠서 벌레 충

[번체] 蟲 – (벌레는 한 마리가 아니니) 많은 벌레가 모인 모양을 본떠서 '벌레 충'

虫子 **chóngzi** ① 벌레, 곤충 ② 일을 빙자하여 이익을 취하는 사람 **4급**

✚ 子 zǐ/zi(아들 자, 첫째 지지 자, 자네 자, 접미사 자)

4급

獨

dú

개(犭)와 **벌레(虫)**의 관계처럼 어울리지 못하고 홀로니 홀로 독
또 늙어서 홀로 지내게 자식 없으니 자식 없을 독

[번체] 獨 – 개(犭)와 애벌레(蜀)의 관계처럼 어울리지 못하고 홀로니 '홀로 독'
　　　또 늙어서 홀로 지내게 자식 없으니 '자식 없을 독'

✚ 蜀 shǔ – 그물(罒) 같은 집에 싸여(勹)있는 애벌레(虫)니 '애벌레 촉'

✚ 犭 quǎn(큰개 견, 개 사슴 록 변), 罒 wǎng(그물 망, = 网, 罓), 勹 bāo(쌀 포)

独立 **dúlì** ① 독립(하다)[↔ 依赖 yīlài] ② 홀로 서다 **4급**

独特 **dútè** 독특하다, 특별하다 **4급**

独自 **dúzì** 단독으로, 혼자서, 홀로[= 单独 dāndú] **4급**

单独 **dāndú** 단독으로, 혼자서[↔ 共同 gòngtóng] **4급**

✚ 立 lì(설 립), 特 tè(특별할 특), 自 zì(자기 자, 스스로 자, 부터 자), 单 dān(單: 홀 단)

3급

强

qiáng/qiǎng

활(弓)처럼 당겨 입(口)으로 벌레(虫)가 무는 힘이 강하니
강할 강(qiáng)
또 강하게 밀어붙이는 억지니 억지 강(qiǎng)

✚ 弓 gōng(활 궁)

强大 **qiángdà** 강대하다[= 强盛 qiángshèng] **3급**

强调 **qiángdiào** 강조하다 **3급**

强烈 **qiángliè** ① 강렬하다 ② 아주 강한[≒ 猛烈 měngliè ↔ 轻微 qīngwēi]
③ 선명하다 **3급**

坚强 **jiānqiáng** ① 강경하다 ② 강화하다 **3급**

强度 **qiángdù** 강도 **5급**

强迫 **qiǎngpò** 강요하다, 강제로 시키다[≒ 逼迫 bīpò] **5급**

增强 **zēngqiáng** 증강하다, 강화하다[↔ 减弱 jiǎnruò] **5급**

✚ 调 diào(調: 조사할 조, 옮길 조, 고를 조, 조절할 조), 烈 liè(세찰 렬, 매울
렬), 坚 jiān(堅: 굳을 견), 度 dù(법도 도, 정도 도, 시간 보낼 도, 헤아릴
탁), 迫 pò(닥칠 박), 增 zēng(增:더할 증)

2급

千

qiān

무엇을 강조하는 **삐침 별(丿)**을 **열 십, 많은 십(十)** 위에 써서
일 천 **천**, 많을 **천**

+ 한자에서는 一 yī(한 일), 丿 piě(삐침 별), 丶 zhǔ(점 주, 불똥 주) 등으로 무엇
  이나 어느 부분을 강조합니다.

千克 qiānkè 킬로그램[= 公斤 gōngjīn] 2급

千万 qiānwàn ① 부디, 제발, 아무쪼록 ② 일천만 ③ 엄청나다 3급

+ 克 kè(능할 극, 이길 극), 万 wàn(萬: 일만 만, 많을 만)

5급

托

tuō

손(扌)으로 **부탁하여(乇)** 맡기니 부탁할 **탁**, 맡길 **탁**

+ 乇 tuō – 천(千) 번이나 굽실거리며 부탁한다는 데서 일천 천, 많을 천(千)을
  굽혀서 '부탁할 탁, 의탁할 탁'

摩托 mótuō[음역어] 모터, 발동기[= 马达 mǎdá] 5급

委托 wěituō 부탁하다 5급

+ 摩 mó(摩: 갈 마), 委 wěi(맡길 위, 의지할 위, 덮어씌울 위)

3급

升

shēng

천(千), 십(十) 등의 숫자로 양을 헤아리는 단위인 리터니 리터 **승**
또 양을 헤아릴 때 물건을 퍼 올리듯 오르니 오를 **승**

+ 번체자에서는 '되 승, 오를 승'로 사용하지만, 중국 한자(간체자)에서는 '리터
  (liter) 승, 오를 승'으로 사용합니다.

上升 shàngshēng ① 상승하다 ② (등급·정도·수량 따위가) 향상하다 3급

升高 shēnggāo 높이 오르다 5급

+ 高 gāo(높을 고)

5급

垂

chuí

많은(千) 풀(卄)잎이 **흙(土)**바닥에 드리우니 드리울 **수**

+ 卄 cǎo(卄: 초 두)는 주로 글자의 머리에 붙는데 여기서는 가운데에 붙었네요.

睡

shuì

눈(目)꺼풀을 **드리우고(垂)** 자니 잘 **수**

✦ 目 mù(눈 목, 볼 목, 항목 목)

睡觉 shuìjiào (잠을) 자다 `1급`

午睡 wǔshuì 낮잠(을 자다) `2급`

睡着 shuìzháo 잠들다[= 成眠 chéngmián, 入睡 rù//shuì] `4급`

睡眠 shuìmián ① 수면, 잠 ② 잠자다 `5급`

✦ 觉 jiào(覺: 깨달을 각, 잠 교), 午 wǔ(말 오, 일곱째 지지 오, 낮 오), 着
zháo/zhe/zhāo/zhuó(着: 붙을 착, 어조사 착, 첨가할 착, 입을 착), 眠
mián(잘 면)

 人认队 以似 - 人, 以로 된 한자
인 인 대 이 사

人

rén

다리 벌리고 서 있는 사람을 본떠서 **사람 인**

✦ 글자의 왼쪽에 붙는 부수인 변으로 쓰일 때는 亻rén(사람 인 변), 글자의 아
래에 붙는 부수인 발로 쓰일 때는 儿 ér(사람 인 발, 접미사 아, 兒: 아이 아)
의 형태가 됩니다.

别人 biérén 남, 타인[≒ 他人 tārén] `1급`

人生 rénshēng 인생 `3급`

人家 rénjiā ① 남, 타인 ② 인가[사람이 사는 집] `4급`

人间 rénjiān 인간 사회, 세상 `5급`

人力 rénlì 인력 `5급`

✦ 别 bié(나눌 별, 다를 별), 生 shēng(날 생, 살 생, 사람을 부를 때 쓰는 접사
생), 家 jiā(집 가, 전문가 가), 间 jiān(間: 사이 간), 力 lì(힘 력)

1급

认

認

rèn

상대의 **말(讠)**을 **사람(人)**이 들어 알고 인정하니 알 **인**, 인정할 **인**

[번체] 認 – 상대의 말(言)을 참고(忍) 들어 알고 인정하니 '알 인, 인정할 인'

+ 讠 yán[言 yán(말씀 언 변)의 간체자], 忍 rěn(참을 인, 잔인할 인) – 제목번호 163 참고

认真 rènzhēn ① 진솔하다[↔ 草率 cǎoshuài, 马虎 mǎhu] ② 진담으로 받아들이다 1급

认为 rènwéi 인정하다[≒ 以为 yǐwéi] 2급

认出 rènchū 분별하다 3급

认可 rènkě 인가하다, 허락하다[≒ 同意 tóngyì, 承认 chéngrèn] 3급

否认 fǒurèn 부인하다[↔ 承认 chéngrèn] 3급

+ 真 zhēn(眞: 참 진), 为 wèi(爲: 할 위, 위할 위), 出 chū(나올 출, 나갈 출), 可 kě(옳을 가, 가히 가, 허락할 가), 否 fǒu(아닐 부, 막힐 비, 나쁠 비)

2급

队

隊

duì

언덕(阝)에 **사람(人)**들이 모인 무리니 무리 **대**

또 무리를 이루는 군대니 군대 **대**

[번체] 隊 – 언덕(阝)에 여덟(八) 마리의 돼지(豕)가 모인 무리니 '무리 대'

또 무리를 이루는 군대니 '군대 대'

+ 阝 fù(언덕 부 변), 八 bā(여덟 팔, 나눌 팔), 豕 shǐ(돼지 시)

队长 duìzhǎng 주장, 대장 2급

排队 páiduì 순서대로 정렬하다, 줄을 서다 2급

球队 qiúduì 운동 경기의 단체, 팀 2급

+ 长 cháng/zhǎng(長: 길 장, 자랄 장, 어른 장), 排 pái(排: 물리칠 배, 배열할 배), 球 qiú(둥글 구, 공 구)

2급

以

yǐ

사사로운(厶) 욕심 때문에 **사람(人)**으로서(써)의 가치를 잃으니 써 **이**

+ 써 – '그것을 가지고', '그것으로 인하여'의 뜻을 지닌 접속 부사

+ 厶[厶 sī/mǒu(사사로울 사, 나 사)의 변형] – 제목번호 321 참고

以上 yǐshàng ① 이상, 어느 한도의 위 ② 이상(의 말한 것) 2급

以下 yǐxià ① 이하, 어느 한도의 아래 ② 그다음(의 말) 2급

以为 yǐwéi 여기다, 인정하다 2급

以来 yǐlái 이래, 동안 3급

以内 yǐnèi 이내 4급

以便 yǐbiàn ~(하기에 편리)하도록 5급

+ 为 wèi(爲: 할 위, 위할 위), 来 lái(來: 올 래), 内 nèi(內: 안 내), 便 biàn(편할 편, 똥오줌 변, 쌀 편)

3급

似

sì/shì

사람(亻)들은 태어날 때부터 **써(以)** 같거나 닮으니

같을 사, 닮을 사

相似 xiāngsì 닮다, 비슷하다 **3급**

似的 shìde ~와 같다, ~와 비슷하다 **4급**

似乎 sìhū 마치 ~같다 **4급**

＋ 相 xiāng(서로 상, 모습 상), 的 de(과녁 적, 확실할 적, 어조사 적, 택시 적),
乎 hū(어조사 호)

---

042 〉〉 **入久** - 入과 비슷한 한자

입 구

2급

入

rù

사람이 머리 숙이고 들어가는 모양을 본떠서 **들 입**

入口 rù//kǒu ① 수입하다 ② 입으로 들어가다 ③ 입구 **2급**

输入 shūrù ① (전기, 컴퓨터 등에) 입력하다[↔ 输出 shūchū] ② (외부에서 안으
로) 여보내다, 받아들이다 ③ (상품이나 자본을) 수입(하다) [= 进口 jìn//kǒu] **3급**

投入 tóurù ① 참가하다 ② (자금 등을) 투입하다 ③ 몰두하다 **4급**

＋ 口 kǒu(입 구, 말할 구, 구멍 구), 输 shū(輸: 실어 나를 수), 投 tóu(던질 투)

2급

久

jiǔ

(무엇에 걸리면 잘 갈 수 없어서 시간이 오래 걸리니)

무엇(丿)에 **걸린(一) 사람(人)** 모양을 본떠서 **오랠 구**

不久 bùjiǔ 머지않아, 곧 **2급**

多久 duōjiǔ ① 얼마 동안 ② 오랫동안 **2급**

好久 hǎojiǔ ① (꽤) 오랫동안 ② 얼마 동안 ③ 언제 **2급**

＋ 久仰 jiǔyǎng (오래전부터 우러름)은 공식적인 자리의 첫 만남에서 건네는
인사말로, 久仰久仰 jiǔyǎngjiǔyǎng처럼 두 번 반복해서 사용하는 것이 일
반적입니다.

＋ 不 bú(아닐 불, 아닐 부), 多 duō(많을 다), 好 hǎo(좋을 호, 좋아할 호), 仰
yǎng(우러를 앙)

1급

从
從
cóng

사람(人)이 사람(人)을 좇아 따르니 좇을 종, 따를 종

[번체] 從 – 걸어서(彳) 두 사람(人人) 중 점(卜)쳐 고른 사람(人)을 좇아 따르니
'좇을 종, 따를 종'

+ 옛날에는 점을 많이 쳐서 점과 관련된 한자가 많습니다.
+ 彳 chì(조금 걸을 척), 卜 bǔ(점 복, 蔔: 무 복)

从小 cóngxiǎo 어릴 때부터 **2급**

从来 cónglái (과거부터) 지금까지, 이제까지 **3급**

从事 cóngshì ① 종사하다, 몸담다 ② (방법대로) 처리하다 **3급**

从前 cóngqián 종전, 옛날[≒ 以往 yǐwǎng, 昔日 xīrì] **3급**

从而 cóng'ér 따라서, 그리하여 **5급**

从中 cóngzhōng 중간에서 **5급**

+ 小 xiǎo(작을 소), 来 lái(來: 올 래), 事 shì(일 사, 섬길 사), 前 qián(앞 전), 而 ér(말 이을 이, 어조사 이), 中 zhōng(가운데 중, 맞힐 중)

3급

众
衆
zhòng

사람들이 모인 무리니 무리 중

[번체] 衆 – 핏(血)줄 가까운 우두머리(丿)를 따라(丨) 양쪽(乑)으로 모인 무리니
'무리 중'

+ 血 xuè(피 혈), 丿 piě('삐침 별'이지만 여기서는 우두머리로 봄), 丨 gùn('뚫을 곤'이지만 여기서는 '따름'을 나타냄)

观众 guānzhòng 관중, 구경꾼 **3급**

听众 tīngzhòng ① 청중 ② 청취자 **3급**

大众 dàzhòng 대중 **4급**

众多 zhòngduō (인구나 문제 등이) 매우 많다 **5급**

+ 观 guān(觀: 볼 관), 听 tīng(聽: 들을 청), 多 duō(많을 다)

4급

伞
傘
sǎn

위가 덮이고(人) 아래에 우산살(丷)과 십(十)자 모양의 손잡이가 있는 우산이니 우산 산

[번체] 傘 – 위가 덮이고(人) 아래에 우산살(人人)과 십(十)자 모양의 손잡이가 있는 우산이니 '우산 산'

+ 人 rén('사람 인'이지만 여기서는 덮인 모양으로 봄), 아래의 人 rén(사람 인) 넷(人人)은 우산살로 봄

伞 sǎn 우산

个
gè

(個)

사람(人)이 **하나**(ㅣ)씩 세는 낱낱이니 낱 **개**
또 **사람**(人)이 반듯이 **선**(ㅣ) 모양의 키나 크기니 키 **개**, 크기 **개**

[번체] 個 – 사람(亻)의 성격이 굳어져(固) 개인행동을 하는 낱낱이니 '낱 개'
+ 亻 rén(사람 인 변), 固 gù(굳을 고, 진실로 고)

个子 gèzi ① 키, 체격 ② (동물이나 물건의) 몸집, 크기 ③ (함께 묶은) 단 2급

个人 gèrén ① 개인 ② 나(자신), 저(개인)[↔ 大家 dàjiā, 集体 jítǐ] 3급

个性 gèxìng 개성[↔ 共性 gòngxìng] 3급

个体 gètǐ 사람 혹은 생물의 개체, 개인 4급

上个月 shànggèyuè 지난달 4급

下个月 xiàgèyuè 다음 달 4급

个儿 gèr ① 키, 몸집 ② 크기, 부피 ③ 개수 5급

+ 性 xìng(성품 성, 바탕 성), 体 tǐ(體: 몸 체), 月 yuè(달 월, 육 달 월)

介
jiè

사람(人) **사이**(ハ)에 끼여 소개하고 중개하니
끼일 **개**, 소개할 **개**, 중개할 **개**

介绍 jièshào 소개하다. 추천하다 1급

中介 zhōngjiè ① 중개하다, 매개하다 ② 매개 4급

+ 绍(紹: 소개할 소), 中 zhōng(가운데 중, 맞힐 중)

价
jià

(價)

사람(亻)이 **중개하며**(介) 부르는 값이니 값 **가**
또 값을 매기는 가치니 가치 **가**

[번체] 價 – 사람(亻)이 장사(賈)할 때 부르는 값이니 '값 가'
        또 값을 매기는 가치니 '가치 가'
+ 賈 – 덮어(覀) 쌓아놓고 재물(貝)을 파는 장사니 '장사 고'
+ 覀 yà[襾 yà(덮을 아)의 변형], 貝(조개 패, 재물 패, 돈 패: 贝 bèi)

价格 jiàgé 가격, 값 3급

价钱 jiàqian ① 가격, 값 ② 조건 3급

价值 jiàzhí 가치 3급

高价 gāojià ① 비싼 값 ② 높은 신분 4급

特价 tèjià 특가, 특별 할인 가격 4급

代价 dàijià ① 대가 ② 가격, 대금 5급

+ 格 gé(격식 격, 의성어 격), 钱 qian(錢: 돈 전), 值 zhí(值: 값 치), 高 gāo
  (높을 고), 特 tè(특별할 특), 代 dài(대신할 대, 세대 대, 대금 대)

4급

阶 (階)

jiē

언덕(阝)처럼 오르막에 **끼이게(介)** 만든 계단이니 계단 **계**
또 계단처럼 단계가 있는 계급이니 계급 **계**

[번체] 階 – 언덕(阝)에 오르도록 다(皆) 같은 간격으로 만든 계단이니 '계단 계'
또 계단처럼 단계가 있는 계급이니 '계급 계'

+ 阝 fù(언덕 부 변), 皆 jiē(다 개)

阶段 jiēduàn 단계, 계단, 국면 **4급**

台阶 táijiē 층계, 계단, 섬돌 **4급**

+ 段 duàn(계단 단, 차례 단), 台 tái(臺: 돈대 대, 누각 대, 대만 대, 颱: 태풍 태)

3급

界

jiè

밭(田) 사이에 **끼여(介)** 있는 경계니 경계 **계**
또 여러 나라의 경계로 나누어진 세계니 세계 **계**

+ 田 tián(밭 전)

世界 shìjiè 세계, 세상 **3급**

外界 wàijiè 외부, 바깥세상 **5급**

+ 世 shì(세대 세, 세상 세), 外 wài(밖 외)

---

045 ▶ **今琴含念** – 今으로 된 한자
금 금 함 념

1급

今 (今)

jīn

사람(人)이 **점(丶)**점 **모여드는(丁)** 때가 바로 지금 이제 오늘이
니 지금 **금**, 이제 **금**, 오늘 **금**

[번체] 今 – 사람(人)이 하나(一)같이 모여드는(丁) 때가 바로 지금 이제 오늘이
니 '지금 금, 이제 금, 오늘 금'

+ 丁 [及 jí(이를 급, 미칠 급)의 변형]

今年 jīnnián 금년 **1급**

今天 jīntiān ① 오늘 ② 현재, 오늘날 **1급**

今后 jīnhòu 금후, 이제로부터, 이후[= 从今以后 cóngjīnyǐhòu, 此后 cǐhòu,
以后 yǐhòu] **2급**

至今 zhìjīn 지금까지, 여태껏 **3급**

如今 rújīn 지금, 이제, 오늘날[≒ 现今 xiànjīn] **4급**

今日 jīnrì 오늘, 현재, 오늘날 **5급**

+ 年 nián(해 년, 나이 년), 天 tiān(天: 하늘 천), 后 hòu(왕비 후, 後: 뒤 후),
至 zhì(이를 지, 지극할 지), 如 rú(같을 여), 日 rì(해 일, 날 일)

qín

구슬(王)과 구슬(王)이 **지금**(今) 부딪친 듯 생생하게 맑은 소리를 내는 거문고니 거문고 금

+ 王 wáng(임금 왕, 으뜸 왕, 구슬 옥 변)

钢琴 **gāngqín** 피아노[= 洋琴 yángqín] 5급

+ 钢 gāng(鋼: 단단할 강, 강철 강)

hán

지금(今) 입(口)에 머금으니 머금을 함

含量 **hánliàng** 함량 4급

含有 **hányǒu** 포함하고 있다 4급

含义 **hányì** (글자·단어·말 등의) 함의, 내포된 뜻 4급

包含 **bāohán** ① 포함하다 ② 양해하다, 용서하다 4급

+ 量 liáng/liàng(헤아릴 량, 용량 량), 有 yǒu(가질 유, 있을 유), 义 yì(義: 옳을 의, 의로울 의), 包 bāo(쌀 포)

niàn

지금(今) 마음(心)에 있는 생각이니 생각 념

观念 **guānniàn** ① 관념, 생각 ② 사고방식 3급

纪念 **jìniàn** ① 기념하다 ② 기념품 3급

想念 **xiǎngniàn** 그리워하다[≒ 思念 sīniàn, 怀念 huáiniàn ↔ 忘却 wàngquè, 忘怀 wànghuái] 4급

信念 **xìnniàn** 신념, 믿음 5급

+ 观 guān(觀: 볼 관), 纪 jìn(紀: 벼리 기, 질서 기, 해 기, 기록할 기), 想 xiǎng(생각할 상), 信 xìn(믿을 신, 소식 신)

2급

合

hé

사람(人)들이 하나(一) 같이 말할(口) 정도로 뜻이 합하여 맞으니
합할 합, 맞을 합

+ 口 kǒu(입 구, 말할 구, 구멍 구)

合适 héshì 적당하다, 알맞다 2급

合格 hégé 규격(표준)에 맞다, 합격이다 3급

合作 hézuò 합작하다, 협력하다[↔ 单干 dāngàn] 3급

合同 hétong 계약서 4급

合成 héchéng 합성하다, 합쳐 ~이/가 되다[↔ 分解 fēnjiě] 5급

+ 适 shì(適: 적당할 적, 갈 적), 格 gé(격식 격, 의성어 격), 作 zuò(지을 작),
　同 tòng(같을 동), 成 chéng(이룰 성)

1급

给
(給)

gěi/jǐ

실(纟)을 합치듯(合) 이어서 주니 줄 급(gěi)
또 주듯이 공급하니 공급할 급(jǐ)

+ 纟 sī[糸 mì/sī(실 사, 실 사 변)의 간체자]

交给 jiāogěi 교부하다, 건네주다 2급

送给 sònggěi 주다, 선사하다 2급

+ 交 jiāo(사귈 교, 오고 갈 교), 送 sòng(送: 보낼 송, 배달할 송, 줄 송)

5급

拾

shí

두 손(扌)을 합하여(合) 주우며 정리하니 주울 습, 정리할 습
또 두 손(扌)의 손가락을 합하면(合) 열이니 열 십

+ 拾(열 십)으로는 주로 계약서 같은 데서 숫자를 위조하지 못하게 할 때 씁니다.
+ 扌 shǒu – 手 shǒu(손 수, 재주 수, 재주 있는 사람 수)가 글자의 왼쪽에 붙는
　　　　　부수인 변으로 쓰일 때의 모양으로 '손 수 변'

收拾 shōushi 수습하다, 거두다, 정리하다 5급

+ 收 shōu(거둘 수)

3급

哈

hā

입(口)을 뜻에 맞게(合) 벌리며 내는 웃는 소리니
웃는 소리 하(hā)

+ 번체자에서는 '마실 합, 웃음 소리 합'으로 사용되지만, 여기서는 중국 한자
　(간체자)의 병음을 따라 풀었습니다.

哈哈 hāha 하하 3급

1급

대(艹)쪽에 글을 써 뜻에 **맞게(合)** 대답하고 갚으니
대답할 답, 갚을 답

答应 dāying ① 대답하다 ② 동의하다 2급
答复 dáfù ① 답변하다 ② 답변, 회답[≒ 回复 huífù, 回答 huídá] 5급
+ 应 yìng(應: 응할 응), 复 fù(復: 다시 부, 돌아올 복, 複: 거듭 복, 겹칠 복)

dá/dā

5급

위가 **합해지듯(合)** 덮이게 만든 **그릇(皿)** 같은 갑이니 갑 **합**
또 여러 층이 **합해지게(合)** 만든 **그릇(皿)** 같은 찬합이니 찬합 **합**

+ 찬합(饭盒 fànhé) – 음식을 담는 여러 층으로 된 그릇
+ 皿 mǐn(그릇 명), 饭 fàn(飯: 밥 반)
盒饭 héfàn 도시락밥[도시락 채로 파는 반찬을 곁들인 밥] 5급
盒子 hézi ① 합, 곽[작은 상자] ② 상자형 폭죽 5급
+ 子 zǐ/zi(아들 자, 첫째 지지 자, 자네 자, 접미사 자)

hé

1급

합하여(合) 손(手)으로 잡으니 **잡을 나**

+ 手 shǒu(손 수, 재주 수, 재주 있는 사람 수)
拿出 náchū 꺼내다 2급
拿到 nádào 손에 넣다 2급
+ 出 chū(나올 출, 나갈 출), 到 dào(이를 도, 주도면밀할 도)

ná

---

047 金险验 检脸签 – 金으로 된 한자
     첨 험 험   검 검 첨

참고자

사람(人)들이 **하나(一)** 같이 점점점(丷) **한(一)** 곳에 모이는
모두니 **모두 첨**

[번체] 僉 – 사람(人)이 하나(一)같이 입들(口口)을 다물고 둘(人人)씩 다 모이니
     '다 첨, 모두 첨'

qiān

3급

xiǎn

언덕(阝)처럼 모두(佥) 험하니 험할 험

+ 阝 fù(언덕 부 변)

保险 bǎoxiǎn ① 보험 ② 안전장치 ③ 안전하다 **3급**

风险 fēngxiǎn 위험(성), 모험 **3급**

+ 保 bǎo(지킬 보, 보호할 보), 风 fēng(風: 바람 풍, 풍속 풍, 경치 풍, 모습 풍, 기질 풍, 병 이름 풍)

3급

yàn

말(马)을 모두(佥) 타보며 실험하니 실험할 험

+ 马 mǎ(馬: 말 마)

经验 jīngyàn ① 경험, 체험 ② 직접 체험하다 **3급**

考验 kǎoyàn 시험하다, 검증하다 **3급**

实验 shíyàn 실험(하다) **3급**

实验室 shíyànshì 실험실 **3급**

体验 tǐyàn 체험(하다) **3급**

+ 经 jīng(經: 지날 경, 날실 경, 경험할 경, 경영할 경), 考 kǎo(살필 고, 생각할 고), 实 shí(實: 열매 실, 실제 실), 室 shì(집 실, 방 실), 体 tǐ(體: 몸 체)

2급

jiǎn

나무(木)까지 모두(佥) 검사하니 검사할 검

检查 jiǎnchá ① 검사하다, 점검하다 ② 반성하다, 뉘우치다 **2급**

体检 tǐjiǎn 신체검사 **4급**

检验 jiǎnyàn 검증하다, 검사하다 **5급**

+ 查 chá(查: 조사할 사), 体 tǐ(體: 몸 체)

2급

liǎn

몸(月)과 마음 상태를 모두(佥) 알 수 있는 얼굴이니 얼굴 검

+ 얼굴을 보면 그 사람의 건강 상태나 마음 상태도 알 수 있지요.

+ 月 yuè(달 월, 육 달 월)

脸盆 liǎnpén 세숫대야 **5급**

脸色 liǎnsè 안색, 얼굴색 **5급**

+ 盆 pén(동이 분), 色 sè(빛 색)

签

_签

qiān

대(⺮)를 모두(佥) 얇게 쪼개 만든 제비니 제비 첨
또 제비 같은 쪽지에 몇 자 적으니 쪽지 첨, 적을 첨

[번체] 签 – 대(⺮)를 모두(佥) 얇게 쪼개 만든 제비니 '제비 첨'
　　 籤 – 대(⺮)를 두 사람(人人)이 창(戈)으로 부추(韭)처럼 가늘게 쪼개 만
　　　 든 제비니 '제비 첨'
+ 제비(抽签 chōuqiān) – 추첨할 때 골라 뽑는 종이나 물건
+ 戈 gē(창 과), 韭 jiǔ(부추 구)

签订 qiāndìng 조인하다, (조약을) 체결하다[= 签定 qiāndìng, 缔结 dìjié]
5급

签名 qiān//míng ① 서명하다[= 签字 qiān//zì] ② 서명 5급

签约 qiān//yuē (조약 또는 계약서에) 서명하다 5급

签证 qiānzhèng 비자 5급

签字 qiān//zì 서명하다, 조인하다[= 签署 qiānshǔ, 佥署 qiānshǔ] 5급

+ 订 dìng(訂: 바로잡을 정, 정할 정, 예약할 정), 名 míng(이름 명, 이름날 명),
　约 yuē(約: 묶을 약, 약속할 약, 헤아릴 약), 证 zhèng(證: 증명할 증), 字
　zì(글자 자)

---

048 **俞输偷** – 俞로 된 한자
　　　 유 수 투

_俞

yú

사람(人)이 한(一) 달(月)에 걸쳐 칼(刂)로 수술도 하고 치료하면
대답하듯 병이 나으니 대답할 유, 병 나을 유

[번체] 兪 – 들어(入)가 한(一) 달(月)에 걸쳐 냇(巛)물에 씻으며 치료하면 대답
　　 하듯 병이 나으니 '대답할 유, 병 나을 유'
+ 刂 dāo(칼 도 방), 入 rù(들 입), 巛 kuài[川 chuān(내 천)이 부수로 쓰일 때
　의 모양인 巛 chuān(개미허리 천)이 줄어든 모양]

3급

输

蝓

shū

차(车)로 대답하듯(俞) 짐을 실어 보내고 나르니

보낼 수, 나를 수

+ 车 chē(車: 수레 거, 차 차)

输入 shūrù ① (전기, 컴퓨터 등에) 입력하다[↔ 输出 shūchū] ② (외부에서 안으로) 들여보내다, 받아들이다 ③ (상품이나 자본을) 수입(하다)[= 进口 jìnkǒu] **3급**

运输 yùnshū 운수하다, 운송하다 **3급**

输出 shūchū ① (안에서 밖으로) 내보내다 ② 수출하다 **5급**

+ 중국어에서 输出 shūchū는 주로 '자본·노동력·문화와 같이 눈에 보이지 않는 재화를 수출하다'라는 뜻이고, '구체적인 상품을 수출하다'는 出口 chūkǒu라는 동사를 사용합니다.

+ 入 rù(들 입), 运 yùn(運: 옮길 운, 운수 운), 出 chū(나올 출, 나갈 출)

5급

偷

偸

tōu

사람(亻)이 대답하는(俞) 사이에 몰래 훔치니 몰래 투, 훔칠 투

偷偷 tōutōu 남몰래, 살짝, 슬그머니[≒ 悄悄 qiāoqiāo] **5급**

小偷儿 xiǎotōuér 좀도둑 **5급**

+ 儿 ér(사람 인 발, 접미사 아, 兒: 아이 아)

---

049 ▶ **乍作昨怎** – 乍로 된 한자
사 작 작 즘

참고자

乍

zhà

사람(𠂉)이 하나(丨) 둘(二)을 세는 잠깐이니 잠깐 사

+ 𠂉[人 rén(사람 인)의 변형], 丨 gùn('뚫을 곤'이지만 여기서는 하나로 봄), 二 èr(둘 이)

作
zuò/zuō

사람(亻)이 **잠깐**(乍) 사이에 무엇을 지으니 **지을 작**(zuò)
또 무엇을 짓는 작업장도 나타내어 **작업장 작**(zuō)

动作 **dòngzuò** ① 동작 ② 움직이다 1급
工作 **gōngzuò** ① 일, 업무, 노동 ② 일하다, 작업하다 1급
工作日 **gōngzuòrì** 작업일(수) 5급
作业 **zuòyè** ① 숙제, 과제 ② 작업하다 2급
制作 **zhìzuò** 제작하다, 제조하다, 만들다[= 制造 zhìzào] 3급
作出 **zuòchū** (밖으로 나타나도록) 하다, 만들어 내다, 해내다[= 做出 zuòchū]
4급

＋ 动 dòng(動: 움직일 동), 工 gōng(일꾼 공, 일할 공, 연장 공), 业 yè(業: 업
업, 일 업), 制 zhì(제도 제, 억제할 제, 製: 지을 제), 出 chū(나올 출, 나갈 출)

1급

昨
zuó

하루 **해**(日)가 **잠깐**(乍) 사이에 넘어가고 되는 어제니 **어제 작**

＋ 日 rì(해 일, 날 일)

昨天 **zuótiān** 어제[= 昨日 zuórì] 1급

꿀TIP 중국어로 날짜를 표현할 때, 그제나 그저께나 재작년은 前 qián을 붙여서 前天
qiántiān, 前年 qiánnián, 내일이나 내년은 明 míng을 붙여서 明日 míngrì, 明天
míngtiān, 明年 míngnián, 모레나 내후년은 后 hòu를 붙여서 后天 hòutiān, 后年
hòunián이라고 합니다. 그리고 지난주는 上周 shàngzhōu, 上星期 shàngxīngqī,
前周 qiánzhōu, 다음 주는 下周 xiàzhōu, 下星期 xiàxīngqī, 来周 láizhōu라
하지요.

＋ 天 tiān(天: 하늘 천), 日 rì(해 일, 날 일), 前 qián(앞 전), 明 míng(밝을
명), 后 hòu(왕비 후, 後: 뒤 후), 周 zhōu(두루 주, 둘레 주, 週: 주일 주, 돌
주, 賙: 구제할 주), 来 lái(來: 올 래)

1급

怎
zěn

잠깐(乍)의 **마음**(心)으로 어찌할까에서 **어찌 즘**

怎么 **zěnme** ① 어떻게, 어째서, 왜 ② 어찌 ~하랴[반문이나 감탄을 나타냄]
③ 어떻게 된 거야[술어로 쓰여 상황을 물음] 1급
怎样 **zěnyàng** ① 어떠하냐, 어떻게[성질·상황·방식 따위를 물음] ② 어떠하다
2급
怎么办 **zěnmebàn** 어떻게 하나, 어쩌지 2급
怎么样 **zěnmeyàng** ① 어때, 어떠하냐[주로 의문문으로 쓰임] ② 별로(그리)
~않다 2급

꿀TIP 怎么는 주로 동작의 방식·원인 등을, 怎么样은 상태·성질 등을 물을 때 사용
하는 의문사입니다.

＋ 么 me(麽: 작을 마, 어조사 마), 样 yàng(樣: 모양 양), 办 bàn(辦: 다스릴 판)

1급

儿
(兒)
ér

사람 인(人)이 글자의 아래에 붙는 부수인 발로 쓰일 때의 모양으로 **사람 인 발**

또 아이가 앉아 있는 모양에서 **아이 아**

또 아이처럼 '작다, 귀엽다'를 나타내는 접미사니 **접미사 아**

[번체] 兒 – 절구(臼)처럼 머리만 커 보이는 사람(儿)은 아이니 '아이 아'
+ 절구(臼杵 jiùchǔ) – 곡식을 찧거나 빻는데 쓰는 도구
+ 臼 jiù(절구 구)
女儿 **nǚ'ér** 딸 1급
女孩儿 **nǚháir** ① 여자아이 ② 딸 1급
一点儿 **yìdiǎnr** ① 조금[불확정적인 수량] ② 아주 작은 수 ③ 약간[경미한 정도를 나타내며, 구어에서는 자주 '一 yī'를 생략함] 1급
儿女 **érnǚ** ① 아들과 딸, 자녀 ② 남녀 5급
+ 女 nǚ(여자 녀), 孩 hái(어린이이 해), 点 diǎn(點: 점 점, 점검할 점, 불 켤 점)

3급

光
guāng

조금(丷)씩 **땅**(一)과 **사람**(儿)에게 비치는 빛이니 **빛 광**

또 빛으로 드러나는 풍경이니 **풍경 광**

또 빛나는 영광이니 **영광 광**

+ 丷[小 xiǎo(작을 소)의 변형], 一 yī('한 일'이지만 여기서는 땅으로 봄)
光明 **guāngmíng** ① 광명, 빛[↔ 黑暗 hēi'àn] ② 밝게 빛나다 3급
不光 **bùguāng** ① ~만 아니다 ② ~뿐 아니라 3급
阳光 **yángguāng** ① 양광, 햇빛 ② 공개적인 3급
时光 **shíguāng** ① 시기, 때 ② 시간, 세월 ③ 생활, 형편[≒ 时期 shíqī] 5급
+ 明 míng(밝을 명), 阳 yáng(陽: 햇볕 양, 드러날 양), 时 shí(時: 때 시)

2급

克
(剋)
kè

오래(古) 참은 **사람**(儿)이 능히 이기니 **능할 극, 이길 극**

[번체] 剋 – 이기려고(克) 칼(刂)까지 들고 이기니 '이길 극'
+ 번체자에서, 보통의 경우 이기는 것에는 克, 도리에 어긋나거나 사납게 이기는 것에는 剋을 사용하는데, 중국 한자(간체자)에서는 克 하나로 사용합니다.
+ 古 gǔ(오랠 고, 옛 고), 刂 dāo(칼 도 방)
克服 **kèfú** ① 극복하다 ② 참고 견디다 3급
+ 服 fú/fù(옷 복, 먹을 복, 복무할 복, 복종할 복, 첩 복)

3급

chōng

머리(亠) 속에 **사사로운(厶)** 생각을 **사람(儿)**이 가득 차게 채우니
가득 **찰 충**, 채울 충

+ 亠 tóu(머리 부분 두), 儿 ér(사람 인 발, 접미사 아, 兒: 아이 아)

充电 chōng//diàn 충전하다 4급

充分 chōngfèn ① 충분하다 ② 충분히 4급

充足 chōngzú 충분하다, 충족하다 5급

+ 电 diàn(電: 번개 전, 전기 전), 分 fèn(나눌 분, 단위 분, 단위 푼, 신분 분, 분별할 분, 분수 분, 점수 분, 성분 분), 足 zú(발 족, 넉넉할 족)

4급

统

tǒng

실(糹)을 그릇에 가득 **채워(充)** 헝클어지지 않게 묶어 거느리니
묶을 통, 거느릴 통

统一 tǒngyī ① 하나로 일치되다 ② 통일된[↔ 分散 fēnsàn, 对立 duìlì, 分裂 fēnliè] 4급

传统 chuántǒng ① 전통 ② 전통적이다 ③ 보수적이다 4급

统计 tǒngjì ① 통계하다 ② 통계 ③ 합산하다 4급

总统 zǒngtǒng 총통, 대통령 4급

+ 传 chuán(傳: 전할 전, 전기 전, 이야기 전), 计 jì(計: 셈할 계), 总 zǒng(總: 모두 총, 모을 총, 거느릴 총)

4급

兄

xiōng

동생을 입(口)으로 지도하는 **사람**(儿)이 형이고 어른이니
형 **형**, 어른 형

+ 중국어에서 형이나 오빠를 哥哥 gége라고 해요. 兄이라는 말은 현재 사자성
  어나 문어체 표현 등에서만 살아있을 뿐 구어체에서는 거의 쓰이지 않습니다.

兄弟 xiōngdì 형제 4급
+ 弟 dì (아우 제, 제자 제)

3급

况
况

kuàng

얼음(冫)이 언 상황을 하물며 **형**(兄)이 모르겠는가에서
상황 **황**, 하물며 황

[번체] 況 – 물(氵)이 점점 불어나서 위험한 상황을 하물며 형(兄)이 모르겠는가에
서 '상황 황, 하물며 황'
+ 형이 동생을 데리고 썰매를 타거나 물놀이 갔을 때를 생각하고 만든 한자
+ 冫 bīng – 冰 bīng(얼음 빙)'이 부수로 쓰일 때의 모양으로 점이 둘이니 '이 수
  변'이라 부름

状况 zhuàngkuàng 상황, 형편, 상태[≒ 情况 qíngkuàng] 3급
情况 qíngkuàng 정황, 상황, 형편 3급
+ 状 zhuàng(狀: 모양 상, 문서 장), 情 qíng(情: 뜻 정, 정 정, 형편 정)

3급

祝
祝

zhù

신(礻)께 입(口)으로 **사람**(儿)이 비니 빌 축
또 좋은 일에 행복을 빌며 축하하니 축하할 축

+ 礻 shì – 示 shì(보일 시, 신 시)가 글자의 왼쪽에 붙는 부수인 변으로 쓰일
  때의 모양으로 '보일 시, 신 시 변'

庆祝 qìngzhù 경축하다[≒ 庆贺 qìnghè] 3급
祝福 zhùfú ① 축복하다 ② 축복, 축하 4급
祝贺 zhùhè 축하하다 5급
+ 庆 qìng(慶: 경사 경), 福 fú(福: 복 복), 贺 hè(賀: 축하할 하)

참고자

兑

(兑)

duì

요모조모(丷) 생각하여 형(兄)이 마음을 바꾸니 바꿀 태

[번체] 兌 – 요모조모 나누어(八) 생각하여 형(兄)이 마음을 바꾸니 '바꿀 태'
+ 요모조모 – 사물의 요런 면 조런 면
+ 八 bā(여덟 팔, 나눌 팔)
兑换 duìhuàn 현금과 바꾸다, 화폐로 교환하다 [참고어]
兑现 duìxiàn 약속을 지키다, (수표·어음 등을) 현금으로 바꾸다 [참고어]
+ 换 huàn(換: 바꿀 환), 现 xiàn(現: 이제 현, 나타날 현)

1급

说

(說)

shuō/shuì/yuè

(이해하도록) 말(讠)을 바꾸어(兑) 가며 말하니 말할 설(shuō)
또 말(讠)을 바꾸어(兑) 가며 달래니 달랠 세(shuì)
또 달래주면 기쁘니 기쁠 열(yuè)

+ 讠 yán[言(말씀 언 변)의 간체자]
说明 shuōmíng ① 설명하다 ② 설명 ③ 증명하다 [2급]
听说 tīng//shuō ① 듣는 바로는(듣자니, 듣건대) ~이라 한다[= 听见人说 tīngjiànrénshuō] ② 순종하다, 말을 잘 듣다[= 听话 tīng//huà] [2급]
小说 xiǎoshuō 소설 [2급]
说服 shuōfú 설복하다, 설득하다 [4급]
说法 shuōfa ① 표현(법), 논법 ② 의견, 견해 [6급]
+ 明 míng(밝을 명), 听 tīng(聽: 들을 청), 小 xiǎo(작을 소), 服 fú/fù(옷 복, 먹을 복, 복무할 복, 복종할 복, 첩 복), 法 fǎ(법 법)

4급

脱

(脫)

tuō

벌레가 몸(月)을 바꾸려고(兑) 허물을 벗으니 벗을 탈

+ 月 yuè(달 월, 육 달 월)
脱离 tuōlí ① (어떤 상황·환경에서) 벗어나다[≒ 离开 líkāi] ② (관계 등을) 단절하다 [5급]
+ 离 lí(離: 헤어질 리)

4급

阅

(閱)

yuè

문(门)안에서 하나씩 바꿔가며(兑) 읽고 검열하니
읽을 열, 검열할 열

+ 门 mén(門: 문 문)
阅读 yuèdú 열독하다[책이나 글 따위를 열심히 읽다] [4급]
阅览室 yuèlǎnshì 열람실 [5급]
+ 读 dú(讀: 읽을 독, 구절 두), 览 lǎn(覽: 볼 람), 室 shì(집 실, 방 실)

참고자

無
wú

[장작을 **쌓아서**(無) 그 밑에 **불**(灬)을 지핀 모양으로]
불타면 없으니 **없을 무**

✛ 중국 한자(간체자)에서는 无 wú(제목번호 054 참고)로 씁니다.
✛ 無 – 장작을 쌓은 모양
✛ 灬 huǒ/biāo – 火 huǒ(불 화)가 글자의 아래에 붙는 부수인 발로 쓰일 때의
  모양으로 '불 화 발'

3급

舞
wǔ

정신없이(無) 발을 **어긋나게**(舛) 디디며 춤추니 **춤출 무**

✛ 舛 chuǎn – 저녁(夕)에는 어두워 하나(一)씩 덮어(ㄴ) 꿰어도 어긋나니
  '어긋날 천'
✛ ㄴ[fāng(감출 혜, 덮을 혜, = 匚)]
舞台 wǔtái 무대 3급
跳舞 tiàowǔ 춤을 추다 3급
✛ 台 tái(臺: 돈대 대, 누각 대, 대만 대, 颱: 태풍 태), 跳 tiào(뛸 도)

4급

无
wú

하늘과 땅(二) 사이에 **사람**(儿)도 없으니 **없을 무**

✛ 통 无 – 하나(一)도 숨은(ㄥ) 사람(儿)이 없으니 '없을 무'
✛ 二 èr['둘 이'지만 여기서는 하늘과 땅으로 봄], ㄥ[ㄴ fāng(감출 혜, 덮을 혜,
  = 匚)의 변형]
无法 wúfǎ ① (~할) 방법이[도리가] 없다 ② 무법이다, 난폭하다 4급
无数 wúshù ① 무수하다(헤아릴 수 없이 많다) ② (사정을) 잘 알지 못하다 4급
✛ 法 fǎ(법 법), 数 shù(數: 셀 수, 두어 수, 숫자 수, 자주 삭, 운수 수)

4급

既

(旣)

jì

3급

概

(槪)

gài

그치게(艮) 이미 없애니(无) 이미 기

[번체] 旣 – 날이 하얀(白) 비수(匕)로 이미 없애니(无) '이미 기'

✦ 艮[艮 gèn(멈출 간, 어긋날 간)의 변형], 白 bái(흰 백, 밝을 백, 깨끗할 백, 아뢸 백), 匕 bǐ(비수 비, 숟가락 비)

既然 jìrán ~된 바에야, ~인(된) 이상 **4급**

✦ 然 rán(그러할 연)

나무(木)가 이미(旣) 다 자라면 대개 대강 살피니

대개 **개**, 대강 **개**

✦ 어린나무는 잘 보살펴 주지만 어느 정도 자라면 대개 대강 살피지요.

✦ 木 mù(나무 목)

概念 gàiniàn 개념 **3급**

大概 dàgài 아마도, 대개 **3급**

✦ 念 niàn(念: 생각 념)

055 ▶ **兔 免晚** – 兔와 免으로 된 한자

토 면 만

5급

兔

tù

귀가 긴 토끼가 꼬리(丶) 내밀고 앉아 있는 모양을 본떠서

토끼 **토**

✦ 번체자에서는 兎나 兔로도 씁니다.

4급

免

miǎn

덫에 걸린 토끼(兔)가 꼬리(丶)만 잘리고 죽음을 면하니

면할 **면**

✦ 면하다 – 어떤 상태나 처지에서 벗어나다.

免费 miǎn//fèi 무료 **4급**

难免 nánmiǎn 면하기 어렵다 **4급**

不免 bùmiǎn 면할 수 없다 **5급**

✦ 费 fèi(費: 쓸 비, 비용 비), 难 nán(難: 어려울 난, 재난 난)

1급

晚

wǎn

해(日)가 **면하여(免)** 넘어갈 정도로 늦으니 늦을 만

晚上 wǎnshang ① 저녁 ② 밤 **1급**

晚安 wǎn'ān (밤에 하는 인사말로) 안녕히 주무세요 **2급**

晚餐 wǎncān 저녁밥 = 晚饭(wǎnfàn) **2급**

晚会 wǎnhuì 저녁 연회, 만찬회 **2급**

晚点 wǎndiǎn ① (차·선박·비행기 따위가) 제시간에 늦다 ② 저녁 점호하다
4급

✦ 上 shang(위 상, 오를 상), 安 ān(편안할 안), 餐 cān(먹을 찬, 밥 찬), 会
huì(會: 모일 회), 点 diǎn(點: 점 점, 점검할 점, 불 켤 점)

---

056 ▶ 天 关联送 – 天과 关으로 된 한자
　　　　천　관 련 송

1급

天

tiān

세상에서 **제일(一) 큰(大)** 것은 하늘이니 하늘 천

✦ 번체자에서는 天 위의 첫 가로획이 길고, 중국 한자(간체자)에서는 天 위의
첫 가로획이 짧습니다.

天气 tiānqì ① 날씨, 일기 ② 때, 시간 **1급**

明天 míngtiān ① 내일, 명일 ② 가까운 장래 **1급**

天上 tiānshàng 하늘 **2급**

天空 tiānkōng 하늘 **3급**

天然气 tiānránqì 천연가스 **5급**

✦ 气 qì(氣: 기운 기, 공기 기, 날씨 기), 明 míng(밝을 명), 空 kōng(空: 빌 공,
하늘 공, 비울 공), 然 rán(그러할 연)

关
關
guān

이쪽저쪽(ヽヽ)으로 문을 **하나**(一)로 **크게**(大) 이어 닫는 빗장이니
닫을 관, 빗장 관
또 빗장처럼 이어지는 관계니 관계 관

[번체] 關 – 문(門)을 작고(幺) 작게(幺) 이쪽(ㅅ) 저쪽(ㅐ)으로 이어 닫는 빗장이니
　　　'닫을 관, 빗장 관'
　　　또 빗장처럼 이어지는 관계니 '관계 관'

+ 빗장(门闩 ménshuān) – 문을 닫고 가로질러 잠그는 막대기, 문빗장
+ 大 dà/dài(큰 대), 门 mén(門: 문 문), 幺 yāo(작을 요, 어릴 요)

关上 guānshang (문을) 닫다, (전등을) 끄다 1급
关机 guānjī ① (전자제품·전자기 등의) 전원을 끄다 ② 일을 끝내다, 일을 중
지하다 2급
关心 guānxīn 관심을 갖다, 관심을 기울이다 2급
相关 xiāngguān 서로 관련되다, 상관이 있다, 상관되다[≒ 相干 xiānggān]
3급

[꿀TIP] '열다'라는 뜻의 开 kāi와 '닫다'라는 뜻을 가진 '关 guān'을 같이 써서
　　　켜고 끄는 스위치를 '开关 kāiguān'이라고 합니다.
+ 上 shang(위 상, 오를 상), 机 jī(機: 기계 기, 비행기 기, 기능 기, 기회 기),
　相 xiāng(서로 상, 모습 상)

联
聯
lián

문에 **귀**(耳)처럼 달린 **빗장**(关)을 이으니 이을 련

[번체] 聯 – 바늘 귀(耳)에 실을 꿰어 작고(幺) 작게(幺) 이쪽(ㅅ) 저쪽(ㅐ)을 이으니
　　　'이을 련'

+ 耳 ěr(귀 이)

联合 liánhé ① 연합하다 ② 결합하다, 단결하다 3급
联合国 Liánhéguó 유엔(UN), 국제 연합[= 国际联盟 Guójì Liánméng] 3급
联系 liánxì 연락하다, 연결하다 3급
联想 liánxiǎng 연상하다 5급

+ 合 hé(합할 합, 맞을 합), 国 guó(國: 나라 국), 系 xì(係: 관계될 계, 계 계,
　繫: 맬 계), 想 xiǎng(생각할 상)

送
送
sòng

빗장(关)을 열고 **가도록**(辶) 보내니 보낼 송
또 보낸 물건을 배달하거나 주니 배달할 송, 줄 송

[번체] 送 – 나누어(八) 다른 하늘(天) 아래로 가도록(辶) 보내니 '보낼 송'
+ 辶 chuò(뛸 착, 갈 착)

送到 sòngdào 배웅하다 2급
+ 到 dào(이를 도, 주도면밀할 도)

75

참고자

Wú

3급

wù

입(口)을 하늘(天)에 대고 큰소리쳤던 오나라니

큰소리칠 화, 오나라 오

[번체] 吴 – 입(口) 벌리고 목을 뒤로 젖히며(ㄱ) 큰(大)소리쳤던 오나라니
　　　'큰소리칠 화, 오나라 오'
+ 오(吴 Wú)나라 – 중국 춘추 시대의 나라, 양자강 하류 지역에 있었으며, 이웃
　나라인 월(越)나라와 다투었음
+ ㄱ (목을 뒤로 젖힌 모양)

말(讠)할 때 큰소리(吴)로 허풍떨며 자신을 그르치니

그르칠 오

+ 讠 yán[言(말씀 언 변)의 간체자]
误会 wùhuì ① 오해하다 ② 오해 **4급**
误解 wùjiě ① 오해하다[↔ 谅解 liàngjiě] ② 오해 **5급**
失误 shīwù ① 실수하다, 잘못하다 ② 실수, 실책 **6급**
+ 会 huì(會: 모일 회), 解 jiě(해부할 해, 풀 해), 失 shī(잃을 실)

1급

元
yuán

하늘과 땅(二) 사이에 **사람(儿)**이 원래 으뜸이니

원래 원, 으뜸 원

또 중국 화폐 단위로도 쓰여 중국 화폐 단위 원

+ 二 èr['둘 이'지만 여기서는 하늘과 땅으로 봄], 儿 ér(사람 인 발, 접미사 아, 兒: 아이 아)

单元 dānyuán ① (교재 등의) 단원 ② (아파트·빌딩 등의) 현관 **3급**

美元 měiyuán 미국 달러(dollar) **3급**

公元 gōngyuán 기원, 서기 **4급**

꿀TIP 예수 탄생을 기원(纪元 jìyuán)으로 표기한 서양 기독교 문화권에서 사용해 온 서기(西纪 xījì)를 중국어에서는 公历纪元 gōnglì jìyuán, 公历 gōnglì, 公元 gōngyuán으로 사용합니다.

+ 单 dān(單: 홑 단), 美 měi(아름다울 미), 公 gōng(공평할 공, 국가 공, 대중 공, 세계 공통 공, 존칭 공), 历 lì(歷: 지낼 력, 겪을 력, 曆: 달력 력), 纪 jì(紀: 벼리 기, 질서 기, 해 기, 기록할 기)

1급

玩
wán

구슬(王)처럼 **으뜸(元)**가는 것을 가지고 놀며 감상하니

놀 완, 감상할 완

+ 王 wáng(임금 왕, 으뜸 왕, 구슬 옥 변)

玩儿 wánr 놀다 **1급**

好玩儿 hǎowánr 재미있다, 흥미있다 **1급**

玩具 wánjù 장난감, 완구 **3급**

+ 儿 ér(사람 인 발, 접미사 아, 兒: 아이 아), 好 hǎo(좋을 호, 좋아할 호), 具 jù(갖출 구, 기구 구)

1급

远
遠
yuǎn

으뜸(元)이 되기 위해 **가야(辶)** 할 길은 머니 멀 원

[번체] 遠 – 옷을 챙겨(袁) 가야(辶) 할 만큼 머니 '멀 원'

+ 袁 yuán – 옷(衣) 한(一) 벌씩 식구(口) 수대로 챙기니 '옷 챙길 원'

+ **비** 哀 āi(슬플 애)

+ 辶 chuò(辶: 뛸 착, 갈 착), 衣 yī(옷 의), 口('입 구, 말할 구, 구멍 구'지만 여기서는 식구로 봄)

永远 yǒngyuǎn 영원히, 언제까지나 **2급**

远处 yuǎnchù 먼 곳, 먼 데[= 远方 yuǎnfāng] **5급**

+ 永 yǒng(길 영, 오랠 영), 处 chǔ/chù(處: 살 처, 처리할 처, 곳 처)

冠 guān/guàn 5급

덮어(冖) 으뜸(元)으로 여기며 **법도(寸)**에 맞게 머리에 쓰는 갓이나 모자니 **갓 관**, 모자 관(guān)
또 승리의 모자를 쓰게 우승하니 우승할 관(guàn)

+ 冖 mì(덮을 멱)
冠军 guànjūn 챔피언, 우승(자), 우승팀 5급
+ 军 jūn(軍: 군사 군)

园 yuán 2급

울타리로 **둘러싸고(囗) 으뜸(元)**으로 가꾼 동산이나 밭이니
동산 원, 밭 원

[번체] 園 - 옷을 챙겨(袁) 싸듯 울타리를 친(囗) 동산이나 밭이니 '동산 원, 밭 원'
+ 囗 wéi/guó(에운 담), 袁 yuán(옷 챙길 원)
公园 gōngyuán 공원 4급
幼儿园 yòu'éryuán 유치원, 유아원 4급
+ 公 gōng(공평할 공, 국가 공, 대중 공, 세계 공통 공, 존칭 공), 幼 yòu(어릴 유), 儿 ér(사람 인 발, 접미사 아, 兒: 아이 아)

完 wán 2급

집(宀)을 으뜸(元)으로 잘 지으면 모든 것이 갖추어져 완전하니
완전할 완

+ 宀 mián(집 면)
完全 wánquán ① 완전히, 전적으로 ② 완전하다 2급
完善 wánshàn ① 완벽하다 ② 완벽하게 하다 3급
完了 wánle ① 끝났다, 끝마쳤다 ② (사업·일·사물·목숨·명예 따위가) 다됐다 5급
+ 全 quán(全: 온전할 전), 善 shàn(착할 선, 좋을 선, 잘할 선), 了 le/liǎo(마칠 료, 밝을 료, 어조사 료)

院 yuàn 1급

언덕(阝)에 **완전하게(完)** 지은 집이나 관청이니 집 원, 관청 원

+ 阝 fù(언덕 부 변)
学院 xuéyuàn (단과)대학 1급
医院 yīyuàn 병원 1급
院子 yuànzi 뜰, 정원 2급
院长 yuànzhǎng ① 병원장 ② 단과대학 학장 ③ 장관 2급
出院 chū//yuàn 퇴원하다[↔ 入院 rù//yuàn] 2급
住院 zhù//yuàn 입원하다[= 入院 rù//yuàn] 2급
法院 fǎyuàn 법원 4급

꿀TIP '医院'을 우리나라에서는 병상수가 30개 미만인 의원을 말하지만, 중국어에서는 많은 환자를 수용하는 병원을 뜻합니다.

+ 学 xué(學: 배울 학), 医 yī(醫: 의원 의), 长 cháng/zhǎng(長: 길 장, 자랄 장, 어른 장), 出 chū(나올 출, 나갈 출), 住 zhù(멈출 주, 살 주, 사는 곳 주), 法 fǎ(법 법)

하늘 땅(二)에 점점 **크게(大)** 해(日)가 다가오는 봄이니 봄 춘

✦ 봄에는 남쪽으로 내려갔던 해가 우리가 사는 북쪽으로 올라오기 시작하여 더욱 크게 느껴지고 따뜻하지요.

✦ 二 èr('둘 이'지만 여기서는 '하늘과 땅'으로 봄), 日 rì(해 일, 날 일)

春节 chūnjié (음력) 설날 2급

春天 chūntiān 봄 2급

春季 chūnjì ① 봄철 ② 음력 정월·2월·3월의 3개월 4급

青春 qīngchūn ① 청춘 ② 생기 넘치는 시기 4급

✦ 节 jié(節: 마디 절, 절개 절, 계절 절, 명절 절), 天 tiān(天: 하늘 천), 季 jì(끝 계, 계절 계), 青 qīng(靑: 푸를 청, 젊을 청)

하늘 땅(二) 같이 **위대한(大奉)** 분께 **많은(龶)** 것을 받들어 바치니 받들 봉, 바칠 봉

✦ 龶 [千 qiān(일천 천, 많을 천)의 변형]

나무(木) 중 **받들고(奉)** 치는 몽둥이니 몽둥이 봉
또 **나무(木)** 중 **받들어(奉)** 가꿀 정도로 뛰어나니 뛰어날 봉

棒 bàng 대단하다. (성적이) 좋다. (수준이) 높다 5급

yú

입술(二)에서 입김이 **나오도록(J)** 힘주어 말하는 어조사니

어조사 우

✦ 어조사(语助词 yǔzhùcí) – 억양을 나타내는 조사로, 문장 중간이나 끝에 위
치하여 사용함

✦ 二 èr('둘 이'지만 여기서는 입술의 모양으로 봄), 语 yǔ(語: 말씀 어), 助
zhù(도울 조), 词 cí(詞: 말 사, 글 사)

终于 zhōngyú 마침내, 결국, 끝내 3급

对于 duìyú ~에 대하여 4급

关于 guānyú ~에 관해서(관하여) 4급

于是 yúshì 그래서, 이리하여 4급

出于 chūyú ~에서 나오다, ~에서 발생하다 5급

大于 dàyú ① ~보다 크다 ② ~보다 중요하다[보통 뒤에 一切 yíqiè가 같이
붙음] 5급

过于 guòyú 지나치게, 과도하게 5급

在于 zàiyú ~에 달려 있다 4급

✦ 终 zhōng(終: 다할 종, 마칠 종), 对 duì(對: 상대할 대, 대답할 대), 关
guān(關: 빗장 관, 관계 관), 是 shì(옳을 시, 이 시, ~이다 시), 过 guò(過:
지날 과, 지나칠 과, 허물 과), 在 zài(있을 재)

gān/gàn

손잡이 있는 방패를 본떠서 **방패 간**

또 방패처럼 마른 줄기니 **마를 건**, **줄기 간**(gān)

또 옛날에 방패 같은 무기도 갖고 일했던 간부니

일할 간, 간부 간(gàn)

[번체] 乾 – 해 돋아(倝) 사람(宀)과 새(乙) 등을 살게 하는 하늘이니 '하늘 건'
또 해 돋은 하늘에 물건은 마르니 '마를 건'
幹 – 해 돋을(倝) 때부터 사람(宀)과 방패(干)를 관리하는 간부니 '간부 간'
또 나무에서 간부처럼 중요한 줄기니 '줄기 간'

✦ 倝 – 나무 사이에 해(日) 돋는 모양에서 '해 돋을 간'
(어원 해설을 위한 참고자로 실제 쓰이는 한자는 아님)

✦ 乙 yǐ(새 을, 둘째 천간 을, 둘째 을)

干杯 gānbēi 건배하다 2급

能干 nénggàn 유능하다, 재능 있다 4급

干预 gānyù 관여(간여)하다, 간섭하다[≒ 干涉 gānshè] 5급

✦ 杯 bēi(잔 배), 能 néng(능할 능), 预 yù(預: 미리 예, 맡길 예, 참여할 예)

hàn

몸에서 **물(氵)**이 (체온을 지키려고) **방패(干)** 구실을 하는 땀이니
땀 한

➕ 우리 몸은 추우면 움츠리고 더우면 땀을 내 자동으로 체온을 조절하는 기능이
있습니다.

出汗 chū//hàn 땀이 나다[= 冒汗 màohàn, 发汗 fā//hàn] 5급

gǎn

뛰어(走) 침이 **마를(干)** 정도로 쫓으며 서두르니
쫓을 간, 서두를 간

[번체] 趕 – 뛰어(走) 침이 마를(루) 정도로 쫓으며 서두르니 '쫓을 간, 서두를 간'

➕ 走 zǒu(걸을 주, 뛸 주), 루 hàn(가물 한)

赶紧 gǎnjǐn 서둘러, 재빨리, 황급히 3급

赶到 gǎndào ① 서둘러 도착하다[가다] ② ~에 이르러, ~때가 되면 3급

赶快 gǎnkuài 황급히, 재빨리, 속히 3급

➕ 紧 jǐn(緊: 급할 긴, 긴요할 긴), 到 dào(이를 도, 주도면밀할 도), 快 kuài(상
쾌할 쾌, 빠를 쾌, 날카로울 쾌)

àn

산(山)의 **바위(厂)**도 **방패(干)**처럼 깎인 물가니 **물가 안**

➕ 厂 chǎng(굴 바위 엄, 언덕 엄, 廠: 헛간 창, 공장 창)

岸上 ànshàng 둔덕 위 5급

两岸 liǎng'àn ① (강이나 해협의) 양안 ② (대만 해협을 사이에 두고 마주 보
고 있는) 중국과 대만 5급

➕ 两 liǎng(兩: 두 량, 짝 량, 냥 냥)

2급

平
平
píng

방패(干)의 이쪽저쪽(ヽノ)의 면처럼 평평하니 평평할 평
또 평평하듯 아무 일 없는 평화니 평화 평

[번체] 平 – 방패(干)의 나누어진(八) 면처럼 평평하니 '평평할 평'
　　또 평평하듯 아무 일 없는 평화니 '평화 평'

+ 八 bā(여덟 팔, 나눌 팔)

平时 píngshí 평소, 평상시[≒ 平常 píngcháng, 平素 píngsù] 2급

公平 gōngpíng 공평하다, 공정하다[↔ 不平 bùpíng] 2급

和平 hépíng ① 평화 ② 온화하다 ③ 평온하다 3급

+ 时 shí(時: 때 시), 公 gōng(공평할 공, 국가 공, 대중 공, 세계 공통 공, 존칭 공), 和 hé(화목할 화, 화답할 화, 섞을 화, 반죽할 화)

3급

评
評
píng

말(讠)로 공평하게(平) 평하니 평할 평

+ 讠 yán[言(말씀 언 변)의 간체자]
+ 평(评)하다 – 좋고 나쁨이나 잘되고 못됨, 옳고 그름 따위를 분석하여 논하는 일

评价 píngjià ① 평가하다 ② 평가[≒ 估价 gūjià, 评估 pínggū] 3급

批评 pīpíng ① 비판하다 ② 비평하다, 장단점을 분석하다 3급

评论 pínglùn ① 평론하다 ② 평론, 논평, 논설 5급

+ 价 jià(價: 값 가, 가치 가), 批 pī(비평할 비), 论 lùn(論: 논할 론, 평할 론)

3급

苹
評
píng

풀(艹) 열매처럼 나무에 평화(平)를 주는 모양으로 붉게 열리는 사과니 사과 평
풀(艹) 중 물위에 평평하게(平) 떠서 사는 부평초니 부평초 평

[번체] 蘋 – 풀(艹) 열매처럼 자주(頻) 구하여 먹는 사과니 '사과 평'

+ 艹 cǎo(艹: 초 두), 頻 pín(頻: 자주 빈, 주파수 빈)

苹果 píngguǒ 사과 3급

+ 果 guǒ(과일 과, 결과 과)

4급

乎

hū

평평하지 않도록 평평할 **평(乎)** 위에 변화를 주어서 어조사 **호**

+ 의문이나 감탄의 어조사로 쓰입니다.

几乎 jīhū ① 거의, 거의 모두 ② 하마터면 **4급**

似乎 sìhū 마치 ~인 것 같다 **4급**

在乎 zàihu ① ~에 있다 ② 마음속에 두다, 신경 쓰다 **4급**

+ 几 jǐ(안석 궤, 책상 궤, 거의 궤, 幾: 몇 기, 기미 기), 似 sì(같을 사, 닮을 사), 在 zài(있을 재) **4급**

4급

呼

hū

입(口)으로 호(乎)하고 입김이 나도록 부르니 부를 **호**

招呼 zhāohu ① 부르다 ② 인사하다 ③ 알리다, 지시하다 **4급**

+ 招 zhāo(부를 초)

2급

示

shì

하늘 땅(二)에 **작은(小)** 기미가 보이니 보일 **시**

또 이렇게 기미를 보이는 신이니 신 **시**

+ 부수로 쓰일 때는 '礻 shì(보일 시, 신 시 변)'으로, 衣 yī/yì(옷 의)가 부수로 쓰일 때의 모양인 '衤 yī(옷 의 변)'과 비슷하니 혼동하지 마세요.

+ 二 èr('둘 이'지만 여기서는 하늘과 땅모양으로 봄), 小 xiǎo(작을 소)

表示 biǎoshì ① 가리키다 ② 나타내다 ③ 표정, 태도 **2급**

指示 zhǐshì ① 가리키다 ② 지시하다 ③ 지시, 명령 **5급**

+ 表 biǎo(겉 표, 錶: 시계 표), 指 zhǐ(손가락 지, 가리킬 지)

2급

际
際
jì

언덕(阝)으로 잘 **보이게**(示) 나눈 경계니 경계 **제**
또 언덕(阝)에서 **신**(示)께 제사 지낼 때니 때 **제**
또 좋을 때 모여 즐겁게 사귀니 사귈 **제**

[번체] 際 – 언덕(阝)에서 제사(祭) 지낼 때니 '때 제'
　　　또 좋을 때 모여 즐겁게 사귀니 '사귈 제'
✦ 시제(时祭 shíjì) – 음력 10월에 5대 이상의 조상 무덤에 가족들이 모여 지내는 제사
✦ 阝 fù(언덕 부 변), 时 shí(時: 때 시), 祭 jì(제사 제, 축제 제) – 제목번호 064 참고
实际 shíjì ① 실제 ② 실제적이다, 구체적이다[↔ 理论 lǐlùn] 2급
实际上 shíjìshang ① 사실상, 실제로 ② 실질적으로 3급
✦ 实 shí(實: 열매 실, 실제 실)

3급

标
標
biāo

나무(木)로 잘 **보이게**(示) 표시한 표니 표시할 **표**, 표 **표**

[번체] 標 – 나무(木)로 잘 보이게 표시한(票) 표니 '표시할 표, 표 표'
✦ 票 piào(표시할 표, 표 표, 티켓 표) – 제목번호 065 참고
标题 biāotí ① 표제, 제목, 타이틀 ② 제목을 달다 3급
✦ 题 tí(題: 제목 제, 문제 제)

4급

禁
jìn/jīn

수풀(林)은 **보기**(示)만 할 뿐 함부로 베지 못하도록 금하니
금할 금(jīn)
또 금함을 견디고 참으니 견딜 금, 참을 금(jīn)

✦ 林 lín(수풀 림)
禁止 jìnzhǐ 금지하다, 불허하다[↔ 容许 róngxǔ, 准许 zhǔnxǔ] 4급
✦ 止 zhǐ(그칠 지)

5급

奈
nài

(자기 잘못이) 커(大) **보이니**(示) 어찌할까에서
어찌 내, 어찌 나

✦ 大 dà/dài(큰 대)
无奈 wúnài ① 어찌할 수 없다 ② 유감스럽게도 5급
✦ 无 wú(無: 없을 무)

宗

zōng

综

zōng

집(宀) 중 조상의 **신**(示)을 모시는 종가니 **종가 종**
또 종가처럼 으뜸으로 숭상하니 **으뜸 종, 숭상할 종**

+ 종가(长房 zhǎngfáng) – 한 문중에서 맏이로만 이어 온 큰집

(제복을 만들기 위하여) **실**(纟)을 **종가**(宗)로 모으니 **모을 종**

+ 옛날에는 실과 곡식을 종가에 모아서 제복도 만들고 음식도 만들어 제사 지냈
 답니다.

综合 zōnghé ① 종합하다 ② 총괄하다[≒ 归纳 guīnà ↔ 分析 fēnxī] 4급

+ 合 hé(합할 합, 맞을 합)

---

064 ▶ **祭 察擦** – 祭와 察로 된 한자
　　　　　제　찰　찰

祭

jì

察

chá

고기(夕)를 손(ⅼ)으로 **신**(示)께 올리는 제사니 **제사 제**
또 제사처럼 많은 사람이 모여 즐기는 축제니 **축제 제**

+ 夕[月 yuè(달 월, 육 달 월)의 변형], ⅼ[又 yòu(오른손 우, 또 우)의 변형]
祭祀 jìsì 제사 지내다 참고어

+ 祀 sì(祀: 제사 사)

집(宀)에서 **제사**(祭)를 살피니 **살필 찰**

+ 宀 mián(집 면)
观察 guānchá 관찰하다, 살피다[≒ 察看 chákàn] 3급
考察 kǎochá ① 고찰하다, 정밀히 관찰하다 ② 현지 조사하다 4급

+ 观 guān(觀: 볼 관), 考 kǎo(살필 고)

85

4급

擦

cā

손(扌)으로 **살펴서**(察) 문질러 닦고 칠하니
문지를 찰, 닦을 찰, 칠할 찰

+ 扌 shǒu(손 수 변)

摩擦 mócā ① 마찰하다, 비비다 ② 마찰 5급

+ 摩 mó(摩: 갈 마)

---

065 ▷▷ 亞 要腰 票漂 – 亞와 要, 票로 된 한자
　　　　아　요요　표표

부수자

亞

yà

뚜껑(冖)을 **덮으니**(冂) 덮을 아

+ 冖(뚜껑의 모양), 冂 jiong['멀 경, 성 경'이지만 여기서는 冖 mì(덮을 멱)의 변형으로 봄]

1급

要

yào/yāo

덮어(覀) 가림을 **여자**(女)는 중요하게 생각하고 바라니
중요할 요, 바랄 요(yào)
또 바라는 것을 요구하니 **요구할 요**(yāo)

+ 覀 yà[覀 yà(덮을 아)의 변형]

要求 yāoqiú ① 요구하다 ② 요구[≒ 请求 qǐngqiú] 2급

不要 búyào ① ~하지 마라 ② 요구하지 않다, 필요 없다 2급

主要 zhǔyào ① 주요한, 주된 ② 주로, 대부분[↔ 次要 cìyào] 2급

+ 求 qiú(구할 구), 主 zhǔ(주인 주)

4급

腰

yāo

몸(月)에서 **중요한**(要) 허리니 허리 요

+ 月 yuè(달 월, 육 달 월)

piào

덮인(覀) 것이 잘 **보이게**(示) 표시한 표나 티켓이니

표시할 **표**, 표 **표**, 티켓 **표**

+ 票는 종이에 써서 만든 일반적인 표시, 标 biāo는 나무로 드러나게 한 표시입니다.
+ 示 shì(보일 시, 신 시), 标 biāo(標: 표 표, 표시할 표) - 제목번호 063 참고

车票 chēpiào 승차권, 차표 `1급`

票价 piàojià (입장권·차표 따위의) 가격 `3급`

邮票 yóupiào 우표[= 邮花 yóuhuā, 信票 xìnpiào] `3급`

发票 fāpiào 영수증 `4급`

+ 车 chē(車: 수레 거, 차 차), 价 jià(價: 값 가, 가치 가), 邮 yóu(郵: 우편 우), 发 fā(發: 쏠 발, 일어날 발, 髮: 머리털 발)

piāo/piǎo

물(氵) 위에 **표**(票)나게 뜨니 뜰 **표**(piāo)

또 물(氵)가에서 **표**(票)나게 씻거나 빨래하니

씻을 **표**, 빨래할 **표**(piǎo)

漂亮 piàoliang 예쁘다, 아름답다 `2급`

+ 亮 liàng(亮: 빛날 량, 밝을 량)

양팔 **벌린(一) 사람(人)**의 모양을 본떠서 **큰 대**

✦ dà와 dài는 같은 뜻으로 같이 쓰이지만, dài는 개별적인 명사에만 사용하며, 주로 '大城 Dàichéng · 大夫 dàifū' 등에 사용됩니다.
✦ 一 yī('한 일'이지만 여기서는 양팔 벌린 모양으로 봄)

大学 dàxué ① 대학 ② 대학[유교 경전인 사서(四書)의 하나] 1급
大学生 dàxuéshēng 대학생 1급
不大 búdà ① 크지 않다 ② 그다지 ~하지 않다[= 不太 bútài, 不很 bùhěn] 1급
大大 dàdà 크게, 대단히 2급
大夫 dàifu 의사 3급
大家 dàjiā ① 여러분, 모두 ② 대가, 권위자 2급
大人 dàrén 어르신네, 대인[손윗사람에 대한 존칭으로, 주로 서신에 씀] 2급
重大 zhòngdà 중대하다, 무겁고 크다 3급
大方 dàfang ① 대범하다 ② 인색하지 않다 ③ (스타일·색상 등이) 속되지 않다 4급

✦ 学 xué(學: 배울 학), 生 shēng(날 생, 살 생, 사람을 부를 때 쓰는 접사 생), 夫 fu(사내 부, 남편 부), 家 jiā(집 가, 전문가 가), 重 zhòng(무거울 중, 귀중할 중, 거듭 중), 方 fāng(모 방, 방향 방, 방법 방)

집(广)에 **큰(大)** 경사니 **경사 경**

[번체] 慶 – 사슴(严)처럼 하나(一)씩 기쁜 마음(心)으로 서서히(夊) 모여드는 경사니 '경사 경'

✦ 严 [鹿 lù(사슴 록)의 획 줄임], 一[一 yī(한 일)의 변형], 夊 suī(천천히 걸을 쇠, 뒤쳐올 치)

庆祝 qìngzhù 경축하다[≒ 庆贺 qìnghè] 3급
国庆 guóqìng ① 국가의 경사 ② 건국기념일 3급

✦ 祝 zhù(祝: 빌 축, 축하할 축), 国 guó(國: 나라 국)

3급

达

達

dá

큰(大) 걸음으로 가(辶) 이르니 이를 **달**
또 이르도록 익혀 통달하니 통달할 **달**

[번체] 達 – 흙(土)에만 살던 양(羊)도 뛰어서(辶) 풀밭에 잘도 이르니 '이를 달'
　　　또 이르도록 익혀 통달하니 '통달할 달'

+ 羊 yáng(양 양), 辶 chuò(뛸 착, 갈 착)

达到 **dádào** 달성하다, 이르다 **3급**
表达 **biǎodá** 나타내다, 표현하다 **3급**
发达 **fādá** ① 발전시키다[↔ 落后 luòhòu] ② 발달하다 **3급**
达成 **dáchéng** 달성하다, 도달하다 **5급**
传达 **chuándá** 전달하다 **5급**

+ 到 dào(이를 도, 주도면밀할 도), 表 biǎo(겉 표, 錶: 시계 표), 发 fā(發: 쏠
발, 일어날 발, 髮: 머리털 발), 成 chéng(이룰 성), 传 chuán(傳: 전할 전, 전
기 전, 이야기 전)

2급

套

tào

(몸통보다) 크고(大) 길게(镸) 만든 덮개니 덮개 **투**

+ 镸 cháng[長 cháng/zhǎng(길 장, 자랄 장, 어른 장)의 옛날 한자]

手套 **shǒutào** 장갑 **4급**
外套 **wàitào** 외투 **4급**
配套 **pèitào** 조립하다, 맞추다 **5급**

+ 手 shǒu(손 수, 재주 수, 재주 있는 사람 수), 外 wài(밖 외), 配 pèi(나눌 배,
짝 배)

---

067 〉〉 **夫扶肤替夹** – 夫로 된 한자
　　　　　부 부 부 체 협

3급

夫

fū

한(一) 가정을 거느릴 만큼 **큰(大)** 사내나 남편이니
사내 **부**, 남편 **부**

夫妇 **fūfù** 부부[≒ 夫妻 fūqī] **4급**
夫人 **fūrén** 부인[보통 사람의 아내에 대한 존칭] **4급**
大丈夫 **dàzhàngfu** 대장부 **참고어**

+ 부부를 나타내는 말로 夫妻 fūqī도 쓰이지만, 夫妇는 좀 더 정중한 느낌을
주지요.
+ 妇 fù(婦: 아내 부), 丈 zhàng(어른 장)

5급

扶

fú

손(扌)으로 **남편**(夫)을 도우니 도울 부

5급

肤
膚

fū

몸(月)에서 **사내**(夫)처럼 큰 역할을 하는 살갗이니 살갗 부

[번체] 膚 – 범(虍) 무늬와 위(胃)의 주름처럼 생긴 살갗이니 '살갗 부'

+ 月 yuè(달 월, 육 달 월), 虍 hū(범 호 엄), 胃 wèi(밥통 위)

皮肤 pífū 피부 5급

+ 皮 pí(가죽 피)

4급

替

tì

두 **사내**(夫夫)가 **말하며**(曰) 바꾸니 바꿀 체

+ 曰 yuē(가로 왈)

替代 tìdài 대체하다, 대신하다[= 代替 dàitì] 4급

代替 dàitì 대체하다, 대신하다 4급

+ 代 dài(대신할 대, 세대 대, 대금 대)

5급

夹
夾

jiā/gā

사내(夫)가 **양쪽**(丶丶)으로 끼니 낄 협(jiā)

또 몸과 팔 사이에 끼여 있는 겨드랑이니 겨드랑이 협(gā)

[번체] 夾 – 크게(大) 두 사람(人人) 사이에 끼니 '낄 협'

1급

太
tài

큰 대(大) 아래에 **점(丶)**을 찍어 더 큼을 나타내어 **클 태**
또 크게 몹시 지나치니 **몹시 태, 지나칠 태**

+ 丶 zhǔ(점 주, 불똥 주)

太太 tàitai (상대방 혹은 자신의) 부인[기혼 여성에 대한 존칭] 2급
不太 bútài 그다지 ~하지 않다 2급
老太太 lǎotàitai ① 할머니 ② 늙은 여자에 대한 존칭 3급
太空 tàikōng 우주 5급

+ 老 lǎo(늙을 로, 존칭 접사 로), 空 kòng(빌 공, 하늘 공)

2급

态
態
tài

크게(太) 마음(心) 상태에 따라 달라지는 모양이니 **모양 태**

[번체] 態 – 능히(能) 할 수 있다는 마음(心)이 얼굴에 나타나는 모양이니 '모양 태'
+ 비 熊 xióng(곰 웅)
+ 心 xīn(마음 심, 중심 심), 能 néng(능할 능) – 제목번호 183 참고

态度 tàidu ① 태도 ② 표정, 행동거지 2급
动态 dòngtài ① 변화하는 상태 ② 약동하는 자태 ③ 동태적인[↔ 静态 jìngtài]
5급

+ 度 dù(법도 도, 정도 도, 시간 보낼 도, 헤아릴 탁), 动 dòng(動: 움직일 동)

4급

丈
zhàng

많이(ナ) 지팡이(乀)에 의지하는 어른이니 **어른 장**
또 남자 노인에 대한 존칭으로도 쓰여 **존칭 장**
또 길이의 단위로도 쓰여 **길이 장**

+ 丈은 길이의 단위로, 1丈은 한 자(尺)의 열 배로 약 3미터
+ ナ [十 shí(열 십, 많을 십)의 변형], 乀 fú('파임 불'이지만 여기서는 지팡이
로 봄)

丈夫 zhàngfu 남편[↔ 妻子 qīzi] 4급

참고자

尢
yóu

[양팔 벌리고(一) 다리 벌린 **사람**(人)을 본떠서 만든]
큰 대(大)의 한 획을 구부려 절름발이를 나타내어
굽을 왕, 절름발이 왕

5급

尤
yóu

절름발이(尢)에 **점**(丶)까지 있어 더욱 드러나니
더욱 우, 드러날 우
또 드러나게 원망하는 허물이니 원망할 우, 허물 우

尤其 yóuqí 더욱이, 특히 5급
+ 其 qí(그 기)

3급

优
(優)
yōu

사람(亻)이 **더욱**(尤) 노력하여 우수하니 우수할 우
또 **사람**(亻)이 **더욱**(尤) 실제처럼 연기하는 배우니 배우 우

[번체] 優 – 사람(亻)이 노력하며 근심하면(憂) 우수하니 '우수할 우'
　　　또 사람(亻)이 근심하듯(憂) 주어진 대본을 생각하며 연기하는 배우니
　　　'배우 우'
+ 憂 yōu – 하나(一)같이 스스로(自) 덮어(冖) 마음(心)에 품고 천천히 걸으며
　　　(夊) 근심하니 '근심할 우'
+ 自 zì(자기 자, 스스로 자, 부터 자), 冖 mì(덮을 멱), 夊 zhī/zhōng(천천히
　　　걸을 쇠, 뒤져올 치)
优点 yōudiǎn 장점[≒ 长处 chángchu ↔ 弱点 ruòdiǎn, 缺点 quēdiǎn] 3급
优良 yōuliáng 우량하다, 우수하다 4급
优美 yōuměi 우아하고 아름답다 4급
优秀 yōuxiù 아주 뛰어나다[≒ 优良 yōuliáng] 4급
优先 yōuxiān ① 우선하다 ② 우선 5급
+ 点 diǎn(點: 점 점, 점검할 점, 불 켤 점), 良 liáng(좋을 량, 어질 량), 美
　　mǎi(아름다울 미), 秀 xiù(빼어날 수), 先 xiān(먼저 선)

犹
猶
yóu

개(犭) 같은 허물(尤)이 있을까 봐 오히려 머뭇거리니

같을 유, 오히려 유, 머뭇거릴 유

[번체] 猶 – 개(犭) 같이 행동하면 우두머리(酋)라도 오히려 머뭇거리니
　　　　'같을 유, 오히려 유, 머뭇거릴 유'

＋犭 quǎn(큰 개 견, 개 사슴 록 변), 酋 qiú(酋: 우두머리 추)

5급

扰
擾
rǎo

손(扌)으로 허물을 만들어 **더욱(尤)** 어지러우니 어지러울 요

[번체] 擾 – 손(扌)이나 말로만 근심(憂)한 척하고 떠들면 어지러우니 '어지러울 요'

打扰 dǎrǎo ① 방해하다, 지장을 주다 ② 폐를 끼치다 5급

干扰 gānrǎo 방해하다, 교란시키다 5급

困扰 kùnrǎo ① 괴롭힘, 성가심 ② 귀찮게 굴다, 괴롭히다 5급

＋打 dǎ(칠 타, 공격할 타, 어조사 타, 다스 타), 干 gān/gàn(방패 간, 乾: 마를
건, 幹: 줄기 간, 일할 간, 간부 간), 困 kùn(곤란할 곤)

1급

就
jiù

(꿈이 있는 사람은 벼슬자리가 많은)

서울(京)로 **더욱(尤)** 나아가고 다가가 꿈을 이루니

나아갈 취, 다가갈 취, 이룰 취

＋京 jīng(서울 경) – 제목번호 128 참고

就要 jiùyào 멀지 않아, 곧[문장 끝에 '了'가 붙음][= 快要 kuàiyào] 2급

早就 zǎojiù 일찍이[= 早经 zǎojīng] 2급

就是 jiùshì ① ～하면 된다[문장 끝에 쓰여 긍정을 표시함. 대부분 '了'를 붙
임] ② 그래그래[단독으로 쓰여서 동의를 표시함] ③ 설사 ～이라도[주로 뒤에 '也'
와 호응함] 3급

就业 jiù//yè 취업하다[↔ 待业 dàiyè] 3급

成就 chéngjiù ① 성취, 성과 ② 달성하다, 이루다 3급

＋要 yāo(중요할 요, 바랄 요, 요구할 요), 早 zǎo(일찍 조), 是 shì(옳을 시, 이
시, ～이다 시), 业 yè(業: 업 업, 일 업), 成 chéng(이룰 성)

3급

龙
龍
long

더욱(尤) 떨치고(丿) 하늘로 오르는 용이니 용 룡

[번체] 龍 – 머리 세우고(立) 몸(月)을 꿈틀거리며(乚) 하늘로 오르는 용 모양을
　　　　생각하여 '용 룡'

＋丿 piě('삐침 별'이지만 여기서는 떨치는 모양으로 봄), 立 lì(설 립), 乚(꿈틀거
리는 모양)

＋용은 전설 속의 동물로 신성하게 여겨 임금이나 큰 인물을 나타내기도 하지요.

5급

quǎn

주인을 **크게(大) 점(丶)**찍어 따르는 개니 개 **견**

+ 부수로 쓰일 때는 犭 quǎn(큰 개 견)인데 여러 짐승을 나타낼 때도 쓰이니 '개 사슴 록 변'이라 부릅니다.

3급

状 / 狀

zhuàng

나무 조각(爿)에 개(犬)를 새긴 모양이니 모양 **상**
또 (글자가 없었던 옛날에) 모양을 그려 작성했던 문서니 문서 **장**

[번체] 狀 – 나무 조각(爿)에 개(犬)를 새긴 모양이니 '모양 상'
　　　또 (글자가 없었던 옛날에) 모양을 그려 작성했던 문서니 '문서 장'
+ 爿 pán(爿: 나무 조각 장, 장수 장 변)

状态 zhuàngtài 상태 3급
形状 xíngzhuàng 형상, 생김새, 겉모양 3급
现状 xiànzhuàng 현상, 현재 상황 5급
+ 态 tài(態: 모양 태), 形 xíng(모양 형), 现 xiàn(現: 이제 현, 나타날 현)

5급

厌 / 厭

yàn

헛간(厂)에서 **개(犬)**처럼 살아감은 모두 싫어하니 싫어할 **염**

[번체] 厭 – 굴 바위(厂) 밑에서 해(日)와 달(月)도 보지 못하고 개(犬)처럼 살아
　　　감은 모두 싫어하니 '싫어할 염'
+ 厂 chǎng(굴 바위 엄, 언덕 엄, 廠: 헛간 창, 공장 창), 月 yuè(달 월, 육 달 월)

讨厌 tǎoyàn ① 싫어하다 ② 꼴 보기 싫다 ③ 귀찮다[≒ 厌恶 yànwù ↔ 喜爱
xǐ'ài, 喜欢 xǐhuan] 5급
+ 讨 tǎo(討: 칠 토, 토론할 토)

3급

突

tū

구멍(穴)에서 **개(犬)**가 갑자기 튀어나와 부딪치니
갑자기 **돌**, 부딪칠 **돌**

+ 穴 xué(구멍 혈, 굴 혈)
突出 tūchū 돌출하다, 돋보이다 3급
突然 tūrán ① 갑자기, 문득 ② (상황이) 갑작스럽다 3급
冲突 chōngtū ① 충돌하다 ② 모순되다 ③ 모순, 충돌 5급
+ 出 chū(나올 출, 나갈 출), 然 rán(그러할 연), 冲 chōng(衝: 화할 충, 빌 충,
부딪칠 충)

94

4급

获
 獲

huò

풀(⺌) 속의 **짐승**(犭)을 **개**(犬)가 잡아 와 얻으니 얻을 **획**

번체 獲 – 개(犭)가 풀(⺌) 속에서 새(隹)를 또(又) 잡아 와 얻으니 '얻을 획'

✦ ⺌ cǎo(⺌: 초 두), 隹 zhuī(새 추), 又 yòu(오른손 우, 또 우)

获得 huòdé 획득하다[→ 剥夺 bōduó] **4급**

获奖 huò//jiǎng 상을 받다 **4급**

获取 huòqǔ 획득하다 **4급**

收获 shōuhuò ① 수확하다 ② 소득, 수확, 수확물 **4급**

✦ 得 de(얻을 득, 조사 득, 조동사 득), 奖 jiǎng(奬: 장려할 장), 取 qǔ(취할 취, 가질 취), 收 shōu(거둘 수)

2급

哭

kū

여러 사람의 **입들**(口口)이 **개**(犬)처럼 소리 내어 슬프게 우니 울 **곡**

3급

器

qì

개(犬) 여러 마리 **입들**(口口口口)이 둘러싸고 먹이를 먹는
그릇이나 기구니 그릇 **기**, 기구 **기**

机器 jīqì ① 기계, 기기 ② 기관, 조직 **3급**

充电器 chōngdiànqì 충전기 **4급**

机器人 jīqìrén 로봇[= 机械人 jīxièrén] **5급**

✦ 机 jī(機: 기계 기, 비행기 기, 기능 기, 기회 기), 充 chōng(가득 찰 충, 채울 충), 电 diàn(電: 번개 전, 전기 전)

rán

고기(夕)를 보면 개(犬)가 불(灬)처럼 열 내며 달려가듯 순리에 맞게 그러하니 **그러할 연**

+ 夕[月 yuè(달 월, 육 달 월)의 변형], 灬 huǒ(불 화 발)

然后 ránhòu 그런 후에, 그다음에 2급

大自然 dàzìrán 대자연 2급

当然 dāngrán ① 당연하다, 물론이다 ② 당연히, 물론 3급

果然 guǒrán 과연, 역시, 예상대로 3급

自然 zìrán ① 자연 ② 자연의 ③ 당연하다[↔ 人工 réngōng] 3급

不然 bùrán ① 그렇지 않으면 ② 아니오, 그렇지 않(습니)다 4급

+ 后 hòu(왕비 후, 後: 뒤 후), 自 zì(자기 자, 스스로 자, 부터 자), 当 dāng(當: 마땅할 당, 당할 당), 果 guǒ(과일 과, 결과 과), 不 bú(아닐 불, 아닐 부)

rán

불(火)처럼 **그릴게(然)** 타거나 태우니 **불탈 연**, **태울 연**

燃料 ránliào 연료 4급

燃烧 ránshāo ① 연소하다 ② (감정이) 타오르다[↔ 熄灭 xīmiè] 4급

+ 料 liào(헤아릴 료, 재료 료, 값 료), 烧 shāo(燒: 불사를 소)

2급

头
　　頭
tóu/tou

(생활할수록) 점(丶)점(丶) 크게(大) 쓰이는 머리니 **머리 두**
또 머리가 되는 우두머리니 **우두머리 두**(tóu)
또 머리처럼 어떤 물체의 꼭대기나 어떤 일의 시작을 나타내는
접미사니 **접미사 두**(tou)

[번체] 頭 – 콩(豆)처럼 둥근 머리(頁)니 '머리 두'
　　　또 머리가 되는 우두머리니 '우두머리 두'
＋ 丶 zhǔ(점 주, 불똥 주), 豆 dòu(제기 두, 콩 두), 頁(머리 혈, 페이지 엽: 页 yè)

头发 tóufa 머리카락, 두발 2급
点头 diǎn//tóu (동의·승인·찬성·인사 따위의 표시로) 머리를 끄덕이다[= 点首 diǎn//shǒu] 2급
骨头 gǔtou ① 뼈 ② ~한 놈 4급
＋ 发 fā/fà(發: 쏠 발, 일어날 발, 髮: 머리털 발), 点 diǎn(點: 점 점, 점검할 점, 불 켤 점), 骨 gǔ(骨: 뼈 골)

2급

实
　　實
shí

수확하여 **집**(宀)에 저장한 곡식의 **머리**(头)처럼 둥근 열매니
열매 실
또 열매처럼 중요한 실제니 **실제 실**

[번체] 實 – 수확하여 집(宀)에 꿰어(貫) 놓은 열매니 '열매 실'
　　　또 열매처럼 중요한 실제니 '실제 실'
＋ 宀 mián(집 면), 貫(꿸 관, 무게 단위 관: 贯 guàn)

实力 shílì ① 실력 ② (정치·경제적인) 힘 3급
结实 jiēshi 단단하다, 튼튼하다[↔ 虚弱 xūruò] 3급
现实 xiànshí ① 현실 ② 현실적이다[≒ 实际 shíjì ↔ 理想 lǐxiǎng, 浪漫
làngmàn] 3급
确实 quèshí ① 확실하다 ② 정말로, 확실히 3급
老实 lǎoshi ① 성실하다 ② 온순하다 ③ 융통성이 없다[≒ 忠实 zhōngshí,
诚实 chéngshí ↔ 狡诈 jiǎozhà, 狡猾 jiǎohuá] 4급
＋ 力 lì(힘 력), 结 jié(結: 맺을 결), 现 xiàn(現: 이제 현, 나타날 현), 确 què
(確: 확실할 확, 굳을 확), 老 lǎo(늙을 로, 존칭 접사 로)

买
買
mǎi

1급

한(一) 번 더 머리(头)로 생각하고 사니 살 매

[번체] 買 – 그물(罒)을 돈(貝) 주고 사니 '살 매'

+ 충동구매를 하지 않기 위해 한 번 더 머리로 생각해보라는 어원이네요.

+ 一[一 yī(한 일)의 변형], 罒 wǎng(그물 망, = 网, 罓), 贝 bèi(貝:조개 패, 재물 패, 돈 패)

购买 gòumǎi 구입[구매] (하다) ↔ 销售 xiāoshòu] 4급

+ 购 gòu(購: 살 구)

卖
賣
mài

2급

많은(十) 이익을 남기고 산(买) 물건을 파니 팔 매

[번체] 賣 – 열(十) 한(一)배의 이익을 남기고 산(買) 물건을 파니 '팔 매'

+ 十 shí(열 십, 많을 십)

外卖 wàimài ① (음식을) 포장 판매하다 ② 포장 판매 음식, 배달 음식 2급

买卖 mǎimai ① 매매, 거래 ② 상점 5급

读
讀
dú

1급

말(讠)하여 물건을 팔듯(卖) 소리 내어 읽으니 읽을 독

[번체] 讀 – 말(言)하여 물건을 팔(賣)듯 소리 내어 읽으니 '읽을 독'
또 띄어 읽는 글의 구절이니 '구절 두'

+ 중국 한자(간체자)에서는 '읽을 독'으로만 쓰입니다.

+ 讠 yán[言(말씀 언 변)의 간체자]

读书 dú//shū ① 책을 읽다[= 念书 niàn//shū, 阅读 yuèdú] ② 공부하다[= 学习 xuéxí, 上学 shàng//xué] 1급

读音 dúyīn (글자의) 발음[= 字音 zìyīn] 2급

阅读 yuèdú 열독하다, (책이나 신문을) 보다 4급

+ 书 shū(書: 쓸 서, 글 서, 책 서), 音 yīn(소리 음), 阅 yuè(閱: 읽을 열, 검열할 열)

续
續
xù

3급

실(纟)을 팔려고(賣) 이으니 이을 속

+ 纟 sī[糸 mì/sī(실 사, 실 사 변의 간체자)]

持续 chíxù 지속하다[≒ 继续 jìxù, 连续 liánxù, 延续 yánxù ↔ 中止 zhōngzhǐ, 中断 zhōngduàn] 3급

继续 jìxù ① 계속하다 ② 계속, 연속, 속편 3급

手续 shǒuxù 수속, 절차 3급

连续 liánxù 연속하다, 계속하다 3급

+ 持 chí(가질 지, 잡을 지), 继 jì(繼: 이을 계), 手 shǒu(손 수, 재주 수, 재주 있는 사람 수), 连 lián(連: 잇닿을 련)

1급

了

liǎo/le

아들(子)이 양팔 붙이고 모체에서 나온 모양으로,
나오면 고통을 마치고 밝으니 **마칠 료, 밝을 료**(liǎo)
또 마침을 나타내는 어조사로도 쓰여 **어조사 료**(le)

了不起 liǎobuqǐ ① 대단하다 ② 심하다, 영향이 크다 4급
得了 déle ① 되다 ② 됐다, 충분하다[허락이나 금지를 나타냄] 5급
不得了 bùdéliǎo 큰일 났다, 야단났다 5급
＋ 不 bú(아닐 불, 아닐 부), 起 qǐ(일어날 기, 시작할 기, 세울 기), 得 dé/de/děi(얻을 득, 조사 득, 조동사 득)

4급

疗
療

liáo

병(疒)을 밝게(了) 치료하니 치료할 료

[번체] 療 - 병(疒)을 밝게(尞) 치료하니 '치료할 료'
＋ 尞 liáo - 크게(大) 양쪽(丷)에 해(日)처럼 작은(小) 것까지 보이도록 횃불을 밝혀 밝으니 '횃불 료, 밝을 료'
＋ 疒 nè(병들 녁)
医疗 yīliáo 의료 4급
治疗 zhìliáo 치료하다 4급
＋ 医 yī(醫: 의원 의), 治 zhì(다스릴 치)

1급

子

zǐ/zi

아들이 두 팔 벌린 모양을 본떠서 **아들 자**
또 옛날에는 아들을 첫째로 여겼으니 **첫째 지지 자**
또 아들처럼 편하게 부르는 2인칭 대명사 자네니 **자네 자**(zǐ)
또 낳은 아들처럼 만든 물건의 뒤에 붙이는 접미사니
접미사 자(zi)

儿子 érzi 아들 1급
日子 rìzi ① (선택한) 날 ② 기간, 시절 ③ 생계, 살림 2급
＋ 儿 ér(사람 인 발, 접미사 아, 兒: 아이 아), 日 rì(해 일, 날 일)

5급

zǐ/zǎi

사람(亻)이 **아들**(子)을 가르칠 때처럼 자세하니 **자세할 자**(zǐ)
또 **사람**(亻)이 낳은 **아들**(子)처럼 난 새끼니 **새끼 자**(zǎi)

仔细 zǐxì ① 세심하다 ② 조심하다[≒ 细心 xìxīn ↔ 马虎 mǎhu] ③ 절약하다
5급

牛仔裤 niúzǎikù [의역어] 청바지 **5급**

➕ 细 xì(細: 가늘 세), 牛 niú(소 우), 裤 kù(褲: 바지 고)

4급

chéng

아들(子) **둘**(二)이 **양쪽**(八)에서 부모를 받들며 대를 이으니
받들 승, 이을 승

承受 chéngshòu ① 받아들이다, 감당하다 ② (권리나 재산 따위를) 물려받다
4급

承认 chéngrèn 승인하다, 인정하다 **4급**

承办 chéngbàn 맡아 처리하다 **5급**

➕ 受 shòu(받을 수), 认 rèn(認: 알 인, 인정할 인), 办 bàn(辦: 다스릴 판)

5급

xiǎng

높은(亠) 학문을 배운 **아들**(子)이 행복을 누리니 **누릴 향**

➕ 亠[高 gāo(높을 고)의 획 줄임]

享受 xiǎngshòu 누리다, 향유하다 **5급**

分享 fēnxiǎng ① 배당을 받다 ② (행복·기쁨 따위를) 함께 나누다[누리다]
③ 공유 **5급**

➕ 受 shòu(받을 수), 分 fèn(나눌 분, 단위 분, 단위 푼, 신분 분, 분별할 분, 분
수 분, 점수 분, 성분 분)

1급

zì

집(宀)에 **자식**(子)이 생기듯이 만들어 쓰는 글자니 **글자 자**

➕ 宀 mián(집 면)

字典 zìdiǎn 자전 **2급**

数字 shùzì ① 숫자 ② 수량 ③ 디지털형(의)[≒ 数量 shùliàng] **2급**

文字 wénzì ① 문자 ② 글, 문장 **3급**

➕ 典 diǎn(법 전, 책 전), 数 shù(數: 셀 수, 두어 수, 숫자 수, 자주 삭, 운수
수), 文 wén(글 문, 문명 문, 문화 문)

1급

学

學

xué

점(丶)점(丶) 글자(字)를 배우니 배울 학

[번체] 學 – 절구(臼)같은 교실에서 친구도 사귀며(爻) 덮인(冖) 책을 펴놓고 아들 (子)이 글을 배우니 '배울 학'

+ 臼[臼 jiù(절구 구)의 변형], 爻 yáo(점괘 효, 사귈 효, 본받을 효), 冖 mì(덮을 멱)

学生 xuésheng ① 학생 ② 제자, 학도 **1급**

学习 xuéxí ① 학습하다 ② 본받다, 모방하다 **1급**

小学 xiǎoxué 초등학교 **1급**

小学生 xiǎoxuéshēng 초등학생 **1급**

中学 zhōng//xué 중학교 **1급**

中学生 zhōngxuéshēng 중학생 **1급**

上学 shàngxué ① 등교하다 ② 입학하다 **1급**

中小学 zhōngxiǎoxué 초중고교 **2급**

学时 xuéshí 수업 시간, 교시 **4급**

学位 xuéwèi (학사·석사·박사 등의) 학위 **5급**

学者 xuézhě ① 학자 ② 공부하는 사람 **5급**

+ 生 shēng(날 생, 살 생, 사람을 부를 때 쓰는 접사 생), 习 xí(習: 익힐 습), 时 shí(時: 때 시), 位 wèi(자리 위, 위치 위, 직위 위), 者 zhě(者: 놈 자, 것 자)

---

075 ▶ **予舒序 矛** – 予로 된 한자와 矛
여 서 서 모

참고자

予

yǔ

손으로 주는 모양에서 줄 여(≒ 与)
또 주는 나를 뜻하여 나 여(≒ 余)

+ 与 yǔ(與: 줄 여, 더불 여, 참여할 여) – 제목번호 158 참고, 余 yú(餘: 나 여, 남을 여) – 제목번호 020 참고

给予 jǐyǔ 주다, 부여하다[→ 接受 jiēshòu] **참고어**

+ 给 jǐ(給: 줄 급)

2급

舒 shū

집(舍)에서처럼 **내(予)** 마음이 퍼지고 느긋하니

펼 서, 느긋할 서

+ 舍 shè(집 사, 捨: 버릴 사)
舒服 shūfu (몸·마음이) 편안하다, 쾌적하다 **2급**
舒适 shūshì 편안하다, 쾌적하다 **4급**
+ 服 fú/fù(옷 복, 먹을 복, 복무할 복, 복종할 복, 첩 복), 适 shì(適: 적당할 적, 갈 적)

4급

序 xù

집(广)에서도 **내(予)**가 먼저 지켜야 하는 차례니

먼저 서, 차례 서

+ 广 guǎng(집 엄, 廣: 넓을 광, 많을 광)
程序 chéngxù ① 순서, 절차, 단계 ② 프로그램 **4급**
+ 程 chéng(程: 법 정, 정도 정)

5급

矛 máo

손잡이 있는 창을 본떠서 창 모

+ 창(矛 máo) - 긴 자루 끝에 금속 창날을 장착한 고대의 병기
矛盾 máodùn ① 갈등, 대립 ② 모순적이다 ③ 모순 **5급**
+ 盾 dùn(방패 순)

---

076 ▶ **存在 厚** – 术으로 된 한자와 厚
　　　　存 在 厚

3급

存 cún

한(一) 사람(亻)에게 **아들(子)**이 있으니 있을 존

存在 cúnzài ① 존재하다 ② 존재[↔ 消亡 xiāowáng] **3급**
生存 shēngcún 생존(하다)[≒ 生活 shēnghuó ↔ 死亡 sǐwáng] **3급**
+ 在 zài(있을 재), 生 shēng(날 생, 살 생, 사람을 부를 때 쓰는 접사 생)

한(一) 사람(亻)에게 땅(土)이 있으니 있을 재

现在 xiànzài 지금, 현재[≒ 现今 xiànjīn] [1급]
实在 shízai 착실하다, 성실하다, 알차다 [2급]
在乎 zàihū ~에 있다, ~에 달려 있다[= 在于 zàiyú 주로 부정 형식에 많이 쓰임] [4급]
不在乎 búzàihu 대수롭지 않게 여기다 [4급]
内在 nèizài ① 내재하는 ② (마음속에) 내재하다[↔ 外在 wàizài] [5급]
在内 zàinèi 내포하다, 포함하다[↔ 在外 zàiwài] [5급]
在场 zàichǎng 그 자리에 있다, 현장에 있다 [5급]
+ 现 xiàn(現: 이제 현, 나타날 현), 实 shí(實: 열매 실, 실제 실), 乎 hū(어조사 호), 内 nèi(內: 안 내), 场 chǎng(場: 마당 장, 장소 장, 무대 장)

zài

헛간(厂) 같은 집에서도 날(日)마다 자식(子)을 돌보는 부모의 정성이 두터우니 두터울 후

+ 厂 chǎng(굴 바위 엄, 언덕 엄, 廠: 헛간 창, 공장 창)

hòu

---

077 〉〉 **女如好 奴努** – 女, 奴로 된 한자
녀 여 호 노 노

두 손 모으고 앉아 있는 여자 모양을 본떠서 여자 녀

女生 nǚshēng 여학생[= 女学生 nǚxuésheng] [1급]
女朋友 nǚpéngyou 여자친구, (여자) 애인[↔ 男朋友 nánpéngyou] [1급]
女人 nǚren 아내[= 老婆 lǎopo ↔ 男人 nánren] [1급]
女子 nǚzǐ 여자 [3급]
子女 zǐnǚ 자녀, 아들과 딸 [3급]
女士 nǚshì 여사, 숙녀, 부인[↔ 男士 nánshì] [4급]
美女 měinǚ 미녀 [4급]
女性 nǚxìng 여성 [5급]
+ 朋 péng(벗 붕, 무리 붕), 友 you(벗 우), 士 shì(선비 사, 군사 사, 칭호나 직업에 붙이는 말 사), 美 měi(아름다울 미), 性 xìng(성품 성, 바탕 성)

nǚ

103

如
rú

여자(女)의 말(口)은 대부분 부모나 남편의 말과 같으니 같을 여

＋ 주로 집안에서 생활하던 옛날 여자들은 대부분 부모나 남편의 말을 따랐겠지요.
＋ 口 kǒu(입 구, 말할 구, 구멍 구)

如果 rúguǒ 만약, 만일 2급

不如 bùrú ① ~만 못하다 ② ~하는 편이 낫다 ③ 맞지 않다 2급

例如 lìrú 예를 들다, 예를 들면 2급

如下 rúxià 아래와 같다, 다음과 같다 5급

如此 rúcǐ 이와 같다, 이러하다 5급

꿀TIP 不如는 비교문에서 사용하며, 'A 不如 B'는 'A가 B만 못하다'라는 뜻이고, 술어 를 생략하고 사용할 수 있습니다.
＋ 果 guǒ(과일 과, 결과 과), 不 bú(아닐 불, 아닐 부), 例 lì(법식 례, 보기 례), 下 xià(아래 하, 내릴 하), 此 cǐ(이 차)

好
hǎo/hào

여자(女)에게 자식(子)이 있으면 좋으니 좋을 호(hǎo)
또 여자(女)는 자식(子)을 좋아하니 좋아할 호(hào)

爱好 àihào ① 애호하다 ② 취미, 애호[≒ 喜好 xǐhào, 喜爱 xǐ'ài, 喜欢 xǐhuan ↔ 厌恶 yànwù] 1급

好多 hǎoduō ① 대단히(꽤) 많은[= 许多 xǔduō ② 몇, 얼마 2급

好人 hǎorén ① 좋은 사람 ② 건강한 사람 ③ 마찰 없이 잘 지내려는 사람 2급

好事 hǎoshì ① 좋은 일, 유익한 일 ② 자선 사업 ③ 경사 2급

＋ 愛 ài(사랑 애, 즐길 애, 아낄 애), 多 duō(많을 다), 事 shì(일 사, 섬길 사)

奴
nú

여자(女)의 손(又)처럼 힘들게 일하는 종이니 종 노

＋ 又 yòu(오른손 우, 또 우)

奴隶 núlì 노예 참고어

＋ 隶 lì(종 례/예)

努
nǔ

종(奴)처럼 일에 힘(力)쓰니 힘쓸 노

努力 nǔlì 노력하다, 힘쓰다[≒ 勤奋 qínfèn, 尽力 jìnlì] 2급

＋ 力 lì(힘 력)

2급

安

ān

집(宀)에서 **여자**(女)가 살림하면 편안하니 **편안할 안**

+ 宀 mián(집 면), 女 nǚ(여자 녀)

安全 ānquán 안전하다[平安 píng'ān ↔ 危险 wēixiǎn] 2급
平安 píng'ān 평안하다, 편안하다[≒ 安全 ānquán] 2급
安排 ānpái (인원·시간 등을) 안배하다, 일을 처리하다 3급
保安 bǎo'ān 안전을 유지하다 3급

+ 全 quán(全: 온전할 전), 平 píng(平: 평평할 평, 평화 평), 排 pái(排: 물리칠 배, 배열할 배), 保 bǎo(지킬 보, 보호할 보)

3급

按

àn

손(扌)으로 **편안하도록**(安) 누르니 **누를 안**
또 감정을 억누르며 무엇에 따르니 **억누를 안**, **따를 안**

按照 ànzhào ① ~에 따르다, ~의거하다 ② ~에 의해, ~에 따라 3급
按时 ànshí 제때에, 시간에 맞추어 4급

+ 照 zhào(비출 조), 时 shí(時: 때 시)

4급

案

àn

편안하게(安) 공부하도록 **나무**(木)로 만든 책상이니 **책상 안**
또 책상에 앉아 짠 생각이나 계획이니 **생각 안**, **계획 안**

答案 dá'àn 답안, 답, 해답 4급
方案 fāng'àn ① 방안 ② 표준 양식, 규칙[≒ 计划 jìhuà] 4급

+ 答 dá(대답할 답, 갚을 답), 方 fāng(모 방, 방향 방, 방법 방)

3급

mǔ

여자(口) 중 젖(ㅗ)을 드러낸 어머니니 어머니 모

+ 비 毋 wú(말 무, 없을 무)
+ 口[女 nǔ(여자 녀)의 변형]
+ 점(丶) 두 개가 위아래로 있어 젖을 나타내면 '母 mǔ(어머니 모)',
  안 된다는 금지의 가위표(十)가 있으면 '毋 wú(말 무, 없을 무)'로 구분하세요.

母亲 mǔqīn 모친, 어머니 **3급**
字母 zìmǔ 자모, 알파벳 **4급**

+ 亲 qīn(親: 어버이 친, 친할 친), 字 zì(글자 자)

5급

dú

주인(ㄣ)이나 어머니(母)는 강하고 독하니 독할 독
또 독한 독이나 마약이니 독 독, 마약 독

+ '여자는 약하지만 어머니는 강하다'는 말처럼 주인이나 어머니가 되면 강하고
  독해지지요.
+ ㄣ [主 zhǔ(주인 주)의 변형]

病毒 bìngdú ① 바이러스(컴퓨터 바이러스를 칭하기도 함) ② 병균 **5급**
消毒 xiāodú 소독하다 **5급**
杀毒 shādú ① 소독하다 ② 컴퓨터 바이러스를 제거하다 **5급**
中毒 zhòng//dú ① 중독되다 ② 중독 ③ 해를 입다 **5급**
有毒 yǒudú 독이 있다[↔ 無毒 wúdú, 無害 wúhài] **참고어**

+ 病 bìng(병들 병), 消 xiāo(消: 끌 소, 삭일 소, 소식 소), 杀 shā(殺: 죽일
  살, 감할 쇄), 中 zhōng(가운데 중, 맞힐 중), 有 yǒu(가질 유, 있을 유)

3급

měi

사람(ㄥ)이 항상 어머니(母)를 생각하듯 항상이니 항상 매

+ ㄥ[人 rén(사람 인)의 변형]

hǎi

물(氵)이 항상(每) 있는 바다니 바다 해

海边 hǎibiān 해변, 바닷가 2급
大海 dàhǎi 바다 2급
海关 hǎiguān 세관 3급
海水 hǎishuǐ 바닷물 4급
海鲜 hǎixiān 해산물, 해물 4급

+ 边 biān(邊: 가 변), 关 guān(關: 빗장 관, 관계 관), 鲜 xiān(鮮: 고울 선, 깨끗할 선, 싱싱할 선)

huǐ

지내놓고 마음(忄)으로는 항상(每) 후회하니 후회할 회

+ 忄 xīn(마음 심 변)
后悔 hòuhuǐ 후회하다, 뉘우치다 5급
+ 后 hòu(왕비 후, 後: 뒤 후)

mǐn

항상(每) 치듯이(攵) 잘 지도하면 행동이 민첩하니 민첩할 민

+ 민첩하고 절도 있는 어린이로 기르기 위해서 사랑의 매도 들지요.
+ 攵 pō(칠 복, = 攴)
敏感 mǐngǎn 민감하다 5급
过敏 guòmǐn 과민하다, 예민하다 5급
+ 感 gǎn(느낄 감, 감동할 감), 过 guò(過: 지날 과, 지나칠 과, 허물 과)

fán

(실 뽑는 집에서) 민첩하게(敏) 실(糸)을 뽑아내면 번성하니 번성할 번

频繁 pínfán 잦다, 빈번하다 5급
+ 频 pín(자주 빈, 주파수 빈)

2급

己 jǐ

사람이 엎드려 절하는 모양에서

몸 기, 자기 기, 여섯째 천간 기

✦ 현대 중국어에서는 단독으로 쓰이지 않고 어떤 단어의 일부로만 쓰입니다.

自己 zìjǐ 자기, 자신, 스스로 **2급**

✦ 自 zì(스스로 자, 자기 자, 부터 자)

2급

已 yǐ

밭갈이를 이미 끝낸 쟁기 보습의 모양에서 **이미 이, 끝날 이**

✦ 쟁기(犁 lí) – 논밭을 가는 농기구
✦ 보습 – 쟁기에서 땅속으로 들어가는 삽 모양의 쇠 부분
✦ 이미 – 다 끝나거나 지난 일을 이를 때 쓰는 말

早已 zǎoyǐ ① 훨씬 전에 ② 이전, 옛날[= 早先 zǎoxiān] **3급**

✦ 早 zǎo(일찌 조)

참고자

巳 sì

몸을 사리고 꼬리 든 뱀 모양에서 **뱀 사**

또 뱀은 여섯째 지지니 **여섯째 지지 사**

✦ 사람이 엎드려 절하는 모양이면 '몸 기, 자기 기, 여섯째 천간 기(己)', 己의 한쪽이 약간 올라가면 '이미 이, 따름 이(已)', 완전히 붙으면 '뱀 사(巳)'로 구분하세요.
✦ 뱀을 나타내는 한자로는, '巳 sì(뱀 사), 巴 bā(뱀 파, 꼬리 파, 바랄 파), 蛇 shé(뱀 사)'가 있는데, 실제 뱀은 한국 한자(번체자)나 중국 한자(간체자)에서 '蛇 shé'로 많이 사용합니다.

3급

导 dǎo 導

뱀(巳)처럼 길게 줄 세워 **법도(寸)**에 따라 이끌며 인도하니

이끌 도, 인도할 도

[번체] 導 – 도리(道)와 법도(寸)에 맞게 이끌며 인도하니 '이끌 도, 인도할 도'
✦ 寸 cùn(마디 촌, 법도 촌), 道(길 도, 도리 도)

指导 zhǐdǎo 지도하다, 이끌다 **3급**

主导 zhǔdǎo ① 주도의 ② 주도 **5급**

向导 xiàngdǎo ① 길 안내자, 가이드 ② 길을 안내하다 **5급**

✦ 指 zhǐ(손가락 지, 가리킬 지), 主 zhǔ(주인 주), 向 xiàng(향할 향, 나아갈 향)

3급

纪

紀

jì

실(纟)에서 **몸**(己)처럼 중요한 벼리니 벼리 **기**
또 벼리처럼 중요한 질서나 해니 질서 **기**, 해 **기**
또 벼리처럼 중요한 것은 기록하니 기록할 **기**

✚ 벼리는 그물의 위쪽 코를 꿰어 오므렸다 폈다 하는 줄로 그물에서 제일 중요한 부분입니다.
✚ 纟 sī[糸 mì/sī(실 사, 실 사 변의 간체자)]
纪念 jìniàn ① 기념하다 ② 기념품 ③ 기념하는 3급
年纪 niánjì 나이 3급
世纪 shìjì 세기 3급
✚ 念 niàn(念: 생각 념), 年 nián(해 년, 나이 년), 世 shì(세대 세, 세상 세)

1급

记

記

jì

말(讠) 중에 **자기**(己)에게 필요한 부분은 기록하거나 기억하니
기록할 **기**, 기억할 **기**

✚ 讠 yán[言(말씀 언 변)의 간체자]
记得 jìde 기억하고 있다, 잊지 않고 있다[↔ 记不得 jìbude] 1급
记住 jìzhu 확실히 기억해 두다[↔ 忘却 wàngquè] 1급
笔记 bǐjì ① 필기하다[= 笔录 bǐlù] ② 필기, 기록 2급
笔记本 bǐjìběn ① 노트북 ② 노트, 수첩 2급
✚ 得 dé/de/děi(얻을 득, 조사 득, 조동사 득), 住 zhù(멈출 주, 살 주, 사는 곳 주), 笔 bǐ(笔: 붓 필), 本 běn(뿌리 본, 근본 본, 책 본, 판 본)

1급

起

qǐ

뛰려고 (走) **몸**(己)이 일어나니 일어날 **기**
또 일어나 시작하며 세우니 시작할 **기**, 세울 **기**

✚ 走 zǒu(걸을 주, 뛸 주)
起来 qǐlái ① 일어서다 ② (잠자리에서) 일어나다 1급
起床 qǐchuáng ① (잠자리에서) 일어나다 ② (병석에서) 일어나다, 병이 낫다 1급
一起 yìqǐ ① 더불어, 함께 ② 전부, 모두 ③ 한 곳, 한데 1급
起到 qǐdào (역할을) 다하다, (활동을) 하다 5급
✚ 来 lái(來: 올 래), 床 chuáng(평상 상), 到 dào(이를 도, 주도면밀할 도)

2급

자기(己)를 치면서(攵) 허물을 고치니 고칠 개

+ 攵 pō(칠 복, = 攴)

改变 gǎibiàn ① 변하다, 바뀌다 ② 고치다[≒ 更动 gēngdòng] **2급**

改造 gǎizào ① 개조(하다) ② 개혁(하다) **3급**

改进 gǎijìn 개선하다, 개량하다 **3급**

修改 xiūgǎi ① (원고를) 고치다 ② 수선하다 **3급**

改革 gǎigé ① 개혁하다 ② 개혁[≒ 改造 gǎizào] **5급**

+ 变 biàn(變: 변할 변), 造 zào(지을 조), 进 jìn(進: 나아갈 진), 修 xiū(닦을 수), 革 gé(가죽 혁, 고칠 혁)

gǎi

---

082 ▶ 巴 吧把爬肥 – 巴로 된 한자
파(바) 파 파 파 비

4급

뱀(巳)의 몸에 먹이 내려가는(丨) 모양을 본떠서 뱀 파
또 뱀처럼 긴 꼬리나, 뱀처럼 달라붙어 바라니 꼬리 파, 바랄 파
또 현대 중국어에서 외국어에 대응하는 음역자 바

+ 뱀은 먹이를 통째로 삼키니 먹이가 내려가는 부위가 불룩하지요.
+ 巴는 현대 중국어에서 외국어 'ba, pa'에 대응하는 음역자로 많이 쓰입니다.
+ 음역(音译 yīnyì) – 중국어로 외래어를 표시할 때, 한자를 사용해 발음을 비슷하게 만든 것으로, 말 그대로 음(音)만 빌려 온 것입니다.

巴士 bāshì [음역어] 버스[= 公共汽车 gōnggòngqìchē] **4급**

大巴 dàbā [음역어] 대형버스 **4급**

+ 士 shì(선비 사, 군사 사, 칭호나 직업에 붙이는 말 사)

bā

1급

입(口)으로 짐승의 꼬리(巴)처럼 길게 뽑아 발음하는 어조사니
어조사 파 (ba)
또 의성어나 외래어 바 (bar)로도 쓰여 의성어 파 (bā)

+ 주로 문장의 끝에 쓰여 제안·명령·찬성·승낙·추측·가벼운 의문 등의 다양한 의미를 나타내는 조사나, 뚝·툭·탁·톡·똑·퍽처럼 끊어지거나 부딪치는 의성어나 외래어 bar의 의미로 쓰입니다.

酒吧 jiǔbā (서양식) 술집, 바(bar)[= 酒吧间 jiǔbājiān] **4급**

+ 酒 jiǔ(술 주)

ba/bā

3급

把

bǎ

손(扌)으로 뱀(巴)을 잡으니 잡을 **파**(bǎ)
또 손으로 잡게 만든 자루니 자루 **파**(bà)

把握 bǎwò ① (꼭) 붙들다 ② 파악하다 3급
+ 握 wò(쥘 악)

2급

爬

pá

손톱(爪) 같은 비늘로 뱀(巴)은 기어가거나 오르니
기어갈 **파**, 오를 **파**

+ 뱀은 몸 아래에 있는 비늘이 움직여 기어가거나 오르지요.
+ 爪 zhǎ(손톱 조, 발톱 조) – 제목번호 292 참고
爬山 pá//shān 산을 오르다, 등산하다 2급

4급

肥

féi

몸(月)이 뱀(巴)에 먹이 내려가는 모양처럼 불룩하게 살찌니
살찔 **비**

+ 月 yuè(달 월, 육 달 월)
减肥 jiǎnféi 살을 빼다, 다이어트하다 4급
+ 肥肉 féiròu는 고기의 지방(脂肪 zhīfáng)이 많은 부위를 지칭하고, 살코기
  는 瘦肉 shòuròu라고 합니다.
+ 减 jiǎn(減: 줄어들 감), 肉 ròu(고기 육), 脂 zhī(기름 지), 肪 fáng(살찔
  방), 瘦 shòu(수척할 수, 여윌 수)

---

083 >> **色绝艳** – 色으로 된 한자
색 절 염

2급

色

sè

사람(ク)이 뱀(巴)을 보고 놀라 변하는 얼굴빛이니 빛 **색**

+ ク[人 rén(사람 인)의 변형]
色彩 sècǎi ① 색채 ② (개개인의) 성향 4급
出色 chūsè 대단히 뛰어나다[≒ 卓越 zhuóyuè, 杰出 jiéchū] 4급
+ 彩 cǎi(색 채, 모양 채), 出 chū(나올 출, 나갈 출)

3급

绝
（絕）
jué

실(纟) 자르듯 **사람(勹)**이 **뱀(巴)**을 끊어 죽이니

끊을 절, 죽일 절

또 잡념을 끊고 하나에만 열중하여 가장 뛰어나니 가장 **절**

+ 纟 sī[糸 mì/sī(실 사, 실 사 변의 간체자)]

绝对 juéduì 절대적인, 절대의 **3급**

绝望 juéwàng ① 절망하다 ② 절망 **5급**

+ 对 duì(對: 상대할 대, 대답할 대), 望 wàng(바랄 망, 보름 망)

5급

艳
（艷）
yàn

풍성한(丰) 색(色)으로 이루어져 고우니 **고울 염**

[번체] 艷 – 풍성한(豐) 색(色)으로 이루어져 고우니 '고울 염'

+ 丰 fēng(풀 무성할 봉, 예쁠 봉, 豐: 풍성할 풍) – 제목번호 038 참고, 勹[人 rén(사람 인)의 변형]

鲜艳 xiānyàn 화려하다, 산뜻하고 아름답다[↔ 灰暗 huī'àn] **5급**

+ 鲜 xiān(鮮: 고울 선, 깨끗할 선, 싱싱할 선)

---

084 ▶▶ **耳聊敢摄辑** – 耳로 된 한자
이 료 감 섭 집

4급

耳
ěr

귀 모양을 본떠서 **귀 이**

+ 중국어에서 귀는 耳 단독으로 쓰이지 않고, '耳朵 ěrduo'라는 단어를 사용합니다.

+ 朵 duǒ(송이 타) – 제목번호 379 참고

耳机 ěrjī ① 수화기 ② 이어폰[= 听筒 tīngtǒng] **4급**

+ 机 jī(機: 기계 기, 비행기 기, 기능 기, 기회 기)

4급

聊
liáo

귀(耳)를 **토끼(卯)**처럼 세우고 즐겁게 잡담하며 잠깐이라도 의지하니 **즐거울 료, 잡담할 료, 잠깐 료, 의지할 료**

+ 卯 mǎo(왕성할 묘, 토끼 묘, 둘째 지지 묘) – 제목번호 242 참고

无聊 wúliáo ① 무료하다[↔ 有趣 yǒuqù] ② (말·행동이) 시시하다 **4급**

+ 无 wú(無: 없을 무)

3급

敢
gǎn
敢

적을 **치고**(攻) 감히 **귀**(耳)를 잘라 옴이 용감하니
감히 **감**, 용감할 **감**

+ 잘라 온 귀의 수로 공을 따졌으니 그것을 생각하고 만든 한자
+ 중국 한자(간체자) 敢의 왼쪽 위는 'ㄱ' 자 모양인데 한국 한자(번체자) 敢은
'ㅜ' 자 모양입니다.
+ 감(敢)히 – ① 두려움이나 송구함을 무릅쓰고 ② 말이나 행동이 주제넘게
+ 攻 gōng(칠 공, 닦을 공)

勇敢 yǒnggǎn 용감하다[↔ 懦弱 nuòruò, 胆怯 dnqiè] **4급**
不敢当 bùgǎndāng (칭찬이나 초대에 대해) 감당하기 어렵습니다 **5급**
+ 勇 yǒng(날랠 용), 当 dāng(當: 마땅할 당, 당할 당)

5급

摄
shè
攝

손(扌)으로 **소곤거리는**(聶) 것을 끌어당겨 알맞게 하여 촬영하니
끌어당길 **섭**, 알맞게 할 **섭**, 촬영할 **섭**

[번체] 攝 – 손(扌)으로 소곤거리는(聶) 것을 끌어당겨 알맞게 하니
'끌어당길 섭, 알맞게 할 섭'
+ 聶 niè – 귀들(耳耳耳)을 대고 소곤거리니 '소곤거릴 섭'

摄像 shèxiàng 촬영하다 **5급**
摄像机 shèxiàngjī 카메라 **5급**
摄影 shèyǐng 사진을 찍다 **5급**
摄影师 shèyǐngshī 촬영기사, 사진사 **5급**
+ 像 xiàng(모양 상, 비슷할 상), 机 jī(機: 기계 기, 비행기 기, 기능 기, 기회
기), 影 yǐng(그림자 영), 师 shī(師: 스승 사, 전문가 사)

5급

辑
jí
輯

차(车) 타고 다니며 사람들이 **입**(口)으로 하는 말을 **귀**(耳)로 듣고
모아 편집하니 편집할 **집**

编辑 biānjí ① 편집하다 ② 편집자 ③ 편집 **5급**
逻辑 luójí[음역어] ① 논리, 로직 ② 객관적 법칙 ③ 논리학 **5급**
+ 编 biān(編: 엮을 편), 逻 luó(邏: 순행할 라)

2급

取

qǔ

귀(耳)로 들은 것을 **손(又)**으로 취하여 가지니

취할 **취**, 가질 **취**

+ 又 yòu(오른손 우, 또 우)

取得 qǔdé 취득하다, 얻다 2급

争取 zhēngqǔ 쟁취하다, 따내다 3급

获取 huòqǔ 얻다, 획득하다 4급

录取 lùqǔ ① (시험 등을 통하여) 채용하다, 뽑다 ② 녹취하다 4급

+ 得 dé/de/děi(얻을 득, 조사 득, 조동사 득), 争 zhēng(争: 다툴 쟁), 获 huò(獲: 얻을 획, 穫: 거둘 확), 录 lù(錄: 기록할 록, 채용할 록)

4급

趣

qù

뛰어가(走) 취할(取) 정도로 느끼는 재미와 취미니

재미 **취**, 취미 **취**

+ 走 zǒu(걸을 주, 뛸 주)

感兴趣 gǎnxìngqù 관심이 있다, 흥미가 있다 4급

乐趣 lèqù 즐거움, 기쁨, 재미 4급

有趣 yǒuqù 재미있다, 흥미를 끌다[↔ 无聊 wúliáo, 乏味 fáwèi] 4급

+ 感 gǎn(느낄 감, 감동할 감), 兴 xīng/xìng(興: 흥할 흥, 흥미 흥), 乐 yuè/ lè/yào(樂: 노래 악, 즐길 락, 좋아할 요), 有 yǒu(가질 유, 있을 유)

1급

最

zuì

무슨 일을 할 때 여러 사람의 **말(曰)**을 **취하여(取)** 들음이

가장 좋으니 가장 **최**

+ 曰 yuē(가로 왈) – 제목번호 088 참고

最好 zuìhǎo ① 가장 좋다 ② ~하는 게 제일 좋다 1급

最后 zuìhòu ① 최후의 ② 최후[≒ 最终 zuìzhōng ↔ 起先 qǐxiān, 起初 qǐchū, 最初 zuìchū] 1급

最近 zuìjìn ① 최근, 요즈음 ② 가장 짧은, 가장 가까운 2급

最初 zuìchū 최초, 처음[↔ 最终 zuìzhōng, 最后 zuìhòu] 4급

+ 好 hǎo(좋을 호, 좋아할 호), 后 hòu(왕비 후, 後: 뒤 후), 近 jìn(가까울 근, 비슷할 근), 初 chū(처음 초)

4급

聚

jù

취하려고(取) 우두머리(丿)를 따라(ㅣ) 양쪽(㶊)으로 모이니
모일 취

+ 丿 piě('삐침 별'이지만 여기서는 우두머리로 봄), ㅣ gùn('뚫을 곤'이지만 여기서는 따름을 나타냄)

聚会 jùhuì ① 모임, 집회 ② 모이다, 집합하다 **4급**

+ 会 huì(會: 모일 회)

---

086 **目泪瞧盾 面** – 目으로 된 한자와 面
목 루 초 순 면

2급

目

mù

둥글고 눈동자 있는 눈을 본떠서 **눈 목**
또 눈으로 보니 **볼 목**
또 눈에 잘 보이게 만든 항목이니 **항목 목**

节目 jiémù 프로그램, 종목, 항목 **2급**
目标 mùbiāo ① 목표[≒ 目的 mùdì] ② 목적물, 표적 **3급**
目光 mùguāng ① 시선, 눈빛 ② 견해, 안목 **5급**
数目 shùmù ① 수, 숫자, 수량 ② 금액 ③ 표준, 기준 **5급**

+ 节 jié(節: 마디 절, 절개 절, 계절 절), 标 biāo(標: 표 표, 표시할 표), 光 guāng(빛 광, 영광 광), 数 shù(數: 셀 수, 두어 수, 숫자 수, 자주 삭, 운수 수)

4급

泪
泪

lèi

물(氵)이 눈(目)에서 흐르는 눈물이니 **눈물 루**

泪水 lèishuǐ 눈물 **4급**
眼泪 yǎnlèi 눈물[= 泪液 lèiyè, 泪水 lèishuǐ] **4급**

+ 眼 yǎn(눈 안, 안목 안)

5급

瞧

qiáo

눈(目)빛을 **태우듯(焦)** 반짝이며 보거나 구경하니

볼 초, 구경할 초

✦ 焦 jiāo – 새(隹)의 깃처럼 불(灬)에 잘 타니 '탈 초'
✦ 隹 zhuī (새 추), 灬 huǒ(불 화 발)

5급

盾

dùn

일반 **방패(厂)**를 **보완하여(丿)** 눈(目)까지 보호하게 만든 방패니

방패 순

矛盾 máodùn ① 갈등, 대립, 배척 ② 모순적이다 ③ 모순 **6급**
✦ 矛 máo(창 모)

1급

面

麵

miàn

머리와 이마와 눈코 있는 얼굴을 본떠서 **얼굴 면**
또 얼굴 향하고 보니 **향할 면, 볼 면**
또 보리나 밀의 얼굴, 즉 껍질을 벗겨 만든 밀가루니 **밀가루 면**
또 밀가루로 만든 국수니 **국수 면**

[번체] 麵 – 보리(麥)나 밀의 얼굴(面), 즉 껍질을 벗겨 만든 밀가루니 '밀가루 면'
　　　또 밀가루로 만든 국수니 '국수 면'
✦ 麥(보리 맥: 麦 mài)

面条儿 miàntiáor ① 국수 ② 흘러내린 콧물 ③ 테이프가 엉클어진 상태 **1급**
前面 qiánmiàn 앞, 앞부분 **3급**
下面 xià//miàn (삶아 내기 위하여) 국수를 솥에 넣다 **3급**
一方面 yìfāngmiàn 일면, 한 방면 **3급**
地面 dìmiàn ① 지면, 지표 ② (집이나 건물의 포장된) 바닥 **4급**
面子 miànzi ① 체면, 면목 ② 안면 ③ 표면 **5급**
✦ 条 tiáo(條: 조목 조, 가지 조), 下 xià(아래 하, 내릴 하), 方 fāng(모 방, 방
　향 방, 방법 방), 子 zǐ/zi(아들 자, 첫째 지지 자, 자네 자, 접미사 자)

1급

见
見

jiàn/xiàn

눈(冂)으로 **사람**(儿)이 보거나 뵈니 볼 **견**(jiàn)
또 보이도록 가서 뵙거나 나타나니 뵐 **현**(xiàn)

[번체] 見 – 눈(目)으로 사람(儿)이 보거나 뵈니 '볼 견, 뵐 현'
+ 뵙다 – 웃어른을 대하여 보다
+ 冂 jiong['멀 경, 성 경'이지만 여기서는 目 mù(눈 목)의 획 줄임으로 봄],
  儿 ér(사람 인 발, 접미사 아, 兒: 아이 아)

见面 **jiàn//miàn** 만나다, 대면하다 **1급**
见到 **jiàndào** ① 목격하다, 보다 ② 생각이 미치다 ③ 만나다 **2급**
常见 **chángjiàn** 자주[흔히] 보다, 흔히 있다 **2급**
意见 **yìjiàn** ① 견해, 의견 ② 이의, 반대 **2급**
可见 **kějiàn** ~라는 것을 알 수 있다, ~을(를) 볼 수 있다 **4급**

[꿀TIP] 见面은 이합 동사로, 见 jiàn(보다)과 面 miàn(얼굴)이 합쳐진 이합 동사이며,
뒤에 목적어가 올 수 없기 때문에, 반드시 '跟+사람+见面(~와 만나다)'형태로
사용합니다.
+ 到 dào(이를 도, 주도면밀할 도), 常 cháng(보통 상, 항상 상), 意 yì(뜻 의),
  可 kě(옳을 가, 가히 가, 허락할 가)

3급

规
規

guī

사내(夫)가 눈여겨**보아야**(见) 할 법이니 법 **규**

+ 혈기 왕성한 사내는 자칫 법을 어길 수 있으니 조심해야 하지요.
+ 夫 fū(사내 부, 남편 부)

规定 **guīdìng** ① 규정하다 ② 규정, 규칙 **3급**
规律 **guīlù** ① 규율, 규칙 ② 규율에 맞다, 규칙적이다 **4급**
法规 **fǎguī** 법규 **5급**
违规 **wéiguī** 규정(規定)을 어기다 **5급**
正规 **zhèngguī** 정규의, 표준의 **5급**

+ 定 dìng(정할 정), 律 lù(법률 률, 음률 률), 法 fǎ(법 법), 违 wéi(違: 어길
  위, 잘못 위), 正 zhèng(바를 정)

1급

视
視

shì

보인(礻) 것을 **보며**(见) 살피니 볼 **시**, 살필 **시**

+ 礻 shì(보일 시, 신 시 변)

重视 **zhòngshì** 중시하다[↔ 蔑视 mièshì, 鄙视 bǐshì, 轻视 qīngshì] **2급**
影视 **yǐngshì** 영화와 텔레비전 **3급**
视为 **shìwéi** ~로 보다[간주하다, 생각하다] **5급**

+ 重 zhòng(무거울 중, 귀중할 중, 거듭 중), 影 yǐng(그림자 영), 为 wèi(爲:
  할 위, 위할 위)

观
_観

guān/guàn

또(又) 보니(见) 볼 관(guān)
또 멀리 보도록 만든 망루니 망루 관(guàn)

[번체] 觀 – 황새(藋)처럼 목을 늘이고 보니(見) '볼 관'
✛ 藋 guàn – 풀(艹) 속에 여기저기 입(口口)을 넣어 먹이를 찾는 새(隹)는 황새니 '황새 관'
✛ 又 yòu(오른손 우, 또 우), 艹 cǎo(艹: 초 두), 隹 zhuī(새 추)

观点 guāndiǎn 관점, 견지(見地), 견해 2급
参观 cānguān (전람회·공장·명승고적 등을) 참관하다, 견학하다 2급
✛ 点 diǎn(點: 점 점, 점검할 점, 불 켤 점), 参 cān(參: 참여할 참, 가지런할 참)

1급

现
_現

xiàn

구슬(王)을 갈고 닦으면 이제 바로 무늬가 보이고(见) 나타나니
이제 현, 나타날 현

✛ 구슬의 원석을 가공할 때를 생각하고 만든 한자
✛ 王 wáng(임금 왕, 으뜸 왕, 구슬 옥 변)

出现 chūxiàn 출현하다, 나타나다[≒ 呈现 chéngxiàn] 2급
发现 fāxiàn ① 발견하다, 알아차리다 ② 발견 2급
实现 shíxiàn 실현하다, 달성하다 2급
现场 xiànchǎng 현장, 현지 3급
现代 xiàndài 현대 3급
现代化 xiàndàihuà 현대화(하다) 3급
现金 xiànjīn 현금 3급
现有 xiànyǒu 현행의, 현존의 5급
✛ 出 chū(나올 출, 나갈 출), 发 fā(發: 쏠 발, 일어날 발, 髮: 머리털 발), 实 shí(實: 열매 실, 실제 실), 场 chǎng(場: 마당 장, 장소 장, 무대 장), 代 dài(대신할 대, 세대 대, 대금 대), 化 huà(될 화, 변화할 화, 가르칠 화), 金 jīn(쇠 금, 금 금, 돈 금), 有 yǒu(가질 유, 있을 유)

1급

觉
_覺

jué/jiào

점점점(丷) 덮인(冖) 것을 보고(见) 깨달으니 깨달을 각(jué)
또 점점점(丷) 눈꺼풀이 덮이며(冖) 보지도(见) 못하고 드는 잠이니
잠 교(jiào)

[번체] 覺 – 배우고(𦥯) 보면서(見) 이치를 깨달으니 '깨달을 각'
✛ 冖 mì(덮을 멱), 𦥯[學(배울 학: 学 xué)의 획 줄임]

觉得 juéde ~라고 여기다, ~라고 느끼다 1급
自觉 zìjué ① 자각하다, 스스로 느끼다 ② 자발적인, 자진하여 3급
发觉 fājué 발견하다, 알아차리다[≒ 觉察 juéchá, 察觉 chájué] 5급
✛ 得 dé/de/děi(얻을 득, 조사 득, 조동사 득), 自 zì(자기 자, 스스로 자, 부터 자), 发 fā(發: 쏠 발, 일어날 발, 髮: 머리털 발)

4급

kuān

宽

집(宀)에 풀(艹)까지 **살펴봄(见)**이 너그러우니 **너그러울 관**

또 (폭·범위·면적·한도 따위의) 넓은 너비니 **너비 관**

[번체] 寬 – 집(宀)에 풀(艹)까지 살펴보는(見) 점(丶)이 너그러우니 '너그러울 관'
+ 宀 mián(집 면), 艹 cǎo(艹: 초 두), 丶 zhǔ(점 주, 불똥 주)

宽广 **kuānguǎng** (면적·범위가) 넓다[= 宽大 kuāndà, 宽敞 kuānchang, 宽阔 kuānkuò, 广大 guǎngdà, 辽阔 liáokuò] **4급**

宽度 **kuāndù** 폭, 너비 **5급**

+ 广 guǎng(집 엄, 廣: 넓을 광, 많을 광), 度 dù(법도 도, 정도 도, 시간 보낼 도, 헤아릴 탁)

5급

lǎn

览

칼(刂)로 자르고 **대(𥫗)**로 뒤적여 **보니(见) 볼 람**

[번체] 覽 – 보고(監) 또 보니(見) '볼 람'
+ 刂 dāo(칼 도 방), 𥫗[竹 zhú(대 죽)이 부수로 쓰일 때의 모양], 監 jiān(볼 감)

博览会 **bólǎnhuì** 박람회 **5급**

展览 **zhǎnlǎn** 전람하다, 전시하다 **5급**

+ 博 bó(넓을 박), 会 huì(會: 모일 회), 展 zhǎn(펼 전, 넓을 전)

---

088 >> 日 冒帽 昌唱倡 – 日과 冒, 昌으로 된 한자
　　　　　왈　모 모　창 창 창

참고자

yuē

日

말할 때 **입(口)**에서 **소리(一)**가 나옴을 본떠서 **가로 왈**

+ 가로다 – '말하다'를 예스럽게 이르는 말
+ 세로로 길면 日 rì(해 일, 날 일), 가로로 길면 曰 yuē(가로 왈)로, 해처럼 둥근 것은 어디로 길쭉해도 되지만 입은 가로로만 길쭉해 이렇게 만들었네요.

3급

mào

冒

아무것이나 **말하고(曰) 눈(目)**으로 보면 위험을 무릅쓰니

무릅쓸 모

感冒 **gǎnmào** ① 감기 ② 감기에 걸리다 **3급**

+ 感 gǎn(느낄 감, 감동할 감)

mào

수건(巾) 두르듯 위험을 **무릅쓰지**(冒) 않도록 머리에 쓰는 모자니

모자 모

+ 모자는 멋으로도 쓰지만 머리를 보호하기 위해서도 쓰지요.
+ 巾 jīn(수건 건)

帽子 màozi 모자 4급

+ 子 zǐ/zi(아들 자, 첫째 지지 자, 자네 자, 접미사 자)

---

chāng

해(日)처럼 밝게 분명히 **말한**(曰) 사람이 빛나고 창성하니

빛날 창, 창성할 창

+ 창성(昌盛 chāngshèng) - 기세가 크게 일어나 잘 뻗어 나가다.
+ 盛 shèng(성할 성)

---

chàng

입(口)으로 **빛나게**(昌) 노래 부르니 노래 부를 창

唱歌 chàng//gē 노래 부르다 1급

演唱 yǎnchàng ① (가극이나 희극을) 공연하다 ② 무대에서 노래하다 3급

演唱会 yǎnchànghuì 음악회, 콘서트 3급

唱片 chàngpiàn 음반, 레코드[≒ 唱盘 chàngpán, 唱碟 chàngdié] 4급

+ 歌 gē(노래 가), 演 yǎn(펼 연, 행할 연), 会 huì(會: 모일 회), 片 piàn(조각
　편, 필름 편)

---

chāng/chàng

사람(亻) 중 **빛나게**(昌) 재주부리는 광대니 광대 창(chāng)
또 광대처럼 앞장서서 이끄니 이끌 창(chàng)

+ 광대(艺人 yìrén) - 직업적 예능인을 통틀어 이르던 말

倡导 chàngdǎo 앞장서서 제창하다, 선도하다[提倡 tíchàng] 5급

提倡 tíchàng 앞장서서 제창하다[≒ 倡导 chàngdǎo] 5급

+ 导 dǎo(導: 이끌 도, 인도할 도), 提 tí(끌어올릴 제, 들 제)

1급

中

zhōng/zhòng

사물(口)**을 뚫은**(丨) **가운데니 가운데 중**(zhōng)
또 가운데를 맞히니 **맞힐 중**(zhòng)

+ 口('囗 wéi/guó(에운 담)'의 변형이지만 여기서는 사물로 봄), 丨 gùn(뚫을 곤)

中年 zhōngnián 중년 [2급]
集中 jízhōng ① 집중하다 ② 집중된, 집결된[↔ 分散 fēnsàn] [3급]

+ 年 nián(해 년, 나이 년), 集 jí(모일 집, 모을 집, 책 집)

2급

钟

zhōng

鐘

쇠(钅)**로 만들어 가운데**(中)**를 쳐서 울리는 쇠북이니 쇠북 종**
또 쇠북처럼 종 치는 시계가 알리는 시간이니

종 치는 시계 종, 시간 종

[번체] 鐘 – 쇠(金) 소리가 아이(童) 소리처럼 맑은 쇠북이니 '쇠북 종'
또 쇠북처럼 종치는 시계니 '종치는 시계 종'

+ 钅 jīn[金(쇠 금, 금 금, 돈 금 변)의 간체자], 童 tóng(아이 동)

分钟 fēnzhōng 분 [2급]

+ 分 fēn/fèn(나눌 분, 단위 분, 단위 푼, 신분 분, 분별할 분, 분수 분, 점수 분, 성분 분)

3급

种

zhǒng/zhòng

種

벼(禾) **같은 곡식 가운데**(中) **소중히 여기는 씨앗 종류니**

씨앗 종, 종류 종(zhǒng)
또 씨앗을 심으니 **심을 종**(zhòng)

[번체] 種 – 벼(禾) 같은 곡식 중에 귀중한(重) 것은 씨앗 종류니
'씨앗 종, 종류 종'

+ 禾 hé(벼 화), 重 zhòng(무거울 중, 귀중할 중, 거듭 중)

种子 zhǒngzi 종자, 열매, 씨(앗) [3급]
种类 zhǒnglèi 종류[≒ 品类 pǐnlèi, 品种 pǐnzhǒng] [4급]
多种 duōzhǒng 여러 가지, 다양한 [4급]
品种 pǐnzhǒng 제품의 종류, 품종[≒ 品类 pǐnlèi, 种类 zhǒnglèi] [5급]

+ 类 lèi(類: 닮을 류, 무리 류), 多 duō(많을 다), 品 pǐn(물건 품, 등급 품, 품위 품, 품평할 품)

4급

冲
chōng

衝

얼음(冫)처럼 차가운 분위기 **가운데(中)**서는 잘 부딪치니
부딪칠 충

[번체] 衝 – 무거운(重) 물건을 들고 갈(行) 때처럼 잘 볼 수 없어 잘 부딪치니
'부딪칠 충'
+ 行 xíng/háng(다닐 행, 행할 행, 줄 항)

冲动 chōngdòng ① 충동 ② 충동하다[↔ 冷静 lěngjìng] **5급**
冲突 chōngtū ① 충돌하다 ② 모순되다 ③ 충돌, 모순 **5급**
+ 动 dòng(動: 움직일 동), 突 tū(突: 갑자기 돌, 부딪칠 돌)

---

090 ▶ **史驶 吏使** – 史, 吏로 된 한자
　　　　사 사 　리 사

4급

史
shǐ

중립(屮)을 **지키며(乀)** 써야 하는 역사니 역사 **사**

+ 역사는 후대에 가르침이 되도록 함이 목적이니, 중립을 지키는 사람이 사실대로 써야 하지요.
+ 屮[中 zhōng/zhòng(가운데 중, 맞힐 중)의 변형], 乀 fú('파임 불'이지만 여기서는 굳게 지키는 모양으로 봄)

历史 lìshǐ 역사, 역사적 기록, (어떤 사물이나 개인의) 과거 **4급**
+ 历 lì(歷: 지낼 력, 겪을 력, 曆: 달력 력)

5급

驶
shǐ

駛

말(马)은 **역사(史)**적으로 잘 달리니 달릴 **사**
또 달리듯 운전하거나 조정하니 운전할 **사**, 조정할 **사**

驾驶 jiàshǐ 운전(조종·운항)하다 **5급**
行驶 xíngshǐ (차·배 따위가) 다니다, 통행하다 **5급**
+ 驾(駕: 탈 가, 운전할 가, 조종할 가), 行 xíng/háng(다닐 행, 행할 행, 줄 항)

참고자

吏
lì

한결같이(一) 중립(屮)을 **지키며(乀)** 공정하게 일해야 하는 관리니
관리 **리**

官吏 guānlì 관리, 정부 직원의 총칭 **참고어**
+ 官 guān(국가 관, 관청 관, 벼슬 관)

2급

使

shǐ

사람(亻)**이 관리**(吏)**로 하여금 일을 하도록 부리니**

하여금 사, 부릴 사

使用 shǐyòng 사용하다, 쓰다 **2급**
使劲 shǐjìn 힘을 쓰다[= 用力 yòng//lì] **4급**
使得 shǐde ① 사용할 수 있다 ② 되다, 좋다 ③ (의도·계획·사물 따위가) ~한
결과를 낳다 **5급**
➕ 用 yòng(쓸 용), 劲 jìn(勁: 굳셀 경), 得 dé/de/děi(얻을 득, 조사 득, 조동
사 득)

---

091 ▶▶ **更 便 硬** – 更로 된 한자
경(갱)편(변) 경

2급

更

gēng/gèng

한(一) **번 말하면**(曰) **좋은 사람**(乂)**은 고치니** 고칠 경(gēng)
또 의지 약한 사람은 고쳤다가도 더욱 다시 하니

더욱 갱, 다시 갱(gèng)

➕ 乂[人 rén(사람 인)의 변형]
更加 gèngjiā 더욱더, 한층[= 更其 gèngqí, 更为 gèngwéi] **3급**
更换 gēnghuàn ① 교체하다, 변경하다 ② 인사 이동하다, 경질하다 **5급**
更新 gēngxīn 경신(갱신)하다, 새롭게 바뀌다, 혁신하다 **5급**
➕ 加 jiā(더할 가), 换 huàn(換: 바꿀 환), 新 xīn(새로울 신)

2급

便

biàn/pián

사람(亻)**이 잘못을 고치면**(更) **편하니** 편할 편
또 누면 편한 똥오줌이니 똥오줌 변(biàn)
또 사람(亻)**이 가격을 고쳐**(更) **팔아 싸니** 쌀 편(pián)

➕ 便을 pián으로 발음하는 경우는 '便宜 piányi (가격이 싸다)' 뿐이니, 나머지
모두 biàn으로 읽으면 됩니다.
便利 biànlì 편리하다, 편리하게 하다 **5급**
便条 biàntiáo ① 메모, 쪽지 ② 비공식적인 편지나 통지문 **5급**
便于 biànyú (~하기에) 쉽다, ~에 편하다 **5급**
➕ 利 lì(이로울 리, 날카로울 리), 条 tiáo(條: 가지 조, 조목 조), 于 yú(어조
사 우)

硬

yìng

돌(石)로 단단히 **고쳐(更)** 단단하니 **단단할 경**

硬件 **yìngjiàn** ① 하드웨어[↔ 软件 ruǎnjiàn] ② 기계 설비 및 장비 5급

+ 件 jiàn(물건 건, 사건 건), 软 ruǎn(軟: 부드러울 연, 연할 연)

---

092 **自咱臭息夏** – 自로 된 한자
　　 자 찰 취 식 하

2급

自

zì

(얼굴이 자기를 대표하니)

얼굴에서 잘 드러나는 **이마(ノ)**와 **눈(目)**을 본떠서 자기 **자**

또 자기 일은 스스로 하니 **스스로 자**

또 대부분 일의 시작은 자기로부터니 **부터 자**

自身 **zìshēn** 자신, 본인 3급
亲自 **qīnzì** 직접(하다), 손수, 친히 3급
自动 **zìdòng** ① 자발적인 ② 자동으로[≒ 主动 zhǔdòng ↔ 被动 bèidòng] 3급
自主 **zìzhǔ** 자주적이다, 자주적으로 한다 3급
自从 **zìcóng** ~부터, ~한 후 3급

+ 身 shēn(몸 신), 亲 qīn(親: 어버이 친, 친할 친), 动 dòng(動: 움직일 동), 主 zhǔ(주인 주), 从 cóng(從: 좇을 종, 따를 종)

2급

咱

zá/zán

입(口)으로 **자기(自)**를 일컫는 나니 나 **찰(zá)**

또 내가 속한 우리니 우리 **찰(zán)**

咱们 **zánmen** ① 우리(들) ② 나 또는 너 2급

+ 1인칭 복수형 중, 我们은 내가 속해 있는 그룹(우리)만을 지칭하지만, 咱们은 자기 쪽 我(wǒ)와 我们(wǒmen)과 상대방 你(nǐ)와 你们(nǐmen)을 모두 포함합니다.

+ 们 men(們: 무리 문, 들 문)

臭

xiù/chòu

자기(自) 집을 찾을 때 **개**(犬)가 맡는 냄새니 냄새 **취**(xiù)
또 냄새가 역겨우니 역겨울 **취**(chòu)

+ 犬 quǎn(개 견)

息

xī

자기(自)를 **마음**(心)으로 생각하며 쉬니 쉴 식
또 쉬면서 가쁜 숨도 고르고 숨 쉬며 전하는 소식이니
숨 쉴 식, 소식 식
또 노후에 쉬도록 돌보아 주는 자식이니 자식 식
또 자식처럼 무엇이 늘어나니 늘어날 식

休息 xiūxi ① 휴식하다[≒ 休憩 xiūqì ↔ 劳动 láodòng] ② 휴식 1급
信息 xìnxī ① 정보[≒ 消息 xiāoxi] ② 소식 2급
消息 xiāoxi ① 소식 ② 뉴스, 정보, 기사 3급
利息 lìxī 이자, 이식[↔ 本金 běnjīn] 4급

+ 休 xiū(쉴 휴), 信 xìn(믿을 신, 소식 신), 消 xiāo(消: 끌 소, 삭일 소, 소식
  소), 利 lì(이로울 리, 날카로울 리)

夏

xià

(너무 더워서) **하나**(一) 같이 **스스로**(自) 천천히 **걸으려고**(夂)
하는 여름이니 여름 하

+ 夂 zhi(천천히 걸을 쇠, 뒤져올 치)는 3획, 攵 pō(칠 복, = 攴)은 4획입니다.
夏天 xiàtiān 여름[冬天 dōngtiān, 冬季 dōngjì] 2급
夏季 xiàjì 여름(철), 하계 4급
+ 天 tiān(天: 하늘 천), 季 jì(끝 계, 계절 계)

2급

直

直

zhí

많이(十) 눈(目)으로 보아도 **하나(一)**같이 곧고 바르니
곧을 직, 바를 직

[번체] 直 – 많이(十) 눈(目)으로 감춰진(ㄴ) 부분까지 살펴도 곧고 바르니
'곧을 직, 바를 직'

✛ 十 shí(열 십, 많을 십), 目(눈 목, 볼 목, 항목 목), ㄴ[fāng(감출 혜, 덮을 혜, = 匚)]

直接 zhíjiē 직접적인[↔ 间接 jiànjiē] 2급

一直 yìzhí ① 계속, 줄곧 ② 곧장, 곧바로 2급

直到 zhídào ① 쭉 ~에 이르다[= 一直到 yīzhí dào] ② 직행하다 3급

简直 jiǎnzhí ① 그야말로, 진짜로 ② 곧바로 ③ 차라리 3급

直线 zhíxiàn ① 직선[↔ 曲线 qūxiàn] ② 직선으로, 급격히 5급

✛ 接 jiē(이을 접, 대접할 접), 到 dào(이를 도, 주도면밀할 도), 简 jiǎn(簡: 편지 간, 간단할 간), 线 xiàn(線: 줄 선)

4급

植

植

zhí

나무(木)를 **곧게(直)** 세워 심으니 심을 식

种植 zhòngzhí 재배하다, 씨를 뿌리고 묘목을 심다 4급

✛ 种 zhǒng(種: 씨앗 종, 종류 종, 심을 종)

3급

值

值

zhí

사람(亻)이 **바르게(直)** 평가하여 매긴 값이니 값 치
또 값이 나가게 ~할 만하니 ~할 만할 치
또 ~할 만한 때를 만나니 만날 치

值得 zhíde ① 값이 ~할 만하다 ② (일이) 의의가 있다[↔ 不值得 bùzhíde] 3급

价值 jiàzhí ① 가치, 값어치 3급

值班 zhíbān 당번이 되다, 당직을 맡다 5급

✛ 得 dé/de/děi(얻을 득, 조사 득, 조동사 득), 价 jià(價: 값 가, 가치 가), 班 bān(나눌 반, 반 반, 근무할 반)

4급

置

zhì

(새를 잡기 위해) 그물(罒)을 곧게(直) 쳐 두니 둘 치

+ 罒 wǎng - 양쪽 기둥에 그물을 얽어맨 모양을 본떠서 '그물 망'(= 网, 网)

安置 ānzhì 적절한 위치(장소·일자리)를 찾아 주다 **4급**

布置 bùzhì ① 안배하다, 배치하다 ② 계획하다 **4급**

设置 shèzhì 설치하다, 설립하다 **4급**

+ 安 ān(편안할 안), 布 bù(베 포, 펼 포, 줄 포), 设 shè(設: 세울 설, 베풀 설)

---

094 ▶ **真填** - 真으로 된 한자

진 전

1급

真

zhēn

곧고 **바름(直)**이 사방**팔방(八)** 어디서나 통하도록 참되니 **참 진**

[번체] 眞 - 비수(匕)처럼 눈(目) 뜨고 감추어진(乚) 것을 나누고(八) 파헤쳐 보아도 참되니 '참 진'

+ 八 bā(여덟 팔, 나눌 팔), 匕 bǐ(비수 비, 숟가락 비), 乚[fāng(감출 혜, 덮을 혜, = 匚)]

真的 zhēnde ① 참으로, 진실로[= 真地 zhēnde] ② 진짜 (물건) **1급**

真正 zhēnzhèng ① 진정한, 참된 ② 진짜로, 참으로 **2급**

真是 zhēnshi ① 정말, 참[불만의 감정을 나타냄] ② 정말, 사실상 **참고어**

天真 tiānzhēn ① 천진하다, 순진하다 ② 단순하다 **4급**

真理 zhēnlǐ 진리 **5급**

传真 chuánzhēn ① 팩스 ② (사실적인) 인물 묘사 ③ 초상화를 그리다 **5급**

+ 的 de/dì(과녁 적, 확실할 적, 어조사 적, 택시 적), 正 zhèng(바를 정), 是 shì(옳을 시, 이 시, ~이다 시), 天 tiān(天: 하늘 천), 理 lǐ(이치 리, 다스릴 리), 传 chuán(傳: 전할 전, 전기 전, 이야기 전)

1급

填

tián

흙(土)으로 **참(眞)**되게 채우니 **채울 전**
또 빈칸을 채우며 기입하니 **기입할 전**

填空 tiánkòng ① 빈자리(직위)를 메우다 ② 빈칸에 써 넣다 **4급**

+ 空 kòng(빌 공, 하늘 공)

4급

尚

⑨

shàng

조금(丷)이라도 실수하지 않으려고 **성**(冂)처럼 **입**(口)을 지킴은 아직도 높이 숭상하는 풍조니

아직 **상**, 높을 **상**, 숭상할 **상**, 풍조 **상**

+ 풍조(风气 fēngqì) - 시대에 따라 변하는 세태
+ 丷[小 xiǎo(작을 소)의 변형], 冂 jiōng(멀 경, 성 경)

高尚 gāoshàng 고상하다, 품위 있다 4급
+ 高 gāo(높을 고)

4급

躺

⑨

tǎng

몸(身)을 **숭상하듯**(尚) 편하게 누우니 누울 **당**

또 눕듯이 넘어지니 넘어질 **당**

+ 身 shēn(몸 신) - 제목번호 100 참고

4급

赏

⑨

shǎng

숭상하여(尚) **재물**(贝)로 상도 주고 구경도 보내니

상줄 **상**, 구경할 **상**

+ 贝 bèi(貝: 조개 패, 재물 패, 돈 패)

赞赏 zànshǎng 높이 평가하다[↔ 否定 fǒudìng, 贬斥 biǎnchì] 4급
+ 赞 zàn(贊: 도울 찬, 찬양할 찬)

2급

堂

táng

높이(尚) **흙**(土)을 다져 세운 집이니 집 **당**

또 자기 집에서처럼 당당하니 당당할 **당**

课堂 kètáng ① 교실[= 课室 kèshì, 教室 jiàoshì] ② 학습의 장 2급
+ 课 kè(課: 조목 과, 과목 과)

5급

掌

zhǎng

숭상하며(尚) 아끼듯 **손(手)**에서 감싸 쥐는 손바닥이니
손바닥 **장**
또 손바닥 같은 발바닥이니 발바닥 **장**

+ 手 shǒu(손 수, 재주 수, 재주 있는 사람 수)

掌握 zhǎngwò ① 숙달하다, 정복하다 ② 장악하다 ③ 주도하다 **5급**

鼓掌 gǔzhǎng 손뼉을 치다 **5급**

+ 握 wò(쥘 악), 鼓 gǔ(북 고, 두드릴 고)

---

096 ⟩⟩ **心惠德** – 心으로 된 한자
심 혜 덕

2급

心

xīn

마음이 가슴의 심장에 있다고 생각하여 심장을 본떠서 마음 **심**
또 심장이 있는 몸의 중심이니 중심 **심**

心情 xīnqíng 심정, 감정[≒ 情绪 qíngxù] **2급**

心中 xīnzhōng 심중, 마음속 **2급**

中心 zhōngxīn 중심, 한가운데 **2급**

内心 nèixīn 마음, 내심 **3급**

心理 xīnlǐ 심리(상태) **4급**

心态 xīntài 심리 상태 **5급**

+ 情 qíng(情: 뜻 정, 정 정, 형편 정), 内 nèi(内: 안 내), 理 lǐ(이치 리, 다스
릴 리), 态 tài(態: 모양 태)

5급

惠

huì

언행을 **삼가고(叀)** 마음(心) 써주는 은혜가 어지니
은혜 **혜**, 어질 **혜**

+ 叀 – 차(車)에 점(丶) 찍는 일은 삼가니 '삼갈 전'
　　(어원 해설을 위한 참고자로 실제 쓰이는 한자는 아님)

优惠 yōuhuì 특혜의, 우대의 **5급**

实惠 shíhuì ① 실리, 실익 ② 실속 있다, 실용적이다 **5급**

+ 优 yōu(優: 우수할 우, 머뭇거릴 우, 배우 우), 实 shí(實: 열매 실, 실제 실)

5급

德
dé

행실(彳)을 많이(十) 촘촘한 **그물**(罒)처럼 조심하며 **한**(一)결같이 **마음**(心) 쓰는 덕이니 덕 **덕**

+ 덕(德 dé) – 공정하고 남을 넓게 이해하고 받아들이는 마음이나 행동
+ 彳 chì(조금 걸을 척), 罒 wǎng(그물 망, = 网, 罓)

道德 dàodé ① 도덕, 윤리 ② 도덕적이다 **5급**

+ 道 dào(길 도, 도리 도, 말할 도)

---

097 〉〉 **必秘密** – 必로 된 한자
필 비 밀

2급

必
bì

하나(丿)에만 매달리는 **마음**(心)으로 반드시 이루니 반드시 **필**

+ 丿 piě('삐침 별'이지만 여기서는 '하나'로 봄)

必然 bìrán ① 필연적이다 ② 필연 ③ 필연적으로 **3급**

必要 bìyào ① 필요로 하다 ② 필요(성) **3급**

不必 búbì ~할 필요가 없다[= 无须 wúxū] **3급**

未必 wèibì 꼭 ~한 건 아니다 **4급**

+ 然 rán(그러할 연), 要 yāo(중요할 요, 바랄 요, 요구할 요), 未 wèi(아닐 미, 아직 ~않을 미, 여덟째 지지 미)

4급

秘
㊙
mì

옛날 곡식이 귀하던 시절에는 **벼**(禾) 같은 곡식을 **반드시**(必) 숨겨야 했으니 숨길 **비**
또 숨긴 듯 잘 드러나지 않으면 신비로우니 신비로울 **비**

[번체] 祕 – 신(示)처럼 반드시(必) 모양을 숨기면 신비로우니
'숨길 비, 신비로울 비'

+ 禾 hé(벼 화), 示 shì(보일 시, 신 시)

秘密 mìmì 비밀, 기밀 **4급**

秘书 mìshū ① 비서 ② 비밀문서 **4급**

神秘 shénmì 신비롭다 **4급**

+ 密 mì(빽빽할 밀, 비밀 밀), 书 shū(書: 쓸 서, 글 서, 책 서), 神 shén(神: 귀신 신, 신비할 신, 정신 신)

빽빽한(宓) 산(山)의 나무처럼 빽빽한 비밀이니

빽빽할 밀, 비밀 밀

밀
mì

+ 宓 mì – 집(宀)에는 반드시(必) 필요한 것만 두어도 빽빽하니 '빽빽할 밀'

密切 mìqiè ① 밀접하다 ② 빈틈없이 ③ 밀접하게 하다[↔ 疏远 shūyuǎn] 4급

+ 切 qiè(끊을 절, 모두 체, 간절할 절)

且
qiě

그릇에 음식을 또 또 쌓아 올린 모양을 본떠서 또 차

또 또 구해야 할 정도로 구차하니 구차할 차

+ 위아래가 똑같으면 目 mù(눈 목, 볼 목, 항목 목),
  아래에 길게 받침이 있으면 且 qiě/jū(또 차, 구차할 차)

而且 érqiě 게다가, 뿐만 아니라, 또한[앞에 '不但(bùdàn)'이나 '不仅(bùjǐn)' 등과 호응하여 쓰임] 2급

+ 而 ér(말 이을 이, 어조사 이)

姐
jiě

여자(女) 형제 중 또(且) 위에 있는 언니니 언니 저

또 언니처럼 대해야 할 아가씨니 아가씨 저

+ 일반적으로 젊은 여자를 부르는 호칭입니다.

姐姐 jiějie 누나, 언니 1급

小姐 xiǎojiě 아가씨, 젊은 여자 1급

姐妹 jiěmèi 자매, 언니와 여동생[≒ 姊妹 zǐmèi] 4급

大姐 dàjiě 큰누나, 큰언니 4급

+ 妹 mèi(여동생 매)

2급

벼(禾)로 또(且) 세금을 내고 빌리니 세낼 조, 빌릴 조
또 벼(禾)로 또(且) 세금을 받고 빌려주니 빌려줄 조

zū

+ 租 zū는 대가를 지불하고 빌릴 때, 借 jiè는 대가 없이 빌릴 때 사용하는 동사입니다.
+ 옛날에는 주로 벼로 세금을 냈답니다.
+ 禾 hé(벼 화), 借 jiè(빌려줄 차, 빌릴 차) – 제목번호 036 참고

出租 chūzū ① 세를 놓다 ② 조세를 내다 2급

出租车 chūzūchē 택시 2급

+ 出 chū(나올 출, 나갈 출), 车 chē(車: 수레 거, 차 차)

4급

쌀(米)이 또(且) 찧어야 할 정도로 거치니 거칠 조

cū

+ 米 mǐ(쌀 미, 미터 미)

粗心 cūxīn 세심하지 못하다, 소홀하다[↔ 细心 xìxīn] 4급

+ 心 xīn(마음 심, 중심 심)

4급

언덕(阝)에 또(且) 막혀 험하니 막힐 조, 험할 조

zǔ

+ 阝 fù(언덕 부 변)

阻止 zǔzhǐ 저지하다[≒ 制止 zhìzhǐ] 4급

阻碍 zǔ'ài 방해(하다), 지장(이 되다) 5급

+ 止 zhǐ(그칠 지), 碍 ài(礙: 막을 애, 거리낄 애)

2급

실(纟)을 겹치고 또(且) 겹쳐 짜니 짤 조

zǔ

+ 纟 sī[糸 mì/sī(실 사, 실 사 변의 간체자)]

组成 zǔchéng ① 조성하다 ② 조성 2급

组长 zǔzhǎng 조장, 반장 2급

小组 xiǎozǔ 소조, 소그룹, 세포, 서클 2급

组合 zǔhé ① 조합 ② 조합하다 ③ 조합된 3급

组织 zǔzhī ① 조직하다 ② 조직, 계통, 시스템 5급

+ 成 chéng(이룰 성), 长 cháng(長: 길 장, 자랄 장, 어른 장), 合 hé(합할 합, 맞을 합), 织 zhī(織: 짤 직)

또(且) 힘(力)써 도우니 도울 조

+ 力 lì(힘 력)

助理 zhùlǐ ① 보조하다 ② 보좌인, 비서[주로 직함으로 쓰임] 5급

助手 zhùshǒu 조수[≒ 下手 xiàshǒu, 副手 fùshǒu] 5급

资助 zīzhù (재물로) 돕다[≒ 赞助 zànzhù] 5급

+ 理 lǐ(이치 리, 다스릴 리), 手 shǒu(손 수, 재주 수, 재주 있는 사람 수), 资 zī(资: 재물 자, 자격 자)

zhù

또(且)한 사람들이 사사로이(厶) 먹고사는 고을이니 고을 현

[번체] 縣 – 한 눈(目)에 덮어(乚) 바라볼 정도로 조금(小)씩 혈통(系)이 같은 사람끼리 모여 사는 고을이니 '고을 현'

+ 현(县 xiàn) – 중국 행정 구획 단위의 하나로, 지구(地区 dìqū)·자치구(自治区 zìzhìqū)·직할시(直辖市 zhíxiáshì) 밑에 속함

+ 厶 sī/mǒu(사사로울 사, 나 사), 目 mù(눈 목, 볼 목, 항목 목), 乚[匸 fāng(감출 혜, 덮을 혜)], 系(이을 계, 혈통 계)

xiàn

---

099 宜谊 宣 – 宜로 된 한자와 宣
의 의 선

집(宀)에서 또(且) 생활함은 옳고 마땅하니 옳을 의, 마땅할 의

+ 宀 mián(집 면)

便宜 piányi ① (값이) 싸다[≒ 低廉 dīlián] ② 공짜 ③ 이롭게 해 주다 2급

便宜 biànyí ① 편의 ② 형편이 좋다 ③ 적당하게 참고어

+ 便 biàn(편할 편, 똥오줌 변, 쌀 편)

yí

말(讠)이라도 마땅하게(宜) 해줄 때 느끼는 정이니 정 의

+ 讠 yán[言(말씀 언 변)의 간체자]

yì

133

宣

xuān

집(宀) 안에 뻗치도록(亘) 펴서 베푸니 **펼 선, 베풀 선**

+ 亘 gèn – 하늘(一)과 땅(一) 사이에 햇(日)빛이 뻗치고 퍼지니
 '뻗칠 긍, 펼 선'
+ 一 yī('한 일'이지만 여기서는 하늘, 땅으로 봄)

宣布 xuānbù 선포하다, 선언하다 3급

宣传 xuānchuán 선전하다, 홍보하다[≒ 号召 hàozhào] 3급

+ 布 bù(베 포, 펼 포, 줄 포), 传 chuán(傳: 전할 전, 전기 전, 이야기 전)

---

100 身 射谢 – 身과 射로 된 한자
신 사 사

身

shēn

아이 밴 여자의 몸을 본떠서 **몸 신**

身上 shēnshang 몸 1급

身边 shēnbiān ① 신변 ② 몸 2급

身高 shēngāo 신장, 키 4급

+ 边 biān(邊: 가 변), 高 gāo(높을 고)

射

shè

활이나 총을 **몸(身)**에 대고 조준하여 **손마디(寸)**로 당겨 쏘니
쏠 사

+ 활이나 총을 몸에 대고 조준하여 쏘지요.
+ 寸 cùn(마디 촌, 법도 촌)

发射 fāshè (총알·포탄·미사일·인공위성·전파 등을) 발사하다 5급

+ 发 fā(發: 쏠 발, 일어날 발, 髮: 머리털 발)

谢

xiè

말(讠)로 **쏘듯이(射)** 분명하게 사례하고 사절하며 감사하니
사례할 사, 사절할 사, 감사할 사

谢谢 xièxie 감사합니다, 고맙습니다 1급

感谢 gǎnxiè 고맙다, 감사하다 2급

+ 感 gǎn(느낄 감)

참고자

贝

貝

bèi

4급

败

敗

bài

4급

则

則

zé

4급

测

測

cè

껍데기(冂) 밖으로 **조갯살(人)**이 나온 모양을 본떠서 **조개 패**

또 인쇄술이 발달하기 전에는 조개껍데기를 재물이나 돈으로도

썼으니 **재물 패, 돈 패**

+ 冂 jiōng('멀 경, 성 경'이지만 여기서는 껍데기로 봄), 人 rén('사람 인'이지만
  여기서는 조갯살로 봄)

재물(贝) 때문에 **치고(攵)** 싸워서 패하니 **패할 패**

+ 攵 pō(칠 복, = 攴)

失败 shībài ① 실패하다, 패배하다[↔成功 chénggōng, 胜利 shènglì] 4급

+ 失 shī(잃을 실)

재물(贝)을 **칼(刂)**로 나눌 때 곧 있어야 하는 법칙이니

곧 즉, 법칙 칙

+ 刂 dāo - 칼 도(刀)가 글자의 오른쪽에 붙는 부수인 방으로 쓰일 때의 모양으
  로 '칼 도 방'
+ 재물은 공정하게 나눠야 싸움 나지 않지요.

规则 guīzé ① 규칙 ② 규칙적이다, 일정하다 4급

原则 yuánzé ① 원칙 ② 원칙적으로 4급

+ 规 guī(規: 법 규), 原 yuán(언덕 원, 처음 원, 근원 원)

물(氵)의 양을 **법칙(则)**에 따라 헤아리니 **헤아릴 측**

测量 cèliáng ① 측량하다 ② 측량, 측정 4급

测试 cèshì ① 측정하다[시험하다, 테스트하다] ② 테스트, 시험 4급

检测 jiǎncè 측정하다 4급

+ 量 liáng/liàng(헤아릴 량, 용량 량), 试 shì(試: 시험할 시), 检 jiǎn(檢:
  검사할 검)

3급

具

jù

재물(貝)로 필요한 물건을 사 **하나**(一)씩 갖추니 갖출 구

╋ 具에는 貝(조개 패, 재물 패, 돈 패: 贝 bèi)가 번체자로 들어갔네요.

具体 jùtǐ ① 구체적이다 ② 특정한 ③ 구체화하다 **3급**

具有 jùyǒu 구비하다, 가지다[목적어로는 주로 추상적인 것이 쓰임] **3급**

具备 jùbèi 갖추다, 구비하다 **4급**

╋ 体 tǐ(體: 몸 체), 有 yǒu(가질 유, 있을 유), 备 bèi(備: 갖출 비)

5급

俱

jù

사람(亻)들이 준비물을 **갖추어**(貝) 모두 함께하니
모두 구, 함께 구

俱乐部 jùlèbù 구락부, 동호회, 클럽 **5급**

╋ 乐 yuè/lè/yào(樂: 노래 악, 즐길 락, 좋아할 요), 部 bù(나눌 부, 마을 부, 거느릴 부)

1급

贵 贵

guì

가운데(中) 숨긴 **하나**(一)의 재물(贝)이 귀하고 비싸니
귀할 귀, 비쌀 귀

╋ 위험할 때는 물건들 속에 귀한 것을 넣어 보관하지요.

╋ 中 zhōng(가운데 중, 맞힐 중)

宝贵 bǎoguì ① 보배로운 ② 소중히 여기다[≒ 珍贵 zhēnguì] **4급**

╋ 宝 bǎo(寶: 보배 보)

4급

遗 遺

yí

귀한(贵) 물건을 **가면서**(辶) 남기거나 잃으니 남길 유, 잃을 유

遗产 yíchǎn 유산 **4급**

遗传 yíchuán 유전하다 **4급**

╋ 产 chǎn(産: 낳을 산), 传 chuán(傳: 전할 전, 전기 전, 이야기 전)

3급

yíng

달아나지(亡) 않게 **말하며**(口) **고기**(月)와 **재물**(贝)로 대접하면
무릇(凡) 이기고 이익이 남으니 이길 **영**, 이익 남을 **영**

+ 무릇(凡是 fánshì) – 대체로 헤아려 생각하건데
+ 亡 wáng(망할 망, 달아날 망, 죽을 망), 口 kǒu(입 구, 말할 구, 구멍 구),
  月 yuè(달 월, 육 달 월), 凡 fán(무릇 범, 보통 범, 모두 범)

赢得 yíngdé ① 이기다 ② (갈채·찬사 따위를) 얻다[= 博得 bódé, 取得 qǔdé]
4급

+ 得 dé/de/děi(얻을 득, 조사 득, 조동사 득)

---

103 ▶ **负 员损圆 貫惯** – 负와 员, 貫으로 된 한자
　　　부　원손원　관관

3급

fù

사람(ク)이 **재물**(贝)을 가져가려고 짐 지니 짐 질 **부**
또 싸움에 지고 빚도 지니 질 **부**, 빚질 **부**

+ ク[人 rén(사람 인)의 변형]

负担 fùdān ① 부담, 책임 ② 부담하다, 책임지다 **4급**

+ 担 dān(擔: 멜 담)

3급

yuán

입(口)에 먹기 위하여 **재물**(贝)을 받고 일하는 사람이니 사람 **원**

员工 yuángōng 종업원 **3급**

成员 chéngyuán 구성원 **3급**

队员 duìyuán 대원 **3급**

人员 rényuán 인원 **3급**

演员 yǎnyuán 배우, 연기자 **3급**

动员 dòngyuán (전쟁, 작업 따위에) 동원하다, ~하도록 설득하다 **5급**

+ 工 gōng(일꾼 공, 일할 공, 연장 공), 成 chéng(이룰 성), 队 duì(隊: 무리 대,
  군대 대), 演 yǎn(펼 연, 행할 연), 动 dòng(動: 움직일 동)

5급

损

损

sǔn

손(扌)과 입(口)으로 쓰고 먹어 **재물**(贝)을 덜어 없애니 덜 손

损失 sǔnshī ① 소모하다, 손해 보다 ② 손실, 손해 **5급**

✦ 失 shī(잃을 실)

4급

圆

圖

yuán

사람(员)을 에운(囗) 모양이 둥그니 둥글 원

✦ 囗 wéi/guó(에운 담)

圆满 yuánmǎn 원만하다, 완벽하다[≒ 圆全 yuánquan, 完满 wánmǎn] **4급**

✦ 满 mǎn(滿: 찰 만)

참고자

贯

貫

guàn

(옛날 돈인 엽전은 구멍이 있어서 일정한 양만큼 꿰어 보관했으니)

꿰어(毌) 놓은 일정한 양의 **돈**(贝)의 무게 단위로도 보아

꿸 관, 무게 단위 관

✦ 관(贯 guàn) − 동전 1천 닢을 꿴 한 꾸러미를 기준으로 정한 무게 단위로,
    1관(一贯 yīguàn)이라고 하며, 1관은 3.75kg입니다.

✦ 毌 guàn/wān(꿰뚫을 관)

一贯 yíguàn (사상·성격·태도·정책 등이) 한결같다, 일관되다 **5급**

2급

惯

慣

guàn

마음(忄)에 꿰어져(贯) 버리지 못하는 버릇이니 버릇 관

习惯 xíguàn ① 버릇, 습관 ② 습관(버릇)이 되다, 적응하다 **2급**

✦ 习 xí(習: 익힐 습)

yè

머리(一)부터 **이마(丿)**와 **얼굴(冂)**과 **목(人)**까지를 본떠서 머리 혈

또 머리처럼 드러나 펼쳐지는 책의 페이지니 페이지 엽

+ 목 위 전체를 머리라고 하니, 목 위를 본떠서 만든 한자
+ 현대 중국어에서 页는 숫자 뒤에 쓰여 '페이지 · 쪽'으로 쓰이고, '머리'라는 뜻
  으로는 글자의 구성성분에만 쓰입니다.

fán

불(火)난 것처럼 **머릿(页)**속이 번거로우니 번거로울 번

+ 복잡한 일로 번거로우면 머리에 열이 나지요.
+ 火 huǒ(불 화)

麻烦 máfan ① 귀찮다, 귀찮게 하다 ② 말썽, 골칫거리 **3급**

不耐烦 búnàifán 귀찮다, 성가시다 **5급**

+ 麻 má(麻: 삼 마, 참깨 마, 마약 마, 저릴 마), 耐 nài(참을 내, 견딜 내)

预

yù

내(予)가 **머리(页)**로 미리 생각하여 맡기고 참여하니

미리 예, 맡길 예, 참여할 예

+ 予 yǔ(줄 여, 나 여) – 제목번호 075 참고

预报 yùbào ① 미리 알리다, 예보하다 ② 예보 **3급**

预习 yùxí 예습하다[↔ 复习 fùxí] **3급**

预测 yùcè 예측(하다) **4급**

预订 yùdìng 예약하다, 예매하다 **4급**

预期 yùqī 미리 기대하다 **5급**

干预 gānyù 관여(간여)하다, 간섭하다[≒ 干涉 gānshè] **5급**

+ 报 bào(報: 알릴 보, 갚을 보, 신문 보), 习 xí(習: 익힐 습), 测 cè(測: 헤아
  릴 측), 订 dìng(訂: 바로잡을 정, 정할 정, 예약할 정), 期 qī(기간 기, 기약
  할 기), 干 gān/gàn(방패 간, 乾: 마를 건, 幹: 줄기 간, 일할 간, 간부 간)

shuò

돌(石)처럼 **머리(页)**가 크니 클 석

硕士 shuòshì 석사 **5급**

+ 士 shì(선비 사, 군사 사, 칭호나 직업에 붙이는 말 사)

139

2급

須

須

xū

머리털(彡)은 **머리**(页)에 반드시 필요하니 반드시 **수**
또 **터럭**(彡) 중 **머리**(页) 아래 턱 부근에 자라는 수염이니 수염 **수**

[번체] 須, 鬚 – 긴(長) 털(彡)처럼 자라는 수염(須)이니 '수염 수'

➕ 彡 shān(터럭 삼, 긴머리털 삼), 長 cháng[長 cháng(길 장, 자랄 장, 어른 장: 长 zhǎng)의 옛날 한자]

必须 bìxū ① 반드시 ~해야 한다 ② 반드시, 꼭[≒ 务必 wùbì ↔ 不必 búbì, 无须 wúxū] 2급

➕ 必 bì(반드시 필)

2급

順

顺

shùn

(위에서 아래로 흐르는) **냇물**(川)처럼 **우두머리**(页)의 명령을 따름
이 순하니 따를 **순**, 순할 **순**

➕ 川 chuān(내 천)

顺利 shùnlì 순조롭다, 일이 잘되어가다 2급

顺序 shùnxù ① 순서, 차례 ② 순서대로, 차례(대)로 4급

➕ 利 lì(이로울 리, 날카로울 리), 序 xù(차례 서)

4급

項

項

xiàng

공(工) 자 모양의 **머리**(页) 아래 목이니 목 **항**

项目 xiàngmù ① 항목, 종목 ② 과제, 프로젝트 4급

➕ 目 mù(눈 목, 볼 목, 항목 목)

---

105 〉 **首道 前剪** – 首, 前으로 된 한자
　　　　수　도　전　전

3급

首

shǒu

머리털(⺊) 아래 **이마**(丶)와 **눈**(目)을 본떠서 머리 **수**
또 머리처럼 위에 있는 우두머리니 우두머리 **수**

➕ 현대 중국어에서 首는 일부 숙어 표현을 제외하면 머리라는 뜻으로 쓰이지
않고, 대신 头 tóu로 씁니다.

首先 shǒuxiān ① 가장 먼저, 우선 ② 첫째 3급

➕ 先 xiān(먼저 선)

1급

머리(首) 두르고 **가는**(辶) 길이니 **길 도**
또 길처럼 사람이 지켜야 할 도리니 **도리 도**
또 도리에 맞게 말하니 **말할 도**

dào

道

+ 辶 chuò(辶: 뛸 착, 갈 착)

道路 dàolù ① 도로, 길 ② 진로, 일 ③ 노선 **2급**

道理 dàoli 도리, 법칙, 방법 **2급**

味道 wèidao ① 맛 ② 냄새 ③ 기분, 느낌, 분위기 **2급**

+ 路 lù(길 로), 理 lǐ(이치 리, 다스릴 리), 味 wèi(맛 미)

1급

前

qián

우두머리(䒑)가 **몸**(月)에 **칼**(刂)을 차고 서는 앞이니 **앞 전**

+ 䒑[首 shǒu(머리 수, 우두머리 수)의 획 줄임], 月 yuè(달 월, 육 달 월),
刂 dāo(칼 도 방)

前天 qiántiān 그저께[= 前日 qiánrì] **1급**

前年 qiánnián 재작년[= 前岁 qiánsuì] **2급**

面前 miànqián 면전, (눈)앞 **2급**

前后 qiánhòu ① (어떤 시간의) 전후, 쯤 ② 처음부터 끝까지 ③ 앞과 뒤 **3급**

以前 yǐqián 과거, 이전, 예전 **2급**

目前 mùqián 지금, 현재[≒ 当前 dāngqián] **3급**

眼前 yǎnqián ① (공간적인) 눈앞 ② (시간적인) 눈앞, 현재, 목전 **3급**

提前 tíqián (예정된 시간·위치를) 앞당기다[≒ 提早 tízǎo ↔ 推迟 tuīchí]
3급

前头 qiántou ① 앞 ② 전면 ③ 먼저 **4급**

先前 xiānqián 이전, 예전 **5급**

向前 xiàngqián ① 앞으로 나아가다, 전진하다 ② 앞으로 **5급**

+ 天 tiān(天: 하늘 천), 年 nián(해 년, 나이 년), 面 miàn(얼굴 면, 향할 면,
볼 면, 麵: 밀가루 면, 국수 면), 后 hòu(왕비 후, 後: 뒤 후), 以 yǐ(써 이),
目 mù(눈 목, 볼 목, 항목 목), 眼 yǎn(눈 안, 안목 안), 提 tí(끌어올릴 제, 들
제), 头 tou(頭: 머리 두, 우두머리 두, 접미사 두), 先 xiān(먼저 선), 向
xiàng(향할 향, 나아갈 향)

5급

剪

jiǎn

앞(前)으로 나아가며 **칼**(刀)처럼 자르는 가위니 **자를 전, 가위 전**

+ 刀 dāo(칼 도), 가위는 앞으로 나아가며 자르지요.

剪刀 jiǎndāo 가위 **5급**

剪子 jiǎnzi 가위, 전단기 **5급**

+ 刀 dāo(칼 도), 子 zǐ/zi(아들 자, 첫째 지지 자, 자네 자, 접미사 자)

1급

口

kǒu

말하는 입이나 구멍을 본떠서 **입 구, 말할 구, 구멍 구**

+ 현대 중국어에서 口가 입으로 쓰이는 경우는 거의 없고, 입은 대부분 嘴 zuǐ(제목번호 185 참고)를 사용하지요.

门口 ménkǒu 입구, 현관 1급

人口 rénkǒu ① 인구 ② 사람 ③ 식구 2급

出口 chūkǒu ① 말을 하다 ② 수출하다 ③ 출구 4급

一口气 yìkǒuqì ① 한숨 ② 단숨에 5급

+ 门 mén(門: 문 문), 出 chū(나올 출, 나갈 출)

4급

售

shòu

새(隹)처럼 입(口)으로 소리 내며 물건을 파니 팔 수

出售 chūshòu 팔다, 판매하다[≒ 出卖 chūmài ↔ 收购 shōugòu] 4급

2급

虽
雖

suī

입(口)에 벌레(虫)를 물고 있는 새는 비록 작아도 새끼를 기르니 비록 수

[번체] 雖 − 입(口)에 벌레(虫)를 물고 있는 새(隹)는 비록 작아도 새끼를 기르니 '비록 수'

+ 虫 chóng(蟲: 벌레 충), 隹 zhuī(새 추)

虽然 suīrán 비록 ~하지만(일지라도) 2급

+ 然 rán(그러할 연)

3급

品

pǐn

여러 사람이 말하여(口口口) 물건에 대한 등급과 품위를 품평하니 물건 품, 등급 품, 품위 품, 품평할 품

商品 shāngpǐn 상품, 물품 3급

作品 zuòpǐn 창작품, 작품 3급

品质 pǐnzhì ① 품질 ② 품성, 인품 4급

品种 pǐnzhǒng ① 품종 ② 제품의 종류 5급

+ 商 shāng(商: 장사할 상, 협의할 상), 作 zuò(지을 작), 质 zhì(質: 바탕 질),
种 zhǒng(種: 씨앗 종, 종류 종, 심을 종)

賁
bēn/bì

많이(卉) 조개(贝)처럼 불룩하게 쌓아 크게 꾸미니
클 분(bēn), 꾸밀 비(bì)

+ 卉 huì – 많은(十) 풀(卅)이니 '많을 훼, 풀 훼'
+ 十(열 십, 많을 십), 卅['받쳐 들 공'이지만 여기서는 초 두(卅)의 변형으로 봄]

5급
喷
pēn/pèn

입(口)으로 크게(賁) 뿜으니 뿜을 분(pēn)
또 향기를 뿜은 듯 향기 짙으니 향기 짙을 분(pèn)

+ 뿜다 – 속에 있는 것을 밖으로 세게 밀어내다.

---

107 ▶ **呂营 呆保** – 呂, 呆로 된 한자
　　　　려 영　매(태) 보

참고자
呂
lǚ

등뼈가 서로 이어진 모양을 본떠서 등뼈 려
또 등뼈처럼 소리의 높고 낮음이 이어진 음률이니
음률 려, 성씨 려

+ 음률(音律 yīnlǜ) – 음악, 음악의 곡조

3급
营
yíng

풀(卅)에 덮인(冖) 듯 머리카락 휘날리며 음률(呂)을
다스리니 다스릴 영

[번체] 營 – 불(火)과 불(火)에 덮인(冖) 듯 열성으로 음률(呂)을 다스리니
　　　'다스릴 영'

营养 yíngyǎng ① 영양 ② 영양을 보충하다 **3급**
经营 jīngyíng 운영하다, 경영하다 **3급**
营业 yíngyè 영업하다 **4급**

+ 养 yǎng(養: 기를 양), 经 jīng(經: 지날 경, 날실 경, 경험할 경, 경영할 경),
　业 yè(業: 업 업, 일 업)

143

dāi

입(口)을 나무(木)에 올려놓은 듯 말만 잘하며 어리석으니
어리석을 **매**, 어리석을 **태**

＋ 말보다 실천이 중요함을 생각하고 만든 한자

bǎo

(말로 화를 입는 경우가 많아) **사람**(亻)은 **입**(口)을 말 없는 **나무**(木)
처럼 지키고 보호하니 지킬 **보**, 보호할 **보**

保存 bǎocún 보존하다, 간직하다[≒ 保留 bǎoliú ↔ 销毁 xiāohuǐ] 3급
保证 bǎozhèng 보증하다, 책임지다 3급
确保 quèbǎo 확실히 보장하다 3급
保密 bǎomì 비밀을 지키다[↔ 泄露 xièlòu] 4급

＋ 存 cún(있을 존), 证 zhèng(證: 증명할 증), 确 què(確: 확실할 확, 굳을 확),
密 mì(빽빽할 밀, 비밀 밀)

---

108 ▶ **谷俗容** – 谷으로 된 한자
곡 속 용

gǔ

양쪽으로 **벌어지고**(八) **벌어져**(人) **구멍**(口)처럼 파인 골짜기니
골짜기 **곡**
또 곡식 **곡**(穀)의 간체자로도 쓰여 곡식 **곡**

번체 穀 – 껍질(殼) 속에 여물어 차 있는 벼(禾) 같은 곡식이니 '곡식 곡'
＋ 人 rén['사람 인'이지만 여기서는 八 bā(여덟 팔, 나눌 팔의 변형으로 봄), 口
kǒu(입 구, 말할 구, 구멍 구), 殼[殼 ké/qiào(껍질 각)의 획 줄임], 禾 hé(벼 화)

sú

사람(亻)이 **골짜기**(谷)처럼 낮은 것에만 신경 쓰고 살면 저속하니
저속할 **속**
또 저속한 사람들이 모여 사는 속세니 속세 **속**
또 **사람**(亻)이 같은 **골짜기**(谷)에 살면서 이룬 풍속이니 풍속 **속**

3급

집(宀)안일로 **골짜기(谷)**처럼 주름진 얼굴이니 얼굴 용
또 **집(宀)**에서처럼 마음 씀이 크고 **골짜기(谷)**처럼 깊어 무엇이나
받아들이고 용서하니 받아들일 용, 용서할 용

内容 nèiróng 내용 **3급**
形容 xíngróng ① 묘사하다 ② 형상, 모양 **4급**
+ 内 nèi(内: 안 내), 形 xíng(모양 형)

róng

---

109 〉 **束辣速** – 束으로 된 한자
　　　속 랄 속

3급

나무(木)를 **묶듯이(口)** 묶고 속박하니 묶을 속, 속박할 속

+ 口 kǒu('입 구, 말할 구, 구멍 구'지만 여기서는 묶은 모양으로 봄)
结束 jiéshù ① 끝나다[≒ 完毕 wánbì, 完结 wánjié ↔ 开始 kāishǐ] ② 꾸미다
3급
+ 结 jié(結: 맺을 결)

shù

4급

매운(辛) 것으로 **묶어(束)** 만든 듯 매우니 매울 랄

+ 辛 xīn(고생할 신, 매울 신) – 제목번호 123 참고
酸甜苦辣 suāntiánkǔlà ① 각양각색의 맛 ② 세상의 온갖 고초 **5급**
+ 酸 suān(실 산, 서글플 산), 甜 tián(달 첨), 苦 kǔ(쓸 고, 괴로울 고)

là

3급

(신발 끈을 단단히) **묶고(束)** 뛰면(辶) 빠르니 빠를 속

速度 sùdù 속도 **3급**
高速 gāosù 고속 **3급**
高速公路 gāosùgōnglù ① 고속 도로 ② 정보 고속 도로 **3급**
快速 kuàisù 쾌속의, 속도가 빠른[= 急速 jísù, 迅速 xùnsù] **3급**
+ 度 dù(법도 도, 정도 도, 시간 보낼 도, 헤아릴 탁), 高 gāo(높을 고), 公
　gōng(공평할 공, 국가 공, 대중 공, 세계 공통 공, 존칭 공), 路 lù(길 로), 快
　kuài(상쾌할 쾌, 빠를 쾌, 날카로울 쾌)

sù

입(口)으로 다만 **팔자**(八)타령만 하니 **다만 지**(zhǐ)
또 다만 **홀로**(하나씩) 배나 새를 세는 단위인 척이나 마리니
홀로 척, 척 척, 마리 척
또 쌍을 이루는 물건의 한쪽을 세는 단위인 쪽이니 **쪽 척**(zhī)

[번체] 隻 − 새(隹) 한 마리만 또(又) 날아가는 홀로니 '홀로 척'
　　　　또 배나 새를 세는 단위인 척이나 마리니 '척 척, 마리 척'
+ 팔자(八字 bāzì) − 사람의 한평생 운수, 사주팔자에서 유래한 말
+ 口 kǒu(입 구, 말할 구, 구멍 구), 隹 zhuī(새 추), 又 yòu(오른손 우, 또 우)

只要 zhǐyào ~하기만 하면 2급

只是 zhǐshì ① 다만, 오직, 오로지[= 不过是 búguòshì] ② 그러나, 그런데[=
但是 dànshì] 3급

只有 zhǐyǒu ① ~만 있다 ② ~해야만 ~이다[필요조건을 나타내며 흔히 才
cái · 方 fāng 등과 호응함] 3급

只好 zhǐhǎo 부득이(어쩔 수 없이) ~할 수밖에 없다 3급

只能 zhǐnéng 다만(겨우, 기껏해야) ~할 수 있을 뿐이다 2급

只见 zhǐjiàn ① 다만 ~만을 보다 ② 문득 보다, 얼핏 보다 5급

+ 要 yāo(중요할 요, 바랄 요, 요구할 요), 是 shì(옳을 시, 이 시, ~이다 시),
　 有 yǒu(가질 유, 있을 유), 好 hǎo(좋을 호, 좋아할 호), 能 néng(능할 능), 见
　 jiàn(見: 볼 견, 뵐 현)

벼(禾)를 수확하여 **하나**(只)씩 쌓으니 **쌓을 적**

[번체] 積 − 벼(禾)를 책임지고(責) 묶어 쌓으니 '쌓을 적'
+ 禾 hé(벼 화), 責(꾸짖을 책, 책임 책: 责 zé)

积极 jījí ① 적극적이다[↔ 消极 xiāojí] ② 긍정적이다 3급

积极性 jījíxìng 적극성 3급

面积 miànjī 면적 3급

积累 jīlěi ① 누적되다 ② 축적, 적립금[≒ 积聚 jījù] 4급

体积 tǐjī 체적, 면적 5급

+ 极 jí(極: 다할 극, 끝 극), 性 xìng(성품 성, 바탕 성), 面 miàn(얼굴 면, 향
　 할 면, 볼 면, 麵: 밀가루 면, 국수 면), 累 lěi(여러 루, 쌓일 루, 피곤할 루),
　 体 tǐ(體: 몸 체)

146

職
zhí

귀(耳)로 **하나**(只)씩 지시하는 소리를 들으며 일하는 직업이나
직장이니 **직업 직, 직장 직**

[번체] 職 – 귀(耳)로 들은 상관의 소리(音)대로 창(戈) 들고 일하는 직업이나
　　　직장이니 '직업 직, 직장 직'
+ 다른 종족과 싸움이 많았던 옛날에는 모두 무기를 갖고 일했으니 이런 어원이
　가능하지요.
+ 耳 ěr(귀 이), 音 yīn(소리 음), 戈 gē(창 과)

职工 zhígōng 직원과 공원, 종업원[관리직과 생산직의 직원을 말함] 3급
职业 zhíyè ① 직업 ② 직업적인, 전문(가)적인 3급
职位 zhíwèi 직위 5급
职务 zhíwù 직무 5급
+ 工 gōng(일꾼 공, 일할 공, 연장 공), 业 yè(業: 업 업, 일 업), 位 wèi(자리
　위, 위치 위, 직위 위), 务 wù(務: 일 무, 힘쓸 무)

織
zhī

실(纟)을 **하나**(只)씩 겹쳐 짜니 **짤 직**

[번체] 織 – 실(糸)치는 소리(音)가 창(戈) 부딪치는 소리를 내며 베를 짜니 '짤 직'
+ 베를 짤 때 날실에 씨실이 촘촘하게 박히도록 바디치는 소리가 나지요.
+ 바디(杼 zhù) – 베틀, 가마니틀, 방직기 따위에 딸린 기구의 하나
+ 纟 mì/sī[糸, 糸(실 사, 실 사 변의 간체자)]

组织 zǔzhī ① 조직하다 ② 조직, 계통, 시스템 5급
+ 组 zǔ(組: 짤 조)

識
shí/zhì

말(讠)로 **다만**(只) 그 뜻을 아니 **알 식**(shí)
또 알도록 기록하니 **기록할 지**(zhì)

[번체] 識 – 말(言)이나 소리(音)를 창(戈)으로 알게 기록하니 '알 식, 기록할 지'
+ 讠 yán[言(말씀 언 변)의 간체자]

认识 rènshi ① 알다, 인식하다 ② 인식[≒ 认得 rènde] 1급
常识 chángshí 상식, 일반 지식 4급
意识 yìshí 의식 5급
+ 识 rèn(認: 인정할 인), 常 cháng(항상 상, 보통 상), 意 yì(뜻 의)

总

(總)

zǒng

요모조모(丷) 입(口)으로 잘 설명하여 사람들의 **마음(心)**을 모두 모아 거느리니 모두 **총**, 모을 **총**, 거느릴 **총**

[번체] 總 – 실(糸)로 바쁘고(怱) 복잡한 것을 모두 묶어 거느리니 '모두 총, 모을 총, 거느릴 총'

+ 怱 cōng – 끈(丿)으로 게으름(夂)을 에워싸(囗) 버린 마음(心)처럼 바쁘고 밝으니 '바쁠 총, 밝을 총'

+ 丿 piě('삐침 별'이지만 여기서는 끈으로 봄), 夂 zhǐ('천천히 걸을 쇠, 뒤져올 치'지만 여기서는 게으름으로 봄), 囗 wéi/guó(에운 담)

总是 zǒngshì 늘, 결국 3급

总理 zǒnglǐ ① (국가의) 총리 ② 기관·기업의 책임자 ③ (정당의) 총재 4급

总数 zǒngshù 총수, 총액 5급

总体 zǒngtǐ 총체, 전체 5급

+ 是 shì(옳을 시, 이 시, ~이다 시), 理 lǐ(이치 리, 다스릴 리), 数 shù(數: 셀 수, 두어 수, 숫자 수, 자주 삭, 운수 수), 体 tǐ(體: 몸 체)

聪

(聰)

cōng

귀(耳)를 **모아(悤)** 잘 들은 듯 귀 밝고 총명하니 귀 밝을 **총**, 총명할 **총**

[번체] 聰 – 귀(耳) 밝아(悤) 말을 빨리 알아들어 총명하니 '귀 밝을 총, 총명할 총'

+ 悤 cōng – 끈(丿)으로 게으름(夂)을 에워싸(囗) 버린 마음(心)처럼 바쁘고 밝으니 '바쁠 총, 밝을 총'

聪明 cōngming 똑똑하다, 총명하다 5급

+ 明 míng(밝을 명)

1급

國

guó

에워싸고(口) 백성을 구슬(玉)처럼 소중히 보살피는 나라니

나라 국

[번체] 國 – 사방을 에워싸고(口) 혹시(或)라도 쳐들어올 것을 지키는 나라니 '나라 국'

+ 玉 yù(구슬 옥), 或 huò(혹시 혹) – 제목번호 339 참고

国家 guójiā 국가, 나라 1급

国外 guówài 외국, 국외 1급

外国 wàiguó 외국 1급

中国 Zhōngguó 중국 1급

国际 guójì ① 국제 ② 국제의, 국제적인 2급

全国 quánguó 전국 2급

回国 huí//guó 귀국하다 2급

国内 guónèi 국내 3급

爱国 ài//guó 애국하다 4급

+ 家 jiā(집 가, 전문가 가), 外 wài(밖 외), 中 zhōng(가운데 중, 맞힐 중), 际 jì(際: 경계 제, 때 제, 사귈 제), 全 quán(全: 온전할 전), 回 huí(돌 회, 돌아올 회, 횟수 회), 爱 ài(愛: 사랑 애, 즐길 애, 아낄 애)

1급

回

huí

빙빙 도는 모양에서 돌 회

또 돌아오는 횟수니 돌아올 회, 횟수 회

+ 한자나 간체자 모두 둥근 것을 본떠 만든 글자는 네모로 나타내지요. – 제목 번호 004 日의 주 참고

回答 huídá ① 대답하다 ② 회답, 대답, 응답 1급

回家 huí//jiā 귀가하다, 귀성하다 1급

回来 huílái ① 돌아오다 ② 조금 있다가 ③ 원래 상태로 되다, (병 따위가) 도 지다 1급

回去 huíqù 돌아가다 1급

回报 huíbào ① 보고하다 ② 보답하다 5급

回收 huíshōu 회수하다, (내보낸 물건을) 되찾다 5급

回头 huí//tóu ① 머리를 돌리다, 뒤돌아보다 ② 돌아오다 ③ 뉘우치다 5급

回信 huí//xìn ① 답장하다 ② 회답, 답장 5급

回忆 huíyì ① 회상하다, 추억하다 ② 회상, 추억 5급

+ 答 dá(대답할 답, 갚을 답), 家 jiā(집 가, 전문가 가), 来 lái(來: 올 래), 去 qù(갈 거, 제거할 거), 报 bào(報: 알릴 보, 갚을 보, 신문 보), 收 hōu(거둘 수), 头 tóu/tou(頭: 머리 두, 우두머리 두, 접미사 두), 信 xìn(믿을 신, 소식 신), 忆 yì(憶: 기억할 억, 생각할 억)

149

墙

墙

qiáng

흙(土)으로 재물을 **아끼는**(嗇) 사람이 쌓은 담이니 **담 장**

+ 嗇 sè – 흙(土)으로 이쪽저쪽(丷)을 막아 돌지(回) 않게 아끼니 '아낄 색'
[번체] 嗇 – 재물이 오면(來) 돌지(回) 않게 아끼니 '아낄 색'
+ 爿 pán(丬: 나무조각 장, 장수 장 변), 來[(來: 올 래 – 来 lái)의 변형]
墙壁 qiángbì ① 벽 ② (벽돌로 쌓은) 담[= 墙垣 qiángyuán] 5급
+ 壁 bì(벽 벽)

周

zhōu

성(冂)안의 **영토**(土)를 **입**(口)으로 설명하며 두루 둘레까지 주일마다 도니 **두루 주, 둘레 주, 주일 주, 돌 주**
또 두루 돌면서 구제하니 **구제할 주**

[번체] 週 – 두루(周) 뛰어(辶) 주일마다 도니 '주일 주, 돌 주'
　　　 賙 – 재물(貝)을 가지고 두루(周) 구제하니 '구제할 주'
+ 周 zhōu는 한국 한자에서는 周(두루 주, 둘레 주)지만, 중국 한자(간체자)에서는 週 zhōu(주일 주, 돌 주)와 賙 zhōu(구제할 주)도 겸하고 있습니다.
+ 冂 jiong(멀 경, 성 경), 土 tǔ(흙 토), 辶 chuò(뛸 착, 갈 착), 贝 bèi(貝: 조개 패, 재물 패, 돈 패)
周年 zhōunián 주년 2급
周末 zhōumò 주말 2급
上周 shàngzhōu 지난주 2급
下周 xiàzhōu 다음 주[= 下星期 xiàxīngqī] 2급
周期 zhōuqī 주기[같은 현상이나 특징이 한 번 나타나고부터 다음번 되풀이되기까지의 기간] 5급
+ 年 nián(해 년, 나이 년), 末 mò(끝 말), 上 shang(위 상, 오를 상), 下 xià(아래 하, 내릴 하), 期 qī(기간 기, 기약할 기)

调

调

diào/tiáo

말(讠)로 두루(周) 조사하고 옮기니 **조사할 조, 옮길 조**(diào)
또 말(讠)을 두루(周) 듣고 고르게 조절하니
고를 조, 조절할 조(tiáo)

✦ 讠 yán[言(말씀 언 변)의 간체자]

调动 **diàodòng** ① (인원·일 등을) 교환하다, 옮기다 ② 동원하다 5급

调节 **tiáojié** 조절하다 5급

调解 **tiáojiě** 조정하다, 중재하다[≒ 调和 tiáohé ↔ 调唆 tiáosuō, 挑拨 tiǎobō] 5급

✦ 动 dòng(動: 움직일 동), 节 jié(節: 마디 절, 절개 절, 계절 절, 명절 절), 解 jiě(해부할 해, 풀 해)

---

113 ▶▶ **言信语骂** – 言으로 된 한자
언 신 어 벌

言

yán

머리(亠)로 두(二) 번 생각하고 **말하는**(口) 말씀이니 **말씀 언**

✦ 간체자에서 글자의 왼쪽에 붙는 변으로 쓰일 때는 '讠' 모양입니다.
✦ 亠 tou(머리 부분 두), 口 kǒu(입 구, 말할 구, 구멍 구)

发言 **fāyán** ① 의견을 발표하다 ② 발언 3급

言语 **yányǔ** 말, 말투 5급

✦ 중국어의 言语에는 '말하다, 말'이라는 뜻만 있고, '언어'라는 뜻은 없습니다. 한국어의 '언어'를 중국어에서는 '语言 yǔyán'이라고 합니다. 이처럼 한국어와 한자가 같은 단어라도 뜻은 다른 경우가 많습니다.
✦ 发 fā(發: 쏠 발, 일어날 발, 髮: 머리털 발), 语 yǔ(語: 말씀 어)

信

xìn

사람(亻)이 **말한**(言) 대로 행하면 믿으니 **믿을 신**
또 믿을 만한 소식이니 **소식 신**

信心 **xìnxīn** 자신(감), 신념, 믿음 2급

相信 **xiāngxìn** 믿다, 신임하다[≒ 信任 xìnrèn ↔ 猜忌 cāijì, 怀疑 huáiyí] 2급

信封 **xìnfēng** 편지 봉투, 봉투 3급

诚信 **chéngxìn** ① 성실, 신용 ② 신용을 지키다 4급

自信 **zìxìn** ① 자신하다 ② 자신감 있다 ③ 자신감 4급

来信 **láixìn** ① 보내온 편지 ② 편지가 오다[↔ 去信 qù//xìn] 5급

✦ 相 xiāng(서로 상, 모습 상), 封 fēng(봉할 봉), 诚 chéng(誠: 정성 성), 自 zì(자기 자, 스스로 자, 부터 자), 来 lái(來: 올 래)

语

語

yǔ

말(讠)로 나(吾)의 뜻을 알리는 말씀이니 말씀 어

+ 吾 wú(나 오)

语言 yǔyán 언어 2급

语法 yǔfǎ 어법, 말법 4급

语音 yǔyīn 말소리, 언어의 음성 4급

口语 kǒuyǔ 구어[↔ 书面语 shūmiànyǔ, 文言 wényán] 4급

成语 chéngyǔ 성어, 관용어 5급

华语 Huáyǔ 중국어 5급

+ 言 yán(말씀 언), 法 fǎ(법 법), 音 yīn(소리 음), 成 chéng(이룰 성), 华 huá(華: 빛날 화, 화려할 화)

罚

罰

fá

법망(罒)에 걸린 사람을 말(讠)로 꾸짖고 칼(刂)로 베어 벌주니 벌줄 벌

+ 법망(法网 fǎwǎng) – '법의 그물'로, 죄 지은 사람에게 제재를 할 수 있는 법률이나 그 집행 기관을 비유적으로 이르는 말

+ 罒 wǎng(그물 망, = 网, 罓), 讠 yán[言(말씀 언 변)의 간체자], 刂 dāo(칼 도 방), 法 fǎ(법 법)

罚款 fákuǎn ① 벌금을 부과하다 ② 벌금 5급

+ 款 kuǎn(정성 관, 조목 관, 기록 관)

참고자

舌
shé

혀(千)가 입(口)에서 나온 모양을 본떠서 혀 설

+ 千 qiān('일천 천, 많을 천'이지만 여기서는 밖으로 나온 혀로 봄)
舌头 shétou 혀 5급
+ 头 tóu/tou(頭: 머리 두, 우두머리 두, 접미사 두)

1급

话
huà

말(讠)을 혀(舌)로 하는 말씀이나 이야기니 말씀 화, 이야기 화

电话 diànhuà 전화 1급
打电话 dǎdiànhuà 전화를 걸다, 전화하다 1급
说话 shuōhuà ① 이야기하다 ② 잡담하다 ③ 책망하다 1급
对话 duìhuà ① 대화하다 ② 접촉하다 ③ 대화 2급
话剧 huàjù 연극 3급

+ 电 diàn(電: 번개 전, 전기 전), 打 dǎ(칠 타, 공격할 타, 어조사 타, 다스 타), 说 shuō(說: 달랠 세, 말씀 설, 기쁠 열), 对 duì(對: 상대할 대, 대답할 대), 剧 jù(劇: 심할 극, 연극 극)

2급

活
huó

물(氵)기가 혀(舌)에 있어야 사니 살 활

+ 氵 shuǐ(삼 수 변)
活动 huódòng (몸을) 움직이다, 운동하다 2급
干活儿 gànhuór 일하다, 노동하다 2급
快活 kuàihuo 즐겁다, 유쾌하다[↔ 烦闷 fánmèn] 5급

+ 动 dòng(動: 움직일 동), 干 gān/gàn(방패 간, 乾: 마를 건, 幹: 줄기 간, 일할 간, 간부 간), 儿 ér(사람 인 발, 접미사 아, 兒: 아이 아), 快 kuài(상쾌할 쾌, 빠를 쾌, 날카로울 쾌)

4급

括
kuò

손(扌)으로 혀(舌)처럼 휘어잡아 묶으니 묶을 괄

括号 kuòhào 괄호, 묶음표 4급
包括 bāokuò 포괄하다, 포함하다[↔ 除外 chúwài] 4급
概括 gàikuò ① 개괄하다, 요약하다 ② 간단한 4급

+ 号 háo(號: 부를 호, 이름 호, 부호 호), 包 bāo(쌀 포), 概 gài(概: 대개 개, 대강 개)

亂

luàn

혀(舌)를 놀려 아무 말이나 **새**(乚)처럼 지저귀면 어지러우니

어지러울 란

[번체] 亂 - 손(爫)에 창(ㅜ) 들고 성(冂)을 지키는 군인들이 사사로운(厶) 욕심으로 또(又) 새(乚) 떼처럼 난리를 일으켜 어지러우니 '어지러울 란'
+ 乚 yǐ[乙 yǐ(새 을, 둘째 천간 을, 둘째 을, 굽을 을)의 부수 모양], 爫 zhǎo/zhuǎ('손톱 조, 발톱 조'지만 여기서는 손으로 봄)

辭

cí

혀(舌)로 **매서운**(辛) 말씀이나 글을 쓰고 물러나니

말씀 사, 글 사, 물러날 사

[번체] 辭 - 손(爫)에 창(ㅜ) 들고 성(冂)을 지키는 군인들이 사사로운(厶) 욕심으로 또(又) 매서운(辛) 말씀이나 글을 쓰고 물러나니 '말씀 사, 글 사, 물러날 사'
+ 辛 xīn(매울 신, 고생할 신), ㅜ[矛 máo(창 모)의 획 줄임], 冂 jiong(멀 경, 성 경), 厶 sī/mǒu(사사로울 사, 나 사), 又 yòu(오른손 우, 또 우)
辞职 cízhí 사직하다, 직무에서 물러나다[↔ 求职 qiúzhí] 5급
+ 职 zhí(職: 직업 직, 직장 직)

敵

dí

혀(舌)로 **치듯이**(攵) 악담하는 원수니 원수 적

[번체] 敵 - 뿌리(商)까지 치는(攵) 원수니 '원수 적'
+ 商 dī - 머리 부분(亠)을 받친(ㅛ) 성(冂) 모양으로 오래(古)된 밑동이나 뿌리니 '밑동 적, 뿌리 적'
+ 밑동 - 나무줄기의 밑 부분으로, 사물의 제일 중요한 부분을 가리키기도 합니다.
+ 攵 pō(칠 복, = 攴), 亠 tou(머리 부분 두), ㅛ bā(받친 모양), 冂 jiong(멀 경, 성 경), 古 gǔ(오랠 고, 옛 고)
敌人 dírén 적[↔ 友人 yǒurén, 朋友 péngyou] 4급

舍

捨

shè/shě

사람(人)이 입 속의 **혀**(舌)처럼 깃들어 사는 집이니 집 사(shè)

또 집에서 가져다 바치거나 버리니 바칠 사, 버릴 사(shě)

[번체] 捨 - 손(扌)으로 집(舍) 밖에 버리니 '버릴 사'
宿舍 sùshè 기숙사 5급
舍得 shěde 아깝지 않다, 미련이 없다 5급
舍不得 shěbude ① 이별을 아쉬워하다 ② ~하기 아까워하다 5급
+ 宿 sù(오랠 숙, 잘 숙, 박 숙), 得 dé/de/děi(얻을 득, 조사 득, 조동사 득)

혀(舌)로 적당히 말하고 가니(辶) 적당할 적, 갈 적

[번체] 適 - 뿌리(商)가 적당한 곳으로 뻗어가듯(辶) 적당한 곳으로 가니
'적당할 적, 갈 적'

+ 辶 chuò(뛸 착, 갈 착)

合适 héshì 적당하다, 알맞다 [2급]
适合 shìhé 적합하다, 알맞다 [3급]
适应 shìyìng 적응하다 [3급]
适用 shìyòng ① 적용하다 ② 사용에 적합하다 [3급]

+ 合 hé(합할 합, 맞을 합), 应 yìng(應: 응할 응), 用 yòng(쓸 용)

shì

---

115 ▶ 甘甜 某媒煤 – 甘, 某로 된 한자
감 첨 모 매 매

단맛을 느끼는 혀 앞부분(甘)에 일(一)을 그어서 달 감
또 단맛처럼 기쁘니 기쁠 감

+ 혀의 앞부분에서 단맛을 느끼니, 쪽 내민 혀의 모양 앞부분에 一을 그은 것이
지요.

甘心 gānxīn 만족해하다, 달가워하다 [참고어]

gān

혀(舌)에 달게(甘) 느껴지도록 다니 달 첨

酸甜苦辣 suāntiánkǔlà ① 신맛·단맛·쓴맛·매운맛, 각양각색의 맛 ② 세
상의 온갖 고초 [5급]

+ 酸 suān(실 산, 서글플 산), 甜 tián(달 첨), 苦 kǔ(쓸 고, 괴로울 고)

tián

달콤한(甘) 나무(木) 열매를 찾는 아무니 아무 모

+ 아무 - 어떤 사람이나 사물 등을 특별히 지정하지 않고 가리킬 때 쓰는 말

mǒu

3급

媒

méi

여자(女)를 아무(某)에게 중매하니 중매할 매

＋ 중매(说媒 shuōméi) – 중간에서 혼인이 이루어지도록 하는 일

媒体 méitǐ 대중 매체, 매스미디어 **3급**

＋ 体 tǐ(體: 몸 체)

5급

煤

méi

불(火)에 아무(某)것이나 넣을 때 잘 타지 않고 끼는 그을음이니
그을음 매

또 그을음처럼 시커먼 석탄이니 석탄 매

煤气 méiqì 석탄 가스 **5급**

＋ 气 qì(氣: 기운 기, 공기 기, 날씨 기)

---

116 其期 基甚 – 其로 된 한자

기 기 기 심

2급

其

qí

단(甘) 것을 받침대(丌)에 올려 유인하는 그것이니 그 기

＋ 甘[甘 gān(달 감, 기쁠 감)의 변형], 丌 jī(대 기, 책상 기)

其中 qízhōng 그중에, 그 안에 **2급**

其次 qícì ① 다음, 그다음 ② 부차적인 것 **3급**

其实 qíshí 사실은, 실제는 **3급**

其余 qíyú 나머지, 남은 것 **4급**

＋ 中 zhōng(가운데 중, 맞힐 중), 次 cì(다음 차, 차례 차, 번 차), 实 shí(實: 열매 실, 실제 실), 余 yú(나 여, 餘: 남을 여)

156

期

qī

그(其) 달(月)이 차고 이지러진 것을 보고 기간을 정하고 기약했으니 기간 **기**, 기약할 **기**

➕ 달은 그 모양이 늘 변하니, 달의 어떤 모양일 때 다시 만나자고 기약할 수 있지요.

学期 xuéqī 학기 2급

长期 chángqī 장기, 긴 시간[↔ **短期** duǎnqī] 3급

定期 dìngqī ① 날짜를(기한을) 정하다 ② 정기적인 3급

短期 duǎnqī 단기(일) 3급

近期 jìnqī ① 단기 ② 가까운 기일[시기, 장래] 3급

期待 qīdài 기대하다, 기다리다 4급

期间 qījiān 기간, 시간 4급

期末 qīmò 기말, 학기말 4급

期限 qīxiàn 기한 4급

期中 qīzhōng 학기 중의 4급

期望 qīwàng ① 기대하다, 바라다 ② 희망, 기대, 바람 5급

为期 wéiqī ① 기한으로 하다, 약속 날짜로 삼다 ② 기한[≒ 为时 wéishí] 5급

➕ 学 xué(學: 배울 학), 长 cháng/zhǎng(長: 길 장, 자랄 장, 어른 장), 定 dìng(정할 정), 短 duǎn(짧을 단, 모자랄 단), 近 jìn(가까울 근, 비슷할 근), 待 dài(기다릴 대, 대접할 대), 间 jiān(間: 사이 간), 末 mò(끝 말), 限 xiàn(한계 한), 望 wàng(바랄 망, 보름 망), 为 wèi(爲: 할 위, 위할 위)

基

jī

그(其) 흙(土)을 다져 닦은 터나 기초니 터 **기**, 기초 **기**

基本 jīběn ① 기본(적인) ② 주요한 ③ 대체로 3급

基本上 jīběnshang ① 주로 ② 대체로, 거의 3급

基地 jīdì ① 근거지, 거점 ② 기지 5급

基金 jījīn ① 기금, 기본금 ② 펀드 5급

➕ 本 běn(뿌리 본, 근본 본, 책 본, 판 본), 上 shang(위 상, 오를 상), 地 dì(땅 지), 金 jīn(쇠 금, 금 금, 돈 금)

甚

shèn

중요한 그(其)곳을 **감춤**(ㄴ)이 심하니 심할 **심**

[번체] 甚 – 달콤한(甘) 짝(匹)들의 사랑이 심하니 '심할 심'

➕ ㄴ[fāng(감출 혜, 덮을 혜, = ㄷ)], 甘[甘 gān(달 감, 기쁠 감)의 변형], 匹 pǐ(짝 필, 필 필)

甚至 shènzhì ① 심지어, ~까지도 ② 더욱이 4급

➕ 至 zhì(이를 지, 지극할 지)

2급

主

zhǔ

(주인은 임금보다 더 책임감을 가진다는 데서)

점(丶)을 임금 왕(王) 위에 찍어서 주인 주

+ 그래서 그런지 '왕인정신'이라는 말은 없지만 '주인정신'이라는 말은 있네요.
+ 丶 zhǔ(점 주, 불똥 주)

主人 zhǔrén 주인, 고용주[↔ 仆役 púyì, 仆人 púrén, 客人 kèrén] 2급
主动 zhǔdòng ① 주동적인[↔ 被动 bèidòng] ② 자발적인 3급
主任 zhǔrèn 주임 3급
主意 zhǔyi ① 방법, 아이디어 ② 의견, 견해 3급
主观 zhǔguān ① 주관 ② 주관적인[↔ 客观 kèguān] 5급
为主 wéizhǔ (주로 '以'와 함께 쓰여) ~을 위주로 하다 5급

+ 动 dòng(動: 움직일 동), 任 rèn(맡을 임), 意 yì(뜻 의), 观 guān(觀: 볼 관),
为 wèi(爲: 할 위, 위할 위)

1급

住

zhù

사람(亻)이 주(主)로 멈추어 사는 곳이니

멈출 주, 살 주, 사는 곳 주

居住 jūzhù 거주하다 4급
忍不住 rěnbúzhù 견딜 수 없다, 참을 수 없다 5급

꿀TIP '住址 zhùzhǐ'는 住 zhù(멈출 주, 살 주, 사는 곳 주)가 들어갔으니 사람
이 거주하는 장소, 다시 말해서 집·아파트·주택 등의 주소를 말하고,
'地址 dìzhǐ'는 사무실·공공기관·주택 등 모든 장소에 다 쓸 수 있는
주소를 말합니다.
+ 居 jū(살 거), 忍 rěn(참을 인), 址 zhǐ(터 지), 地 dì(땅 지)

3급

注

zhù

물(氵)을 한쪽으로 주(主)로 대고 쏟으니 물 댈 주, 쏟을 주
또 물을 대듯이 주를 달아 풀어 주는 주석이니 주석 주

+ 注는 '물을 대다', 註 zhù(주석 주)는 '(어려운 구문에) 주석을 달다'가 원뜻입
니다만, 예전부터 註 대신에 注를 많이 사용했습니다. 물을 대서 농토를 비옥
하게 만들 듯이, 어려운 문장이나 표현에 해설을 달아 알기 쉽게 만든다는 점
에서 두 글자의 의미가 일맥상통하기 때문이지요.

关注 guānzhù 관심(을 가지다), 배려(하다) 3급
注射 zhùshè 주사하다 5급
注视 zhùshì ① 주시하다, 주의 깊게 살피다[≒ 凝视 níngshì] ② 주목하다 5급
注重 zhùzhòng 중시하다, 중점을 두다 5급

+ 关 guān(關: 빗장 관, 관계할 관), 射 shè(쏠 사), 视 shì(視: 볼 시, 살필 시),
重 zhòng(무거울 중, 귀중할 중, 거듭 중)

往
wǎng

걸어서(彳) 주인(主)에게 가니 갈 왕

+ 彳 chì(조금 걸을 척)

往往 wǎngwǎng 왕왕, 자주, 흔히, 종종 3급

前往 qiánwǎng ① 나아가다[= 前赴 qiánfù] ② 이전[= 以前 yǐqián] 3급

以往 yǐwǎng 이왕, 기왕 5급

+ 以 yǐ(써 이), 前 qián(앞 전)

青清请晴 晴情精猜 – 青으로 된 한자
청 청 청 청 정 정 정 시

青
qīng

주(龶)된 몸(月)의 마음은 푸르고 젊으니 푸를 청, 젊을 청

[번체] 青 – 주된(龶) 둘레(円)의 색은 푸르니 '푸를 청'
또 푸르면 젊으니 '젊을 청'

+ 円 yuán – 성(冂)은 세로(丨)로 가로(一)로 보아도 둥근 둘레니 '둥글 원, 둘레 원'
또 일본화폐 단위로도 쓰여 '화폐 단위 엔'

+ [비] 丹 dān(붉을 단, 꽃 이름 란)

+ 冂 jiong(멀 경, 성 경)

青年 qīngnián 청년, 젊은이 2급

青少年 qīngshàonián 청소년 2급

青春 qīngchūn ① 청춘 ② 생기 넘치는 시기 4급

[꿀TIP] 중국의 전통적인 오행사상(五行思想 wǔxíng sīxiǎng)의 원칙에 따르면 봄·여름·가을·겨울에는 각각 파랑·빨강·하양·검정의 상징색이 배당되어 있습니다. 그래서 만물이 태동하는 봄을 '青春 qīngchūn'이라고 하지요.

+ 年 nián(해 년, 나이 년), 少 shǎo(적을 소, 젊을 소), 春 chūn(봄 춘)

清
qīng

물(氵)이 푸른(青)빛이 나도록 맑으니 맑을 청

+ 물이 맑으면 푸른빛이 나지요.

清理 qīnglǐ 깨끗이 정리(처분)하다 5급

+ 理 lǐ(이치 리, 다스릴 리)

1급

请
請
qǐng

**말(讠)로 푸르게(青), 즉 희망 있게 청하고 부탁하니
청할 청, 부탁할 청**

+ 讠 yán[言(말씀 언 변)의 간체자]
请假 qǐngjià (휴가·조퇴·외출·결근·결석 등의 허락을) 신청하다[≒ 告假
gàojià ↔ 销假 xiāojià] **1급**
请坐 qǐngzuò 어서 앉으십시오, 앉으세요 **1급**
申请 shēnqǐng 신청하다[≒ 声请(shēngqǐng] **4급**
+ 假 jià(거짓 가, 임시 가), 坐 zuò(앉을 좌, 탈 좌, 향할 좌), 申 shēn(펼 신,
아뢸 신, 원숭이 신, 아홉째 지지 신)

2급

晴
晴
qíng

흐리다가 해(日)가 푸른(青) 하늘에 드러나며 날이 개니 날 갤 청

晴天 qíngtiān 맑은 날, 쾌청한 날 **2급**
晴朗 qínglǎng 쾌청하다[↔ 阴暗yīn'àn] **5급**
+ 天 tiān(天: 하늘 천), 朗 lǎng(朗: 밝을 랑)

2급

睛
睛
jīng

눈(目)에서 푸른(青)빛이 나는 눈동자니 눈동자 정

眼睛 yǎnjing 눈 **2급**
+ 眼 yǎn(눈 안)

2급

情
情
qíng

**마음(忄)을 푸르게(青), 즉 희망 있게 쓰는 뜻이나 정이니
뜻 정, 정 정**
또 정으로도 어떻게 할 수 없는 형편이니 형편 정

事情 shìqing ① 일, 사건 ② 직업, 일자리 **2급**
情节 qíngjié ① 플롯, 줄거리 ② (일의) 경과, 경위 **5급**
+ 事 shì(일 사, 섬길 사), 节 jié(節: 마디 절, 절개 절, 계절 절, 명절 절)

3급

精
jīng

精

쌀(米)을 푸른(靑)빛이 나도록 정밀하게 찧으니
정밀할 정, 찧을 정

+ 너무 희면 푸른빛이 나지요.
+ 米 mǐ(쌀 미, 미터 미)

精神 jīngshén ① 정신 ② 주요 의미, 주지 **3급**

精力 jīnglì 정력, 정신과 체력 **4급**

+ 神 shén(神: 귀신 신, 신비할 신, 정신 신), 力 lì(힘 력)

5급

猜
cāi

猜

개(犭)처럼 달려들며 얼굴빛이 **푸르러지도록(靑)** 추측하고 의심
하며 시기하니 추측할 시, 의심할 시, 시기할 시

+ 시기(猜忌 cāijì) - 남을 시샘하여 미워함
+ 犭 quǎn(큰 개 견, 개 사슴 록 변), 忌 jì(꺼릴 기)

猜测 cāicè 추측(하다), 추량(하다) **5급**

+ 测 cè(測: 헤아릴 측)

---

119 > 责绩 – 责으로 된 한자
책 적

3급

责
zé

責

주인(龶)이 꾸어간 **돈(贝)**을 갚으라고 꾸짖으며 묻는 책임이니
꾸짖을 책, 책임 책

+ 贝 bèi(貝: 조개 패, 재물 패, 돈 패)

负责 fùzé ① 책임지다 ② 맡은 바 책임을 다하다 **3급**

负责人 fùzérén 책임자 **5급**

指责 zhǐzé 지적하다, 질책하다[≒ 谴责 qiǎnzé, 指摘 zhǐzhāi] **5급**

+ 负 fù(負: 짐질 부, 패할 부, 빚질 부), 指 zhǐ(손가락 지, 가리킬 지)

2급

绩
jì

績

실(纟)을 **책임(责)**지고 맡아 짜니 짤 적
또 짜놓은 성적이니 성적 적

+ 纟 sī[糸 mì/sī(실 사, 실 사 변의 간체자)]

成绩 chéngjì 성적, 결과, 점수 **2급**

+ 成 chéng(이룰 성)

사람이 팔다리 벌리고 **땅(一)**에 서 있는 모양에서 **설 립**

成立 chénglì ① (조직·기구 따위를) 설치하다 ② (이론·의견 따위가) 성립하다[되다] 3급
对立 duìlì 대립하다, 대립되다 5급
立场 lìchǎng 입장, 태도, 관점 6급

+ 成 chéng(이룰 성), 对 duì(對: 상대할 대, 대답할 대), 场 chǎng(場: 마당 장, 장소 장, 무대 장)

사람(亻)이 **서(立)** 있는 자리니 **자리 위**
또 자리가 있는 위치나 직위니 **위치 위, 직위 위**

单位 dānwèi ① 단위 ② (직장, 단체, 기관에서의) 부서, 근무처 2급
各位 gèwèi 여러분 3급
位于 wèiyú ~에 위치하다 4급
位置 wèizhi 위치, 지위, 직위 4급
地位 dìwèi ① (사회적) 지위 ② (사람이나 물건이 차지한) 자리 4급

+ 单 dān(單: 홑 단), 各 gè(각각 각), 于 yú(어조사 우), 置 zhi(置: 둘 치), 地 dì(땅 지)

흙(土)에다 **세운(立)** 듯 버린 쓰레기니 **쓰레기 랄**

垃圾 lājī 쓰레기, 오물 4급

+ 圾 jī(쓰레기 급)

손(扌)으로 **세워(立)** 끌거나 운반하니 **끌 랍, 운반할 랍**

拉开 lākai 당겨서 열다, 사이를 떼어 놓다 4급

+ 开 kāi(開: 열 개, 시작할 개, 끓을 개)

3급

并

竝

bìng

이리저리(ヽヽ) 흩어진 것을 **하나(一)**씩 **받쳐 들고(廾)** 아우르게 합하니 **아우를 병, 합할 병**

[번체] 竝 – 둘이 함께 나란히 서서(立・立) 아우르게 합하니 '아우를 병, 합할 병'
+ 아우르다 – 여럿을 모아 한 덩어리나 한 판이 되게 하다.
合并 hébìng ① 합병하다 ② 합병증을 일으키다 5급
+ 合 hé(합할 합, 맞을 합)

5급

饼

餠

bǐng

음식(饣) 중 쌀가루와 고물을 **아우르게(并)** 층지어 만든 떡이니 **떡 병**

+ 시루떡을 보면 쌀가루와 고물 부분이 각각 층을 이루지요.
+ 饣 shí[食(밥 식, 먹을 식 변)의 간체자]
饼干 bǐnggān 비스킷, 과자 5급
+ 干 gān/gàn(방패 간, 乾: 마를 건, 줄기 간, 幹: 일할 간, 간부 간)

5급

拼

pīn

손(扌)으로 **아우르게(并)** 합쳐 연결하니 **합칠 병, 연결할 병**
또 **손(扌)**을 **아우르게(并)** 합쳐 힘을 다하니 **힘 다할 병**

拼 pīn 경쟁하다, 승부하다 5급

2급

瓶

瓶

píng

양쪽 선이 나란히 **아우르게(并) 질그릇(瓦)**처럼 만든 병이니 **병 병**

+ 瓦 wǎ(기와 와, 질그릇 와, 실패 와)
瓶子 píngzi 병 2급
+ 子 zǐ/zi(아들 자, 첫째 지지 자, 자네 자, 접미사 자)

2급

碰

pèng

돌(石)을 **아우르게(並)** 놓아 부딪치니 **부딪칠 팽**

+ 並 bìng[아우를 병, 합할 병(并・竝)의 이체자]
碰到 pèng dào 봉착하다, 맞닥뜨리다 2급
碰见 pèngjiàn 우연히 만나다[= 遇见 yùjiàn, 撞见 zhuàngjiàn] 2급
+ 到 dào(이를 도, 주도면밀할 도), 见 jiàn(見: 볼 견, 뵐 현)

아우르게(並) 해(日)처럼 비춤이 넓으니 넓을 보
또 널리 통하면 보통이니 보통 보

普通 pǔtōng 보통이다[= 平凡 píngfán, 平常 píngcháng, 寻常 xúncháng, 一般 yìbān] 2급
普通话 pǔtōnghuà 현대 중국의 표준어, 보통화 2급
普及 pǔjí 보급되다, 확산되다 3급
+ 通 tōng(통할 통, 수량사 통), 话 huà(話: 말씀 화, 이야기 화), 及 jí(이를 급, 미칠 급)

pǔ

---

122 ▶ **音暗意章** – 音으로 된 한자
음 암 의 장

서서(立) 말하는(曰) 소리니 소리 음

+ 立 lì(설 립), 曰 yuē(가로 왈)
声音 shēngyīn ① 소리, 목소리 ② 의견, 논조 2급
收音机 shōuyīnjī 라디오 3급
+ 声 shēng(聲: 소리 성), 收 shōu(거둘 수), 机 jī(機: 기계 기, 비행기 기, 기능 기, 기회 기)

yīn

해(日)가 지고 소리(音)만 들리게 어두우니 어두울 암
또 어둡게 몰래 하니 몰래 암

暗示 ànshì ① 암시하다 ② 암시 4급
+ 示 shì(보일 시, 신 시)

àn

소리(音)를 듣고 마음(心)으로 추측하는 뜻이니 추측할 의, 뜻 의

生意 shēngyi ① 영업, 비즈니스 ② 직업[≒ 买卖 mǎimai] 3급
注意 zhùyì 주의하다, 조심하다[≒ 留心 liúxīn] 3급
意味着 yìwèizhe 의미하다, 뜻하다 5급
+ 生 shēng(날 생, 살 생, 사람을 부를 때 쓰는 접사 생), 注 zhù(물 댈 주, 쏟을 주), 味 wèi(맛 미), 着 zháo/zhe/zhāo/zhuó(着: 붙을 착, 어조사 착, 첨가할 착, 입을 착)

yì

3급

章
zhāng

소리(音)를 적은 글자 **열(十)** 자 정도면 되는 문장이니 문장 **장**

文章 wénzhāng ① 독립된 한 편의 글 ② 저술 활동 ③ (일에 대한) 방법 **3급**
+ 文 wén(글 문, 문명 문, 문화 문)

---

123 辛辯幸 – 辛으로 된 한자
신 변 행

5급

辛
xīn

서(立) 있는 곳이 **십(十)**자가 위인 것처럼 고생하니 고생할 **신**
또 먹기에 고생스럽도록 매우니 매울 **신**

辛苦 xīnkǔ ① 고생스럽다 ② 수고하십니다, 수고했습니다 **5급**
辛苦了 xīnkǔle 수고하셨습니다 **참고어**
+ 苦 kǔ(쓸 고, 괴로울 고), 了 le/liǎo(마칠 료, 밝을 료, 어조사 료)

4급

辩
biàn

어려운 일(辛辛) 틈에 끼여서도 **말(讠)**을 잘하며 따지니
말 잘할 **변**, 따질 **변**

+ 讠 yán[言 (말씀 언 변)의 간체자]
辩论 biànlùn 변론하다, 논쟁하다 **4급**
+ 论 lùn(論: 논할 론, 평할 론)

3급

幸
xìng

하나(一) 정도만 바꿔 생각하면 **고생(辛)**도 행복하니 행복할 **행**
또 행복은 누구나 바라니 바랄 **행**

+ 모든 것은 마음먹기에 따라 달라져, 조금만 바꿔 생각하면 고생도 행복할 수
있지요.
幸福 xìngfú ① 행복하다 [↔ 悲惨 bēicǎn, 苦难 kǔnàn, 痛苦 tòngkǔ] ② 행
복 **3급**
幸运 xìngyùn ① 행운이다 ② 행운[↔ 背运 bèiyùn] **3급**
不幸 búxìng ① 불행하다 ② 불행히도 ③ 재난, 재화, 불행 **5급**
+ 福 fú(福: 복 복), 运 yùn(運: 옮길 운, 운수 운)

참고자

辟
鬪
bì/pì

5급

壁
bì

4급

避
避
bì

몸(尸)과 **입(口)**으로 **어려움(辛)**을 물리치니 물리칠 **벽**
또 이렇게 물리치는 임금이니 임금 **벽**(bì)
또 물리치고 한쪽만 열어 치우치니 열 **벽**, 치우칠 **벽**(pì)

[번체] 鬪 – 문(門)을 열어 물리치니(辟) '열 벽, 물리칠 벽'

开辟 kāipì (길을) 열다, 개척하다 참고어

✦ 开 kāi(開: 열 개, 시작할 개, 끓을 개)

물리치려고(辟) 흙(土)으로 쌓아 막은 벽이니 벽 **벽**

隔壁 gébì 옆집, 이웃집, 이웃 5급

✦ 隔 gé(隔: 막을 격, 사이 뜰 격)

치우친(辟) 곳으로 **뛰어가(辶)** 피하니 피할 **피**

避免 bìmiǎn 피하다, (모)면하다 4급
回避 huíbì 피하다, 비켜 가다 5급

✦ 免 miǎn(면할 면), 回 huí(돌 회, 돌아올 회, 횟수 회)

3급

亲
(親)

qīn

서(立) 있는 **나무(木)**를 돌보듯 자식을 보살피는 어버이니

어버이 친

또 어버이처럼 친하니 친할 친

[번체] 親 – 서(立) 있는 나무(木)를 돌보듯(見) 자식을 보살피는 어버이니
‘어버이 친’
또 어버이처럼 친하니 ‘친할 친’

+ 立 lì(설 립), 木 pìn[木 mù(나무 목)의 변형], 见 jiàn(見: 볼 견, 뵐 현)

亲人 qīnrén ① 가까운 친척 ② 관계가 깊거나 다정한 사람 3급

亲爱 qīn'ài 친애하다, 사랑하다 4급

亲密 qīnmì 사이가 좋다, 친밀하다[↔ 疏远 shūyuǎn] 4급

+ 爱 ài(愛: 사랑 애, 즐길 애, 아낄 애), 密 mì(빽빽할 밀, 비밀 밀)

1급

新

xīn

서(立) 있는 **나무(木)**를 **도끼(斤)**로 베어 새로 만들어 새로우니

새로울 신

+ 斤 jīn(도끼 근, 저울 근) – 제목번호 233 참고

新年 xīnnián 신년, 새해 1급

新闻 xīnwén ① 뉴스 ② 새로운 일(사건) 2급

重新 chóngxīn ① 다시, 재차 ② (방식이나 내용을 바꾸어) 새로 2급

新郎 xīnláng 신랑 4급

新鲜 xīnxiān 신선하다, 싱싱하다 4급

[꿀TIP] ‘新闻’은 중국어에서 ‘뉴스’라는 뜻이고, 한국에서 말하는 ‘신문’은 ‘报纸 bàozhǐ’
라고 합니다.

+ 年 nián(해 년, 나이 년), 闻 wén(聞: 들을 문), 重 zhòng(무거울 중, 귀중할
중, 거듭 중), 郎 láng(사내 랑), 鲜 xiān(鮮: 고울 선, 깨끗할 선, 싱싱할 선),
报 bào(報: 갚을 보, 알릴 보, 신문 보), 纸 zhǐ(紙: 종이 지)

참고자

妛

qiè

서(立) 있는 본부인 아래에 있는 **여자(女)**는 첩이니 첩 첩

+ 첩(妛 qiè) – 본처 외에 데리고 사는 여자

jiē

손(扌)으로 **첩(妾)**처럼 친절하게 오는 손님을 주인에게 이어 주고 대접하니 **이을 접, 대접할 접**

接到 jiēdào 받다, 입수하다[= 收到 shōudào] 2급
接下来 jiēxiàlái 다음은, 이하는 2급
接着 jiēzhe ① 이어서, 계속하여 ② (손이나 그릇으로) 받다 ③ (뒤)따르다 2급
间接 jiànjiē 간접적인[↔ 直接 zhíjiē] 5급

✦ 到 dào(이를 도, 주도면밀할 도), 下 xià(아래 하, 내릴 하), 来 lái(來: 올 래), 着 zháo/zhe/zhāo/zhuó(着: 붙을 착, 어조사 착, 첨가할 착, 입을 착), 间 jiān(間: 사이 간)

---

126 〉〉 **音倍陪培赔部** – 音로 된 한자
부 배 배 배 배 부

서서(立) 입(口)으로 뱉는 침처럼 갈라지니 **침 부, 갈라질 부**

---

bèi

사람(亻)이 둘로 **가른(咅)** 곱이나 갑절이니 **곱 배, 갑절 배**

倍加 bèijiā ① 더욱더, 몇 갑절 ② 곱절하다, 배가하다 참고어
✦ 加 jiā(더할 가)

---

péi

언덕(阝)처럼 양쪽에서 **갈라(咅)** 모시니 **모실 배**

✦ 阝 fù(언덕 부 변)
陪同 péitóng 모시고 다니다, 수행하다, 동반하다 5급
✦ 同 tóng(같을 동)

흙(土)을 갈라지게(咅) 부수어 나무가 잘 자라도록 북돋아 더하니
북돋울 배, 더할 배

培养 péiyǎng 배양하다, 양성하다 4급
培训 péixùn 양성하다, 육성하다 4급
培训班 péixùnbān (전문 간부·기술자 따위의) 양성반, 훈련반 4급
培育 péiyù ① 재배하다 ② (인재를) 양성하다 4급
+ 养 yǎng(養: 기를 양), 训 xùn(訓: 가르칠 훈), 班 bān(나눌 반, 반 반, 근무할 반), 育 yù(기를 육)

재물(貝)을 갈라(咅) 배상하니 배상할 배

+ 贝 bèi(貝: 조개 패, 재물 패, 돈 패)
赔偿 péicháng 배상하다, 보상하다[≒ 补偿 bǔcháng] 5급
+ 偿 cháng(償: 갚을 상, 보상할 상)

갈라진(咅) 고을(阝)처럼 나눈 부분이니 나눌 부, 부분 부

+ 阝 yì(고을 읍 방)
部分 bùfen ① 부분, 일부 ② 부문, 부서 2급
大部分 dàbùfen 대부분, 거의 다 2급
一部分 yíbùfen 일부분 2급
部门 bùmén 부서 3급
部长 bùzhǎng 중앙 정부의 각부 장관, 대신 3급
中部 zhōngbù 중부, 중간 부분, 한가운데 3급
部位 bùwèi 부위[주로 인체에 사용함] 5급
+ 分 fēn/fèn(나눌 분, 단위 분, 단위 푼, 신분 분, 분별할 분, 분수 분, 점수 분, 성분 분), 门 mén(門: 문 문), 长 cháng/zhǎng(長: 길 장, 자랄 장, 어른 장), 位 wèi(자리 위, 위치 위, 직위 위)

5급

竞 (競)

jìng

서서(立) 형(兄)과 겨루니 겨룰 경

[번체] 競 – 마주 서서(立立) 두 형(兄兄)들이 겨루니 '겨룰 경'

+ 兄 xiōng(형 형, 어른 형) – 제목번호 051 참고

竞争 jìngzhēng 경쟁하다 5급

+ 争 zhēng(爭: 다툴 쟁)

4급

竟

jìng

소리(音)치며 사람(儿)이 갑자기 부른 듯 뜻밖에니 뜻밖에 경
또 소리(音)치며 사람(儿)들이 마침내 일을 다 했음을 알리니
마침내 경, 다할 경

+ 어려운 일을 끝내고는 그동안 힘들었다고, 드디어 다했다고 기뻐하며 소리치지요.

究竟 jiūjìng ① 도대체, 대관절 ② 어쨌든 4급

竟然 jìngrán ① 뜻밖에도 ② 의외로 ③ 놀랍게도[≒ 居然 jūrán] 4급

+ 究 jiū(究: 연구할 구), 然 rán(그러할 연)

3급

境

jìng

흙(土)이 다한(竟) 경계나 구역이니 경계 경, 구역 경
또 어떤 경계에 이른 형편이니 형편 경

环境 huánjìng ① 환경 ② 주위 상황 3급

边境 biānjìng ① 국경지대 ② 변경, 변방[≒ 边陲 biānchuí] 5급

+ 环 huán(環: 고리 환), 边 biān(邊: 가 변)

4급

镜 (鏡)

jìng

쇠(钅)를 닦아 마침내(竟) 비추도록 만든 거울이니 거울 경

+ 유리가 없던 옛날에는 쇠로 거울을 만들었다지요.

+ 钅 jīn[金(쇠 금, 금 금 변)의 간체자]

镜子 jìngzi ① 거울 ② 안경 4급

镜头 jìngtóu ① (사진기 등의) 렌즈 ② (사진 촬영 시의) 장면 ③ (영화의) 커트신 4급

眼镜 yǎnjìng 안경 4급

+ 头 tóu/tou(頭: 머리 두, 우두머리 두, 접미사 두), 眼 yǎn(눈 안, 안목 안)

1급

京
jīng

높은(亠) 곳에도 **작은**(小) 집들이 많은 서울이니 서울 경
또 서울처럼 크고 성하니 클 경, 성할 경

+ 큰 도시는 땅이 부족하여 높은 곳까지 집을 짓고 살지요.
+ 亠[高 gāo(높을 고)의 획 줄임], 小 xiǎo(작을 소)

北京 Běijīng 베이징[중국의 수도로서 '京'이라 약칭함] 1급
京剧 jīngjù 경극[중국 주요 전통극의 하나] 3급

+ 北 běi(패배할 배, 등질 배, 북쪽 북), 剧 jù(劇: 심할 극, 연극 극)

4급

惊
(驚)
jīng

마음(忄)에 크게(京) 놀라니 놀랄 경

[번체] 驚 - 진실한(苟) 마음으로 채찍질(攵)해도 말(馬)은 놀랄 뿐이니 '놀랄 경'
+ 忄 xīn(마음 심 변), 苟 gǒu(진실로 구, 구차할 구), 攵 pō(칠 복, = 攴), 馬(말 마: 马 mǎ)

吃惊 chījīng 놀라다 4급

+ 吃 chī(먹을 흘, 말 더듬을 흘, 힘들어할 흘)

2급

凉
(涼)
liáng

얼음(冫)이 얼 정도로 **서울**(京)도 서늘하니 서늘할 량

[번체] 涼 - 물(氵) 있는 곳은 서울(京)도 서늘하니 '서늘할 량'
+ 冫 bīng - 얼음 빙(氷)이 부수로 쓰일 때의 모양으로 '이 수 변'

凉快 liángkuai ① 시원하다 ② 시원하게 하다 2급
凉水 liángshuǐ ① 냉수, 찬물 ② 끓이지 않은 물 3급

+ 快 kuài(상쾌할 쾌, 빠를 쾌, 날카로울 쾌)

3급

景
jǐng

해(日)가 **서울**(京)을 비춘 풍경이니 풍경 경

景色 jǐngsè 풍경, 경치[≒ 景致 jǐngzhì] 3급
风景 fēngjǐng 풍경, 경치 4급
情景 qíngjǐng ① 작자의 감정과 묘사된 경치 ② (구체적인) 광경, 장면 4급
景象 jǐngxiàng 현상, 상황, 경관 5급
前景 qiánjǐng ① (가까운) 장래, 앞날 ② 가까운 경물 5급

+ 色 sè(빛 색), 风 fēng(風: 바람 풍, 풍속·경치·모습·기질·병 이름 풍),
情 qíng(情: 뜻 정, 정 정, 형편 정), 象 xiàng(코끼리 상, 모양 상, 본뜰 상),
前 qián(앞 전)

1급

풍경(景)이 그늘져 **긴머리(彡)**처럼 아른거리는 그림자니
그림자 영

✛ 彡 shān(터럭 삼, 긴머리 삼)
影片 **yǐngpiàn** ① 영화 필름 ② 영화 2급
影子 **yǐngzi** ① 그림자 ② (거울이나 수면에 비치는) 모습 4급
✛ 그림자는 影子가 표준어지만, 影儿 yǐngr로도 많이 씁니다.
✛ 片 piàn(조각 편, 필름 편), 子 zǐ/zi(아들 자, 첫째 지지 자, 자네 자, 접미사
자)

yǐng

---

129 ➤➤ **商颜** – 亠로 된 한자
　　　　상 안

1급

머리(亠)에 물건을 **받쳐(丷)** 이고 **성(冂)**안 **사람(八)**들이 사도록
말하며(口) 장사하니 **장사할 상**
또 장사하듯 이익을 헤아리며 협의하니 헤아릴 **상**, 협의할 **상**

[번체] 商
✛ 亠 tóu(머리 부분 두), 冂 jiōng(멀 경, 성 경), 八 bā['여덟 팔, 나눌 팔'이
지만 여기서는 '儿 ér(사람 인 발, 접미사 아, 兒: 아이 아)의 변형'으로 봄]
商人 **shāngrén** 상인, 장사꾼, 장수 2급
商量 **shāngliang** 상의하다, 협의하다 2급
商品 **shāngpǐn** 상품 3급
商业 **shāngyè** 상업, 비즈니스 3급
商标 **shāngbiāo** 상표 5급
✛ 量 liáng/liàng(헤아릴 량, 용량 량), 品 pǐn(물건 품, 등급 품, 품위 품, 품
평할 품), 业 yè(業: 업 업, 일 업), 标 biāo(標: 표 표, 표시할 표)

shāng

2급

선비(彦)처럼 **머리(页)**에서 빛나는 얼굴이니 얼굴 **안**
또 얼굴의 색이니 색 **안**

✛ 页 yè(頁: 머리 혈, 페이지 엽)
颜色 **yánsè** 색, 색깔 2급
五颜六色 **wǔyánliùsè** 여러 가지 빛깔, 가지각색 5급
✛ 色 sè(빛 색)

yán

참고자

亡
wáng

머리(亠)를 감추어야(乚) 할 정도로 망하여 달아나니
망할 **망**, 달아날 **망**
또 망하여 죽으니 죽을 **망**

＋ 亠 tóu(머리 부분 두), 乚[fāng(감출 혜, 덮을 혜, ＝ 匚)]

1급

忙
máng

마음(忄)이 망할(亡) 정도로 바쁘니 바쁠 **망**

连忙 **liánmáng** 얼른, 급히[≒ 急忙 jímáng] 3급
急忙 **jímáng** 급히, 황급히 4급
＋ 连 lián(連: 잇닿을 련), 急 jí(急: 급할 급)

1급

忘
wàng

망해버린(亡) 마음(心)처럼 잊으니 잊을 **망**
또 본분을 잊은 듯 게으르니 게으를 **망**

＋ 忙 máng이나 忘 wàng 모두 亡 wáng(망할 망, 달아날 망, 죽을 망)에 心 xīn(마음 심)이 들어가지만, 글자 구성 성분 순서대로 풀면 쉽게 구분됩니다.
忘记 **wàngjì** ① 잊어버리다 ② 소홀히 하다 1급
＋ 记 jì(記: 기록할 기, 기억할 기)

3급

望
wàng

이지러진(亡) 달(月)이 차올라 **왕(王)** 같은 보름달이 되는 보름이니
보름 **망**
또 보름달처럼 차기를 바라니 바랄 **망**

＋ 月 yuè(달 월, 육 달 월), 王 wáng(임금 왕, 으뜸 왕, 구슬 옥 변)
看望 **kànwàng** 찾아가 보다(뵙다) 4급
绝望 **juéwàng** ① 절망하다 ② 절망 5급
渴望 **kěwàng** 갈망하다[≒ 盼望 pànwàng] 5급
展望 **zhǎnwàng** ① 앞을 내다보다 ② 전망, 비전[≒ 瞻望 zhānwàng ↔ 回顾 huígù] 참고어
＋ 看 kàn(볼 간), 绝 jué(絕: 끊을 절, 죽을 절, 가장 절), 渴 kě(목마를 갈, 절실할 갈), 展 zhǎn(펼 전, 넓을 전)

3급

厂
廠

chǎng

굴 바위 있는 언덕이나 집의 헛간을 본떠서

굴 바위 **엄**, 언덕 **엄**, 헛간 **창**

또 헛간에 기계를 놓고 물건을 만드는 공장이니 공장 **창**

[번체] 廠 - 집(广)에서 넓게(敞) 터진 헛간이니 '헛간 창'
　　　 또 헛간에 기계를 놓고 물건을 만드는 공장이니 '공장 창'
✦ 헛간(谷仓 gǔcāng) - 문짝이 없는 광
✦ 广 guǎng(집 엄, 廣: 넓을 광, 많을 광), 尚 shàng(오히려 상, 높을 상, 尚
　 shàng), 攵 pō(칠 복, = 攴)
✦ 敞 chǎng - 높은(尚) 곳을 쳐(攵)버리면 시원하고 넓으니
　　　　　　　 '시원할 창, 넓을 창'

工厂 gōngchǎng 공장 **3급**

厂长 chǎngzhǎng 공장장 **5급**

✦ 工 gōng(일꾼 공, 일할 공, 연장 공), 长 cháng/zhǎng(長: 길 장, 자랄 장, 어
　 른 장)

3급

产
産 産

chǎn

머리(亠)를 **받치고**(丷) 바위(厂)에 의지하여 새끼를 낳으니

낳을 **산**

또 새끼를 낳듯이 물건을 생산하니 생산할 **산**

[번체] 産 - 머리(亠) 받치고(丷) 바위(厂)에 의지하여 새끼를 낳으니(生) '낳을 산'
　　　 産 - 글(文)공부를 바위(厂) 밑에서 전념하여 좋은 작품을 써내니(生)
　　　　　　 '낳을 산'
　　　　　　 또 새끼를 낳듯이 물건을 생산하니 '생산할 산'
✦ 亠 tóu(머리 부분 두), 生 shēng(날 생, 살 생, 사람을 부를 때 쓰는 접사 생)

产生 chǎnshēng 발생하다, 나타나다(목적어가 추상적인 명사) **3급**

生产 shēngchǎn ① 생산하다 ② 출산하다[↔ 消费 xiāofèi](목적어가 구체적
인 명사) **3급**

产品 chǎnpǐn 생산품, 제품 **4급**

产业 chǎnyè ① 산업 ② 공업[≒ 物业 wùyè] ③ 부동산 **5급**

农产品 nóngchǎnpǐn 농산물[= 农产物 nóngchǎnwù] **5급**

水产品 shuǐchǎnpǐn 수산물 **5급**

资产 zīchǎn 재산, 자산 **5급**

✦ 品 pǐn(물건 품, 등급 품, 품위 품, 품평할 품), 业 yè(業: 업 업, 일 업), 农
　 nóng(農: 농사 농), 资 zī(資: 재물 자, 자격 자)

2급 广
广
guǎng

점(丶)을 굴 바위 엄, 언덕 엄, 헛간 창, 공장 창(厂) 위에 찍어,
언덕이나 바위를 지붕 삼아 지은 집을 나타내어 집 엄
또 집(广)이 넓고 살림이 많으니 넓을 광, 많을 광

[번체] 廣 – 집(广) 아래 누런(黃) 들판이 넓으니 '넓을 광'
+ 黃 huáng(黃: 누를 황) – 제목번호 219 참고
广告 guǎnggào 광고, 선전 **2급**
广场 guǎngchǎng ① 광장 ② 넓은 공간 **2급**
广大 guǎngdà 광대하다, 크고 넓다 **3급**
+ 告 gào(알릴 고, 설명할 고, 요구할 고), 场 chǎng(場: 마당 장, 장소 장, 무대 장)

4급 矿
矿
kuàng

돌(石) 중에 쇠가 넓게(广) 들어있는 쇳돌이니 쇳돌 광

[번체] 礦 – 돌(石) 중에 쇠가 넓게(廣) 들어있는 쇳돌이니 '쇳돌 광'
鑛 – 쇠(金)가 넓게(廣) 들어있는 쇳돌이니 '쇳돌 광'
矿泉水 kuàngquánshuǐ 광천수, 생수 **4급**
+ 泉 quán(샘 천)

4급 扩
扩
kuò

손(扌)으로 넓게(广) 넓히니 넓힐 확

扩大 kuòdà 확대하다, 넓히다[↔ 收缩 shōusuō, 缩小 suōxiǎo] **4급**
扩展 kuòzhǎn 확장하다[= 扩张 kuòzhāng, 扩大 kuòdà, 扩充 kuòchōng] **4급**
+ 展 zhǎn(펼 전, 넓을 전)

1급 床
床
chuáng

집(广)처럼 나무(木)로 받쳐 만든 침대니 침대 상

起床 qǐchuáng ① 일어나다 ② (병석에서) 일어나다, 병이 낫다 **1급**
+ 起 qǐ(일어날 기, 시작할 기, 세울 기)

4급

집(广) 안에 **스무(卄)** 명이나 앉도록 **수건(巾)**을 깐 자리니 **자리 석**

+ 卄 niàn(스물 입, = 廿)

出席 chūxí 참가하다, 출석하다 4급

主席 zhǔxí (회의를 주재하는) 의장, 주석 4급

+ 出 chū(나올 출, 나갈 출), 主 zhǔ(주인 주)

xí

---

133 ▶ **业 显湿** – 业과 显으로 된 한자
업 현 습

2급

주어진 명령과 **같게(丨丨) 이쪽저쪽(ヽヽ)**으로 다니며 **땅(一)**에서 해야 하는 업이고 일이니 **업 업, 일 업**

[번체] 業 – 풀 무성한(丵) 곳에 있는 나무(木)와 같이 이미 정해진 업이고 일이니 '업 업, 일 업'

+ 丵 zhuó – 고생할 신, 매울 신(辛) 위에 점 셋(ㅛ)을 더붙여 풀 무성한 모양을 나타내어 '풀 무성할 착'

+ 업(业 yè) – ① 몸과 입과 뜻으로 짓는 선악의 소행 ② 직업

工业 gōngyè 공업 3급

专业 zhuānyè ① 전공, 전문 ② 전문의[↔ 业余 yèyú] 3급

行业 hángyè 직업, 직종, 업종 4급

业务 yèwù 업무 5급

物业 wùyè ① 산업 ② 가옥 등의 부동산[≒ 产业 chǎnyè] 5급

+ 工 gōng(일꾼 공, 일할 공, 연장 공), 专 zhuān(專: 오로지 전, 마음대로 할 전), 行 xíng/háng(다닐 행, 행할 행, 줄 항), 务 wù(務: 일 무, 힘쓸 무), 物 wù(물건 물)

yè

業

顯

xiǎn

해(日) 뜨면 일(业)하는 사람이 나타나니 나타날 현

[번체] 顯 – 해(日)가 작고(幺) 작은(幺) 불(灬)처럼 머리(頁) 위로 나타나니
'나타날 현'

+ 幺 yāo(작을 요, 어릴 요), 灬 huǒ(불 화 발), 頁 yè(머리 혈, 페이지 엽: 页 yè)

显得 xiǎnde 드러나다, ~인 것 같다 3급

显然 xiǎnrán 명백하다, 분명하다 3급

显示 xiǎnshì ① 분명하게 표현하다 ② 과시하다 3급

明显 míngxiǎn 뚜렷하다, 확연히 드러나다 3급

显著 xiǎnzhù 현저하다, 두드러지다[≒ 卓越 zhuóyuè, 卓著 zhuózhù ↔ 微弱 wēiruò] 4급

+ 得 dé/de/děi(얻을 득, 조사 득, 조동사 득), 然 rán(그러할 연), 示 shì(보일 시, 신 시), 明 míng(밝을 명), 著 zhù(著: 글 지을 저, 드러날 저, 붙을 착, 입을 착)

4급

濕

shī

물(氵)기가 나타나도록(显) 젖어 축축하니 젖을 습, 축축할 습

[번체] 濕 – 물(氵)이 햇(日)빛이나 작고(幺) 작은(幺) 불(灬)빛처럼 나타나도록
젖어 축축하니 '젖을 습, 축축할 습'

潮湿 cháoshī 습하다, 축축하다 4급

+ 潮 cháo(조수 조, 습할 조, 추세 조)

4급

亚
亞
yà

위(一) 아래(一)를 같게(ㅣㅣ) 이어도 양쪽에 점들(ヽヽ)이 남으니,
첫째가 아닌 다음이라는 데서 **다음 아**, **버금 아**, **아시아 아**

〔번체〕 亞 – (보통 사람보다 못한) 두 곱사등이를 본떠서
　　　'다음 아, 버금 아, 아시아 아'
+ 버금 – 다음, 두 번째

亚军 yàjūn (운동 경기·콘테스트·대회에서의) 제2위, 준우승(자) **5급**
亚运会 Yàyùnhuì 아시아 경기 대회[= 亚洲运动会 Yàzhōu yùndònghuì] **4급**
+ 军 jūn(軍: 군사 군), 运 yùn(運: 옮길 운, 운수 운), 洲 zhōu(물가 주, 대륙 주)

4급

恶
惡
è/ě/wù

(최선이 아닌) **다음**(亚)을 생각하는 **마음**(心)이 악하니
악할 악(è)
또 악하면 사소한 것에도 성내니 성낼 오(ě)
또 악은 모두 싫어하고 미워하니 어찌할까에서
싫어할 오, 미워할 오, 어찌 오(wù)

+ 무슨 나쁜 짓을 하는 것만이 악이 아니라, 이것이 안 되면 저것 하지 식으로
　최선을 다하지 않는 것이 제일 큰 악이지요.

恶心 ěxin ① 속이 메스껍다 ② 혐오감을 일으키다 ③ (고의로 남의 약점을 들
추어내어) 난감하게 하다[≒ 作呕 zuò'ǒu] **4급**
+ 心 xīn(마음 심, 중심 심)

4급

严
嚴
yán

버금(亚)가는 것을 쳐(丿) 다스림이 엄하니 엄할 엄

〔번체〕 嚴 – 소리소리(口口)치며 바위(厂)도 용감히(敢) 오르는 모습이 엄하니
　　　'엄할 엄'
+ 丿 piě('삐침 별'이지만 여기서는 치는 모양으로 봄), 口 kǒu(입 구, 말할 구,
　구멍 구), 厂 chǎng(굴 바위 엄, 언덕 엄, 廠: 헛간 창, 공장 창), 敢 gǎn(감히
　감, 용감할 감)

严格 yángé 엄격하다, 엄하다 **4급**
严重 yánzhòng 위급하다, 심각하다 **4급**
+ 格 gé(격식 격, 의성어 격), 重 zhòng(무거울 중, 귀중할 중, 거듭 중)

1급

兴

興

xīng/xìng

점점점(`'`) 함께(一) 나누어(八) 일하면 흥하니 흥할 흥(xīng)
또 흥을 느끼는 흥미니 흥미 흥(xìng)

[번체] 興 – 마주 들어(舁) 같이(同) 힘쓰면 흥하니 '흥할 흥'
　　　또 흥을 느끼는 흥미니 '흥미 흥'

+ 흥하다 – 번성하여 잘 되어 가다.
+ 舁 – 절구(臼)를 두 손으로 받쳐(廾) 마주 드니 '마주 들 여'
+ 八 bā(여덟 팔, 나눌 팔), 舁[舁 yú(마주 들 여)의 변형], 同 tóng(같을 동),
　臼 jiù(절구 구), 廾 gǒng(받쳐 들 공)

高兴 gāoxìng ① 기쁘다, 즐겁다 ② ~하기를 좋아하다 **1급**
兴趣 xìngqù ① 흥취, 흥미[= 兴头 xìngtou, 趣味 qùwèi, 爱好 àihào] ② 재미
③ 의향, 의욕 **4급**
感兴趣 gǎnxìngqù 관심이 있다, 흥미가 있다 **4급**
+ 高 gāo(높을 고), 趣 qù(재미 취, 취미 취), 感 gǎn(느낄 감, 감동할 감)

2급

举

舉

jǔ

흥겨워(兴) 둘(二)도 하나(丨)처럼 들고 행하니 들 거, 행할 거
또 들어 일으키고 추천하니 일으킬 거, 추천할 거

[번체] 舉 – 더불어(與) 손(手)으로 들고 행하니 '들 거, 행할 거'
　　　또 들어 일으키고 추천하니 '일으킬 거, 추천할 거'

+ 與 yǔ(줄 여, 더불 여, 참여할 여, 与: yǔ) – 제목번호 158 참고, 手 shǒu(손
　수, 재주 수, 재주 있는 사람 수)

举手 jǔshǒu ① 손을 들다 ② 거수경례를 하다 **2급**
举行 jǔxíng 거행하다, 진행하다 **2급**
举动 jǔdòng 거동, 행동, 동작 **5급**
+ 行 xíng/háng(다닐 행, 행할 행, 줄 항), 动 dòng(動: 움직일 동)

2급

应

應

yìng/yīng

집(广)에 같이 살다 보면 점점점(`'`) 하나(一)로 응하니
응할 응(yìng)
또 응하여 응당 ~해야 하니 응당 ~해야 할 응(yīng)

[번체] 應 – 집(广)에서 사람(亻)이 키운 새(隹)처럼 마음(心)으로 응하니 '응할 응'

+ 广 guǎng(집 엄, 廣: 넓을 광, 많을 광), 隹 zhuī(새 추), 心 xīn(마음 심, 중
　심 심)

应当 yīngdāng 반드시(응당) ~해야 한다 **3급**
应用 yìngyòng ① 응용하다, 이용하다 ② 응용, 실용 **3급**
对应 duìyìng ① 대응하다 ② (어떤 상황에) 대응하는 **5급**
相应 xiāngyìng ① 상응하다, 어울리다 ② 적합하다 **5급**
+ 当 dāng(當: 마땅할 당, 당할 당), 用 yòng(쓸 용), 对 duì(對: 상대할 대, 대
　답할 대), 相 xiāng(서로 상, 모습 상)

4급

豆

dòu

제기를 본떠서 제기 두
또 제기처럼 둥근 콩이니 콩 두

+ 제기(祭器 jìqì) - 제사 때 쓰는 그릇
+ 祭 jì(제사 제, 축제 제), 器 qì(그릇 기, 기구 기)

豆腐 dòufu 두부 **4급**

豆制品 dòuzhìpǐn 콩으로 만든 식품 **5급**

土豆 tǔdòu 감자 **5급**

+ 腐 fǔ(썩을 부), 制 zhì(제도 제, 억제할 제, 製: 지을 제), 品 pǐn(물건 품,
등급 품, 품위 품, 품평할 품), 土 tǔ(흙 토)
+ '땅콩'은 花生 huāshēng입니다.

2급

短

duǎn

화살(矢)이 **콩(豆)** 만하여 짧고 모자라니 **짧을 단, 모자랄 단**

+ 矢 shǐ(화살 시)

短信 duǎnxìn ① 문자 메시지 ② 짧은 편지 **2급**

短处 duǎnchu 결점, 단점, 약점[↔ 长处 chángchu] **3급**

缩短 suōduǎn 단축하다, 줄이다[↔ 延长 yáncháng] **4급**

+ 信 xìn(믿을 신, 소식 신), 处 chǔ/chù(處: 살 처, 처리할 처, 곳 처), 缩 suō
(縮: 줄어들 축)

4급

登

dēng

걸어서(癶) 제기(豆)처럼 높은 곳에 오르니 **오를 등**
또 문서에 올려 기재하니 **기재할 등**

+ 癶 bō - 등지고 걸어가는 모양에서 '등질 발, 걸을 발'

登记 dēngjì 등기하다, 등록하다 **4급**

登录 dēnglù ① 등록하다 ② (컴퓨터 등에) 로그인하다 **4급**

登山 dēng//shān 등산(하다)[= 爬山 páshān] **4급**

+ 记 jì(記: 기록할 기, 기억할 기), 录 lù(錄: 기록할 록, 채용할 록)

5급

厨

厨

chú

헛간(厂) 중 **콩(豆)** 같은 곡식을 **법도(寸)**에 맞게 요리하는 부엌이
니 **부엌 주**

[번체] 廚 - 집(广)에서 좋게(吉) 받쳐(⺀) 법도(寸)에 맞게 요리하도록 만든 부엌
이니 '부엌 주'

+ 厂 chǎng(굴 바위 엄, 언덕 엄, 廠: 헛간 창, 공장 창), 广 guǎng(집 엄, 廣:
넓을 광, 많을 광), 吉 jí(길할 길, 상서로울 길), 寸 cùn(마디 촌, 법도 촌)

厨房 chúfáng ① 주방 ② 요리사 **5급**

+ 房 fáng(방 방, 집 방)

1급

火 huǒ

타오르는 불을 본떠서 불 화

火柴 huǒchái 성냥 **5급**

火灾 huǒzāi 화재 **5급**

+ 柴 chái(땔감 시), 灾 zāi(災: 재앙 재)

4급

伙 huǒ (夥)

사람(亻)들이 **불**(火) 옆에 모인 많은 동료의 무리니
많을 과, 동료 과, 무리 화

[번체] 夥 – 과일(果)처럼 많은(多) 동료의 무리니 '많을 과, 동료 과, 무리 화'
+ 果 guǒ(과일 과, 결과 과), 多 duō(많을 다)

伙伴 huǒbàn 동료, 친구, 동반자 **4급**

小伙子 xiǎohuǒzi 젊은이, 청년[= 小伙儿 xiǎohuǒr] **4급**

大伙儿 dàhuǒr 모두, 여러 사람 **5급**

+ 伴(伴: 짝 반, 함께할 반), 小 xiǎo(작을 소), 大 dà(큰 대), 儿 ér(사람 인 발,
  兒: 아이 아, 접미사 아)

5급

灾 zāi (災)

집(宀)에 **불**(火)나듯 입는 재앙이니 재앙 재

[번체] 災 – 물(巛)이나 불(火)로 인하여 입는 재앙이니 '재앙 재'
+ 巛 chuān – 내 천(川)이 부수로 쓰일 때의 모양으로, 개미허리 같다하여 '개
          미허리 천'이라 부름
+ 재앙(灾难 zāinàn) – 천재지변(天灾人祸 tiānzàirénhuò)으로 말미암아 생
          긴 불행한 사고
+ 央 yāng(가운데 앙), 灾 zāi(災: 재앙 재), 难 nàn(難: 어려울 난, 재난 난),
  祸 huò(禍: 재앙 화)

灾害 zāihài 재해, 재난 **5급**

灾难 zāinàn 재난, 재해 **5급**

灾区 zāiqū 재해 지역 **5급**

火灾 huǒzāi 화재 **5급**

救灾 jiùzāi ① 재난에서 구원하다 ② 재해를 없애다 **5급**

水灾 shuǐzāi 수재, 수해 **5급**

+ 害 hai(해칠 해, 방해할 해), 难 nán(難: 어려울 난, 재난 난), 区 qū(區: 나눌
  구, 구역 구), 救 jiù(구원할 구, 도울 구)

참고자

yán

불(火)과 불(火)이 타오르는 불꽃처럼 더우니 불꽃 염, 더울 염
또 덥게 열나면서 아픈 염증이니 염증 염

3급

tán

談

말(讠)로 **따뜻하게**(炎) 하는 말씀이니 말씀 담

＋讠 yán[言(말씀 언 변)의 간체자]
谈话 tánhuà 담화하다, 이야기하다 3급
谈判 tánpàn 회담(하다), 담판(하다) 3급
会谈 huìtán 회담(하다) 5급
＋话 huà(話: 말씀 화, 이야기 화), 判 pàn(判: 판단할 판), 会 huì(會: 모일 회)

4급

dàn

물(氵)을 **덥게**(炎) 끓여 소독한 듯 맑고 깨끗하니
맑을 담, 깨끗할 담
또 맑게 포함된 성분이 적고 엷어 싱거우니
적을 담, 엷을 담, 싱거울 담

shāo

불(火)이 **높이(尧)** 타오르도록 불사르니 **불사를 소**

[번체] 燒 – 불(火)이 높이(堯) 타오르도록 불사르니 '불사를 소'
+ 尧 yáo – 창(戈)을 우뚝하게(兀) 높이 든 것처럼 높으니 '높을 요'
[번체] 堯 – 많은 흙(垚)을 우뚝하게(兀) 쌓아 높으니 '높을 요'
+ 戈[戈 gē(창 과)의 획 줄임], 兀 wù(우뚝할 올)

发烧 fāshāo ① 열이 나다[= 发热 fārè] ② 열광하다, 푹 빠지다 4급
燃烧 ránshāo ① 연소하다 ② (감정이) 타오르다[↔ 熄灭 xīmiè] 4급
+ 发 fā(發: 쏠 발, 일어날 발, 髮: 머리털 발), 热 rè(熱: 더울 열), 燃 rán(불 탈 연)

rào

실(纟)로 **높이(尧)** 두르며 도니 **두를 요, 돌 요**

围绕 wéirào ① 둘레를 돌다 ② 둘러싸다 5급
+ 围 wéi(圍: 둘레 위, 둘러쌀 위)

huī

많이(ナ) 불(火) 타고 남은 재니 **재 회**
또 재 같은 먼지니 **먼지 회**

+ ナ[十 shí(열 십, 많을 십)'의 변형]
灰色 huīsè ① 잿빛(회색) ② 퇴폐적인, 절망적인 ③ (태도·입장·주장 따위가) 애매하다 5급
+ 色 sè(빛 색)

恢
huī

마음(忄)에 온갖 욕망이 **재**(灰)처럼 사그라져 마음이 넓고 크게 회복하니 **넓을 회, 클 회, 회복할 회**

✛ 마음속의 온갖 사물을 구분하고 집착하여 고통스러워하는 번뇌의 불, 욕망의 불이 꺼진 상태를 불교에서 '열반'이라 합니다.

恢复 huīfù ① 회복하다, 회복되다 ② 회복시키다[≒ 光复 guāngfù] 5급

✛ 复 fù(復: 다시 부, 돌아올 복, 複: 거듭 복, 겹칠 복)

---

141 ▶ **亦弯恋** – 亦으로 된 한자
역 만 련

亦
yì

머리(亠)가 불(灬)타듯이 또 자꾸 고민하니 **또 역**

✛ 亠 tóu(머리 부분 두), 灬[火 huǒ(불 화)의 변형]

不亦乐乎 búyìlèhū 어찌 기쁘지 않겠는가 참고어

✛ 乐 yuè/lè/yào(樂: 노래 악, 즐길 락, 좋아할 요), 乎 hū(어조사 호)

弯
彎
wān

또(亦) 활(弓)처럼 굽으니 **굽을 만**

번체 彎 – 실(絲)처럼 길게 말하고(言) 행동은 활(弓)처럼 굽으니 '굽을 만'

✛ 絲(실 사: 丝 sī), 弓 gōng(활 궁)

转弯 zhuǎnwān ① 모퉁이 ② 모퉁이를 돌다 ③ 에두르다 ④ 말머리를 돌리다 4급

✛ 转 zhuǎn(轉: 구를 전, 돌 전, 바뀔 전)

恋
戀
liàn

또(亦) 자꾸 마음(心)에 생각하며 사모하니 **사모할 련**

번체 戀 – 실(絲)처럼 계속 말(言)과 마음(心)이 이어가며 사모하니 '사모할 련'

✛ 心 xīn(마음 심, 중심 심), 言 yán(말씀 언)

恋爱 liàn'ài ① 서로 사랑하다, 연애하다 ② 연애 5급

✛ 爱 ài(愛: 사랑 애, 즐길 애, 아낄 애)

2급

hēi

굴뚝(里)처럼 불(灬)에 그을려 검으니 **검을 흑**

+ 중국에서 검은색은 '비밀 · 범죄 · 악 · 불길함' 등도 의미합니다.
+ 里 – 구멍 뚫린 굴뚝의 모양

黑色 hēisè 검은색 **2급**

黑暗 hēi'àn ① 어둡다 ② 암흑의, 암담한 **4급**

+ 色 sè(빛 색), 暗 àn(어두울 암)

4급

mò

캄캄하고(黑) 개(犬)도 짖지 않는 밤처럼 말 없고 고요하니
말 없을 묵, 고요할 묵

+ 犬 quǎn(개 견)

默默 mòmò 묵묵히, 말없이 **4급**

沉默 chénmò 침묵하다, 과묵하다 **4급**

幽默 yōumò 유머러스한[↔ 严肃 yánsù] **5급**

+ 沉 chén(沈: 잠길 침, 瀋: 즙 심), 幽 yōu(숨을 유, 아득할 유)

3급

céng/zēng

양쪽(丷)에서 창문(罒) 사이로 말하는(曰) 사이는 일찍부터 거듭
만나던 사이니 **일찍 증, 거듭 증**(céng)
또 거듭 두 세대가 겹친 친족 관계인 증이니 **증 증**(zēng)

번체 曾 – 열고(八) 창문(罒) 사이로 말하는(曰) 사이는 일찍부터 거듭 만나던
사이니 '일찍 증, 거듭 증'
또 거듭 두 세대가 겹친 친족 관계인 증이니 '증 증'

+ 한국 한자(번체자) 중 '증'의 풀이는 두 대(代)를 건너뛴 '항렬'을 의미할 때 쓰
입니다.
+ 罒 – 창문의 모양을 본떠서 만든 '창문 창'
　　(어원 해설을 위한 참고로 실제 쓰이는 한자는 아님)
+ 曰 yuē(가로 왈)

曾经 céngjīng 일찍 이전에, 이미[↔ 未曾 wèicéng] **3급**

不曾 bùcéng (일찍) ~한 적이 없다 **5급**

+ 经 jīng(經: 지날 경, 날실 경, 경험할 경, 경영할 경)

5급

zèng

 贈

재물(贝)을 거듭(曾) 주니 줄 증

+ 贝 bèi(貝: 조개 패, 재물 패, 돈 패)

贈送 zèngsòng 증정하다, 선사하다 5급

+ 送 sòng(送: 보낼 송, 배달할 송, 줄 송)

3급

zēng

 增

흙(土)으로 거듭(曾) 더하니 더할 증

增加 zēngjiā 증가하다, 더하다[↔ 减少 jiǎnshǎo] 3급

增长 zēngzhǎng 늘어나다, 높아지다[↔ 缩减 suōjiǎn] 3급

增产 zēngchǎn ① 증산하다 ② 증산 5급

增大 zēngdà 증대(하다) 5급

增多 zēngduō 증가하다 5급

+ 加 jiā(더할 가), 长 cháng/zhǎng(長: 길 장, 자랄 장, 어른 장), 产 chǎn(産: 낳을 산), 多 duō(많을 다)

---

143 ▷ **丸熟 执热势** - 丸, 执으로 된 한자
환 숙 집 열 세

참고자

wán

많은(九) 것들이 점(丶)처럼 둥근 알이니 둥글 환, 알 환

+ 九 jiǔ(아홉 구, 클 구, 많을 구), 丶 zhǔ(점 주)

定心丸 dìngxīnwán 안정제, 생각과 감정을 안정시키는 말이나 행동 참고어

+ 定 dìng(정할 정), 心 xīn(마음 심, 중심 심)

熟

shú/shóu

누구(孰)나 불(灬)에는 익으니 **익을 숙**

또 익도록 익혀 익숙하니 **익숙할 숙**

+ 'shú'로 발음될 때는 '사람이나 장소를 잘 알다, 익숙하다'는 뜻으로 사용하며, 'shóu'는 주로 구어체에서 사용합니다.

+ 孰 shú – 행복을 누리며(享) 둥글게(丸) 살기를 바라는 누구니 '누구 숙'

+ 灬 huǒ(불 화 발), 享 xiǎng(누릴 향)

熟人 shúrén ① 잘 알고 있는 사람 ② 단골손님 3급

成熟 chéngshú ① 성숙하다 ② (식물의 열매 등이) 익다 ③ 숙련되다[↔ 幼稚 yòuzhì] 3급

熟练 shúliàn 능숙하다 4급

熟悉 shúxī 잘 알다, 익숙하다[≒ 了解 liǎojiě ↔ 生疏 shēngshū] 5급

+ 成 chéng(이룰 성), 练 liàn(練: 익힐 련), 悉 xī(모두 실)

执 執

zhí

손(扌)으로 알(丸)을 잡으니 **잡을 집**

또 잡아서 계획대로 집행하니 **집행할 집**

번체 執 – 다행히(幸) 좋은 환(丸)약을 구하여 잡으니 '잡을 집'

또 잡아서 계획대로 집행하니 '집행할 집'

+ 幸 xìng(행복할 행, 바랄 행)

执行 zhíxíng 집행하다, 실행하다[≒ 施行 shīxíng] 5급

+ 行 xíng/háng(다닐 행, 행할 행, 줄 항)

热 熱

rè

잡고(执) 있는 불(灬)이라도 있는 듯 더우니 **더울 열**

번체 熱 – 심어(埶) 놓은 불(灬)씨라도 있는 듯 더우니 '더울 열'

+ 埶 yì/shì – 흙(土)을 파고 사람(儿)이 흙(土)에다 둥근(丸) 씨앗을 심으니 '심을 예'

+ 土 tǔ(흙 토), 儿 ér(사람 인 발, 접미사 아, 兒: 아이 아)

热情 rèqíng ① 열정적이다, 친절하다[↔ 淡漠 dànmò, 冷漠 lěngmò, 冷淡 lěngdàn] ② 열정, 열의 2급

热爱 rè'ài 열애에 빠지다 3급

热烈 rèliè 열렬하다[≒ 猛烈 měngliè] 3급

热闹 rènao ① 흥성거리다 ② 흥청거리다 ③ 번화한 장면, 구경거리 4급

热心 rèxīn ① 열심이다 ② 친절하다 4급

加热 jiārè 가열하다 5급

+ 情 qíng(情: 뜻 정, 정 정, 형편 정), 爱 ài(愛: 사랑 애, 즐길 애, 아낄 애), 烈 liè(세찰 렬, 매울 렬), 闹 nào(鬧: 시끄러울 료), 加 jiā(더할 가)

势

shì

잡고(执) 있는 힘(力) 좋은 기세니 기세 세

[번체] 勢 – 심어(執) 놓은 초목이 힘(力)차게 자라나는 기세니 '기세 세'

优势 yōushì 우세[↔ 劣势 lièshì] 3급

形势 xíngshì 정세, 형편, 상황 4급

势力 shìli 세력[≒ 权力 quánlì] 5급

+ 优 yōu(優: 우수할 우, 머뭇거릴 우, 배우 우), 形 xíng(모양 형), 力 lì(힘 력)

---

144 〉〉 **夂窗 复傻** – 夂로 된 한자

쇠(치) 창 부(복) 사

부수자

夂

zhǐ/zhōng

사람(ク)이 다리를 끌며(㇏) 천천히 걸어 뒤져오니

천천히 걸을 쇠, 뒤져올 치

+ 비 夊 pō(칠 복, = 攵) – 제목번호 033 참고

+ 夂 zhǐ(천천히 걸을 쇠, 뒤져올 치)는 3획, 夊 pō(칠 복, = 攵)는 4획입니다.

+ ク[人 rén(사람 인)의 변형], ㇏ fú('파임 불'이지만 여기서는 다리를 끄는 모양으로 봄)

4급

窗

chuāng

구멍(穴)을 비스듬히(丿) 에운담(口) 모양으로 뚫어 천천히(夂)

내다볼 수 있게 만든 창문이니 창문 창

+ 穴 xué(구멍 혈, 굴 혈), 囗 wéi/guó(에운 담), 厶 sī/mǒu(사사로울 사, 나 사)

窗户 chuānghu 창문, 창 4급

窗台 chuāngtái 창문턱 4급

窗子 chuāngzi 창 4급

+ 户 hù(戶: 문 호, 집 호, 사람 호, 계좌 호), 台 tái(臺: 돈대 대, 누각 대, 대만 대, 颱: 태풍 태), 子 zǐ/zi(아들 자, 첫째 지지 자, 자네 자, 접미사 자)

復 複

fù

사람(亻)들은 해(日)가 지면 천천히 **걸어(夊)** 집으로 다시 돌아오기를 거듭하니 **다시 부, 돌아올 복, 거듭 복**
또 거듭 겹치니 **겹칠 복**

[번체] 復 – 걸어서(彳) 다시 돌아오기를(复) 거듭하니 '다시 부, 돌아올 복, 거듭 복'
　　　複 – 옷(衤)을 거듭(复) 입어 겹치니 '겹칠 복'

+ 𠂉[人 rén(사람 인)의 변형], 彳 chì(조금 걸을 척), 衤 yī(옷 의 변)

重复 chóngfù ① 반복하다 ② 중복되다 2급

复杂 fùzá 복잡하다[↔ 简单 jiǎndān, 单纯 dānchún] 3급

反复 fǎnfù 거듭하다, 반복하다 3급

复制 fùzhì 복제(하다) 4급

回复 huífù ① (주로 편지로) 회답(하다) ② 거절하다 ③ 회복하다 4급

+ 重 zhòng(무거울 중, 귀중할 중, 거듭 중), 杂 zá(雜: 섞일 잡), 反 fǎn(거꾸로 반), 制 zhì(제도 제, 억제할 제, 製: 지을 제), 回 huí(돌 회, 돌아올 회, 횟수 회)

傻

shǎ

사람(亻)이 **머리(囟)**는 쓰지 않고 **팔(八)**자 타령만 하며 **천천히(夊)** 일하면 어리석으니 **어리석을 사**

+ 팔자(八字 bāzì) – 사람의 한평생의 운수를 나타내는 사주팔자에서 유래한 말로, 사람이 태어난 해와 달과 날과 시간을 간지(干支 gānzhī)로 나타내면 여덟 글자가 되는데, 이 속에 일생의 운명이 정해져 있다고 합니다.
+ 정수리(头顶 tóudǐng) – 머리 위에 있는 자리
+ 囟 xìn(정수리 신)

傻瓜 shǎguā 바보, 멍텅구리 참고어

참고자

俊

(俊)

jùn

사람(亻)이 의젓하게 걸을(夋) 정도로 실력이 뛰어나니 **뛰어날 준**

+ 夋 qūn – 믿는(允) 곳에서 의젓하게 천천히 걸어(夂)가니
  '의젓하게 걸을 준, 갈 준'
+ 允 yǔn – 나(厶)와 뜻이 같은 사람(儿)이면 믿고 허락하니
  '믿을 윤, 허락할 윤'
+ 중국 한자(간체자) 俊에서 八 bā(여덟 팔, 나눌 팔)는 번체자 儿 ér(사람 인 발,
  접미사 아, 兒: 아이 아)의 변형으로 봄
+ 厶 sī (사사로울 사, 나 사), 儿 ér(사람 인 발, 兒: 아이 아, 접미사 아)

俊 jùn ① 뛰어나다 ② 좋다 ③ 뛰어난 인물 **참고어**

俊俏 jùnqiào (얼굴이) 준수하다, 잘 생기다, 수려하다 **참고어**

英俊 yīngjùn 재능이 출중하다, 잘생기다 **참고어**

+ 俏 qiào(아름다울 초), 英 yīng(꽃부리 영, 영웅 영)

4급

酸

(酸)

suān

(빌효시켜 만든) **술(酉)**은 시간이 **갈수록(夋)** 너 발효되어 시니 **실 산**
또 시디신 마음처럼 서글프니 **서글플 산**

+ 酉 yǒu(술 그릇 유, 술 유, 닭 유, 열째 지지 유)

酸奶 suānnǎi ① (몽골인들이 마시는) 산유(酸乳) ② 플레인 요구르트[= 酸牛
奶 suānniúnǎi] **4급**

+ 奶 nǎi(젖 내), 牛 niú(소 우)

2급

冬

dōng

계절 중 **뒤에 와(夂)** 물이 **어는(冫)** 겨울이니 **겨울 동**

+ 冫 – 氷 bīng, 冰 bīng(얼음 빙)이 글자의 부수로 쓰일 때의 모양으로, 점이
  둘이고 주로 글자의 왼쪽에 붙는 변으로 쓰이니 '이 수 변'이라 부르는데,
  이 한자에서는 아래에 쓰였네요.

冬天 dōngtiān 겨울 **2급**

冬季 dōngjì 겨울, 겨울철 **4급**

꿀TIP 冬처럼 계절을 나타내는 단어는 단독으로 쓰이기보다 뒤에 '天'이나 '季'를 붙
여서 쓰입니다.

+ 天 tiān(天: 하늘 천), 季 jì(끝 계, 계절 계)

3급

zhōng

终

(누에 같은 벌레가) **실(纟)** 뽑아 집 짓는 일은 **겨울(冬)**이 되기 전에 다하여 마치니 **다할 종, 마칠 종**

✚ 纟 sī[糸 mì/sī(실 사, 실 사 변의 간체자)]

始终 shǐzhōng ① 처음과 끝 ② 시종일관, 한결같이 **3급**

终点 zhōngdiǎn ① 종점 ② 결승점[≒ 尽头 jìntóu ↔ 起点 qǐdiǎn] **5급**

终身 zhōngshēn 일생, 평생[≒ 毕生 bìshēng, 终生 zhōngshēng] **5급**

终止 zhōngzhǐ 마치다, 정지하다, 끝내다 **5급**

✚ 始 shǐ(처음 시), 点 diǎn(點: 점 점, 점검할 점, 불 켤 점), 身 shēn(몸 신), 止 zhǐ(그칠 지)

2급

téng

병들어(疒) 겨울(冬)처럼 떨리고 아프니 **아플 동**
또 아프면 보호하고 아끼니 **아낄 동**

✚ 疒 nè(병들 녁)

心疼 xīnténg ① 매우 아끼다, 귀여워하다 ② 아까워하다 **3급**

✚ 心 xīn(마음 심, 중심 심)

1급

tú

圖

종이(囗)에 **천천히(夂) 점들(丶)**을 찍으며 그림을 그리고 꾀하니
그림 도, 꾀할 도

번체 圖 – 종이(囗)에 말하듯(口) 머리(亠) 돌리며(回) 그림을 그리고 꾀하니 '그림 도, 꾀할 도'

✚ 꾀하다 – 어떤 일을 이루려고 뜻을 두거나 힘을 쓰다.

✚ 囗 wéi/guó('에운 담'이지만 여기서는 종이로 봄), 口 kǒu(입 구, 말할 구, 구 멍 구), 亠 tóu(머리 부분 두), 回 huí(돌 회, 돌아올 회, 횟수 회)

图书馆 túshūguǎn 도서관 **1급**

地图 dìtú 지도 **1급**

图片 túpiàn 사진·그림·탁본 등의 총칭 **2급**

图画 túhuà ① 그림, 도화 ② 한 토막, 한 장면 **3급**

图案 tú'àn 도안[미술 작품을 만들 때의 형상, 모양, 색채, 배치, 조명 따위에 관 하여 생각하고 연구하여 그것을 그림으로 설계하여 나타낸 것] **4급**

✚ 书 shū(書: 쓸 서, 글 서, 책 서), 馆 guǎn(館: 집 관, 객사 관), 地 dì(땅 지), 片 piàn(조각 편, 필름 편), 画 huà(畫: 그림 화, 그을 획), 案 àn(책상 안, 생 각 안, 계획 안)

참고자

卜
蔔

bǔ/bo

(옛날에 점치던) 갈라진 거북 등껍데기 모양을 본떠서 점 복(bǔ)
또 갈라진 무로도 보아 무 복(bo)

[번체] 蔔 – 풀(艹)잎이 땅을 싸(勹)듯 덮고 속을 채우며(畐) 자라는 무니 '무 복'
+ 옛날에는 거북 등껍데기를 불태워 갈라진 모양을 보고도 점을 쳤습니다.
+ 勹 bāo(쌀 포), 畐 fù/bì(찰 복) – 제목번호 214 참고

占卜 zhānbǔ 점치다 참고어

萝卜 luóbo 무 참고어

[꿀TIP] '萝卜'의 번체자는 '蘿蔔(나복)'입니다. 두 한자 모두 복잡하기 때문에 '蘿(무
나)'를 새로운 모양의 중국 한자(간체자)[萝 luó]로 만들었고, '蔔(무 복)'은 비슷
한 발음(bo)의 '卜 bǔ/bo'를 중국 한자(간체자)로 활용한 것이죠.

1급

外

wài

저녁(夕)에 점(卜)처럼 나가는 밖이니 **밖 외**

+ 夕 xī(저녁 석)

外语 wàiyǔ 외국어[= 外文 wàiwén, 外国语 wàiguóyǔ] 1급

外地 wàidì 외지, 타지, 타향 2급

以外 yǐwài 이외, 이상 2급

外交 wàijiāo ① 외교 ② 외부 교제[↔ 内政 nèizhèng] 3급

外面 wàimiàn ① 겉모양 ② 볼품 ③ 겉치레 ④ 세상 3급

意外 yìwài ① 의외의, 뜻밖의 ② 의외의 사고 3급

+ 语 yǔ(語: 말씀 어), 地 dì(땅 지), 以 yǐ(써 이), 交 jiāo(사귈 교, 오고 갈
교), 面 miàn(얼굴 면, 향할 면, 볼 면, 麵: 밀가루 면, 국수 면), 意 yì(뜻 의)

2급

处

處

chǔ/chù

천천히 걸으며(夂) 점(卜)치고 살면서 많은 일을 처리하니
살 처, 처리할 처(chǔ)
또 사는 곳이니 **곳 처**(chù)

[번체] 處 – 범(虍)처럼 천천히 걸으며(夂) 안석(几) 같이 편한 곳에 살면서 많은
일을 처리하니 '살 처, 곳 처, 처리할 처'
+ 虍 hū – 범의 머리를 본떠서 '범 호 엄'
+ 안석(背垫 diànbèi) – 벽에 세워 놓고 앉을 때 몸을 기대는 방석
+ 几 jǐ(안석 궤, 책상 궤, 거의 궤, 幾: 몇 기, 기미 기)

好处 hǎochu ① 이로운 점, 장점 ② 이익[↔ 坏处 huàichu, 害处 hàichu] 2급

处理 chǔlǐ ① 처리하다 ② 물건을 처분하다 ③ 처벌하다 3급

处于 chǔyú 어떤 지위나 상태에 처하다 4급

处罚 chǔfá (법에 의해) 처벌하다[= 惩办 chéngbàn, 惩罚 chéngfá, 处分 chǔfèn] 5급

处分 chǔfèn ① 처벌하다, 처분하다 ② 처벌, 처분 5급

处在 chǔzài ~에 처하다, ~한 상황에 놓이다[≒ 处于 chǔyú] 5급

相处 xiāngchǔ 함께 살다(지내다) 5급

+ 好 hǎo(좋을 호, 좋아할 호), 理 lǐ(이치 리, 다스릴 리), 于 yú(어조사 우),
罚 fá(罰: 벌 줄 벌), 在 zài(있을 재), 相 xiāng(서로 상, 모습 상)

3급

补

補

bǔ

옷(衤)에 난 구멍을 점(卜)치듯 찾아 기우고 보충하니
기울 보, 보충할 보

[번체] 補 – 옷(衤)에 난 큰(甫) 구멍을 기우고 보충하니 '기울 보, 보충할 보'
+ 甫 fǔ – 많이(十) 쓰이도록(用) 점(丶)까지 찍어가며 만들어 크고 넓으니
'클 보, 넓을 보'
+ 衤 yī(옷 의 변), 十 shí(열 십, 많을 십), 用 yòng(쓸 용), 丶 zhǔ(점 주, 불똥
주)

补充 bǔchōng ① 보충하다 ② 추가하다[↔ 缩减 suōjiǎn] 3급

补贴 bǔtiē ① 보조금, 수당 ② 보조하다, 보태 주다 5급

+ 充 chōng(가득 찰 충, 채울 충), 贴 tiē(貼: 붙일 첩, 약 첩 첩, 도와줄 첩)

5급

卧

臥

wò

자주 몸을 굽히는 **신하(臣)**처럼 **점(卜)**치듯 자리를 정하여 엎드리
거나 누우니 **엎드릴 와, 누울 와**

[번체] 臥 – 자주 몸을 굽히는 신하(臣)처럼 사람(人)이 엎드리거나 누우니
'엎드릴 와, 누울 와'

卧室 wòshì 침실[= 卧房 wòfáng] 5급

+ 室 shì(집 실, 방 실)

몸에 좋고 나쁨을 **점(卜)**치듯 가려 **저녁(夕)**마다 **또(又)** 먹는(食)
밥이니 먹을 찬, 밥 찬

+ 又 yòu(오른손 우, 또 우), 食 shí(밥 식, 먹을 식)

中餐 zhōngcān 중국 음식 `2급`

套餐 tàocān ① 세트 음식, 코스 요리 ② 세트 상품 `4급`

餐馆 cānguǎn 식당, 레스토랑[≒ 饭店 fàndiàn] `5급`

`꿀TIP` 食堂 shítáng은 학교나 회사에서의 구내 식당이고, 餐馆 cānguǎn은 시중에서
영업하는 식당이나 레스토랑 같은 곳입니다.

+ 套 tào(덮개 투, 세트 투), 馆 guǎn(館: 집 관, 객사 관)

cān

---

148 〉 **桌掉 早草** – 卜, 무로 된 한자
　　　　탁 도　조 초

점(卜)괘 같은 의제를 올려놓고 **말하는(曰)** 나무(木)로 만든 탁자니
탁자 탁

`번체` 卓 – 점(卜)치듯 미리 생각하여 일찍(早)부터 일하면 높고 뛰어나니
　　　 '높을 탁, 뛰어날 탁'
　　　 또 높게 만든 탁자니 '탁자 탁'

+ 현대 중국어에서 桌 zhuō는 '탁자 탁'으로 쓰고, 卓 zhuó는 '높을 탁, 뛰어날
탁'으로 씁니다.

+ 曰 yuē(가로 왈), 早 zǎo(일찍 조)

桌子 zhuōzi 책상, 테이블 `1급`

书桌 shūzhuō 책상 `5급`

+ 子 zǐ/zi(아들 자, 첫째 지지 자, 자네 자, 접미사 자), 书 shū(書: 쓸 서, 글
서, 책 서), 儿 ér(사람 인 발, 접미사 아, 兒: 아이 아)

zhuō (卓)

손(扌)으로 **탁자(卓)**를 흔들거나 떨어뜨리니
흔들 도, 떨어뜨릴 도
또 떨어뜨려 잃으니 잃을 도

+ 扌 shǒu(손 수 변)

掉头 diào//tóu ① 고개를 흔들다 ② 고개를 돌리다 ③ 방향을 바꾸다 `참고어`

去掉 qùdiào 없애버리다, 제거하다 `5급`

diào

早

zǎo

해(日)가 **지평선(一)** 위로 **떠오르는(丨)** 아침 일찍이니
아침 조, 일찍 조

+ 一 yī('한 일'이지만 여기서는 지평선으로 봄), 丨 gùn('뚫을 곤'이지만 여기서는 떠오르는 모양으로 봄)

早上 zǎoshang 아침[≒ 早晨 zǎochen ↔ 夜晚 yèwǎn, 晚上 wǎnshang] 1급

早晨 zǎochen (이른) 아침, 새벽, 오전 2급

早餐 zǎocān 아침 식사, 조반 2급

早期 zǎoqī 조기, 이른 시기, 초기[↔ 晚期 wǎnqī] 5급

+ 上 shang(위 상, 오를 상), 晨 chén(새벽 신), 餐 cān(먹을 찬, 밥 찬), 期 qī(기간 기, 기약할 기)

草

cǎo

풀(艹) 중 **이른(早)** 봄에 돋아나는 풀이니 풀 초

+ 艹 cǎo(艹: 초 두)

草地 cǎodì ① 잔디(밭) ② 초지 ③ 시골 2급

草原 cǎoyuán 초원, 풀밭 5급

+ 地 dì(땅 지), 原 yuán(언덕 원, 처음 원, 근원 원)

---

149 占站贴 战店点 – 占으로 된 한자
　　　　점 참 첩　전 점 점

占

zhān/zhàn

점(卜)쟁이에게 **말하며(口)** 점치니 점칠 점 (zhān)
또 **표지판(卜)**을 **땅(口)**에 세우고 점령하니 점령할 점 (zhàn)

+ 口 kǒu(입 구, 말할 구, 구멍 구), 두 번째 어원 풀이에서는 '卜'을 표지판으로 봄

占领 zhànlǐng 점령하다, 점유하다[≒ 占据 zhànjù] 5급

占有 zhànyǒu 점유하다, 점거하다 5급

+ 领 lǐng(領: 거느릴 령), 有 yǒu(가질 유, 있을 유)

站
zhàn

서서(立) 점령한(占) 듯 멈추니 멈출 참
또 차나 기차가 멈추는 정거장이나 역이니 정거장 참, 역 참

+ 立 lì(설 립)
车站 chēzhàn 정류장, 정거장, 터미널 1급
网站 wǎngzhàn (인터넷) 웹사이트 2급
站住 zhànzhù ① 멈추다 ② 안정되다 ③ 제대로 서다[= 站稳 zhànwěn] 2급
+ 车 chē(車: 수레 거, 차 차), 网 wǎng(그물 망, = 罒, 冈), 住 zhù(멈출 주, 살 주, 사는 곳 주)

贴
(貼)
tiē

조개(贝)처럼 불룩하게 점령한(占) 듯 약을 넣고 싸 붙인 약 첩이니
붙일 첩, 약 첩 첩
또 붙여서 도와주니 도와줄 첩

+ 贝 bèi(貝: 조개 패, 재물 패, 돈 패)
补贴 bǔtiē ① 보조금, 수당 ② 보조하다 5급
+ 补 bǔ(補: 기울 보, 보충할 보)

战
(戰)
zhàn

점령하려고(占) 창(戈)들고 싸우니 싸울 전
또 싸우면 무서워 떠니 무서워 떨 전

[번체] 戰 – 홀로(單) 창(戈) 들고 싸우니 '싸울 전'
　　　또 싸우면 무서워 떠니 '무서워 떨 전'
+ 戈 gē(창 과), 單(홑 단: 单 dān)
战士 zhànshì 병사, 전사, 투사 4급
挑战 tiǎozhàn ① 도전[↔ 应战 yìngzhàn] ② 싸움을 걸다 4급
+ 士 shì(선비 사, 군사 사, 칭호나 직업에 붙이는 말 사), 挑 tiāo(끌어낼 도, 고를 도)

店
diàn

집(广)에 점령하듯(占) 물건을 진열하여 파는 가게니 가게 점

+ 广 guǎng(집 엄, 廣: 넓을 광, 많을 광)
商店 shāngdiàn 상점, 판매점 1급
药店 yàodiàn ① 약방, 약국 ② 한약방[= 药铺 yàopù] 2급
[꿀TIP] 한국어의 '지점'에 해당하는 중국어는 支店 zhīdiàn 이외에도 分公司 fēngōngsī, 分店 féndiàn 등이 있고, 은행의 지점은 银行 yínháng의 行을 붙여서 分行 fēnháng이라 합니다.
+ 商 shāng(商: 장사할 상, 협의할 상), 药 yào(藥: 약 약), 支 zhī(받칠 지, 가를 지, 지출할지), 分 fēn/fèn(나눌 분, 단위 분, 단위 푼, 신분 분, 분별할 분, 분수 분, 점수 분, 성분 분), 公 gōng(공평할 공, 국가 공, 대중 공, 세계 공통 공, 존칭 공), 司 sī(맡을 사), 银 yín(銀: 은 은), 行 xíng/háng(다닐 행, 행할 행, 줄 항)

1급

점령하듯(占) 찍은 네 점(灬)이니 점 점
또 점을 찍으며 일일이 점검하니 점검할 점
또 점을 찍듯 불을 켜니 불 켤 점

[번체] 點 – 검게(黑) 점령하듯(占) 찍은 점이니 '점 점'
또 점을 찍으며 일일이 점검하니 '점검할 점'
또 점을 찍듯 불을 켜니 '불 켤 점'

＋ 灬 huǒ/biāo('불 화 발'이지만 여기서는 네 점으로 봄), 黑 hēi(검을 흑)

一点点 yìdiǎndiǎn 아주 조금, 아주 약간 [2급]

重点 zhòngdiǎn ① 중점 ② 중요한 ③ 중점적으로 [2급]

点燃 diǎnrán 불을 붙이다, 점화하다 [5급]

＋ 重 zhòng(무거울 중, 귀중할 중, 거듭 중), 燃 rán(불 탈 연)

diǎn
點

---

150 ▶ **勺的 约药** – 勺, 约으로 된 한자
작 적 약 약

참고자

싸듯(勺) 한 점(丶)의 물이나 뜰 수 있는 국자나 작은 그릇이니
국자 작, 작은 그릇 작

＋ 勹 bāo(쌀 포) 안에 '丶 zhǔ(점 주, 불똥 주)'를 찍기도 하고 '一 yī(한 일)'을 넣기도 합니다.
＋ 작(勺 sháo) – 작은 용량의 하나로, 한 홉의 10분의 1
＋ 홉 – 한 되의 10분의 1로, 약 180ml

sháo

的
dì/dí/de/dī

하얗게(白) 싼(勹) 판에 **점**(丶)을 찍어서 맞히는 과녁이니
과녁 **적**(dì)
또 과녁처럼 목표가 확실하니 확실할 **적**(dí)
또 '～의'라는 뜻의 어조사니 어조사 **적**(de)
또 과녁 같은 어떤 목표로 달리는 택시니 택시 **적**(dī)

+ 白 bái(흰 백, 밝을 백, 깨끗할 백, 아뢸 백)

别的 biéde 다른 것 1급
有的 yǒude 어떤 것, 어떤 사람 1급
目的 mùdì 목적[≒ 目标 mùbiāo] 2급
的话 dehuà ～하다면[가정을 나타내는 '要是 yàoshi' 등과 같은 접속사가 있으면 '的话'는 생략가능] 2급
有的是 yǒudeshì 얼마든지 있다, 많이 있다 3급
的确 díquè 확실히, 분명히, 정말 4급
打的 dǎ//dí 택시를 타다(잡다) 참고어

+ 别 bié(나눌 별, 다를 별), 有 yǒu(가질 유, 있을 유), 目 mù(눈 목, 볼 목, 항목 목), 话 huà(話: 말씀 화, 이야기 화), 是 shì(옳을 시, 이 시, ～이다 시), 确 què(確: 확실할 확, 굳을 확)

约
约
yuē

실(糹)로 **작은**(勹) 매듭처럼 묶고 약속하니 묶을 약, 약속할 약

+ 糹 sī[糸 mì/sī(실 사, 실 사 변의 간체자)]

大约 dàyuē ① 아마, 대개는 ② 대략, 대강[≒ 大致 dàzhì] 3급
节约 jiéyuē 절약하다, 아끼다 3급
约会 yuēhuì ① 만날 약속을 하다 ② 데이트 4급
约束 yuēshù 단속하다, 규제하다[≒ 束缚 shùfù] 5급
制约 zhìyuē 제약하다 5급

+ 节 jié(節: 마디 절, 절개 절, 계절 절, 명절 절), 会 huì(會: 모일 회), 束 shù(묶을 속), 制 zhì(제도 제, 억제할 제, 製: 지을 제)

药
藥
yào

약효 있는 **풀**(艹) 몇 종류를 묶어(约) 조제한 약이니 약 약

번체 藥 - 풀(艹) 중 환자가 좋아하는(樂) 약이니 '약 약'
+ 艹 cǎo(艹: 초 두), 樂(노래 악, 즐길 락, 좋아할 요: 乐 yuè/lè/yào)

药水 yàoshuǐ 물약 2급
药片 yàopiàn 알약 2급
药物 yàowù 약물, 약품 4급
中药 zhōngyào 한방약, 한약[= 国药 guóyào ↔ 西药 xīyào] 5급

+ 片 piàn (조각 편, 필름 편), 物 wù(물건 물)

참고자

yún

작은 그릇(勺)으로 하나(一)씩 나누어 고르니 고를 균

+ 勺 sháo(국자 작, 작은 그릇 작)

均勻 jūnyún 균등하다, 균일하다 참고어

4급

jūn

흙(土)을 고루(勻) 평평하게 고르니 평평할 균, 고를 균

平均 píngjūn ① 평균의, 균등한[≒ 均等 jūnděng] ② 평균하다 4급

+ 平 píng(平: 평평할 평, 평화 평)

2급

jù/gōu

몇 단어씩 싸서(勹) 입(口)으로 읽기 좋게 나눠 놓은 글귀니 글귀 구
또 구부리고(勹) 구멍(口)으로 들어가는 모양처럼 굽으니 굽을 구

+ 句가 지명·인명·국명 등에 쓰일 때에는 gōu라고 발음합니다.
  예 高句丽 Gāogōulí 고구려

句子 jùzi 문장 2급

一句话 yíjùhuà 한마디로 말하면 5급

꿀TIP 중국어에서 문장 끝의 마침표는 우리나라와 달리 가운데 공백이 있는 형태 '。'
를 사용합니다.

+ 子 zǐ/zi(아들 자, 첫째 지지 자, 자네 자, 접미사 자), 话 huà(話: 말씀 화,
  이야기 화)

2급

狗
gǒu

짐승(犭) 중 몸이 잘 **구부려지는(句)** 개니 개 **구**

+ 번체자에서는 개를 의미하는 한자로 '犬 quǎn(개 견)'을 사용하지만, 중국 한자(간체자)에서는 '犬' 보다 '狗'를 사용합니다.
+ 犭 quǎn(큰 개 견, 개 사슴 록 변)

2급

够
gòu

인용할 **글귀(句)**가 **많아(多)** 말하기나 글쓰기에 충분하니
충분할 **구**

+ 多 duō(많을 다)
不够 búgòu 부족하다, 불충분하다 **2급**
能够 nénggòu ① ~할 수 있다 ② ~해도 된다 ③ ~에 효과가 있다[≒ 可以 kěyǐ] **2급**
足够 zúgòu ① 족하다, 충분하다 ② 만족하다 **3급**
+ 能 néng(능할 능), 足 zú(발 족, 넉넉할 족)

참고자

旬
xún

날(日)을 열흘씩 묶어 **쌘(勹)** 단위인 열흘이니 열흘 **순**

+ 날을 열흘씩 묶어 셈함을 생각하고 만든 한자
上旬 shàngxún 상순[≒初旬 chūxún 초순(매월 1일에서 10일까지의 동안)] **참고어**
中旬 zhōngxún 중순 **참고어**
下旬 xiàxún 하순 **참고어**
+ 上 shàng(위 상, 오를 상), 中 zhōng(가운데 중, 맞힐 중), 下 xià(아래 하, 내릴 하)

5급

询
詢
xún

들었던 **말(讠)**은 **열흘(旬)** 정도 지나면 잊어서 다시 물으니 물을 **순**

+ 讠 yán[言(말씀 언 변)의 간체자]
询问 xúnwèn 물어보다, 의견을 구하다 **5급**
查询 cháxún ① 조회(하다), 문의(하다) ② 찾기, (자료) 검색 **5급**
+ 问 wèn(問: 물을 문), 查 chá(査: 조사할 사)

参考字

勾

gōu

무엇을 **싸듯(勹)** **사사로이(厶)** 선을 그어 지우거나 그리니

지울 구, 그릴 구

+ 厶 sī/mǒu(사사로울 사, 나 사)

勾画 gōuhuà 선으로 그리다, 묘사하다 参고어

+ 画 huà(畵: 그림 화, 그을 획)

4급

购

購

gòu

돈(贝)을 **지우듯(勾)** 지출하여 물건을 사니 살 **구**

번체 購 – 돈(貝)을 모아 쌓아서(冓) 물건을 사니 '살 구'

+ 买 mǎi(買: 살 매)와 비슷하고, 售shòu(팔 수), 销 xiāo(팔 소)와 반대되는 말입니다.

+ 冓 gòu – 우물틀(井)처럼 거듭(再) 쌓으며 짜니 '쌓을 구, 짤 구'

+ 贝 bèi(貝: 조개 패, 재물 패, 돈 패), 井(우물 정, 우물틀 정), 再 zài(다시 재, 두 번 재)

购物 gòuwù 물건을 사다 4급

采购 cǎigòu (주로 기관·기업 등에서) 수매하다, 구매하다 5급

收购 shōugòu 사들이다, 구입하다 5급

+ 物 wù(물건 물), 采 cǎi/cài(採: 캘 채, 수집할 채, 모양 채), 收 hōu(거둘 수)

5급

沟

溝

gōu

물(氵)이 구멍을 **메우며(勾)** 흐르는 도랑이니 도랑 **구**

번체 溝 – 물(氵)이 쌓인(冓) 듯 고여 넘쳐흐르는 도랑이니 '도랑 구'

+ 冓 gòu – 우물틀(井)처럼 거듭(再) 쌓으며 짜니 '쌓을 구, 짤 구'

+ 도랑 – 매우 좁고 작은 개울

+ 井 jīng(우물 정, 우물틀 정), 再 zài(다시 재, 두 번 재)

沟通 gōutōng 연결하다, 교류하다, 소통하다 5급

+ 通 tōng(통할 통, 수량사 통)

4급

构

gòu

나무(木) 중 **그리듯(勾)** 잘 구부러지는 닥나무니 닥나무 **구**
또 닥나무 껍질로 얽으니 얽을 **구**

+ 닥나무 껍질은 섬유질이 많아 종이를 만드는 재료나 끈으로 많이 사용했지요.
构成 gòuchéng ① 구성하다, 짜다 ② 구성, 형성 **4급**
构造 gòuzào ① 구조 ② (집 따위를) 짓다, (기계 따위를) 조립하다, (시 따위를)
짓다, (이론·체계를) 세우다 **4급**
机构 jīgòu 기구[기계의 내부 구조나 장치, 기관·단체 등의 업무 단위나 조직]
4급
结构 jiégòu ① 구조 ② (글·줄거리 등을) 배치하다 **4급**
+ 成 chéng(이룰 성), 造 zào(지을 조), 机 jī(機: 기계 기, 비행기 기, 기능 기,
기회 기), 结 jié(結: 맺을 결)

---

154 〉 **苟 敬警** – 苟와 敬으로 된 한자
　　 구 경 경

참고자

苟

gǒu

풀(艹)처럼 **굽어(句)** 사는 모양이 구차하니 구차할 **구**
또 구차하지만 진실로 구하니 진실로 **구**

+ 艹 cǎo(艹: 초 두), 句 gōu(글귀 구, 굽을 구)

5급

敬

jìng

진실한(苟) 마음이면 **채찍질(攵)**해도 공경하니 공경할 **경**

+ 공경(恭敬 gōngjìng) – 공손히 섬김, 삼가 예를 표시함
+ 攵 pō(칠 복, = 攴), 恭 gōng(공손할 공)
尊敬 zūnjìng ① 존경하다 ② 존경하는[≒ 尊重 zūnzhòng ↔ 轻视 qīngshì,
轻慢 qīngmàn] **5급**
+ 尊 zūn(尊: 높일 존, 존경할 존)

3급

진실한(苟) 마음으로 **채찍질**(攵)하며 **말**(言)로 경계하고 깨우치니

경계할 경, 깨우칠 경

+ 言 yán(말씀 언)

警察 jǐngchá 경찰 3급

警告 jǐnggào 경고(하다) 5급

报警 bàojǐng 경찰에 신고하다 5급

+ 察 chá(살필 찰), 告 gào(알릴 고, 설명할 고, 요구할 고), 报 bào(報: 알릴 보, 갚을 보, 신문 보)

jǐng

---

155 **包抱跑饱** – 包로 된 한자
포 포 포 포

1급

싸고(勹) 또 **뱀**(巳)처럼 긴 실로 묶어 싸니 **쌀 포**

+ 巳 sì(뱀 사, 여섯째 지지 사)

包子 bāozi (소가 든) 찐빵, 바오쯔 1급

面包 miànbāo ① 빵 ② 승합차, 미니버스 1급

书包 shūbāo 책가방 1급

皮包 píbāo 가죽 가방, 가방 3급

红包 hóngbāo ① 세뱃돈 ② 상여금 4급

打包 dǎbāo 포장하다 5급

+ 面 miàn(얼굴 면, 향할 면, 볼 면, 麵: 밀가루 면, 국수 면), 书 shū(書: 쓸 서, 글 서, 책 서), 皮 pí(가죽 피), 红 hóng(紅: 붉을 홍, 이윤 홍), 打 dǎ(칠 타, 공격할 타, 어조사 타, 다스 타)

bāo

4급

손(扌)으로 **싸**(包) 안으니 **안을 포**

抱怨 bàoyuàn (불만을 품고) 원망하다[≒ 埋怨 mányuàn ↔ 谅解 liàngjiě]
5급

拥抱 yōngbào 포옹하다, 껴안다 5급

+ 怨 yuàn(원망할 원), 拥 yōng(擁: 안을 옹, 둘러쌀 옹)

bào

1급

pǎo

발(⻊)이 흙먼지에 **싸일(包)** 정도로 달리니 달릴 포(pǎo)
또 달릴 때 디딘 발자국처럼 긁어 파니 긁어 팔 포(páo)

+ 중국 한자(간체자)에서는 走 zǒu(달릴 주)를 '걷다'라는 뜻으로 사용합니다.
+ ⻊[足 zú(발 족, 넉넉할 족)가 부수로 쓰일 때의 모양]

跑步 **pǎobù** 달리다, 구보하다 **3급**

逃跑 **táopǎo** 도망가다, 달아나다 **5급**

+ 步 bù(걸음 보), 逃 táo(달아날 도)

2급

饱

bǎo

밥(饣)으로 **싸인(包)** 듯 배부르니 배부를 포

+ 饣 shí[食(밥 식, 먹을 식 변)의 간체자]

---

156 〉〉 **曷喝渴歇** – 曷로 된 한자
갈 갈 갈 헐

참고자

hé

해(日)를 피해 **둘러싸인(勹)** 곳에 **사람(人)**이 **숨으면(ㄴ)** 더위가
어찌 그쳐 다하지 않겠는가에서 어찌 갈, 그칠 갈, 다할 갈

+ 勹 bāo(쌀 포), ㄴ[fāng(감출 혜, 덮을 혜, = 匸)]

1급

喝

hē/hè

입(口)을 다(曷) 벌리고 마시니 마실 갈(hē)
또 입(口)을 다(曷)하여 꾸짖거나 부르니 꾸짖을 갈, 부를 갈(hè)

물(氵)이 다(曷)하여 목마르니 목마를 **갈**
또 목마르도록 절실하니 절실할 **갈**

渴望 kěwàng 갈망하다, 간절히 바라다[≒ 盼望 pànwàng] 5급

+ 望 wàng(바랄 망, 보름 망)

kě

일을 다(曷)하고 **하품(欠)**하며 쉬니 쉴 **헐**

+ 欠 qiàn(하품 흠, 모자랄 흠) – 제목번호 161 참고

xié

---

157 >> **缶 萄摇** – 缶로 된 한자
부(관) 도 요

참고자

물 같은 액체를 담던 장군이나 두레박이니 장군 **부**, 두레박 **관**

+ 장군(缶 fǒu) – 물이나 술, 오줌 같은 액체를 담아서 옮길 때에 쓰는 그릇으로, 달걀을 눕혀 놓은 모양임

fǒu

풀(艹) 덩굴에 **싸여(勹) 장군(缶)** 모양으로 열리는 포도니 포도 **도**

+ 포도는 위로 줄기와 잎이 자라고 그 아래에 열매가 자람을 생각하고 만든 한자
葡萄 pútáo ① 포도 ② 포도나무 5급
葡萄酒 pútáojiǔ 포도주 5급

+ 葡 pú(포도 포), 酒 jiǔ(술 주)

táo

摇

⑯

yáo

손(扌)이나 손톱(爫)으로 장군(缶)을 흔드니 흔들 요

[번체] 搖 – 손(扌)으로 고기(夕)를 장군(缶) 같은 불판에 구우며 기름이 빠지도록
흔드니 '흔들 요'
+ 夕[月 yuè(달 월, 육 달 월)의 변형]

动摇 dòngyáo ① 동요하다, 흔들리다 ② 흔들다 ③ 동요 4급

摇头 yáotóu 고개를 젓다[부정·거부의 뜻을 나타냄 = 摇首 yáoshǒu] 5급

+ 动 dòng(動: 움직일 동), 头 tóu/tou(頭: 머리 두, 우두머리 두, 접미사 두)

---

158 ▶ **与写** – 与로 된 한자
　　여 사

与

⑨

yǔ/yù

하나(一)씩 작은 그릇(𠃌)에 나누어 주며 더불으니
줄 여, 더불 여(yǔ)

또 더불어 참여하니 참여할 여(yù)

[번체] 與 – 마주 들어(𦥑) 주며(牙) 더불어 참여하니 '줄 여, 더불 여, 참여할 여'
+ 与[勺 sháo(국자 작, 작은 그릇 작)의 변형], 𦥑[舁 yú(마주 들 여)의 변형],
牙[与 yǔ/yù(줄 여, 더불 여, 참여할 여)의 변형]
+ 더불다 – ① 둘 이상의 사람이 함께하다 ② 무엇과 같이하다

参与 cānyù 참여하다[≒ 参加 cānjiā] 4급

+ 参 cān(參: 참여할 참, 가지런할 참)

写

⑨

xiě

덮어(冖) 놓고 주어진(与) 대로만 그리고 베끼니 그릴 사, 베낄 사

[번체] 寫 – 집(宀)의 절구(臼)와 아궁이에 싸여(勹) 있는 불(灬)을 소재로 그리
니 '그릴 사'
또 그리듯이 베끼니 '베낄 사'

+ 冖 mì(덮을 멱), 臼 jiù(절구 구), 勹 bāo(쌀 포), 灬 huǒ(불 화 발)

听写 tīngxiě 받아쓰기(를 하다) 1급

写作 xiězuò 글을 짓다 3급

抄写 chāoxiě 베껴 쓰다, 베끼다 4급

描写 miáoxiě 묘사하다 4급

+ '글을 쓰다'란 의미인 写字 xiězì는 사무·업무·회사와 관련된 어휘에 쓰이
는데, 대표적인 예가 바로 写字台 xiězìtái(사무를 보는 책상), 写字楼
xiězìlóu(사무를 보는 건물, 즉 오피스텔)지요.

+ 听 tīng(聽: 들을 청), 作 zuò(지을 작), 抄 chāo(뽑을 초, 베낄 초, 표절할
초), 描 miáo(그릴 묘)

참고자

勿

wù

싸(勹) 놓은 것을 털어 버려(ノノ) 없으니 없을 물
또 이처럼 털어 버리지 말라는 데서 말 물

+ 勹 bāo(쌀 포), ノ piě('삐침 별'이지만 여기서는 털어버리는 모양으로 봄)

勿 wù ~해서는 안 된다, ~ 하지 마라 참고어

꿀TIP 勿는 일반적인 부정을 나타내는 '不要 bùyào'와 '别 bié' 보다 더 강력한 금지의 의미이며, 공식적인 글이나 문서에서 주로 쓰입니다.

2급

物

wù

소(牛) 같은 재산을 팔아 없앤(勿) 돈으로 사는 물건이니 물건 물

+ 牛 niú(소 우 변)

礼物 lǐwù 선물, 예물 2급
植物 zhíwù 식물 4급
人物 rénwù 인물 5급
物价 wùjià 물가 5급

+ 礼 lǐ(禮: 예도 례), 植 zhí(植: 심을 식), 价 jià(價: 값 가, 가치 가)

3급

易

yì

해(日)가 없어졌다(勿) 나타났다 하듯 쉽게 바뀌니
쉬울 이, 바꿀 역

+ 易에는 두 종류의 한자음이 있지만 중국어에서는 한 종류의 발음(yì)만 익히면 됩니다. 한국 한자(번체자) 음의 종류만큼 중국 한자(간체자)의 발음이 존재하는 것이 일반적이지만, 한국 한자(번체자)에 존재하는 한자음이 중국 한자(간체자)보다 더 많은 경우도 있지요.

容易 róngyì ① 용이하다 ② ~하기 쉽다[↔ 困难 kùnnan] 3급
交易 jiāoyì 교역(하다), 거래(하다) 3급
不易 búyì ① 쉽지 않다, 어렵다 ② 변하지 않다 5급

+ 容 róng(얼굴 용, 받아들일 용, 용서할 용), 交 jiāo(사귈 교, 오고 갈 교)

2급

忽

hū

없었던(勿) 마음(心)이 문득 떠오르니 문득 홀
또 준비 없이(勿) 대하는 마음(心)처럼 소홀하니 소홀할 홀

忽然 hūrán 홀연, 갑자기, 별안간 2급
忽视 hūshì 소홀히 하다, 경시하다[≒ 无视 wúshì] 4급

+ 然 rán(그러할 연), 视 shì(視: 볼 시, 살필 시)

1급

场
場
cháng/chǎng

흙(土)이 **햇살**(𩙥)처럼 넓게 펴진 마당이니 마당 **장**(cháng)
또 마당처럼 넓은 장소나 무대니 **장소 장, 무대 장**(chǎng)

+ 𩙥 - 하늘(一)에 없던(勿) 해가 떠서 비치는 햇살이니 '햇살 양'
번체 昜 - 아침(旦)마다 없던(勿) 해가 떠서 비치는 햇살이니 '햇살 양'
+ 一('한 일'이지만 여기서는 하늘로 봄), 勿 wù(없을 물, 말 물), 旦 dàn(아침
단)

机场 jīchǎng 공항 1급
商场 shāngchǎng ① (건물 안에 설치된) 상가 ② 백화점[= 百货商场
bǎihuòshāngchǎng] ③ 장사 형편[= 商情 shāngqíng] 1급
场所 chǎngsuǒ 장소[≒ 场地 chǎngdì] 3급
场合 chǎnghé 특정한 시간(장소) 3급
市场 shìchǎng ① 시장 ② 상품의 판로 3급
场面 chǎngmiàn ① (영화, 연극, 소설 따위의) 씬, 장면 ② 현장 ③ 체면 5급

+ 机 jī(機: 기계 기, 비행기 기, 기능 기, 기회 기), 商 shāng(商: 장사할 상,
협의할 상), 所 suǒ(장소 소, 바 소), 合 hé(합할 합, 맞을 합), 市 shì(시장
시, 시내 시), 面 miàn(얼굴 면, 향할 면, 볼 면, 麵: 밀가루 면, 국수 면)

5급

肠
腸
cháng

몸(月)속에 **햇살**(𩙥)처럼 넓게 펴져 있는 창자니 **창자 장**

香肠 xiāngcháng 소시지 5급
+ 香 xiāng(향기 향)

4급

扬
揚
yáng

손(扌)으로 **햇살**(𩙥)처럼 빛나게 날리고 높이니 **날릴 양, 높일 양**

表扬 biǎoyáng 칭찬하다, 표창하다[↔ 斥责 chìzé] 4급
+ 表 biǎo(겉 표, 錶: 시계 표)

208

3급

汤 (湯)
tāng/shāng

물(氵)을 햇살(昜) 같은 불로 끓인 국이니 끓일 **탕**, 국 **탕**(tāng)
또 끓어오르듯 물결이 세차니 물 세찰 **상**(shāng)

번체 湯 - 물(氵)을 햇살(昜) 같은 불로 끓인 국이니 '끓일 탕, 국 탕'
또 끓어오르듯 물결이 세차니 '물 세찰 상'

---

161 ⟩⟩ **欠 饮款 吹软欣** - 欠으로 된 한자
흠(결) 음 관 취 연 흔

5급

欠
qiàn

기지개 켜며(𠂉) 사람(人)이 하품하는 모양에서 하품 **흠**
또 하품하며 나태하면 능력이 모자라니 모자랄 **결**

5급

饮 (飲)
yǐn

먹을(饣) 때 하품(欠)하듯 입 벌리고 마시니 마실 **음**

➕ 饣 shí[食(밥 식, 먹을 식 변)의 간체자]
饮料 yǐnliào 음료 **5급**
饮食 yǐnshí ① 음식을 먹고 마시다 ② 음식 **5급**
餐饮 cānyǐn 음식. 식사와 음료 **5급**
➕ 料 liào(헤아릴 료, 재료 료, 값 료), 食 shí(밥 식, 먹을 식), 餐 cān(먹을 찬, 밥 찬)

5급

款
kuǎn

선비(士)는 보는(示) 족족 흠(欠)을 고치려고 정성을 다하여 조목마다 기록하니 정성 **관**, 조목 **관**, 기록 **관**

➕ 士 shì(선비 사, 군사 사, 칭호나 직업에 붙이는 말 사), 示 shì(보일 시, 신 시)
存款 cúnkuǎn ① 저금, 예금 ② 저금[예금]하다 **5급**
贷款 dàikuǎn ① 대부하다, 대출하다 ② 대부금, 대여금 **5급**
➕ 存 cún(있을 존), 贷 dài(貸: 빌릴 대)

[2급]

吹
chuī

입(口)으로 **하품(欠)**하듯 숨을 크게 내쉬며 부니 **불 취**

风吹雨打 fēngchuīyǔdǎ 비바람을 맞다 **[참고어]**

+ 风 fēng(風: 바람 풍, 풍속·경치·모습·기질·병 이름 풍), 雨 yǔ(비 우),
打 dǎ(칠 타, 공격할 타, 어조사 타, 다스 타)

[5급]

软
ruǎn

차(车)가 흠(欠)이 잘 날 정도로 부드럽고 연하니
부드러울 연, 연할 연

+ 车 chē(車: 수레 거, 차 차)

软件 ruǎnjiàn ① 소프트웨어[↔ 硬件 yìngjiàn] ② 구성원의 자질·관리 수준·서비스의 질 등 **[5급]**

+ 件 jiàn(단위 건, 문서 건)

[5급]

欣
xīn

도끼(斤)로 흠(欠)을 끊은 것처럼 즐겁고 기쁘니
즐거울 흔, 기쁠 흔

+ 斤 jīn(도끼 근, 저울 근)

欣赏 xīnshǎng ① 감상하다 ② 좋아하다, 마음에 들다 **[5급]**

+ 赏 shǎng(賞: 상 줄 상, 구경할 상)

---

162 》 次资 – 次로 된 한자
차 자

[1급]

次
cì

얼음(冫)처럼 차갑게 대하고 **하품(欠)**하며 미루는 다음이니
다음 차

또 다음으로 이어지는 차례나 번이니 **차례 차, 번 차**

+ 冫 bīng['冰 bīng(얼음 빙)'이 부수로 쓰일 때의 모양으로 점이 둘이니 '이 수 변'이라 부름]

上次 shàngcì 먼젓번, 지난번[= 上回 shànghuí, 前次 qiáncì] **[1급]**

下次 xiàcì 다음번, 차회[= 下回 xiàhuí] **[1급]**

多次 duōcì 여러 번, 자주[= 多回 duōhuí, 屡次 lǚcì] **[4급]**

+ 上 shàng(위 상, 오를 상), 下 xià(아래 하, 내릴 하), 多 duō(많을 다)

사업에서 사람 **다음(次)**으로 중요한 것은 **재물(贝)**이니 재물 자
또 재물의 정도로 따지는 신분이니 신분 자

+ 贝 bèi(貝: 조개 패, 재물 패, 돈 패)

资金 zījīn 자금, 기금 3급

资格 zīgé ① 자격 ② 관록 3급

资料 zīliào ① 자료 ② 생활필수품 4급

投资 tóuzī ① 투자하다 ② 투자(금) 4급

资本 zīběn 자본, 자금 5급

+ 金 jīn(쇠 금, 금 금, 돈 금), 格 gé(격식 격, 의성어 격), 料 liào(헤아릴 료,
　재료 료, 값 료), 投 tóu(던질 투), 本 běn(뿌리 본, 근본 본, 책 본, 판 본)

zī

---

163 刀初忍 切彻 那哪 – 刀, 切, 那로 된 한자
　　　 도 초 인 절(체) 철　나 나

칼 모양을 본떠서 칼 도

剪刀 jiǎndāo 가위 5급

+ 剪 jiǎn(자를 전, 가위 전)

dāo

옷(衤)을 만드는 데는 옷감을 **칼(刀)**로 자르는 일이 처음이니
처음 초

+ 衤 yī – 衣 yī(옷 의)가 글자의 왼쪽에 붙는 부수인 변으로 쓰일 때의 모양으
　로 '옷 의 변'

初步 chūbù 시작 단계의, 초보적인 3급

初一 chūyī 월(月)의 제1일(음력), 초하루 3급

初中 chūzhōng 중학교 3급

当初 dāngchū ① 당초, 애초 ② 당시[↔ 现在 xiànzài] 3급

年初 niánchū 연초 3급

最初 zuìchū 최초, 처음[↔ 最终 zuìzhōng, 最后 zuìhòu] 4급

初期 chūqī 첫 시기, 초기 5급

+ 步 bù(걸음 보), 中 zhōng(가운데 중, 맞힐 중), 当 dāng(當: 마땅할 당, 당할
　당), 年 nián(해 년, 나이 년), 最 zuì(가장 최), 期 qī(기간 기, 기약할 기)

chū

忍

rěn

칼날(刃)로 **심장(心)**을 위협하는 것 같은 상황도 참으니 **참을 인**
또 **칼날(刃)**로 **심장(心)**을 위협하듯이 잔인하니 **잔인할 인**

+ 잔인(残忍 cánrěn) – 인정이 없고 모짐
+ 刃 rèn(칼날 인), 心 xīn(마음 심, 중심 심), 残 cán(殘: 잔인할 잔, 해칠 찬, 나머지 잔)
  忍不住 rěnbúzhù 참을 수 없다 [5급]
  忍受 rěnshòu 이겨 내다, 참다 [5급]
+ 住 zhù(멈출 주, 살 주, 사는 곳 주), 受 shòu(받을 수)

切

qiē/qiè

일곱(七) 번이나 **칼(刀)**질하여 끊으니 **끊을 절**(qiē)
또 끊어질 듯 모두 간절하니 **모두 체, 간절할 절**(qiè)

+ 七 qī(일곱 칠)
  亲切 qīnqiè ① 친절하다 ② 친밀하다[≒ 亲近 qīnjìn ↔ 冷漠 lěngmò] [3급]
  一切 yíqiè 일체, 전부, 모든 [3급]
+ 亲 qīn(親: 어버이 친, 친할 친)

徹

徹

chè

행동(彳)이 **간절하면(切)** 누구에게나 통하고 난관도 뚫으니
통할 철, 뚫을 철

[번체] 徹 – 걸을(彳) 때부터 기르기(育)를 치며(攵) 엄하게 하면 사리에 잘 통하고 뚫으니 '통할 철, 뚫을 철'
+ 彳 chì(조금 걸을 척), 育 yù(기를 육), 攵 pō(칠 복, = 攴)
  彻底 chèdǐ 철저하다, 철저히 하다 [4급]
+ 底 dǐ(底: 밑 저)

那

nà

칼(刀) 두(二) 자루로 **고을(阝)**을 어찌 지킬 것인가에서 **어찌 나**
또 (내 힘으로) 어찌할 수 없는 그곳이나 저것이니 그곳 **나**, 저것 **나**

✦ 비교적 멀리 떨어진 사람이나 사물을 가리킵니다.

✦ 阝 yì(고을 읍 방)

那边 nàbiān 그쪽, 저쪽[↔ **这边 zhèbiān**] 1급

那里 nàli 그곳, 저곳, 거기, 저기[비교적 먼 곳을 나타냄] 1급

那儿 nàr ① 그곳, 저곳, 거기, 저기 ② 그때 1급

那些 nàxiē 그것들[사람이나 사물이 둘 이상임을 지칭함] 1급

那会儿 nàhuìr (과거나 미래 시점의) 그때 2급

那么 nàme ① 그렇게, 저렇게, 그런, 저런 ② 수량사 앞에 쓰여 가량·정도의 뜻
을 나타냄 ③ 그렇다면[앞 문장은 상대방의 말이거나 자신이 제출한 문제나 가설
임] 2급

✦ 那里와 那儿은 문법적으로 거의 같기 때문에 서로 바꾸어 써도 됩니다.

✦ 边 biān(邊: 가 변), 里 li(마을 리, 거리 리, 裏: 속 리), 儿 ér(사람 인 발,
접미사 아, 兒: 아이 아), 些 xiē(약간 사, 적을 사), 会 huì(會: 모일 회), 么
me(麽: 작을 마, 어조사 마)

哪

nǎ

입(口)으로만 **어찌(那)** 어느 무엇을 하겠는가에서
어느 **나**, 무엇 **나**

哪里 nǎli 어디, 어느 곳 1급

哪儿 nǎr 어디, 어느 곳 1급

哪些 nǎxiē 어느, 어떤[= **哪些个 nǎxiēge**] 1급

✦ 些 xiē(약간 사, 적을 사)

1급

fēn/fèn

여덟(八) 번이나 칼(刀)로 나누니 나눌 분
또 나누어 놓은 단위나 신분이니 **단위 분, 단위 푼, 신분 분**
또 나누어 분별하는 분수나 점수니
분별할 분, 분수 분, 점수 분(fēn)
또 나누어 들어 있는 성분이니 **성분 분**(fèn)

+ 八 bā(여덟 팔, 나눌 팔)

分开 fēnkāi ① 갈라지다 ② 나누다, 구별하다 ③ 헤치다 2급
分组 fēnzǔ ① 조를 나누다 ② 분조 3급
分别 fēnbié ① 헤어지다[= 离别 líbié] ② 구별(하다) 3급
~分之~ fēnzhī~ ~분의~ 4급
充分 chōngfèn 충분하다 4급
过分 guòfèn 지나치다 4급
学分 xuéfēn 학점 4급

> **꿀TIP** 学分 xuéfēn의 分 fēn은 점수라는 뜻으로, 시험에서 한 문제도 틀리지 않는 것을 만점(满点 mǎndiǎn)이라고 하지 않고 满分 mǎnfēn이라고 하지요.

+ 开 kāi(開: 열 개, 시작할 개, 끓을 개), 组 zǔ(組: 짤 조), 别 bié(나눌 별, 다를 별), 之 zhī(갈 지, ~의 지, 이 지), 充 chōng(가득 찰 충, 채울 충), 过 guò(過: 지날 과, 지나칠 과, 허물 과), 学 xué(學: 배울 학)

5급

扮

bàn

손(扌)으로 나누어(分) 꾸미니 꾸밀 분

扮演 bànyǎn ~역을 맡아 하다, 출연하다 5급
打扮 dǎban ① 화장하다, 꾸미다 ② 치장, 분장 5급

+ 演 yǎn(펼 연, 행할 연), 打 dǎ(칠 타, 공격할 타, 어조사 타, 다스 타)

2급

fèn

사람(亻)이 무엇을 나눈(分) 부분이니 부분 분
또 부분을 모아 한 벌씩 세는 세트니 **벌 분, 세트 분**

身份证 shēnfènzhèng 신분증 3급
身份 shēnfen ① 신분 ② 품위, 체면 ③ (~儿) (물건의) 품질 4급

+ 身 shēn(몸 신), 证 zhèng(證: 증명할 증)

紛
紛
fēn

실(纟)을 **나누어(分)** 놓은 듯 헝클어져 어지러우니 어지러울 분
또 어지러울 정도로 많고 왕성하니 많을 분, 왕성할 분

+ 纟 sī[糸 mì/sī(실 사, 실 사 변의 간체자)]

紛紛 fēnfēn ① 어지럽게 날리다 ② 잇달아, 연달아 4급

---

165 **召绍招超照** – 김로 된 한자
소 소 초 초 조

召
zhào

칼(刀)처럼 날카롭게 **입(口)**으로 부르니 부를 소

+ 상관의 명령은 칼처럼 날카롭고 위엄 있게 들림을 생각하고 만든 한자

召开 zhàokāi (회의를) 열다, 개최하다 4급

号召 hàozhào ① 호소하다 ② 호소[≒ 宣传 xuānchuán] 5급

+ 开 kāi(開: 열 개, 시작할 개, 끓을 개), 号 háo(號: 부를 호, 이름 호, 부호 호)

绍
紹
shào

실(纟)을 잇듯 **불러(召)** 이어 주고 소개하니 이을 소, 소개할 소

+ 纟 sī[糸 mì/sī(실 사, 실 사 변의 간체자)]

介绍 jièshào ① 소개하다 ② 안내하다 ③ 추천하다 1급

+ 介绍의 경우 '绍介 shàojiè 소개하다'라는 한국 한자(번체자)와 순서가 바뀐
경우로, 중국어에서는 대부분 介绍로 사용합니다.

+ 介 jiè(끼일 개, 소개할 개, 중개할 개)

招
zhāo

손(扌)짓하여 **부르니(召)** 부를 초

招手 zhāoshǒu 손짓하다, 손짓하여 부르다[= 点手 diǎnshǒu] 5급

+ 手 shǒu(손 수, 재주 수, 재주 있는 사람 수)

超

chāo

뛰어가며(走) 급히 **부르면**(召) 빨리 오려고 이것저것을 뛰어넘으니 뛰어넘을 초

+ 过 guò가 접두사 '지나치다'의 뜻으로 쓰일 때는 영어의 over와 같고, 超 chāo가 접두사 '뛰어나다'의 뜻으로 쓰일 때는 영어의 super와 같습니다.
+ 走 zǒu(걸을 주, 뛸 주), 过 guò(過: 지날 과, 지나칠 과, 허물 과) – 제목번호 307 참고

超过 **chāoguò** ① 초과하다 ② 추월하다, 앞지르다 `2급`
超级 **chāojí** 최상급의, 슈퍼(super) `3급`
超越 **chāoyuè** 초월하다, 뛰어넘다 `5급`

+ 级 jí(級: 등급 급), 越 yuè(넘을 월, 월나라 월)

照

zhào

밝게(昭) **불**(灬)로 비추니 비출 조

+ 昭 zhāo – 해(日)를 불러(召)온 듯 밝으니 '밝을 소'
+ 灬 huǒ(불 화 발)

照顾 **zhàogù** ① 보살피다, 돌보다 ② 고려하다 ③ 우대하다 `2급`

+ 顾 gù(顧: 돌아볼 고)

---

166 〉 **万 厉 励** – 万과 厉로 된 한자
　　　　만　려　려

万

萬

wàn

하늘(一) 아래 **싸여**(勹) 있는 물건들도 많으니 **많을 만**
또 많은 숫자인 일만이니 **일만 만**

[번체] 萬 – 풀(艹)밭에는 원숭이(禺)도 많으니 '많을 만'
　　　또 많은 숫자인 일만이니 '일만 만'

+ 一 yī('한 일'이지만 여기서는 하늘로 봄), 勹[勹 bāo(쌀 포)의 변형], 禺 yú(원숭이 우)

万一 **wànyī** 만일에, 만약에, 혹시 `4급`

216

5급

厉
厲

lì

공장(厂)에서 일할 때처럼 **많이(万)** 엄하니 **엄할 려**

[번체] 厲 – 굴 바위(厂) 밑 같은 환경에서도 실력을 많이(萬) 갈고 연마하며 엄
하니 '갈 려, 엄할 려'

+ 厂 chǎng(굴 바위 엄, 언덕 엄, 廠: 헛간 창, 공장 창)

严厉 yánlì 매섭다, 단호하다, 준엄하다 **5급**

+ 严 yán(嚴: 엄할 엄)

5급

励
勵

lì

더욱 **엄하게(厉)** 힘(力)씀을 격려하니 **격려할 려**

[번체] 勵 – 굴 바위(厂) 아래서도 많이(萬) 힘(力)씀을 격려하니 '격려할 려'

+ 力 lì(힘 력)

鼓励 gǔlì 격려하다, (용기를) 북돋우다[↔ 打击 dǎjī] **5급**

奖励 jiǎnglì ① 장려하다, 표창하다 ② 상, 상품 **5급**

+ 鼓 gǔ(북 고, 두드릴 고), 奖 jiǎng(獎: 장려할 장)

---

167 ▶ **力幼厉 男穷劳边** – 力으로 된 한자
　　　　력유력 　남궁로변

2급

力

lì

팔에 힘줄이 드러난 모양에서 **힘 력**

努力 nǔlì 노력하다, 힘쓰다[≒ 勤奋 qínfèn, 尽力 jìnlì] **2급**

动力 dònglì ① 동력 ② (일·사업 등을 추진시키는) 동력 **3급**

能力 nénglì (일을 할 수 있는) 능력, 역량 **3급**

力气 lìqi 힘, 역량[≒ 力量 lìliang] **4급**

活力 huólì 활력, 생기, 살아 움직이는 힘 **5급**

+ 努 nǔ(힘쓸 노), 动 dòng(動: 움직일 동), 能 néng(능할 능), 气 qì(氣: 기운
기, 공기 기, 날씨 기), 活 huó(살 활)

4급

幼

yòu

아직은 **작은(幺)** 힘(力)이고 어리니 **어릴 유**

+ 幺 yāo(작을 요, 어릴 요)

幼儿园 yòu'éryuán 유치원, 유아원 **4급**

+ 儿 ér(사람 인 발, 접미사 아, 兒: 아이 아), 园 yuán(園: 동산 원, 밭 원)

---

lì

헛간(厂)에서 힘(力)들게 지내며 겪으니 지낼 력, 겪을 력
또 지내면서 보는 달력이니 달력 력

[번체] 歷 – 굴 바위(厂) 밑에 벼들(禾禾)을 쌓아놓고 멈춰서(止) 겨울을 지내니
'지낼 력'
또 지내면서 겪으니 '겪을 력'
曆 – 굴 바위(厂) 밑에 벼들(禾禾)을 쌓아놓고 살면서 날짜(日)를 보는 달
력이니 '달력 력'

+ 厂 chǎng(굴 바위 엄, 언덕 엄, 廠: 헛간 창, 공장 창), 禾 hé(벼 화), 止
zhǐ(멈출 지)

经历 jīnglì ① 몸소 겪다, 체험하다 ② 경험, 경력 3급

简历 jiǎnlì ① 이력서 ② 약력 4급

+ 经 jīng(經: 지날 경, 날실 경, 경험할 경, 경영할 경), 简 jiǎn(簡: 편지 간,
간단할 간)

---

nán

밭(田)에서 힘(力)써 일하는 사내니 사내 남

+ 田 tián(밭 전)

男孩儿 nánháir 남자아이 1급

男朋友 nánpéngyou (남자) 애인 1급

男人 nánrén 남자[↔ 女人 nǚrén] 1급

男生 nánshēng 남학생 1급

男子 nánzǐ ① 남자[= 男人 nánrén] ② 남편 3급

男女 nánnǚ ① 남녀 ② 아들딸 4급

男士 nánshì 성년 남자[해학적인 뜻이 있음] 4급

男性 nánxìng 남성, 남자 5급

+ 孩 hái(어린아이 해), 朋 péng(벗 붕, 무리 붕), 友 you(벗 우), 女 nǚ(여자
녀), 士 shì(선비 사, 군사 사, 칭호나 직업에 붙이는 말 사), 性 xìng(성품
성, 바탕 성)

---

qióng

굴(穴) 같은 환경에서 힘(力)써야 할 정도로 가난하니 가난할 궁
또 가난에서 벗어나려고 최선을 다하니 다할 궁

[번체] 窮 – 굴(穴) 같은 환경에서 몸(身)을 활(弓)처럼 웅크리고 살아야 할 정도
로 가난하니 '가난할 궁'
또 가난에서 벗어나려고 최선을 다하니 '다할 궁'

+ 穴 xué(구멍 혈, 굴 혈), 身 shēn(몸 신), 弓 gōng(활 궁)

穷人 qióngrén 가난한 사람 4급

5급

劳

勞

láo

1급

边

邊

biān/bian

풀(艹) 덮인(冖) 들판에서 힘(力)들게 수고하며 일하니

수고할 로, 일할 로

[번체] 勞 – 불(火)과 불(火)에 덮인(冖) 곳에서도 힘(力)써 수고하며 일하니 '수고할 로, 일할 로'

+ 火 huǒ(불 화), 冖 mì(덮을 멱)

劳动 láodòng ① 일, 노동 ② 노동하다 5급

+ 动 dòng(動: 움직일 동)

힘(力)들여 가야(辶) 하는 변두리인 가니 가 변

[번체] 邊 – (어려움에 봉착해도) 스스로(自) 구멍(穴) 뚫린 방향(方)을 찾아 가 면(辶) 이르는 변두리인 가니 '가 변'

+ 自 zì(자기 자, 스스로 자, 부터 자), 方 fāng(모 방, 방향 방, 방법 방)

东边 dōngbiān 동쪽, 동쪽 방향[= 东面 dōngmiàn] 1급

南边 nánbiān ① 남쪽 ② 남방[= 南方 nánfāng] 1급

一边 yìbiān 한쪽, 한 편, 한 면 1급

上边 shàngbian ① 위, 위쪽 ② 앞 ③ (물체의) 겉(면) 1급

前边 qiánbiān 앞[≒ 前方 qiánfāng, 前面 qiánmian ↔ 后边 hòubian] 1급

外边 wàibian ① 밖, 바깥(쪽)[= 外面 wàimiàn, 外头 wàitou, ↔ 里边 lǐbian]
② 외지, 타향 ③ 표면[= 表面 biǎomiàn] 1급

西边 xībian 서쪽, 서쪽 편 1급

下边 xiàbian ① 아래 ② 아래쪽 ③ 밑 1급

+ 东 dōng(東: 동쪽 동, 주인 동), 南 nán(남쪽 남), 前 qián(앞 전), 外 wài(밖 외), 西 xī(서쪽 서), 下 xià(아래 하, 내릴 하)

2급

加

jiā

힘껏(力) 입(口)으로라도 용기를 더하니 더할 가

+ 口 kǒu(입 구, 말할 구, 구멍 구)

参加 cānjiā ① 참가하다, 가입하다 ② (의견을) 제출하다[≒ 参与 cānyù ↔ 退出 tuìchū] **2급**

加工 jiāgōng 가공(하다) **3급**

加快 jiākuài ① 속도를 올리다 ② 완행[보통] 열차표를 급행 열차표로 바꾸다 **3급**

加强 jiāqiáng 강화하다, 보강하다 **3급**

加班 jiābān 시간 외 근무를 하다 **4급**

加入 jiārù ① 넣다 ② 가입하다, 참가하다 **4급**

加上 jiāshang ① 더하다, 첨가하다 ② 그 위에, 게다가 **5급**

加速 jiāsù 속도를 늘리다 **5급**

加以 jiāyǐ ① ~을 가하다 ② ~한데다가, 그 위에 **5급**

+ 参 cān(参: 참여할 참, 가지런할 참), 工 gōng(일꾼 공, 일할 공, 연장 공), 快 kuài(상쾌할 쾌, 빠를 쾌, 날카로울 쾌), 强 qiǎng(강할 강, 억지 강), 班 bān(나눌 반, 반 반, 근무할 반), 入 rù(들 입), 速 sù(빠를 속), 以 yǐ(써 이, 까닭 이)

3급

咖

kā/gā

입(口)에 더하여(加) 마시면 기쁨을 주는 커피니 커피 가(kā)
또 입(口)에 더하여(加) 먹는 카레니 카레 가(gā)

咖啡 kāfēi 커피 **3급**

咖啡馆 kāfēiguǎn 커피숍, 카페[= 咖啡屋 kāfēiwū] **참고어**

+ 啡 fēi(啡: 커피 비), 馆 guǎn(館: 집 관, 객사 관)

3급

架

jià

더하여(加) 나무(木)로 꾸민 시렁이니 시렁 가
또 더하여(加) 나무(木)로 치며 싸우니 싸울 가

+ 시렁(架 jià) - 물건을 얹어 놓기 위해 벽에 붙여 만든 선반

书架 shūjià 책장, 책꽂이 **3급**

打架 dǎjià 싸움하다 **5급**

+ 书 shū(書: 쓸 서, 글 서, 책 서), 打 dǎ(칠 타, 공격할 타, 어조사 타, 다스 타)

5급

驾
_駕
jià

더하여(加) 말(马)을 타듯 차를 운전하고 배와 비행기도 조종하니
탈 가, 운전할 가, 조종할 가

+ 马 mǎ(馬: 말 마)
驾驶 jiàshǐ 운전(조종·운항)하다 **5급**
驾照 jiàzhào 운전면허증[= 驾驶执照(jiàshǐzhízhào)] **5급**
+ 驶 shǐ(駛: 달릴 사, 운전할 사, 조정할 사), 照 zhào(비출 조)

5급

贺
_賀
hè

더하여(加) 재물(贝)을 주며 축하하니 **축하할 하**

+ 贝 bèi(貝: 조개 패, 재물 패, 돈 패)
贺卡 hèkǎ 축하 카드 **5급**
祝贺 zhùhè 축하하다 **5급**
+ 卡 kǎ(끼일 잡, 지킬 잡, 음역자 카), 祝 zhù(祝: 빌 축, 축하할 축), 恭 gōng(공손할 공)

---

169 **办协为 书** – 力으로 된 한자와 书
판 협 위 서

2급

办
_辦
bàn

힘(力)을 이쪽저쪽(ㆍㆍ)으로 쓰며 다스리니 **다스릴 판**

[번체] 辦 – 어려운 틈(辛 辛)에서도 힘(力)쓰며 다스리니 '다스릴 판'
+ 한국 한자(번체자)에서는 '辛 xīn(고생할 신, 매울 신, 여덟째 천간 신)' 둘을 어려운 틈으로 보았네요.
办公室 bàngōngshì 사무실, 오피스 **2급**
办理 bànlǐ 처리하다, 취급하다 **3급**
举办 jǔbàn 거행하다, 개최하다 **3급**
主办 zhǔbàn 주최하다 **5급**
+ 公 gōng(공평할 공, 국가 공, 대중 공, 세계 공통 공, 존칭 공), 室 shì(집 실, 방 실), 理 lǐ(이치 리, 다스릴 리), 举 jǔ(擧: 들 거, 행할 거, 일으킬 거, 추천할 거), 主 zhǔ(주인 주)

5급

많이(十) 다스리며(办) 도우니 도울 협

[번체] 協 – 많은(十) 힘을 합하여(劦) 도우니 '도울 협'
+ 劦 xié – 힘(力)을 셋이나 합하니 '힘 합할 협'
+ 十 shí(열 십, 많을 십)

协议 xiéyì ① 협의[≒ 协商 xiéshāng, 协定 xiédìng] ② 협의하다 **5급**
+ 议 yì(議: 의논할 의)

xié

2급

힘껏(力) 땀방울(丶) 흘리며 일을 하니 할 위(wéi)
또 일하여 가족과 나라를 위하니 위할 위(wèi)

[번체] 爲 – 손톱(爫) 하나(丿)로라도 허리 구부리며(彐) 불(灬)처럼 뜨겁게 일하고 위하니 '할 위, 위할 위'
+ 爫 zhǎo/zhuǎ[爪 zhǎo/zhuǎ(손톱 조, 발톱 조)가 부수로 쓰일 때의 모양], 丿 piě('삐침 별'이지만 여기서는 하나로 봄), 彐(구부리는 모양), 灬 huǒ(불 화 발)

因为 yīnwèi ① 왜냐하면['所以 suǒyǐ'와 호응하여 쓰임] ② ~때문에 **2급**
为了 wèile ~을(를) 하기 위하여 **3급**
变为 biànwéi ~으로 변하다 **3급**
分为 fēnwéi (~으로) 나누다[나누어지다] **4급**
作为 zuòwéi ① ~로 여기다 ② ~의 자격으로서 ③ 행위, 행동 **4급**
+ 因 yīn(말미암을 인, 의지할 인), 了 le/liǎo(마칠 료, 밝을 료, 어조사 료), 变 biàn(變: 변할 변), 作 zuò(지을 작)

wéi/wèi

1급

한 장 한 장씩 접어(ㄱ ㄱ) 매어(丨) 점(丶) 같은 글씨를 쓰니 쓸 서
또 써놓은 글이나 책이니 글 서, 책 서

[번체] 書 – 붓(聿)으로 말하듯(曰) 쓰니 '쓸 서'
또 써놓은 글이나 책이니 '글 서, 책 서'
+ ㄱ[종이를 한 장씩 접은 모양], 聿[聿 yù(붓 율)의 변형], 曰 yuē(가로 왈)

书店 shūdiàn 서점[= 书局 shūjú, 书铺 shūpù] **1급**
读书 dúshū ① 독서하다 ② 공부하다 **1급**
书架 shūjià 책장, 책꽂이 **3급**
书法 shūfǎ 서법, 서예 **5급**
+ 店 diàn(가게 점), 读 dú(讀: 읽을 독), 架 jià(시렁 가, 싸울 가), 法 fǎ(법 법)

shū

참고자

韋
wéi

하나(一) 하나(一) 힘(力)들여 부드럽게 만든 다룸가죽이니
다룸가죽 위
또 다룸가죽은 부드러워 잘 어긋나니 **어긋날 위**

[번체] 韋 – 위아래를 부드럽게 만든 다룸가죽이니 '다룸가죽 위'
또 다룸가죽은 부드러워 잘 어긋나니 '어긋날 위'
+ 刀[力 lì(힘 력)의 변형]
+ 다룸가죽 – 잘 매만져서 부드럽게 만든 가죽

3급

偉
wěi

보통 **사람**(亻)과 **어긋나게**(韦) 크고 훌륭하니 **클 위, 훌륭할 위**

伟大 **wěidà** 위대하다[↔ 渺小 miǎoxiǎo] **3급**
雄伟 **xióngwěi** 웅대하고 위세가 넘치다, 웅장하다 **5급**
+ 雄 xióng(수컷 웅, 클 웅)

5급

違
wéi

어긋나게(韦) **가며**(辶) 어기고 잘못하니 **어길 위, 잘못 위**

违法 **wéifǎ** 법을 어기다[↔ 守法 shǒufǎ, = 犯法 fànfǎ] **5급**
违反 **wéifǎn** 위반하다[≒ 违背 wéibèi ↔ 符合 fúhé, 按照 ànzhào, 遵守 zūnshǒu] **5급**
+ 法 fǎ(법 법), 反 fǎn(거꾸로 반)

3급

圍
wéi

가죽(韦)으로 **에워**(囗) 둘레를 둘러싸니 **둘레 위, 둘러쌀 위**

+ 囗 wéi/guó(에운 담)
范围 **fànwéi** ① 범위 ② 제한하다 **3급**
周围 **zhōuwéi** 주위, 주변 **3급**
包围 **bāowéi** ① 포위하다 ② 휩싸이다, 뒤덮이다 **5급**
+ 范(範: 법 범, 본보기 범), 周 zhōu(두루 주, 둘레 주, 週: 주일 주, 돌 주, 賙: 구제할 주), 包 bāo(쌀 포)

5급

鼠

shǔ

윗부분은 쥐의 이빨, 아랫부분은 배, 발톱, 꼬리의 모양을 본떠서

쥐 서

鼠标 shǔbiāo 마우스 5급

+ 标 biāo(標: 표 표, 표시할 표)

5급

插

chā

손(扌)으로 가래(臿)를 땅에 꽂듯이 꽂거나 끼우니

꽂을 삽, 끼울 삽

+ 臿 chā – 자루(千)를 절구(臼)처럼 꽂아 땅을 파는 가래니 '가래 삽'
+ 가래(铁锹 tiěqiāo) – 밭을 가는 농기구
+ 千 qiān('일천 천, 많을 천'이지만 여기서는 자루로 봄)

5급

勤

qín

진흙(堇)탕 같은 어려움 속에서도 힘써(力) 부지런히 하는 일이니

부지런할 근, 일 근

+ 堇 – (너무 끈끈하여) 스물(卄)한(一) 번이나 입(口)으로 하나(一) 같이 숨 헐떡이며 걸어야 할 진흙(土)이니 '진흙 근'
+ 卄 niàn(스물 입)은 아래를 막아 써도 같은 뜻이나 여기에서는 卄 niàn과 一 yī(한 일)로 나누어 풀었어요.

勤奋 qínfèn 부지런하다[≒ 勤勉 qínmiǎn ↔ 懒惰 lǎnduò] 5급

+ 奋 fèn(奮: 떨칠 분, 힘쓸 분)

3급

另
lìng

말하는(口) 능력(力)은 다 다르니 다를 령

+ 口 kǒu(입 구, 말할 구, 구멍 구), 力 lì(힘 력)

另外 lìngwài ① 다른(그 밖의·그 외의) 사람이나 사물 ② 그 밖에 ③ 이 밖에
3급

另一方面 lìngyìfāngmiàn 다른 한편으로는 **3급**

+ 外 wài(밖 외), 方 fāng(모 방, 방향 방, 방법 방), 面 miàn(얼굴 면, 향할 면, 볼 면, 麵: 밀가루 면, 국수 면)

3급

伤
伤
shāng

사람(亻)과 사람(ㅡ)에게 힘(力)을 가하여 상하니 상할 상

[번체] 傷 - 사람(亻)과 사람(ㅡ)은 햇살(昜)에 피부가 상하니 '상할 상'
+ ㅡ[人 rén(사람 인)의 변형], 昜 yáng(볕 양, 햇살 양) - 제목번호 012 '陽 yáng'의 주 참고

伤心 shāngxīn 마음 아파하다[≒ 伤神 shāngshén, 痛心 tòngxīn] **3급**

受伤 shòushāng 부상당하다[≒ 负伤 fùshāng] **3급**

伤害 shānghài (몸을) 상하게 하다[↔ 保护 bǎohù] **4급**

悲伤 bēishāng 몹시 슬퍼하다[= 伤心 shāngxīn, 悲痛 bēitòng, 悲哀 bēiāi]
5급

+ 心 xīn(마음 심, 중심 심), 受 shòu(받을 수), 害 hài(害: 해칠 해, 방해할 해), 悲 bēi(悲: 슬플 비)

1급

别
别
bié

입(口)으로 먹기 좋게 힘(力)껏 칼(刂)로 나누어 다르니
나눌 별, 다를 별

+ 刂 dāo(칼 도 방)

区别 qūbié ① 구별, 차이 ② 구분하다 **3급**

个别 gèbié 개개의, 개별적인 **4급**

+ 区 qū(區: 나눌 구, 구역 구), 个 gè(個: 낱 개)

2급

务
wù

뒤쳐지지(夂) 않도록 힘(力)을 다하여 일에 힘쓰니 일 무, 힘쓸 무

[번체] 務 - 창(矛)으로 적을 치듯이(攵) 힘(力)을 다하여 일에 힘쓰니
　　　　'일 무, 힘쓸 무'
+ 夂 zhǐ(천천히 걸을 쇠, 뒤져올 치), 矛 máo(창 모), 攵 pō(칠 복, = 攴)

服务员 fúwùyuán (서비스업의) 종업원, 웨이터, 승무원 **3급**

商务 shāngwù 상무[상업상의 용무(사무)] **4급**

+ 服务는 서비스라는 뜻으로, 호텔·회사 등의 안내 데스크를 '服务台 fúwùtái'라고 하지요.

+ 服 fú/fù(옷 복, 먹을 복, 복무할 복, 복종할 복, 첩 복), 员 yuán(員: 사람 원), 商 shāng(商: 장사할 상, 협의할 상)

1급

方 fāng

(쟁기로 갈아지는 흙이 모나고 일정한 방향으로 넘어가니)

쟁기로 밭가는 모양을 본떠서 모 **방**, 방향 **방**

또 쟁기질은 밭을 가는 중요한 방법이니 방법 **방**

方面 fāngmiàn 방면, 분야 **2급**

方便 fāngbiàn ① 편리하다 ② 편의, 방법 **2급**

方便面 fāngbiànmiàn 인스턴트 라면 **2급**

方式 fāngshì 방식, 방법, 패턴 **3급**

地方 dìfang ① 부분 ② 장소, 부위 **1급**

平方 píngfāng 평방미터 **4급**

+ 面 miàn(얼굴 면, 향할 면, 볼 면, 麵: 밀가루 면, 국수 면), 便 biàn(편할 편, 똥오줌 변, 쌀 편), 式 shì(법 식, 의식 식), 地 dì(땅 지), 平 píng(平: 평평할 평, 평화 평)

5급

仿 (倣) fǎng

사람(亻)이 남의 좋은 **방법(方)**을 모방하니 모방할 방

[번체] 倣 – 사람(亻)이 주체성을 놓아(放)버리고 남을 모방하니 '모방할 방'

+ 放 fàng(놓을 방) – 제목번호 176 참고

模仿 mófǎng 모방하다[≒ 模拟 mónǐ] **5급**

+ 模 mó(본보기 모, 본뜰 모)

3급

访 (訪) fǎng

좋은 **말씀(讠)**을 듣기 위해 어느 **방향(方)**으로 찾아 방문하니

찾을 **방**, 방문할 **방**

+ 讠 yán[言(말씀 언 변)의 간체자]

访问 fǎngwèn 방문하다 **3급**

拜访 bàifǎng 삼가 방문하다 **5급**

+ 问 wèn(問: 물을 문), 拜 bài(절 배)

3급

防 fáng

언덕(阝)처럼 일정한 **방향(方)**에 둑을 쌓아 막으니 막을 방

+ 阝 fù(언덕 부 변)

防止 fángzhǐ 방지하다 **3급**

预防 yùfáng 예방하다 **3급**

+ 止 zhǐ(그칠 지), 预 yù(預: 미리 예, 맡길 예, 참여할 예)

1급

房

fáng

문(户)을 어떤 **방향**(方)에 설치한 방이나 집이니 방 **방**, 집 **방**

+ 户 hù(戶: 문 호, 집 호, 사람 호, 계좌 호)

房间 fángjiān 방 **1급**

房子 fángzi 집, 건물 **1급**

住房 zhùfáng ① 주택[= 住宅 zhùzhái] ② 거실 **2급**

房租 fángzū ① 집세, 점포세 ② 숙박료 **3급**

+ 房子와 房间은 서로 헷갈리기 쉬운데, 房子 안에 여러 칸의 房间이 있다고 알아두세요.

+ 间 jiān(間: 사이 간), 住 zhù(멈출 주, 살 주, 사는 곳 주), 租 zū(세금 조, 세낼 조)

---

174 ▶ **旁傍** – 旁으로 된 한자
　　　방 방

1급

旁

páng

서서(立) **사방**(方)을 볼 정도로 곁이 넓으니 곁 **방**, 넓을 **방**

+ 立[立 lì(설 립)의 변형]

旁边 pángbiān 옆, 근처, 부근 **1급**

+ 边 biān(邊: 가 변)

6급

傍

bàng

사람(亻)이 넓게(旁) 마음 써야 하는 곁이니 곁 **방**

+ 가까울수록 더욱 조심하며 신경 써야 하지요.

2급

旅

lǚ

사방(方) 사람(ㅅ)들의 여러 **성씨(氏)**로 구성된 군사니 **군사 려**
또 군사처럼 잠시 머무르는 나그네니 **나그네 려**

+ 군사들은 한곳에만 머물지 않고 옮겨 다니지요.
+ ㅅ[人 rén(사람 인)의 변형], 氏[氏 shì(성 씨, 뿌리 씨)의 변형]

旅行 lǚxíng 여행하다 2급
旅游 lǚyóu 여행하다 2급
旅行社 lǚxíngshè 여행사 3급

+ 行 xíng/háng(다닐 행, 행할 행, 줄 항), 社 shè(토지신 사, 모일 사)

3급

族

zú

사방(方)에서 **사람(ㅅ)**과 **사람(ㅅ)**들이 **크게(大)** 모여 이룬
가족이나 겨레니 **가족 족, 겨레 족**

+ 중국은 넓은 영토에 56개 민족이 모여 사는 다민족 국가입니다.

民族 mínzú 민족 3급

+ 民 mín(백성 민)

2급

游

遊

yóu

물(氵)에서 **사방(方)**으로 **사람(ㅅ)**들이 **아들(子)**을 데리고 헤엄치거
나 노니 **헤엄칠 유, 놀 유**

[번체] 遊 – 사방(方)으로 사람(ㅅ)이 아들(子)을 데리고 다니며(辶) 노니 '놀 유'
+ 번체자에서는 游는 '헤엄칠 유'로, 遊는 '놀 유'로 사용하지만, 중국 한자(간체
자)에서는 '游'가 두 한자의 뜻을 겸하여 사용됩니다.
+ 辶 chuò(뛸 착, 갈 착)

游客 yóukè 여행객[≒ 游人 yóurén] 2급
导游 dǎoyóu ① 관광 안내원, 가이드 ② (관광객을) 안내하다 4급

+ 客 kè(손님 객), 导 dǎo(導: 이끌 도, 인도할 도)

放

fàng

어떤 **방향**(方)으로 가도록 **쳐**(攵) 놓으니 놓을 방

＋ 攵 pō(칠 복, = 攴)

放学 fàngxué ① 하루 수업을 마치다[= 下学 xiàxué] ② 방학하다 1급

放下 fàngxià ① 내려놓다 ② 내버리다 ③ 임명되다 2급

放心 fàngxīn 안심하다, 마음을 놓다 2급

放到 fàngdào 놔두다 3급

开放 kāifàng (봉쇄·금지령·제한 등을) 해제하다, 개방하다 3급

放大 fàngdà 확대하다, 크게 하다 5급

解放 jiěfàng 해방하다, 자유롭게 하다 5급

> 꿀TIP 放心 fàngxīn은 한국 한자(번체자) 풀이로 '마음을 다잡지 아니하고 놓아버림'이란 뜻으로 사용하지만, 중국 한자(간체자)에서는 '마음을 놓다, 안심하다'라는 뜻으로 사용합니다.

＋ 学 xué(學: 배울 학), 下 xià(아래 하, 내릴 하), 到 dào(이를 도, 주도면밀할 도), 开 kāi(開: 열 개, 시작할 개, 끓을 개), 解 jiě(해부할 해, 풀 해)

激

jī

물(氵)결이 **하얗게**(白) 일어나도록 터**놓아**(放) 부딪치니
물 부딪칠 격
또 큰물이 부딪치듯 거세고 과격하니 거셀 격, 과격할 격

＋ 白 bái(흰 백, 밝을 백, 깨끗할 백, 말할 백)

激动 jīdòng 흥분하다, 감동하다 4급

激烈 jīliè 치열하다, 격렬하다 4급

刺激 cìjī ① 자극하다, 북돋우다 ② 자극, 충격 4급

＋ 动 dòng(動: 움직일 동), 烈 liè(세찰 렬, 매울 렬), 刺 cì(찌를 자, 가시 자)

邀

yāo

하얀(白) 먼지가 **놓아지듯**(放) 일어나게 **뛰어가**(辶) 맞으니
맞을 요
또 맞이하려고 초청하니 초청할 요

邀请 yāoqǐng 초청하다, 초대하다 5급

＋ 请 qǐng(請: 청할 청)

참고자

bǐ

비수를 본떠서 비수 비
또 입에 비수처럼 찔러 먹는 숟가락이니 숟가락 비

+ 비수(匕首 bǐshǒu) – 짧고 날이 날카로운 칼
+ 首 shǒu(머리 수, 우두머리 수)

2급

論

lùn

말(讠)로 모여서(仑) 논하고 평하니 논할 론, 평할 론

[번체] 論 – 말(言)로 모여서(侖) 논하고 평하니 '논할 론, 평할 론'
+ 仑 lún – 사람(人)이 비수(匕)처럼 날카롭게 생각하며 모이니
　　　　　'생각할 륜, 모일 륜'
[번체] 侖 – 사람(人)이 한(一) 권씩 책(冊)을 들고 생각하며 모이니
　　　　　'생각할 륜, 모일 륜'
+ 讠 yán[言(말씀 언 변)의 간체자], 冊[= 册 cè, 冊 cè(책 책, 세울 책)의 변형
　으로 봄]

讨论 tǎolùn ① 토론하다 ② 토론 2급

不论 búlùn ① 문제로 삼지 않다 ② ~을 막론하고[일반적으로 뒤에 '都 dōu',
'总 zǒng' 등과 호응함] 3급

论文 lùnwén 논문 4급

结论 jiélùn 결론, 결말 4급

无论 wúlùn ~을/를 막론하고, ~을/를 따지지 않고 4급

+ 讨 tǎo(討: 칠 토), 文 wén(글 문, 문명 문, 문화 문), 结 jié(結: 맺을 결),
　无 wú(無: 없을 무)

2급

tā

집(宀)에 있는 비수(匕) 같은 그것이니 그것 타, 그 타

+ 3인칭 대명사로, 사람 이외의 동물 혹은 무생물을 지칭할 때 쓰입니다.
+ 宀 mián(집 면)

它们 tāmen 그것들, 저것들 2급

+ 们 men(們: 무리 문, 들 문)

5급

蛇

shé

벌레(虫)처럼 **집**(宀), 즉 구멍 속에서 **비수**(匕) 같은 혀를 날름거리는 뱀이니 뱀 **사**

---

178 ▶ **化花货华** – 化로 된 한자
화 화 화 화

3급

化
(化)

huà

사람(亻)이 **비수**(匕) 같은 마음을 품고 일하면 안 되는 일도 되고 변화하니 될 **화**, 변화할 **화**
또 변화하도록 가르치니 가르칠 **화**

变化 biànhuà ① 변화하다, 달라지다 ② 변화 **3급**
文化 wénhuà ① 문화 ② 교양, 소양, 지식 **3급**
消化 xiāohuà 소화하다 **4급**

+ 变 biàn(變: 변할 변), 文 wén(글 문, 문명 문, 문화 문), 消 xiāo(消: 끌 소, 삭일 소, 소식 소)

1급

花
(花)

huā

풀(艹)의 모양이 **변하듯**(化) 자라서 피는 꽃이니 꽃 **화**
또 꽃처럼 좋게 쓰니 쓸 **화**

+ 중국 한자(간체자)에는 花가 '꽃'이란 뜻 말고도, '돈이나 시간을 소비하다' 뜻으로도 사용합니다.

花园 huāyuán 화원 **2급**
开花 kāihuā ① 꽃이 피다 ② 터지다 ③ 기쁨이 일다 ④ 널리 알려지다 **4급**
鲜花 xiānhuā 생화 **4급**

+ 园 yuán(園: 동산 원, 밭 원), 开 kāi(開: 열 개, 시작할 개, 끓을 개), 鲜 xiān(鮮: 고울 선, 깨끗할 선, 싱싱할 선)

4급

货
貨
huò

변하여(化) 돈(贝)이 되는 재물이나 물품이니 **재물 화, 물품 화**

+ 贝 bèi(貝: 조개 패, 재물 패, 돈 패)

百货 bǎihuò 여러 가지 상품이나 재화 **4급**

售货员 shòuhuòyuán 판매원, 점원 **4급**

+ 百 bǎi(일백 백, 많을 백), 售 shòu(팔 수), 员 yuán(員: 사람 원)

3급

华
華
huá

변화(化)가 **많아(十)** 빛나고 화려하니 **빛날 화, 화려할 화**

[번체] 華 – 풀(艹) 하나(一) 풀(艹) 하나(一)마다 시월(十)의 바람에 단풍 들어 빛나고 화려하니 '빛날 화, 화려할 화'

+ 十 shí(열 십, 많을 십)

华人 huárén ① 중국인 ② 중국의 국적을 갖지 않고 거주국의 국적을 가진 중국계 주민 **3급**

中华民族 Zhōnghuá Mínzú 중화 민족 **3급**

+ 中 zhōng(가운데 중, 맞힐 중), 民 mín(백성 민), 族 zú(겨레 족, 가족 족)

---

179 〉 **农浓** – 农으로 된 한자
농 농

3급

农
農
nóng

땅이 **덮여(冖)지도록(𠂉)** 허리 굽히고 짓는 농사니 **농사 농**

[번체] 農 – 허리 구부리고(曲) 별(辰) 있는 새벽부터 짓는 농사니 '농사 농'

+ 冖 mì(덮을 멱), 𠂉[化 huà(될 화, 변화할 화, 가르칠 화)의 변형], 曲 qū(굽을 곡, 노래 곡), 辰 chén(별 진, 날 신, 다섯째 지지 진)

农民 nóngmín 농민 **3급**

农业 nóngyè 농업 **3급**

+ 民 mín(백성 민), 业 yè(業: 업 업, 일 업)

4급

浓
濃
nóng

물(氵)이 넉넉하면 **농사(农)가** 잘되어 곡식의 색도 짙으니 **짙을 농**

[번체] 濃 – 물(氵)이 넉넉하여 농사(農)가 잘되면 곡식의 색도 짙으니 '짙을 농'

5급

畏
wèi

(농부는) **밭**(田)의 농작물이 갑자기 **변할까**(𤣥) 두려워하니

두려워할 외

+ 농부는 애써 기른 농작물이 갑자기 병이 들거나 태풍에 쓰러질까 두려워하지요.
+ 𤣥[化 huà(될 화, 변화할 화, 가르칠 화)의 변형]

2급

喂
餧 餵
wèi/wéi

입(口)으로 **두렵게**(畏) 부르는, 즉 조심히 부르는 소리니

부르는 소리 위

또 불러서 먹여 기르니 먹일 위, 기를 위

+ 喂 wéi 2성으로 발음하면 '여보세요'라는 뜻으로, 전화를 걸거나 받을 때나 상대방을 부르거나 인사할 때 사용하며, 喂 wèi 4성으로 발음하면 '야, 어이'와 같은 감탄사나 '기르다, 사육하다'와 같이 동사로 사용하기도 합니다.

3급

展
zhǎn

몸(尸) 앞을 가리던 **풀**(艹)이 **쓰러져**(𤣥) 앞이 펴져 넓으니

펼 전, 넓을 전

+ 尸 shī(주검 시, 몸 시), 艹 cǎo(艹: 초 두)

展开 zhǎnkāi ① 펴다, 펼치다 ② (활동을) 전개하다 **3급**

发展 fāzhǎn ① 발전하다 ② 발전시키다 **3급**

开展 kāizhǎn ① 펼쳐지다 ② 펼치다 ③ 열리다 **3급**

展示 zhǎnshì 드러내다, 전시하다 **5급**

展现 zhǎnxiàn 드러내다, 나타나다 **5급**

+ 开 kāi(開: 열 개, 시작할 개, 끓을 개), 发 fā(發: 쏠 발, 일어날 발, 髮: 머리털 발), 示 shì(보일 시, 신 시), 现 xiàn(現: 이제 현, 나타날 현)

7~9급

旨

zhǐ

비수(匕)로 햇(日)빛에 익은 과일을 잘라 먹어 보는 맛이니 맛 **지**
또 말이나 글에 담긴 맛은 뜻이니 뜻 **지**

+ '맛 지'로는 문어체에서만 쓰입니다.

旨在 zhǐzài ~에 목적이 있다, ~에 취지가 있다 참고어

+ 在 zài(있을 재)

3급

指

zhǐ

손(扌)으로 **맛(旨)**볼 때 쓰는 손가락이니 손가락 **지**
또 손가락으로 무엇을 가리키니 가리킬 **지**

+ 수저 같은 도구가 없으면 손가락으로 찍어서 맛보지요.

指出 zhǐchū 지적하다, 가리키다 3급

手指 shǒuzhǐ 손가락 3급

指标 zhǐbiāo ① 지표, 수치 ② 목표 5급

+ 出 chū(나올 출, 나갈 출), 手 shǒu(손 수, 재주 수, 재주 있는 사람 수), 标 biāo(標: 표 표, 표시할 표)

1급

呢

ne/ní

입(口)으로, **몸(尸)**에 **비수(匕)**를 지니듯 지속이나 강조를 나타내는 어조사니 어조사 **니** (ne)
또 포르투갈의 모직물 라샤에서 온 말로도 쓰여 모직 **니** (ní)

+ 서술문 뒤에 쓰여 동작이나 상황이 지속됨을 나타내거나 의문문 끝에 쓰여 강조를 나타냅니다.

+ 尸 shī(주검 시, 몸 시)

4급

列

liè

(짐승을 잡아) **뼈 앙상하게(歹) 칼(刂)**로 잘라 벌이니 **벌일 렬**
또 벌여 놓는 줄이니 **줄 렬**

+ 歹 dǎi – 하루(一) 저녁(夕) 사이에 뼈 앙상하게 말라 죽으니
'뼈 앙상할 알, 죽을 사 변'
+ 벌이다 – 여러 가지 물건을 늘어놓다
+ 刂 dāo(칼 도 방), 夕 xī(저녁 석)

列车 lièchē 열차 **4급**
列入 lièrù 집어넣다, 끼워 넣다 **4급**
列为 lièwéi (어떤 부류에) 속하다, 들다 **4급**
排列 páiliè ① 배열하다, 정렬하다 ② 순열 **4급**
系列 xìliè 계열, 시리즈 **4급**

+ 车 chē(車: 수레 거, 차 차), 为 wèi(爲: 할 위, 위할 위), 排 pái(排: 물리칠 배, 배열할 배), 系 xì(묶을 계, 이을 계, 계통 계, 맬 계)

2급

例

lì

사람(亻)이 물건을 **벌여(列)** 놓는 법식과 보기니
법식 례, 보기 례

+ 법식(法式 fǎshì) – 법과 양식
+ 法 fǎ(법 법), 式 shì(법 식, 의식 식)

例如 lìrú 예를 들 것 같으면, 예를 들면 **2급**
例子 lìzi 예, 보기, 본보기 **2급**
例外 lìwài 예외(로 하다) **5급**

+ 例는 한국 한자(번체자)에서는 한 글자로 쓸 수 있지만, 중국어에서는 반드시 例子로 써야 합니다.
+ 如 rú(같을 여), 子 zǐ/zi(아들 자, 첫째 지지 자, 자네 자, 접미사 자), 外 wài(밖 외)

3급

烈

liè

거세게 **퍼지는(列) 불(灬)**길처럼 세차고 굳세니 **세찰 렬, 굳셀 렬**

+ 灬 huǒ(불 화 발)

热烈 rèliè 열렬하다[≒ 猛烈 měngliè] **3급**
强烈 qiángliè ① 강렬하다 ② 아주 강한[≒ 猛烈 měngliè ↔ 轻微 qīngwēi]
③ 선명하다 **3급**
激烈 jīliè 치열하다, 격렬하다 **4급**

+ 热 rè(熱: 더울 열), 强 qiǎng(강할 강, 억지 강), 激 jī(물 부딪칠 격, 거셀 격, 과격할 격)

死
sǐ

뼈 앙상하게(歹) 비수(匕)에 찔려 죽으니 죽을 사

+ 匕 bǐ(비수 비, 숟가락 비)

---

183 〉 **能熊** – 能으로 된 한자
　　　능 웅

1급

能
néng

곰은 **주둥이(厶)**와 **몸뚱이(月)**와 네 **발(匕)**로 재주 부림이 능하니
능할 능

+ 厶 sī/mǒu('사사로울 사, 나 사'지만 여기서는 주둥이로 봄), 月 yuè(달 월, 육
　달 월), 匕 bǐ('비수 비, 숟가락 비'지만 여기서는 발로 봄)
　可能 kěnéng ① 가능하다 ② 가능성 ③ 아마도 2급
　能不能 néng bùnéng 가능한지의 여부 3급
　不能不 bùnéng bù ① 하지 않을 수 없다 ② ~하지 않을 리 없다[= 不得不
bùdébù] 5급
+ 可 kě(옳을 가, 가히 가, 허락할 가)

5급

熊
xióng

능히(能) 불(灬) 속에서도 재주부리는 곰이니 곰 웅
또 곰처럼 무능하니 무능할 웅

+ 灬 huǒ(불 화 발)
　大熊猫 dàxióngmāo 자이언트 판다 5급
+ 猫 xióng(고양이 묘)

`1급`

比

bǐ

나란히 앉혀 놓고 견주니 나란할 비, 견줄 비
또 견주어 예를 드니 예를 들 비

+ 比자문은 비교문 형태의 문법으로, 두 가지 이상의 대상을 비교할 때 사용하는 문장을 말하며, 'A+比+B+형용사/동사'가 比자문의 기본 형식으로, 'A가 B에 견주어 ~하다'입니다. 比자문의 부정문은 'A+不+比+B+형용사/동사'형태이며, 부정에는 '不'이외에도 '没 méi/没有 méiyǒu/不如 bùrú'와 같은 부정어를 사용할 수 있습니다.

比如 bǐrú 예를 들면, 예컨대 `2급`
比如说 bǐrúshuō 예를 들면, 이를테면 `2급`
比例 bǐlì 비례, 비율 `3급`
比分 bǐfēn (경기의) 득점 `4급`
对比 duìbǐ ① 대비하다, 대조하다 ② 비율 `4급`
比方 bǐfang ① 비유하다 ② 예컨대 ③ 비유, 예 `5급`
比重 bǐzhòng 비중 `5급`

+ 如 rú(같을 여), 说 shuō(說: 달랠 세, 말씀 설, 기쁠 열), 例 lì(법식 례, 보기 례), 分 fēn/fèn(나눌 분, 단위 분, 단위 푼, 신분 분, 분별할 분, 분수 분, 점수 분, 성분 분) 对 duì(對: 상대할 대, 대답할 대), 方 fāng(모 방, 방향 방, 방법 방), 重 zhòng(무거울 중, 귀중할 중, 거듭 중)

`3급`

批

pī

손(扌)으로 **견주어(比)** 보며 비평하니 비평할 비

批评 pīpíng ① 비판하다, 꾸짖다 ② 비평하다 `3급`
+ 评 píng(評: 평할 평)

`4급`

毕

bì

남과 **견주어(比)** 더 **많이(十)** 노력하여 일을 마치니 마칠 필

[번체] 畢 – 밭(田)의 풀(艹) 한(一) 포기도 시월(十)이 되면 자라기를 마치니 '마칠 필'
+ 十 shí(열 십, 많을 십), 艹 cǎo(艹: 초 두)

毕业 bìyè 졸업(하다) `4급`
毕业生 bìyèshēng 졸업생 `4급`
毕竟 bìjìng 결국, 끝내 `5급`

+ 业 yè(業: 업 업, 일 업), 生 shēng(날 생, 살 생, 사람을 부를 때 쓰는 접사 생), 竟 jìng(뜻밖에 경, 마침내 경, 다할 경)

cǐ

그쳐(止) 비수(匕)로도 잴 만큼 가까운 이것이니 **이 차**

+ 止 zhǐ(그칠 지), 匕 bǐ(비수 비, 숟가락 비)
此外 cǐwài 이외에, 이밖에 4급
从此 cóngcǐ (시간이나 장소에 쓰여) 이제부터, 여기부터 4급
彼此 bǐcǐ 서로, 쌍방 5급
+ 外 wài(밖 외), 从 cóng(從: 좇을 종, 따를 종), 彼 bǐ(저 피)

xiē

달랑 이(此)것 두(二) 개뿐이라 약간이고 적으니 **약간 사, 적을 사**

+ 些는 '약간 · 조금'의 뜻으로 확정적이 아닌 적은 수량을 나타냅니다.
一些 yìxiē 약간, 얼마간 1급
有(一)些 yǒu(yì)xiē ① 조금 있다 ② 일부, 조금, 약간 1급
这些 zhèxiē 이것들, 이들[= 这些 zhèxiē ↔ 那些 nàxiē] 1급
+ 有 yǒu(가질 유, 있을 유), 这 zhè(這: 이 저, 이것 저)

chái

그쳐(止) 비수(匕) 같은 낫으로 자른 **땔나무(木)니 땔나무 시**
또 땔나무 같은 나무를 꽂아 만든 울타리니 **울타리 시**

+ 옛날에는 나뭇가지를 꽂아 울타리를 만들기도 했지요.
火柴 huǒchái 성냥 5급
柴油 cháiyóu 중유, 디젤유 참고어
+ 火 huǒ(불 화), 油 yóu(기름 유)

zǐ

이(此) 세상에서 가장 아름다운 **실(糸)**의 색은 자줏빛이니
자줏빛 자

+ 자줏빛 – 짙은 남빛(푸른빛)을 띤 붉은 빛
+ 중국 베이징(北京)에 있는 명(明 Míng)·청(淸 Qīng) 시대의 고궁을 자금성(紫禁城 Zǐ jìnchéng)이라 한 것처럼, 중국은 옛날부터 붉은색 계통을 좋아했지요.

zuǐ

새의 **입(口)**에 **이렇게(此)** **뿔(角)**처럼 튀어나온 부리가 있는 입이니
부리 취, 입 취

+ 角 jiǎo(뿔 각, 모날 각, 겨룰 각, 배우 각) – 제목번호 348 참고
嘴巴 zuǐba ① 볼, 뺨 ② 입, 구변 4급
+ 巴 bā(뱀 파, 꼬리 파, 바랄 파)

1급

北

běi

패배하여 서로 등진 모양에서 **패배할 배, 등질 배**
또 (항상 남쪽을 향하여 앉는 임금의) 등진 북쪽이니 **북쪽 북**

+ 옛날에 임금은 어디서나 그곳의 북쪽에서 남쪽을 향하여 앉았답니다.
+ '등질 배'의 뜻으로는 '背 bèi'를 많이 씁니다.

北边 běibiān 북방, 북쪽 **1급**
北京 Běijīng 베이징[중국의 수도] **1급**
北方 běifāng 북방, 북쪽 **2급**
东北 dōngběi ① 동북쪽 ② 중국의 둥베이 지구 **2급**
西北 xīběi ① 서북쪽 ② 중국 시베이 지역 **2급**
北部 běibù 북부 **3급**
南北 nánběi 남북, 남쪽과 북쪽 **5급**

+ 边 biān(邊: 가 변), 京 jīng(서울 경), 方 fāng(모 방, 방향 방, 방법 방), 东 dōng(東: 동쪽 동, 주인 동), 西 xī(서쪽 서), 部 bù(나눌 부, 마을 부, 거느릴 부), 南 nán(남쪽 남)

2급

背

bèi/bēi

등진(北) 몸(月)의 등이나 뒷면이니 **등 배, 뒷면 배(bèi)**
또 등에 지니 **질 배(bēi)**

+ 月 yuè(달 월, 육 달 월)

背后 bèihòu ① 배후, 뒤쪽 ② 암암리에, 남몰래 **3급**
背景 bèijǐng 배후, 백그라운드 **4급**
背包 bēibāo 배낭 **5급**

+ 后 hòu(왕비 후, 後: 뒤 후), 景 jǐng(풍경 경, 상황 경), 包 bāo(쌀 포)

참고자

乖

guāi

많이(千) 등져(北) 어긋나니 **어긋날 괴**
또 보통 사람과 어긋날 정도로 착하고 영리하니
착할 괴, 영리할 괴

+ 千 qiān(일천 천, 많을 천)

乖巧 guāiqiǎo (언행 등이) 사랑스럽다, 똑똑하다 **참고어**

+ 巧 qiǎo(교묘할 교)

두 발을 **어긋나게**(乖) 디디며 **사람**(人)이 타거나 어긋나게 곱하니
탈 **승**, 곱할 **승**(chéng)
또 타는 수레를 세는 단위인 대로도 쓰여 대 **승**(shèng)

✦ 나무에 오르거나 차를 탈 때는 두 발을 어긋나게 디디며 타지요.
✦ 고대에 말 4필이 끄는 전차 1대를 一乘(yīshèng)이라고 하였습니다.

乘客 chéngkè 승객[= 车坐 chēzuòr, 搭客 dākè] 5급
乘车 chéngchē 차를 타다 5급

✦ 客 kè(손님 객), 车 chē(車: 수레 거, 차 차)

chéng/shèng

다 **타고**(乘) **칼**(刂)만 남으니 남을 **잉**

✦ 刂 dāo(칼 도 방)

剩下 shèngxia ① 남다, 남기다 ② 단지 ~할 수밖에 없다 ③ 나머지 5급
✦ 下 xià(아래 하, 내릴 하)

shèng

---

187 〉**非啡排 悲辈** – 非로 된 한자
　　　비 비 배　비 배

새의 날개처럼 양쪽으로 어긋나니 어긋날 **비**
또 어긋나면 아니라고 나무라니 아닐 **비**, 나무랄 **비**
또 아프리카도 나타내어 아프리카 **비**

非常 fēicháng ① 대단히, 매우 ② 특별한 1급
除非 chúfēi ① ~한다면 몰라도 ② ~을(를) 제외하고(는) 5급

✦ 아프리카를 '非洲 Fēizhōu'라고 하니, 북아프리카(北非 Běifēi), 동아프리카
(东非 Dōng Fēi), 서아프리카(西非 Xī Fēi)와 같이 활용하여 쓸 수 있습니다.
✦ 常 cháng(항상 상, 보통 상), 除 chú(제거할 제, 덜 제, 나눗셈 제), 法 fǎ(법
법)

fēi

3급
fēi

입(口)이 **어긋날**(非) 정도로 기뻐하며 마시는 커피니 커피 **비**

咖啡 kāfēi 커피 **3급**

+ 咖 kā(커피 가, 카레 가)

2급
pái

손(扌)으로 그게 **아니**(非)라며 물리치거나 다시 배열하니
물리칠 배, 배열할 배

排队 páiduì 줄을 서다 **2급**
排球 páiqiú 배구 **2급**
排名 páimíng 이름을 순서에 따라 올리다 **3급**
排除 páichú 제거하다, 없애다 **5급**

+ 队 duì(隊: 무리 대), 球 qiú(둥글 구, 공 구), 名 míng(이름 명, 이름날 명),
　除 chú(제거할 제, 덜 제, 나눗셈 제)

5급
béi

아니(非) 된다고 느끼는 **마음**(心)처럼 슬프니 슬플 **비**

+ 일이 어긋날(非) 때 느끼는 마음(心)처럼 슬프니 '슬플 비(悲)'라고도 합니다.

悲伤 bēishāng 슬퍼서 마음이 상하다, 몹시 슬퍼하다 **5급**
悲观 bēiguān 비관적이다[↔ 乐观 lèguān] **참고어**

+ 伤 shāng(傷: 상할 상), 观 guān(觀: 볼 관)

5급
bèi

어긋날(非) 정도로 **수레**(车)에 많이 탄 무리니 무리 **배**

+ 车 chē(車: 수레 거, 차 차)

一辈子 yíbèizi ① 한평생 ② 이제껏 **5급**

+ 子 zǐ/zi(아들 자, 첫째 지지 자, 자네 자, 접미사 자)

참고자

兆

zhào

점치던 거북 등껍데기의 갈라진 모양에 나타난 조짐이니 조짐 조
또 큰 숫자인 조도 나타내어 조 조

+ 옛날에는 거북 등껍데기를 태워서 그 갈라진 모양을 보고 길흉화복(吉凶祸福
jíxiōnghuòfú)의 조짐을 점쳤답니다.
+ 조짐(兆朕 zhàozhèn) - 좋거나 나쁜 일이 생길 기미가 보이는 현상
+ 朕 zhèn(朕: 나 짐, 조짐 짐)
预兆 yùzhào 조짐, 징조 동 조짐을 나타내다, 징조를 보이다 참고어
+ 预 yú(預, 豫: 미리 예, 맡길 예, 참여할 예)

3급

跳

tiào

발(⻊)로 무슨 조짐(兆)이라도 본 듯이 뛰니 뛸 도

+ ⻊[足 zú(발 족, 넉넉할 족)가 부수로 쓰일 때의 모양]
跳高 tiàogāo 높이뛰기 3급
跳舞 tiàowǔ 춤을 추다 3급
跳远 tiàoyuǎn 멀리뛰기 3급
+ 高 gāo(높을 고), 舞 wǔ(춤출 무), 远 yuǎn(遠: 멀 원)

5급

桃

táo

나무(木)에 열린 조(兆)자 모양의 무늬가 있는 복숭아니 복숭아 도

+ 복숭아나 앵두에는 조(兆) 자 모양의 무늬가 있지요.
桃花 táohuā ① 복숭아꽃 ② 여자의 아름다운 용모 5급
桃树 táoshù 복숭아나무 5급
+ 花 huā(꽃 화, 쓸 화), 树 shù(樹: 세울 수, 나무 수)

4급

挑

tiǎo/tiāo

손(扌)으로 조짐(兆)을 보며 끌어내니 끌어낼 도(tiǎo)
또 손(扌)으로 조짐(兆)을 보며 고르니 고를 도(tiāo)

挑选 tiāoxuǎn 고르다, 선택하다[= 选择 xuǎnzé] 4급
挑战 tiǎozhàn ① 도전 ② 도전하다 4급
+ 选 xuǎn(選: 고를 선), 战 zhàn(戰: 싸울 전, 무서워 떨 전)

5급

逃

táo

조짐(兆)이 안 좋다고 뛰어(辶) 달아나니 달아날 도

+ 辶 chuò(뛸 착, 갈 착)
逃跑 táopǎo 도망가다, 달아나다 5급
逃走 táozǒu 도주하다 5급
+ 跑 pǎo(달릴 포, 긁어 팔 포), 走 zǒu(걸을 주, 뛸 주)

2급

长

长

cháng/zhǎng

입술(一)의 위아래에 난 긴 수염처럼 기니 길 **장**(cháng)
또 키가 길게 자란 어른이니 자랄 **장**, 어른 **장**(zhǎng)

번체 長 – 입술(一)의 위아래에 난 긴 수염처럼 기니 '길 장'
　　　또 키가 길게 자란 어른이니 '자랄 장, 어른 장'

＋ '长'이 길다라는 의미가 있을 때는 'cháng', 나이 · 우두머리 · 성장의 의미가
　있을 때는 'zhǎng'으로 발음합니다.
＋ 一 yī('한 일'이지만 여기서는 입술로 봄)

长大 zhǎngdà 자라다 2급

家长 jiāzhǎng ① 가장 ② 학부형, 보호자 2급

长处 chángchu 장점, 훌륭한 점 3급

生长 shēngzhǎng 성장하다 3급

所长 suǒcháng 뛰어난 점, 장점[↔ 所短 suǒduǎn] 3급

＋ 家 jiā(집 가, 전문가 가), 处 chù(處: 살 처, 처리할 처, 곳 처), 所 suǒ(장소
소, 바 소)

3급

张

张

zhāng

활(弓)시위를 **길게**(长) 벌리니 벌릴 **장**
또 마음을 열고 베푸니 베풀 **장**

＋ 弓 gōng(활 궁)

紧张 jǐnzhāng ① 긴장해 있다, 불안하다 ② 긴박하다 3급

主张 zhǔzhāng ① 주장하다 ② 주장, 견해, 의견 3급

＋ 紧 jǐn(緊: 급할 긴, 긴요할 긴), 主 zhǔ(주인 주)

5급

涨

涨

zhǎng/zhàng

물(氵)이 넓게 **벌려**(张) 흐를 정도로 불으니 불을 **창**(zhǎng)
또 물에 불어 팽창하니 팽창할 **창**(zhàng)

涨价 zhǎngjià 값이 오르다 5급

上涨 shàngzhǎng (수위나 물가가) 오르다 5급

＋ 价 jià(價: 값 가, 가치 가), 上 shàng(위 상, 오를 상)

衣

yī/yì

동정과 옷고름 있는 저고리를 본떠서 옷 의(yī)
또 옷을 입으니 옷 입을 의(yì)

+ '衣'는 1성으로 발음할 때는 '옷'이라는 명사의 뜻을 나타내고, 4성으로 발음할
  때는 '옷을 입다'라는 동사의 뜻을 나타냅니다.

衣服 yīfu 옷, 의복[≒ 衣裳 yīshang] 1급
大衣 dàyī 외투, 오버코트[= 外套 wàitào] 2급
衣架 yījià ① 옷걸이 ② 몸매, 스타일 3급
上衣 shàngyī ① 상의, 윗도리 ② 겉옷 3급

+ 服 fú(옷 복, 먹을 복, 복무할 복, 복종할 복, 첩 복), 架 jià(시렁 가, 싸울
  가)

依

yī

사람(亻)은 옷(衣)에 의지하니 의지할 의

依然 yīrán ① 여전하다 ② 여전히 4급
依法 yīfǎ 법에 의거하다(따르다) 5급
依照 yīzhào ~을 좇다(따르다), ~에 의하다 5급

+ 然 rán(그러할 연), 法 fǎ(법 법), 照 zhào(비출 조)

袋

dài

보자기 대신(代) 옷(衣)처럼 씌우는 자루니 자루 대

+ 代 dài – 전쟁터에서는 사람(亻)이 할 일을 주살(弋)이 대신하니 '대신할 대'
        또 아버지를 대신하여 이어가는 세대니 '세대 대'
        또 물건을 대신하여 치르는 대금이니 '대금 대'
+ 弋 yì(주살 익)

口袋 kǒudai ① 주머니 ② 부대, 포대[≒ 袋子 dàizi] 4급
塑料袋 sùliàodài 비닐봉투 4급

+ 塑 sù(흙 빚을 소, 비닐 소, 플라스틱 소), 料 liào(헤아릴 료, 재료 료, 값
  료)

zhuāng

장하게(壯) 옷(衣)으로 꾸미니 꾸밀 장

+ 壯 zhuàng – 나무 조각(丬)이라도 들고 선비(士)가 싸우는 모습이 굳세고 장하니 '굳셀 장, 장할 장'
+ 장(壯)하다 – ① 기상이나 인품이 훌륭하다 ② 크고 성대하다 ③ 마음이 흐뭇하고 자랑스럽다

安裝 ānzhuāng ① 설치하다 ② 셋업하다[↔ 拆卸 chāixiè] 3급
裝修 zhuāngxiū ① 장식하고 꾸미다 ② 설치하고 수리해 주다 ③ 내장 설비 4급
裝置 zhuāngzhì ① 장치하다 ② 장치 ③ 셋업 4급
包裝 bāozhuāng ① 포장하다 ② 포장 5급
西裝 xīzhuāng 양복[= 西服 xīfú] 5급
+ 安 ān(편안할 안), 修 xiū(닦을 수), 置 zhì(置: 둘 치), 包 bāo(쌀 포)

biǎo

흙(土)이 묻은 옷(衣)의 겉이니 겉 표
또 겉에서 보게 걸어놓거나 차고 다니는 시계니 시계 표

[번체] 錶 – 쇠(金)로 만들어 겉(表)에서 보게 걸어놓거나 차고 다니는 시계니 '시계 표'
+ 土 tǔ(흙 토), 金 jīn(쇠 금, 금 금, 돈 금)

手表 shǒubiǎo 손목시계 2급
表面 biǎomiàn ① (시계·나침반 등) 계기의 눈금판 ② 표면, 겉 3급
表明 biǎomíng 표명하다, 분명하게 밝히다 3급
表現 biǎoxiàn ① 태도, 품행 ② 표현하다 3급
表演 biǎoyǎn ① 공연하다 ② 연출하다 ③ 시범 동작을 하다 3급
发表 fābiǎo 발표하다 3급
表情 biǎoqíng ① 표정 ② 감정·기분을 나타내다 4급
+ 手 shǒu(손 수, 재주 수, 재주 있는 사람 수), 面 miàn(얼굴 면, 향할 면, 볼 면, 麵: 밀가루 면, 국수 면), 明 míng(밝을 명), 現 xiàn(現: 이제 현, 나타날 현), 演 yǎn(펼 연), 发 fā(發: 쏠 발, 일어날 발, 髮: 머리털 발), 情 qíng(情: 뜻 정, 정 정, 형편 정)

guǒ

옷(衣) 같은 천으로 과일(果)을 싸니 쌀 과

+ 果 guǒ(과일 과, 결과 과)
包裹 bāoguǒ ① 싸다, 포장하다 ② 소포, 보따리 4급
+ 包 bāo(쌀 포)

物(氵)에 옷(衣)을 적시고 대중(公)들이 놀며 뒹구니 뒹굴 곤

+ 氵 shuǐ(삼 수 변), 公 gōng(공평할 공, 국가 공, 대중 공, 세계 공통 공, 존칭 공)

滚

gǔn

---

191 >> 艮艰很根 眼银跟 – 艮으로 된 한자
　　　 간 간 흔 근　안 은 근

참고자

눈(⺕)에 비수(乀)를 품고 멈추어 바라볼 정도로 어긋나고 딱딱하니
멈출 간, 어긋날 간, 딱딱할 간(gěn)

또 팔괘의 하나인 괘 이름이니 괘 이름 간(gèn)

+ ⺕[目 mù(눈 목, 볼 목, 항목 목)의 변형], 乀[匕 bǐ(비수 비, 숟가락 비)의 변형]

gěn/gèn

5급

손(又)의 뼈가 어긋나(艮) 일하기 어려우니 어려울 간

[번체] 艱 – 진흙(堇) 속에 멈춘(艮) 듯 나오기가 어려우니 '어려울 간'
+ 堇[菫 jǐn/qín(진흙 근)의 변형] – 너무 끈끈하여 스물(廿)한(一) 번이나 말
　　　　　　　　　　　　　하며(口) 하나(一) 같이 크게(大) 힘써 걸
　　　　　　　　　　　　　어야 할 진흙이니 '진흙 근'
　　　　　　　　　　　　　(어원 해설을 위한 참고자로 실제 쓰이는
　　　　　　　　　　　　　한자는 아님)

+ 又 yòu(오른손 우, 또 우)

艰苦 jiānkǔ 어렵고 고달프다 5급

艰难 jiānnán 어렵다, 힘들다 5급

+ 苦 kǔ(쓸 고, 괴로울 고), 难 nán(難: 어려울 난, 재난 난)

艰

jiān

1급

조금씩 걸어서라도(彳) 멈추지(艮) 않고 계속 감이 매우 대단하니
매우 흔, 대단할 흔

+ '很'은 부사로, 주로 형용사의 앞에 쓰여서 정도가 대단함을 나타내는데, 요즘
에는 단음절 형용사 앞에 습관적으로 쓰이는 경우가 많습니다.
+ 彳 chì(조금 걸을 척)

很

hěn

3급

根

gēn

나무(木)를 **멈춰**(艮) 있게 하는 뿌리니 뿌리 근

根本 gēnběn 근본(적인) 3급

根据 gēnjù ① ~에 의거하여 ② 근거 ③ 의거하다 4급

+ 本 běn(뿌리 본, 근본 본, 책 본, 판 본), 据 jù(據: 의지할 거, 점유할 거)

2급

眼

yǎn

눈(目)동자를 **멈추고**(艮) 바라보는 눈이니 눈 **안**

또 눈으로 볼 줄 아는 안목이니 안목 **안**

+ 안목(眼目 yǎnmù) – 사물을 보고 분별하는 견식

眼镜 yǎnjìng 안경 4급

眼里 yǎnli 눈 속, 안중 4급

眼光 yǎnguāng ① 시선 ② 안목 ③ 관점, 견해 5급

+ 镜 jìng(鏡: 거울 경), 里 li(마을 리, 거리 리, 裏: 속 리), 光 guāng(빛 광, 영광 광)

2급

银

yín

银

(가치가) **금**(钅) 다음에 **머물러**(艮) 있는 은이니 은 **은**

+ 최고는 금이고 다음은 은이라는 데서 만들어진 한자

+ 钅 jīn[金(쇠 금, 금 금, 돈 금 변)의 간체자]

银行 yínháng 은행 2급

银行卡 yínhángkǎ 은행카드 2급

+ 금이 더 비싼데 은행(bank)을 금행(金行)이라고 하지 않고 은행(银行)이라 한 이유는 무엇일까요? 옛날에는 은이 금보다 생산량도 적고 정제 방법도 까다롭고 더 비싸서 세계 각국들이 은을 화폐의 기본으로 했기 때문이지요. 지금도 중국에서는 계산대를 '은을 받는 곳'이란 뜻에서 '收银台 shōuyíntái'라고 합니다.

+ 行 xíng/háng(다닐 행, 행할 행, 줄 항), 卡 kǎ(끼일 잡, 지킬 잡, 음역자 카), 台 tái(臺: 돈대 대, 누각 대, 대만 대, 颱: 태풍 태)

1급

跟

gēn

발(𧾷)에서 몸이 **멈추어**(艮) 설 때 받치는 발꿈치니 발꿈치 **근**

또 발꿈치를 따라가니 따라갈 **근**

+ 𧾷[足(발 족, 넉넉할 족)가 부수로 쓰일 때의 모양]

高跟鞋 gāogēnxié 하이힐 5급

跟前 gēnqián ① 곁, 부근 ② 가까운 때 5급

跟随 gēnsuí ① (뒤)따르다, 동행하다[↔ 引导 yǐndǎo] ② 수행원, 동행 5급

+ 高 gāo(높을 고), 鞋 xié(신 혜), 前 qián(앞 전), 随 suí(隨: 따를 수)

5급

恨
hèn

마음(忄)에 잊지 못하고 **머물러(艮)** 한하고 뉘우치니
한할 한, 뉘우칠 한

+ 한(恨) – ① 억울하고 원통한 일이 풀리지 못하고 응어리져 맺힌 마음
   ② 한탄(叹气 tànqì)의 준말
+ 叹 tàn(歎: 탄식할 탄, 감탄할 탄)

4급

限
xiàn

언덕(阝)에 막혀 **멈춰야(艮)** 하는 한계니 한계 **한**

+ 阝 fù(언덕 부 변), 艮 gèn/gěn (멈출 간, 어긋날 간)
限制 xiànzhì ① 제한하다, 한정하다 ② 제한, 한정 **4급**
无限 wúxiàn 끝없다[= 无限量 wúxiànliàng, 无垠 wúyín] **4급**
有限 yǒuxiàn 유한하다[→ 无穷 wúqióng] **4급**
+ 制 zhì(제도 제, 억제할 제, 製: 지을 제), 无 wú(無: 없을 무), 有 yǒu(가질 유, 있을 유)

4급

即

jí

하던 일을 **멈추고(艮)** 곧바로 무릎 **꿇으니(卩)** 곧 **즉**

번체 卽 – 날이 하얀(白) 비수(匕) 앞에 곧 무릎 꿇으니(卩) '곧 즉'
+ 艮[艮 gèn/gěn(멈출 간, 어긋날 간)의 변형], 卩 jié(무릎 꿇을 절, 병부 절, = 卩), 白 bai(흰 백, 밝을 백, 깨끗할 백, 아뢸 백)
即将 jíjiāng 곧, 머지않아 **4급**
立即 lìjí 곧, 즉시, 바로, 금방[≒ 立刻 lìkè, 当即 dāngjí, 马上 mǎshàng] **4급**
即使 jíshǐ 설령 ~하더라도 **5급**
+ 将 jiāng(將: 장수 장, 장차 장, 청할 장), 立 lì(설 립), 使 shǐ(하여금 사, 부릴 사)

3급

退

tuì

하던 일을 **멈추고(艮) 물러나니(辶)** 물러날 **퇴**

+ 辶 chuò(뛸 착, 갈 착)
退出 tuìchū ① 퇴장하다, 물러나다 ② (조직 따위에서) 탈퇴하다 **3급**
退休 tuìxiū ① 퇴직(하다) ② 도태되다[= 退役 tuìyì] **3급**
+ 出 chū(나올 출, 나갈 출), 休 xiū(쉴 휴)

2급

腿
腿
tuǐ

살(月)이 **물러난(退)** 듯 뒤쪽에 있는 넓적다리니 넓적다리 **퇴**

+ 중국 한자(간체자) 腿에 포함되는 신체 부위는 복사뼈, 정강이, 무릎, 넓적다리 까지입니다.
+ 月 yuè(달 월, 육 달 월)

火腿 huǒtuǐ (중국식) 햄 5급

---

193 >> **良粮浪娘 郎朗 食** – 良으로 된 한자
량 량 랑 낭 랑 랑 식(사)

4급

良
liáng

점(丶) 같은 작은 잘못도 **그쳐(艮)** 좋고 어지니 좋을 **량**, 어질 **량**

+ 丶 zhǔ(점 주, 불똥 주), 艮 gèn/gěn(멈출 간, 어긋날 간)
良好 liánghǎo 양호(하다)[↔ 恶劣 èliè] 4급
善良 shànliáng 선량하다[↔ 狠毒 hěndú, 恶毒 èdú] 4급
不良 bùliáng 좋지 않다 5급
+ 好 hǎo(좋을 호, 좋아할 호), 善 shàn(착할 선, 좋을 선, 잘할 선)

4급

粮
糧
liáng

쌀(米)처럼 먹기 **좋은(良)** 양식이니 양식 **량**

[번체] 糧 – 쌀(米) 등의 곡식을 먹을 만큼 헤아려(量) 들여 놓는 양식이니
'양식 량'
+ 米 mǐ(쌀 미, 미터 미)
粮食 liángshi 식량 4급
+ 食 shí(밥 식, 먹을 식)

3급

浪
làng

물(氵)이 보기 **좋게(良)** 출렁이는 물결이니 물결 **랑**
또 물결처럼 함부로 하니 함부로 **랑**

浪费 làngfèi 낭비하다[↔ 珍惜 zhēnxī, 勤俭 qínjiǎn, 节约 jiéyuē] 3급
浪漫 làngmàn ① 낭만적이다 ② 방종하다, 방탕하다 5급
+ 费 fèi(費: 쓸 비, 비용 비), 漫 màn(흩어질 만, 넘칠 만)

娘
niáng

여자(女) 중 좋은(良) 아가씨나 어머니니 아가씨 낭, 어머니 낭

✦ '娘'에는 '어머니·아주머니·젊은 여성'이라는 뜻이 다 있으니 상황에 따라 판단해야 합니다.

姑娘 gūniang ① 처녀, 아가씨 ② 딸 3급

新娘 xīnniáng 신부 4급

✦ 姑 gū(시어미 고, 고모 고, 잠깐 고), 新 xīn(새로울 신)

郎
láng

4급

어짊(良)이 고을(阝)에서 뛰어난 사내니 사내 랑

✦ 良[良 liáng(좋을 량, 어질 량)의 변형], 阝 yì(고을 읍 방)

新郎 xīnláng 신랑 4급

朗 朗
lǎng

5급

어짊(良)이 달(月)처럼 밝으니 밝을 랑

✦ 月 yuè(달 월, 육 달 월)

朗读 lǎngdú 맑고 큰 소리로 읽다[↔ 默读 mòdú] 5급

晴朗 qínglǎng 쾌청하다[↔ 阴暗 yīn'àn] 5급

✦ 读 dú(讀: 읽을 독), 晴 qíng(晴: 날 갤 청)

食
shí

2급

사람(人)이 몸에 좋은(良) 밥을 먹으니 밥 식, 먹을 식
또 밥 같은 먹이니 먹이 사

食物 shíwù 음식물 2급

食品 shípǐn 식품 3급

美食 měishí 맛있는 음식 3급

食堂 shítáng ① 구내식당[= 饭厅 fàntīng] ② 식당, 음식점[= 饭馆 fànguǎn] 4급

饮食 yǐnshí ① 음식을 먹고 마시다 ② 음식 5급

꿀TIP 食堂 shítáng은 학교나 회사에서의 구내 식당이고, 餐馆 cānguǎn은 시중에서 영업하는 식당이나 레스토랑 같은 곳입니다.

✦ 物 wù(물건 물), 品 pǐn(물건 품, 등급 품, 품위 품, 품평할 품), 美 měi(아름다울 미), 堂 táng(집 당, 당당할 당), 饮 yǐn(飲: 마실 음), 餐 cān(밥 찬), 馆 guǎn(집 관, 객사 관)

4급

士

shì

열(十)까지 하나(一)를 배우면 아는 선비니 선비 사
또 선비 같은 군사나, 사람의 칭호나, 직업에 붙이는 말이니
군사 사, 칭호나 직업에 붙이는 말 사

+ 선비(书生 shūshēng) – 학식이 있고 행동과 예절이 바르며 의리와 원칙을 지
키고 관직과 재물을 탐하지 않는 고결한 인품을 지닌
사람

士兵 shìbīng 병사 4급

人士 rénshì 인사[사회적 지위가 높거나 사회적 활동이 많은 사람] 5급

+ 兵 bīng(군사 병)

3급

志

誌

zhì

선비(士)의 마음(心)에 있는 뜻이니 뜻 지
또 뜻을 기록한 책이니 기록할 지, 책 지

[번체] 誌 – 말(言)이나 뜻(志)을 기록한 책이니 '기록할 지, 책 지'
+ 言 yán(말씀 언)

志愿 zhìyuàn 지원(하다), 희망(하다), 자원(하다) 3급

志愿者 zhìyuànzhě 지원자 3급

标志 biāozhì ① 표지 ② 명시하다[≒ 记号 jìhao, 标记 biāojì] 4급

意志 yìzhì 의지, 의기 5급

+ 愿 yuàn(願: 바랄 원), 者 zǐ(者: 놈 자, 것 자), 标 biāo(標: 표 표, 표시할
표), 意 yì(뜻 의)

2급

声

聲

shēng

선비(士)가 뱀(尸)처럼 길게 내는 소리니 소리 성

[번체] 聲 – 선비(士)가 놀라 뱀(尸)을 칠(殳) 때처럼 귀(耳)에 들려오는 소리니
'소리 성'
+ 尸[巴 bā(뱀 파, 꼬리 파, 바랄 파)의 변형], 殳 shū(칠 수, 창 수, 몽둥이 수),
耳 ěr(귀 이)

声音 shēngyīn ① 소리, 목소리 ② 의견, 논조 2급

大声 dàshēng ① 큰 소리, 높은 소리 ② 소리를 크게 내다 2급

相声 xiàngsheng 만담, 재담 5급

+ 音 yīn(소리 음), 相 xiāng(서로 상, 모습 상)

참고자

吉

jí

2급

结

結

jié/jiē

1급

喜

xǐ

선비(士)처럼 말하면(口) 길하고 상서로우니

길할 길, 상서로울 길

+ 길하다 – 운이 좋거나 일이 상서롭다
+ 상서(祥瑞 xiángruì) – 복되고 좋은 일이 일어날 조짐
+ 士 shì(선비 사, 군사 사, 칭호나 직업에 붙이는 말 사), 口 kǒu(입 구, 말할
  구, 구멍 구), 祥 xiáng(祥: 상서로울 상), 瑞 ruì(상서로울 서)
  吉祥 jíxiáng 상서롭다, 길하다, 운수가 좋다[↔ 不祥 bùxiáng] 5급

실(纟)로 좋게(吉) 묶으니 묶을 결(jié)

또 줄기에 묶인 모양으로 열매를 맺으니 맺을 결(jiē)

+ 纟 sī[糸 mì/sī(실 사, 실 사 변의 간체자)]
  结果 jiéguǒ 결과, 결실, 성과[↔ 原因 yuányīn] 2급
  结合 jiéhé ① 결합하다 ② 부부가 되다 3급
  总结 zǒngjié ① 총결산하다 ② 총결산 3급
+ 果 guǒ(과일 과, 결과 과), 合 hé(합할 합, 맞을 합), 总 zǒng(總: 모두 총, 모
  을 총, 거느릴 총)

좋은(吉) 채소(艹)를 입(口)으로 먹으면 기쁘니 기쁠 희

+ 艹[艹 cǎo(艹: 초 두)의 변형]
  喜欢 xǐhuan ① 좋아하다, 사랑하다 ② 즐거워하다 1급
  喜爱 xǐ'ài 좋아하다, 애호하다 4급

꿀TIP 까치는 중국에서도 기쁘고 좋은 뜻으로 쓰여, 중국어로 까치는 '喜 xǐ'를 넣어
'喜鹊 xǐquè'라고 하지요.

+ 欢 huān(歡: 기뻐할 환), 爱 ài(愛: 사랑 애, 즐길 애, 아낄 애), 鹊 què(鵲:
  까치 작)

참고자

rén

삐뚤어진(丿) 선비(士)처럼 간사하여 큰 죄업을 짊어지니

간사할 **임**, 짊어질 **임**, 아홉째 천간 **임**

+ 丿 piě(삐침 별), 士 shì(선비 사, 군사 사, 칭호나 직업에 붙이는 말 사)

3급

rèn

사람(亻)이 어떤 일을 **짊어져**(壬) 맡으니 맡을 임

任何 rènhé 어떠한, 무슨[주로 '都 dōu'와 호응하여 쓰임] 3급
任务 rènwu 임무, 책무 3급
信任 xìnrèn 신임하다, 믿고 맡기다 3급
责任 zérèn 책임[↔ 权力 quánlì] 3급

+ 何 hé(무엇 하, 어찌 하), 务 wù(務: 일 무, 힘쓸 무), 信 xìn(믿을 신, 소식 신), 责 zé(責: 꾸짖을 책, 책임 책)

참고자

tíng

임무를 **짊어지고**(壬) 가서(廴) 일하는 조정이나 법정이니

조정 **정**, 법정 **정**

+ 비 延 yán(끌 연, 늘일 연) – 제목번호 315 참고
+ 조정(朝廷 cháotíng) – 임금이 정사를 펴며 의식을 행하였던 곳
+ 廴 yǐn/yìn(길게 걸을 인), 朝 cháo/zhāo(아침 조, cháo 조정 조, 뵐 조)

2급

tǐng

손(扌) 재주가 **조정**(廷)에 알려질 정도로 빼어나니 빼어날 **정**
또 빼어날 정도로 꼿꼿하게 견디니 꼿꼿할 **정**, 견딜 **정**

挺好 tǐnghǎo 괜찮다, 좋다 2급
+ 好 hǎo(좋을 호, 좋아할 호)

2급

tíng

집(广)안에 **조정**(廷)처럼 가꾼 뜰이니 뜰 정

+ 广 guǎng(집 엄, 廣: 넓을 광, 많을 광)
家庭 jiātíng ① 가정 ② 같은 환경에 처한 공동체 2급
+ 家 jiā(집 가, 전문가 가)

wáng

yù

bǎo

하늘(一) 땅(一) 사람(一)의 뜻을 두루 **꿰뚫어**(|) 살펴야 하는
임금이니 **임금 왕**
또 임금처럼 어떤 분야에서 으뜸이니 **으뜸 왕**
또 구슬 **옥**(玉)이 부수로 쓰일 때의 모양이니 **구슬 옥 변**

임금 왕(王) 우측에 **점**(丶)을 찍어서 **구슬 옥**

玉米 yùmǐ 옥수수[= 玉蜀黍 yùshǔshǔ] 4급

+ 米 mǐ(쌀 미, 미터 미)

집(宀)에 있는 **구슬**(玉) 같은 보배니 **보배 보**

번체 寶 - 집(宀) 안의 구슬(王)과 장군(缶) 속에 간직한 재물(貝) 같은 보배니
'보배 보'

+ 宀 mián(집 면), 缶 fǒu(장군 부, 질그릇 부), 貝(조개 패, 재물 패, 돈 패:贝
bèi)

宝宝 bǎobǎo 아기, 귀염둥이[어린애에 대한 애칭] 4급

宝石 bǎoshí 보석 4급

宝贝 bǎobèi ① 귀염둥이 ② 보물 ③ 귀여워하다 4급

宝贵 bǎoguì ① 귀중한 ② 소중히 여기다[≒ 珍贵 zhēnguì] 4급

꿀TIP '宝贝'는 귀여운 아이, 예쁜 애인에 대한 애칭으로도 많이 사용됩니다.

+ 石 shí(돌 석), 贝 bèi(貝: 조개 패, 재물 패, 돈 패), 贵 guì(貴: 귀할 귀, 비
쌀 귀)

1급

班

bān

구슬(王)과 **구슬**(王)을 **칼**(刂)로 나눈 반이니 나눌 **반**, 반 **반**
또 반으로 나누어 근무하니 근무할 **반**

+ 班은 일정한 목적을 위하여 조직한 사람들의 작은 집단을 말합니다.
+ 刂 dāo(칼 도 방)

上班 shàngbān 출근하다, 일을 시작하다 `1급`

下班 xiàbān (규정된) 근무 시간이 끝나다, 퇴근하다 `1급`

班长 bānzhǎng ① 반장 ② 군사 분대장 `2급`

班级 bānjí 클래스, 반 `3급`

航班 hángbān (배 · 비행기의) 운행 노선 `4급`

+ 上 shàng(위 상, 오를 상), 下 xià(아래 하, 내릴 하), 长 cháng/zhǎng(長: 길
장, 자랄 장, 어른 장), 级 jí(級: 등급 급), 航 háng(건널 항)

2급

全

quán

사람(人)이 **왕**(王)이 되면 모든 것이 갖추어져 온전하니 온전할 **전**

번체 全 – 조정에 들어가(入) 왕(王)이 되면 모든 것이 갖추어져 온전하니
'온전할 전'

+ 온전하다 – ① 본바탕 그대로 고스란하다 ② 잘못된 것이 없이 바르거나 옳다

全部 quánbù ① 전부 ② 전부의 `2급`

全家 quánjiā 전 가족, 온 집안 `2급`

全身 quánshēn ① 전신, 온몸 ② 몸을 온전히 하다 ③ 단체 · 사물의 전부 `2급`

全体 quántǐ ① 전체[= 全部 quánbù] ② 온몸, 전신 `2급`

全场 quánchǎng 전체 관객[= 满堂 mǎntáng] `3급`

全面 quánmiàn ① 전면, 전반 ② 전면적이다[→ 片面 piànmiàn] `3급`

全世界 quánshìjiè 전 세계 `5급`

+ 部 bù(나눌 부, 마을 부, 거느릴 부), 家 jiā(집 가, 전문가 가), 身 shēn(몸
신), 体 tǐ(體: 몸 체), 场 chǎng(場: 마당 장, 장소 장, 무대 장), 面 miàn(얼
굴 면, 향할 면, 볼 면, 麵: 밀가루 면, 국수 면), 世 shì(세대 세, 세상 세),
界 jiè(경계 계, 세계 계)

程

chéng

벼(禾)를 얼마나 **드릴(呈)** 것인지 법으로 정한 정도니

법 정, 정도 정

+ 呈 – 입(口)에 맞는 음식을 왕(王)께 보이고 드리니 '보일 정, 드릴 정'
[번체] 呈 – 입(口)에 맞는 음식을 짊어지고(壬) 가서 보이고 드리니
'보일 정, 드릴 정'
+ 정도(程度 chéngdù) – (사물의 성질이나 가치를 양이나 우열 등에서 본) 분
량이나 수준
+ 禾 hé(벼 화), 壬 rén(간사할 임, 짊어질 임, 아홉째 천간 임), 度 dù(법도 도,
정도 도, 시간 보낼 도, 헤아릴 탁)

程度 chéngdù 정도, 수준[≒ 水平 shuǐpíng] 3급
工程师 gōngchéngshī 기사, 엔지니어 3급
课程 kèchéng 교육 과정, 커리큘럼 3급
工程 gōngchéng 공사, 공정[= 工事 gōngshì] 4급

+ 工 gōng(일꾼 공, 일할 공, 연장 공), 师 shī(師: 스승 사, 전문가 사), 课
kè(課: 조목 과, 과목 과)

狂

kuáng

개(犭)가 **왕(王)**이나 된 듯이 날뛰며 미치니 미칠 광

또 미친 듯 격렬하니 격렬할 광

+ 犭 quǎn(큰 개 견, 개 사슴 록 변)

疯狂 fēngkuáng ① 미치다 ② 미친 듯이 날뛰다 5급

+ 疯 fēng(瘋: 미칠 풍)

逛

guàng

미친(狂) 듯 여기저기 **거닐며(辶)** 배회하니 배회할 광

+ 辶 chuò(뛸 착, 갈 착)

3급

古

gǔ

많은(十) 사람의 입에 오르내린 **말(口)**은 이미 오래된 옛날이야기니
오랠 고, 옛 고

古代 gǔdài 고대 3급
古老 gǔlǎo ① 고로 ② 오래되다, 진부하다 5급
+ 代 dài(대신할 대, 세대 대, 대금 대), 老 lǎo(늙을 로, 존칭 접사 로)

5급

估

gū

사람(亻)이 **오래(古)** 지켜보며 추측하고 평가하니
추측할 고, 평가할 고

估计 gūjì 추측하다, 헤아리다, 짐작하다 5급
评估 pínggū (질·수준·성적 등을) 평가하다[≒ 估价 gūjià, 评价 píngjià] 5급
+ 计 jì(計: 셈할 계), 评 píng(評: 평할 평)

5급

姑

gū

여자(女) 중 나보다 **오래(古)** 살아온 시어머니나 고모니
시어머니 고, 고모 고
또 세월이 빨라 시어머니가 되는 것은 잠깐이니 **잠깐 고**

姑娘 gūniang ① 처녀, 아가씨 ② 딸 3급
+ 娘 niang(아가씨 낭, 어머니 낭)

3급

苦

kǔ

풀(艹), 즉 나물도 **오래(古)** 자라면 쇠어서 쓰니 **쓸 고**
또 맛이 쓰면 먹기에 괴로우니 **괴로울 고**

+ 비 若 ruò(만약 약, 같을 약, 반야 야) – 2권 제목번호 068 참고
+ 쇠다 – 채소가 너무 자라서 줄기나 잎이 뻣뻣하고 억세게 되다
艰苦 jiānkǔ ① 힘들고 어렵다 ② 간난신고 5급
辛苦 xīnkǔ ① 고생스럽다 ② 수고하십니다, 수고했습니다 5급
辛苦了 xīnkǔle 수고하셨습니다 참고어
+ 艰 jiān(艱: 어려울 간), 辛 xīn(고생할 신, 매울 신)

4급

固

gù

2급

故

gù

1급

做

zuò

에워싸(口) 오래(古) 두면 굳으니 굳을 고

+ 口 wéi/guó(에운 담)

固定 gùdìng ① 고정되다, 불변하다 ② 정착하다[↔ 流动 liúdòng] 4급

坚固 jiāngù 견고하다[≒ 牢靠 láokao, 牢固 láogù, 坚实 jiānshí] 4급

+ 定 dìng(정할 정), 坚 jiān(堅: 굳을 견)

오래된(古) 일이지만 하나씩 짚으며(攵) 묻는 연고 있는 옛날이니 연고 고, 옛 고

+ 古 gǔ는 단순히 시간상으로 옛날이고, 故 gù(연고 고, 옛 고)는 연고 있는 옛날, 즉 사연 있는 옛날입니다.

+ 연고(缘故 yuángù) - ① 사유(事由) ② 혈통 · 정분 · 법률 따위로 맺어진 관계 ③ 인연(因缘), 여기에서는 ①의 뜻

+ 缘 yuán(緣: 인연 연)

故事 gùshi ① 옛날부터 전해오는 이야기 ② 줄거리 2급

故意 gùyì 고의로, 일부러 2급

事故 shìgù 사고 3급

+ 事 shì(일 사, 섬길 사), 意 yì(뜻 의)

사람(亻)이 무엇을 연고(故)에 따라 만드니 만들 주

做到 zuòdào 성취하다, 달성하다 2급

做法 zuòfǎ (하는) 방법[= 作法 zuòfǎ] 2급

做饭 zuòfàn 밥을 짓다[= 作饭zuòfàn] 2급

+ 到 dào(이를 도, 주도면밀할 도), 法 fǎ(법 법), 饭 fàn(飯: 밥 반)

4급

居

jū

몸(尸)이 **오래**(古) 머물러 사니 **머무를 거**, 살 거

+ 尸 shī(주검 시, 몸 시)

居民 jūmín 주민, 거(주)민 [4급]

居住 jūzhù 거주하다 [4급]

邻居 línjū 이웃집, 이웃 사람[≒ 邻舍 línshè] [5급]

居然 jūrán ① 놀랍게도 ② 명백히, 분명히 [5급]

+ 民 mín(백성 민), 住 zhù(멈출 주, 살 주, 사는 곳 주), 邻 lín(鄰: 이웃 린), 然 rán(그러할 연)

3급

据

據

jù

손(扌)으로 집을 지어 **살면서**(居) 의지하고 점유하니

의지할 거, 점유할 거

[번체] 據 – 손(扌)으로 범(虍)이나 돼지(豕)를 잡으려고 칼이나 총 같은 도구에 의지하니 '의지할 거'

+ 扌 shǒu(손 수 변), 虍 hū(범 호 엄), 豕 shǐ(돼지 시)

据说 jùshuō 전해지는(들리는) 말에 의하면 ~라 한다 [3급]

证据 zhèngjù 증거 [3급]

根据 gēnjù ① ~에 의거하여 ② 근거 ③ 근거하다 [4급]

依据 yījù ① 의거하다 ② 근거[≒ 根据 gēnjù] [5급]

+ 说 shuō(說: 달랠 세, 말씀 설, 기쁠 열), 证 zhèng(證: 증명할 증), 根 gēn(뿌리 근), 依 yī(의지할 의)

3급

剧

劇

jù

머무르면서(居) **칼**(刂)에 찔린 듯 심하니 심할 극

또 심하게, 즉 실제와 똑같이 하는 연극이니 연극 극

[번체] 劇 – 범(虍)과 돼지(豕)를 잡으려고 칼(刂)로 찌르는 것이 심하니 '심할 극' 또 심하게, 즉 실제와 똑같이 하는 연극이니 '연극 극'

+ 刂 dāo(칼 도 방)

剧场 jùchǎng 극장[= 戏园(子)[xìyuán(zi)], 剧院(jùyuàn)] [3급]

剧本 jùběn 극본, 각본, 시나리오 [5급]

悲剧 bēijù 비극, 비참한 일 [5급]

喜剧 xǐjù 희극[↔ 悲剧 bēijù] [5급]

+ 场 chǎng(場: 마당 장, 장소 장, 무대 장), 本 běn(뿌리 본, 근본 본, 책 본, 판 본), 悲 bēi(悲: 슬플 비), 喜 xǐ(기쁠 희)

5급
摘
zhāi

손(扌)으로 과일의 **밑동(商)**을 따니 딸 **적**
또 익은 것을 가려 따듯이 가려 뽑으니 가려 뽑을 **적**

+ 商 dī – 머리 부분(亠)을 받친(丷) 성(冂) 모양으로 오래(古)된 밑동이나 뿌리니 '밑동 적, 뿌리 적'
+ 圎 商 shāng(商: 장사할 상, 협의할 상)
+ 밑동 – 나무줄기의 밑 부분으로, 사물의 제일 중요한 부분을 가리키기도 함
+ 亠 tóu(머리 부분 두), 丷(받친 모양), 冂 jiōng(멀 경, 성 경)

참고자
滴
dī

물(氵)이 방울져 나무 **밑동(商)**으로 떨어지는 물방울이니 물방울 **적**

3급
土
tǔ

많은(十) 것들이 살아가는 **땅(一)**의 흙이니 흙 **토**

+ 十 shí(열 십, 많을 십), 一('한 일'이지만 여기서는 '땅'으로 봄)
土地 tǔdì ① 토지, 전답 ② 영토 ③ 맨땅 **4급**
土豆 tǔdòu 감자 **5급**
+ 地 dì(땅 지), 豆 dòu(제기 두, 콩 두)

5급
吐
tù/tǔ

입(口)을 **땅(土)**에 대고 토하니 토할 **토**(tù)
또 토하듯 속마음을 털어놓으니 털어놓을 **토**(tǔ)

1급

坐
zuò

두 사람(人人)이 흙(土) 위에 앉으니 앉을 **좌**
또 앉듯이 무엇을 타거나 향하니 탈 **좌**, 향할 **좌**

+ 자동차, 배, 비행기 등의 교통수단을 탈 때는 동사 坐 zuò를, 말, 소, 낙타, 자전거, 오토바이 등과 같이 두 다리를 벌려서 탈 때는 동사 骑 qí(제목번호 397 참고)를 사용합니다.

坐下 zuòxia ① 앉다 ② 출산하다 ③ 식사하다 **1급**

乘坐 chéngzuò (자동차·배·비행기 등을) 타다 **5급**

+ 下 xià(아래 하, 내릴 하), 乘 chéng(탈 승, 곱할 승, 대 승)

2급

座
zuò

집(广)에서 앉는(坐)자리니 자리 **좌**
또 자리가 있는 위치니 위치 **좌**

+ 广 guǎng(집 엄, 廣: 넓을 광, 많을 광)

座位 zuòwèi 좌석[주로 공공장소에 쓰임 ≒ 座席 zuòxí] **2급**

讲座 jiǎngzuò 강좌 **4급**

+ 位 wèi(자리 위, 위치 위, 직위 위), 讲 jiǎng(講: 익힐 강, 설명할 강)

---

203 ▶ **社肚压 庄脏** – 土, 庄으로 된 한자
　　　　　사 두 압　장 장

3급

社
shè
社

신(礻) 중에 토지(土)를 주관하는 토지신이니 토지신 **사**
또 토지신께 제사 지낼 때처럼 모이니 모일 **사**

+ 礻 shì(보일 시, 신 시 변)

社会 shèhuì 사회 **3급**

旅行社 lǚxíngshè 여행사 **3급**

社区 shèqū 지역사회, (아파트 등의) 단지 **5급**

+ 会 huì(會: 모일 회, 잠깐 회, 알 회, 회계할 회), 旅 lǚ(군사 려, 나그네 려), 行 xíng/háng(다닐 행, 행할 행, 줄 항), 区 qū(區: 나눌 구, 구역 구)

4급

肚

dù

몸(月)에서 흙(土)더미처럼 불룩한 배니 배 두

+ 月 yuè(달 월, 육 달 월)

肚子 dùzi ① (사람이나 동물의) 복부 ② (물체의) 둥글게 볼록한 부분 **4급**

+ 子 zǐ/zi(아들 자, 첫째 지지 자, 자네 자, 접미사 자)

3급

压 壓

yā

굴 바위(厂)처럼 흙(土)으로 불똥(丶)을 덮어 누르니 누를 압

[번체] 壓 - 싫은(厭) 것을 흙(土)으로 덮어 누르니 '누를 압'
+ 厂 chǎng(굴 바위 엄, 언덕 엄, 廠: 헛간 창, 공장 창), 丶 zhǔ(점 주, 불똥 주), 厭(싫어할 염: 厌 yàn) - 제목번호 070 참고

压力 yālì ① 압력 ② 스트레스 ③ 과중한 부담 **3급**

+ 力 lì(힘 력)

7-9급

庄 莊

zhuāng

집(广)에 딸린 넓은 땅(土)이 장원이니 장원 장
또 장원처럼 넓은 마을이 장엄하니 마을 장, 장엄할 장

[번체] 莊 - 초목(艹)을 장하게(壯) 가꾼 장원이니 '장원 장'
　　　또 장원처럼 넓은 마을이 장엄하니 '마을 장, 장엄할 장'
+ 壯 - 나무 조각(爿)이라도 들고 군사(士)가 싸우는 모습이 굳세고 장하니
　　　'굳셀 장, 장할 장'
+ 장원(莊园 zhuāngyuán) - 봉건 시대의 황실·귀족·지주 등이 점유하고 있
　　　는 넓은 토지
+ 广 guǎng(집 엄, 廣: 넓을 광, 많을 광), 爿(나무 조각 장, 장수 장 변: 丬
　　　pán), 园 yuán(園: 동산 원)

2급

脏 臟髒

zàng/zāng

몸(月)속에 마을(庄)처럼 나뉘어 있는 여러 내장이니
내장 장(zàng)
또 내장처럼 더러우니 더러울 장(zāng)

[번체] 臟 - 몸(月)속에 곳간(藏) 같은 내장이니 '내장 장'
　　　髒 - 뼈(月)를 장사 지낸(葬) 것처럼 더러우니 '더러울 장'
+ 臧 zāng - 나무 조각(爿)과 창(戈) 속에 신하(臣)를 숨겨줌이 착하니
　　　'숨길 장, 착할 장'
+ 藏 cáng - 풀(艹)로 덮어 숨겨(臧) 감추니 '감출 장'
　　　또 감추어 두는 곳간이니 '곳간 장'
+ 葬 zàng - 풀(艹)로 죽은(死) 사람을 덮어 들고(廾) 가 장사 지내니
　　　'장사 지낼 장'
+ 장사(丧事 sāngshì) - 죽은 사람을 땅에 묻거나 화장하는 일
+ 月 yuè(달 월, 육 달 월), 戈 gē(창 과), 臣 chén(신하 신), 死 sǐ(죽을 사), 廾
　　　gǒng(받쳐 들 공), 丧 sàng(喪: 잃을 상, 죽을 상), 事 shì(일 사, 섬길 사)

참고자

guī

(천자가 제후를 봉할 때 주는 신표로)

영토를 뜻하는 **흙 토(土)**를 두 번 반복하여 **홀 규, 영토 규**

또 홀을 만들던 품질 좋은 서옥이니 **서옥 규**

+ 홀 – 옛날 중국에서 천자(天子)가 제후를 봉하거나 신을 모실 때 사용하던 것

3급

掛

guà

손(扌)에 **서옥(圭)**으로 만든 팔찌를 거니 **걸 괘**

또 이름을 걸어 등록하니 **등록할 괘**

[번체] 掛 – 손(扌)으로 점괘(卦)를 기록하여 거니 '걸 괘'
　　　　또 이름을 걸어 등록하니 '등록할 궤'
+ 卦 guà – 서옥(圭)처럼 점(卜)치면 반짝이며 나오는 점괘니 '점괘 괘'
+ 卜 bǔ(점 복, 蔔: 무 복)

2급

鞋

xié

가죽(革)으로 **흙(土)**과 **흙(土)**이 들어오지 않게 만든 신이니

신 혜

+ 한국에서는 '신발'을 ~靴[예: 운동화(运动靴)]라고 하지만, 중국에서는 靴
　xué라고 하면 대개 장화나 부츠 종류를 가리킵니다.
+ 靴 xuē – 가죽(革)을 변화시켜(化) 만든 장화나 부츠니 '장화 화, 부츠 화'
+ 革 gé(가죽 혁, 고칠 혁), 化 huà(될 화, 변화할 화, 가르칠 화)

球鞋 qiúxié 운동화 2급

高跟鞋 gāogēnxié 하이힐 5급

皮鞋 píxié 가죽구두[≒ 革履 gélǚ] 5급

+ 球 qiú(둥글 구, 공 구), 高 gāo(높을 고), 跟 gēn(발꿈치 근, 따라갈 근), 皮
　pí(가죽 피)

2급

封

fēng

영토(圭)를 **마디(寸)**마디 나누어 봉하니 **봉할 봉**

+ 봉하다 – ① 문·봉투·그릇 따위를 열지 못하게 꼭 붙이거나 싸서 막다
　　　　　② 임금이 신하에게 영지를 내려주고 영주(領主)로 삼다
　　　　　여기서는 ②의 뜻이지만 요즘에는 ①의 뜻으로만 쓰임
+ 寸 cùn(마디 촌, 법도 촌), 领 lǐng(領: 거느릴 령), 主 zhǔ(주인 주)

信封 xìnfēng 편지봉투, 봉투 3급

封闭 fēngbì 봉하다, 폐쇄하다[↔ 开放 kāifàng] 4급

+ 信 xìn(믿을 신, 소식 신), 闭 bì(閉: 닫을 폐)

1급

行

xíng/háng

사람이 다니는 사거리를 본떠서 다닐 행
또 다니며 행하니 행할 행(xíng)
또 다니듯 이어지는 줄이니 줄 항(háng)

行动 xíngdòng ① 행위, 행동 ② 움직이다, 행동하다 2급
行人 xíngrén 행인, 길을 가는 사람 2급
行为 xíngwéi 행위, 행동[≒ 行动 xíngdòng] 2급
不行 bùxíng ① (허락할 수 없다는 뜻으로) 안 된다 ② 적당하지 않다 ③ 임종
이 가깝다['了 le'와 함께 쓰임] 2급
进行 jìnxíng ① 진행하다 ② 종사하다[↔ 罢休 bàxiū] 2급
实行 shíxíng 실행하다[≒ 施行 shīxíng] 3급

+ 动 dòng(動: 움직일 동), 为 wèi(爲: 할 위, 위할 위), 进 jìn(進: 나아갈 진),
  实 shí(實: 열매 실, 실제 실)

2급

街

jiē

다니도록(行) 흙을 돌아(圭) 만든 거리니 거리 가

+ 圭 guī['홀 규, 영토 규, 서옥 규'지만 土 tǔ(흙 토)를 반복하였으니 여기서는
  '흙을 돈은 모양'으로 봄]
街道 jiēdào 거리, 큰길 4급
+ 道 dào(길 도, 도리 도, 말할 도)

3급

金

jīn

덮여 있는(人) 한(一) 곳의 흙(土)에 반짝반짝(丷) 빛나는
쇠나 금이니 쇠 금, 금 금
또 금은 돈으로도 쓰이니 돈 금

+ 중국 한자(간체자)에서 글자의 왼쪽에 붙는 변으로 쓰일 때는 '钅'의 형태로 씁니다.

黃金 huángjīn ① 황금 ② 진귀하다, 귀중하다 **4급**
美金 měijīn ① 미국 달러 ② 질이 좋은 금속 **4급**
押金 yājīn ① 보증금, 담보금 ② 선금 **5급**

꿀TIP 금자탑(金字塔 jīnzìtǎ)은 피라미드의 모양이 한자 金자와 흡사한 데서 유래하여, 金자 모양의 탑이라는 뜻이지요. 우리나라에서는 '금자탑'의 피라미드 의미가 사라지고 '길이 후세에 남을 뛰어난 업적을 비유적으로 이르는 말'로 쓰이지만, 중국에서는 피라미드를 여전히 '金字塔(jīnzìtǎ)'로 부릅니다.

+ 黃 huáng(黃: 누를 황), 美 měi(아름다울 미, 미국 미), 押 yā(누를 압, 압수할 압), 字 zì(글자 자), 塔 tǎ(탑 탑)

5급

锁
(鎖)

suǒ

쇠(钅)로 작은(丷) 조개(贝)를 엮듯이 만든 쇠사슬이니
쇠사슬 쇄
또 쇠사슬처럼 걸어 채우는 자물쇠니 자물쇠 쇄

+ 丷 [小 xiǎo(작을 소)의 변형], 贝 bèi(貝: 조개 패, 재물 패, 돈 패)

1급

生

shēng

사람(亻)이 흙(土)에 나서 사니
날 생, 살 생, 사람을 부를 때 쓰는 접사 생

+ 亻[人 rén(사람 인)의 변형]

生日 shēngrì 생일 **1급**

医生 yīshēng 의사, 의원 **1급**

生活 shēnghuó ① 생활 ② 살다 **2급**

一生 yìshēng 일생, 평생 **2급**

生成 shēngchéng ① 생성되다 ② 타고나다 ③ 낳아 기르다 **5급**

生理 shēnglǐ 생리, 생리학 **참고어**

招生 zhāo//shēng 신입생을 모집하다 **5급**

+ 医 yī(醫: 의원 의), 活 huó(살 활), 成 chéng(이룰 성), 理 lǐ(이치 리, 다스릴 리), 招 zhāo(부를 초)

2급

姓

xìng

여자(女)가 자식을 낳아(生) 다른 사람과 구별하기 위하여 붙인
성씨니 성씨 성
또 여러 성씨들이 모인 백성이니 백성 성

姓名 xìngmíng 성명, 성과 이름 **2급**

老百姓 lǎobǎixìng 백성, 국민, 일반인 **3급**

+ 名 míng(이름 명, 이름날 명), 老 lǎo(늙을 로, 존칭 접사 로), 百 bǎi(일백 백, 많을 백)

3급

性

xìng

마음(忄)에 나면서(生)부터 이루어진 성품이나 바탕이니
성품 성, 바탕 성

性别 xìngbié 성별 **3급**

性格 xìnggé 성격, 개성[≒ 性情 xìngqíng] **3급**

性质 xìngzhì 성질, 성분 **4급**

性能 xìngnéng 성능 **5급**

特性 tèxìng 특성 **5급**

꿀TIP 한국어의 성질(性質)은 사람과 사물에 모두 쓸 수 있지만, 중국어의 性质는 사물에만 사용하며, 사람의 성질은 '性格 xìnggé'라고 하지요.

+ 别 bié(나눌 별, 다를 별), 格 gé(격식 격, 의성어 격), 质 zhì(質 바탕 질), 能 néng(능할 능), 特 tè(특별할 특)

胜
勝
shèng

몸(月)에서 힘을 내(生) 이기니 **이길 승**
또 이기면 뭔가 나으니 **나을 승**

[번체] 勝 – 몸(月)을 구부려(失) 힘(力)써 이기니 '이길 승'
　　　또 이기면 뭔가 나으니 '나을 승'
◆ 失 – 팔(八)자 모양으로 사내(夫)가 걷는 모양이 구부정하게 구부리니
　　　'구부릴 권'
　　　(어원 해설을 위한 참고자로 실제 쓰이는 한자는 아님)

胜利 shènglì ① 승리[↔ 败北 bàiběi] ② 승리하다 `3급`
战胜 zhànshèng 이겨 내다, 극복하다 `4급`
胜负 shèngfù 승부, 승패 `5급`
◆ 利 lì(이로울 리, 날카로울 리), 战 zhàn(戰: 싸울 전, 무서워 떨 전), 负
　　fù(負: 짐 질 부, 질 부, 빚질 부)

星
xīng

해(日)가 진 뒤에 **빛나는(生)** 별이니 **별 성**
또 별처럼 빛나는 스타니 **스타 성**

星期 xīngqī 주, 요일 `1급`
星期日 xīngqīrì 일요일[= 星期天 xīngqītiān, 礼拜天 lǐbàitiān] `1급`
星星 xīngxing 별 `2급`
明星 míngxīng 연예인, 인기 스타 `2급`
卫星 wèixīng 위성 `5급`
◆ 期 qī(기간 기, 기약할 기), 天 tiān(天 하늘 천), 明 míng(밝을 명), 卫
　　wèi(衛: 지킬 위)

醒
xǐng

술(酉) 취했다가 정신이 **별(星)**처럼 말똥말똥해지며 깨니 **깰 성**
또 깨듯 무엇을 깨달으니 **깨달을 성**

◆ 酉 yǒu(술 그릇 유, 술 유, 닭 유, 열째 지지 유) – 제목번호 356 참고
提醒 tíxǐng 일깨우다, 깨우치다 `4급`
清醒 qīngxǐng ① (정신이) 맑다, 또렷하다 ② 정신이 들다 `4급`
◆ 提 tí(끌어올릴 제, 들 제), 清 qīng(淸: 맑을 청)

267

lǎo

흙(土)에 **지팡이**(丿) 짚으며 걸어야 할 정도로 늙었다는 데서,
늙을 로(老)가 부수로 쓰일 때의 모양으로 늙을 로 **엄**

+ '엄'은 부수 이름이기에, 원래 글자인 '늙을 로'의 음으로 제목을 달았습니다.
+ 土 tǔ(흙 토), 丿 piě('삐침 별'이지만 여기서는 지팡이로 봄)

lǎo

흙(土)에 **지팡이**(丿)를 **비수**(匕)처럼 짚으며 걸어야 할 정도로
늙으니 **늙을 로**
또 늙으면 경험이 풍부하니 존칭 접사로도 쓰여 **존칭 접사 로**

+ 匕 bǐ(비수 비, 숟가락 비)
老人 lǎorén 노인 [1급]
老师 lǎoshī 선생님 [1급]
老年 lǎonián ① 늙은 나이 ② 수년전, 오랜 세월 [2급]
老是 lǎoshi 언제나, 늘, 항상 [2급]
老王 lǎowáng 왕씨 [2급]
老头儿 lǎotóur 노인, 늙은이 [3급]
老公 lǎogōng 남편[= 丈夫 zhàngfū] [4급]

[꿀TIP] 老师의 老는 나이의 많고 적음과는 아무런 관련이 없고, 교사에 대한 존경의
뜻으로 쓰인 접두사기 때문에 젊은 선생님도 老师라고 부르지요.

+ 师 shī(師: 스승 사, 전문가 사), 年 nián(해 년, 나이 년), 是 shì(옳을 시,
이 시, ~이다 시), 王 wáng(임금 왕, 으뜸 왕, 구슬 옥 변), 头 tóu/tou(頭:
머리 두, 우두머리 두, 접미사 두), 公 gōng(공평할 공, 국가 공, 대중 공, 세
계 공통 공, 존칭 공)

1급

jiào/jiāo

늙은이(耂)가 **자식**(子)을 **치며**(攵) 시키고 가르치니

시킬 교, 가르칠 교(jiào)

또 자기만의 지식이나 기술을 가르치며 전수하니

전수할 교(jiāo)

[번체] 教 - 어질게(乂) 많이(ノ) 자식(子)을 치며(攵) 가르치니 '가르칠 교'
+ 攵(칠 복 = 攴), 乂 yì(벨 예, 다스릴 예, 어질 예), ノ[十 shí(열 십, 많을 십)
  의 변형]
+ 4성으로 발음할 때는 무엇을 하도록 시키는 것이고, 1성으로 발음할 때는 자
  기가 가진 지식을 전수하여 가르치는 것을 나타냅니다.

教学 jiàoxué ① 가르치다 ② 수업 ③ 가르치는 것과 배우는 것 2급
教育 jiàoyù ① 교육 ② 교육하다 2급
请教 qǐngjiào 가르침을 청하다[≒ 讨教 tǎojiào, 求教 qiújiào] 3급
+ 学 xué(學: 배울 학), 育 yù(기를 육), 请 qǐng(請: 청할 청)

---

209 ▶ **者堵都猪 暑著** – 者로 된 한자
　　　자 도 도 저　서 제(착)

2급

zhě

노인(耂)이 **날**(日)마다 일컫는 놈이나 것이니 놈 자, 것 자

[번체] 者 - 노인(耂)이 낮추어 말하는(白) 놈이나 것이니 '놈 자, 것 자'
+ 耂 lǎo(늙을 로 엄) 아래에 日 rì(해 일, 날 일)이 들어가면 중국 한자(간체
  자), 白 bái(흰 백, 밝을 백, 깨끗할 백, 아뢸 백)이 들어가면 한국 한자(번체
  자)

记者 jìzhě 기자 3급
读者 dúzhě 독자 3급
作者 zuòzhě 지은이, 저자 3급
+ 记 jì(記: 기록할 기, 기억할 기), 读 dú(讀: 읽을 독), 作 zuò(지을 작)

4급

dǔ

흙(土)으로 **사람**(者)이 막은 담이니 막을 도, 담 도

堵车 dǔchē 교통이 꽉 막히다 4급
+ 车 chē(車: 수레 거, 차 차

1급

都
dū/dōu

사람(者)들이 많이 사는 **고을(阝)**은 도시니 도시 **도**(dū)
또 도시처럼 사람이 많이 모인 모두니 모두 **도**(dōu)

+ 阝 yì(고을 읍 방)
首都 shǒudū 수도[≒ 国都 guódū] **3급**
大都 dàdōu/dàdū ① 대개, 대부분 ② 대도시 **5급**
全都 quándōu 모두, 전부 **5급**
+ 首 shǒu(머리 수, 우두머리 수), 全 quán(全: 온전할 전)

3급

猪
zhū

개(犭)처럼 **사람(者)**이 많이 기르는 돼지니 돼지 **저**

+ 犭 quǎn(큰 개 견, 개 사슴 록 변)

4급

暑
shǔ

해(日)가 바로 **사람(者)** 위에 있는 듯 더우니 더울 **서**

暑假 shǔjià 여름 방학, 여름휴가 **4급**
+ 假 jià(거짓 가, 임시 가, 暇: 휴가 가)

4급

著
zhù/zhuó

(부귀공명을 멀리하고) **초(艹)**야에 묻혀 **사람(者)**이 글을 지어
드러나니 글 지을 **저**, 드러날 **저**(zhù)
또 **풀(艹)**로 **사람(者)**이 옷을 만들어 몸에 붙게 입었으니
붙을 **착**, 입을 **착**(zhuó)

+ 초야(草野 cǎoyě) – '풀이 난 들'로, 가난한 시골을 이르는 말
+ 저(著 zhù) – 저자의 이름 다음에 쓰이어 저술이나 저작의 뜻을 나타냄
著名 zhùmíng 저명하다[≒ 知名 zhīmíng ↔ 无名 wúmíng] **4급**
著作 zhùzuò ① 저작하다 ② 저서, 저작, 작품 **4급**
+ 名 míng(이름 명, 이름날 명), 作 zuò(지을 작)

1급

考

kǎo

노인(耂)처럼 교묘하게(丂) 살피고 생각하니

살필 고, 생각할 고

+ 丂 kǎo(교묘할 교) – 제목번호 345 '巧 qiǎo'의 주 참고

考试 kǎoshì ① 시험(치다) ② 시험 **1급**

考生 kǎoshēng 수험생[= 应考生 yìngkǎoshēng] **2급**

考虑 kǎolǜ 고려(하다), 생각(하다) **4급**

参考 cānkǎo 참고하다 **4급**

思考 sīkǎo 사고하다 **4급**

+ 试 shì(試: 시험할 시), 虑 lǜ(慮: 생각할 려), 参 cān/shēn(参: 참여할 참, 가지런할 참, 蔘: 인삼 삼), 思 sī(생각할 사)

5급

烤

kǎo

불(火)기운을 살펴(考) 쪼이며 말리거나 구우니

쪼일 고, 말릴 고, 구울 고

烤肉 kǎoròu ① 구운 고기 ② 고기를 굽다 **5급**

烤鸭 kǎoyā (통)오리구이 **5급**

+ 肉 ròu(고기 육), 鸭 yā(鴨: 오리 압)

참고자

田

tián

사방을 경계 짓고 나눈 밭의 모양에서

밭 전

細
xì

실(纟)처럼 밭(田)이랑이 가느니 가늘 세

+ 纟 sī[糸 mì/sī(실 사, 실 사 변의 간체자)]

细节 xìjié 자세한 사정, 사소한 부분 4급

细致 xìzhì 정교하다, 세밀하다 4급

+ 节 jié(節: 마디 절, 절개 절, 계절 절, 명절 절), 致 zhì(이를 치)

思
sī

밭(田)을 갈듯이 마음(心)으로 요모조모 생각하니 생각할 사

意思 yìsi ① 의미, 내용 ② 생각 ③ 재미 2급

有意思 yǒu yìsi ① 의미심장하다 ② 재미있다 2급

不好意思 bùhǎoyìsi ① 부끄럽다 ② ~하기가 곤란하다 2급

思想 sīxiǎng ① 사상 ② 생각 ③ 생각하다 3급

+ 意 yì(뜻 의), 有 yǒu(가질 유, 있을 유), 好 hǎo(좋을 호, 좋아할 호), 想 xiǎng(생각할 상)

累
lěi/lèi

밭(田)이랑이 실(糸)처럼 여러 갈래로 쌓이니
여러 루, 쌓일 루(lěi)
또 쌓인 일을 하느라 피곤하니 피곤할 루(lèi)

积累 jīlěi ① 누적되다, 축적되다 ② 축적, 축적물 4급

+ 积 jī(積: 쌓을 적)

畫
huà

하나(一)의 밭(田) 같은 종이(凵)에 그린 그림이니 그림 화
또 그림 그리듯 그으니 그을 획

[번체] 畫 – 붓(聿)으로 밭(田) 하나(一)를 그린 그림이니 '그림 화'
　　　　또 그림 그리듯이 그으니 '그을 획'

+ 凵 kǎn/qiǎn('입 벌릴 감, 그릇 감'이지만 여기서는 종이로 봄)
+ 畫[聿 yù(붓 율)의 변형]

画儿 huàr 그림 2급

画家 huàjiā 화가[= 画手 huàshǒu, 画工 huàgōng] 2급

动画片 dònghuàpiàn 만화영화 4급

画面 huàmiàn 화면 5급

+ 儿 ér(사람 인 발, 접미사 아, 兒: 아이 아), 家 jiā(집 가, 전문가 가), 动 dòng(動: 움직일 동), 片 piàn(조각 편, 필름 편), 面 miàn(얼굴 면, 향할 면, 볼 면, 麵: 밀가루 면, 국수 면)

5급

鼻

bí

자기(自)의 밭(田)처럼 넓은 얼굴에 대(廾)처럼 우뚝 솟은 코니
코 비

+ 自 zì(자기 자, 스스로 자, 부터 자), 廾 jī(대 기, 책상 기)
鼻子 bízi 코 5급
+ 子 zǐ/zi(아들 자, 첫째 지지 자, 자네 자, 접미사 자)

---

212 >> **胃谓** – 胃로 된 한자
　　　 위　위

5급

胃

wèi

밭(田)처럼 넓어 몸(月)에서 음식물을 담아 소화시키는 밥통이니
밥통 위

+ 月 yuè(달 월, 육 달 월)

4급

谓

谓

wèi

말(讠)을 위(胃)가 음식을 소화시키듯이 이해되게 이르니
이를 위

+ 讠 yán[言(말씀 언 변)의 간체자]
+ 이르다(謂 wèi) – 말하다, 알아듣거나 깨닫게 하다
无所谓 wúsuǒwèi ① 상관없다 ② ~라고 할 정도는 아니다 4급
+ 无 wú(無: 없을 무), 所 suǒ(장소 소, 바 소)

7-9급

苗

miáo

풀(艹)처럼 **밭**(田)에서 나는 싹이니 **싹 묘**
또 씨앗에서 나는 싹 같은 후손이니 **후손 묘**

苗条 miáotiao 날씬하다, 늘씬하다 참고어
苗头 miáotou 조짐, 징후 참고어
禾苗 hémiáo 모, 볏모 참고어

+ 条 tiáo(條: 조목 조, 가지 조, 가늘고 길 조), 头 tóu/tou(頭: 머리 두, 우두
  머리 두, 접미사 두), 禾 hé(벼 화)

2급

猫

māo

짐승(犭) 중 콧수염이 **풀싹**(苗)처럼 긴 고양이니 **고양이 묘**

+ 우리나라에서는 고양이 울음을 '야옹'이라고 하는데, 중국에서는 '喵 miāo'라
  고 합니다.
+ 犭 quǎn(큰 개 견, 개 사슴 록 변)

大熊猫 dàxióngmāo 자이언트 판다 5급

+ 熊 xióng(곰 웅)

4급

描

miáo

손(扌)으로 **싹**(苗)처럼 가늘게 선을 그으며 그리니 **그릴 묘**

描述 miáoshù 묘사(하다), 기술[서술](하다)[= 描叙 miáoxù] 4급
描写 miáoxiě 묘사하다, 그려 내다 4급

+ 述 shù(述: 말할 술, 책 쓸 술), 写 xiě(寫: 베낄 사)

참고자

畐

fù

한(一) 사람의 **입**(口)은 **밭**(田)에서 난 곡식만으로도 차니
찰 복

3급

福

fú

신(礻)이 **채워**(畐) 준다는 복이니 복 복

+ 礻 shì(보일 시, 신 시 변)

幸福 xìngfú ① 행복하다 ② 행복 **3급**

祝福 zhùfú ① 축복하다, 축원하다 ② 축복, 축하 **4급**

福利 fúlì (직장인들을 위한) 후생 복지 **5급**

+ 幸 xìng(행복할 행, 바랄 행), 祝 zhù(祝: 빌 축, 축하할 축), 利 lì(이로울
리, 날카로울 리)

5급

幅

fú

수건(巾) 같은 천의 가로로 **찬**(畐) 넓이니 넓이 폭

+ 巾 jīn(수건 건)

幅度 fúdù ① 정도, 폭 ② 사물의 변동 폭 **5급**

+ 度 dù(법도 도, 정도 도, 시간 보낼 도, 헤아릴 탁)

3급

富

fù

집(宀)에 재물이 **찬**(畐) 넉넉한 부자니 넉넉할 **부**, 부자 부

+ 宀 mián(집 면)

丰富 fēngfù 풍부하다, 넉넉하다 **3급**

财富 cáifù 재산, 자산 **4급**

+ 丰 fēng[풀 무성할 봉, 예쁠 봉, 豐: 풍성할 풍], 财 cái(財: 재물 재)

2급

dān
單

점점(ᐟᐟ) 첫째(甲) 대접만 받으려고 하면 따돌림당하여 **홀로(一)**니
홀 단

[번체] 單 – 식구들의 입들(口 · 口)을 굶기지 않기 위해 밭(田)에 많이(十) 나가
일하는 혼자니 '홀 단'
+ 홀 – 낱, 하나
+ 甲(첫째 갑, 첫째 천간 갑, 갑옷 갑), 田 tián(밭 전), 十 shí(열 십, 많을 십)
单调 dāndiào 단조롭다 [4급]
单独 dāndú 단독으로, 혼자서[↔ 共同 gòngtóng] [4급]
单一 dānyī 단일하다 [5급]
+ 调 diào(調: 조사할 조, 옮길 조, 고를 조, 조절할 조), 独 dú(獨: 홀로 독)

5급

dàn/tán
彈

활(弓)에서 화살처럼, 총에서 **하나(单)**씩 튕겨 나가는 탄알이니
탄알 탄(dàn)
또 탄알처럼 튕기니 **튕길 탄**(tán)

+ 弓 gōng(활 궁)
子弹 zǐdàn 총알, 탄알 [5급]
+ 子 zǐ/zi(아들 자, 첫째 지지 자, 자네 자, 접미사 자)

4급

奋 (奮)
fèn

크게(大) 밭(田)에서 다른 것은 떨치고 힘쓰니
떨칠 분, 힘쓸 분

[번체] 奮 – 큰(大) 새(隹)가 밭(田)에서 먹이를 찾으려고 다른 것은 떨치고
힘쓰니 '떨칠 분, 힘쓸 분'

+ 떨치다 – 세게 떨어지게 하다
+ 隹 zhuī(새 추)

奋斗 fèndòu 분투하다[≒ 斗争 dòuzhēng] 4급

兴奋 xīngfèn ① 흥분하다, 흥분시키다 ② 흥분[↔ 平静 píngjìng] 4급

+ 斗 dòu(말 두, 鬪: 싸울 투), 兴 xīng(興: 흥할 흥, 흥겨울 흥, 흥미 흥)

1급

备 (備)
bèi

서서히(夂) 밭(田)에 나갈 채비를 갖추니
갖출 비

[번체] 備 – 짐승 기르는 사람(亻)들은 풀(艹)을 바위(厂) 위에 말려 겨울에
쓸(用) 건초를 갖추니 '갖출 비'

+ 그냥 흙에 말리는 것보다 바위 같은 곳에 말려야 잘 마르지요.
+ 夂 zhǐ/zhōng(천천히 걸을 쇠, 뒤져 올 치), 艹 cǎo(艹: 초 두), 厂 chǎng(굴
바위 엄, 언덕 엄, 廠: 헛간 창, 공장 창), 用 yòng(쓸 용)

准备 zhǔnbèi ① 준비하다 ② 준비, 예비 1급

设备 shèbèi ① 설비, 시설 ② 갖추다, 설비하다 3급

具备 jùbèi 갖추다, 구비하다[= 具有 jùyǒu] 4급

配备 pèibèi ① 분배하다 ② (병력을) 배치하다 ③ 잘 갖추어진 설비, 장치 5급

预备 yùbèi ① 예비[준비](하다) ② ~할 예정이다 ③ 준비[경주의 출발에 쓰임]
5급

+ 准 zhǔn(準: 정확할 준, 허가할 준), 设 shè(設: 세울 설, 베풀 설), 具 jù(갖
출 구, 기구 구), 配 pèi(나눌 배, 짝 배), 预 yù(預: 미리 예, 맡길 예, 참여할
예)

里

裏

lǐ/li

먹을거리를 생산하는 **전(田)**답이 있는 **땅(土)**에 형성되었던 마을이니
마을 리(lǐ)
또 거리를 재는 단위로도 쓰여 거리 리(lǐ)
또 마을은 전답의 가운데인 속에 있으니 속 리(li)

[번체] 裏 - 마치 옷(衣)으로 둘러싸인 마을(里)처럼 무엇으로 둘러싸인 속이니
'속 리'

✛ 숫자 개념이 없었던 옛날에는 어느 마을에서 어느 마을까지의 몇 배 정도로
거리를 셈했던가 봐요. 그러다가 후대로 오면서 1리를 한국에서는 400m, 중국
에서는 500m로 정하여 쓰게 되지요.

✛ 번체자에서는 里(마을 리, 거리 리)와 裏(속 리)를 구분하여 사용하지만, 중
국 한자(간체자)에서는 里로 통일하여 사용합니다.

里边 lǐbian 안(쪽), 속 [1급]

里头 lǐtou ① 안, 내부 ② 안쪽 [2급]

心里 xīnli 마음속 [2급]

里面 lǐmiàn 안, 안쪽[→ 表面 biǎomiàn, 外面 wàimiàn] [3급]

手里 shǒuli ① 손, 수중(手中) ② 재정 상태 [4급]

城里 chénglǐ 시내 [5급]

✛ 边 biān(邊: 가 변, 쪽 변), 头 tóu/tou(頭: 머리 두, 우두머리 두, 접미사
두), 心 xīn(마음 심, 중심 심), 面 miàn(얼굴 면, 향할 면, 볼 면, 麵: 밀가루
면, 국수 면), 城 chéng(성 성)

理

lǐ

왕(王)이 **마을(里)**을 이치에 맞게 다스리니 이치 리, 다스릴 리

✛ 원래는 구슬(王)을 가공할 때 여기저기 흩어져 있는 마을(里)처럼 여기저기
들어 있는 무늬가 잘 나타나도록 이치에 맞게 잘 다스린다는 데서 '이치 리,
다스릴 리(理)'입니다.

道理 dàolǐ 도리, 법칙, 방법 [2급]

理解 lǐjiě 알다, 이해하다 [3급]

理论 lǐlùn ① 이론 ② (이치에 근거하여) 논쟁하다 [3급]

合理 hélǐ 도리에 맞다, 합리적이다 [3급]

理发 lǐfà 이발하다, 머리를 깎다 [3급]

✛ 道 dào(길 도, 도리 도, 말할 도), 解 jiě(해부할 해, 풀 해), 论 lùn(論: 논할
론, 평할 론), 合 hé(합할 합, 맞을 합), 发 fā(發: 쏠 발, 일어날 발, 髮: 머리
털 발)

量

liáng/liàng

아침(旦)마다 그날 가야 할 **거리(里)**를 헤아리니
헤아릴 **량**(liáng)
또 헤아려 담는 용량이니 용량 **량**(liàng)

+ 旦 dàn(아침 단) − 제목번호 005 참고

大量 dàliàng ① 대량(의, 으로)[↔ 少量 shǎoliàng] ② 도량이 넓다 2급

力量 lìliàng 힘, 역량 3급

数量 shùliàng 수량, 양 3급

能量 néngliàng ① 에너지 ② 능력, 역량 5급

热量 rèliàng 열량[≒ 卡路里 kǎlùlǐ] 5급

+ 力 lì(힘 력), 数 shù(數: 셀 수, 두어 수, 자주 삭, 운수 수), 能 néng(능할 능), 热 rè(熱: 더울 열)

厘

lí

언덕(厂) 아래 **마을(里)**을 다스리니 다스릴 **리**
또 길이·무게·넓이·돈의 단위로도 쓰여 **리 리**

[번체] 釐 − 아니(未) 친(攵), 즉 미 개척된 언덕(厂) 아래 마을(里)을 다스리니 '다스릴 리'
또 길이·무게·넓이·돈의 단위로도 쓰여 '리 리'

+ 厂 chǎng(굴 바위 엄, 언덕 엄, 廠: 헛간 창, 공장 창), 未 wèi(아닐 미, 아직 ~ 않을 미), 攵 pō(칠 복, = 攴)

厘米 límǐ 센티미터 4급

+ 米 mǐ(쌀 미, 미터 미)

tóng

(어른들은 일터에 가고)
서서(立) 마을(里)에 노는 사람은 주로 아이니 **아이 동**

+ 立 lì(설 립) – 제목번호 120 참고
童话 tónghuà 동화 **4급**
儿童 értóng 아동, 어린이 **4급**

+ 话 huà(話: 말씀 화, 이야기 화), 儿 ér(사람 인 발, 접미사 아, 兒: 아이 아)

zhuàng

손(扌)으로 **아이(童)**처럼 무엇을 치니 **칠 당**

+ 아이들은 손을 가만두지 않고 항상 무엇을 하거나 침을 생각하고 만든 한자

zhòng/chóng

많은(千) 마을(里)에서 모은 것이라 무겁고 귀중하니
무거울 중, 귀중할 중(zhòng)
또 무겁고 귀중하여 거듭 다루니 거듭 중(chóng)

+ 千 qiān(일천 천, 많을 천)
重要 zhòngyào 중요하다 **1급**
重量 zhòngliàng 중량, 무게 **4급**
体重 tǐzhòng 몸무게 **4급**

+ 要 yào(중요할 요, 바랄 요, 요구할 요), 量 liáng/liàng(헤아릴 량, 용량 량), 体 tǐ(體: 몸 체)

dǒng

마음(忄)으로 풀(艹) 속에 **중요한(重)** 성분이 들어 있음을 아니
알 동

+ 忄 xīn(마음 심 변)
懂得 dǒngde 이해하다, 알다 **2급**

+ 得 dé/de/děi(얻을 득, 조사 득, 조동사 득)

2급

由

yóu

밭(田)에 **싹**(丨)이 나는 것은 씨앗을 뿌린 까닭으로 말미암으니
까닭 유, 말미암을 유

+ 丨 gùn('뚫을 곤'이지만 여기서는 싹으로 봄)

自由 zìyóu ① 자유롭다 ② 자유 **2급**

由于 yóuyú ~ 때문에, ~(으)로 인하여 **3급**

理由 lǐyóu 이유, 까닭 **3급**

由此 yóucǐ ① 이리하여 ② (기점을 나타내어) 이로부터 **5급**

+ 自 zì(자기 자, 스스로 자, 부터 자), 于 yú(어조사 우), 理 lǐ(이치 리, 다스릴 리), 此 cǐ(이 차)

2급

油

yóu

물(氵)처럼 열매를 짬으로 **말미암아**(由) 나오는 기름이니
기름 유

加油 jiāyóu ① 기름을 넣다 ② 기운을 내다, 응원하다 **2급**

石油 shíyóu 석유 **3급**

加油站 jiāyóuzhàn 주유소 **4급**

汽油 qìyóu 휘발유 **4급**

+ 加 jiā(더할 가), 石 shí(돌 석), 站 zhàn(멈출 참, 정거장 참, 역 참), 汽 qì(김 기)

4급

抽

chōu

손(扌)으로 **말미암아**(由) 뽑거나 꺼내니 뽑을 추, 꺼낼 추
또 뽑아 마시거나 피우니 마실 추, 피울 추

抽奖 chōu//jiǎng ① 선발하여 상을 주다 ② 추첨하다 **4급**

抽烟 chōuyān ① 흡연하다 ② 연기를 빼내다 **4급**

+ 奖 jiǎng(獎: 장려할 장), 烟 yān(연기 연, 담배 연)

3급
yóu

쓰인 주소로 **말미암아**(由) **고을**(阝)까지 배달하는 우편이니
우편 우

[번체] 郵 – 드리워(垂) 고을(阝)까지 배달하는 우편이니 '우편 우'
+ 阝 yì(고을 읍 방), 垂 chuí(드리울 수) – 제목번호 040 참고

邮件 yóujiàn 우편물 **3급**

邮箱 yóuxiāng ① 우편함 ② 사서함 **3급**

电子邮件 diànzǐyóujiàn 전자우편, 이메일 **3급**

邮局 yóujú 우체국 **4급**

+ 件 jiàn(단위 건, 문서 건), 箱 xiāng(상자 상), 电 diàn(電: 번개 전, 전기 전), 局 jú(판 국, 관청 국, 상황 국)

2급
huáng

이십(廿) **일**(一) 년이나 지남으로 **말미암아**(由) **팔**(八)방이 황무지로 변하여 누러니 **누를 황**

+ '누를 황'의 중국 한자(간체자)는 아래가 터진 廿 niàn(스물 입), 번체자는 아래가 막힌 廿 niàn(스물 입)으로 쓰네요.

黄色 huángsè ① 노란색 ② 퇴폐적인, 저속한 **2급**

黄瓜 huángguā 오이 **4급**

黄金 huángjīn ① 황금 ② 진귀하다, 귀중하다 **4급**

+ 色 sè(빛 색), 瓜 guā(오이 과, 박 과), 金 jīn(쇠 금, 금 금, 돈 금)

---

220 ▶ 寅演 – 寅으로 된 한자
　　인 연

참고자

yín

집(宀)**에서 하나**(一)**의 일로 말미암아**(由) **마음이 나눠짐**(八)**은 삼가니 삼갈 인**
또 삼가 조심하는 범이니 **범 인**
또 범은 셋째 지지니 **셋째 지지 인**

+ 범 – 호랑이
+ 宀 mián(집 면), 八 bā(여덟 팔, 나눌 팔)

물(氵)처럼 **삼가는(寅)** 모양으로 펴고 행하니 **펼 연, 행할 연**

+ 물은 담기는 그릇이나 지형에 따라 모양을 맞추고, 항상 아래로 임하며, 채우고 넘쳐야 다음으로 흐르지요.

演出 yǎnchū ① 공연하다 ② 공연 3급

演员 yǎnyuán 배우, 연기자 3급

导演 dǎoyǎn 감독, 연출자 3급

+ 出 chū(나올 출, 나갈 출), 员 yuán(員: 사람 원), 导 dǎo(導: 이끌 도, 인도할 도)

yǎn

밭(田)에서 씨앗의 **뿌리(丨)**가 처음 나온 첫째니
첫째 **갑**, 첫째 **천간 갑**
또 (싹이 씨앗의 껍질을 뒤집어쓰고 나오는 모양처럼) 입는 갑옷이니
갑옷 **갑**

+ 丨 gùn('뚫을 곤'이지만 여기서는 뿌리로 봄)

指甲 zhǐjia 손톱 6급

+ 指 zhǐ(손가락 지, 가리킬 지)

jiǎ

손(扌)으로 제일(甲) 힘주어 누르거나 압수하니
누를 **압**, 압수할 **압**

押金 yājīn ① 보증금, 담보금 ② 선금 5급

+ 金 jīn(쇠 금, 금 금, 돈 금)

yā

찢어진(丿) 갑옷(甲)을 입은 **많은(十)** 병사들은 계급이 낮고 천하니
낮을 **비**, 천할 **비**

+ 丿 piě['삐침 별'이지만 여기서는 찢어진 모양으로 봄], 甲[甲 jiǎ(첫째 갑, 첫째 천간 갑, 갑옷 갑)의 변형], 十 shí(열 십, 많을 십)

卑鄙 bēibǐ 비열하다, 졸렬하다[↔ 高尚 gāoshàng] 참고어

自卑 zìbēi 열등감을 가지다, 스스로 낮추다[↔ 自满 zìmǎn] 참고어

bēi

283

pí

입(口)으로 마시는 술 중 **낮은(卑)** 도수인 맥주니 맥주 **비**

啤酒 píjiǔ 맥주[= 麦酒 màijiǔ] 3급

꿀TIP 啤는 영어의 Beer에서 소리만을 따 온 음역자이고, 酒는 의미를 보충하기 위하여 덧붙인 한자이며, 이처럼 외래어를 중국어로 옮길 때 '소리 + 뜻' 형태가 많이 쓰입니다.

✦ 酒 jiǔ(술 주)

5급

pí

몸(月)속에 **낮게(卑)** 붙어있는 비장이니 비장 **비**

✦ 비장(脾脏 pízàng) – 소화기관의 하나로, 위의 뒤쪽에 가로로 길게 붙어있고, 누르스레한 잿빛이며, 소화액을 분비하며, '지라'라고도 함
✦ 脏 zàng(臟/髒: 내장 장, 더러울 장)

脾气 píqi 성격, 성질, 성미[≒ 脾性 píxìng] 5급

✦ 气 qì(氣: 기운 기, 공기 기, 날씨 기)

---

222 申伸神电 – 申으로 된 한자
신 신 신 전

4급

shēn

속마음을 **아뢰어(曰) 펴듯(丨)** 소리 내는 원숭이니
아뢸 신, 펼 신, 원숭이 신
또 원숭이는 아홉째 지지니 아홉째 지지 신

✦ 曰 yuē(가로 왈), 丨 gùn('뚫을 곤'이지만 여기서는 펴는 모양으로 봄)

申请 shēnqǐng 신청하다[≒ 声请 shēngqǐng] 4급

✦ 请 qǐng(請: 청할 청)

5급

shēn

사람(亻)이 **펴(申)** 늘이니 펼 신, 늘일 신
또 펴서 씻어내니 씻어낼 신

✦ 申은 속마음을 아뢰어 편다는 뜻이고, 伸은 물건을 길게 펴 늘인다는 뜻입니다.

延伸 yánshēn 펴다, 신장하다[≒ 延展 yánzhǎn] 5급

✦ 延 yán(끌 연, 늘일 연)

神

神

shén

신(礻) 중 가끔 모습을 펴(申) 나타난다는 귀신이니 귀신 신
또 귀신처럼 신비하게 깨어있는 정신이니 신비할 신, 정신 신

+ 礻 shì (보일 시, 신 시 변)

神话 shénhuà ① 신화 ② 황당무계한 말 4급

神经 shénjīng ① 신경 ② 정신이상 5급

神情 shénqíng 표정, 안색[≒ 神色(shénsè), 神气(shénqì), 神态(shéntài)]
5급

+ 话 huà(話: 말씀 화, 이야기 화), 经 jīng(經: 지날 경, 날실 경, 경험할 경, 경영할 경), 情 qíng(情: 뜻 정, 정 정, 형편 정)

电

電

diàn

번쩍 빛을 펴는(电) 번개니 번개 전
또 번개처럼 빛을 내는 전기니 전기 전

[번체] 電 – 비(雨) 올 때 번쩍 빛을 펴는(电) 번개니 '번개 전'
또 번개처럼 빛을 내는 전기니 '전기 전'

+ 电[중국 한자(간체자)에서는 '번개 전, 전기 전'이지만, 한국 한자(번체자)에서는 '申 shēn(펼 신, 아뢸 신, 아홉째 지지 신, 원숭이 신)'의 변형임], 雨 yǔ(비우)

电视 diànshì 텔레비전 1급

电视机 diànshìjī 텔레비전 수상기 1급

电影 diànyǐng 영화 1급

电影院 diànyǐngyuàn 영화관[= 影院 yǐngyuàn] 1급

电视剧 diànshìjù 텔레비전 드라마 3급

电视台 diànshìtái 텔레비전 방송국 3급

+ 视 shì(視: 볼 시, 살필 시), 机 jī(機: 기계 기, 비행기 기, 기능 기, 기회 기), 影 yǐng(그림자 영), 院 yuàn(집 원, 관청 원), 剧 jù(劇: 심할 극, 연극 극), 台 tái(臺: 돈대 대, 누각 대, 대만 대, 颱: 태풍 태)

참고자

禺

yú

밭(田)에서 기른 농작물을 **발자국(内)** 남기며 훔쳐 먹는 원숭이니
원숭이 우

+ 内 róu – 성(冂)처럼 사사로이(厶) 남긴 발자국이니 '발자국 유'
+ 冂 jiong(멀 경, 성 경), 厶 sī/mǒu(사사로울 사, 나 사)

5급

偶

ǒu

사람(亻)이 **원숭이(禺)**를 닮음은 우연이니 우연 우
또 흉내 잘 내는 원숭이처럼 서로 닮은 짝이나 허수아비니
짝 우, 허수아비 우

偶尔 ǒu'ěr ① 때때로, 간혹 ② 우발적인[≒ 偶然 ǒurán] 5급
偶然 ǒurán ① 우연히, 뜻밖에 ② 우연하다[↔ 一贯 yíguàn, 必然 bìrán, 常常
chángcháng, 时常 shícháng, 经常 jīngcháng] 5급
+ 尔 ěr(爾: 너 이, 이러할 이), 然 rán(그러할 연)

4급

遇

yù

원숭이(禺)처럼 **가다가(辶)** 만나니 만날 우
또 만나서 대접하니 대접할 우

+ 辶(뛸 착, 갈 착)
遇到 yùdào 만나다, 마주치다 4급
遇见 yùjiàn 만나다[= 碰见 pèngjiàn] 4급
待遇 dàiyù ① 대우, 대접 ② 대우하다 4급
机遇 jīyù 기회, 찬스, 호기[≒ 机会 jīhuì] 4급
+ 到 dào(이를 도, 주도면밀할 도), 见 jiàn(見: 볼 견, 보일 현), 待 dài(기다
릴 대, 대접할 대), 机 jī(機: 기계 기, 비행기 기, 기능 기, 기회 기)

참고자

pán

나무토막을 세로로 나눈 왼쪽 조각을 본떠서 나무 조각 **장**
또 나무 조각이라도 들고 싸우는 장수니 장수 **장** 변

+ 간체자의 부수로 쓰일 때는 丬으로 씁니다.

2급

片

piàn/piān

나무토막을 세로로 나눈 오른쪽 조각을 본떠서
조각 **편**(piàn)
또 조각조각 이어진 필름이니 필름 **편**(piān)

照片 zhàopiàn 사진[= 照片儿 zhàopiānr] 2급
相片 xiàngpiàn 사진 4급
片面 piànmiàn 일방적이다, 한쪽으로 치우치다 4급

+ 照片은 구어체에서 종종 照片儿 zhàopiānr이라고 발음하기도 합니다.
+ 照 zhào(비출 조), 相 xiāng(서로 상, 모습 상), 面 miàn(얼굴 면, 향할 면, 볼
면, 麵: 밀가루 면, 국수 면)

3급

牌

pái

조각(片)을 **낮게**(卑), 즉 작게 깎아 만든 패니 패 **패**

+ 패 – (이름·특징 등을 알릴 목적으로) 글씨를 쓰거나 어떤 표식을 한 작은
나무나 종이
+ 卑 bēi(낮을 비, 천할 비) – 제목번호 221 참고

牌子 páizi ① 팻말 ② 상표 ③ 곡조 3급
金牌 jīnpái 금메달 3급
银牌 yínpái 은메달 3급
名牌儿 míngpáir 유명 브랜드 4급

+ 金 jīn(쇠 금, 금 금, 돈 금), 银(銀: 은 은), 名 míng(이름 명, 이름날
명), 儿 ér(사람 인 발, 접미사 아, 兒: 아이 아)

3급

将

将

jiàng/jiāng

(급히 쓸 때를 대비하여) **나무 조각(丬)**으로 만든 무기도 **저녁(夕)**
마다 **법도(寸)**에 따라 점검하는 장수니 장수 장(jiàng)
또 장수는 장차 전쟁이 나면 나아가 싸워야 하니
장차 장, 나아갈 장(jiāng)

[번체] 將 – (전쟁에 나가기 전에) 나무 조각(丬)에 고기(夕)를 차려 놓고 법도(寸)
에 따라 제사 지냈던 장수니 '장수 장'
또 장수는 장차 전쟁이 나면 나아가 싸워야 하니 '장차 장, 나아갈 장'

+ 夕 xī(저녁 석), 寸 cùn(마디 촌, 법도 촌), 夕[月 yuè(달 월, 육 달 월)의 변형]

将近 jiāngjìn 거의 ~에 이르다 **3급**

将来 jiānglái 장래, 미래 **3급**

将要 jiāngyào 막[장차] ~하려 하다 **5급**

+ 近 jìn(가까울 근, 비슷할 근), 来 lái(來: 올 래), 要 yāo(중요할 요, 바랄
요, 요구할 요)

4급

奖

奖

jiǎng

장차(丬夕) 크게(大) 되도록 장려하니 장려할 장
또 장려하기 위하여 주는 상금이니 상금 장

+ 격려·표창하기 위하여 주는 영예·상장·상품·상금'의 뜻으로도 쓰입니다.

+ 장려(奖励 jiǎnglì) – 힘써 권함

+ 丬夕[将 jiāng/jiàng/qiāng(장수 장, 장차 장, 청할 장)의 획 줄임], 励 lì(勵:
격려할 려)

奖学金 jiǎngxuéjīn 장학금 **4급**

奖金 jiǎngjīn 상금, 포상금, 보너스 **4급**

中奖 zhòngjiǎng (복권 따위에) 당첨되다 **4급**

+ 学 xué(學: 배울 학), 金 jīn(쇠 금, 금 금, 돈 금), 中 zhōng(가운데 중, 맞힐
중)

7~9급

禾

hé

익어서 고개 숙인 벼를 본떠서 **벼 화**

✚ 벼는 곡식을 대표하니 곡식과 관련되는 한자에 부수로도 쓰입니다.

禾苗 hémiáo 모, 볏모 참고어

✚ 苗 miáo(싹 묘, 후손 묘)

1급

和

hé/hè/huò/huó

벼(禾) 같은 곡식을 나누어 **입(口)**으로 먹으면 화목하니
화목할 **화**(hé)
또 화목하게 화답하니 **화답할 화**(hè)
또 화목하게 섞으니 **섞을 화**(huò)
또 섞어 반죽하니 **반죽할 화**(huó)

和平 hépíng ① 평화 ② (성질이) 부드럽다 ③ 평온하다 3급

暖和 nuǎnhuo ① 따뜻하다 ② 따뜻하게 하다 3급

温和 wēnhé (날씨, 말투, 성품 등이) 온화하다 5급

✚ 平 píng(平: 평평할 평, 평화 평), 暖 nuǎn(따뜻할 난), 温 wēn(溫: 따뜻할 온,
익힐 온)

2급

称

稱

chēng/chèn

벼(禾)의 무게를 **상대(尔)**에게 일컬으며 재니
일컬을 **칭**, 잴 **칭**(chēng)
또 서로 일컬으며 어울리니 **어울릴 칭**(chèn)

번체 稱 – 벼(禾)를 손(爫)으로 땅(土)에서 들어(冂) 달며 무게를 일컬으니
　　　　'일컬을 칭, 잴 칭'

✚ 尔 ěr(너 이, 이러할 이), 爫 zhǎo('손톱 조, 발톱 조'지만 여기서는 손으로
봄), 冂 jiōng('멀 경, 성 경'이지만 여기서는 들어 올리는 모양으로 봄)

名称 míngchēng ① 이름, 명칭 ② 명예, 영예 2급

称为 chēngwéi ~라고 일컫다[= 称呼 chēnghu] 3급

称赞 chēngzàn 칭찬하다[≒ 称誉 chēngyù] 4급

称号 chēnghào 칭호, 호칭 5급

对称 duìchèn (도형이나 물체가) 대칭이다 5급

✚ 名 míng(이름 명, 이름날 명), 为 wèi(爲: 할 위, 위할 위), 赞 zàn(贊: 도울
찬, 찬성할 찬, 讚: 칭찬할 찬, 찬양할 찬), 号 háo(號: 부를 호, 이름 호, 부
호 호), 对 duì(對: 상대할 대, 대답할 대)

3급

香

xiāng

벼(禾) 같은 곡식이 햇(日)빛에 익어가며 나는 향기니 향기 **향**

香肠 xiāngcháng 소시지 5급

＋ 肠 cháng(腸: 창자 장)

2급

秋

qiū

벼(禾)가 불(火)처럼 붉게 익어가는 가을이니 가을 **추**

秋天 qiūtiān 가을 2급
秋季 qiūjì 가을철 4급
中秋节 Zhōngqiūjié 추석 5급

＋ 天 tiān(天: 하늘 천), 季 jì(끝 계, 계절 계), 中 zhōng(가운데 중, 맞힐 중),
节 jié(節: 마디 절, 절개 절, 계절 절, 명절 절)

5급

愁

chóu

가을(秋)에 느끼는 마음(心)은 주로 근심이니 근심 **수**

＋ 푸르던 나뭇잎이 물들어 떨어지는 모양은 언젠가의 우리 모양일 것도 같고,
추워지는 날씨에 겨울나기 걱정, 또 한 해가 간다는 슬픔 등 가을(秋)에 느끼
는 마음(心)은 주로 근심이지요.

2급

利

lì

벼(禾) 같은 곡식을 **낫(刂)**으로 베어 수확하면 이로우니

이로울 리

또 이로움에는 모두 날카로우니 날카로울 리

+ 옛날에는 벼를 낫으로 베어 수확하였지요.
+ 刂 dāo('칼 도 방'으로, 여기서는 낫으로 봄)

順利 shùnlì 순조롭다, (일이) 잘 되어가다 **2급**
利用 lìyòng 이용(하다) **3급**
利益 lìyì 이익[↔ 害处 hàichu] **4급**
不利 búlì ① 불리하다 ② 순조롭지 못하다 **5급**

+ 順 shùn(順: 순할 순), 用 yòng(쓸 용), 益 yì(益: 더할 익)

5급

梨

lí

건강에 **이로운(利) 나무(木)** 열매는 배니 배 리

+ 배는 식용이나 약용으로도 두루 쓰이니 이롭지요.

4급

季

jì

벼(禾)에 **아들(子)** 같은 열매가 맺히는 줄기 끝이니 끝 계
또 (달력이 없었던 옛날에) **벼(禾)**의 **열매(子)**가 익어 감을 보고
짐작했던 계절이니 계절 계

+ 子 zǐ/zi(아들 자, 첫째 지지 자, 자네 자, 접미사 자)

季度 jìdù 사분기, 분기 **4급**
季节 jìjié 계절, 절기 **4급**
春季 chūnjì ① 봄철 ② 음력 정월·2월·3월의 3개월 **4급**

+ 度 dù(법도 도, 정도 도, 시간 보낼 도, 헤아릴 탁), 节 jié(節: 마디 절, 절개
절, 계절 절, 명절 절), 春 chūn(봄 춘)

3급

李

lǐ

나무(木)에 열린 **아들(子)**처럼 귀한 자두니 자두 리, 성씨 리

+ '오얏 리'라고도 하는데 '오얏'은 '자두'의 비표준어입니다.

行李 xíngli 짐, 수화물 **3급**
行李箱 xínglǐxiāng 짐가방, 화물칸 **3급**

+ 行 xíng/háng(다닐 행, 행할 행, 줄 항), 箱 xiāng(상자 상)

참고자

采 cǎi

품질대로 **분별하여(丿) 쌀(米)**을 나누니 **나눌 변**

+ 丿 piě('삐침 별'이지만 여기서는 품질을 분별하는 것으로 봄), 米 mǐ(쌀 미,
미터 미)

5급

悉 xī

나누어져도(采) 마음(心)만은 같은 모두니 **모두 실**

熟悉 shúxī 잘 알다, 익숙하다[≒ 了解 liǎojiě ↔ 生疏 shēngshū] 5급

+ 熟 shú(익을 숙, 익숙할 숙)

참고자

番 fān

나눈(采) 밭(田)에 차례로 심는 씨앗 종류니 **차례 번**, **종류 번**
또 종류가 다른 이민족이니 **이민족 번**

3급

播 bō

손(扌)으로 차례(番)차례 씨 뿌리니 **씨 뿌릴 파**
또 씨 뿌리듯 널리 퍼뜨리니 **퍼뜨릴 파**

播出 bōchū ① 방송하다 ② 방영하다 ③ 상영하다[= 播放 bōfàng] 3급
播放 bōfàng ① 방송하다 ② 방영하다[≒ 播送 bōsòng] 3급
传播 chuánbō 널리 퍼뜨리다[≒ 传布 chuánbù] 3급
广播 guǎngbō ① 방송하다 ② 방송 프로그램[≒ 播送 bōsòng] ③ 널리 전파되다
3급
直播 zhíbō ① 직접 파종하다 ② 생중계하다 3급

+ 出 chū(나올 출, 나갈 출), 放 fàng(놓을 방), 传 chuán(傳: 전할 전, 전기 전,
이야기 전), 广 guǎng(집 엄, 廣: 넓을 광, 많을 광), 直 zhí(直: 곧을 직, 바
를 직)

1급

米

mǐ

벼(米)를 찧으면 **톡(丶)** 튀어나오는 쌀의 알갱이니

쌀 미, 알갱이 미

또 길이의 단위 '미터'로도 쓰여 **미터 미**

+ 米[禾 hé(벼 화)의 변형], 丶 zhǔ('점 주, 불똥 주'지만 여기서는 '톡 튀어나오는 모양'으로 봄)
+ '八 十 八 = 粂(米)'의 구조로 보아, '팔십 팔 번의 손이 가야 생산되는 쌀'로 풀기도 합니다.

米饭 mǐfàn 쌀밥 1급

厘米 límǐ 센티미터[= 公分 gōngfēn] 4급

玉米 yùmǐ 옥수수 4급

+ 饭 fàn(飯: 밥 반), 厘 lí(釐: 다스릴 리, 리 리), 玉 yù(구슬 옥)

5급

糟

zāo

(술을 거르고 난) **쌀(米)** 같은 곡식의 **무리(曹)**는 지게미니

지게미 조

또 지게미처럼 좋지 않게 망치니 **좋지 않을 조, 망칠 조**

+ 지게미(酒糟 jiǔzāo) – 술을 걸러 낸 찌꺼기
+ 曹 cáo – 하나(一) 같이 구부리고(曲) 말하며(曰) 무리 지어 일하는 관청이니 '무리 조, 관청 조, 조나라 조'

糟糕 zāogāo 못 쓰게 되다, 망치다 5급

+ 糕 gāo(떡 고)

1급

来
_來

lái

한(一) 톨의 **쌀(米)**이라도 구하려고 오니 **올 래**

[번체] 來 – 나무(木) 밑으로 두 사람(人人)이 오니 '올 래'

来自 láizì ~(로)부터 오다, ~에서 나오다 2급

本来 běnlái ① 본래, 원래 ② 응당, 당연히 3급

上来 shànglái ① (위로) 올라오다 ② (시골에서 도시로) 올라오다 ③ 흥분하다
3급

下来 xiàlái ① 내려오다 ② (제품·과일·분비물 따위가) 나오다 ③ (일정한 기간이) 지나다 3급

来源 láiyuán ① 근원, 출처 ② ~에서 나오다 4급

到来 dàolái 닥쳐오다, 도래하다 5급

+ 自 zì(자기 자, 스스로 자, 부터 자), 本 běn(뿌리 본, 근본 본, 책 본, 판 본), 源 yuán(근원 원), 到 dào(이를 도, 주도면밀할 도)

3급

类

類

lèi

쌀(米)처럼 **크게(大)** 닮은 무리니 **닮을 류, 무리 류**

번체 類 – 쌀(米)밥을 보고 달려오는 개(犬)들의 머리(頁)처럼 닮은 무리니 '닮을 류, 무리 류'

+ 大 dà/dài(큰 대), 犬 quǎn(개 견), 頁(머리 혈, 페이지 엽: 页 yè)

类似 lèisì 유사하다, 비슷하다 3급

人类 rénlèi 인류 3급

类型 lèixíng 유형 4급

分类 fēn//lèi 분류하다 5급

+ 似 sì(같을 사, 닮을 사), 型 xíng(틀 형), 分 fēn/fèn(나눌 분, 단위 분, 단위 푼, 신분 분, 분별할 분, 분수 분, 점수 분, 성분 분)

3급

迷

mí

팔방으로 뚫린 **길(米)**에서 어디로 **갈(辶)**지 헷갈리니 **헷갈릴 미**
또 헷갈릴 정도로 무엇에 매혹되니 **매혹될 미**

+ 米 mǐ('쌀 미, 미터 미'지만 여기서는 팔방으로 뚫린 길의 모양으로 봄)

球迷 qiúmí 축구팬, 광적으로 구기를 좋아하는 사람 3급

迷人 mírén ① 사람을 홀리다 ② 매력적이다 5급

迷信 míxìn ① 미신 ② 미신을 믿다 5급

+ 球 qiú(둥글 구, 공 구), 信 xìn(믿을 신, 소식 신)

3급

继

繼

jì

실(纟)로 **감춰놓은(ㄴ)** **쌀(米)**이 나오지 않도록 터진 곳을 이으니 **이을 계**

번체 繼 – 실(糸)로 상자(匚)속이나 밖을 조금(𢆶)씩 이으니 '이을 계'

+ 纟 sī[糸 mì/sī(실 사, 실 사 변의 간체자)], ㄴ[fāng(감출 혜, 덮을 혜, = 匸)], 匚[匚 fāng(상자 방)의 변형], 幺 yāo(작을 요, 어릴 요)

继续 jìxù ① 계속하다[↔ 中断 zhōngduàn, 中止 zhōngzhǐ] ② 계속, 연속, 속편 3급

+ 继承 jìchéng 이어받다, 계승하다 5급

+ 续 xù(續: 이을 속), 承 chéng(받들 승, 이을 승)

3급

断

斷

duàn

감춰놓은(ㄴ) **쌀(米)**이 나오도록 **도끼(斤)**로 끊으니 **끊을 단**
또 끊듯이 무슨 일을 결단하니 **결단할 단**

번체 斷 – 상자(匚)의 물건을 조금(𢆶)씩 꺼내어 도끼(斤)로 끊으니 '끊을 단' 또 끊듯이 무슨 일을 결단하니 '결단할 단'

+ 斤 jīn(도끼 근, 저울 근)

不断 búduàn ① 끊임없다 ② 계속해서[↔ 断绝 duànjué] 3급

判断 pànduàn ① 판단하다 ② 판단 3급

+ 判 pàn(判: 판단할 판)

1급

楼

楼

lóu

땔**나무**(木)와 먹을 **쌀**(米)을 **여자**(女)가 쌓아 두는 다락이니

다락 루

또 다락처럼 만든 층이니 **층 루**

[번체] 樓 – 나무(木)를 쌓아(婁) 세운 다락이니 '다락 루'
+ 婁 – 쌓인 것(曲)을 여자(女)가 끌어다 쌓으니 '끌 루, 쌓을 루'
+ 다락 – 주로 부엌 위에 이층처럼 만들어서 물건을 넣어 두는 곳

楼上 lóushàng 위층, 상층[↔ 楼下 lóuxià] **1급**

楼下 lóuxià 일층, 아래층 **1급**

教学楼 jiàoxuélóu 강의실 건물 **1급**

大楼 dàlóu 빌딩, 고층 건물[= 大厦 dàshà] **4급**

上楼 shànglóu ① 계단을 오르다 ② 한 단계 발전하다 **4급**

下楼 xiàlóu (위층·계단 따위에서) 내려가다 **4급**

+ 上 shàng(위 상, 오를 상), 下 xià(아래 하, 내릴 하), 教 jiào(敎: 가르칠 교,
시킬 교), 学 xué(學: 배울 학)

2급

数

數

shǔ/shù/shuò

쌀(米)자루를 **여자**(女)가 하나씩 **치며**(夂) 세니 셀 **수**(shǔ)

또 세는 숫자니 숫자 **수**(shù)

또 숫자처럼 자주 사용하니 자주 **삭**(shuò)

[번체] 數 – 쌓아(婁) 놓은 물건을 치며(夂) 세는 숫자니 '셀 수, 숫자 수'
또 숫자처럼 자주 사용하니 '자주 삭'

分数 fēnshù ① 점수 ② 분수 **2급**

人数 rénshù 사람 수 **2급**

数据 shùjù 데이터, 통계 수치 **4급**

+ 分 fēn/fèn(나눌 분, 단위 분, 단위 푼, 신분 분, 분별할 분, 분수 분, 점수
분, 성분 분), 据 jù(據: 의지할 거, 점유할 거)

4급

斗

鬪

dǒu/dòu

(옛날에 곡식의 양을 헤아리던) 말을 본떠서 말 두(dǒu)

또 점(丶) 점(丶) 땀 흘리며 많이(十) 싸우니 싸울 투(dòu)

[번체] 鬪 – 싸움(鬥)은 제기(豆)의 음식이 법도(寸)에 맞지 않는다고도 하니 '싸울 투'

+ 鬥 dòu – 두 임금(王王)이 발을 뻗어(ㅣ丿) 싸우니 '싸울 투'

+ 十 shí(열 십, 많을 십), 王 wáng(임금 왕, 으뜸 왕, 구슬 옥 변), 豆 dòu(제기 두, 콩 두), 寸 cùn(마디 촌, 법도 촌)

奋斗 fèndòu (목적을 달성하기 위해) 분투하다 4급

战斗 zhàndòu 전투(하다) 4급

+ 奋 fèn(奮: 떨칠 분, 힘쓸 분), 战 zhàn(戰: 싸울 전, 무서워 떨 전)

2급

科

kē

벼(禾)의 양을 말(斗)로 헤아려 품질과 용도에 따라 나눈 조목이니

조목 과

또 조목조목 나누어 설명한 과목이나 과학이니

과목 과, 과학 과

+ 禾 hé(벼 화)

科学 kēxué 과학(적이다) 2급

科学家 kēxuéjiā 과학자 2급

科技 kējì 과학기술 3급

本科 běnkē (대학교의) 학부(과정), 본과 4급

内科 nèikē 내과 ↔ [外科 wàikē] 4급

学科 xuékē ① 학과, 학과목 ② 학문 분야 5급

+ 学 xué(學: 배울 학), 家 jiā(집 가, 전문가 가), 技 jì(재주 기), 本 běn(뿌리 본, 근본 본, 책 본, 판 본), 内 nèi(內: 안 내)

4급

料

liào

쌀(米)의 양을 말(斗)로 헤아려 무엇을 만드는 재료로 쓰거나 값을 지불하니 헤아릴 료, 재료 료, 값 료

材料 cáiliào ① 재료, 원료 ② 자료, 데이터 4급

饮料 yǐnliào 음료 5급

+ 材 cái(재목 재, 재료 재), 饮 yǐn(飲: 마실 음)

斜

xié

남은(余) 곡식을 **말**(斗)에서 쏟으려고 비스듬히 기울이니

비스듬할 **사**, 기울 사

+ 余 yú(餘: 나 여, 남을 여) - 제목번호 020 참고

---

232 ▶ **니 叫收** - 니로 된 한자
　　　구 규 수

참고자

니

jiū

서로 얽힌 모양을 본떠서 얽힐 구

1급

叫

jiào

입(口)이 **얽히도록**(니) 부르짖어 부르니

부르짖을 **규**, 부를 규

叫做 jiàozuò ~라고 부르다(불리다) 2급

+ 做 zuò(지을 주)

收

shōu

줄기에 **얽힌**(니) 듯 열린 열매를 **쳐**(攵) 거두니 거둘 수

+ 攵 pō(칠 복, = 攴)

收到 shōudào 받다, 얻다, 입수하다 2급

收入 shōurù ① 수입[↔ 支出 zhīchū] ② 받다 2급

收费 shōu//fèi ① 비용을 받다 ② 비용, 요금 3급

收回 shōu//huí ① 회수하다, 되찾다 ② (의견·제의·명령 따위를) 철회하다 4급

吸收 xīshōu 흡수하다, 받아들이다 4급

+ 到 dào(이를 도, 주도면밀할 도), 入 rù(들 입), 费 fèi(費: 쓸 비, 비용 비),
回 huí(돌 회, 돌아올 회, 횟수 회), 吸 xī(숨 들이쉴 흡, 마실 흡)

297

2급

斤

jīn

도끼나 옛날 저울을 본떠서 **도끼 근, 저울 근**

또 저울로 재는 무게 단위도 나타내어 **무게 단위 근**

+ 무게 단위로도 쓰여 1斤이 중국에서는 500g이고, 우리나라에서는 600g입니다.

公斤 gōngjīn 킬로그램 2급

+ 公 gōng(공평할 공, 국가 공, 대중 공, 세계 공통 공, 존칭 공)

5급

析

xī

나무(木)를 **도끼(斤)**로 쪼개 나누니 **쪼갤 석, 나눌 석**

分析 fēnxī 분석하다[≒ 剖析 pōuxī ↔ 综合 zōnghé] 5급

+ 分 fēn/fèn(나눌 분, 단위 분, 단위 푼, 신분 분, 분별할 분, 분수 분, 점수 분, 성분 분)

1급

听

tīng

聽

입(口)으로 **도끼(斤)**처럼 요점만 찍어 말하면 잘 들으니

들을 청

[번체] 聽 – 귀(耳)로 왕(王)처럼 덕스러운(悳) 소리만 들으니 '들을 청'

+ 悳 dé – 바르게(直) 마음(心) 쓰면 그게 바로 덕이니 '덕 덕' – 제목번호 096 德의 이체 참고

+ 口 kǒu(입 구, 말할 구, 구멍 구), 耳 ěr(귀 이), 王 wáng(임금 왕, 으뜸 왕, 구슬 옥 변), 悳[悳 dé(덕 덕)의 변형]

听见 tīngjiàn 들리다, 듣다 1급

好听 hǎotīng ① 듣기 좋다 ② 체면이 서다 1급

难听 nántīng ① 귀에 거슬리다 ② 체면(면목)이 없다 2급

听力 tīnglì 듣기 능력 3급

打听 dǎting 물어보다, 알아보다[≒ 探听 tàntīng] 3급

收听 shōutīng (라디오를) 청취하다(듣다) 3급

꿀TIP 특정한 소리를 의도적으로 들으려고 하는 경우에는 '听'을 사용하고, 의도와는 상관없이 주변의 소리가 귀에 들어오는 경우에는 '听见 tīngjiàn'을 쓰며, '수업을 듣는 것은 '听课 tīngkè'를 사용합니다.

+ 见 jiàn(見: 볼 견, 뵐 현), 好 hǎo(좋을 호, 좋아할 호), 难 nán(難: 어려울 난, 재난 난), 力 lì(힘 력), 打 dǎ(칠 타, 공격할 타, 어조사 타, 다스 타), 收 shōu(거둘 수)

所

suǒ

집(戶)에 **도끼(斤)**를 두는 장소니 장소 **소**
또 장소처럼 앞에서 말한 내용을 이어받는 '바'로도 쓰여 바 **소**

+ 戶 hù(戶: 문 호, 집 호, 사람 호, 계좌 호) – 제목번호 377 참고
+ 所에 간체자 户가 아니라 번체자 戶가 들어간 것처럼, 중국 한자(간체자)가
  만들어지기 전에 만들어진 한자들은 대부분 번체자를 이용하여 만들었고, 간
  체자에서도 바뀌지 않는 경우가 많습니다.
+ 도끼는 위험하여 아무 데나 두지 않고 집의 일정한 장소에 보관하지요.
+ 바 – ① 앞에서 말한 내용 그 자체나 일 따위를 나타내는 말
        ② 일의 방법이나 방도

所以 **suǒyǐ** 그래서, 그런 까닭에 2급
所有 **suǒyǒu** ① 모든 ② 소유하다 ③ 소유물 2급
所在 **suǒzài** ① 장소 ② 존재하는 곳 ③ 가는 곳마다 5급

꿀TIP 접속사 所以는 그 앞에 원인을 표시하는 因为 yīnwèi 와 같이 쓰여서 '因为~,
所以~(왜냐하면 ~하기 때문에, 그래서~)의 형식으로 사용합니다.
+ 以 yǐ(써 이), 有 yǒu(가질 유, 있을 유), 在 zài(있을 재)

---

jìn

(저울에 물건을 달 때) **저울(斤)**의 막대가 눈금에서 좌우로 옮겨
가는(辶) 거리처럼 가깝고 비슷하니 가까울 **근**, 비슷할 **근**

+ 辶 chuò(뛸 착, 갈 착)

接近 **jiējìn** ① 접근하다 ② 비슷하다, 가깝다 3급
近代 **jìndài** 근대, 근세 4급
近来 **jìnlái** 근래, 요즘 5급

+ 接 jiē(이를 접, 대접할 접), 代 dài(대신할 대, 세대 대, 대금 대), 来
  lái(來: 올 래)

---

zhì 質

헛간(厂)에서 **많이(十) 재물(贝)**을 나눌 때 드러나는 바탕이니
바탕 **질**

[번체] 質 – 도끼(斤)와 도끼(斤)로 재물(貝)을 나눌 때 드러나는 바탕이니
        '바탕 질'
+ 이익과 관련되는 것을 나눌 때 본심이 드러나지요.
+ 厂 chǎng(굴 바위 엄, 언덕 엄, 廠: 헛간 창, 공장 창), 十 shí(열 십, 많을
  십), 贝 bèi(貝: 조개 패, 재물 패, 돈 패)

质量 **zhìliàng** ① (생산품이나 일의) 질, 품질 ② 질량 4급
品质 **pǐnzhì** ① 품질 ② 품성, 인품[≒ 品格 pǐngé, 品行 pǐnxíng, 品德 pǐndé]
4급
性质 **xìngzhì** 성질, 성분 4급
物质 **wùzhì** 물질, 재물[↔ 精神 jīngshén, 意识 yìshí] 5급

+ 量 liáng/liàng(헤아릴 량, 용량 량), 品 pǐn(물건 품, 등급 품, 품위 품, 품
  평할 품), 性 xìng(성품 성, 바탕 성), 物 wù(물건 물)

4급

折

zhé

손(扌)에 **도끼**(斤) 들고 끊거나 꺾으니 끊을 **절**, 꺾을 **절**

打折 dǎzhé ① 꺾다, 끊다 ② 가격을 깎다 4급

＋ 打 dǎ(칠 타, 공격할 타, 어조사 타, 다스 타)

6급

哲

zhé

꺾듯(折) 딱 잘라 분명히 **말할**(口) 정도로 사리에 밝으니
밝을 **철**

＋ 口 kǒu(입 구, 말할 구, 구멍 구)

7–9급

斥

chì

도끼(斤)를 **불똥**(丶) 튀듯 휘두르며 꾸짖어 물리치니
꾸짖을 **척**, 물리칠 **척**
또 물리치고 세력을 넓히니 넓힐 **척**

＋ 丶 zhǔ(점 주, 불똥 주)

排斥 páichì 배척하다, 배제하다[≒ 排挤 páijǐ 배척하다, 배제하다, 밀어제치
다] 참고어

꿀TIP 排斥는 사람이나 사물이 서로 거부하는 것을 의미할 때 사용하며, 排挤 páijǐ
는 어떤 수단을 이용하여 자신에게 불리한 사람의 지위나 이익을 잃게 하여 몰
아낼 때 사용합니다.

＋ 排 pái(排: 물리칠 배, 배열할 배), 挤 jǐ(擠: 밀칠 제, 빽빽할 제)

1급

诉
訴

sù

말(讠)로 **물리치기**(斥) 위하여 말하거나 소송하니

말할 **소**, 소송할 **소**

+ 소송(诉讼 sùsòng) – 재판에 의하여 원고와 피고 사이의 권리나 의무 따위의
　　　　법률관계를 확정하여 줄 것을 법원에 요구하는 절차
+ 讠 yán[言(말씀 언 변)의 간체자]

告诉 gàosu 말하다, 알려주다 1급

投诉 tóusù (기관·관계자에게) 호소하다, 고발하다 4급

+ 告 gào(알릴 고, 설명할 고, 요구할 고), 投 tóu(던질 투)

5급

拆

chāi/cā

손(扌)으로 **물리치듯**(斥) 뜯어 해체하니 뜯을 **탁**, 해체할 **탁**(chāi)

또 해체하듯이 대소변 따위를 배설하니 배설할 **탁**(cā)

拆除 chāichú 철거하다, 허물다[≒ 拆毁 chāihuǐ ↔ 修建 xiūjiàn] 5급

+ 除 chú(제거할 제, 덜 제, 나눗셈 제)

---

236 丘 兵宾 – 丘와 兵으로 된 한자
　　　구 병 빈

7-9급

丘

qiū

도끼(斤)를 **하나**(一)씩 들고 적을 지키기 좋은 언덕이니

언덕 **구**

+ 언덕은 숨어서 적을 지키기 좋은 곳이지요. 옛날에는 도끼로도 싸웠답니다.

丘陵 qiūlíng 언덕, 구릉 참고어

+ 陵 líng(陵: 언덕 릉)

4급

兵

bīng

언덕(丘) 아래에 **여덟**(八) 명씩 무리지어 있는 군사니

군사 **병**

+ 중국 군대도 우리나라의 군대처럼 1개 분대는 약 8~9명으로 편성되지요.

士兵 shìbīng 병사, 사병 4급

+ 士 shì(선비 사, 군사 사, 칭호나 직업에 붙이는 말 사)

5급

bīn

집(宀)에 온 사방에서 모인 군사(兵) 같은 손님이니 손님 빈

[번체] 賓 – 집(宀)에 하나(一)의 적은(少) 돈(貝)으로도 물건을 사러 왔으면 손
님이니 '손님 빈'

＋ 宀 mián(집 면), 少[少 shǎo(적을 소, 젊을 소)의 획 줄임], 貝(조개 패, 재물
패, 돈 패: 贝 bèi)

宾馆 bīnguǎn (규모가 비교적 큰) 호텔 5급

＋ 馆 guǎn(館: 집 관, 객사 관)

---

237 ▶ **卩 节 卫 – 卩로 된 한자**
절 절 위

jié

부수자

부절이나 병부의 반쪽을 본떠서 병부 절
또 사람이 무릎 꿇고 앉아 있는 모양으로도 보아 무릎 꿇을 절

＋ 동 㔾 jié(병부 절, 무릎 꿇을 절)
＋ 병부(兵符 bīngfú) – 옛날 중국에서 군대를 지휘하거나 병력을 사용하는 데
사용된 신호
＋ 兵 bīng(군사 병), 符 fú(부절 부, 부호 부, 들어맞을 부)

jié

2급

풀(艹)에 무릎 꿇은(卩) 모양처럼 생긴 마디니 마디 절
또 마디마디 곧은 절개니 절개 절
또 마디처럼 나눠지는 계절이나 명절이니 계절 절, 명절 절

[번체] 節 – 대(竹)에 좋게(皀) 무릎 꿇은(卩) 모양처럼 생긴 마디니 '마디 절'
또 마디마디 곧은 절개니 '절개 절'
또 마디처럼 나눠지는 계절이나 명절이니 '계절 절, 명절 절'

＋ 艹 cǎo(艹: 초 두), 皀[良 liáng(좋을 량, 어질 량)의 변형]
＋ 절개(贞节 zhēnjié) – 신념이나 의리 따위를 굽히거나 변하지 않는 성실한
태도를 나타내며, 특히 지조와 정조를 깨끗하게 지키
는 여자의 품성을 나타냄

节日 jiérì ① 기념일, 경축일 ② 명절 2급
音节 yīnjié 음절[= 音缀 yīnzhuì] 2급
环节 huánjié ① 고리마디 ② 일환[줄지어 있는 고리 중에 하나] 5급

＋ 音 yīn(소리 음), 环 huán(環: 고리 환)

병부(卩)처럼 신용을 제일(一) 잘 지키니 지킬 위

[번체] 衛 – 서로 어긋나게(韋) 바꿔 다니며(行) 지키니 '지킬 위'
+ 韋(다룸가죽 위, 어긋날 위: 韦 wéi), 行 xíng/háng(다닐 행, 행할 행, 줄 항)
+ 지키고 보호하기 위해서는 방향을 바꿔 다니며 살펴야 빈틈이 없지요.

卫生 wèishēng ① 위생적이다, 깨끗하다 ② 위생 3급
卫生间 wèishēngjiān 화장실, 세면장 3급
保卫 bǎowèi 보위하다[≒ 捍卫 hànwèi] 5급

[꿀TIP] 중국에서 자주 보게 되는 讲卫生 jiǎngwèishēng은 '讲 jiǎng'의 뜻이 '논하다, 말하다'이니 '위생을 말하다'로 보기 쉽지만, 원래 뜻은 '위생에 주의하다'입니다.
+ 间 jiān(間: 사이 간), 保 bǎo(지킬 보, 보호할 보)

---

238 仓枪抢创 范 – 仓으로 된 한자와 范
　　　창 창 창 창　범

5급

사람(人)이 병부(卩)처럼 중요한 것을 넣어두는 창고니 창고 창
또 창고에 저장한 것을 꺼내 써야 할 정도로 급하니 급할 창

[번체] 倉 – 사람(人)이 문(戶) 잠그고(一) 입(口)에 먹을 곡식을 저장해 두는
　　　창고니 '창고 창'
　　　또 창고에 저장한 것을 꺼내 써야 할 정도로 급하니 '급할 창'
+ 卩 jié(무릎 꿇을 절, 병부 절, = 㔾), 户 hù(戶: 문 호, 집 호, 사람 호, 계좌 호), 一 yī('한 일'이지만 여기서는 잠근 모양으로 봄)

仓库 cāngkù 창고, 곳간 5급
+ 库 kù(庫: 창고 고)

5급

나무(木)로 창고(仓) 지붕처럼 뾰족하게 만든 창이니 창 창

5급

qiǎng

손(扌)으로 창고(仓)에 있는 것을 서둘러 빼앗으니
서두를 **창**, 빼앗을 **창**

抢救 qiǎngjiù 서둘러 구호하다[≒ 急救 jíjiù] **5급**

＋ 救 jiù(구원할 구, 도울 구)

3급

chuàng

창고(仓) 짓는 일은 칼(刂)로 재목을 자르는 데서 비롯하여 시작하니
비롯할 **창**, 시작할 **창**
또 처음으로 시작하여 없는 것을 창조하니 창조할 **창**

创新 chuàngxīn ① 창의성, 창조성[↔ 守旧 shǒujiù] ② 새것을 창조하다 **3급**
创业 chuàngyè 창업하다 **3급**
创造 chuàngzào ① 창조하다, 발명하다 ② 창조물[≒ 发明 fāmíng] **3급**
创作 chuàngzuò ① (문예 작품을) 창작하다 ② 문예 창작(품) **3급**
创立 chuànglì 창립하다, 창건하다[≒ 创建 chuàngjiàn] **5급**

＋ 新 xīn(새로울 신), 业 yè(業: 업 업, 일 업), 造 zào(지을 조), 作 zuò(지을
작), 立 lì(설 립)

3급

fàn

풀(艹)을 물(氵)로 무릎 꿇듯(巳) 구부리지 않고 씻도록 만든 틀이니
틀 **범**
또 틀 같은 규범이나 범위니 규범 **범**, 범위 **범**

范围 fànwéi ① 범위 ② 제한하다 **3급**
规范 guīfàn ① 본보기 ② 규범에 맞게 하다, 규범화하다 **3급**
模范 mófàn ① 모범 ② 모범적인 **5급**
示范 shìfàn 모범(을 보이다) **5급**

＋ 围 wéi(圍: 둘레 위, 둘러쌀 위), 规 guī(規: 법 규), 模 mó(본보기 모, 본뜰
모), 示 shì(보일 시, 신 시)

4급

卷
(卷 捲)
juàn/juǎn

허리 **구부리고(米)** 무릎 **꿇고(巴)** 앉아 만든 문서나 책이니
문서 권, 책 권(juàn)
또 문서나 책을 구부려 마니 말 권(juǎn)

[번체] 卷/捲 – 손(扌)으로 책(卷)을 구부려 마니 '말 권'

试卷 shìjuàn 시험지 4급

+ 试 shì(試: 시험할 시)

4급

圈
(圈)
quān/juàn/juān

둘러싼(口) 책(卷)의 둘레니 둘레 권(quān)
또 **둘러싸고(口) 책(卷)**처럼 묶어두는 우리니 우리 권(juàn)
또 우리에 가두니 가둘 권(juān)

+ 우리(牢 láo) – 짐승을 가두는 곳
+ 口 wéi/guó(에운 담), 牢 láo(우리 뢰)

5급

(令)
lìng

지금(今) 바로 하라고 **침(丶)**까지 튀기며 명령하니 명령할 령
또 명령을 잘 따르듯 착하고 아름다우니 착할 령, 아름다울 령
또 하늘의 명령을 따르며 바뀌는 계절이니 계절 령

[번체] 令 – 사람(人)으로 하여금 하나(一) 같이 무릎 꿇게(卩) 명령하니
　　　'하여금 령, 명령할 령'
　　　또 명령을 잘 따르듯 착하고 아름다우니 '착할 령, 아름다울 령'
　　　또 하늘의 명령을 따르며 바뀌는 계절이니 '계절 령'

+ 卩[卩 jié(무릎 꿇을 절, 병부 절)의 변형]

命令 mìnglìng 명령(하다) 5급

3급

命

míng

입(口)으로 **명령하니(令)** 명령할 **명**

또 명령으로 좌우되는 목숨이나 운명이니 목숨 **명**, 운명 **명**

+ 운명(运命 yùnmìng) – ① 인간을 포함한 모든 것을 지배하는 초인간적인 힘,
　　　　　　　　　　또는 그것에 의하여 이미 정해져 있는 목숨이나 처지
　　　　　　　　　　② 앞으로의 생사나 존망에 관한 처지
+ 运 yùn(運: 옮길 운, 운수 운)

生命 shēngmìng ① 생명 ② (예술작품이) 생동감 있다 **3급**
命令 mìnglìng ① 명령하다 ② 명령 **5급**
+ 生 shēng(날 생, 살 생, 사람을 부를 때 쓰는 접사 생)

---

241 ▶▶ **怜龄铃冷　邻领零** – 令으로 된 한자
　　　　　 련 령 령 랭　린 령 령

5급

怜
（憐）

lián

마음(忄)이 **착하여(令)** 불쌍히 여기니
불쌍히 여길 련

[번체] 憐 – 마음(忄)에 반딧불(粦) 깜빡이듯 불쌍히 여기는 마음이 드니
　　　'불쌍히 여길 련'
+ 粦 lín – 쌀(米)처럼 작은 불이 서로 어긋나게(舛) 다니며 반짝이는 반딧불
　　　이니 '반딧불 린'
+ 米 mǐ(쌀 미, 미터 미), 舛 chuǎn(어긋날 천) – 제목번호 053 '舞 wǔ'의 주 참고

可怜 kělián 불쌍하다, 가련하다 **5급**
+ 可 kě(옳을 가, 가히 가, 허락할 가)

5급

龄
（齡）

líng

이(齿)가 **명령하듯(令)** 알려주는 나이니 나이 **령**

[번체] 齡 – 이(齒)가 명령하듯(令) 알려주는 나이니 '나이 령'
+ 과학이 발달하지 못한 옛날에는 사람의 나이도 이(齒)의 숫자로 짐작했답니
　다. 사랑니처럼 나이가 들어야 나는 것도 있으니까요. 지금도 짐승의 나이는
　이의 개수로 짐작하기도 하지요.
+ 齿 chǐ(齒: 이 치, 나이 치)

年龄 niánlíng 연령[≒ 年纪 niánjì, 年岁 niánsuì] **5급**
+ 年 nián(해 년, 나이 년)

铃 líng

쇠(钅)로 명령하듯(令) 무엇을 알리려고 만든 방울이니 방울 령

+ 钅 jīn[金(쇠 금, 금 금, 돈 금 변)의 간체자]

铃声 língshēng 방울(벨) 소리 **5급**

+ 声 shēng(聲: 소리 성)

1급

冷 lěng

얼음(冫)이 어는 계절(令)처럼 차니 찰 랭

+ 冫 bīng[冰 bīng(얼음 빙)이 부수로 쓰일 때의 모양으로 점이 둘이니 '이 수 변'
이라 부름]

冷静 lěngjìng ① 냉정하다 ② 조용하다 **4급**

寒冷 hánlěng 몹시 춥다[↔ 炎热 yánrè] **4급**

+ 静 jìng(靜: 고요할 정), 寒 hán(찰 한)

5급

邻 lín

명령(令)을 따르듯 어울려 사는 고을(阝)의 이웃이니 이웃 린

[번체] 隣 – 언덕(阝)에 반딧불(粦) 어울려 반짝이듯 서로 어울려 사는 이웃이니
'이웃 린'

邻居 línjū 이웃집, 이웃 사람[≒ 邻舍 línshè] **5급**

+ 居 jū(머무를 거, 살 거)

3급

领 lǐng

명령하며(令) 우두머리(页)가 거느리니 거느릴 령

+ 页 yè(頁: 머리 혈, 페이지 엽)

领导 lǐngdǎo ① 지도하다 ② 영도자, 리더 **3급**

领先 lǐngxiān ① 앞서다, 리드하다 ② 앞세우다 **3급**

本领 běnlǐng 기량, 능력, 수완 **3급**

领带 lǐngdài ① 넥타이 ② 인도하다 **5급**

+ 导 dǎo(導: 이끌 도, 인도할 도), 先 xiān(먼저 선), 本 běn(뿌리 본, 근본 본,
책 본, 판 본), 带 dài(帶: 찰 대, 띠 대)

1급

零 líng

비(雨)와 명령(令)은 위에서 아래로 떨어지니 떨어질 령
또 바닥까지 떨어져 영인 제로니 영 령, 제로 령
또 떨어져 남은 나머지니 나머지 령

+ 雨 yǔ(비 우)

零下 língxià 영하, 영도 이하 **2급**

零食 língshí 간식, 군것질, 주전부리 **4급**

+ 下 xià(아래 하, 내릴 하), 食 shí(밥 식, 먹을 식)

307

참고자

mǎo

(봄기운이 왕성하여) 두 문짝을 활짝 열어 놓은 모양을 본떠서

왕성할 묘

또 귀를 쫑긋 세운 토끼로도 보아 토끼 묘

또 토끼는 넷째 지지니 넷째 지지 묘

+ 음력으로는 1월에서 3월까지가 봄이지요. 음력 2월, 즉 '묘월(卯月 mǎoyuè)'
이 되어 봄기운이 화창하면 만물이 왕성하게 자라고 겨울 동안 닫혔던 방문도
활짝 열어 두니, 두 문짝을 활짝 열어 놓은 모양을 본떠서 '卯 mǎo'입니다.

왕성하게(卯) 일하려고 밭(田)에 머무르니 머무를 류

+ 卯[卯 mǎo(왕성할 묘, 토끼 묘, 넷째 지지 묘)의 변형], 田 tián(밭 전)

liú

留下 liúxià ① 묵다 ② 말하여 남겨 놓다 ③ 사 두다 2급

留学生 liúxuéshēng 유학생 2급

留学 liúxué 유학(하다) 3급

保留 bǎoliú ① 보존하다, 유지하다 ② 보류하다 3급

留念 liúniàn 물건으로 기념하다 참고어

+ 学 xué(學: 배울 학), 生 shēng(날 생, 살 생, 사람을 부를 때 쓰는 접사 생),
保 bǎo(지킬 보, 보호할 보), 念 niàn(念: 생각 념)

5급

貿

mào

왕성하게(卯) 재물(贝)을 무역하며 바꾸니

무역할 무, 바꿀 무

+ 贝 bèi(貝: 조개 패, 재물 패, 돈 패)

贸易 màoyì 무역, 교역, 통상 5급

+ 易 yì(쉬울 이, 바꿀 역)

참고자

áng

상자(匚)에 무릎 **꿇고**(卩) 높이 바라는 나니
높을 앙, 나 앙

+ 匚 [匚 fāng(상자 방)의 변형], 卩 jié(무릎 꿇을 절, 병부 절, = 㔾)

2급

yìn

공문서를 **높은**(卬) 분께 올릴 때 **한**(一)결같이 찍는 도장이니
찍을 인, 도장 인

打印 dǎyìn ① 인쇄하다 ② 도장을 찍다 **2급**
印象 yìnxiàng 인상 **3급**
复印 fùyìn 복사하다, 복제하다 **3급**

+ 打 dǎ(칠 타, 공격할 타, 어조사 타, 다스 타), 象 xiàng(코끼리 상, 모양 상, 본뜰 상), 复 fù(復: 다시 부, 돌아올 복, 複: 거듭 복, 겹칠 복)

yíng

높은(卬) 분처럼 **가서**(辶) 맞이하니
맞이할 영

+ 辶 chuò(뛸 착, 갈 착)
欢迎 huānyíng 환영하다, 환영받다 **2급**
迎接 yíngjiē 영접하다, 마중하다 **3급**

+ 欢(歡: 기뻐할 환), 接 jiē(이을 접, 대접할 접)

2급

报
報

bào

손(扌)으로 **병부**(卩) 같은 소식을 **또**(又) 전하며 소식도 알리고
은혜도 갚으니 **알릴 보, 갚을 보**
또 소식을 알리는 신문이니 **신문 보**

[번체] 報 – 다행히(幸) 병부(卩) 같은 소식을 또(又) 전하며 소식도 알리고 은혜
　　　도 갚으니 '알릴 보, 갚을 보'
　　　또 소식을 알리는 신문이니 '신문 보'

✛ 扌 shǒu(손 수 변), 又 yòu(오른손 우, 또 우), 幸 xìng(행복할 행, 바랄 행)

报名 bàomíng ① 신청하다, 지원하다 ② 신문의 이름 2급

报纸 bàozhǐ 신문 2급

日报 rìbào ① 일간지[주로 조간신문을 가리킴] ② 매일 보고하다 2급

晚报 wǎnbào 석간신문[= 夜报 yèbào] 2급

报道 bàodào ① 보도 ② 보도하다[= 报导 bàodǎo] 3급

报答 bàodá (실제 행동으로) 보답하다, 은혜를 갚나 5급

꿀TIP 신문 이름에 日报 rìbào가 있으면 조간신문이고, 晚报 wǎnbào가 있으면 석간신문
　　　입니다. 人民日报 Rénmín rìbào, 北京晚报 Běijīng wǎnbào가 대표적이지요.

✛ 名 míng(이름 명, 이름날 명), 纸 zhǐ(紙: 종이 지), 晚 wǎn(늦을 만), 道
　 dào(길 도, 도리 도, 말할 도), 答 dá(대답할 답, 갚을 답)

1급

服

fú/fù

몸(月)을 **병부**(卩)처럼 **또**(又) 잘 지키기 위해서는
옷도 입고, 밥도 먹고, 복무하며, 상관의 명령에도 복종해야 하니
옷 복, 먹을 복, 복무할 복, 복종할 복 (fú)
또 옷처럼 약봉지로 싼 약을 세는 단위인 첩이니 **첩 복** (fù)

✛ 대부분 fú로 발음하고, 한약을 헤아리는 단위로 쓰일 때만 fù로 발음합니다.

衣服 yīfu 의복[衣裳 yīshang] 1급

服务 fúwù 복무하다, 근무하다 2급

服装 fúzhuāng 복장, 의류, 의복 3급

服从 fúcóng 복종(하다), 따르다 5급

✛ 衣 yī(옷 의), 务 wù(務: 일 무, 힘쓸 무), 装 zhuāng(裝: 꾸밀 장), 从 cóng
　 (從: 좇을 종, 따를 종)

6급

è

굴 바위(厂) 밑에 무릎 꿇고(巳) 빌어야 할 정도의 재앙이니

재앙 액

+ 厂 chǎng(굴 바위 엄, 언덕 엄, 廠: 헛간 창, 공장 창)

2급

顾
[顧]
gù

재앙(厄)이 있을까 봐 머리(页) 돌려 돌아보고 돌보며 살피니

돌아볼 고, 돌볼 고, 살필 고

[번체] 顧 – 머슴(雇)의 머리(頁)는 자주 주인을 돌아보고 돌보며 살피니
'돌아볼 고, 돌볼 고, 살필 고'

+ 번체자의 또 다른 어원 풀이로 '뻐꾹새(雇)'가 남의 둥지에 알을 낳아놓고 잘
자라나 자꾸만 머리(頁)로 돌아본다는 데서 '돌아볼 고(顧)'가 있습니다.

+ 厄[厄 è(재앙 액)의 변형], 页 yè(頁: 머리 혈, 페이지 엽), 雇 gù(머슴 고, 고
용할 고, 뻐꾹새 호)

顾客 gùkè 고객, 손님 **2급**

回顾 huígù 되돌아보다[≒ 回忆 huíyì ↔ 展望 zhǎnwàng] **5급**

顾问 gùwèn 고문 **5급**

不顾 búgù 고려하지 않다, 돌보지 않다 **5급**

+ 客 kè(손님 객), 回 huí(돌 회, 돌아올 회, 횟수 회), 问 wèn(問: 물을 문)

3급

wēi

사람(ク)에게 재앙(厄)이 닥치면 위험하니 위험할 위

+ ク[人 rén(사람 인)의 변형]

危害 wēihài ① 손상, 훼손[≒ 损害 sǔnhài] ② 해를 끼치다 **3급**

危险 wēixiǎn ① 위험하다 ② 위험[↔ 安全 ānquán] **3급**

+ 害 hài(害: 해칠 해, 방해할 해), 险 xiǎn(險: 험할 험)

5급

cuì

몸(月)이 위험할(危) 정도로 가볍고 약하니

가벼울 취, 약할 취

干脆 gāncuì ① 명쾌하다, 간단명료하다 ② 아예, 차라리[≒ 索性 suǒxìng,
爽快 shuǎngkuai, 痛快 tòngkuài ↔ 拖拉 tuōlā, 拖沓 tuōtà] **5급**

+ 干 gān/gàn(방패 간, 乾: 마를 건, 幹: 줄기 간, 일할 간, 간부 간)

5급

yuàn

뒹굴며(夗) 애태우고 **마음**(心)으로 원망하니 **원망할 원**

✦ 夗 yuàn - 저녁(夕)에 무릎 꿇듯(㔾) 몸 구부리고 뒹구니 '뒹굴 원'
✦ 夕 xī(저녁 석), 心 xīn(마음 심, 중심 심), 㔾 jié(병부 절, 무릎 꿇을 절, = 卩)
抱怨 bàoyuàn (불만을 품고) 원망하다[≒埋怨 mányuàn ↔ 谅解 liàngjiě, 体谅 tǐliàng] **5급**
✦ 抱 bào(안을 포)

2급

wǎn

돌(石) 같이 단단한 것을 **굽은**(宛) 모양으로 움푹 파서 만든 주발이니 **주발 완**

✦ 宛 wǎn - 집(宀)에서 뒹굴기만(夗) 하면 허리가 굽으니 '굽을 완'
　　　　　또 굽어서 완연한 모양이니 '완연할 완'
✦ 주발(饭盆 fànpén) - 위가 벌어지고 뚜껑이 있는 그릇
✦ 완연(宛然 wǎnrán) - 분명하게 나타남
✦ 饭碗 fànwǎn은 '밥그릇'이지만 '먹고 사는 생활의 방편'이라는 뜻으로 의미가 확장되어 쓰입니다. 그래서 절대로 해고되지 않는 평생직장을 상징하는 '铁饭碗 tiěfànwǎn(철밥통)'이라는 단어도 있습니다.
✦ 石 shí(돌 석), 宀 mián(집 면), 然 rán(그러할 연), 饭 fàn(飯: 밥 반), 铁 tiě(鐵: 쇠 철)

---

246 ▶▶ **牛件降** – 牛로 된 한자
　　　　　우 건 강(항)

1급

niú

뿔 있는 소를 본떠서 소 우
또 소처럼 힘이 최고니 최고 우

牛奶 niúnǎi 우유[= 牛乳 niúrǔ] **1급**
✦ 奶 nǎi(젖 내)

件

jiàn

사람(亻)이 **소**(牛) 같은 재산을 팔아서 사는 물건이니 물건 **건**

또 **사람**(亻)이 **소**(牛)에 받힌 사건이니 사건 **건**

또 물건이나 사건을 세는 수량 단위니 수량 단위 **건**

또 하나하나 셀 수 있는 문서니 문서 **건**

条件 tiáojiàn 조건, 기준, 표준 2급

事件 shìjiàn 사건 3급

文件 wénjiàn 문서, 서류, 파일 3급

✦ 条 tiáo(條: 조목 조, 가지 조), 事 shì(일 사, 섬길 사), 文 wén(글 문, 문명 문, 문화 문)

降

jiàng/xiáng

언덕(阝)에서 천천히 **걸어**(夂) **소**(牛)처럼 내려오니

내릴 **강**(jiàng)

또 내리듯 몸을 낮추고 항복하니 항복할 **항**(xiáng)

✦ 阝 fù(언덕 부 변), 夂 zhi(천천히 걸을 쇠, 뒤져 올 치), 牛[牛 niú(소 우)의 변형]

降低 jiàngdī 내리다, 낮추다, 줄이다[↔ 升高 shēnggāo, 提高 tígāo] 4급

降价 jiàngjià 값을 내리다, 값이 내려가다[= 减价 jiǎnjià] 4급

降温 jiàngwēn ① 온도를 내리다 ② 기온이 내려가다 ③ 열기를 식히다, 추세가 완화되다 4급

下降 xiàjiàng ① 하강하다 ② (등급·정도·수량 따위가) 줄어들다, 떨어지다 4급

✦ 低 dī(低: 낮을 저), 价 jià(價: 값 가, 가치 가), 温 wēn(溫: 따뜻할 온, 익힐 온), 下 xià(아래 하, 내릴 하)

1급

gào

소(⺧)를 잡아 차려 놓고 **입(口)**으로 알리니 알릴 고
또 알리며 설명하고 요구하니 설명할 고, 요구할 고

+ 옛날에는 제사에 소고기를 으뜸으로 쳤으니 소(⺧)를 잡아 차려 놓고 입(口)
  으로 축문을 읊어 신에게 알린다는 데서 만들어진 한자입니다.
+ ⺧ [牛 niú(소 우)의 변형]

告別 gàobié 작별 인사를 하다 **3급**

报告 bàogào ① 보고, 보고서 ② 보고하다 **3급**

公告 gōnggào ① 공고, 공포 ② 공포하다, 공고하다 **5급**

+ 別 bié(나눌 별, 다를 별), 报 bào(報: 알릴 보, 갚을 보, 신문 보), 公
  gōng(공평할 공, 국가 공, 대중 공, 세계 공통 공, 존칭 공)

2급

kào

확실하여 **알리지도(告)** 않고(非) 기대고 의지하니
기댈 고, 의지할 고

+ 非 fēi(非: 어긋날 비, 아닐 비, 아프리카 비)

可靠 kěkào 확실하다, 믿을 만하다 **3급**

依靠 yīkào ① 의존하다 ② 지지자, 지지대 **4급**

靠近 kàojìn ① 가깝다 ② 가까이하다 **3급**

+ 可 kě(옳을 가, 가히 가, 허락할 가), 依 yī(의지할 의), 近 jìn(가까울 근, 비
  슷할 근)

3급

zào

계획을 **알리고(告)** 가서(辶) 지으니 지을 조

+ 辶 chuò(뛸 착, 갈 착)

造成 zàochéng 조성하다, 만들다 **3급**

制造 zhìzào ① 제조하다 ② 조장하다 **3급**

造型 zàoxíng ① (만들어 낸 물체의) 형상, 조형[= 造形 zàoxíng] ② 형상화하
다 **4급**

+ 成 chéng(이룰 성), 制 zhì(제도 제, 억제할 제, 製: 지을 제), 型 xíng(틀 형)

1급

先

xiān

(소를 부릴 때) 소(ㄊ)가 **사람**(儿) 앞에 서서 먼저 가듯 먼저니

먼저 선

✦ 소를 부리거나 몰 때는 소를 앞에 세우지요.
✦ ㄊ [牛 niú(소 우)의 변형], 儿 ér(사람 인 발, 접미사 아, 兒: 아이 아)

先生 xiānsheng 선생님, 씨[성인 남성, 학문이나 명성이 높은, 자기보다 나이가 많은 사람에 대한 경칭] 1급

先进 xiānjìn ① 선진의 ② 앞선 사람 3급

领先 lǐngxiān ① 리드하다 ② 앞세우다 3급

事先 shìxiān 사전(에), 미리[↔ 事后 shìhòu] 4급

率先 shuàixiān ① 솔선하다 ② 솔선하여 4급

先后 xiānhòu ① 앞과 뒤, 먼저와 나중 ② 뒤이어 5급

꿀TIP 학교 선생님은 '老师 lǎoshī'를 사용합니다.
✦ 进 jìn(進: 나아갈 진), 领 lǐng(領: 거느릴 령), 事 shì(일 사, 섬길 사), 率 lǜ/shuài(비율 률, 거느릴 솔, 솔직할 솔), 后 hòu(왕비 후, 後: 뒤 후)

1급

xǐ

물(氵)로 먼저(先) 씻으니 씻을 세

洗手间 xǐshǒujiān 화장실 1급

洗衣机 xǐyījī 세탁기 2급

洗手 xǐshǒu ① 손을 씻다 ② 나쁜 짓에서 손을 떼다 ③ 그만 두다 참고어
✦ 手 shǒu(손 수, 재주 수, 재주 있는 사람 수), 间 jiān(間: 사이 간), 衣 yī(옷 의), 机 jī(機: 기계 기, 비행기 기, 기능 기, 기회 기)

2급

選

xuǎn

먼저(先) 가서(辶) 좋은 것을 고르니 고를 선

번체 選 – 뱀들(巳巳)처럼 긴 줄로 함께(共) 가(辶) 고르니 '고를 선'
✦ 辶 chuò(辶: 뛸 착, 갈 착), 巳 sì(뱀 사, 여섯째 지지 사), 共 gòng(함께 공)

选手 xuǎnshǒu 선수 3급

挑选 tiāoxuǎn 고르다, 선택하다[= 选择 xuǎnzé] 4급

选修 xuǎnxiū 선택하여 배우다 5급

当选 dāngxuǎn 당선되다 5급

✦ 挑 tiāo(끌어낼 도, 고를 도), 修 xiū(닦을 수), 当 dāng(當: 마땅할 당, 당할 당)

zàn
贊 讚

먼저(先) 먼저(先) 재물(贝)로 돕고 찬성하며 칭찬하고 찬양하니
도울 찬, 찬성할 찬, 칭찬할 찬, 찬양할 찬

[번체] 贊, 讚 – 말(言)을 도우며(贊) 찬성하고 칭찬하며 찬양하니 '칭찬할 찬, 찬 양할 찬'

+ 贝 bèi(貝: 조개 패, 재물 패, 돈 패)
赞成 zànchéng ① 찬성하다 ② 성공하도록 도와주다 [4급]
赞助 zànzhù 찬조하다, 협찬하다[≒ 资助 zīzhù] [4급]

+ 成 chéng(이룰 성), 助 zhù(도울 조)

---

249 **午许年** – 午로 된 한자
오 허 년

午

wǔ

방패 간(干) 위에 삐침 별(丿)을 그어
전쟁에서 방패처럼 중요한 동물이 말임을 나타내어 **말 오**
또 말은 일곱째 지지니 **일곱째 지지 오**
또 일곱째 지지는 시간으로 낮이니 **낮 오**

+ 방패 – 전쟁 때에 적의 칼, 창, 화살 따위를 막는 데에 쓰던 무기
+ 12지지(地支 dìzhī)인 '子 zǐ(자), 丑 chǒu(축), 寅 yín(인), 卯 mǎo(묘), 辰 chén(진), 巳 sì(사), 午 wǔ(오), 未 wèi(미), 申 shēn(신), 酉 yǒu(유) , 戌 xū(술), 亥 hài(해)'의 처음인 자시(子时 zǐshí)는 밤 11시부터 새벽 1시까지 니, 子时 zǐshí부터 두 시간씩 일곱 번째는 낮 11시부터 오후 1시까지로 오시 (午时 wǔshí)지요. 午时의 한가운데는 정오(正午 zhèngwǔ), 子时의 한가운 데는 자정(子正 zǐzhèng)입니다.

上午 shàngwǔ 오전, 상오 [1급]
下午 xiàwǔ 오후[↔ 上午 shàngwǔ] [1급]
中午 zhōngwǔ 정오, 낮 12시 전후 [1급]
午餐 wǔcān 점심밥[= 午饭 wǔfàn] [2급]

+ 上 shàng(위 상, 오를 상), 下 xià(아래 하, 내릴 하), 中 zhōng(가운데 중, 맞 힐 중), 餐 cān(먹을 찬, 밥 찬)

许

xǔ

남의 **말(讠)**을 듣고 밝은 **낮(午)**처럼 명백하게 허락하니

허락할 **허**

또 쉽게 허락할 만큼 대단히 매우 마음 쓰니 대단히 **허**, 매우 **허**

+ 讠 yán[言(말씀 언 변)의 간체자]

许多 xǔduō 허다하다, 매우 많다[≒ **好多** hǎoduō] 2급

也许 yěxǔ 어쩌면, 아마도[≒ **兴许** xīngxǔ, **或许** huòxǔ] 2급

不许 bùxǔ 불허하다, ~해서는 안 된다 5급

꿀TIP 许多는 물건의 수량이 많다는 뜻뿐만 아니라 정도가 대단함을 나타내기도 합니다. '살이 많이 빠졌다(瘦了许多 shòu le xǔduō)'라든지 '모습이 많이 변했다(样子变了许多 yàngzi biàn le xǔduō)'고 할 때도 许多를 쓰지요.

+ 多 duō(많을 다), 也 yě(또한 야, 어조사 야), 瘦 shòu(수척할 수, 여윌 수), 了 le/liǎo(마칠 료, 밝을 료, 어조사 료), 样 yàng(様: 모양 양), 变 biàn(變: 변할 변)

年

nián

낮(午)이 **숨은(乚)** 듯 가고 오고 하여 해가 바뀌고 나이를 먹으니

해 **년**, 나이 **년**

+ 乚 [fāng(감출 혜, 덮을 혜), = 匸의 변형]

全年 quánnián 만 1년간 2급

年代 niándài 시대, 시기, 연대 3급

年底 niándǐ 세밑, 세모, 연말 3급

多年 duōnián 여러 해, 오랜 세월 4급

童年 tóngnián 어린 시절, 어릴 적 4급

学年 xuénián 학년 4급

年度 niándù 연도 5급

年前 niánqián ① 작년 ② 새해 전 5급

当年 dāngnián ① 그때, 그 해 ② 한창나이 5급

+ 全 quán(全: 온전할 전), 代 dài(대신할 대, 세대 대, 대금 대), 底 dǐ(底: 밑 저), 多 duō(많을 다), 童 tóng(아이 동), 学 xué(學: 배울 학), 度 dù(법도 도, 정도 도, 시간 보낼 도, 헤아릴 탁), 前 qián(앞 전), 当 dāng(當: 마땅할 당, 당할 당)

3급

yáng

앞에서 바라본 양을 본떠서
양 양

1급

樣

yàng

나무(木) 옆에 양(羊) 떼가 늘어선 모양에서 모양 양

[번체] 樣 – 나무(木) 옆에 양(羊) 떼가 길게(永) 늘어선 모양에서 '모양 양'

+ 木 mù(나무 목), 羊[羊 yáng(양 양)의 변형], 永 yǒng(길 영, 오랠 영)

一样 yíyàng 같다, 동일하다 **1급**

样子 yàngzi 모양, 모습, 형태 **2급**

那样(儿) nàyàng(r) 그렇게, 저렇게 **2급**

同样 tóngyàng ① 같다 ② 상술한 바와 같이 **2급**

什么样 shénmeyàng 어떠한[= 哪个样 nǎgeyàng] **2급**

多样 duōyàng 다양(하다) **4급**

模样 múyàng ① 모양[≒ 样子 yàngzi] ② 상황 ③ 대략 **5급**

+ 那 nà(어찌 나, 저것 나, 그곳 나), 同 tóng(같을 동), 什 shén(무엇 십, 세간
즙), 么 me(麼: 작을 마, 어조사 마), 模 mú/mó(본보기 모, 본뜰 모)

5급

詳

xiáng

말(讠)을 양(羊)처럼 순하고 좋게 하며 자상하니 자상할 상

+ 자상(仔詳) – 자세하고 찬찬함
+ 讠 yán[말씀 언 변(言)의 간체], 仔 zǎi(자세할 자)

详细 xiángxì 상세하다, 자세하다 **5급**

+ 细 xì(細: 가늘 세)

5급

gāo

**쌀(米)가루로 양(羊)처럼 부드럽게 불(灬)에 쪄 만든 떡이니
떡 고**

+ 떡, 케이크, 빵, 푸딩을 일컫는 말로 餻 gāo를 씁니다.
+ 米 mǐ(쌀 미, 미터 미), 羊 [羊 yáng(양 양)의 변형]

蛋糕 dàngāo 케이크, 카스텔라 **5급**

+ 蛋 dàn(새알 단)

318

3급

美

měi

양(⺷)이 커(大)가는 모양처럼 아름다우니 **아름다울 미**

+ ⺷ [羊 yáng(양 양)의 변형], 大 dà/dài (큰 대)

美好 měihǎo 훌륭하다, 행복하다 **3급**

完美 wánměi 완벽하다, 매우 훌륭하다 **3급**

+ 好 hǎo(좋을 호, 좋아할 호), 完 wán(완전할 완)

2급

养

yǎng

養

양(⺷)을 무리에 **끼워(介)** 기르니 **기를 양**

[번체] 養 – 양(⺷)을 먹여(食) 기르니 '기를 양'

+ 介 jiè(끼일 개, 소개할 개, 중개할 개), 食 shí(밥 식, 먹을 식)

养成 yǎngchéng 습관이 되다, 길러지다 **4급**

疗养 liáoyǎng 요양(하다) **4급**

保养 bǎoyǎng ① 보수하다 ② 보양하다 **5급**

修养 xiūyǎng 수련(수양)하다 **5급**

+ 成 chéng(이룰 성), 疗 liáo(療: 치료할 료), 保 bǎo(지킬 보, 보호할 보), 修 xiū(닦을 수)

3급

善

shàn

양(羊)처럼 풀(⺼)만 입(口)으로 먹는 짐승은 순하고 착하니
착할 선
또 착하면 좋고 시키는 일도 잘하니 **좋을 선**, **잘할 선**

+ 초식동물은 대부분 순하지요.
+ ⺼ [⺿ cǎo(초 두)의 간체자 ⺾의 변형]

完善 wánshàn 완벽하다, 완전하다 **3급**

善良 shànliáng 선량하다[↔ 狠毒 hěndú, 恶毒 èdú] **4급**

善于 shànyú ~에 뛰어나다, 잘하다 **4급**

改善 gǎishàn 개선하다[≒ 改良 gǎiliáng] **4급**

+ 完 wán(완전할 완), 良 liáng(좋을 량, 어질 량), 于 yú(어조사 우), 改 gǎi(고칠 개)

4급

盖

gài

蓋

양(⺷)가죽으로 **그릇(皿)**을 덮으니 **덮을 개**

[번체] 蓋 – 풀(⺾)을 제거하듯(去) 베어 그릇(皿)을 덮으니 '덮을 개'

+ 도구가 많지 않았던 옛날에는 주변에 많이 있는 것으로 덮었겠지요.
  한자가 만들어진 중국에서는 양도 많이 기릅니다.
+ ⺷ [羊 yáng(양 양)의 변형], 皿 mǐn(그릇 명), ⺾ cǎo(⺾: 초 두), 去 qù(갈 거, 제거할 거)

1급

差

差
chā/chà/chāi

양(羊)처럼 붙어 서서 같이 **만들어도(工)** 차이 나니
차이 날 **차**(chà)
또 차이 나게 다르니 다를 **차**(chā)
또 다른 곳으로 파견하니 파견할 **차**(chāi)

[번체] 差 – 양(羊)처럼 붙어(丿) 서서 같이 만들어도(工) 차이 나고 다르니
　　　'차이 날 차, 다를 차'
　　　또 다른 곳으로 파견하니 '파견할 차'
✦ 羊 [羊 yáng(양 양)의 변형], 工 gōng(일꾼 공, 일할 공, 연장 공), 丿 piě('삐침
　별'이지만 번체자에서는 붙은 모양으로 봄)
差不多 chàbuduō ① 비슷하다 ② 일반적인, 보통의 **2급**
差別 chābié 차별, 차이, 구별, 격차[≒ 区别 qūbié, 差异 chāyì] **5급**
✦ 多 duō(많을 다), 別 bié(나눌 별, 다를 별)

1급

着

着
zháo/zhe/zhāo/
zhuó

털에 가린 **양(羊)**의 **눈(目)**처럼 붙으니 붙을 **착**(zháo)
또 달라붙어 무엇을 한다는 뜻의 어조사니 어조사 **착**(zhe)
또 붙도록 첨가하니 첨가할 **착**(zhāo)
또 붙도록 입으니 입을 **착**(zhuó)

[번체] 着 – 털에 가린 양(羊)의 붙은(丿) 눈(目)처럼 붙으니 '붙을 착'
✦ 目 mù(눈 목, 볼 목, 항목 목)
着火 zháohuǒ 불나다, 불붙다 **4급**
着急 zháojí 조급해하다, 안달하다 **4급**
有着 yǒuzhe 가지고 있다[보통 추상 명사가 목적어가 됨] **5급**
✦ 急 jí(急: 급할 급), 有 yǒu(가질 유, 있을 유)

---

252 ⟩ **鱼鲜** – 鱼로 된 한자
　　　어　선

2급

鱼

魚
yú

물고기의 **머리(ク)**와 **몸통(田)**과 **꼬리(一)**를 그려서
물고기 어

4급

鲜

(鮮)

xiān

물고기(鱼)가 양(羊)처럼 곱게 깨끗하고 싱싱하니

고울 선, 깨끗할 선, 싱싱할 선

+ 羊 yáng(양 양)이 들어가면 대부분 좋은 의미의 한자입니다.

鲜明 xiānmíng ① 분명하다, 명확하다 ② 선명하다 **4급**

海鲜 hǎixiān 해산물 **4급**

新鲜 xīnxiān 신선하다 **4급**

+ 明 míng(밝을 명), 海 hǎi(바다 해), 新 xīn(새로울 신)

---

253 ▶ 鸟鸡鸭 – 鸟로 된 한자

조 계 압

2급

鸟

(鳥)

niǎo

앉아 있는 새를 본떠서 새 조

+ 〔비〕 乌 wū(烏: 까마귀 오, 검을 오, 어찌 오) – 2권 제목번호 137 참고

1급

鸡

(鷄)

jī

손(又)으로도 쉽게 잡을 수 있는 새(鸟)는 닭이니 닭 계

〔번체〕鷄 – (닭은 날지 못하니) 어찌(奚) 새(鳥)란 말인가에서 '닭 계'

+ 奚 xī – 손톱(爫)으로 작고(幺) 큰(大)일을 어찌 다할 수 있겠는가에서
  '어찌 해'

+ 又 yòu(오른손 우, 또 우), 爫 zhǎo[爪 zhǎo/zhuǎ(손톱 조, 발톱 조)가 부수로
  쓰일 때의 모양], 幺 yāo(작을 요, 어릴 요)

鸡蛋 jīdàn 계란, 달걀 **1급**

+ 蛋 dàn(새알 단)

건강에 으뜸(甲)가는 새(鸟)는 오리니 오리 압

+ 오리는 다른 짐승과 달리 성인병에도 좋다는 데서 건강에 으뜸가는 새라고 했
  네요.

+ 甲 jiǎ (첫째 갑, 첫째 천간 갑, 갑옷 갑)

鸭子 yāzi 오리 **5급**

+ 오리알(鸭蛋 yādàn)과 숫자의 zero(0)가 비슷하여, '시험에서 빵점을 받았다'
  를 '吃了鸭蛋 chī le yādàn'라고 표현합니다.

+ 子 zǐ/zi(아들 자, 첫째 지지 자, 자네 자, 접미사 자)

鸭

(鴨)

yā

1급

马
馬
mǎ

옆에서 바라본 말을 본떠서 말 **마**

马路 mǎlù ① 큰길 ② (자동차가 다닐 수 있는) 도로 **1급**

马上 mǎshàng 바로, 즉시[≒ 当即 dāngjí, 立即 lìjí, 立刻 lìkè] **1급**

马虎 mǎhu 대충대충 하다, 덤벙대다 **참고어**

✦ 路 lù(길 로), 上 shàng(위 상, 오를 상), 虎 hu(虎: 범 호)

1급

吗
嗎
ma/má

입(口)으로 말(马)처럼 지껄이는 말은 뜻을 몰라 의문이 생기니 의문 조사 **마**

✦ 吗는 평서문의 뒤에 붙어서 의문문으로 바꾸는 역할을 하여, 한국어의 '~입니까' 정도에 해당하지요.

干吗 gànmá ① 무엇 때문에, 어째서 ② 무엇을 하는가? ③ 뭣하면 **3급**

✦ 干 gān/gàn(방패 간, 乾: 마를 건, 幹: 줄기 간, 일할 간, 간부 간)

1급

妈
媽
mā

여자(女) 중 말(马)도 탈 수 있는 엄마니 엄마 **마**

妈妈 māma 엄마, 어머니 **1급**

大妈 dàmā 큰어머니, 아주머니 **4급**

4급

码
碼
mǎ

돌(石)을 말(马)에 몇 개나 실을 수 있는지 셈하니 셈할 **마**

✦ 石 shí(돌 석)

密码 mìmǎ 비밀번호, 패스워드 **4급**

号码 hàomǎ 번호, 숫자 **4급**

数码 shùmǎ 숫자, 디지털 **4급**

码头 mǎtou ① 부두 ② 교통이 편리한 상업 도시 **5급**

起码 qǐmǎ ① 기본적인 ② 적어도 **5급**

✦ 密 mì(빽빽할 밀, 비밀 밀), 号 háo(號: 부를 호, 이름 호, 부호 호), 数 shù(數: 셀 수, 두어 수, 숫자 수, 자주 삭, 운수 수) 头 tóu/tou(頭: 머리 두, 우두머리 두, 접미사 두), 起 qǐ(일어날 기, 시작할 기, 세울 기)

5급

罵

罵

mà

입을 둘(口口)이나 가진 듯 심하게 **말(馬)**을 꾸짖으며 욕하니
꾸짖을 매, 욕할 매

[번체] 罵 – 그물(罒)로 말(馬)을 싸듯이 묶어놓고 꾸짖으며 욕하니
'꾸짖을 매, 욕할 매'
+ 罒 gāng(그물 망, = 网, 罓)

闯

闖

chuǎng

문(门)에 말(马)처럼 불쑥 뛰어드니
불쑥 뛰어들 틈

+ 门 mén(門: 문 문)

---

255 **佳推谁准难** – 佳로 된 글자1
　　　추 추 수 준 난

참고자

隹

zhuī

꽁지 짧은 새를 본떠서
새 추

2급

推

tuī

(놓아주려고) **손(扌)**으로 **새(隹)**를 미니 밀 추
또 밀어 추천하니 추천할 추

推动 tuīdòng ① 추진하다 ② 추진 3급
推广 tuīguǎng 널리 보급(확대·확충)하다 3급
推开 tuīkāi ① 밀어 열다 ② (회)피하다 ③ 밀어내다 3급
推行 tuīxíng 보급하다, 밀고 나가다[→ 废止 fèizhǐ, 废除 fèichú] 5급

+ 动 dòng(動: 움직일 동), 广 guǎng(집 엄, 廣: 넓을 광, 많을 광), 开 kāi(開: 열 개, 시작할 개, 끓을 개), 行 xíng/háng(다닐 행, 행할 행, 줄 항)

谁 誰

shéi/shuí

말(讠)을 새(隹)처럼 하니 누가 알아들을까에서 누구 수

+ shéi/shuí 두 가지로 발음해도 둘 다 뜻은 같습니다.
+ 讠 yán[言(말씀 언 변)의 간체자]

准

zhǔn

얼음(冫)처럼 냉정하고 새(隹)처럼 위에서도 살펴 정확하게 허가하니
정확할 준, 허가할 준

+ 冫[冰 bīng(얼음 빙)이 부수로 쓰일 때의 모양으로 점이 둘이니 '이 수 변'이라 부름]

准确 zhǔnquè 확실하다, 틀림없다 2급
标准 biāozhǔn ① 표준 ② 표준의, 표준적이다 3급
批准 pīzhǔn 비준하다, 승인하다 3급
准时 zhǔnshí 정시에, 제때에 4급

+ 确 què(確: 확실할 확, 굳을 확), 标 biāo(標: 표 표, 표시할 표), 批 pī(비평할 비), 时 shí(時: 때 시)

难 難

nán/nàn

손(又)에 잡힌 새(隹) 같은 상황으로 어려우니 어려울 난(nán)
또 어려운 재난이니 재난 난(nàn)

[번체] 難 - 진흙(菫)에 빠진 새(隹) 같은 상황으로 어려우니 '어려울 난'
　　　또 어려운 재난이니 '재난 난'

+ 莫 [菫 jǐn/qín(진흙 근)의 변형]

难道 nándào 설마 ~란 말인가?, 설마 ~하겠는가?[주로 '吗 ma·不成 bùchéng'과 함께 쓰여 반어의 어기를 강조함] 3급
难度 nándù 난이도 3급
难得 nándé ① 얻기 어렵다, 하기 쉽지 않다 ② (출현이나 발생이) 드물다 5급
难以 nányǐ ~하기 어렵다[= 难于 nányú, ↔ 足以 zúyǐ] 5급
艰难 jiānnán 곤란하다[= 困难 kùnnan, 艰苦 jiānkǔ, 艰辛 jiānxīn] 5급
为难 wéinán ① 난처하다 ② 난처하게 만들다[≒ 作难 zuònán] 5급

+ 道 dào(길 도, 도리 도, 말할 도), 度 dù(법도 도, 정도 도, 시간 보낼 도, 헤아릴 탁), 得 dé/de/děi(얻을 득, 조사 득, 조동사 득), 以 yǐ(써 이), 艰 jiān(艱: 어려울 간), 为 wèi(爲: 할 위, 위할 위)

5급

唯

wéi

입(口)으로 새(隹)가 지저귀듯 뜻을 알 수 없는 오직 소리뿐이니
오직 유
또 입(口)으로 새(隹)가 지저귀듯 대답하니 대답할 유

+ '오직'이라는 뜻으로도 쓰이고, 대답하는 소리인 '예'로도 쓰입니다.

唯一 wéiyī 유일한, 하나밖에 없는 5급

4급

维

維

wéi

실(纟)로 새(隹)를 날지 못하게 묶으니 묶을 유
또 묶는 끈이니 끈 유

维持 wéichí ① 유지하다 ② 지지하다[≒ 保持 bǎochí] 4급
维护 wéihù 유지하고 보호하다[↔ 破坏 pòhuài] 4급
维修 wéixiū 수리하다, 손질하다[≒ 修理 xiūlǐ] 4급
二维码 èrwéimǎ 2차원 바코드, QR코드 5급
思维 sīwéi ① 사유 ② 사유하다 5급

+ 持 chí(가질 지, 잡을 지), 护 hù(護: 보호할 호), 修 xiū(닦을 수), 码 mǎ(碼: 셈할 마), 思 sī(생각할 사)

5급

堆

垖

duī

흙(土)이 작은 새(隹)만큼 조금씩 쌓인 무더기니
쌓일 퇴, 무더기 퇴

[번체] 垖 – 흙(土)이 비스듬히(丿) 쌓인(自) 무더기니 '쌓일 퇴, 무더기 퇴'
+ 自 [自 duī(쌓일 퇴, 언덕 퇴)의 획 줄임]

3급

集

jí

새(隹)들이 나무(木) 위에 모이듯 모으니 모일 집, 모을 집
또 여러 내용을 모아 놓은 책이니 책 집

集体 jítǐ 집단, 단체[≒ 群体 qúntǐ ↔ 个人 gèrén] 3급
集中 jízhōng ① 집중하다, 집중되다 ② 집중된, 집결된[↔ 分散 fēnsàn] 3급
集合 jíhé ① 집합하다 ② 모으다 ③ 집합[↔ 分散 fēnsàn] 4급
收集 shōují 수집하다, 채집하다, (인재를) 모집하다 5급

+ 体 tǐ(體: 몸 체), 中 zhōng(가운데 중, 맞힐 중), 合 hé(합할 합, 맞힐 합), 收 shōu(거둘 수)

蕉

jiāo/qiáo

풀(艹) 중 **타는(焦)** 듯한 더위를 좋아하는 파초니 **파초 초**(jiāo)
또 **풀**(艹)이 **타는(焦)** 듯한 더위에 시들듯 말라서 초췌하니
초췌할 초(qiáo)

＋焦 jiāo – 새(隹)의 깃처럼 불(灬)에 잘 타니 '탈 초'
＋파초(芭蕉) – 다년생 초본식물로, 꽃은 흰색이며 잎은 크고 넓으며, 잎줄기의 섬유는 밧줄을 만들기 위해 사용되고; 열매는 바삭바삭하며 바나나로도 불리기도 하고, 먹을 수 있으며 바나나와 비슷한 모양입니다.
＋灬 huǒ(불 화 발), 芭 bā(파초 파)

香蕉 xiāngjiāo 바나나[= 甘蕉 gānjiāo] 3급
＋香 xiāng(향기 향)

---

257 ▶ **象像豫** – 象으로 된 한자
　　　　상 상 예

xiàng

코끼리 모양을 본떠서 **코끼리 상, 모양 상, 본뜰 상**

对象 duìxiàng ① (연애·결혼의) 상대 ② 대상 3급
形象 xíngxiàng 형상, 인상, 이미지 3급
现象 xiànxiàng 현상[↔ 本质 běnzhì] 3급
大象 dàxiàng 코끼리 5급
气象 qìxiàng ① 날씨, 기상 ② 패기, 기세 5급
＋对 duì(對: 상대할 대, 대답할 대), 形 xíng(모양 형), 现 xiàn(現: 이제 현, 나타날 현), 气 qì(氣: 기운 기, 공기 기, 날씨 기)

xiàng

사람(亻)이 그린 **코끼리(象)** 모양이 비슷하니
모양 상, 비슷할 상

好像 hǎoxiàng ① 마치 ~과 같다[≒ 好似 hǎosì] ② 비슷하다 2급
偶像 ǒuxiàng ① 우상 ② 진심으로 존경받는 현사 5급
＋好 hǎo(좋을 호, 좋아할 호), 偶 ǒu(짝 우, 허수아비 우)

5급

豫
yù

나(予)는 코끼리(象)처럼 머뭇거리며 살아도 편안하고 기쁘니
머뭇거릴 예, 편안할 예, 기쁠 예
또 자기(予)가 할 일을 코끼리(象)는 미리 아니 미리 예

+ 㥠 预 yù(預: 미리 예, 맡길 예) – 제목번호 104 참고
+ 予 yǔ(줄 여, 나 여)

犹豫 yóuyù 주저하다, 망설이다[↔ 果断 guǒduàn, 坚定 jiāndìng] **5급**
+ 犹 yóu(猶: 같을 유, 오히려 유, 머뭇거릴 유)

---

258 ▶ 牙呀穿 – 牙로 된 한자
　　　 아 아 천

4급

牙
yá

앞으로 튀어나온 코끼리 어금니를 본떠서
어금니 아

牙刷 yáshuā 칫솔 **4급**
+ 刷 shuā(닦을 쇄, 인쇄할 쇄)

4급

呀
yā/ya

입(口)을 어금니(牙)가 보일 정도로 딱 벌리며 내는 의성어니
입 딱 벌릴 아, 의성어 아(yā)
또 입 딱 벌리며 소리 내는 어조사니 어조사 아(ya)

+ 놀람을 나타내는 '아! 야!'나 물체가 마찰하는 소리 '끼익, 삐거덕'의 의성어로
　쓰입니다.

1급

穿
chuān

구멍(穴)을 어금니(牙)로 물어 뚫으니 뚫을 천, 구멍 천
또 뚫듯이 옷을 꿰어 입으니 입을 천

+ 穿은 옷 등을 '입다'는 뜻의 동사로 많이 쓰입니다.
+ 穴 xué(구멍 혈, 굴 혈) – 제목번호 029 '究 jiū'의 주 참고

穿上 chuānshàng (옷을) 입다, (신발을) 신다 **4급**
+ 上 shàng(위 상, 오를 상)

참고자

shǐ

서 있는 돼지를 본떠서
돼지 시

1급

jiā

지붕(宀) 아래 **돼지**(豕)처럼 먹고 자는 집이니 집 가
또 하나의 집처럼 어느 분야에 일가를 이룬 전문가도 뜻하여
전문가 가

+ 일가(一家 yījiā) – 가족처럼 친밀한 사이
+ 宀 mián(집 면)

家里 jiāli ① 집(안), 가정 ② 아내 1급
家人 jiārén ① 한집안 식구 ② 하인 1급
在家 zàijiā ① 집에 있다 ② [불교] 속세를 떠나지 않다[= 居家 jūjiā ↔ 出家 chūjiā] 1급
作家 zuòjiā 작가 2급
家具 jiājù 가구 3급
家务 jiāwù 가사, 집안일 4급
老家 lǎojiā 고향 4급

+ 한국어의 설거지, 청소 등을 가사(家事 jiāshì)라고 하며, 중국어로는 家务 jiāwù라고 하고, 중국어에서 家事 jiāshì는 경제·이사·교육·이웃 문제 등 부부가 의논해서 결정하는 집안 문제 전반을 지칭합니다.
+ 里 li(마을 리, 거리 리, 裏: 속 리), 在 zài(있을 재), 作 zuò(지을 작), 具 jù(갖출 구, 기구 구), 务 wù(務: 일 무, 힘쓸 무), 老 lǎo(늙을 로, 존칭 접사 로)

5급

háo

힘 센(亠) 멧돼지(豕)처럼 굳센 호걸이니 굳셀 호, 호걸 호

+ 호걸(豪杰 háojié) – 재주와 용기가 뛰어난 사람
+ 杰 jié(傑: 뛰어날 걸)

自豪 zìháo 스스로 긍지를 느끼다 5급
+ 自 zì(자기 자, 스스로 자, 부터 자)

4급

逐

zhú

돼지(豕)를 **뛰어가(辶)** 쫓으니 **쫓을 축**

+ 지금도 농촌에는 멧돼지의 피해가 심하지요.
+ 辶 chuò(뛸 착, 갈 착)

逐步 zhúbù 한 걸음 한 걸음, 점차 **4급**

逐渐 zhújiàn 점점, 점차 **4급**

+ 步 bù(걸음 보), 渐 jiàn(漸: 점점 점, 스며들 점)

참고자

豸

zhì

지렁이 같은 발 없는 벌레의 총칭으로

발 없는 벌레 **치**

또 먹이를 잡기 위해 몸을 웅크리고 노려보는 모양으로도 보아

웅크리고 노려볼 **치**

5급

貌

mào

웅크리고 **노려보며(豸)** 흰(白) 탈을 쓴 **사람(儿)** 모양이니

모양 **모**

+ 白 bai(흰 백, 밝을 백, 깨끗할 백, 아뢸 백), 儿 ér(사람 인 발, 접미사 아,
  兒: 아이 아)

礼貌 lǐmào ① 예의, 예의범절 ② 예의 바르다 **5급**

面貌 miànmào 용모, 생김새 **6급**

+ 礼 lǐ(禮: 예도 례), 面 miàn(얼굴 면, 향할 면, 볼 면, 麵: 밀가루 면, 국수
  면)

---

260 ▶ **亥咳孩该 核刻** – 亥로 된 한자
　　　해 해 해 해 　핵 각

참고자

亥

hài

돼지**머리(亠)**와 뼈대 모양을 **본떠서(🐷→亥)**

돼지 **해**

또 돼지는 열두째 지지니 **열두째 지지 해**

+ 亠 tóu(머리 부분 두)

5급

咳

ké

입(口)을 **돼지(亥)**처럼 벌리고 기침하니
기침할 해

1급

孩

hái

자식(子)이 **돼지(亥)** 새끼처럼 어린아이니 **아이 해**

男孩儿 nánháir ① 사내아이 ② 아들[= 男孩 子 nánháizi] 1급
女孩儿 nǔháir ① 여자아이, 소녀 ② 딸 1급
小孩儿 xiǎoháir ① 아동 ② 자녀[주로 미성년인 자녀를 가리킴][= 小孩子
xiǎoháizi ↔ 大人 dàren] 1급
孩子 háizi ① 어린이 ② (자신의) 자식 2급
+ 男 nán(사내 남), 儿 ér(사람 인 발, 접미사 아, 兒: 아이 아), 子 zǐ/zi(아들
자, 첫째 지지 자, 자네 자, 접미사 자)

2급

该
     該
gāi

말(讠)할 때는 살찐 **돼지(亥)**처럼 많은 자료를 갖추고 해야 마땅하니
마땅할 해

+ 讠 yán[言(말씀 언 변)의 간체자]
应该 yīnggāi ① ~해야 한다 ② 반드시(마땅히) ~할 것이다 2급
+ 应 yìng(應: 응할 응)

5급

核

hé

나무(木) 열매에서 **돼지(亥)**가죽처럼 단단히 둘러싸인 씨나 알맹
이니 **씨 핵**, **알맹이 핵**

考核 kǎohé ① 심사하다 ② 대조하다 5급
+ 考 kǎo(살필 고, 생각할 고)

2급

刻

kè

돼지(亥) 뼈에 **칼(刂)**로 새기니 **새길 각**
또 숫자를 새겨 나타내는 시각이니 **시각 각**

+ 하루 24시간을 96각법으로 계산하면 1각(刻)은 15분입니다.
+ 刂 dāo(칼 도 방)
立刻 lìkè 곧, 즉시 3급
深刻 shēnkè ① (인상이) 깊다, 매우 강렬하다 ② 핵심을 찌르다 3급
时刻 shíkè ① 시간, 시각[≒ 时间 shíjiān] ② 시시각각, 언제나 3급
此刻 cǐkè 이때, 지금[= 此时 cǐshí] 5급
+ 立 lì(설 립), 深 shēn(深: 깊을 심), 时 shí(時: 때 시), 此 cǐ(이 차)

5급

乙
yǐ

목과 가슴 사이가 굽은 새를 본떠서 **새 을**
또 십간의 둘째 천간으로도 쓰여 **둘째 천간 을, 둘째 을**
또 새 모양처럼 굽으니 **굽을 을**

+ '십간(十干 shígàn)'의 두 번째에 위치하기 때문에 영어의 B, 혹은 화학이나 수학
  식의 β(베타) 대신 쓰이기도 합니다. B형 간염을 乙型肝炎 yǐxínggānyán이라고
  표기하는 것이 대표적인 예이지요.
+ 글자의 부수로 쓰일 때는 乚의 모양으로 변하기도 합니다.

5급

忆
憶
yì

마음(忄)을 **새(乙)**처럼 구부리며 기억하고 생각하니
기억할 억, 생각할 억

[번체] 憶 – 마음(忄) 속에 뜻(意)을 기억하고 생각하니 '기억할 억, 생각할 억'
+ 忄 xīn (마음 심 변), 意 yì(뜻 의)

记忆 jìyì ① 기억하다. 떠올리다 ② 기억 **5급**
+ 记 jì(記: 기록할 기, 기억할 기)

2급

亿
億
yì

사람(亻)이 몸 **구부리고(乙)** 생각해보는 큰 수인 억이니 **억 억**

[번체] 億 – 사람(亻)이 뜻(意)을 생각해보는 큰 수인 억이니 '억 억'
+ 億은 1초에 하나를 세는 속도로 하루면 86,400, 천일이면 86,400,000이니
  거의 3년을 쉬지 않고 세어야 하지요.
+ 意 yì(뜻 의)

3급

艺
藝
yì

풀(艹) 속에서 **새(乙)**도 잡는 재주나 기술이니
재주 예, 기술 예

[번체] 藝 – 초목(艹)을 심고(埶) 이용하는 방법을 말하는(云) 재주와 기술이니
　　　　 '재주 예, 기술 예'
+ 埶 yì – 흙(土)을 파고 사람(儿)이 흙(土)에다 둥근(丸) 씨앗을 심으니
　　　　 '심을 예'
+ 云 yún(말할 운, 雲: 구름 운), 儿 ér(사람 인 발, 접미사 아, 兒: 아이 아),
  丸 wán(둥글 환, 알 환)

艺术 yìshù ① 예술, 기술 ② 예술적이다 **3급**

工艺 gōngyì 물건을 만드는 기술에 관한 재주 **5급**

工艺品 gōngyìpǐn 공예품 **5급**

文艺 wényì 문학과 예술, 문학 **5급**

+ 术 shù(術: 재주 술), 工 gōng(일꾼 공, 일할 공, 연장 공), 文 wén(글 문, 문
  명 문, 문화 문)

chī

입(口)으로 **사람**(亠)이 새 **을**(乙) 자처럼 구부리고 먹으니

먹을 흘

또 **입**(口)으로 **빌어**(乞)먹는 것처럼 말을 더듬으며 힘들어하니

말 더듬을 흘, 힘들어할 흘

+ 乞 qǐ – 사람(亠)이 몸을 새(乙)처럼 구부리고 비니 '빌 걸'
+ 亠[人 rén(사람 인)의 변형]

好吃 **hǎochī** ① 맛있다 ② 먹기 좋다(편하다) ③ (어떤 일을) 하기 쉽다 [1급]

小吃 **xiǎochī** ① 가벼운 식사 ② 간식 ③ 애피타이저 [4급]

吃力 **chīlì** ① 힘들다 ② 피곤하다 ③ 힘을 감당하다[≒ 吃劲 chījìn] [5급]

+ 好 hǎo(좋을 호, 좋아할 호), 小 xiǎo(작을 소), 力 lì(힘 력)

---

lǐ

신(礻)에게 **새**(乚)처럼 몸 구부리고 표하는 예도니 **예도 례**

[번체] 禮 – 신(示) 앞에 풍성한(豊) 음식을 차리는 것은 신에 대한 예도니 '예도 례'

+ 예도(礼度 lǐdù) – 예의 바르고 공손한 태도와 품격
+ 礻 shì(보일 시, 신 시 변), 乚 liáo[乙 yǐ(새 을, 둘째 천간 을, 둘째 을, 굽을 을)의 변형], 豊(풍성할 풍, 丰 fēng: 풀 무성할 봉, 예쁠 봉, 풍성할 풍), 度 dù(법도 도, 정도 도, 시간 보낼 도, 헤아릴 탁)

礼貌 **lǐmào** ① 예의범절 ② 예의 바르다 [5급]

礼拜 **lǐbài** ① 예배(하다) ② 주[보통 '星期 xīngqī'를 씀] [5급]

+ 貌 mào(모양 모), 拜 bài(절 배)

4급

zhī

초목의 싹이 움터서 자라 나가는 모양을 본떠서 갈 **지**
또 가듯이 무엇에 속하는 '~의'니 ~의 **지**
또 향하여 가듯이 향하여 가리키는 이것이니 이 **지**

之前 zhīqián ~의 앞, ~의 전[↔ 之后 zhīhòu] 4급
之一 zhīyī ~중의 하나 4급
总之 zǒngzhī ① 총괄적으로 말하면, 요컨대 ② 어쨌든 4급
之内 zhīnèi ~의 안, ~의 내 5급
之外 zhīwài (일정 범위의) 밖, 외 5급
之下 zhīxià ~의 아래, ~의 밑[↔ 之上 zhīshàng] 5급
之中 zhīzhōng ① (어떤 집단이나 범위의) 가운데 ② (어떤 행위를 하는) 사이,
과정[↔ 之外zhīwài] 5급
+ 前 qián(앞 전), 总 zǒng(總: 모두 총, 모을 총, 거느릴 총), 内 nèi(內: 안 내
내), 外 wài(밖 외)

5급

fá

삐뚤어진(丿) 마음으로 **살아가면**(之) 가난하고 모자라니
가난할 **핍**, 모자랄 **핍**

+ 丿 piě('삐침 별'이지만 여기서는 삐뚤어진 것으로 봄)
缺乏 quēfá 결핍되다, 결여되다[≒ 缺少 quēshǎo] 5급
+ 缺 quē(이지러질 결, 빠질 결)

5급

fàn

물(氵)에 **삐뚤어지게**(丿) **떠가는**(之) 모양으로 뜨니 뜰 **범**
또 떠올라 넘치니 넘칠 **범**

+ 물건이 물에 뜨면 약간 삐뚤어짐을 생각하고 만든 한자
广泛 guǎngfàn 광범하다, 두루 미치다[↔ 狭窄 xiázhǎi] 5급
+ 广 guǎng(집 엄, 廣: 넓을 광, 많을 광)

也
yě

**힘껏(力)을 새(乚) 같은 힘이라도 또한 보태는 어조사니
또한 야, 어조사 야**

+ 也 '~도, ~또한'이라는 뜻의 부사로 자주 쓰입니다.
+ 力[力 lì(힘 력)의 변형], 乚 háo[乙 yǐ(새 을, 둘째 천간 을, 둘째 을, 굽을 을)의 변형]

也许 yěxǔ 어쩌면, 아마도[≒ 兴许 xīngxǔ, 或许 huòxǔ] **2급**
也好 yěhǎo ① ~해도 나쁘지 않다 ② ~든 ~든 ③ ~하기 좋다 **5급**
再也 zàiyě 이제 더는, 더 이상은[뒤에 부정의 뜻이 옴] **5급**
+ 许 xǔ(許: 허락할 허), 好 hǎo(좋을 호, 좋아할 호), 再 zài(다시 재, 두 번 재)

她
tā

자리에 없는 여자(女)를 또한(也) 일컬어 그녀 타

+ 자신이 존경하고 사랑하거나 귀중하게 여기는 사물에 대한 칭호로도 쓰입니다.
+ 3인칭 대명사에는 '他(다를 타, 그 타), 她(그녀 타), 它(그것 타)'의 발음이 모두 tā이므로 들어서는 서로 구분할 수 없기 때문에, 표기로 구분해 주어야 합니다.

他
tā

사람(亻) 또한(也) 모두 다른 그니 다를 타, 그 타

他们 tāmen 그들(3인칭 복수) **1급**
其他 qítā (사람·사물에 쓰여) 기타, 다른 사람(사물) **2급**
+ 们 men(們: 무리 문, 들 문), 其 qí(그 기)

地
dì/de

흙(土) 또한(也) 온 누리에 깔린 땅이니 땅 지

+ 地는 '수식어＋地＋동사(형용사)' 문형으로도 쓰여서 동사나 형용사의 수식 구조를 형성하는데, 이때는 경성 'de'로 발음해야 합니다.

地点 dìdiǎn 지점, 장소, 위치 **1급**
地上 dìshàng ① 지상 ② 토지 **1급**
地图 dìtú 지도 **1급**
地下 dìxià 땅 밑, 지하 **4급**
+ 点 diǎn(點: 점 점, 점검할 점, 불 켤 점), 图 tú(圖: 그림 도, 꾀할 도)

334

5급

池

chí

물(氵) 또한(也) 넓게 고인 연못이나 늪이니 연못 지, 늪 지

池子 chízi ① 못 ② 욕조[= 池汤 chítāng] **5급**

电池 diànchí 전지 **5급**

游泳池 yóuyǒngchí 수영장[= 泳池 yǒngchí] **5급**

✦ 子 zǐ/zi(아들 자, 첫째 지지 자, 자네 자, 접미사 자), 电 diàn(電: 번개 전, 전기 전), 游 yóu(헤엄칠 유, 놀 유), 泳 yǒng(헤엄칠 영)

4급

施

shī

사방(方)에서 사람(亻)이 또한(也) 일을 행하며 은혜를 베푸니 행할 시, 베풀 시

✦ 方 fāng(모 방, 방향 방, 방법 방), 亻[人 rén(사람 인)의 변형]

设施 shèshī 시설 **4급**

实施 shíshī 실시하다, 실행하다 **4급**

✦ 设 shè(設: 세울 설, 베풀 설), 实 shí(實: 열매 실, 실제 실)

---

264 ▶ **羽翻扇习** – 羽로 된 한자
　　　　 우 번 선 습

5급

羽

羽

yǔ

새의 양쪽 날개와 깃을 본떠서 날개 우, 깃 우

✦ 깃 – ① 깃털 ② 새의 날개

羽毛球 yǔmáoqiú ① 배드민턴 ② 셔틀콕[= 羽球 yǔqiú] **5급**

羽绒服 yǔróngfú 다운재킷(down jacket) **5급**

✦ 毛 máo(털 모), 球 qiú(둥글 구, 공 구)

4급

翻

飜 翻

fān

차례(番)로 날개(羽) 치듯 뒤집으니 뒤집을 번
또 말을 뒤집어 번역하니 번역할 번

✦ 番(차례 번, 종류 번, 이민족 번) – 제목번호 228 참고

翻译 fānyì 번역하다, 통역하다 **4급**

✦ 译 yì(譯: 번역할 역)

5급

扇

扇

shàn/shān

문(戶) 같은 틀에 **깃(羽)**처럼 가벼운 것을 붙여 만든 부채니
부채 **선**(shàn)
또 부채로 부치니 **부칠 선**(shān)

+ 성조의 차이로 품사가 구별되는 단어들이 있는데, 扇도 그 중 하나입니다.

扇子 shànzi 부채 **5급**

+ 子 zǐ/zi(아들 자, 첫째 지지 자, 자네 자, 접미사 자)

1급

习

習

xí

새가 **깃(羽) 하나(习)**만 남을 정도로 열심히 나는 법을 익히니
익힐 습

[번체] 習 – 아직 깃(羽)이 흰(白) 어린 새는 나는 법을 익히니 '익힐 습'

+ 새는 종류에 관계없이 아주 어릴 때는 모두 깃이 흰색이고, 처음부터 나는 것
  이 아니고 익혀서 낢을 생각하고 만든 한자

+ 白 bái(흰 백, 밝을 백, 깨끗할 백, 아뢸 백)

习惯 xíguàn ① 습관 ② 습관이 되다, 익숙해지다 **2급**

复习 fùxí 복습하다[≒ 温习 wēnxí ↔ 预习 yùxí] **2급**

实习 shíxí 실습하나 **2급**

+ 惯 guàn(慣: 버릇 관), 复 fù(復: 다시 부, 돌아올 복, 複: 거듭 복, 겹칠 복),
  实 shí(實: 열매 실, 실제 실)

---

265 ▶ **彡衫修参** – 彡으로 된 한자
삼 삼 수 참(삼)

참고자

彡

shān

터럭이나 긴 머리 모양에서
터럭 삼, 긴 머리 삼

shān

옷(衤) 중에 **머릿결**(彡)처럼 가볍게 걸치는 적삼이나 셔츠니
적삼 삼, 셔츠 삼

+ 衤 yī(옷 의 변)

衬衫 chènshān 와이셔츠, 셔츠, 블라우스 3급

+ 衬 chèn(襯: 속옷 츤, 안감 츤, 돋보일 츤)

3급

xiū

아득히(攸) 흘러가는 깨끗한 물에 **머리**(彡) 감듯이 마음을 닦고
다스리니 닦을 수, 다스릴 수

+ 攸(아득할 유) – 제목번호 021 '条 tiáo'의 주 참고

修理 xiūlǐ 수리하다, 수선하다 4급

装修 zhuāngxiū 장식하고 꾸미다 4급

修复 xiūfù 원상 복구하다, 재생하다 5급

+ 理 lǐ(이치 리, 다스릴 리), 装 zhuāng(裝: 꾸밀 장), 复 fù(復: 다시 부, 돌아
올 복, 複: 거듭 복, 겹칠 복)

2급

參 蔘

cān/cēn/shēn

사사로이(厶) **크게**(大) **머리털**(彡)을 손질하고 잔치에 참여하니
참여할 참
또 사사로울 **사**(厶)와 큰 **대**(大) 아래에 삐침 **별**(丿)이 셋이니
석 삼(cān)
또 사사로울 **사**(厶)와 큰 **대**(大) 아래에 삐침 **별**(丿)이 가지런하지
않으니 가지런하지 않을 참(cēn)
또 **사사로이**(厶) **큰**(大) 약효를 지닌 **털**(彡) 많은 인삼이니
인삼 삼(shēn)

번체 參 – 장식품(厽)을 사람(人)이 머리(彡)에 꽂고 행사에 참여하니
    '참여할 참'
    또 사람 인(人)에 사사로울 사(厶)와 삐침 별(丿)을 셋씩 썼으니
    '석 삼'
  蔘 – 풀(艹) 중 병자 셋(參)이나 구할 수 있다는 인삼이니 '인삼 삼'

+ 厶 sī(사사로울 사, 나 사), 大 dà/dài(큰 대), 厽 lěi('담쌓을 루'지만 여기서
는 장식품으로 봄)

参观 cānguān 참관하다 2급

参加 cānjiā 참가하다[≒ 参与 cānyù ↔ 退出 tuìchū] 2급

参考 cānkǎo 참고하다 4급

参与 cānyù 참여하다, 참가하다[≒ 参加 cānjiā] 4급

+ 观 guān(觀: 볼 관), 加 jiā(더할 가), 考 kǎo(살필 고, 생각할 고), 与 yǔ(與:
줄 여, 더불 여, 참여할 여, 어조사 여)

zhěn

말(讠)도 들어보고 **사람**(人)의 **털**(彡)까지도 보며 진찰하니

진찰할 **진**

+ 讠 yán[言(말씀 언 변)의 간체자]

诊断 zhěnduàn 진단하다 5급

门诊 ménzhěn 외래 진료[= 出诊 chūzhěn] 5급

+ 断 duàn(斷: 끊을 단, 결단할 단), 门 mén(門: 문 문)

zhēn

옥(王)으로 **사람**(人)의 **털**(彡)처럼 작은 부분까지 잘 다듬어 만든

보배니 보배 **진**

+ 王 wáng(임금 왕, 으뜸 왕, 구슬 옥 변)

珍贵 zhēnguì ① 진귀하다 ② 진귀하게 여기다[≒ 宝贵 bǎoguì ↔ 普通 pǔtōng, 平凡 píngfán] 5급

珍惜 zhēnxī 귀중히 여기다[≒ 爱惜 àixī, 珍爱 zhēn'ài ↔ 浪费 làngfèi] 5급

珍珠 zhēnzhū 진주 5급

+ 贵 guì(貴: 귀할 귀, 비쌀 귀), 惜 xī(아낄 석, 가엾을 석), 珠 zhū(구슬 주, 진주 주)

1급

气
氣
qì

사람(ㅅ) 입에서 **입김**(一)이 나오는 **모양**(乀)을 본떠서 기운 기
또 이런 기운으로 이루어지는 공기나 날씨니 공기 기, 날씨 기

[번체] 氣 – 기운(气)이 쌀(米)밥을 지을 때처럼 올라가는 기운이니 '기운 기'
또 이런 기운으로 이루어지는 공기나 날씨니 '공기 기, 날씨 기'
+ ㅅ[人 rén(사람 인)의 변형], 一 yī('한 일'이지만 여기서는 입김으로 봄)

不客气 búkèqi ① 사양하지 않다 ② 봐주지 않다 ③ 천만에요 1급

生气 shēngqì ① 화내다 ② 생기, 활력 1급

气温 qìwēn 기온 2급

气候 qìhòu ① 기후 ② 결과 ③ 동향 3급

气体 qìtǐ ① 기체, 가스 ② 기력, 기분 5급

客气 kèqi ① 예의 바르다 ② 겸손하다 ③ 사양하다 5급

+ 客 kè(손님 객), 生 shēng(날 생, 살 생, 사람을 부를 때 쓰는 접사 생), 温
wēn(溫: 따뜻할 온, 익힐 온), 候 hòu(기후 후, 살필 후, 때 후, 기다릴 후, 안
부 물을 후), 体 tǐ(體: 몸 체)

1급

汽
qì

물(氵)이 끓을 때 **기운**(气)차게 올라가는 김이니 김 기

汽车 qìchē 자동차 1급

汽水 qìshuǐ 사이다 4급

+ 사이다는 汽水 qìshuǐ지만, 사이다 브랜드를 그대로 말하는 게 일반적입니
다. 그 중 한국에서 Sprite로 알려져 있는 雪碧 xuěbì가 있네요.

+ 车 chē(車: 수레 거, 차 차), 水 shuǐ(물 수), 雪 xuě(눈 설, 씻을 설), 碧
bì(푸를 벽)

1급

飞
飛
fēi

새(乀)가 날개를 **펴고**(ㄑ) 나는 모양을 본떠서 날 비
또 나는 듯이 빠르니 빠를 비

[번체] 飛 – 새가 날개 치며(飞) 날아오르는(升) 모양을 본떠서 '날 비'
또 나는 듯이 빠르니 '빠를 비'
+ 乀[乙 yī(새 을, 둘째 천간 을, 둘째 을)의 변형], 升 shēng(리터 승, 오를 승)

飞机 fēijī 비행기 1급

起飞 qǐfēi ① (비행기·로켓 등이) 이륙하다 ② (사업·경제 등이) 급성장하기
시작하다[→ 降落 jiàngluò] 2급

飞行 fēixíng 비행하다 3급

+ 机 jī(機: 기계 기, 비행기 기, 기능 기, 기회 기), 起 qǐ(일어날 기, 시작할
기, 세울 기), 行 xíng/háng(다닐 행, 행할 행, 줄 항)

迅

xùn

빨리 날아(卂)가듯(辶) 빠르니 빠를 신

+ 卂 – 많은(十) 것을 감고 빨리 나는 모양(乁)에서 '빨리 날 신'

迅速 xùnsù 신속하다[≒ 飞速 fēisù, 快速 kuàisù ↔ 迟缓 chíhuǎn, 缓慢 huǎnmàn] 4급

+ 速 sù(빠를 속)

---

268 >> 半胖伴判 – 半으로 된 한자
반 반 반 판

1급

半

bàn

이쪽저쪽(丷)으로 둘(二)로 가른(|) 반이니 반 반

번체 半 – 나누어(八) 둘(二)로 가른(|) 반이니 '반 반'

+ 八 bā(여덟 팔, 나눌 팔)

半年 bànnián 반년 1급

半天 bàntiān ① 한나절 ② 한참 동안 ③ 공중[= 半空 bànkōng] 1급

一半(儿) yíbàn(r) 반, 절반 1급

半夜 bànyè 한밤중, 심야 2급

+ 年 nián(해 년, 나이 년), 天 tiān(天: 하늘 천), 夜 yè(밤 야)

3급

胖

pàng

몸(月)의 살이 남보다 반(半)은 더 있는 듯 뚱뚱하니 뚱뚱할 반

+ 동물이 살 오른 것은 肥 féi(살찔 비 – 제목번호 082 참고)라 하고, 사람이 살 찐 상태는 胖 pàng이라 합니다.

+ 月 yuè(달 월, 육 달 월)

胖子 pàngzi 뚱보, 뚱뚱이 4급

+ 子 zǐ/zi(아들 자, 첫째 지지 자, 자네 자, 접미사 자)

4급

伴

bàn

사람(亻)의 반(半)쪽 같은 짝이니 짝 반

또 짝과 함께하니 함께할 반

+ 사람은 등 쪽으로 나뉘어 반쪽이니 둘이 합쳐야 온전한 사람이 된다고 하지요. 그래서 둘이 합쳐 온전한 원을 이루자고 결혼식에서 둥근 모양의 반지를 주고받는 답니다.

伙伴 huǒbàn 동료, 친구, 동반자 4급

+ 伙 huǒ(夥: 많을 과, 동료 과, 무리 화)

판단할 판

pàn

반(半)을 칼(刂)로 쪼개듯이 딱 잘라 판단하니 **판단할 판**

+ 刂 dāo(칼 도 방)

谈判 tánpàn 회담(하다), 담판(하다) 3급

裁判 cáipàn ① 심판 ② 심판을 보다 ③ 판정하다 5급

+ 谈 tán(談: 말씀 담), 裁 cái(재단할 재, 헤아릴 재)

---

269 小孙肃　乐 – 小로 된 한자와 乐
소 손 숙 악(락, 요)

작을 소

xiǎo

하나(丿)를 나누어(八) 작으니 **작을 소**

+ 丿 jué('갈고리 궐'이지만 여기서는 하나로 봄)

小声 xiǎoshēng 작은 소리로, 소리를 낮추어 2급

小王 xiǎowáng ① 왕자 ② 왕이 자기를 일컫는 말 2급

小心 xiǎoxīn 조심하다[≒ 留神 liúshén, 当心 dāngxīn] 2급

大小 dàxiǎo ① 어른과 아이 ② (친족 간의) 존비·상하 ③ 크기 2급

+ 声 shēng(聲: 소리 성), 王 wáng(임금 왕, 으뜸 왕, 구슬 옥 변)

손자 손

sūn

아들(子) 부부가 낳은 작은(小) 아이는 손자니 **손자 손**

번체 孫 – 아들(子)의 대를 이어주는(系) 손자니 '손자 손'

+ 系 xì(묶을 계, 이을 계, 계통 계, 맬 계)

孙子 sūnzi 손자 4급

孙女(儿) sūnnǚ(r) 손녀 4급

+ 儿 ér(사람 인 발, 접미사 아, 兒: 아이 아)

엄숙할 숙

sù

손(彐)으로 작은(小) 노를 잡고 이쪽(丿) 저쪽(丨)으로 저을 때처럼 엄숙하니 **엄숙할 숙**

번체 肅 – 손(彐)으로 노(丨)를 깊은 연못(淵)에서 저을 때처럼 엄숙하니 '엄숙할 숙'

+ 잘못하면 물에 빠지니 노를 엄숙하게 저어야지요.

+ 彐 [彐 jì (고슴도치 머리 계, 오른손 우)의 변형], 淵[淵 yuān(연못 연)의 획 줄임]

严肃 yánsù 엄숙하다, 근엄하다 5급

+ 严 yán(嚴: 엄할 엄)

乐 (樂)

yuè/lè/yào

위(丿)로 감춘(乚) 속마음까지 조금씩(小) 드러내며 부르는 노래니
노래 **악**(yuè)

또 노래 부르며 즐기고 좋아하니 즐길 락(lè), 좋아할 요(yào)

번체 樂 - (악기의 대표인) 북(白)을 작고(幺) 작은(幺) 실로 나무(木) 받침대
　　위에 묶어놓고 치며 노래 부르고 즐기며 좋아하니
　　'노래 악, 즐길 락, 좋아할 요'

+ 白 bái('흰 백, 밝을 백, 깨끗할 백, 아뢸 백'이지만 여기서는 북으로 봄), 幺
　yāo(작을 요, 어릴 요), 乚[fāng(감출 혜, 덮을 혜, = 匚)]

音乐 yīnyuè 음악 2급

音乐会 yīnyuèhuì 음악회, 콘서트 2급

乐队 yuèduì 악대, 악단 3급

乐观 lèguān 낙관적이다[↔ 悲观 bēiguān] 3급

可乐 kělè ① 콜라 ② 우스꽝스럽다 3급

乐趣 lèqù 즐거움, 기쁨, 재미 4급

+ 音 yīn(소리 음), 会 huì(會: 모일 회, 잠깐 회, 알 회, 회계할 회), 队 duì(隊:
　무리 대), 观 guān(觀: 볼 관), 可 kě(옳을 가, 가히 가, 허락할 가), 趣 qù(재
　미 취, 취미 취)

---

270 >> **尔 你您** – 尔와 你로 된 한자
　　　　　이　　니　닌

尔 (爾)

ěr

사람(𠂉) 나이가 작아(小) 이렇게 부르는 너니
이러할 **이**, 너 **이**

번체 爾 - 한(一)결같이 나누어(八) 성(冂)이라도 뚫고(丨) 들어가 사귀고(爻)
　　사귀고(爻) 싶은 사람은 바로 너니 '너 이'

+ 你 nǐ와 같은 뜻입니다.
+ 𠂉 [人 rén(사람 인)의 변형], 小 xiǎo(작을 소), 冂 jiōng(멀 경, 성 경), 八
　bā(여덟 팔, 나눌 팔), 丨 gùn(뚫을 곤), 爻 yáo(점괘 효, 사귈 효, 본받을 효)

你

nǐ

사람(亻) 중 너(尔)라고 부를 만한 상대인 너니 너 니

你们 nǐmen 너희들[2인칭 대명사의 복수형] 1급

꿀TIP 你好吗? nǐhǎoma?는 알고 지내는 사람들끼리 근황을 묻는 말이고,
　　你好! nǐhǎo!는 처음 만난 사람에게 인사할 때 쓰는 말입니다.

+ 们 men(們: 무리 문, 들 문), 好 hǎo(좋을 호, 좋아할 호), 吗(嗎: 의문 조사
　마)

1급

너(你)를 정성스러운 **마음(心)**으로 불러서 당신 **닌**

+ 번체자에서는 잘 사용하지 않으므로, 중국 한자(간체자) 병음에 따라 음을 '닌'으로 하였습니다.
+ 중국어에는 기본적으로 높임말은 없고, 상대방을 높여 주는 호칭이나 단어를 사용하여 예를 표하지만, 您은 예외로 你 nǐ의 높임말이네요.

您好 nínhǎo 안녕하세요? '你好'의 높임말 [참고어]

您们 nínmen 여러분[듣는 이를 높여 이르는 이인칭 대명사] [참고어]

nín

---

271 肖 消稍销悄 – 肖로 된 한자
소(초) 소 초 소 초

7-9급

작은(⺌) 몸(月)이니 작을 **소**
또 **작아도(⺌)** 몸(月)은 부모를 닮으니 닮을 **초**

+ ⺌ [小 xiǎo(작을 소)의 변형], 月 yuè(달 월, 육 달 월)

肖像 xiàoxiàng (사람의) 초상, 사진 [참고어]

+ 像 xiàng(모양 상, 비슷할 상)

肖

xiào

3급

물(氵)로 **작아지게(肖)** 끄거나 삭이니 끌 **소**, 삭일 **소**
또 궁금증을 삭여주는 소식이니 소식 **소**

消失 xiāoshī 자취를 감추다, 사라지다 [3급]

取消 qǔxiāo 취소하다 [3급]

消除 xiāochú 없애다, 해소하다 [5급]

消防 xiāofáng 화재를 진압하거나 예방함 [5급]

消极 xiāojí ① 소극적이다 ② 부정적이다[↔ 积极 jījí] [5급]

+ 失 shī(잃을 실), 取 qǔ(취할 취, 가질 취), 除 chú(제거할 제, 덜 제, 나눗셈 제), 防 fáng(막을 방), 极 jí(極: 다할 극, 끝 극)

消

xiāo

5급

벼(禾)처럼 **작으니(肖)** 작을 **초**

+ 禾 hé(벼 화)

稍微 shāowēi 조금, 약간, 다소 [5급]

+ 微 wēi(작을 미, 숨을 미)

稍

shāo

销

⁽銷⁾

xiāo

4급

쇳(钅)덩어리를 **작아지게**(肖) 녹이거나 없애니
녹일 소, 없앨 소
또 **돈**(钅)을 받으며 **조금씩**(肖) 파니 팔 소

+ 回 鎖 suǒ(쇠사슬 쇄, 자물쇠 쇄)
销售 xiāoshòu ① 판매하다 ② 판매, 매출 4급
推销 tuīxiāo 판로를 확장하다, 마케팅하다 4급
+ 售 shòu(팔 수), 推 tuī(밀 추, 추천할 추)

悄

⁽悄⁾

qiǎo/qiāo

5급

마음(忄) 졸이며(肖) 근심하니 근심할 초(qiǎo)
또 근심이 많아 말없이 잠잠하니 잠잠할 초(qiāo)

悄悄 qiāoqiāo ① 은밀히, 몰래 ② 은밀하다 5급

---

272 〉 **不 杯怀坏环 还否** – 不로 된 한자
　　　　불(부) 배 회 괴 환　환 부(비)

不

bù

1급

하나(一)의 **작은**(小) 잘못도 해서는 아니되니 아닐 불, 아닐 부

+ 不의 원래 성조는 bù지만 뒤에 같은 4성의 글자가 오면 2성으로 발음합니다.
不但 búdàn ~뿐만 아니라[뒤에 而且 érqiě와 호응하여 쓰임] 2급
不安 bù'ān 불안하다 3급
不得不 bùdébù 어쩔 수 없이, 부득불 3급
说不定 shuōbúdìng ① 아마 ② 짐작건대 ~일지도 모른다 4급
+ 但 dàn(다만 단), 安 ān(편안할 안), 得 dé/de/děi(얻을 득, 조사 득, 조동사 득), 说 shuō(說: 달랠 세, 말씀 설, 기쁠 열), 定 dìng(정할 정)

1급

杯
bēi

나무(木)로 만든 일반 그릇이 **아닌(不)** 잔이니 잔 **배**

杯子 bēizi 컵, 잔 **1급**

干杯 gānbēi 건배하다, 잔을 비우다 **2급**

世界杯 shìjièbēi 월드컵 **3급**

+ 子 zǐ/zi(아들 자, 첫째 지지 자, 자네 자, 접미사 자), 干 gān/gàn(방패 간, 乾: 마를 건, 幹: 줄기 간, 일할 간, 간부 간), 世 shì(세대 세, 세상 세), 界 jiè(경계 계, 세계 계)

4급

怀
懷
huái

마음(忄)에 잊지 **못하고(不)** 품고 생각하니
품을 회, 생각할 회

[번체] 懷 – 마음(忄)에 품고(裏) 생각하니 '품을 회, 생각할 회'

+ 裏 huái – 옷(衣)을 그물(罒)처럼 싸고 눈물(氺) 흘림은 무슨 사연을 품은 것이니 '품을 회'

+ 罒 gāng(그물 망, = 网, 罓), 氺(물 수 발)

怀念 huáiniàn 회상하다, 그리워하다 **4급**

怀疑 huáiyí ① 의심하다 ② 추측하다[≒ 疑心 yíxīn, 疑惑 yíhuò ↔ 信任 xìnrèn, 相信xiāngxìn] **4급**

关怀 guānhuái 관심을 가지고 보살피다 **5급**

+ 念 niàn(念: 생각 념), 疑 yí(의심할 의), 关 guān(關: 빗장 관, 관계 관)

3급

坏
壞
huài

기초 흙(土)이 **부(不)**실하여 무너지고 나쁘니
무너질 괴, 나쁠 괴

[번체] 壞 – 흙(土)으로만 품으면(褱) 단단하지 못하여 무너지니 '무너질 괴'

+ 土 tǔ(흙 토), 衣 yī(옷 의)

坏处 huàichù 나쁜 점, 결점[↔ 好处 hǎochù] **2급**

坏人 huàirén ① 나쁜 사람, 악당 ② 악질분자 **2급**

破坏 pòhuài ① 파괴하다 ② 변혁시키다 **3급**

+ 处 chǔ/chù(處: 살 처, 처리할 처, 곳 처), 破 pò(깨질 파, 다할 파)

huán

구슬(王) 중 좋지 **않은**(不) 것으로 만든 고리니 **고리 환**
또 고리처럼 둥글게 둘러싸니 **둘러쌀 환**

[번체] 環 – 옥(王)으로 눈 휘둥그레지듯이(睘) 둥글게 만든 고리니 '고리 환'
또 고리처럼 둥글게 둘러싸니 '둘러쌀 환'

✛ 睘 qióng – 눈(罒)이 하나(一)의 입(口)처럼 크게 변하며(𧘇) 휘둥그레지니
'눈 휘둥그레질 경'

✛ 王 wáng(임금 왕, 으뜸 왕, 구슬 옥 변), 罒 gāng['그물 망'이지만 여기서는 '目
mù(눈 목)을 뉘어놓은 모양'으로 봄], 𧘇 [化 huà/huā(될 화, 변화할 화, 가르
칠 화)의 변형]

环保 huánbǎo 환경보호[= 环境保护 huánjìng bǎohù] 3급

环境 huánjìng ① 환경 ② 주위 상황 3급

✛ 保 bǎo(지킬 보, 보호할 보), 境 jìng(경계 경, 형편 경), 护 hù(護: 보호할
호)

---

huán/hái

아니(不) **가고**(辶) 다시 돌아오니 **다시 환, 돌아올 환**(huán)
또 다시 돌아온 듯 여전히 그 자리니 **여전히 환**(hái)

[번체] 還 – 놀라서 눈이 휘둥그레졌다가(睘) 다시 제 위치로 돌아오니(辶)
'돌아올 환'

✛ 辶 chuò(뛸 착, 갈 착)

还是 háishi ① 여전히, 역시 ② ~하는 편이 좋다 ③ 또는, 아니면 1급

还有 háiyǒu 그리고, 또한 1급

✛ 是 shì(옳을 시, 이 시, ~이다 시), 有 yǒu(가질 유, 있을 유)

---

fǒu/pǐ

아니라고(不) **말하니**(口) **아닐 부**(fǒu)
또 아니 되게 막혀 나쁘니 **막힐 비, 나쁠 비**(pǐ)

✛ 口 kǒu(입 구, 말할 구, 구멍 구)

否定 fǒudìng ① 부정하다 ② 부정의[↔ 肯定 kěndìng] 3급

否则 fǒuzé 만약 그렇지 않으면 4급

是否 shìfǒu ~인지 아닌지 4급

✛ 定 dìng(정할 정), 则 zé(則: 곧 즉, 법칙 칙)

1급

shǎo/shào

작은(小) 것이 또 떨어져 **나가(丿)** 적으니 적을 소 (shǎo)
또 나이가 적어 젊으니 젊을 소 (shào)

+ 丿 piě('삐침 별'이지만 여기서는 떨어져 나간 것으로 봄)

多少 duōshao/duoshǎo 얼마간, 약간, 다소 **1급**

少数 shǎoshù 소수, 적은 수 **2급**

不少 bùshǎo 적지 않다, 많다 **2급**

少年 shàonián 소년 **2급**

缺少 quēshǎo 부족하다, 모자라다[≒ 缺乏 quēfá] **3급**

+ 多 duō(많을 다), 数 shù(數: 셀 수, 두어 수, 숫자 수, 자주 삭, 운수 수), 年 nián(해 년, 나이 년), 缺 quē(이지러질 결, 빠질 결)

3급

shā

물(氵)로 인하여 **작아진(少)** 모래니 모래 사

+ 少 shǎo/shào를 여기서는 '작을 소'의 뜻으로 보고 어원을 풀었습니다.
+ 큰 바위도 물로 인하여 쪼개지고 작아져 모래가 되지요.

沙子 shāzi ① 모래 ② 모래 같은 물건 **3급**

沙发 shāfā 소파 **3급**

沙漠 shāmò 사막 **5급**

+ 发 fā(發: 쏠 발, 일어날 발, 髮: 머리털 발), 漠 mò(사막 막)

5급

miǎo

벼(禾)에 붙은 **적은(少)** 까끄라기니 까끄라기 묘
또 까끄라기처럼 작은 단위인 초니 초 초

+ 까끄라기(刺芒 cìmáng) – 보리나 밀의 껍질에 있는 긴 바늘 모양의 깔끄러운 수염
+ 禾 hé(벼 화), 刺 cì/cī(찌를 자, 가시 자, 바늘 자, 소리 자), 芒 máng(까끄라기 망)

4급

chāo

손(扌)으로 필요한 부분만 가려 **적게(少)** 뽑아 베끼니
뽑을 초, 베낄 초
또 남의 것을 베껴 표절하니 표절할 초

抄写 chāoxiě 베껴 쓰다, 베끼다, 필사하다 **4급**

+ 写 xiě(寫: 베낄 사)

吵
chǎo/chāo

입(口)으로 **작은(少)** 일 때문에 입씨름하며 떠드니
입씨름할 초, 떠들 초(chǎo)
또 입씨름하며 시끄럽게 떠드니 떠들 초(chāo)

吵架 chǎojià 말다툼하다[↔ 和好 héhǎo] 3급
+ 架 jià(시렁 가, 싸울 가)

省
xǐng/shěng

적은(少) 것까지 **눈(目)**여겨 살피니 살필 성(xǐng)
또 사물을 **적게(少) 보며(目)** 줄이니 줄일 생
또 중국의 최상급 지방 행정 단위인 성이니 성 성(shěng)

节省 jiéshěng 아끼다, 절약하다 4급
+ 节 jié(節: 마디 절, 절개 절, 계절 절, 명절 절)

---

274 >> **东冻 炼练** – 东, 东으로 된 한자
동 동 련 련

东
(東)
dōng

하나(一)같이 **둘러싼(乚)** 어둠이 **조금(小)**씩 트여 오는 동쪽이니
동쪽 동
또 옛날에 동쪽에 앉았던 주인이니 주인 동

[번체] 東 – 나무(木) 사이로 아침 해(日)가 떠오르는 동쪽이니 '동쪽 동'
　　　또 옛날에 동쪽에 앉았던 주인이니 '주인 동'
+ 옛날에는 신분에 따라 앉는 방향이 달라서 임금은 북쪽, 신하는 남쪽, 주인은
　동쪽, 손님은 서쪽에 자리하고 앉았답니다.

东西 dōngxi ① 물건, 사물 ② 놈, 자식 1급
东方 dōngfang ① 동방 ② 동양, 아시아 2급
东南 dōngnán ① 동남 방향 ② 중국의 동남부 연해 지역 2급
东部 dōngbù 동부 3급
房东 fángdōng 집주인 3급
东西 dōngxī 동과 서, 동쪽에서 서쪽까지 참고어

꿀TIP 东西는 발음에 따라 뜻이 달라짐도 알아두세요.
+ 西 xī(서쪽 서), 方 fāng(모 방, 방향 방, 방법 방), 南 nán(남쪽 남), 部 bù(나
　눌 부, 마을 부, 거느릴 부), 房 fáng(방 방, 집 방)

5급

dòng

凍

얼음(冫)은 동쪽(东)에 더 많이 어니 얼 동

+ 아침 햇살만 잠깐 비치는 동쪽이 서쪽보다 얼음이 더 많이 언다는 데서 만들어진 한자
+ 冫 bīng[冰 bīng(얼음 빙)이 부수로 쓰일 때의 모양으로 점이 둘이니 '이 수 변'이라 부름]

4급

liàn

煉

불(火)에 하나(一) 하나(一) 녹여(乚) 조금(小)씩 쇠를 불리니
녹일 련, 쇠 불릴 련

[번체] 煉 – 불(火)에 녹여 불순물을 가려(柬)내려고 쇠를 불리니
  '녹일 련, 쇠 불릴 련'
  또 불(火)에 잘 타는 것을 가려(柬) 만든 연탄이니 '연탄 련'
+ 쇠 불리다 – 쇠를 불에 녹여 불순물을 가려내고 성질을 변화시키다
+ 柬 jiǎn(가릴 간, 편지 간)

锻炼 duànliàn ① 제련하다 ② (일의 능력이나 몸과 마음을) 단련하다 4급
+ 锻 duàn(鍛: 쇠 불릴 단, 단련할 단)

2급

liàn

練

실(纟)로 하나(一) 하나(一) 둘러(乚) 조금(小)씩 묶는 방법을
익히니 익힐 련

[번체] 練 – 실(糸)을 가려(柬) 짜듯 무엇을 가려 익히니 '익힐 련'
+ 纟 sī[糸 mì/sī(실 사, 실 사 변의 간체자)]

练习 liànxí 연습하다, 익히다 2급
教练 jiàoliàn ① 감독, 코치 ② 교련하다, 훈련하다 3급
训练 xùnliàn 훈련(하다) 4급
+ 习 xí(習: 익힐 습), 教 jiào(敎: 가르칠 교, 시킬 교), 训 xùn(訓: 가르칠 훈)

1급

车

车

jū/chē

하나(一)씩 허리 **구부리고**(乚) **자주**(十) 타고 내리는 수레나 차니
수레 거(jū), 차 차(chē)

번체 車 – 수레 모양을 본떠서 '수레 거, 차 차'

➕ 曰은 수레의 몸통, ㅣ은 바퀴의 축, 一과 一은 양쪽 바퀴

➕ 十 shí(열 십, 많을 십)

车票 chēpiào 승차권, 차표 1급

车上 chēshàng 차에 싣다 1급

打车 dǎ chē 수레를 만들다 1급

上车 shàng chē 차를 타다 1급

下车 xiàchē 하차하다 1급

火车 huǒchē 기차 1급

开车 kāi//chē ① 운전하다[= 驶车 shǐchē] ② 발차하다 ③ 기계를 시동하다 1급

汽车 qìchē 자동차 1급

公共汽车 gōnggòngqìchē 버스 2급

公交车 gōngjiāochē (대중교통) 버스 2급

自行车 zìxíngchē 자전거 2급

倒车 dǎochē 차를 갈아타다[= 换车 huànchē] 4급

倒车 dàochē 차를 후진시키다 4급

电动车 diàndòngchē 전동차 4급

车主 chēzhǔ 차주 5급

꿀TIP 汽车는 자동차를 뜻하고, 우리가 생각하는 기차는 火车 huǒchē입니다.

➕ 倒车처럼 발음에 따라 뜻이 달라지는 경우도 있습니다.

➕ 票 piào(표시할 표, 표 표, 티켓 표), 打 dǎ(칠 타, 공격할 타, 어조사 타, 다스 타), 开 kāi(開: 열 개, 시작할 개, 끓을 개), 汽 qì(김 기), 共 gòng(함께 공), 交 jiāo(사귈 교, 오고 갈 교), 自 zì(자기 자, 스스로 자, 부터 자), 行 xíng/háng(다닐 행, 행할 행, 줄 항), 倒 dǎo(넘어질 도, 거꾸로 도), 电 diàn(電: 번개 전, 전기 전), 动 dòng(動: 움직일 동), 主 zhǔ(주인 주)

轮

輪

lún

수레(车)의 무게가 **모인**(仑) 바퀴니 바퀴 **륜**
또 바퀴처럼 둥글어 잘 도니 둥글 **륜**, 돌 **륜**

+ 仑 lún – 사람(人)이 비수(匕)처럼 날카롭게 조리 세우며 모이니
　　　　　'조리 세울 륜, 모일 륜'
[번체] 侖 – 사람(人)이 한(一) 권씩 책(冊)을 들고 조리 세우며 모이니
　　　　'조리 세울 륜, 모일 륜'
+ 匕 bǐ(비수 비, 숟가락 비), 冊 [冊 cè(책 책, 세울 책)의 변형]

轮船 lúnchuán (증)기선 **4급**
轮椅 lúnyǐ 휠체어 **4급**
轮子 lúnzi 바퀴 **4급**

+ 船 chuán(배 선), 椅 yǐ(의자 의), 子 zǐ/zi(아들 자, 첫째 지지 자, 자네 자, 접미사 자)

连

連

lián

차(车)가 **지나간**(辶) 바퀴 자국처럼 이으니 이을 **련**

[번체] 連 – 차(車)가 지나간(辶) 바퀴 자국처럼 이으니 '이을 련'
+ 辶 chuò(뛸 착, 갈 착)

连续剧 liánxùjù 연속극 **3급**
连续 liánxù 연속하다 **3급**
连接 liánjiē ① 연접하다 ② 연결시키다 **5급**
接连 jiēlián 연거푸, 연이어, 잇달아 **5급**

+ 续 xù(續: 이을 속), 剧 jù(劇: 심할 극, 연극 극), 接 jiē(이를 접, 대접할 접)

---

276 ▶ **军挥** – 军으로 된 한자
　　　　　　　 군 휘

军

軍

jūn

덮어서(冖) **차**(车)까지 위장하는 군사니 군사 **군**

+ 군사들은 적에게 들키지 않으려고 차까지도 덮어 위장하지요.
+ 冖 mì(덮을 멱)

军人 jūnrén 군인 **5급**
冠军 guànjūn 챔피언, 우승(자), 우승팀 **5급**

+ 冠 guàn(갓 관, 모자 관, 우승할 관)

손(扌)을 **군사(车)**들에게 휘두르며 지휘하여 흩어지게 하니
휘두를 휘, 지휘할 휘, 흩어질 휘

+ '뭉치면 살고 흩어지면 죽는다'는 말이 전쟁 중에는 거꾸로 쓰입니다. 포탄 같은 것이 터질 때는 흩어져 있어야 일부라도 살지요.

发挥 fāhuī ① 발휘하다 ② 잘 나타내다 ③ 더욱더 발전시키다[≒ 发扬 fāyáng] 4급

指挥 zhǐhuī ① 지휘하다 ② 지휘자 4급

+ 发 fā(發: 쏠 발, 일어날 발, 髮: 머리털 발), 指 zhǐ(손가락 지, 가리킬 지)

---

277 〉〉 **库裤 渐暂** – 库, 斩으로 된 글자
　　　　 고 고　점 잠

집(广)에 있는 **수레(车)** 같은 물건을 넣어 두는 창고니 창고 고

+ 广 guǎng(집 엄, 廣: 넓을 광, 많을 광)

水库 shuǐkù 저수지 5급

仓库 cāngkù 창고, 곳간 5급

+ 仓 cāng(倉: 창고 창)

옷(衤) 중에 물건을 넣는 **창고(库)**처럼 다리를 넣는 바지니
바지 고

+ [통] 袴 kù – 옷(衤) 중에 크게(大) 걸치고(一) 교묘하게(丂) 다리를 꿰도록 만든 바지니 '바지 고'
+ 衤 yī(옷 의 변), 库 kù(庫: 창고 고), 丂(교묘할 교)

裤子 kùzi 바지 3급

短裤 duǎnkù 반바지 3급

牛仔裤 niúzǎikù 청바지 5급

+ 子 zǐ/zi(아들 자, 첫째 지지 자, 자네 자, 접미사 자), 短 duǎn(짧을 단, 모자랄 단), 牛 niú(소 우), 仔 zǎi(자세할 자)

4급

渐
jiàn/jiān

물가가 물(氵)로 점점 베이듯(斩) 점점이니 점점 점(jiàn)
또 점점 스며드니 스며들 점(jiān)

+ 斩 zhǎn – (옛날에는 죄인을) 수레(车)에 매달거나 도끼(斤)로 베어 죽였으
　　　　　 니 '벨 참, 죽일 참'
+ 斤 jīn(도끼 근, 저울 근)
+ 점점(渐渐 jiànjiàn) – 정도나 수량이 조금씩 점차적으로 늘어나거나 줄어
　　　　　 듦을 나타냄

渐渐 jiànjiàn 점점, 점차[= 渐次 jiàncì] **4급**

逐渐 zhújiàn 점점, 점차 **4급**

+ 逐 zhú(쫓을 축)

5급

暂
zàn

(무엇을) 싹둑 베는(斩) 시간(日)은 잠깐이니 잠깐 잠

暂时 zànshí 잠시, 잠깐[≒ 临时 línshí ↔ 长久 chángjiǔ, 长期 chángqī]
5급

暂停 zàntíng ① 잠시 중지하다(멈추다) ② 타임아웃을 하다 **5급**

+ 时 shí(時: 때 시), 停 tíng(머무를 정)

---

278 ▶▶ **专传转** – 专으로 된 한자
　　　　　 전 전 전

3급

专
zhuān

둘(二)도 한 번에 휘두르며(乛) 점(丶)까지 오로지 마음대로 하니
오로지 전, 마음대로 할 전

[번체] 專 – 삼가며(叀) 오로지 법도(寸)를 지키니 '오로지 전'
　　　　 또 오로지 자기 마음대로 하니 '마음대로 할 전'
+ 叀 – 차(車)에 점(丶) 찍는 일은 삼가나 '삼갈 전'
　　　 (어원 해설을 위한 참고로 실제 쓰이는 한자는 아님)
+ 寸 cùn(마디 촌, 법도 촌), 丶 zhǔ(점 주, 불똥 주)

专家 zhuānjiā 전문가[↔ 杂家 zájiā] **3급**

专题 zhuāntí 특정한 제목, 전문적인 테마 **3급**

专心 zhuānxīn 전념하다, 몰두하다 **4급**

专辑 zhuānjí 개인 앨범 **5급**

专利 zhuānlì 특허, 특허권 **5급**

+ 家 jiā(집 가, 전문가 가), 题 tí(題: 제목 제, 문제 제), 辑 jí(輯: 편집할
　집), 利 lì(이로울 리, 날카로울 리)

3급

传

傳

chuán/zhuàn

사람(亻)들은 **오로지**(专) 자기 뜻을 전하니 **전할 전**(chuán)
또 전하는 전기나 이야기니 **전기 전, 이야기 전**(zhuàn)

传来 chuánlái ① 전래(하다) ② 말이 퍼지다, 들려오다 **3급**
传说 chuánshuō ① 전설 ② 이리저리 말이 전해지다 **3급**
流传 liúchuán 유전되다, 세상에 널리 퍼지다 **4급**
✦ 来 lái(來: 올 래), 说 shuō(說: 달랠 세, 말씀 설, 기쁠 열), 流 liú(흐를 류, 번져 퍼질 류)

3급

转

轉

zhuàn/zhuǎn

수레(车) 바퀴처럼 **오로지**(专) 구르며 도니
구를 전, 돌 전(zhuàn)
또 구르고 돌며 바뀌니 **돌 전, 바뀔 전**(zhuǎn)

转变 zhuǎnbiàn 전변하다, 바꾸다, 바뀌다 **3급**
转动 zhuǎndòng ① 돌다, 회전시키다 ② 회전 **4급**
转告 zhuǎngào 전언하다, (말을) 전하다 **4급**
转身 zhuǎn//shēn ① 몸을 돌리다, 돌아서다 ② (수영에서) 턴(turn)히디 **4급**
转化 zhuǎnhuà ① 전화(하다) ② 변하다[= 转变 zhuǎnbiàn, 改变 gǎibiàn]
5급
转换 zhuǎnhuàn ① 전환하다 ② 변환 ③ 번역 **5급**
✦ 变 biàn(變: 변할 변), 动 dòng(動: 움직일 동), 告 gào(알릴 고, 설명할 고, 요구할 고), 身 shēn(몸 신), 化 huà(化: 될 화, 변화할 화, 가르칠 화), 换 huàn(換: 바꿀 환)

---

279 ▶▶ **又仅汉 权双叉** – 又로 된 한자1
　　　　우 근 한　권 쌍 차

2급

又

yòu

주먹을 쥔 오른손을 본떠서 **오른손 우**
또 오른손은 또 또 자주 쓰이니 **또 우**

3급

仅

僅

jǐn

사람(亻)이 또(又) 도전하여 겨우 하니 겨우 근

[번체] 僅 – 사람(亻)이 진흙(堇)길을 겨우 가니 '겨우 근'

+ 堇 jǐn – (너무 끈끈하여) 스물(卄)한(一) 번이나 입(口)으로 하나(一)같이
　　　 숨 헐떡이며 걸어야 할 진흙(土)이니 '진흙 근'

+ 卄 niàn은 아래를 막아 써도 같은 뜻이나 卄 cǎo(초 두)와 혼동되어 卄
　 niàn(스물 입)과 一 yī(한 일)로 나누어 풀었어요.

仅仅 jǐnjǐn 겨우, 간신히[≒ 单单 dāndān] **3급**

不仅 bùjǐn ① ~뿐만 아니라 ② ~만은 아니다 **3급**

+ 不 bú(아닐 불, 아닐 부)

1급

汉

漢

Hàn

물(氵) 또한(又) 많이 흐르는 한수니 한수 한
또 한수 유역에 있었던 한나라니 한나라 한

[번체] 漢 – 물(氵)과 진흙(堇)이 많은 한수 유역에 있었던 한나라니 '한나라 한'
　　　 또 남을 흉하게 부르는 접미사니 '접미사 한'

+ 堇 [堇 jǐn(진흙 근)의 변형] – 너무 끈끈하여 스물(卄)한(一) 번이나 말하며
　　　 (口) 하나(一) 같이 크게(大) 힘쓰며 걸어야 할
　　　 진흙이니 '진흙 근'

+ 한수(汉水 hànshuǐ) – 장강(长江 Chángjiāng)의 가장 큰 지류 이름이며, 한
　　　 나라는 진나라를 이은 두 번째 통일 왕국으로, 여태까
　　　 지의 중국 역사를 창조해 낸 중국 최고의 제국이었기
　　　 때문에 한자·한문처럼 옛날 중국을 대표하는 말에도
　　　 붙네요.

+ 유역(流域 liúyù) – 물이 흐르는 언저리

汉语 Hànyǔ 중국어 **1급**

汉字 Hànzì 한자 **1급**

+ 语 yǔ(語: 말씀 어), 字 zì(글자 자)

4급

权

權

quán

나무(木)처럼 또(又)한 우뚝한 권세니 권세 권

[번체] 權 – 나무(木)에 앉은 황새(雚)처럼 의젓해 보이는 권세니 '권세 권'

+ 雚 guàn – 풀(卄) 속에 여기저기 입(口口)을 넣어 먹이를 찾는 새(隹)는 황새
　　　 니 '황새 관'

+ 卄 cǎo(卄: 초 두), 隹 zhuī(새 추)

权利 quánlì 권리[↔ 义务 yìwù] **4급**

+ 利 lì(이로울 리, 날카로울 리)

双

雙

shuāng

두 **손(又又)**처럼 둘씩 이루는 쌍이니 쌍 **쌍**

[번체] 雙 – 새(隹)와 새(隹) 두 마리가 손(又) 위에 있는 쌍이니 '쌍 쌍'

双方 shuāngfāng 쌍방, 양쪽 3급

双手 shuāngshǒu 양손, 두 손 5급

+ 한국어의 兩亲(양친)을 중국어에서는 '双亲 shuāngqīn'이라 합니다.

+ 方 fāng(모 방, 방향 방, 방법 방), 手 shǒu(손 수, 재주 수, 재주 있는 사람 수), 两 liǎng(兩: 두 량, 짝 량, 냥 냥), 亲 qīn(親: 어버이 친, 친할 친)

5급

叉

chā/chá

두 **손(又)**을 **점(丶)**처럼 모아 깍지 낀 것처럼,

어긋나게 찍어 먹는 포크니 어긋날 **차**(chā). 포크 **차**(chā)

또 어긋나게 가로막히니 가로막힐 **차**(chá)

+ 丶 zhǔ(점 주, 불똥 주)

叉子 chāzi ① 포크·쇠스랑·갈퀴·작살 따위 ② (틀림·삭제 등을 표시하는) 'ｘ' 표 5급

+ 子 zǐ/zi(아들 자, 첫째 지지 자, 자네 자, 접미사 자)

---

280 ▶ 欢劝变怪 – 又로 된 한자2
환 권 변 괴

1급

欢

歡

huān

손(又)으로 기지개 켜며 **하품하듯(欠)** 입 벌려 기뻐하니

기뻐할 **환**

[번체] 歡 – 황새(雚)가 하품(欠)하듯 입 벌려 기뻐하니 '기뻐할 환'

+ 欠 qiàn(하품 흠, 모자랄 흠), 雚 guàn(황새 관) – 제목번호 087 '觀 guān'의 주 참고

喜欢 xǐhuan ① 좋아하다, 사랑하다 ② 즐거워하다 1급

欢迎 huānyíng 환영하다, 환영받다 2급

欢乐 huānlè 즐겁다, 유쾌하다 3급

+ 喜 xǐ(기쁠 희), 迎 yíng(맞이할 영), 乐 yuè/lè/yào(樂: 노래 악, 즐길 락, 좋아할 요)

5급

劝
（勸）
quàn

또(又) 힘(力)써 권하니 권할 권

[번체] 勸 – 황새(雚)처럼 의젓하도록 힘써(力) 권하니 '권할 권'

2급

变
（變）
biàn

역시(亦) 세상 만물은 또(又)한 변하니 변할 변

[번체] 變 – 실(絲)처럼 길게 말하고(言) 치며(攵) 가르치면 변하니 '변할 변'
+ 亦 yì(또 역), 絲(실 사: 丝 sī), 言 yán(말씀 언), 攵 pō(칠 복, = 攴)
变成 biànchéng ～로 변화하다 **2급**
改变 gǎibiàn ① 변하다, 바뀌다 ② 고치다 **2급**
变动 biàndòng ① 변동 ② 변동하다[= 更改 gēnggǎi] **5급**
+ 成 chéng(이룰 성), 改 gǎi(고칠 개), 动 dòng(動: 움직일 동)

3급

怪
guài

마음(忄)에 또(又) 흙(土)이 생각남은 괴이하니 괴이할 괴

+ 괴이하다(怪异 guàiyì) – 정상적이지 않고 별나며 괴상하다
+ 忄 xīn(마음 심 변), 异 yì(異: 다를 이)
奇怪 qíguài 기이하다, 이상하다, 희한하다 **3급**
+ 奇 qí(기이할 기, 홀수 기, 우수리 기)

---

281 叔 戚 – 叔과 戚
　　　숙 척

4급

叔
shū

손위(上)로 아버지보다 작은(小) 또(又) 다른 작은아버지나 아저씨니
작은아버지 숙, 아저씨 숙

+ 아버지 형님을 '백부(伯父 bófù)님'이라 하고, 동생을 '숙부(叔父 shūfù)님'이
　라 하지요.
叔叔 shūshu ① 숙부, 작은아버지 ② 아저씨 **4급**

7-9급

戚

qī

무성한(戌) 콩(尗)이 한 줄기에 여러 개 열리듯이,

같은 줄기에서 태어난 친척이니 **친척 척**

또 친척처럼 걱정하니 **걱정할 척**

+ 戌 wù – 초목(丿)이 창(戈)처럼 자라 무성하니 '무성할 무, 다섯째 천간 무'
+ 尗 – 위(上)로부터 작게(小) 열리는 콩이니 '콩 숙'
+ (통) 菽 – 풀(艹) 중 위(上)로 작은(小) 열매들이 또(又) 열리는 콩이니 '콩 숙'
+ 丿 piě('삐침 별'이지만 여기서는 초목으로 봄), 戈 gē(창 과)

亲戚 qīnqi 친척 **참고어**

+ 亲 qīn(親: 어버이 친, 친할 친)

---

282 ▷▷ **睪译释择 – 睪으로 된 한자**
역 역 석 택

7-9급

睪
(睪)
yì

또(又) 많이(幸) 살피며 엿보니 **엿볼 역**

번체 睪 – 그물(罒) 쳐놓고 걸리기를 바라며(幸) 엿보니 '엿볼 역'
+ 幸 [千 qiān(일천 천, 많을 천)의 변형], 罒 wǎng(그물 망, 인터넷 망 = 网, 罓),
  幸 xìng(행복할 행, 바랄 행)

4급

译
(譯)
yì

말(讠)을 엿보아(睪) 번역하니 **번역할 역**

+ 讠 yán[言(말씀 언 변)의 간체자]
翻译 fānyì 번역하다, 통역하다 **4급**
+ 翻 fān(뒤집을 번, 번역할 번)

4급

释
(釋)
shì

분별하고(采) 엿보아(睪) 푸니 **풀 석**

+ 采 biàn(분별할 변, 나눌 변) – 제목번호 228 참고
解释 jiěshì 해석하다, 분석하다 **4급**
+ 解 jiě(解: 해부할 해, 풀 해)

4급
择
zé
择

손(扌)으로 **엿보아**(睪) 가리니 가릴 **택**

选择 xuǎnzé ① 고르다, 선택하다 ② 선택 **4급**

+ 选 xuǎn(選: 고를 선)

283 ▶▶ **皮被彼披 破玻婆** – 皮로 된 한자
　　　　　　피 피 피 피　파 파 파

3급
皮
pí

언덕(厂)처럼 둘러싸인 것을 **칼**(丨) 들고 **손**(又)으로 벗기는 가죽이니
가죽 **피**
또 가죽 같은 피부니 피부 **피**

+ 厂 ['厂 chǎng/ān(굴 바위 엄, 언덕 엄, 廠: 헛간 창, 공장 창)'의 변형],
丨 gǔn['뚫을 곤'이지만 여기서는 칼로 봄]

调皮 tiáopí ① 짓궂다 ② 잔꾀를 부리다 ③ 다루기 어렵다 **4급**

皮肤 pífū ① 피부 ② 천박하다 **5급**

皮鞋 píxié 가죽구두[≒ 革履 gélǚ] **5급**

+ 调 diào/tiáo(調: 조사할 조, 옮길 조, 고를 조, 조절할 조), 肤 fū(膚: 살갗
부), 鞋 xié(신 혜)

3급
被
bèi

옷(衤)을 **살가죽**(皮)에 닿도록 입으니 입을 **피**
또 옷을 입듯이 무슨 일을 당하니 당할 **피**

+ 衤 yī(옷 의 변)

被子 bèizi 이불 **3급**

被迫 bèipò 강요당하다, 어쩔 수 없이 ~하다[↔ 自愿 zìyuàn] **4급**

被动 bèidòng ① 피동적이다 ② 소극적이다[↔ 自动 zìdòng, 主动 zhǔdòng]
5급

+ 迫 pò(닥칠 박, 급박할 박), 动 dòng(動: 움직일 동)

5급

彼

bǐ

벗겨 간(彳) 저 가죽(皮)이니 저 피

+ 자기를 중심으로 가까운 것은 '此 cǐ', 먼 것은 '彼 bǐ입니다.
+ 彳 chì(조금 걸을 척)

彼此 bǐcǐ 피차, 상호, 서로 **5급**

꿀TIP 彼此를 두 번 반복하여 彼此彼此 bǐcǐbǐcǐ라고 하면 '피차일반입니다'라는 말
이 됩니다.
+ 此 cǐ(이 차)

5급

披

pī

손(扌)으로 가죽(皮)을 헤쳐 펴니 헤칠 피, 펼 피
또 펴서 걸치거나 덮으니 걸칠 피, 덮을 피

3급

破

pò

돌(石)처럼 가죽(皮)이 단단하면 잘 깨지니 깨질 파
또 깨져서 생명이 다하니 다할 파

+ 石 shí(돌 석)
打破 dǎpò 타파하다, 때려 부수다 **3급**
破产 pòchǎn 파산하다, 부도나다 **4급**
突破 tūpò 돌파하다, 극복하다[≒ 冲破 chōngpò] **5급**
+ 打 dǎ(칠 타, 공격할 타, 어조사 타, 다스 타), 产 chǎn(産: 낳을 산), 突
tū(突: 갑자기 돌, 부딪칠 돌)

5급

玻

bō

옥(王)으로 된 가죽(皮)처럼 투명하고 단단한 유리니 유리 파

+ 王 wáng(임금 왕, 으뜸 왕, 구슬 옥 변)
玻璃 bōli 유리, 유리 모양의 물건 **5급**
+ 璃 lí(유리 리)

4급

婆

pó

물결(波)처럼 주름살이 많은 여자(女)는 할미나 시어머니니
할미 파, 시어머니 파

+ 波 bō - 물(氵)의 가죽(皮), 즉 표면에서 치는 물결이니 '물결 파'
老婆 lǎopó 아내, 처, 집사람, 마누라 **4급**
+ 老 lǎo(늙을 로, 존칭 접사 로)

3급

支

zhī

많은(十) 것을 손(又)으로 받치고 가르니 받칠 지, 가를 지
또 갈라 지출하니 **지출할 지**

+ 十 shí(열 십, 많을 십), 又 yòu(오른손 우, 또 우)

支配 zhīpèi ① 안배(하다), 분배(하다) ② 지배(하다), 지도(하다) 5급

支出 zhīchū ① 지출하다 ② 지출[≒ 动支 dòngzhī ↔ 收入 shōurù] 5급

+ 配 pèi(나눌 배, 짝 배), 出 chū(나올 출, 나갈 출)

3급

技

jì

손(扌)으로 무엇을 다루는(支) 재주니 재주 기

技巧 jìqiǎo 기교, 기예, 테크닉 4급

技能 jìnéng 기능, 솜씨 5급

+ 巧 qiǎo(교묘할 교), 能 néng(능할 능)

5급

鼓

gǔ

좋게(吉) 받쳐놓고(ㅛ) 두 손으로 갈라(支) 북을 두드리니
북 고, 두드릴 고

+ 吉 jí(길할 길, 상서로울 길)

鼓励 gǔlì 격려하다, (용기를) 북돋우다[↔ 打击 dǎjī] 5급

+ 励 lì(勵: 격려할 려)

3급

反

fǎn

굴 바위(厂)처럼 덮인 것을 **손**(又)으로 뒤집어 거꾸로 하니
거꾸로 반

+ 厂 chǎng(굴 바위 엄, 언덕 엄, 廠: 헛간 창, 공장 창)

反对 fǎnduì 반대하다[↔ 支持 zhīchí, 赞同 zàntóng, 赞成 zànchéng] 3급

反应 fǎnyìng 반응 3급

反正 fǎnzhèng ① 아무튼 ② 좌우(지)간 ③ 어차피 3급

相反 xiāngfǎn ① 반대로, 거꾸로[↔ 相同 xiāngtóng] ② 상반되다 ③ 대립되다
4급

+ 对 duì(對: 상대할 대, 대답할 대), 应 yìng(應: 응할 응), 正 zhèng(바를 정),
相 xiāng(서로 상, 모습 상)

1급

饭

饭

fàn

먹을(饣) 때 혀로 이리저리 **거꾸로**(反) 뒤집으며 씹어 먹는 밥이니
밥 반

+ 饣 shí[食(밥 식, 먹을 식 변)의 간체자]

饭店 fàndiàn 호텔, 식당 1급

吃饭 chīfàn 밥을 먹다 1급

晚饭 wǎnfàn 저녁밥[= 晚餐 wǎncān] 1급

午饭 wǔfàn 점심밥[= 午餐 wǔcān, 中饭 zhōngfàn] 1급

早饭 zǎofàn 아침밥[= 早餐 zǎocān] 1급

+ 店 diàn(가게 점), 吃 chī(먹을 흘, 말 더듬을 흘, 힘들어할 흘), 晚 wǎn(저물
만), 午 wǔ(말 오, 일곱째 지지 오, 낮 오), 早 zǎo(일찍 조)

2급

板

bǎn

나무(木)를 톱으로 켜면 **반대**(反)쪽으로 벌어지면서 생기는 널빤지니
널빤지 판
또 널빤지로 만들었던 상점의 주인이니 상점 주인 판

黑板 hēibǎn 칠판 2급

老板 lǎobǎn ① 상점 주인 ② 사장 3급

+ 黑 hēi(검을 흑), 老 lǎo(늙을 로, 존칭 접사 로)

5급

版

bǎn

나무 조각(片)에 글자를 새겨 **뒤집어(反)** 인쇄하니 인쇄할 **판**

+ 片 piàn(조각 편, 필름 편)

出版 chūbǎn (서적·음반 등을) 출판하다, 출간하다 5급

电子版 diànzǐbǎn 전자판 5급

正版 zhèngbǎn 정품, 정식 판본 5급

+ 出 chū(나올 출, 나갈 출), 电 diàn(電: 번개 전, 전기 전), 正 zhèng(바를 정)

5급

返

fǎn

가던 길을 **거꾸로(反) 가며(辶)** 돌아오거나 돌아가니

돌아올 **반**, 돌아갈 **반**

返回 fǎnhuí (원래의 곳으로) 되돌아가다[오다] 5급

+ 回 huí(돌 회, 돌아올 회, 횟수 회)

---

286 曼慢漫 – 룙으로 된 한자
만 만 만

참고자

曼

màn

말하면(曰) 그 말이 **그물(罒)**처럼 **또(又)** 길고 넓게 퍼지니

길 **만**, 넓을 **만**

+ '발 없는 말이 천 리 간다'는 속담처럼 말(소문)은 순식간에 널리 퍼지요.
+ 曰 yuē(가로 왈), 罒 gāng(그물 망, = 网, 㓁), 又 yòu(오른손 우, 또 우)

1급

慢

màn

마음(忄)이 **넓게(曼)** 늘어져 게으르고 느리며 오만하니

게으를 **만**, 느릴 **만**, 오만할 **만**

慢慢(儿) mànmàn(r) ① 천천히 ② 느릿느릿 ③ 차츰 3급

꿀TIP 慢慢儿 mànmānr처럼 단음절 형용사 慢을 중복한 후 儿을 덧붙이면, 두 번째 慢의 성조는 제1성으로 바뀝니다.

+ 儿 ér(사람 인 발, 접미사 아, 兒: 아이 아)

màn

물(氵)이 넓게(曼) 흩어져 넘치니 흩어질 만, 넘칠 만

漫长 màncháng (시간·공간이) 길다, 멀다, 지루하다[↔ 短暂 duǎnzàn] 5급

漫画 mànhuà 만화 5급

浪漫 làngmàn ① 낭만적이다 ② 방종하다 5급

＋ 长 cháng/zhǎng(長: 길 장, 자랄 장, 어른 장), 画 huà(畫: 그림 화, 그을 획),
浪 làng(물결 랑, 함부로 랑)

---

287 ▶▶ 叟搜瘦 – 叟로 된 한자
　　　　　수 수 수

sǒu

절구(臼)에 절굿공이(|)를 손(又)으로 잡고 절구질하는 늙은이니
늙은이 수

＋ 臼 jiù(절구 구), | gǔn['뚫을 곤'이지만 여기서는 절굿공이로 봄]

---

sōu

손(扌)으로 늙은이(叟)처럼 더듬어 찾으니 찾을 수

＋ 늙으면 잘 보이지도 않고 감각도 둔해지니 더듬거리지요.

搜索 sōusuǒ ① 수색하다, 자세히 뒤지다 ② 수색 5급

＋ 索 suǒ(동아줄 삭, 찾을 색, 쓸쓸할 삭)

---

shòu

병(疒)들어 늙은(叟) 것처럼 수척하게 여위니
수척할 수, 여월 수

＋ 疒 nè(병들 녁)

jiān

칼(刂)을 손(又)으로 땅(土)에 꽂고 맹세함이 굳으니 굳을 견

[번체] 堅 – 신하(臣)처럼 오른손(又)을 땅(土)에 짚고 충성을 맹세함이 굳으니 '굳을 견'

+ 刂 dāo(칼 도 방), 又 yòu(오른손 우, 또 우), 土 tǔ(흙 토), 臣 chén(신하 신)

坚持 jiānchí 견지하다, 고수하다 3급

坚决 jiānjué 단호하다, 결연하다 3급

坚固 jiāngù 견고하다 4급

坚定 jiāndìng 확고부동하다, 결연하다 5급

+ 持 chí(가질 지, 잡을 지), 决 jué(決: 결정할 결), 固 gù(굳을 고), 定 dìng (정할 정)

紧

jǐn

칼(刂)로 또(又) 실(糸)을 급하게 끊어 긴요하게 쓰니 급할 긴, 긴요할 긴

[번체] 緊 – 신하(臣)가 또(又) 실(糸)을 급하게 찾아 긴요하게 쓰니 '급할 긴, 긴요할 긴'

+ 긴요(緊要 jǐnyào) – 꼭 필요하고 중요함

+ 糸 mì/sī(실 사, 실 사 변), 要 yāo(중요할 요, 바랄 요, 요구할 요)

紧张 jǐnzhāng ① 긴장해 있다 ② 긴박하다 3급

紧密 jǐnmì ① 긴밀하다 ② 끊임없다 ③ 긴밀히 하다 4급

不要紧 búyàojǐn 괜찮다, 문제 될 것이 없다 4급

紧紧 jǐnjǐn 바짝, 꽉, 단단히 5급

[꿀TIP] 중국어에서 '긴장(紧张 jǐnzhāng)하다'는 사람의 심리뿐만 아니라 돈이나 물건 등이 부족한 상태에 대해서도 말할 수 있습니다. '물건이 긴장됩니다'는 '물건이 부족하다'는 뜻이지요.

+ 张 zhāng(張: 벌릴 장, 베풀 장), 密 mì(빽빽할 밀, 비밀 밀)

5급

监

监

jiān

칼(刂)로 대(𠂉)를 잘라 **그릇**(皿) 만드는 것을 보면서 감독하니
볼 감, 감독할 감

[번체] 監 – (거울이 없던 옛날에는) 엎드려(臥) 물(一) 있는 그릇(皿)에 비추어
보았으니 '볼 감'

+ 臥 [臥(누울 와, 엎드릴 와: 臥 wò)의 변형], 皿 mǐn(그릇 명), 一 yī('한 일'이
지만 여기서는 평평한 물의 모양으로 봄)

2급

蓝

蓝

lán

풀(艹) 중 잘 **보이는**(监) 물감이 나오는 쪽이니 쪽 람

+ 쪽 – 마디풀과에 딸린 한해살이풀

蓝色 lánsè 남색, 푸른색 **2급**

+ 色 sè(빛 색)

2급

篮

篮

lán

대(⺮)로 속이 **보이게**(监) 만든 바구니니 바구니 람

+ 옛날에는 바구니도 대로 만들었지요.

篮球 lánqiú ① 농구 ② 농구공 **2급**

+ 球 qiú(둥글 구, 공 구)

石 shí

언덕(厂) 밑에 있는 **돌**(口)을 본떠서 **돌 석**

+ 回 石 shí(돌 석), 古 gǔ(오랠 고, 옛 고)
+ 厂 [厂 chǎng(굴 바위 엄, 언덕 엄, 廠: 헛간 창, 공장 창)의 변형], 口 kǒu('입
  구, 말할 구, 구멍 구'지만 여기서는 돌로 봄)

石头 shítou ① 돌 ② (가위바위보에서의) 바위 ③급

化石 huàshí 화석 5급

+ 头 tóu/tou(頭: 머리 두, 우두머리 두, 접미사 두), 化 huà(될 화, 변화할 화,
  가르칠 화

左 zuǒ

많이(ナ) 공(工) 자 모양의 자를 쥐는 왼쪽이니 **왼쪽 좌**
또 왼쪽은 낮은 자리도 뜻하여 **낮은 자리 좌**

+ 대부분 오른손에 연장이나 연필을 들고, 왼손에 자를 들지요.
+ ナ[十 shí(열 십, 많을 십)의 변형], 工 gōng('일꾼 공, 일할 공, 연장 공'이지
  만 여기서는 자로 봄)

左边 zuǒbian 좌(측), 왼쪽[↔ 右面 yòumiàn, 右边 yòubian] 1급

+ 边 biān/bian(邊: 가 변)

右 yòu

자주(ナ) 써서 **말**(口)에 잘 움직이는 오른쪽이니 **오른쪽 우**

+ 回 石 shí(돌 석), 古 gǔ(오랠 고, 옛 고)
+ 요즘은 어느 손이나 잘 써야 하지만 옛날에는 오른손만을 썼고, 습관이 되어
  서 오른손이 편하니 대부분의 일을 오른손으로 했지요.

右边 yòubian 오른쪽, 우측 1급

左右 zuǒyòu ① 왼쪽과 오른쪽 ② 주위 ③ 측근 3급

有

yǒu

많은(ナ) 고기(月)를 가지고 있으니 가질 유, 있을 유

+ 月 yuè(달 월, 육 달 월)

有名 yǒumíng 유명하다[↔ 无名 wúmín] 1급

有人 yǒurén ① 사람이 있다 ② 견실한 사람이 있다 ③ 누군가 2급

有(一)点儿 yǒu(yì)diǎn(r) ① 조금 있다 ② 조금, 약간 2급

所有 suǒyǒu ① 모든 ② 소유하다 ③ 소유물 2급

有利 yǒulì 유리(유익)하다[↔ 有害 yǒuhài] 3급

有力 yǒulì ① 힘이 있다 ② 유력하다 5급

A有利于B AyǒulìyúB A는 B에 유리하다 5급

+ 名 míng(이름 명, 이름날 명), 点 diǎn(點: 점 점, 점검할 점, 불 켤 점), 所 suǒ(장소 소, 바 소), 力 lì(힘 력), 利 lì(이로울 리, 날카로울 리), 于 yú(어조사 우)

随 隨

suí

언덕(阝)에 있는(有) 좁은 길을 갈(辶) 때처럼 앞뒤로 늘어서서 따르니 따를 수

[번체] 隨 – 약간 떨어져(隋) 가며(辶) 따르니 '따를 수'

+ 隋 suí – 언덕(阝)의 왼쪽(左) 아래로 몸(月)이 떨어지니 '떨어질 타' 또 중심에서 멀리 떨어져 있던 수나라니 '수나라 수'

+ 阝 fù(언덕 부 변), 辶 chuò(뛸 착, 갈 착), 左 zuǒ(왼쪽 좌)

随便 suíbiàn ① 마음대로 ② 마음대로 하다 2급

随时 suíshí ① 수시로 ② 그때그때에 2급

随手 suíshǒu ~하는 김에, 겸해서 4급

随后 suíhòu 뒤이어, 바로 뒤에 5급

随意 suí//yì 뜻대로 하다[≒ 任意 rènyì] 5급

随着 suízhe (~에) 따르다, ~따라서 5급

꿀TIP 随便은 손님에게 '편하신 대로 하세요'라고 할 때 쓰는 상투적인 인사말입니다. 상대방을 지칭하여 사용할 때는 随你的便 suínǐdebiàn 이라 하지요.

+ 便 biàn(편할 편, 똥오줌 변, 쌀 편), 时 shí(時: 때 시), 手 shǒu(손 수, 재주 수, 재주 있는 사람 수), 后 hòu(왕비 후, 後: 뒤 후), 意 yì(뜻 의), 着 zháo/ zhe/zhāo/zhuó(着: 붙을 착, 어조사 착, 첨가할 착, 입을 착)

4급

巨

jù

匚 자형의 큰 자를 손에 든 모양을 본떠서 **클 거**

+ 지금도 큰 작업을 하는 분들은 匚 자나 T자 모양의 큰 자를 사용하지요. 원래
는 '큰 자'라는 뜻이었는데, 후대로 내려오면서 '크다' 라는 뜻으로 쓰이게 되
었지요.

巨大 jùdà 아주 크다[≒ 硕大 shuòdà, 庞大 pángdà ↔ 微小 wēixiǎo] **4급**

5급

拒

jù

손(扌)을 **크게(巨)** 벌려 막거나 물리치니 **막을 거, 물리칠 거**

拒绝 jùjué 거절하다[↔ 接受 jiēshòu, 答应 dāying] **5급**

+ 绝 jué(絕: 끊을 절, 죽을 절, 가장 절)

4급

距

jù

발(⻊)로 **크게(巨)** 걸어야 할 정도로 떨어진 거리니
떨어질 거, 거리 거

+ ⻊[足 zú(발 족, 넉넉할 족)가 부수로 쓰일 때의 모양]

距离 jùlí ① 거리 ② 떨어지다, 사이를 두다 **4급**

差距 chājù 격차, 차이, 갭 **5급**

差(一)点儿 chà(yī)diǎnr ① 조금 다르다 ② 하마터면['그렇게 되지 않아 다
행'이라는 안도의 뜻을 나타냄] ③ 가까스로['差点儿没'는 가까스로 실현하였다는
뜻을 나타냄] **5급**

+ 离 lí(離: 헤어질 리), 差 chà(差: 차이 날 차, 다를 차, 파견할 차), 点
diǎn(點: 점 점, 점검할 점, 불 켤 점), 儿 ér(사람 인 발, 접미사 아, 兒: 아
이 아)

5급

柜

guì

나무(木)로 **크게(巨)** 막아 만든 궤짝이니 **궤짝 궤**
또 궤짝 같은 서랍이 있는 계산대나 상점이니
계산대 궤, 상점 궤

柜子 guìzi (옷이나 서류 따위를 넣어 두는) 장, 궤(짝) **5급**

书柜 shūguì 책장 **5급**

+ 子 zǐ/zi(아들 자, 첫째 지지 자, 자네 자, 접미사 자), 书 shū(書: 쓸 서, 글
서, 책 서)

4급
guā

넝쿨에 오이나 박이 열린 모양을 본떠서 **오이 과, 박 과**

西瓜 xīguā 수박 **4급**
黄瓜 huángguā 오이 **4급**
+ 西 xī(서쪽 서), 黄 huáng(黃: 누를 황)

7-9급
zhǎo/zhuǎ

손톱이나 발톱 모양을 본떠서 **손톱 조, 발톱 조**

+ 구어체에서는 zhuǎ로 발음하고 뒤에 '~儿(ér)'을 붙여 새나 짐승의 발(톱), 기물의 다리나 발을 나타내기도 합니다.
+ 부수로는 '爫(zhǎo/zhuǎ)'의 모양입니다.

爪子 zhuǎzi 짐승의 발톱과 발가락 **참고어**

3급
zhuā

손(扌)의 손톱(爪)으로 꽉 쥐거나 긁으니 **꽉 쥘 조, 긁을 조**

抓住 zhuā·zhù ① 붙잡다 ② (마음을) 사로잡다 ③ 체포하다 **3급**
抓紧 zhuājǐn ① 꽉 쥐다 ② 서둘러 하다[≒ 加紧 jiājǐn ↔ 松懈 sōngxiè, 放松 fàngsōng] **4급**
+ 住 zhù(멈출 주, 살 주, 사는 곳 주), 紧 jǐn(緊: 급할 긴, 긴요할 긴)

2급
shòu

위 손(爫)으로 덮어(冖) 아래 손(又)으로 받는 모양에서 **받을 수**

또 받는 듯 당하는 고통을 견디니 **당할 수, 견딜 수**

+ 爫['손톱 조, 발톱 조'지만 여기서는 손으로 봄], 冖 mì(덮을 멱), 又 yòu(오른손 우, 또 우)
接受 jiēshòu 받아들이다 **2급**
难受 nánshòu ① 불편하다 ② 슬프다 **2급**
感受 gǎnshòu ① (영향을) 받다 ② 느낌, 인상 **3급**
+ 接 jiē(이를 접, 대접할 접), 难 nán(難: 어려울 난, 재난 난), 感 gǎn(느낄 감, 감동할 감)

4급

授

shòu

손(扌)으로 **받도록(受)** 주거나 가르치니 줄 수, 가르칠 수

+ 비 援 yuán – 손(扌)으로 끌어당겨(爰) 도우니 '도울 원, 당길 원' – 2권 제목
 번호 239 참고
+ 爰 yuán – 손(爫)으로 한(一) 명의 벗(友)을 어디로 당기니 '어디 원, 당길 원'
+ 爫 zhǎo('손톱 조, 발톱 조'지만 여기서는 손으로 봄), 友 you(벗 우)

教授 jiàoshòu ① 교수 ② 가르치다 **4급**

+ 教 jiào(教: 가르칠 교, 시킬 교)

---

293 **友拔爱 暖缓** – 友, 爰로 된 한자
우 발 애 난 완

1급

友

yǒu

많이(ナ) 손(又)잡으며 사귀는 벗이니 벗 우

+ ナ[十 shí(열 십, 많을 십)의 변형]

朋友 péngyou ① 친구, 벗 ② 연인 **1급**

友好 yǒuhǎo ① 우호적이다 ② 절친한 친구[↔ 敌对 díduì] **2급**

好友 hǎoyǒu 친한 친구 **4급**

友谊 yǒuyì 우의, 우정[↔ 仇恨 chóuhèn] **5급**

꿀TIP 友情 yǒuqíng은 개인적인 우정을, 友谊 yǒuyì는 개인적인 우정은 물론 나라와
나라 사이의 우호에도 쓸 수 있습니다.

+ 朋 péng(벗 붕, 무리 붕), 好 hǎo(좋을 호, 좋아할 호), 谊 yì(誼: 정 의), 情
 qíng(情: 뜻 정, 정 정, 형편 정)

5급

拔

bá

손(扌)으로 벗(友)을 점(丶)찍어 뽑으니 뽑을 발

번체 拔 – 손(扌)으로 가려 뽑으니(犮) '뽑을 발'
+ 犮 bá/quǎn – 개(犬)가 발을 쭉(丿) 뽑아 달리니 '뽑을 발, 달릴 발'
+ 犬 quǎn(개 견)

爱

<small>愛</small>

ài

손톱(爫)처럼 덮어(冖) 보호하고 벗(友)처럼 사랑하니 **사랑 애**
또 사랑하여 즐기고 아끼니 **즐길 애, 아낄 애**

> [번체] 愛 – 손톱(爫)처럼 덮어(冖) 보호하며 마음(心)으로 서서히 다가가는(夊)
> 　　　사랑이니 '사랑 애'
> 　　　또 사랑하여 즐기고 아끼니 '즐길 애, 아낄 애'

+ 爫 zhǎo/zhuǎ[爪 zhǎo/zhuǎ(손톱 조, 발톱 조)가 부수로 쓰일 때의 모양], 冖
mì(덮을 멱), 夊 zhi(천천히 걸을 쇠, 뒤쳐올 치)

爱情 àiqíng 애정[≒ 恋情 liànqíng] 2급

爱人 àiren ① 남편 또는 아내 ② 애인 2급

爱心 àixīn 사랑하는 마음 3급

恋爱 liàn'ài ① 연애하다 ② 연애 5급

> [꿀TIP] 爱人 àiren이 중국에서는 '애인'이 아니라 '배우자'를 뜻합니다. 그렇지만 이런
> 　　　뜻은 중국에서만 통용될 뿐, 타이완과 홍콩 등지에서는 우리들이 생각하는 '애
> 　　　인'이라는 뜻으로 쓰이고 있지요.

+ 情 qíng(情: 뜻 정, 정 정, 형편 정) 恋 liàn(戀: 사모할 련/연)

暖

nuǎn

햇(日)빛을 끌어당긴(爰) 듯 따뜻하니 **따뜻할 난**

+ 爰 yuán – 손(爫)으로 한(一) 명의 벗(友)을 당기니 '당길 원'
+ [비] 缓 huǎn(느슨할 완, 느릴 완)

暖和 nuǎnhuo ① 따뜻하다 ② 따뜻하게 하다 3급

温暖 wēnnuǎn 따뜻하다, 온정이 넘치다 3급

暖气 nuǎnqì ① 스팀 ② 라디에이터 4급

+ 和 hé(화목할 화, 화답할 화, 섞을 화, 반죽할 화), 温 wēn(溫: 따뜻할 온, 익
힐 온), 气 qì(氣: 기운 기, 공기 기, 날씨 기)

缓

<small>緩</small>

huǎn

실(糹)을 당겨(爰) 놓은 듯 늘어나 느슨하니 **느슨할 완**
또 행동이 느슨하여 느리니 **느릴 완**

+ 糹 sī[糸 mì/sī(실 사, 실 사 변의 간체자)]

缓解 huǎnjiě ① 완화되다 ② 완화시키다 4급

+ 解 jiě(解: 해부할 해, 풀 해)

2급

发

發 髮

fā/fà

양쪽(丶丶)에서 **벗(友)**들이 활을 쏘면 싸움이 일어나니

쏠 발, 일어날 **발**(fā)

또 바람에 일어나 날리는 머리털이니 머리털 **발**(fà)

[번체] 發 – 걸어가(癶) 활(弓)과 창(殳)을 쏘면 싸움이 일어나니
   '쏠 발, 일어날 발'

[번체] 髮 – 긴(髟) 털(彡)도 뽑을(犮) 수 있는 머리털이니 '머리털 발'

+ 犮 bá/quǎn – 개(犬)가 발을 쭉(丿) 뽑아 달리니 '뽑을 발, 달릴 발'

+ 友 yǒu(벗 우), 癶 bō(등질 발, 걸을 발), 弓 gōng(활 궁), 殳 shū(칠 수, 창
   수, 몽둥이 수), 髟[長 cháng/zhǎng(길 장, 자랄 장, 어른 장)의 옛날 한자],
   彡 shān(터럭 삼, 긴머리 삼), 犬 quǎn(개 견)

发出 fāchū ① (소리 등을) 내다 ② (명령·지시 등을) 발표하다 ③ (편지 등을)
보내다 3급

发达 fādá ① 발전시키다[↔ 落后 luòhòu] ② 발달하다 3급

发明 fāmíng 발명(하다) 3급

发生 fāshēng 발생하다 3급

发送 fāsòng ① 발송하다 ② 송신, 발신 3급

发掘 fājué 발굴하다[= 挖掘 wājué] 5급

发行 fāxíng 발행하다 5급

+ 出 chū(나올 출, 나갈 출), 达 dá(達: 이를 달, 통달할 달), 明 míng(밝을 명),
   送 sòng(送: 보낼 송, 배달할 송, 줄 송), 掘 jué(팔 굴), 行 xíng/háng(다닐
   행, 행할 행, 줄 항)

5급

泼

潑

pō

물(氵)을 **쏘듯이**(发) 활발하게 뿌리니 활발할 **발**, 뿌릴 **발**

活泼 huópō 활발하다, 활기차다 5급

+ 活 huó(살 활)

3급

采 cǎi

손톱(爫)으로 나무(木)를 캐니 캘 채
또 골라 캐듯 수집하는 모양이니 **수집할 채, 모양 채**

采取 cǎiqǔ 채취하다, 얻다 3급
采用 cǎiyòng 채용하다 3급
采访 cǎifǎng 탐방하다, 인터뷰하다, 취재하다 5급
采购 cǎigòu ① 구입하다 ② 구매 담당 직원[↔ 推销 tuīxiāo] 5급

＋ 取 qǔ(취할 취, 가질 취), 用 yòng(쓸 용), 访 fǎng(訪: 찾을 방), 购 gòu(購: 살 구)

3급

彩 cǎi

**캔(采) 나물의 머릿결(彡)처럼 빛나는 색이나 모양이니
색 채, 모양 채**

＋ 나물은 주로 봄에 캐는데, 추위를 뚫고 파랗게 돋아난 나물의 색이 신비로울 정도로 아름다우니, 이것을 생각하고 만든 한자네요.

彩色 cǎisè 채색, 천연색 3급
精彩 jīngcǎi 뛰어나다 3급
彩票 cǎipiào 복권 5급

＋ 色 sè(빛 색), 精 jīng(精: 정밀할 정, 찧을 정), 票 piào(표 표, 티켓 표)

1급

菜 cài

풀(艹)에서 골라 캐는(采) 나물이니 나물 채
또 나물로 만든 반찬이나 요리 **반찬 채, 요리 채**

菜单 càidān ① 메뉴 ② (물품·책 등의) 목록 2급
蔬菜 shūcài 소채, 채소 5급

꿀TIP 菜에는 '요리'라는 뜻도 있어 '나라 이름 + 菜'라고 쓰면 그 나라의 요리를 나타내어, 한국 요리는 韩国菜 hánguócài, 중국 요리는 中国菜 zhōngguócài, 프랑스 요리는 法国菜 fǎguócài라고 표기합니다.

＋ 单 dān(單: 홑 단), 蔬 shū(나물 소, 채소 소)

3급

互

hù

새끼줄이 서로 번갈아 꼬이는 모양을 본떠서 서로 호

+ 〈비〉 五 wǔ(다섯 오), 瓦 wǎ(기와 와, 질그릇 와, 실패 와) – 2권 제목번호 276 참고

互联网 hùliánwǎng 인터넷 **3급**

互相 hùxiāng 서로, 상호 **3급**

相互 xiānghù 서로(간에), 피차간에 **3급**

+ 联 lián(聯: 이을 련), 网 wǎng(그물 망, 인터넷 망, = 罒), 相 xiāng(서로 상, 모습 상)

1급

毛

máo

짐승의 꼬리털을 본떠서 털 모
또 털 난 것처럼 거칠고 조잡하니 거칠 모, 조잡할 모

毛病 máobìng ① (기계의) 고장, 장애 ② (개인의) 결점, 단점 ③ 문제, 잘못 **3급**

毛衣 máoyī 털옷 **4급**

毛笔 máobǐ 붓, 모필 **5급**

+ 病 bìng(병들 병), 衣 yī(옷 의), 笔 bǐ(筆: 붓 필, 필기도구 필, 쓸 필)

4급

尾

wěi

주검(尸)처럼 별로 쓰이지 않는 털(毛) 난 꼬리니 꼬리 미
또 꼬리 있는 끝이니 끝 미

+ 尸 shī(주검 시, 몸 시)

尾巴 wěiba ① 꼬리 ② 꼬리 부분 ③ 미행자 **4급**

+ 巴 bā(뱀 파, 꼬리 파, 바랄 파)

4급

毫

háo

높이(亠) 자란 가는 털(毛)로 만든 붓이니
가는 털 호, 붓 호
또 털처럼 작은 단위인 밀리니 밀리 호

+ 亠[高 gāo(높을 고)의 획 줄임]

毫米 háomǐ 밀리미터 **4급**

毫升 háoshēng 밀리리터 **4급**

+ 米 mǐ(쌀 미, 미터 미), 升 shēng(리터 승, 오를 승)

笔
筆

bǐ

대(竹)와 짐승의 **털(毛)**로 만든 붓이나 필기도구니

붓 필, 필기도구 필

또 붓 같은 필기도구로 쓰니 쓸 필

[번체] 筆 - 대(竹)로 만든 붓(聿)이나 필기도구니 '붓 필, 필기도구 필'
　　　 또 필기도구로 쓰니 '쓸 필'

+ 竹[竹 zhú(대 죽)이 부수로 쓰일 때의 모양], 聿 yù(붓 율) - 제목번호 305
　 참고

钢笔 gāngbǐ ① 펜 ② 만년필[= 自来水笔 zìláishuǐbǐ] 5급

+ 钢 gāng(鋼: 강철 강, 단단할 강)

---

297 >> **手拜看** - 手로 된 한자
　　　　수 배 간

手

shǒu

손가락을 편 손을 본떠서 손 수
또 손으로 하는 재주나 재주 있는 사람을 가리켜서

재주 수, 재주 있는 사람 수

分手 fēnshǒu 이별하다, 이혼하다 4급
动手 dòngshǒu ① 착수하다 ② 때리다 ③ 만지다 5급

꿀TIP 手(손)의 背(등)을 手背 shǒubèi라고 하고, '손바닥'은 掌 zhǎng(손바닥 장)을
　　　 써서 手掌 shǒuzhǎng이라 합니다.

+ 分 fèn(나눌 분, 단위 분, 단위 푼, 신분 분, 분별할 분, 분수 분, 점수 분, 성
　 분 분), 动 dòng(動: 움직일 동)

拜

bài

손(手)과 손(⺖)을 **하나(一)**로 모으고 하는 절이니 절 배

+ ⺖[手 shǒu(손 수, 재주 수, 재주 있는 사람 수)의 변형]

拜访 bàifǎng 예방하다 5급

+ 访 fǎng(訪: 찾을 방)

看

kàn/kān

(눈이 부시거나 더 잘 보려고 할 때)

손(手)을 **눈**(目) 위에 얹고 보니 볼 **간**(kàn)

또 보면서 돌보니 돌볼 **간**(kān)

看见 kànjiàn 보다, 보이다, 눈에 띄다 `1급`

好看 hǎokàn ① 보기 좋다[= 漂亮 piàoliang, 美丽 měilì] ② 재미있다[= 有意思 yǒuyìsi] ③ 체면이 서다[= 光荣 guāngróng, 体面 tǐmiàn] `1급`

看法 kànfǎ 견해, 생각 `2급`

难看 nánkàn ① 꼴사납다 ② 떳떳하지 못하다 ③ (안색·기색이) 좋지 않다 `2급`

看起来 kànqǐlái ① 볼 것 같으면 ② 보아하니 `3급`

观看 guānkàn 관찰하다, 관람하다 `3급`

收看 shōukàn (텔레비전을) 시청하다 `3급`

看不起 kànbuqǐ 얕보다, 깔보다[↔ 看得起 kàndeqǐ] `4급`

看来 kànlai 보기에, 보아하니[= 瞧来 qiáochu] `4급`

看望 kànwàng 문안하다, 찾아가 보다(뵙다) `4급`

看成 kànchéng ~로 간주하다[= 看做 kànzuò] `5급`

看出 kànchū 알아차리다, 분별하다[= 见出 jiànchū] `5급`

看待 kàndài 대(우)하다[= 对待 duìdài] `5급`

✦ 见 jiàn(見: 볼 견, 뵐 현), 好 hǎo(좋을 호, 좋아할 호), 法 fǎ(법 법), 难 nán(難: 어려울 난, 재난 난), 起 qǐ(일어날 기, 시작할 기, 세울 기), 来 lái(來: 올 래), 观 guān(觀: 볼 관), 收 shōu(거둘 수), 望 wàng(바랄 망, 보름 망), 成 chéng(이룰 성), 出 chū(나올 출, 나갈 출), 待 dài(기다릴 대, 대접할 대)

298 〉〉 **我饿** – 我로 된 한자
아 아

wǒ

1급

손(手)에 **창(戈)** 들고 지켜야 하는 나니 **나 아**

+ 조금만 방심하면 잡념이 생기고, 엉뚱한 짓을 하게 되고, 남의 침입도 받게
됨을 생각하고 만든 한자로, 철학이 들어있는 한자네요.
+ 戈 gē(창 과)

我们 wǒmen 우리들(1인칭 복수) 1급

+ 们 men(們: 무리 문, 들 문)

밥(饣)이 **나(我)**에게 가장 필요할 정도로 배고프게 굶주리니
배고플 아, 굶주릴 아

+ 饣 shí[食(밥 식, 먹을 식 변)의 간체자]

è

---

299 〉〉 **彐 丑 扫妇归妻** – 彐로 된 한자
계(우)축(추) 소 부 귀 처

부수자

彐

고슴도치 머리를 본떠서 **고슴도치 머리 계**
또 오른손의 손가락을 편 **모양(彐)**으로도 보아 **오른손 우**

+ 참 오른손 주먹을 쥔 모양(彐)을 본떠서 '오른손 우, 또 우(又)'
+ 원래 彐 모양인데 변형된 모양의 ⺕나 彑로도 쓰입니다.

5급

chǒu

사람의 **오른손(彐)**에 쥔 **고삐(丨)**에 매인 소처럼 추하니
소 축, 추할 추
또 추한 모양으로도 연기하는 광대니 **광대 추**
또 소는 12지지의 둘째 지지니 **둘째 지지 축**

번체 醜 – 술(酉)을 많이 마셔 귀신(鬼)처럼 용모가 추하니 '추할 추'
+ 酉 yǒu(술 그릇 유, 술 유, 닭 유, 열째 지지 유), 鬼 guǐ(귀신 귀)

4급

扫 掃
sǎo

손(扌)과 손(彐)을 움직여 쓰니 쓸 소

[번체] 掃 – 손(扌)에 비(帚) 들고 쓰니 '쓸 소'
+ 帚 zhǒu – 한쪽은 고슴도치 머리(彐)처럼 퍼지게 하고 다른 한쪽은 덮어(冖)
　　　　　 수건(巾) 같은 천으로 묶어 손잡이를 만든 비니 '비 추'
+ 扌 shǒu(손 수 변), 冖 mì(덮을 멱), 巾 jīn(수건 건)

打扫 dǎsǎo 쓸다, 청소하다 **4급**
+ 打 dǎ(칠 타, 공격할 타, 어조사 타, 다스 타)

4급

妇 婦
fù

여자(女) 중 손(彐)이 쉴 틈 없는 아내나 부녀자니

아내 부, 부녀자 부

[번체] 婦 – 여자(女) 중 비(帚) 들고 집일을 하는 아내나 부녀자니
　　　　'아내 부, 부녀자 부'

夫妇 fūfù 부부[≒ 夫妻 fūqī] **4급**

꿀TIP 우리나라에서는 산과와 부인과를 합쳐서 '산부인과'라고 부르지만, 중국에서는
　　　　부인과를 산과보다 먼저 말하기 때문에 '妇产科 fùchǎnkē'라고 합니다.
+ 夫 fū(사내 부, 남편 부), 产 chǎn(産: 낳을 산), 科 kē(조목 과, 과목 과, 과
　학 과)

4급

归 歸
guī

칼(刂)이나 손(彐)으로 잡념을 쓸어내고 본심으로 돌아오니

돌아올 귀

[번체] 歸 – 쌓이고(自) 그쳐(止)있던 잡념을 비(帚)로 쓸어내고 본심으로 돌아오
　　　　니 '돌아올 귀'
+ '칼 도 방'은 오른쪽에 붙는데 여기서는 왼쪽에 쓰였네요.
+ 刂[刀 dāo(칼 도 방)의 변형], 自 duī[흙이 비스듬히(丿) 쌓인 모양에서 '쌓일 퇴,
　언덕 퇴'로, '堆 duī(쌓일 퇴, 언덕 퇴)'의 원래 한자인 垍 duī의 획 줄임], 止
　zhī(그칠 지)

4급

妻
qī

많이(十) 손(彐) 써 주는 여자(女)는 아내니 아내 처

+ 十 shí(열 십, 많을 십), 女 nǚ(여자 녀)

妻子 qīzi 아내 **4급**

夫妻 fūqī 부부, 남편과 아내[≒ 夫妇 fūfù] **4급**

+ 子 zǐ/zi(아들 자, 첫째 지지 자, 자네 자, 접미사 자), 夫 fū(사내 부, 남편
　부)

2급

jí

(위험을 느껴) 아무 **사람(ク)**이나 **손**(크)으로 잡아야 하는 **마음(心)**처럼 급하니 급할 급

+ ク[人 rén(사람 인)의 변형]

紧急 jǐnjí 긴급하다, 절박하다[≒ 火急 huǒjí, 急迫 jípò, 紧迫 jǐnpò] **3급**

着急 zháojí 조급해하다, 안달하다 **4급**

+ 紧 jǐn(緊: 급할 긴, 긴요할 긴), 着 zháo/zhe/zhāo/zhuó(着: 붙을 착, 어조사 착, 첨가할 착, 입을 착)

4급

wěn

벼(禾) 같은 곡식을 **급하게(急)** 구하지 않아도 될 정도로 평온하니 평온할 온

[번체] 穩 – 벼(禾) 같은 곡식을 손톱(爫)처럼 움푹 패게 만든(工) 곳에 쌓아놓고 지내면 손(크)과 마음(心)까지 평온하니 '평온할 온'

+ 禾 hé(벼 화), 爫 zhāo/zhuǎ[爪 zhǎo/zhuǎ(손톱 조, 발톱 조)가 부수로 쓰일 때의 모양], 工 gōng(일꾼 공, 일할 공, 연장 공)

稳定 wěndìng 안정되다, 진정시키다 **4급**

平稳 píngwěn 평온하다, 편안하다 **4급**

+ 定 dìng(정할 정), 平 píng(平: 평평할 평, 평화 평)

当

當

dàng/dāng

작아도(丷) 손(⺕)으로 정성을 다해야 함이 마땅하니

마땅할 당 (dàng)

또 **마땅하게**(예측대로) 어떤 일을 당하니 당할 당 (dāng)

[번체] 當 – 농부가 숭상하듯(尚) 전답(田)을 잘 가꿈은 마땅하니 '마땅할 당'
또 마땅하게(예측대로) 어떤 일을 당하니 '당할 당'

+ 옛날에는 모두 농사를 지었으니 전답을 숭상하였지요.

+ 丷 [小 xiǎo(작을 소)의 변형], 尚 shàng(尚: 아직 상, 높을 상, 숭상할 상, 풍조 상), 田 tián(밭 전)

当地 dāngdì 현지, 현장, 그 지방[↔ 外地 wàidì] 3급

当时 dāngshí 당시, 그때 2급

当中 dāngzhōng ① 중간[= 当央 dāngyāng] ② 그 가운데 3급

相当 xiāngdāng ① 상당히 ② 엇비슷하다 ③ 적합하다 3급

当场 dāngchǎng 당장, 그 자리에서[↔ 事后 shìhòu] 5급

当代 dāngdài 당대, 그 시대 5급

当前 dāngqián ① 눈앞에 있다 ② 현 단계 5급

+ 地 dì(땅 지), 时 shí(時: 때 시), 中 zhōng(가운데 중, 맞힐 중), 相 xiāng(서로 상, 모습 상), 场 chǎng(場: 마당 장, 장소 장, 무대 장), 代 dài(대신할 대, 세대 대, 대금 대), 前 qián(앞 전)

挡

擋

dǎng

손(扌)으로 **마땅하게**(当), 즉 정당하게 막으니

막을 당

康

kāng

일 끝내고 **집(广)**에서 **손(ㅑ)**까지 **물(水)**에 씻은 것처럼 편안하니
편안할 **강**

＋ 广 guǎng(집 엄, 廣: 넓을 광, 많을 광), ㅑ[고슴도치 머리 계, 오른손 우(ㅑ)
　의 변형], 水 shuǐ(물 수 발)

健康 jiànkāng ① 건강하다, 건전하다 ② 건강 2급

＋ 健 jiàn(건강할 건)

事

shì

한(一) 입(口)이라도 더 먹이기 위해 **손(ㅑ)**에 **갈고리(亅)** 같은 도구도
들고 하는 일이니 일 **사**
또 일하며 섬기니 섬길 **사**

＋ 亅 jué(갈고리 궐)

没事儿 méishìr ① 일이 없다, 한가하다 ② 괜찮아요 1급

同事 tóngshì ① 함께 일하다 ② 동료[≒ 共事 gòngshì, 同人 tóngrén] 2급

事实 shìshí 사실 3급

事实上 shìshíshang 사실상, 실제 3급

事业 shìyè 사업 3급

办事 bànshì 일을 보다, 사무를 보다 4급

事物 shìwù 사물 4급

大事 dàshì 큰일, 대사 5급

时事 shíshì 시사, 최근의 국내외 대사건 5급

꿀TIP 事业 shìyè는 우리나라의 '사업'과 비슷한 의미도 있지만 문화 사업·과학 사
업·계몽 사업·교화 사업 등으로 많이 쓰입니다.

＋ 没 méi(没: 빠질 몰, 다할 몰, 없을 몰), 同 tóng(같을 동), 实 shí(實: 열매
　실, 실제 실), 上 shàng(위 상, 오를 상), 业 yè(業: 업 업, 일 업), 办 bàn(辦:
　다스릴 판), 物 wù(물건 물), 时 shí(時: 때 시)

2급

lǜ/lù 綠

푸른 **실**(糹)로 **기록하듯**(彔) 짠 천은 푸르니 **푸를 록**

[번체] 綠 – 실(糸)이 살아있는 나무를 깎을(彔) 때 나오면 푸르니 '푸를 록'

+ 대부분 lǜ로 발음하며, lù로 발음되는 단어도 의미는 같습니다.
+ 彔 lù – 손(彐)으로 먹물(氺)을 찍어 기록하고 채용하니
　　　　　'기록할 록, 채용할 록' – 2권 제목번호 057 碌의 주 참고
+ 彔 – 엇갈리게(互) 한(一)곳으로 물(氺) 같은 진액이 나오도록 나무를 깎으니
　　　　'깎을 록'
　　　또 나무를 깎아 새기니 '새길 록'

绿色 lǜsè ① 녹색 ② 친환경의 ③ 안전한 **2급**

绿茶 lùchá 녹차 **3급**

+ 色 sè(빛 색), 茶 chá(차 차)

---

302 ▶ **唐 糖** – 唐으로 된 한자
　　　당 당(탕)

7-9급

táng 唐

집(广)에서라도 **손**(彐)에 **회초리**(丨) 들고 **입**(口)으로 갑자기 소리
치면 황당하니 **갑자기 당, 황당할 당**
또 갑자기 세력을 떨쳤던 당나라니 **당나라 당**

+ 황당(荒唐 huāngtáng)하다 – 터무니없다, (행위가) 방종하다
+ 당(唐 Táng)나라 – 7세기경부터 중국을 지배하며 문물과 제도를 발전시켰던
　나라로, 도읍을 장안(长安 Cháng'ān)에 정하고 618년에 건국하여 907년에 멸
　망하기까지 290간 20대의 황제에 의하여 통치되었습니다. 중국의 통일 제
　국으로, 한(汉 Hàn)나라에 이어 제2의 최성기를 이루기까지 당의 여러 가지
　사회 제도는 우리나라를 비롯하여 동아시아 여러 나라에 많은 영향을 끼쳐 그
　주변 민족이 정치·문화적으로 성장하는 데 모범이 되었습니다.

3급

táng 糖

쌀(米)밥에 엿기름을 넣으면 **갑자기**(唐) 단맛으로 바뀌며 되는
사탕이니 **사탕 당, 사탕 탕**

+ 米 mǐ(쌀 미, 미터 미)

7-9급

君

jūn

다스리며(尹) 입(口)으로 명령하는 임금이니 임금 군
또 임금처럼 섬기는 남편이나 그대니 **남편 군, 그대 군**

+ 尹 yǐn – 오른손(크)에 지휘봉(丿) 들고 다스리는 벼슬이니
　　　　'다스릴 윤, 벼슬 윤'
+ 크[고슴도치 머리 계, 오른손 우(크)의 변형으로 봄]

君子 jūnzǐ 군자, 학식과 덕망이 높은 사람[↔ 小人 xiǎorén] 참고어

+ 子 zǐ/zi(아들 자, 첫째 지지 자, 자네 자, 접미사 자)

3급

裙

qún

**옷(衤) 중에 임금(君)이 입는 곤룡포처럼 드리워 입는 치마니
치마 군**

+ 衤 yī(옷 의 변)

裙子 qúnzi 치마, 스커트 3급

+ 子 zǐ/zi(아들 자, 첫째 지지 자, 자네 자, 접미사 자)

3급

群

qún

임금(君)이 거느리는 양(羊) 떼처럼 많은 무리니 무리 군

+ 羊 yáng(양 양)

人群 rénqún ① 사람의 무리, 군중 ② 인류 3급
群体 qúntǐ 단체, 집단[≒ 集体 jítǐ ↔ 个体 gètǐ] 5급
群众 qúnzhòng ① 민중 ② 비당원, 인민[≒ 民众 mínzhòng, 大众 dàzhòng ↔
干部 gànbù] 5급

+ 体 tǐ(體: 몸 체), 众 zhòng(衆: 무리 중)

3급

争
zhēng

사람(ク)이 **오른손(⼳)**에 **갈고리(⼅)** 같은 무기도 들고 다투니

다툴 쟁

[번체] 爭 – 손톱(⺥)도 세우고 오른손(⼳)에 갈고리(⼅)도 들고 다투니 '다툴 쟁'
+ ク[人 rén(사람 인)의 변형], ⼳[고슴도치 머리 계, 오른손 우(⼳)의 변형], ⼅ jué(갈고리 궐)

争论 zhēnglùn 논쟁하다 **4급**
战争 zhànzhēng 전쟁[↔ 和平 hépíng] **4급**
争议 zhēngyì 논쟁하다[≒ 争论 zhēnglùn] **5급**
+ 论 lùn(論: 논할 론, 평할 론), 战 zhàn(戰: 싸울 전, 무서워 떨 전), 议 yì (議: 의논할 의)

5급

挣
zhēng/zhèng

손(扌)으로 **다투듯(争)** 힘써 버티니 버틸 쟁(zhēng)
또 손(扌)으로 **다투듯(争)** 노력하여 얻으니 얻을 쟁(zhèng)

挣钱 zhèngqián 돈을 벌다 **5급**
+ 钱 qián(錢: 돈 전)

1급

净
jìng

얼음(⼌)처럼 냉정한 이성으로 **다투어(争)** 해결하면 깨끗하니

깨끗할 정

[번체] 淨 – 물(氵)로 경쟁하듯(争) 씻어 깨끗하니 '깨끗할 정'
+ 冫 bīng[冰 bīng(얼음 빙)이 부수로 쓰일 때의 모양으로, 점이 둘이니 '이 수 변'이라 부름]

干净 gānjìng ① 깨끗하다 ② 완전히 없애다 **1급**
纯净水 chúnjìngshuǐ 정제수 **4급**

[꿀TIP] 干净과 清洁 qīngjié는 서로 비슷한 뜻의 단어지만, 干净은 어떤 사물이 깨끗 하다, 어떤 장소의 쓰레기 등을 치워서 깨끗하다, 어떤 장소에 물건이 아예 없 기 때문에 '깨끗하다', '주머니에 돈이 없어서 깨끗하다'라고 쓸 수 있는데, 清洁 에는 단순히 '더럽지 않다'는 뜻만 있습니다.
+ 干 gān/gàn(방패 간, 乾: 마를 건, 幹: 줄기 간, 일할 간, 간부 간), 纯 chún (純: 순수할 순), 清 qīng(淸: 맑을 청), 洁 jié(潔: 깨끗할 결)

2급

靜(静)

jìng

푸르게(靑), 즉 공정하게 **경쟁하면(爭)** 불평이 없어 고요하니
고요할 **정**

+ 靑 qīng(靑: 푸를 청, 젊을 청)

安静 ānjìng ① 조용하다 ② 평정을 되찾다, 안정되다 **2급**

冷静 lěngjìng ① 냉정하다, 침착하다 ② 조용하다 **4급**

宁静 níngjìng 편안하다, 평온하다 **4급**

平静 píngjìng 평화롭다[↔ 兴奋 xīngfèn, 动荡 dòngdàng] **4급**

+ 安 ān(편안할 안), 冷 lěng(冷: 찰 랭), 宁 níng(寧: 편안할 녕, 어찌 녕, 차라리 녕), 平 píng(平: 평평할 평, 평화 평)

---

305 ▷ 聿律 建健键 – 聿, 建으로 된 한자
　　　율 률　건 건 건

참고자

聿

yù

오른손(彐)에 잡고 쓰는 붓이니 붓 **율**

+ 彐[고슴도치 머리 계, 오른손 우(彐)의 변형]

4급

律

lǜ

행할(彳) 법을 **붓(聿)**으로 적은 법률이니 법률 **률**
또 일정한 법칙에 따른 음률이니 음률 **률**

+ 彳 chì(조금 걸을 척)

法律 fǎlǜ 법, 법률 **4급**

纪律 jìlǜ 기율, 기강, 법도 **4급**

律师 lǜshī 변호사 **4급**

一律 yílǜ ① 일률적이다 ② 예외 없이 **4급**

+ 法 fǎ(법 법), 纪 jì(紀: 벼리 기, 질서 기, 해 기, 기록할 기), 师 shī(師: 스승 사, 전문가 사)

jiàn

붓(聿)으로 길게 써 가며(廴) 계획을 세우니 세울 **건**
또 건물 세우듯이 자기 의견을 제안하니 제안할 **건**

+ 廴 yǐn/yìn(길게 걸을 인)

建立 jiànlì ① 건설하다 ② (관계를) 구축하다 **3급**
建设 jiànshè 건설(하다) **3급**
建造 jiànzào 건조하다, (집 따위를) 짓다 **5급**
修建 xiūjiàn 건설하다[↔ 拆除 chāichú] **5급**

+ 立 lì(설 립), 设 shè(設: 세울 설, 베풀 설), 造 zào(지을 조), 修 xiū(닦을 수)

---

jiàn

사람(亻)은 몸을 똑바로 **세워야**(建) 건강하니 건강할 **건**
또 건강하여 뛰어나고 잘하니 뛰어날 **건**, 잘할 **건**

健身 jiànshēn 신체를 건강하게 하다 **4급**
健全 jiànquán ① 건전하다 ② 완비하다 **5급**

+ 身 shēn(몸 신), 全 quán(全: 온전할 전)

---

jiàn

쇠(钅)로 만들어 **세우듯**(建) 채우는 열쇠니 열쇠 **건**
또 열쇠처럼 중요한 건반이나 스위치니 건반 **건**, 스위치 **건**

+ 자물쇠는 대부분 세워 채우는 것을 생각하고 만든 한자
+ 钅 jīn[金(쇠 금, 금 금, 돈 금 변)의 간체자]

关键 guānjiàn 관건, 열쇠, 키포인트 **5급**
键盘 jiànpán 건반, 키보드 **5급**

+ 关 guān(關: 빗장 관, 관계 관), 盘 pán(盤: 쟁반 반, 빙빙 돌 반)

4급

寸

cùn

손목에서 **맥박**(丶)이 뛰는 곳까지의 마디니 마디 **촌**
또 마디마디 살피는 법도니 법도 **촌**

+ 촌(寸 cùn) - 길이의 단위인 1척(尺)의 1/10로, 약 3.33cm

尺寸 **chǐcùn** ① 치수, 사이즈 ② (언행 상의) 분별력 4급

+ 尺 chǐ/chě(자 척)

3급

村

cūn

나무(木)를 **마디**(寸)마디 이용하여 집을 지은 마을이니 마을 **촌**

农村 **nóngcūn** 농촌 3급

乡村 **xiāngcūn** 농촌, 시골, 전원[↔ 城市 chéngshì, 城镇 chéngzhèn]

+ 农 nóng(農: 농사 농), 乡 xiāng(鄉: 시골 향, 고향 향) 5급

3급

衬

襯

chèn

옷(衤) 중 **마디**(寸)마디 몸에 붙게 입는 속옷이니 속옷 **촌**
또 속옷에도 안감을 대어 돋보이니 안감 **촌**, 돋보일 **촌**

번체 襯

+ 衤 yī(옷 의 변)

衬衫 **chènshān** 와이셔츠, 셔츠, 블라우스 3급

衬衣 **chènyī** 속옷, 셔츠 3급

+ 衫 shān(적삼 삼), 衣 yī(옷 의)

2급

讨

討

tǎo

말(讠)로 **마디**(寸)마디 치며 토론하니 칠 **토**, 토론할 **토**

+ 讠 yán[言(말씀 언 변)의 간체자]

讨论 **tǎolùn** 토론(하다) 2급

检讨 **jiǎntǎo** 검토하다[≒ 检查 jiǎnchá] 참고어

讨厌 **tǎoyàn** ① 싫어하다 ② 꼴 보기 싫다 ③ 귀찮다 5급

+ 论 lùn(論: 논할 론, 평할 론), 检 jiǎn(檢: 검사할 검), 厌 yàn(厭: 싫어할 염)

1급

时 時

shí

해(日)의 위치에 따라 **마디(寸)**마디 나눈 때니 때 시

[번체] 時 – (해시계로 시간을 재던 때에) 해(日)의 위치에 따라 절(寺)에서 종을
쳐 알렸던 때니 '때 시'

✚ 寺 sì(절 사) – 제목번호 310 참고

时候 shíhou ① 때, 시각 ② 시간[≒ 时间 shíjiān] **1급**

小时 xiǎoshí 시간 **1급**

有时 yǒushí ① 경우에 따라서 ② 때로 ③ 이따금 ④ 언젠가는 **1급**

那时 nàshí 그때, 그 당시[= 那咱 nàzan, 那早晚 nàzaowǎn] **참고어**

那时候 nàshíhou 그때 **2급**

小时候(儿) xiǎoshíhou(r) ① 어렸을 때 ② 유년기 **2급**

这时 zhèshí ① 이때 ② 요즘 **참고어**

这时候 zhèshíhòu ① 이때 ② 요즘, 요사이 **2급**

时代 shídài 시대, 시기, 때 **3급**

时常 shícháng 늘, 항상[↔ 偶然 ǒurán, 偶尔 ǒu'ěr] **5급**

不时 bùshí ① 자주, 늘, 종종 ② 수시로 **5급**

此时 cǐshí 이때, 지금[= 此刻 cǐkè, 此际 cǐjì] **5급**

✚ 候 hòu(기후 후, 살필 후, 때 후, 기다릴 후, 안부 물을 후), 有 yǒu(가질 유,
있을 유), 那 nà(어찌 나, 저것 나, 그곳 나), 这 zhè(這: 이 저, 이것 저), 代
dài(대신할 대, 세대 대, 대금 대), 常 cháng(항상 상, 보통 상), 此 cǐ(이 차)

307 ▶ **寻寿守过** – 寸으로 된 한자2
심 수 수 과

4급

寻 尋

xún

손(彐)으로 **마디(寸)**마디 평가하며 흠을 찾으니 찾을 심
또 누구나 흠을 찾아 말함이 보통이니 보통 심

[번체] 尋 – 손(彐)으로 만든(工) 것을 입(口)으로 마디(寸)마디 평가하며 흠을
찾으니 '찾을 심'
또 누구나 흠을 찾아 말함이 보통이니 '보통 심'

✚ 彐(고슴도치 머리 계, 오른손 우), 工 gōng(일꾼 공, 일할 공, 연장 공)

寻求 xúnqiú 찾다, 탐구하다 **5급**

寻找 xúnzhǎo 찾다, 구하다 **5급**

✚ 求 qiú(구할 구), 找 zhǎo(찾을 조, 보충할 조)

389

5급

寿

壽

shòu

예쁘게(耂) 법도(寸)를 지키며 이어가는 목숨이고 나이니

목숨 수, 나이 수

또 목숨을 이어 장수하니 장수할 수

[번체] 壽 – 선비(士)도 하나(一)같이 장인(工)도 하나(一)같이 입(口)으로 먹으며
　　　마디(寸)마디 이어가는 목숨이고 나이 '목숨 수, 나이 수'
　　　또 목숨을 이어 장수하니 '장수할 수'

+ 耂[丰 fēng(풀 무성할 봉, 예쁠 봉, 풍성할 풍)의 변형] – 제목번호 038 참고

寿司 **shòusī** 스시, 초밥 5급

长寿 **chángshòu** 장수(하다)[= 长命 **chángmìng**] 5급

+ 司 **sī**(맡을 사), 长 **cháng/zhǎng**(長: 길 장, 자랄 장, 어른 장)

4급

守

shǒu

집(宀)에서도 법도(寸)를 지키니 지킬 수

保守 **bǎoshǒu** ① 보수적이다 ② 고수하다, 지키다 4급

遵守 **zūnshǒu** 준수하다[↔ 违犯 **wéifàn**, 违反 **wéifǎn**] 5급

+ 保 **bǎo**(지킬 보, 보호할 보), 遵 **zūn**(遵: 따라갈 준, 지킬 준)

1급

过

過

guò

법도(寸)를 지나가며(辶) 지나치게 짓는 허물이니

지날 과, 지나칠 과, 허물 과

[번체] 過 – 비뚤어지게(咼) 지나가며(辶) 지나치게 짓는 허물이니
　　　'지날 과, 지나칠 과, 허물 과'

+ 咼 **wāi** – 입(口)이 비뚤어진 모양을 본떠서 '입 비뚤어질 괘, 입 비뚤어질 와'

过来 **guòlái** 동사 뒤에 쓰여 ① 시간·능력·수량이 충분함을 나타냄[주로 '得'
나 '不'와 함께 쓰임] ② 자기가 있는 곳으로 옴을 나타냄 ③ 정면이 자기를 향함을
나타냄 2급

过年 **guònian** 내년[= 明年 **míngnián**] 2급

不过 **búguò** ① 그러나 ② ~에 불과하다 2급

见过 **jiàn//guò** 책망하다, 비난하다 참고어

难过 **nánguò** 고통스럽다, 괴롭다 2급

过程 **guòchéng** 과정, 프로세스[≒ 进程 **jìnchéng**] 3급

过度 **guòdù** 과도하다, 지나치다[↔ 适度 **shìdù**] 5급

只不过 **zhǐbúguò** 다만 ~에 불과하다['不过'의 뜻을 보다 강하게 표현한 형태
로, 대체로 문장 끝에 '就是了' 혹은 '罢了' 등을 수반함] 5급

꿀TIP 过는 '동사 过' 문형으로 쓰여서 예전에 ~한 적이 있음을 나타냅니다. 과거의
　　　경험을 나타내는 문법적 역할을 하는 조사이니 알아 두세요.

+ 来 **lái**(來: 올 래), 年 **nián**(해 년, 나이 년), 见 **jiàn**(見: 볼 견, 뵐 현), 难
nán(難: 어려울 난, 재난 난), 程 **chéng**(程: 법 정, 정도 정), 度 **dù**(법도 도,
정도 도, 시간 보낼 도, 헤아릴 탁), 只 **zhǐ**(다만 지, 隻: 홀로 척, 척 척, 마리
척, 쪽 척)

1급

dùi

對

손(又)으로 법도(寸)에 따라 상대하고 대답하니
상대할 **대**, 대답할 **대**
또 대답하며 옳다고 맞장구치니 맞장구칠 **대**

[번체] 對 – 풀 무성하듯(丵) 많은 사람이 자리(一)에 앉아 정해진 법도(寸)에 따라 상대하고 대답하니 '상대할 대, 대답할 대'

+ 对 dùi는 상대방의 이야기에 맞장구 치는 말이기도 하여, 한국어의 '맞습니다, 그렇습니다' 정도에 해당하지요.

+ 又 yòu(오른손 우, 또 우), 丵 zhuō(풀 무성할 착) – 제목번호 133 '業 yè'의 주 참고, 一 yī('한 일'이지만 여기서는 자리로 봄)

对不起 dùibuqǐ ① 미안합니다[↔ 对得起 dùideqǐ] ② (기대 등을) 저버리다
1급

不对 búdùi ① 정상이 아니다 ② 사이가 나쁘다 ③ 정확하지 않다 1급

对面 dùimiàn ① 맞은편 ② 바로 앞, 정면 2급

对待 dùidài ① ~에 대처하다 ② ~을 대하다 3급

对方 dùifāng (주체 측에서 본) 상대방, 상대편 3급

对手 dùishǒu 상대, 라이벌 3급

面对 miàndùi 마주 보다, 직면하다 3급

+ 起 qǐ(일어날 기, 시작할 기), 面 miàn(얼굴 면, 향할 면, 볼 면, 麵: 밀가루 면, 국수 면), 待 dài(기다릴 대, 대접할 대), 方 fāng(모 방, 방향 방, 방법 방), 手 shǒu(손 수, 재주 수, 재주 있는 사람 수)

1급

shù

樹

나무(木)를 손(又)으로 법도(寸)에 맞게 세우니 세울 수
또 세워 심는 나무니 나무 **수**

[번체] 樹 – 나무(木)를 좋게(吉) 받쳐(龸) 법도(寸)에 맞게 세우니 '세울 수'
또 세워 심는 나무니 '나무 수'

+ 木 mù(나무 목), 又 yòu(오른손 우, 또 우), 吉 jí(길할 길, 상서로울 길)

树林 shùlín 숲, 수풀 4급

树叶 shùyè 나뭇잎 4급

松树 sōngshù 소나무 4급

+ 林 lín(수풀 림), 叶 yè(葉: 잎 엽), 松 sōng(소나무 송, 느슨할 송)

3급

付

fù

사람(亻)들은 촌(寸)수 가까운 친척끼리 서로 주기도 하고 부탁도
하니 줄 **부**, 부탁할 **부**

支付 **zhīfù** 지불하다, 지급하다[= 付出 fùchū] **3급**

对付 **duìfu** 대처하다, 다루다, 취급하다 **4급**

付出 **fùchū** 지출하다, 지불하다 **4급**

+ 支 zhī(받칠 지, 가를 지, 지출할 지), 对 duì(對: 상대할 대, 대답할 대, 맞장
구칠 대), 出 chū(나올 출, 나갈 출)

4급

附

fù

언덕(阝)이 산에 **부탁하는**(付) 모양으로 붙어 가까이하니
붙을 **부**, 가까이 할 **부**

+ 阝 fù(언덕 부 변)

附近 **fùjìn** ① 가까운, 인접한 ② 부근[≒ 临近 línjìn] **4급**

附件 **fùjiàn** ① 부품, 부속품 ② 부속 문건 **5급**

+ 近 jìn(가까울 근), 件 jiàn(단위 건, 문서 건)

4급

符

fú

대(竹)로 똑같이 만들어 하나를 **주었다가**(付) 나중에 증거로 삼는
부절이나 부호니 부절 **부**, 부호 **부**
또 부절처럼 들어맞으니 들어맞을 **부**

+ 竹[竹 zhú(대 죽)이 부수로 쓰일 때의 모양], 부절(符节) - 제목번호 237 卩의
주 참고

符号 **fúhào** 기호, 표기 **4급**

符合 **fúhé** 부합하다, (들어)맞다[↔ 违反 wéifǎn] **4급**

+ 号 hào(號: 부를 호, 이름 호, 부호 호), 合 hé(합할 합, 맞을 합)

4급

府

fǔ

집(广) 중 문서를 **주고**(付)받는 관청이니 관청 **부**
또 관청에서 문서나 물품을 넣어두는 창고니 창고 **부**

+ 广 guǎng(집 엄, 廣: 넓을 광, 많을 광)

政府 **zhèngfǔ** 정부 **4급**

+ 政 zhèng(다스릴 정)

fǔ

창고(府)에 있는 **고기**(肉)도 오래되면 썩으니 **썩을 부**

豆腐 dòufu 두부 4급

+ 豆 dòu(제기 두, 콩 두)

---

310 ▶▶ **寺诗 持待特等** – 寺로 된 한자
사 시 지 대 특 등

sì

일정한 **땅**(土)에 **법도**(寸)를 지키며 수도하거나 일하도록 지은 절이나 관청이니 **절 사, 관청 사**

+ 어느 사회에나 일정한 규칙이 있지만 사찰의 법도가 더욱 엄격하지요.

寺庙 sìmiào 사찰, 사원, 절 참고어

+ 庙 miào(廟: 사당 묘)

詩

shī

말(讠)을 아끼고 **절**(寺)처럼 경건하게 짓는 시니 **시 시**

+ 시는 다른 문학 장르에 비해 말을 아끼고 경건하게 지으니, 시를 '언어(言语 yányu)의 사원(寺院 sìyuàn)'이라고도 하지요.
+ 讠 yán[言(말씀 언 변)의 간체자]

诗人 shīrén 시인 4급

诗歌 shīgē 시, 시가 5급

+ 歌 gē(노래 가)

chí

손(扌)으로 **절**(寺)에서 염주를 가지듯 가지거나 잡으니
가질 지, 잡을 지

保持 bǎochí (지속적으로) 유지하다[≒ 维持 wéichí] 3급

支持 zhīchí ① 지지하다[→ 反对 fǎnduì] ② 지탱하다[≒ 支撑 zhīchēng] 3급

主持 zhǔchí ① 주관하다, 사회(MC)를 보다 ② 주장하다 3급

+ 保 bǎo(지킬 보, 보호할 보), 支 zhī(받칠 지, 가를 지, 지출할 지), 主 zhǔ(주인 주)

3급

待

dài

조금씩 걸어(彳) 절(寺)에 가며 뒤에 오는 사람을 대접하여 같이 가려고 기다리니 **대접할 대, 기다릴 대**

+ 彳 chì(조금 걸을 척)

接待 jiēdài 접대하다, 맞이하다 **3급**

等待 děngdài (사물·상황 등을) 기다리다 **3급**

期待 qīdài 기대하다, 기다리다 **4급**

+ 接 jiē(이을 접, 대접할 접), 等 děng(같을 등, 무리 등, 차례 등, 기다릴 등), 期 qī(기간 기, 기약할 기)

2급

特

tè

소(牜)가 절(寺)에 가는 일처럼 특별하니 **특별할 특**

+ 牜 niú(소 우 변)

特别 tèbié ① 특별하다 ② 특별히, 특히 **2급**

特点 tèdiǎn 특징, 특색[≒ 特征 tèzhēng] **2급**

特色 tèsè ① 특색, 특징 ② 독특한, 특별한 **3급**

特定 tèdìng ① 특정한, 특별히 지정한 ② 일정한 **5급**

特有 tèyǒu 특유하다, 고유하다 **5급**

+ 别 bié(나눌 별, 다를 별), 点 diǎn(點: 점 점, 점검할 점, 불 켤 점), 色 sè(빛 색), 定 dìng(정할 정), 有 yǒu(가질 유, 있을 유)

1급

等

děng

대(竹)가 절(寺) 주변에 같은 무리를 이루고 차례로 서 있으니
같을 등, 무리 등, 차례 등
또 차례를 기다리니 **기다릴 등**

平等 píngděng 평등하다[≒ 对等 duìděng] **2급**

等于 děngyú ① ~와(과) 같다, 맞먹다 ② ~이나 다름없다 **2급**

等到 děngdào ① ~때에 이르러[= 待得 dàidé] ② (~까지) 기다리다 **2급**

等待 děngdài (사물·상황 등을) 기다리다 **3급**

等候 děnghòu 기다리다 **5급**

相等 xiāngděng 대등하다[≒ 对等 duìděng, 平等 píngděng] **5급**

꿀TIP 等待 děngdài는 시기·혜택·명령·소식·뉴스 등 주로 추상적인 것을 기다리는 반면, 等候는 사람·택시·기차·버스 등 주로 구체적이고 분명한 대상을 기다리는 데 쓰입니다.

+ 平 píng(平: 평평할 평, 평화 평), 于 yú(어조사 우), 到 dào(이를 도, 주도면밀할 도), 待 dài(기다릴 대, 대접할 대), 候 hòu(기후 후, 살필 후, 때 후, 기다릴 후, 안부 물을 후), 相 xiāng(서로 상, 모습 상)

2급

才 cái

땅(一)에 **초목**(丿)의 **싹**(丿)이 자라나듯이 그런 바탕이나 재주나 재주 있는 사람이니 **바탕 재**, **재주 재**, 재주 있는 사람 **재**
또 **땅**(一)에 돋아나는 **초목**(丿)의 **싹**(丿)처럼 작아 겨우니
겨우 재

+ 초목은 처음에는 작지만 자라면 꽃도 피고 열매도 맺고 큰 재목도 되는 것처럼, 사람에게도 그런 재주와 바탕이 있다는 데서 만들어진 한자
+ 겨우 – ① 어렵게 힘들여 ② 기껏해야 고작

刚才 gāngcái 방금, 이제 금방 **2급**
才能 cáinéng ① 재능 ② 지식과 능력 **3급**
人才 réncái ① 인재 ② 곱고 단정한 모습 **3급**
天才 tiāncái ① 천재 ② 타고난 재능 **5급**
+ 刚 gāng(剛: 굳셀 강, 바로 강), 能 néng(능할 능), 天 tiān(天: 하늘 천)

3급

材 cái

나무(木) 중 무엇의 **바탕**(才)이 되는 재목이나 재료니
재목 재, **재료 재**

+ 才 cái(재주 재, 바탕 재)는 눈으로 볼 수 없는 본바탕의 재주고, 材 cái(재목 재, 재료 재)는 무엇을 만들 때의 재료를 말하지요. 옛날에는 대부분의 재료가 나무였기 때문에 한자에 木 mù(나무 목)이 들어갔네요.

教材 jiàocái 교재 **3급**
材料 cáiliào ① 재료 ② 자료, 데이터 **4급**
身材 shēncái 몸매, 체격, 몸집 **4급**
题材 tícái 제재[문학이나 예술작품의 소재] **5급**
+ 教 jiào(教: 가르칠 교, 시킬 교), 料 liào(헤아릴 료, 재료 료, 값 료), 身 shēn(몸 신), 题 tí(題: 제목 제, 문제 제)

4급

财 cái

财

돈(贝) 버는 **재주**(才)가 있어 늘어나는 재물이니 **재물 재**

财产 cáichǎn (금전·물자·가옥 등의) 재산, 자산 **4급**
财富 cáifù 부, 재산, 자산 **4급**
发财 fācái 돈을 벌다[인사말로 상대방의 근무처를 물을 때 사용함] **참고어**
+ 产 chǎn(産: 낳을 산), 富 fù(부자 부, 넉넉할 부), 发 fā(發: 쏠 발, 일어날 발, 髮: 머리털 발)

395

閉

bì

문(门)에 **빗장(才)**을 끼워 닫으니 **닫을 폐**

+ 才 cái('재주 재, 재주 있는 사람 재, 겨우 재'지만 여기서는 빗장으로 봄)

倒闭 dǎobì 도산하다[↔ 开业 kāiyè, 开张 kāizhāng] 4급

封闭 fēngbì 봉하다, 폐쇄하다[↔ 开放 kāifàng] 4급

关闭 guānbì ① 닫다 ② 도산하다 4급

+ 倒 dǎo(넘어질 도, 거꾸로 도), 封 fēng(봉할 봉), 关 guān(關: 빗장 관, 관계 관)

3급

團

tuán

에워싸듯(囗) **재능(才)**꾼들이 둥글게 모이니
둥글 단, 모일 단

번체 團 - 에워싸듯(囗) 오로지(專) 하나로 둥글게 모이니 '둥글 단, 모일 단'

+ 囗 wéi(에운 담), 專(오로지 전, 마음대로 할 전: 专 zhuān)

团结 tuánjié ① 단결(하다) ② 사이가 좋다 3급

团体 tuántǐ 단체, 집단 3급

团长 tuánzhǎng 단장 5급

集团 jítuán 집난, 난제, 부리 5급

+ 结 jié(結: 맺을 결), 体 tǐ(體: 몸 체), 长 cháng/zhǎng(長: 길 장, 자랄 장, 어른 장), 集 jí(모일 집, 모을 집, 책 집)

---

312 乃奶仍扔 秀透 - 乃, 秀로 된 한자
내 내 잉 잉 수 투

7-9급

乃

nǎi

(세월이 빨라) 사람은 **지팡이(丿)**에 의지할 허리 **굽은(乛)** 사람으로 이에 곧 변하니 **이에 내, 곧 내**

+ 이에 - 이러하여서 곧

+ 세월은 빠르고 인생은 짧아, 백 년을 살아도 삼만 육천오백일밖에 안 되네요.

+ 丿 piě('삐침 별'이지만 여기서는 지팡이로 봄)

乃 nǎi 바로 ~이다. ~하여야만 이에 ~하다 참고어

乃至 nǎizhì 심지어, 더 나아가서 참고어

+ 至 zhì(이를 지, 지극할 지)

奶

nǎi

여자(女)가 아이에게 **곧(乃)**바로 꺼내 먹일 수 있는 젖이니 **젖 내**

奶奶 nǎinai (친)할머니 `1급`
牛奶 niúnǎi 우유[= 牛乳 niúrǔ] `1급`
奶茶 nǎichá 우유나 양유를 넣은 차 `3급`

꿀TIP 외할머니는 姥姥 lǎolao라고 하지요.
+ 牛 niú(소 우), 茶 chá(차 차), 姥 lǎo(외할머니 로)

`3급`

仍

réng

사람(亻)은 습관을 **곧(乃)** 여전히 따름이 잦으니
여전히 잉, 따를 잉, 잦을 잉

+ 습관은 제2의 천성, 자기도 모르게 습관대로 하게 되지요.
仍然 réngrán 여전히, 아직도[≒ 仍旧 réngjiù] `3급`
+ 然 rán(그러할 연)

`5급`

扔

rēng

손(扌)으로 **곧(乃)** 던져 포기하니 **던질 잉, 포기할 잉**

`4급`

秀

xiù

벼(禾)는 심으면 **곧(乃)** 자라 이삭이 빼어나니 **빼어날 수**

+ 禾 hé(벼 화)
优秀 yōuxiù 우수하다[≒ 优异 yōuyì, 优良 yōuliáng] `4급`
+ 优 yōu(優: 우수할 우, 머뭇거릴 우, 배우 우)

`4급`

透

tòu

빼어나게(秀) 열심히 노력해가면(辶) 통하니 **통할 투**

透明 tòumíng ① 투명하다 ② 공개적이다 `4급`
+ 明 míng(밝을 명)

3급

及
jí

곧(乃) 이르러 **미치니(乀)** 이를 급, 미칠 급

+ 乀[乀 fú(파임 불)의 변형이지만 여기서는 이르러 미치는 모양으로 봄]

及时 jíshí ① 시기적절하다 ② 즉시, 곧바로 3급

及格 jígé 시험에 합격하다 4급

来不及 láibují 손쓸 틈이 없다, 생각할 겨를이 없다 4급

来得及 láidejí 늦지 않다, 손쓸 수가 있다 4급

以及 yǐjí 그리고, 아울러 4급

+ 时 shí(時: 때 시), 格 gé(격식 격, 의성어 격), 来 lái(來: 올 래), 得 dé/de/děi(얻을 득, 조사 득, 조동사 득), 以 yǐ(써 이)

2급

级
jí

실(纟)을 이을(及) 때 고려하는 등급이니 **등급 급**

+ 실을 이을 때는 아무 실이나 잇지 않고 굵기나 곱기의 등급을 고려하여 잇지요.
+ 纟 sī[糸 ㎖/sī(실 사, 실 사 변의 간체자)]

高级 gāojí (품질 또는 수준 등이) 고급인[↔ 低级 dījí] 2급

年级 niánjí 학년 2급

中级 zhōngjí 중급의, 중등의 2급

初级 chūjí 초급의[≒ 初等 chūděng] 3급

等级 děngjí 등급, 차별 5급

+ 高 gāo(높을 고), 年 nián(해 년, 나이 년), 初 chū(처음 초), 等 děng(같을 등, 무리 등, 차례 등, 기다릴 등)

4급

圾
jī

흙(土)에 **이르게(及)** 버려진 쓰레기니 쓰레기 급

+ 쓰레기의 구성자로만 쓰입니다.

垃圾 lājī 쓰레기, 오물 4급

+ 垃 lā(쓰레기 랄)

4급

吸

xī

입(口)으로 공기를 폐까지 **이르도록(及)** 숨 들이쉬어 마시니
숨 들이쉴 흡, 마실 흡

吸烟 xīyān 담배를 피우다[북방에서는 '抽烟 chōuyān', 남방에서는 '吃烟 chīyān'을 많이 씀] **4급**

吸引 xīyǐn ① 빨아들이다 ② 끌어당기다[↔ 排斥 páichì] **4급**

呼吸 hūxī ① 호흡하다 ② 순식간 **4급**

+ 烟 yān(연기 연, 담배 연), 引 yǐn(끌 인), 呼 hū(부를 호)

3급

极
極

jí

나뭇(木)가지가 **이르러(及)** 다한 끝이니 **다할 극, 끝 극**
또 다하여 끝까지 이른 아주 극한 상황이니 **아주 극, 극히 극**

[번체] 極 - 나무(木) 옆에서 하나(一)의 글귀(句)를 또(又) 한(一) 번 다하여 끝까지 익히니 '다할 극, 끝 극'

+ 중국어에서 极는 '아주·극히'라는 뜻의 부사로 많이 쓰입니다.

+ 木 mù(나무 목), 句 gōu(글귀 구, 굽을 구), 又 yòu(오른손 우, 또 우)

~极了 ~jíle 형용사 뒤에 위치해 뜻을 매우 강조할 때 쓰임 **3급**

极其 jíqí 아주, 지극히 **4급**

北极 běijí 북극 **5급**

南极 nánjí 남극 **5급**

消极 xiāojí ① 소극적이다 ② 부정적이다[↔ 积极 jījí] **5급**

+ 了 le/liǎo(마칠 료, 밝을 료, 어조사 료), 其 qí(그 기), 北 běi(패배할 배, 등질 배, 북쪽 북), 南 nán(남쪽 남), 消 xiāo(消: 끌 소, 삭일 소, 소식 소)

---

314 ▶ **上让 卡 下吓** - 上, 下로 된 한자
　　　상 양 잡(카) 하 혁

1급

上

shàng

일정한 기준보다 위로 오르니 **위 상, 오를 상**

上网 shàngwǎng 인터넷을 하다[↔ 下网 xiàwǎng] **1급**

上面(儿) shàngmian(r) ① 위쪽 ② 위 ③ 표면 **3급**

上级 shàngjí 상사, 상급 기관 **5급**

+ 网 wǎng(그물 망, 인터넷 망), 面 miàn(얼굴 면, 향할 면, 볼 면, 麵: 밀가루 면, 국수 면), 级 jí(級: 등급 급)

399

让
讓
ràng

말(讠)을 높여(上) 사양하고 겸손하니 사양할 양, 겸손할 양
또 겸손하게 무엇을 하도록 권하니 권할 양

[번체] 讓 - 말(言) 한마디라도 도움(襄) 되게 사양하고 겸손하니
　　　 '사양할 양, 겸손할 양'

✛ 襄 xiāng - (드러나지 않게) 옷(衣) 속에 입들(口口)을 가리고 우물(井)틀처
　　　 럼 얽혀 한(一)결같이 도우니 '도울 양'

✛ 田 裏 huái(품을 회)

✛ 让은 단독으로 쓰여서 사역(~로 하여금 ~하게 하다)의 의미를 나타내기도
　 합니다.

✛ 讠 yán[言(말씀 언 변)의 간체자], 衣 yī(옷 의), 井 jǐng(우물 정, 우물틀 정)

转让 zhuǎnràng 양도하다, 넘겨주다 **5급**

✛ 转 zhuǎn(轉: 구를 전, 돌 전, 바뀔 전)

卡
qiǎ/kǎ

위(上)부터 점(卜)치듯 살펴 조이며 지키니
조일 잡, 지킬 잡(qiǎ)
또 영어 ka, ca의 음역자로 쓰여 음역자 카(kǎ)

✛ 외래어의 ka · kar · ca · car를 중국어로 음역할 때 주로 쓰이는 한자입니다.

✛ 卜 bǔ(점 복, 蔔: 무 복)

信用卡 xìnyòngkǎ 신용 카드 **2급**

银行卡 yínhángkǎ 은행 카드 **2급**

贺卡 hèkǎ 축하 카드 **5급**

✛ 信 xìn(믿을 신, 소식 신), 用 yòng(쓸 용), 银 yín(銀: 은 은), 行 xíng/háng
　 (다닐 행, 행할 행, 줄 항), 贺 hè(賀: 축하할 하)

下
xià

일정한 기준보다 아래로 내리니 아래 하, 내릴 하

下雨 xiàyǔ 비가 내리다[오다] **1급**

下雪 xiàxuě 눈이 내리다[오다] **2급**

上下 shàngxià ① 상하, 귀천 ② 위에서 아래까지 **5급**

✛ 雨 yǔ(비 우), 雪 xuě(눈 설, 씻을 설)

吓
嚇
hè/xià

입(口)으로 내리게(下), 즉 기세가 꺾이게 위협하니
위협할 혁(hè)
또 위협하면 놀라니 놀랄 혁(xià)

[번체] 嚇 - 입(口)을 붉게(赫) 벌리고 위협하면 놀라니 '위협할 혁, 놀랄 혁'

✛ 赫 hè - 붉고(赤) 붉게(赤) 빛나니 '붉을 혁, 빛날 혁'

3급

止 zhǐ

두 발이 멈추고 그쳐있는 모양에서 **멈출 지, 그칠 지**

不止 bùzhǐ 멈추지 않다 5급

为止 wéizhǐ ~을 끝으로 하다[삼다] 5급

✚ 为 wèi (爲: 할 위, 위할 위)

4급

址 zhǐ

땅(土)에 건물이 머물렀거나 **머무를**(止) 터니 **터 지**

✚ 터 – ① 집이나 건물을 지었거나 지을 자리 ② 집이나 밭 따위가 없는 비어
　　있는 땅 ③ 활동의 토대나 일이 이루어지는 밑바탕

✚ 土 tǔ (흙 토)

地址 dìzhǐ 소재지, 주소 4급

✚ 地 dì (땅 지)

4급

企 qǐ

사람(人)이 하던 일을 **멈추고**(止) 무엇을 바라고 꾀하니

바랄 기, 꾀할 기

✚ 꾀하다 – 어떤 일을 이루려고 뜻을 두거나 힘을 쓰다

企业 qǐyè 기업 4급

✚ 业 yè (業: 업 업, 일 업)

3급

武 wǔ

하나(一)의 **주살**(弋)로도 적의 침략을 **그치게**(止) 하는 군사니

군사 무

또 군사들이 사용하는 무기니 **무기 무**

✚ 弋 yì (주살 익)

武器 wǔqì 무기, 병기 3급

武术 wǔshù 무술 3급

✚ 器 qì (그릇 기, 기구 기), 术 shù (術: 재주 술, 꾀 술)

5급

肯

kěn

하던 일을 **멈추고**(止) **몸**(月)을 쉬며 즐기니 즐길 **긍**

또 즐기며 그러하다고 동의하니 동의할 **긍**

+ 月 yuè(달 월, 육 달 월)

肯定 kěndìng ① 확실히[↔ 否定 fǒudìng] ② 확신하다 5급

+ 定 dìng(정할 정)

4급

延

yán

비뚤어진(丿) 행동을 **멈추고**(止) 길게 **걸으면서**(廴) 끌고 늘이니

끌 **연**, 늘일 **연**

+ 丿 piě(삐침 별), 止[止 zhǐ(그칠 지)의 변형], 廴 yǐn/yìn(길게 걸을 인)

延长 yáncháng 연장하다[↔ 缩短 suōduǎn] 4급

延期 yánqī (기간을) 연장하다, 연기하다 4급

延续 yánxù 계속(하다)[↔ 终止 zhōngzhǐ, 中断 zhōngduàn] 4급

+ 长 cháng/zhǎng(長: 길 장, 자랄 장, 어른 장), 期 qī(기간 기, 기약할 기),
续 xù(續: 이을 속)

---

316 步频 – 步로 된 한자
보 빈

3급

步

bù

한 발은 **멈추고**(止) 다른 발은 **조금씩**(少) 옮기는 것을 반복하며

걷는 걸음이니 걸음 **보**

+ 少[少 shǎo/shào(적을 소, 젊을 소)의 획 줄임], 한 발 한 발 걷는 모양을 생
각하고 만든 한자

进步 jìnbù ① 진보하다, 진보적이다 ② 진보[↔ 保守 bǎoshǒu, 落后 luòhòu,
退步 tuìbù] 3급

进一步 jìnyíbù 진일보하다, 한 걸음 나아가다 3급

散步 sàn//bù 산보하다 3급

步行 bùxíng 걸어서 가다 4급

+ 进 jìn(進: 나아갈 진), 散 sàn(흩어질 산), 行 xíng/háng(다닐 행, 행할 행,
줄 항)

5급

频

频

pín

걸을(步) 때 **머리**(页)가 자주 흔들리듯 자주니 **자주 빈**
또 자주 파동 치는 주파수니 **주파수 빈**

+ 页 yè(頁: 머리 혈, 페이지 엽)

频繁 pínfán 잦다, 빈번하다 5급
频道 píndào 채널 5급
视频 shìpín ① 영상 신호 주파수 ② 동영상 5급

+ 繁 fán(번성할 번), 道 dào(길 도, 도리 도, 말할 도), 视 shì(視: 볼 시, 살필 시)

---

317 足促 走越趋 – 족과 走로 된 한자
　　　　족 촉　주 월 추

3급

足

zú

무릎(口)부터 **발**(龰)까지를 본떠서 **발 족**
또 발까지 편해야 마음이 넉넉하니 **넉넉할 족**

足球 zúqiú 축구, 축구공 3급
不足 bùzú ① 부족하다 ② ~할 가치가 없다 5급

+ 球 qiú(둥글 구, 공 구)

4급

促

cù

사람(亻)이 **발**(足) 구르며 재촉할 정도로 다급하니
재촉할 촉, 다급할 촉

促进 cùjìn 촉진하다, 재촉하다[↔ 促退 cùtuì] 4급
促使 cùshǐ ~하도록 재촉하다 4급
促销 cùxiāo 판매를 촉진시키다 4급

+ 进 jìn(進: 나아갈 진), 使 shǐ(하여금 사, 부릴 사), 销 xiāo(銷: 녹일 소, 없앨 소, 팔 소)

zǒu

흙(土)을 점(卜)치듯 가려 디디며 사람(人)이 걷거나 뛰니

걸을 주, 뛸 주

+ 卜 bǔ(점 복, 葡: 무 복)
+ 번체자에서는 走 zǒu(걸을 주, 뛸 주)가 주로 '달릴 주'로 사용되지만, 중국 한자(간체자)에서는 주로 '걸을 주'로 쓰이고, '달리다'는 '跑 pǎo(달릴 포, 긁어팔 포 – 제목번호 155)'를 씁니다.
+ 卜 bǔ(점 복, 葡: 무 복)

走路 zǒulù ① 길을 가다 ② 여행하다 ③ 떠나다 1급

走过 zǒuguò 거치다 2급

走进 zǒujìn 걸어 들어오다 2급

走开 zǒukāi 떠나다, 물러나다 2급

+ 路 lù(길 로), 过 guò(過: 지날 과, 지나칠 과, 허물 과), 开 kāi(開: 열 개, 시작할 개, 끓을 개)

yuè

뛰어가며(走) 도끼(戊)로 협박하면 달아나려고 담도 뛰어넘으니

넘을 월

+ 戊 yuè(도끼 월)

越来越 yuèláiyuè 점점, 더욱더 2급

+ 来 lái(來: 올 래)

qū

뛰어가(走) 꼴(刍)을 먹으려고 달리니 달릴 추

+ 刍 chú – 사람(ク)이 손(크)으로 잡아 베는 꼴이니 '꼴 추'
+ 꼴 – 말이나 소에게 먹이는 풀
+ ク[人 rén(사람 인)의 변형]

趋势 qūshì 추세[≒ 趋向 qūxiàng] 4급

+ 势 shì(勢: 기세 세)

참고자

疋

pǐ/shū

하나(一)씩 **점(卜)**치듯 가늠하여 **사람(人)**이 일정하게 묶어놓은
베를 세는 단위인 필이니 필 **필** (pǐ)
또 무릎부터 발까지의 모양으로 보아 발 **소** (shū)

+ 말이나 소를 세는 단위로는 '匹 pǐ(단위 필)'을 씁니다.

2급

楚

chǔ

수풀(林)의 **발(疋)**, 즉 밑부분에서 자란 나무는 어려서 고우니
고울 **초**
또 곱게 자란 가지로 만든 회초리니 회초리 **초**
또 회초리로 친 듯 아프니 아플 **초**, 초나라 **초**

+ 초(楚 Chǔ)나라 – 중국 춘추 전국 시대에 양자강 중류에 있었던 나라
+ 林 lín(수풀 림)
清楚 qīngchu ① 분명하다 ② 이해하다 ③ 명석하다 2급
+ 清 qīng(清: 맑을 청)

1급

蛋

dàn

발(疋) 없는 **벌레(虫)**는 새알이니 새알 **단**

+ 새알은 살아 있지만 발이 없다는 데서 만들어진 한자
鸡蛋 jīdàn 달걀 1급
+ 鸡 jī(鷄: 닭 계)

---

zhèng/zhēng

(무슨 일이나) **하나**(一)에 **그쳐**(止) 열중함이 바르니 바를 정

또 바르게 딱 시작하는 바로니 **딱 정**, **바로 정**(zhèng)

또 바로 시작하는 한 해의 첫 달인 정월이니 **정월 정**(zhēng)

+ 止 zhǐ(그칠 지) – 제목번호 315 참고

正在 **zhèngzài** 지금(한창) ~하고 있다 [1급]

正好 **zhènghǎo** ① 딱 맞다 ② 마침 [2급]

正是 **zhèng·shì** 바로 ~이다, 바로 그러하다 [2급]

改正 **gǎizhèng** 개정하다[≒ 更正 gēngzhèng, 矯正 jiǎozhèng] [4급]

正如 **zhèngrú** ① 흡사 ~과/와 같다 ② 바로~과/와 같다 [5급]

正义 **zhèngyì** ① 정의 ② 정의로운, 공정한 [5급]

+ 在 zài(있을 재), 好 hǎo(좋을 호, 좋아할 호), 是 shì(옳을 시, 이 시, ~이다 시), 改 gǎi(고칠 개), 如 rú(같을 여), 义 yì(義: 옳을 의, 의로울 의)

zhèng 證

말(讠)로 **바르게**(正) 증명하니 증명할 증

[번체] 證 – 말(言)로 높은 데 올라서서(登) 떳떳하게 증명하니 '증명할 증'

+ 讠 yán[言(말씀 언 변)의 간체자], 登 dēng(오를 등, 기재할 등) – 제목번호 136 참고

证件 **zhèngjiàn** 증명서, 증거서류 [3급]

证明 **zhèngmíng** ① 증명하다 ② 증명서 [3급]

证实 **zhèngshí** 사실을 증명하다[≒ 核实 héshí] [5급]

证书 **zhèngshū** 증서, 증명서 [5급]

+ 件 jiàn(단위 건, 문서 건), 明 míng(밝을 명), 实 shí(實: 열매 실, 실제 실), 书 shū(書: 쓸 서, 글 서, 책 서)

zhēng

가서(彳) 바로(正)잡으려고 치고 정벌하니 **칠 정, 정벌할 정**
또 가서(彳) 바로(正)잡으려고 부르고 소집하니
부를 징, 소집할 징
또 불러서 증명하니 **증명할 징**

[번체] 微 – 신분이 비록 미천하더라도(彳) 실력만 있으면 왕(王)이 부르니
　　'부를 징'

+ 彳 chì(조금 걸을 척), 徵[微 wēi(작을 미)의 획 줄임], 王 wáng(임금 왕, 으뜸
　 왕, 구슬 옥 변)

征服 zhēngfú ① 정복하다 ② 마음을 사로잡다[→ 屈服 qūfú] **4급**

特征 tèzhēng 특징[≒ 特点 tèdiǎn] **4급**

象征 xiàngzhēng ① 상징하다 ② 상징 **5급**

+ 服 fú/fù(옷 복, 먹을 복, 복무할 복, 복종할 복, 첩 복), 特 tè(특별할 특),
　 象 xiàng(코끼리 상, 모양 상, 본뜰 상)

---

dìng

집(宀) 안의 물건도 바르게(㐬) 자리를 정하니 **정할 정**

+ 宀 mián(집 면), 㐬[正 zhèng/zhēng(바를 정, 딱 정, 바로 정, 정월 정)의 변형]

一定 yídìng ① 반드시 ② 필연적인 ③ 상당한 **2급**

不一定 bùyídìng ① 반드시 ~하는 것은 아니다 ② 확정적이지 않다 ③ 반드
시 ~할 필요는 없다 **2급**

认定 rèndìng 인정하다 **5급**

+ 认 rèn(認: 인정할 인)

---

zhěng

(개수가 많은 물건은 가운데를) 묶어(束) 양 끝을 쳐서(攵) 바르게(正)
하면 가지런하니 **가지런할 정**
또 가지런하게 정리하여 완전하고 온전하니
완전할 정, 온전할 정

+ 束 shù(묶을 속), 攵 pō(칠 복, = 攴)

整个 zhěnggè ① 온, 모든 것 ② 완전히, 충분히 **3급**

整理 zhěnglǐ 정리하다 **3급**

整整 zhěngzhěng 온전한, 꼬빡 **3급**

整体 zhěngtǐ ① 전부 ② 일체[≒ 总体 zǒngtǐ ↔ 部分 bùfen, 个体 gètǐ, 局
部 júbù] **3급**

整天 zhěngtiān 온종일 **3급**

调整 tiáozhěng 조정하다 **3급**

完整 wánzhěng 완전무결하다, 완비되어 있다 **3급**

+ 个 gè(個: 낱 개), 理 lǐ(이치 리, 다스릴 리), 体 tǐ(體: 몸 체), 调 diào/
　 tiáo(調: 조사할 조, 옮길 조, 고를 조, 조절할 조), 完 wán(완전할 완)

是

shì

해(日)처럼 밝고 **바르면**(疋) 옳으니 옳을 시
또 해(日)처럼 밝고 **바르게**(疋) 가리키는 이것이니
이 시, ~이다 시

+ 영어의 be 동사처럼 '~이다'라는 뜻도 있습니다.
+ 日 rì(해 일, 날 일), 疋[正 zhèng/zhēng(바를 정, 딱 정, 바로 정, 정월 정)의 변형]

是不是 shìbushì ① 그러하냐? 그렇지 않으냐? ② ~하는 것이 어떠냐? **1급**

还是 háishi ① 여전히, 역시 ② ~하는 편이 좋다 ③ 또는, 아니면 **1급**

要是 yàoshi 만약, 만일 ~(이)라면 **3급**

总是 zǒngshì ① 늘, 언제나 ② 어쨌든, 아무래도 **3급**

是否 shìfǒu ~인지 아닌지 **4급**

꿀TIP 还是는 선택의문문을 구성하는 접속사로, A + 还是 + B 문형으로 쓰여서 'A인가 그렇지 않으면 B인가'라는 뜻을 나타냅니다. 要是은 뒤에 的话 dehuà를 동반하여 要是 ~的话 문형으로 쓰는 경우가 많습니다.

+ 还 huán(還: 다시 환, 돌아올 환, 여전히 환), 要 yāo(중요할 요, 바랄 요, 요구할 요), 总 zǒng(總: 모두 총, 모을 총, 거느릴 총), 否 fǒu(아닐 부, 막힐 비, 나쁠 비)

提

tí/dī

손(扌)으로 **옳게**(是) 끌어 내놓으니 끌 제, 내놓을 제
또 끌어올리며 물건을 드니 들 제

+ tí, dī 두 가지 발음이 있지만 대부분 tí로 발음합니다.

提出 tíchū 제출하다, 신청하다 **2급**

提到 tídào ① 언급하다[= 提及 tíjí] ② 끌어올리다 ③ 소환하다 **2급**

提前 tíqián 앞당기다[≒ 提早 tízǎo ↔ 推迟 tuīchí] **3급**

提起 tíqǐ ① 말을 꺼내다 ② 분발시키다 ③ 제기하다 **5급**

提示 tíshì ① 제시하다 ② 도움말[≒ 提醒 tíxǐng] **5급**

前提 qiántí 전제, 전제 조건 **5급**

+ 出 chū(나올 출, 나갈 출), 到 dào(이를 도, 주도면밀할 도), 前 qián(앞 전), 起 qǐ(일어날 기, 시작할 기, 세울 기), 示 shì(보일 시, 신 시)

2급

題

題

tí

내용을 **옳게(是)** 알 수 있는 글의 **머리(页)**는 제목이니 제목 제
또 먼저 쓰는 제목처럼 먼저 내는 문제니 문제 제

+ 页 yè(頁: 머리 혈, 페이지 엽)
难题 **nántí** 곤란한(어려운) 문제 **2급**
问题 **wèntí** ① 문제 ② 질문 **2급**
题目 **tímù** ① 제목, 테마 ② (연습이나 시험의) 문제 **3급**
话题 **huàtí** 화제, 논제 **3급**
主题 **zhǔtí** 주제 **4급**

+ 难 nán(難: 어려울 난, 재난 난), 问 wèn(問: 물을 문), 目 mù(눈 목, 볼 목,
항목 목), 话 huà(話: 말씀 화, 이야기 화), 主 zhǔ(주인 주)

4급

匙

chí/shi

옳게(是) 쓰이는 **비수(匕)**는 숟가락이나 열쇠니
숟가락 **시**(chí), 열쇠 **시**(shi)

+ 비수는 주로 나쁜 데에 쓰이지만 숟가락이나 열쇠는 좋은 곳에 쓰이지요.
+ 匕 bǐ(비수 비, 숟가락 비)

---

321 〉〉 **厶私么雄 公松** – 厶, 公으로 된 한자
　　　　 사 사 마 웅　공 송

부수자

厶

sī

팔 굽혀 사사로이 나에게 끌어당기는 모양에서
사사로울 **사**, 나 **사**

私

sī

벼(禾)를 소유함이 **사사로우니(厶)** 사사로울 사

+ 禾 hé(벼 화)

私人 sīrén ① 개인 간의 ② 개인의 ③ 연고자[↔ 公家 gōngjia] 5급

么 (麼)

me

하나(丿)의 **사사로운(厶)** 것처럼 작으니 작을 마
또 작게라도 힘을 더해주는 어조사니 어조사 마

번체 麼 - 집(广)이나 수풀(木木) 속에 있는 하나(丿)의 사사로운(厶) 것처럼
　　작으니 '작을 마'
　　또 작게라도 힘을 더해주는 어조사니 '어조사 마'

+ 지시사, 의문사, 부사 뒤에 쓰입니다.
+ 广 guǎng(집 엄, 廣: 넓을 광, 많을 광), 丿 piě('삐침 별'이지만 여기서는 하나
　로 봄), 木木[林 lín(수풀 림)의 변형]

什么 shénme 무엇, 무슨 1급

多么 duōme 얼마나 1급

为什么 wèishénme 왜, 무엇 때문에, 어째서 2급

+ 什 shén(무엇 십, 세간 집), 多 duō(많을 다), 为 wèi(爲: 할 위, 위할 위)

雄

xióng

열(𠂇) 마리를 **사사로이(厶)** 거느린 **새(隹)**는 수컷이며 크니
수컷 웅, 클 웅

+ 보통 수컷 한 마리에 암컷 열 마리의 비율로 짐승을 기릅니다.
+ 𠂇[十 shí(열 십, 많을 십)의 변형]

雄伟 xióngwěi 웅장하다 5급

+ 伟 wěi(偉: 클 위, 훌륭할 위)

gōng

나눔(八)에 **사사로움(厶)** 없이 공평해야 하는 국가니

공평할 공, 국가 공

또 공평하게 대해야 하는 대중이니 대중 공

또 국제간의 계약에 기초한 세계의 공통이니 세계 공통 공

또 상대방을 높이는 존칭으로도 쓰여 존칭 공

+ 八 bā(여덟 팔, 나눌 팔)

公里 **gōnglǐ** 킬로미터 2급

公斤 **gōngjin** 킬로그램 2급

公共 **gōnggòng** 공공의, 공용의[↔ 私有 sīyǒu] 3급

公务员 **gōngwùyuán** 공무원 3급

公认 **gōngrèn** 모두가 인정하다 5급

公正 **gōngzhèng** 공정(공평)하다 5급

+ 里 lǐ/li(마을 리, 거리 리, 裏: 속 리), 共 gòng(함께 공), 认 rèn(認: 인정할 인), 务 wù(務: 일 무, 힘쓸 무), 员 yuán(員: 사람 원), 正 zhèng(바를 정, 딱 정, 바로 정, 정월 정)

---

sōng

나무(木) 중 **귀공자(公)**처럼 모양도 빼어나고 두루 쓰이는 소나무니

소나무 송

또 소나무 껍질처럼 벌어져 느슨하고 헐거우니

느슨할 송, 헐거울 송

+ 소나무는 귀공자처럼 모습도 빼어나고 어느 것 하나 버릴 것 없이 두루 쓰이지요.

松树 **sōngshù** 소나무 4급

放松 **fàngsōng** 늦추다, 이완시키다, 긴장을 풀다 4급

+ 树 shù(樹: 세울 수, 나무 수), 放 fàng(놓을 방)

3급

臺 檯 颱

tái

사사로이(厶) 입(口) 벌리며 오르는 돈대나 누각이니
돈대 대, 누각 대
또 누각처럼 우뚝 솟은 중국 남쪽의 섬 대만이니 대만 대
또 누각도 흔들리게 부는 태풍이니 태풍 태

[번체] 臺 – 좋게(吉) 지붕을 덮어(冖) 만들어 이르는(至) 돈대나 누각이니
　　　 '돈대 대, 누각 대'
　　檯 – 나무(木)로 누각(臺)처럼 만든 대니 '대 대'
　　颱 – 바람(風) 중 누각(台)도 흔들리게 부는 태풍이니 '태풍 태'

＋ 돈대 – 평지보다 높직하게 두드러진 평평한 땅
＋ 吉 jí(길할 길, 상서로울 길), 冖 mì(덮을 멱), 至 zhì(이를 지, 지극할 지),
　风 fēng(風: 바람 풍, 풍속 풍, 경치 풍, 모습 풍, 기질 풍, 병 이름 풍)

电台 diàntái 라디오 방송국 **3급**
台阶 táijiē 층계, 계단, 섬돌 **4급**
台上 táishàng ① 무대 위, 단상 위 ② 책임자 직위 **4급**
台风 táifēng 태풍 **5급**

＋ 电 diàn(電: 번개 전, 전기 전), 阶 jiē(階: 계단 계), 上 shàng(위 상, 오를 상)

5급

擡

tái

손(扌)으로 누각(台)처럼 높이 드니 들 대

抬头 táitóu ① 머리를 들다 ② (어떤 현상이) 고개를 듦[↔ 低头 dītóu] **5급**

＋ 头 tóu/tou(頭: 머리 두, 우두머리 두, 접미사 두)

3급

shǐ

여자(女)의 배가 누각(台)처럼 부풀어 오르기 시작하면
새 생명이 잉태한 처음이니 처음 시
또 처음부터 시작하니 시작할 시

开始 kāishǐ ① 시작되다 ② 처음, 시작 **3급**
原始 yuánshǐ ① 원시의 ② 원래의 **5급**

＋ 开 kāi(開: 열 개, 시작할 개, 끓을 개), 原 yuán(언덕 원, 처음 원, 근원 원)

治

zhì

물(氵)을 태풍(台)에도 넘치지 않도록 잘 다스리니 다스릴 치

政治 zhèngzhì 정치 [4급]

治安 zhì'ān 치안 [5급]

治理 zhìlǐ ① 관리하다 ② 수리하다 [5급]

防治 fángzhì 예방 치료를 하다 [5급]

+ 政 zhèng(다스릴 정), 安 ān(편안할 안), 理 lǐ(이치 리, 다스릴 리), 防 fáng
(막을 방)

---

323 〉 **云动会层 运育** – 云으로 된 한자
운 동 회 층 운 육

云

雲

yún

둘(二)이 사사로이(厶) 말하니 말할 운
또 비가 오리라고 말해 주는 구름이니 구름 운

[번체] 雲 – 비(雨)가 오리라고 말해(云) 주는 구름이니 '구름 운'

+ 云 yún과 雲 yún은 모두 발음과 성조가 동일하여 획수가 적은 云 yún을 간체
자로 택한 것입니다.

+ 구름의 상태를 보면 날씨가 어떻게 될지를 알게 되지요.

+ 雨 yǔ(비 우)

多云 duōyún 구름이 많다 [2급]

+ 多 duō(많을 다)

动

動

dòng

말(云)도 힘(力) 있게 해야 잘 움직이니 움직일 동

[번체] 動 – 무거운(重) 것도 힘(力)쓰면 움직이니 '움직일 동'

+ 力 lì(힘 력), 重 zhòng(무거울 중, 귀중할 중, 거듭 중)

动作 dòngzuò ① 동작 ② 움직이다 [1급]

动物 dòngwù 동물 [2급]

动物园 dòngwùyuán 동물원 [2급]

动人 dòngrén ① 감동시키다 ② 감동적이다 [3급]

发动 fādòng ① 시동을 걸다 ② 개시하다 [3급]

生动 shēngdòng 생동감 있다, 생생하다[↔ 枯燥 kūzào] [3급]

动机 dòngjī 동기 [5급]

+ 作 zuò(지을 작), 物 wù(물건 물), 园 yuán(園: 동산 원, 밭 원), 发 fā(發: 쏠 발,
일어날 발, 髮: 머리털 발), 机 jī(機: 기계 기, 비행기 기, 기능 기, 기회 기)

413

会

 會

huì/kuài

사람(人)들이 말하기(云) 위해 모이니 모일 회

또 모여서 사정을 직접 들은 것처럼 잠깐 사이에 아니

잠깐 회, 알 회(huì)

또 자료를 모아 회계하니 회계할 회(kuài)

[번체] 會 – 사람(人)이 하나(一) 같이 마음의 창(囟)을 열고 말하기(曰) 위해
　　모이니 '모일 회'

+ 囟 – 창문의 모양을 본떠서 가정해본 '창문 창'
　　(어원 해설을 위한 참고자로 실제 쓰이는 한자는 아님)

+ [비] 罒 gāng(그물 망, = 网, 罓), 曰 yuē(가로 왈)

一会儿 yíhuìr 잠깐, 잠시 [1급]

不一会儿 bùyíhuìr 이윽고, 머지않아 [2급]

会议 huìyì 회의 [3급]

会员 huìyuán 회원 [3급]

体会 tǐhuì ① 체득하다 ② (체험에서 얻은) 느낌, 경험[≒ 体味 tǐwèi] [3급]

大会 dàhuì ① 대회 ② 총회 [4급]

运动会 yùndònghuì 운동회 [4급]

会计 kuàijì ① 회계, 경리 ② 회계원 [4급]

+ 议 yì(議: 의논할 의), 员 yuán(員: 사람 원), 体 tǐ(體: 몸 체), 运 yùn(運:
　옮길 운, 운수 운), 计 jì(計: 셈할 계)

层

 層

céng

집(尸) 위에 구름(云)처럼 이어진 층이니 층 층

[번체] 層 – 집(尸) 위에 거듭(曾) 지은 층이니 '층 층'

+ 尸('주검 시, 몸 시'지만 여기서는 집으로 봄), 曾(일찍 증, 거듭 증: 曾 zēng/
　céng)

层次 céngcì ① (말이나 글의) 단락, 단계 ② (기관, 단체 따위의) 급, 레벨 [5급]

+ 次 cì(다음 차, 차례 차, 번 차)

2급

运
運
yùn

말하는(云) 곳으로 가도록(辶) 짐을 옮기니 옮길 운
또 삶을 옮기는 운수니 운수 운

[번체] 運 – 군사(軍)들이 주둔지를 옮겨 가듯(辶) 옮기니 '옮길 운'
　　　　또 삶을 옮기는 운수니 '운수 운'
+ 軍 jūn(軍: 군사 군), 辶 chuò(辶:뛸 착, 갈 착)

运动 yùndòng 운동, 스포츠 2급

命运 mìngyùn ① 운명 ② 장래, 전도 3급

运动员 yùndòngyuán ① 운동선수 ② (선거 따위의) 운동원 4급

运用 yùnyòng 운용하다, 활용하다 4급

运气 yùnqi ① 운, 운수 ② 운이 좋다 4급

运行 yùnxíng 운행하다 5급

好运 hǎoyùn 행운 5급

+ 命 mìng(명령할 명, 목숨 명, 운명 명), 用 yòng(쓸 용), 气 qì(氣: 기운 기,
공기 기, 날씨 기), 行 xíng/háng(다닐 행, 행할 행, 줄 항), 好 hǎo(좋을 호,
좋아할 호)

2급

育

yù

머리(亠)부터 내(厶) 몸(月)처럼 기르니 기를 육

+ 亠 tóu(머리 부분 두), 厶 sī(사사로울 사, 나 사), 月 yuè(달 월, 육 달 월)

体育 tǐyù 체육, 스포츠, 운동 2급

体育馆 tǐyùguǎn 체육관 2급

体育场 tǐyùchǎng 운동장, 스타디움 2급

+ 体 tǐ(體: 몸 체), 馆 guǎn(館: 집 관, 객사 관), 场 chǎng(場: 마당 장, 장소 장)

---

324 ▶ 尝偿 – 尝으로 된 한자
　　　상 상

5급

尝
嘗
cháng

조금씩(⺌) 덮어(冖) 조심히 말하듯(云) 시험하여 맛보니
시험할 상, 맛볼 상

[번체] 嘗 – 숭상하는(尚), 즉 원하는 맛(旨)이 나는지 맛보니 '맛볼 상'
　　　　또 맛은 먹기 전에 일찍 보니 '일찍 상'
+ ⺌[小 xiǎo(작을 소)의 변형], 冖 mì(덮을 멱), 尚 shàng(尚: 아직 상, 높을
상, 숭상할 상, 풍조 상), 旨 zhǐ(맛 지, 뜻 지)

尝试 chángshì 시험(해 보다), 시행(해 보다)[≒ 试验 shìyàn] 5급

+ 试 shì(試: 시험할 시)

5급

사람(亻)에게 맛보게(嘗) 음식을 주면서 은혜를 갚고 보답하니

갚을 **상**, 보답할 **상**

[번체] 償 − 공을 세운 사람(亻)에게 상(賞)을 주어 은혜를 갚고 보답하니
　　　'갚을 상, 보답할 상'

补偿 bǔcháng 보충하다, 보상하다 5급

+ 补 bǔ(補: 기울 보, 보충할 보)

cháng

---

325 ▶ 鬼愧 − 鬼로 된 한자
　　귀 괴

5급

귀신 형상을 생각하고 그려서 **귀신 귀**

酒鬼 jiǔguǐ 술고래, 술 미치광이[= 酒魔 jiǔmó] 5급
胆小鬼 dǎnxiǎoguǐ 소심한 사람, 겁쟁이 5급

+ 酒 jiǔ(술 주), 胆 dǎn(膽: 쓸개 담, 담력 담)

guǐ

7-9급

마음(忄)에 귀신(鬼)도 생각날 정도로 부끄러우니 **부끄러울 괴**

+ 부끄러운 짓을 하면 사람은 모른다 해도 하늘이나 신께는 부끄럽겠지요.

惭愧 cánkuì 결점이 있거나 잘못을 저질러서 부끄럽다, 송구스럽다, 부끄럽다
참고어
羞愧 xiūkuì 부끄러워하다, 창피해하다 참고어

+ 惭 cán(慙/慚: 부끄러울 참), 羞 xiū(羞: 부끄러울 수)

kuì

7~9급

川

chuān

물 흐르는 내를 본떠서 **내 천**

+ 부수로는 川이나 巛 모양으로 쓰입니다.
+ 巛 chuān – 내 천(川)이 부수로 쓰일 때의 모양으로, 개미허리 같다 하여 '개
미 허리 천'이라 부름

山川 shānchuān 산천, 산하 참고어

3급

训 訓

xùn

말(讠)을 내(川)처럼 길게 하며 가르치니 **가르칠 훈**

+ 무엇을 가르치려면 말도 길어지지요.
+ 讠 yán[言(말씀 언 변)의 간체자]

训练 xùnliàn 훈련하다, 훈련시키다 3급

教训 jiàoxùn ① 가르치고 타이르다 ② 교훈 4급

培训 péixùn 양성하다, 육성하다 4급

+ 练 liàn(練: 익힐 련), 教 jiào(敎: 가르칠 교, 시킬 교), 培 péi(북돋울 배,
더할 배)

5급

州

zhōu

내(川) 사이에 **점들(丶丶)**처럼 집들이 있는 고을이니 **고을 주**

2급

流

liú

물(氵)소리 내며(云) 내(川)처럼 흘러 번져 퍼지니
흐를 류, 번져 퍼질 류

+ 云 yún(말할 운, 雲: 구름 운), 川[川 chuān(내 천)의 변형]

流利 liúlì 막힘이 없다, 거침없다 2급

流行 liúxíng ① 유행하다 ② 유행하는[≒ 盛行 shèngxíng] 2급

流动 liúdòng ① 흐르다 ② 옮겨 다니다[↔ 固定gùdìng] 5급

流通 liútōng ① 잘 소통되다 ② (상품·화폐가) 유통되다 5급

一流 yīliú ① 같은 부류의 ② 일류 5급

+ 利 lì(이로울 리, 날카로울 리), 行 xíng/háng(다닐 행, 행할 행, 줄 항), 动
dòng(動: 움직일 동), 通 tōng/tòng(통할 통, 수량사 통)

5급

蔬

shū

풀(艹) 중에 널리 **소통**(疏)되어 먹는 나물이나 채소니
나물 소, 채소 소

+ 疏 shū – 발(疋)로 차며 소리치면(充) 막힘이 내(川)처럼 트이니 '트일 소'
　또 트인 듯 관계가 드물고 성기니 '드물 소, 성길 소'
+ 성기다 – ① 물건의 사이가 뜨다 ② 관계가 깊지 않고 서먹하다
+ 疋 pǐ/shū(필 필, 발 소)
蔬菜 shūcài 소채, 채소[≒ **菜蔬** càishū] **5급**
+ 菜 cài(菜: 나물 채, 요리 채)

5급

慌

huāng

마음(忄)이 **거칠어질**(荒) 정도로 당황하니 **당황할 황**

+ 荒 huāng – 풀(艹)까지 망가지게(亡) 냇(川)물이 휩쓸어 거치니 '거칠 황'
+ 亡 wáng(망할 망, 달아날 망, 죽을 망)
慌忙 huāngmáng ① 황망하다, 황급하다[= **急忙** jímáng, **匆忙** cōngmáng]
② 황망히, 황급하게 **5급**
+ 忙 máng(바쁠 망)

---

327 ▶ **至致室 屋握 到倒** – 至, 屋, 到로 된 한자
　　　지 치 실　옥 악　도 도

3급

至

zhì

하나(一)의 **사사로운**(厶) **땅**(土)에 이르니 **이를 지**
또 이르러 정성을 다함이 지극하니 **지극할 지**

+ 厶 sī/mǒu(사사로울 사, 나 사), 土 tǔ(흙 토)
至今 zhìjīn 지금까지, 여태껏 **3급**
至少 zhìshǎo 적어도, 최소한[↔ **至多** zhìduō] **3급**
+ 今 jīn(今: 이제 금, 오늘 금), 少 shǎo(적을 소, 젊을 소)

4급

致

zhì

지성으로(至) **치며**(攵) 지도하면 꿈을 이루고 목표에 이르니
이룰 치, 이를 치

+ 攵 pō(칠 복, = 攴)
导致 dǎozhì 야기하다, 초래하다[≒ **致使** zhìshǐ] **4급**
一致 yízhì ① 일치하다 ② 함께, 같이[↔ **分歧** fēnqí] **4급**
大致 dàzhì ① 대개, 대략 ② 대체로 **5급**
+ 导 dǎo(導: 이끌 도, 인도할 도)

室

shì

屋

wū

握

wò

到

dào

지붕(宀) 아래 **이르러**(至) 쉬는 집이나 방이니 집 실, 방 실

+ 宀 mián(집 면)

教室 jiàoshì 교실 2급

阅览室 yuèlǎnshì 열람실 4급

+ 教 jiào(教: 가르칠 교, 시킬 교), 阅 yuè(閱: 읽을 열, 검열할 열), 览 lǎn (覽: 볼 람)

몸(尸)이 **이르러**(至) 쉬는 집이나 방이니 집 옥, 방 옥

+ 尸 shī(주검 시, 몸 시)

房屋 fángwū ① 가옥, 집 ② (심장의) 심방과 심실 3급

屋子 wūzi 방 3급

+ 房 fáng(방 방, 집 방), 子 zī/zi(아들 자, 첫째 지지 자, 자네 자, 접미사 자)

손(扌)으로 **집**(屋)안일을 잡아 쥐고 처리하니 잡을 악, 쥘 악

握手 wòshǒu ① 악수하다 ② 악수[≒ 把手 bǎshǒu] 3급

把握 bǎwò ① 파악하다, 장악하다 ② (성공에 대한) 가망, 자신 3급

+ 手 shǒu(손 수, 재주 수, 재주 있는 사람 수), 把 bǎ(잡을 파, 자루 파)

무사히 목적지에 **이르도록**(至) 위험을 대비하여 **칼**(刂)을 가지고 갈 정도로 주도면밀하니 이를 도, 주도면밀할 도

+ 刂 dāo(칼 도 방)

得到 dédào ① 손에 넣다 ② 받다, (이룩)되다 1급

回到 huídào 되돌아가다 1급

看到 kàndào 보(이)다, 눈이 닿다[= 看见 kànjiàn] 1급

来到 láidào 도착하다, 닥치다 1급

听到 tīngdào 듣다, 들리다 1급

到处 dàochù 도처, 곳곳 2급

受到 shòudào ① 얻다, 받다 ② 입다 2급

报到 bàodào 도착하였음을 보고하다(알리다) 3급

+ 得 dé/de/děi(얻을 득, 조사 득, 조동사 득), 回 huí(돌 회, 돌아올 회, 횟수 회), 看 kàn(볼 간), 来 lái(來: 올 래), 听 tīng(聽: 들을 청), 处 chǔ/chù (處: 살 처, 처리할 처, 곳 처), 受 shòu(받을 수), 报 bào(報: 알릴 보, 갚을 보, 신문 보)

倒

dǎo/dào

사람(亻)에 **이르는**(至) 것이 **칼**(刂)인 듯 찔려 넘어지니
넘어질 도 (dǎo)
또 넘어져 거꾸로 되니 **거꾸로 도** (dào)

倒是 dàoshì 오히려, 도리어 5급
摔倒 shuāidǎo 쓰러지다, 넘어지다 5급

+ 是 shì (옳을 시, 이 시, ~이다 시), 摔 shuāi (내던질 솔, 쓰러질 솔)

---

328 ▷ **去法丢 却脚** – 去, 却으로 된 한자
거 법 주 각 각

去

qù

어떤 **땅**(土)으로 **사사로이**(厶) 가니 **갈 거**
또 가서 제거하니 **제거할 거**

去年 qùnián 작년 1급
过去 guòqù ① 지나가다 ② 지나다 3급
上去 shàngqù 동사의 뒤에 와서, 낮은 곳에서 높은 곳으로, 혹은 가까운 곳에
서 먼 곳으로, 또는 주체에서 대상으로 옮아가는 것을 나타냄 3급
看上去 kànshàngqù ~해 보이다 3급
失去 shīqù 잃다, 잃어버리다[↔ 得到 dédào] 3급
下去 xià//qù ① 내려가다 ② 계속하다 ③ 마치다 3급

+ 年 nián (해 년, 나이 년), 过 guò (過: 지날 과, 지나칠 과, 허물 과), 上 shàng
(위 상, 오를 상), 看 kàn (볼 간), 失 shī (잃을 실), 下 xià (아래 하, 내릴 하)

法

fǎ

물(氵)이 낮은 곳으로 흘러**가듯**(去) 순리에 맞아야 하는 법이니
법 **법**

办法 bànfǎ 방법, 수단 2급
方法 fāngfǎ 방법, 수단 2급
合法 héfǎ 합법적이다 3급
法官 fǎguān 법관 4급
没法儿 méifǎr ① 방법이 없다 ② [존칭·존댓말] 최고이다 ③ 결코 할 수 없다
4급
法制 fǎzhì 법제 5급
手法 shǒufǎ 기교, 수법, 수완 5급

+ 办 bàn(辦: 다스릴 판), 方 fāng(모 방, 방향 방, 방법 방), 合 hé(합할 합, 맞을 합), 官 guān(국가 관, 관청 관, 버슬 관), 没 méi(沒: 빠질 몰, 다힐 몰, 없을 몰), 制 zhì(제도 제, 억제할 제, 製: 지을 제), 手 shǒu(손 수, 재주 수, 재주 있는 사람 수)

丢

diū

물건을 **떨어뜨리고**(丿) **가**(去) 잃으니 잃을 **주**

+ 丿 piě('삐침 별'이지만 여기서는 떨어뜨리는 것으로 봄)

却

què

가서(去) **무릎 꿇려**(卩) 물리치니 물리칠 **각**
또 물리치려다 오히려 물러나니 오히려 **각**, 물러날 **각**

+ 却가 단독으로 쓰이면 '오히려'라는 뜻의 부사로 사용됩니다.
+ 卩 jié(병부 절, 무릎 꿇을 절, = 㔾)

脚

jiǎo

몸(月)으로 **물리칠**(却) 때 구부려 쓰는 다리니 다리 **각**

+ 月 yuè(달 월, 육 달 월)
脚步 jiǎobù ① 발걸음, 걸음걸이 ② 보폭 5급
+ 步 bù(걸음 보)

참고자

糸

mì/sī

실을 감아놓은 실타래의 실을 본떠서 실 **사**, 실 **사 변**

✦ 糸가 글자의 왼쪽에 붙는 부수인 변으로 쓰일 때는 '纟 sī'모양입니다.

5급

索

suǒ

많이(十) **꼬아서**(冖) 만든 **동아줄**(糸)이니 동아줄 **삭**

또 동아줄로 묶어두었다가 잃으면 찾으니 찾을 **색**

또 누구를 찾아야 할 정도로 쓸쓸하니 쓸쓸할 **삭**

✦ 冖 mì('덮을 멱'이지만 여기서는 꼬는 모양으로 봄)

搜索 sōusuǒ ① 수색하다 ② 수색 **5급**

线索 xiànsuǒ ① 실마리 ② 줄거리 **5급**

✦ 搜 sōu(찾을 수), 线 xiàn(線: 실 선)

1급

系

繫

xì/jì

하나(丿)의 **실**(糸)로 묶은 듯 이어지는 계통이니

묶을 **계**, 이을 **계**, 계통 **계**(xì)

또 묶어 매니 맬 **계**(jì)

[번체] 繫 – 수레(車)의 짐이 산(山)길을 갈 때 부딪침(殳)을 대비하여 실(糸)로
단단히 매니 '맬 계'

✦ [비] 擊(칠 격: 击 jī) – 제목번호 012 참고

✦ 丿 piě('삐침 별'이지만 여기서는 하나로 봄), 车 chē(車: 수레 거, 차 차), 殳
shū(칠 수, 창 수, 몽둥이 수)

没关系 méiguānxi 괜찮다, 문제없다 **1급**

关系 guānxi (사람과 사람 또는 사물 사이의) 관계, 연줄 **3급**

系统 xìtǒng ① 계통, 체계 ② 체계적이다 **4급**

✦ 没 méi(没: 빠질 몰, 다할 몰, 없을 몰), 关 guān(關: 빗장 관, 관계 관), 统
tǒng(統: 묶을 통, 거느릴 통)

7-9급

屯

tún

땅(一)에 **싹**(屮)이 올라올 때 흙에 묻힌 모양처럼 묻히니 묻힐 **둔**

또 묻히게 모아 저축하니 모을 **축**, 저축할 **축**

또 묻히듯이 병사들이 숨어 진치니 진칠 **둔**

+ 군사들이 적에게 들키지 않게 숨어 진을 침을 생각하고 만든 한자
+ 진(摆阵 bǎizhèn) – 군사들을 배치한 줄이나 대열 또는 병력을 배치함
+ 一 yī('한 일'이지만 여기서는 땅의 모양으로 봄), 屮[屮 chè(싹날 철, 풀 초)
  의 변형으로 봄], 摆 bǎi(擺: 열 파, 벌여놓을 파), 阵 zhèn(진칠 진, 줄 진)

5급

吨
(噸)

dūn

입(口)이 **묻힐**(屯) 정도로 놀라는 큰 무게 단위인 톤이니 톤 **둔**

[번체] 噸 – 말(口)을 멈출(頓) 정도로 놀라는 큰 무게 단위인 톤이니 '톤 둔'
+ 頓 dùn(頓: 갑자기 돈, 멈출 돈, 정돈할 돈) – 제목번호 330 참고

4급

纯
(純)

chún

아직 가공하지 않은 흰 **실**(纟)과 땅에 **묻혀**(屯) 올라오는 새싹처럼

순수하니 순수할 **순**

+ 纟 sī[糸 mì/sī(실 사, 실 사 변의 간체자)]

纯净水 chúnjìngshuǐ 정제수 4급

单纯 dānchún ① 단순하다 ② 오로지, 단순히 4급

+ 净 jìng(淨: 깨끗할 정), 单 dān(單: 홑 단)

3급

顿
(頓)

dùn

묻히도록(屯) **머리**(页) 숙이며 갑자기 멈추니

갑자기 **돈**, 멈출 **돈**

또 멈추어 마음을 정돈하니 정돈할 **돈**

활을 본떠서 활 궁

7-9급

gōng

4급

yǐn

활(弓)시위에 **화살**(丨)을 걸고 끌어당기듯 끄니 **끌 인**

+ 丨 gùn('뚫을 곤'이지만 여기서는 화살로 봄)

引导 yǐndǎo 인도하다, 인솔하다[↔ 跟随 gēnsuí] 4급

引进 yǐnjìn ① 추천하다 ② (사람·자금·기술·장비 따위를) 도입하다 4급

引起 yǐnqǐ (주의를) 끌다, 불러일으키다 4급

+ 导 dǎo(導: 이끌 도, 인도할 도), 进 jìn(進: 나아갈 진), 起 qǐ(일어날 기, 시작할 기, 세울 기)

4급

弱

ruò

활(弓)과 **활**(弓)이 **얼고**(冫) **언**(冫) 듯 딱딱하여 힘이 약하니
약할 약

[번체] 弱 – 한 번에 활 두 개(弓弓)에다 화살 두 개(丿丿)씩을 끼워 쏘면 힘이 약하니 '약할 약'

+ 冫 bīng – 얼음 빙(氷)이 부수로 쓰일 때의 모양으로 '이 수 변'

+ 丿 piě('삐침 별'이지만 여기서는 화살로 봄)

薄弱 bóruò 박약하다, 취약하다[↔ 雄厚 xiónghòu] 5급

+ 薄 bó(엷을 박)

7-9급

夷

yí

크게(大) 활(弓) 들고 싸우려고만 했던 오랑캐니 오랑캐 이
또 오랑캐를 멸하여 평온하니 멸할 이, 평온할 이

+ 말이나 뜻으로 해결하려 하지 않고 미개하여 싸우려고만 했던 민족을 '오랑캐'라고 불렀지요.
+ 东夷西戎南蛮北狄(dōngyí xīróng nánmán běidí) - 중국은 자기 나라를 천하의 중심이라는 데서 중국(中国 Zhōngguó)이라 칭하고 나머지는 모두 오랑캐로 보아, 방향에 따라 동쪽 오랑캐는 이(夷 yí), 서쪽 오랑캐는 융(戎 róng), 남쪽 오랑캐는 만(蛮 mán), 북쪽 오랑캐는 적(狄 dí)이라 불렀답니다.

4급

姨

yí

여자(女) 중 오랑캐(夷) 같은 니쁜 것을 물리쳐 주는 이모니
이모 이

阿姨 āyí ① 아주머니 ② 이모 ③ 유아원 혹은 유치원의 보육 교사 **4급**
+ 阿 ā(아첨할 아)

참고자

弗

fú

하나의 활(弓)로 동시에 두 개의 화살(丨丨)은 쏘지 않으니 아닐 불
또 글자가 미국 돈 달러($)와 비슷하니 달러 불

3급

费

fèi

费

귀하지 않게(弗) 재물(贝)을 쓰니 쓸 비
또 쓰는 비용이니 비용 비

+ 贝 bèi(貝: 조개 패, 재물 패, 돈 패)
费用 fèiyòng 비용, 지출 **3급**
消费 xiāofèi 소비하다[↔ 生产 shēngchǎn] **3급**
学费 xuéfèi 학비, 학자금, 수업료 **3급**
经费 jīngfèi (사업·지출 상의) 경비, 비용 **5급**
消费者 xiāofèizhě 소비자 **5급**
+ 用 yòng(쓸 용), 消 xiāo(消: 끌 소, 삭일 소, 소식 소), 学 xué(學: 배울 학), 经 jīng(經: 지날 경, 날실 경, 경험할 경, 경영할 경), 者 zhě(者: 놈 자, 것 자)

425

弟

dì

머리를 땋고(丫) 활(弓)과 화살(丿)을 가지고 노는 아우나 제자니

아우 제, 제자 제

+ 丫 – 두 줄기가 하나로 합쳐진 가닥이니 '가닥 아'
  또 가장귀지게 묶은 머리 모양이니 '가장귀 아'
+ 가장귀 – 나뭇가지의 갈라진 부분 또는 그렇게 생긴 나뭇가지
+ 丿 piě['삐침 별'이지만 여기서는 화살로 봄]

弟弟 dìdi 남동생 [1급]

兄弟 xiōngdì 형과 아우, 형제 [4급]

兄弟 xiōngdi 동생 [참고어]

+ 兄弟도 발음이 달라지면 뜻이 달라집니다.
+ 兄 xiōng(형 형, 어른 형)

梯

tī

나무(木)를 아우(弟)들처럼 차례로 엮어 만든 사다리니

사다리 제

楼梯 lóutī (다층 건물의) 계단, 층계 [4급]

电梯 diàntī ① 엘리베이터 ② 에스컬레이터 [4급]

+ 楼 lóu(樓: 다락 루, 층 루), 电 diàn(電: 번개 전, 전기 전)

第

dì

대(⺮) 마디처럼 아우(弚)들에게 있는 차례니 **차례 제**
또 성적의 차례로 뽑는 과거나, 과거로 뽑힌 관리들이 묵었던 관사니

과거 제, 관사 제

+ 弚[弟 dì(아우 제, 제자 제)의 획 줄임]
+ 第는 정수 앞에서 순서를 나타내는 역할을 하여, '第二 dì èr(두 번째)', '第
  十 dì shí(열 번째)'처럼 사용되지요.

4급

递
递

dì

아우(弟)처럼 가(辶)면서 소식을 차례로 전하니

차례 체, 전할 체

[번체] 遞 – 언덕(厂)을 범(虎)이 왔다 갔다(辶) 하듯 이리저리 다니며 전하니 '전할 체'

╋ 厂 chǎng(굴 바위 엄, 언덕 엄, 廠: 헛간 창, 공장 창), 虎(범 호), 辶 chuò (辶: 뛸 착, 갈 착)

快递 kuàidì 속달, 택배 **4급**

传递 chuándì 전달하다, 패스하다 **5급**

递给 dìgěi 건네주다, 수교하다 **5급**

╋ 快 kuài(상쾌할 쾌, 빠를 쾌, 날카로울 쾌), 传 chuán(傳: 전할 전, 전기 전, 이야기 전), 给 gěi/jī(給: 줄 급)

---

334 ▶ **矢 知智** – 矢와 知로 된 한자
　　　　　시　지 지

7-9급

矢

shǐ

화살을 본떠서 화살 시

1급

知

zhī

(과녁을 맞히는) **화살(矢)**처럼 사실에 맞추어 **말할(口)** 정도로 아니

알 지

╋ 口 kǒu(입 구, 말할 구, 구멍 구)

知道 zhīdào 알다, 이해하다[≒ 知悉 zhīxī, 知晓 zhīxiǎo] **1급**

知识 zhīshi ① 지식 ② 지식의, 지적인 **1급**

通知 tōngzhī ① 통지, 통지서 ② 통지하다, 알리다 **2급**

╋ 道 dào(길 도, 도리 도, 말할 도), 识 shí/zhì(識: 알 식, 기록할 지), 通 tōng/tòng(통할 통, 수량사 통)

4급

智

zhì

아는(知) 것을 응용하여 해(日)처럼 비추는 지혜니 지혜 **지**

智力 zhìlì 지력, 지능 **4급**

＋力 lì(힘 력)

335 **侯候猴** - 侯로 된 한자
후 후 후

1급

侯

hóu

사람(亻)이 만들어(コ) 화살(矢)을 쏘는 과녁이니 과녁 **후**
또 과녁을 잘 맞힌 사람이 되었던 제후니 제후 **후**

＋コ[工 gōng(일꾼 공, 일할 공, 연장 공)의 변형]

1급

候

hòu

바람에 날릴까 봐 **과녁(侯)**에 **화살(丨)**을 쏠 때는 기후를 살피며
때를 기다리니 기후 **후**, 살필 **후**, 때 **후**, 기다릴 **후**
또 만날 때를 기다리며 안부를 물으니 안부 물을 **후**

＋丨 gùn('뚫을 곤'이지만 여기서는 화살로 봄)

时候 shíhou ① 때, 무렵 ② 시간, 동안 **1급**

有时候 yǒushíhòu 가끔씩, 종종 **1급**

气候 qìhòu ① 기후 ② 결과, 성과 ③ 동향 **3급**

问候 wènhòu 문안드리다[≒ 问好 wènhǎo] **4급**

＋时 shí(時: 때 시), 有 yǒu(가질 유, 있을 유), 气 qì(氣: 기운 기, 공기 기,
날씨 기), 问 wèn(問: 물을 문)

짐승(犭) 중 **제후**(侯)처럼 많은 무리를 거느리며 사는 원숭이니
원숭이 후

+ 犭 quǎn(큰개 견, 개 사슴 록 변)

hóu

---

336 ▷ **委矮 医疑** – 委, 矢로 된 한자
　　　위 왜 　의 의

벼(禾) 같은 곡식을 **여자**(女)에게 맡기고 의지하니
맡길 위, 의지할 위
또 책임을 맡기듯 죄 따위를 덮어씌우니 **덮어씌울 위**

+ 곡식이나 월급을 아내에게 맡기고 의지함을 생각하고 만든 한자
委托 wěituō 위탁하다, 의뢰하다[≒ 托付 tuōfù] 5급
+ 托/託 tuō(부탁할 탁, 맡길 탁)

wěi

화살(矢)에도 **의지할**(委) 정도로 키 작고 낮으니
키 작을 왜, 낮을 왜

矮小 ǎixiǎo 왜소하다[↔ 高大 gāodà] 4급

ǎi

1급

医
醫
yī

약**상자**(匚)를 들고 **화살**(矢)처럼 달려가 치료하는 의원이니
치료할 의, 의원 의

[번체] 醫 – 상자(匚)처럼 파이고 화살(矢)과 창(殳)에 다친 곳을 약술(酉)로 소
독하고 치료하는 의원이니 '치료할 의, 의원 의'

＋ 소독약이 없으면 알코올 성분이 있는 술로 소독하지요.

＋ 匚 fāng(상자 방), 殳 shū(칠 수, 창 수, 몽둥이 수), 酉 yǒu(술 그릇 유, 술
유, 닭 유, 열째 지지 유)

医院 yīyuàn 병원 **1급**

西医 xīyī ① 서양 의학 ② 양의사 **2급**

中医 zhōngyī ① 중국 의학 ② 한의사 **2급**

医学 yīxué 의학 **4급**

＋ 院 yuàn(집 원), 西 xī(서쪽 서), 学 xué(學: 배울 학)

4급

疑
yí

비수(匕)와 **화살**(矢)과 **창**(マ)으로 무장하고 **점**(卜)치면 **사람**(人)
이 왜 그런지 의심하니 **의심할 의**

＋ 匕 bǐ(비수 비, 숟가락 비), マ[矛 máo(창 모)의 획 줄임], 卜 bǔ(점 복, 苟: 무
복)

疑问 yíwèn 의문, 의혹 **4급**

无疑 wúyí 의심할 바 없다, 틀림없다 **5급**

＋ 问 wèn(問: 물을 문), 无 wú(無: 없을 무)

---

337 ▶ **失铁** – 失로 된 한자
실 철

3급

失
shī

화살 시(矢)의 위를 연장하여 이미 쏘아버린 화살을 나타내어
(쏘아버린 화살처럼 잃은 것이란 데서) **잃을 실**

失败 shībài ① 실패하다 ② 패배하다 **4급**
失望 shīwàng ① 실망하다[↔ 希望 xīwàng] ② 낙담하다 **4급**
失业 shīyè 직업을 잃다 **4급**

＋ 败 bài(敗: 패할 패), 望 wàng(바랄 망, 보름 망), 业 yè(業: 업 업, 일 업)

2급

铁
鐵

tiě

쇠(钅) 중에 흔하여 **잃어도(**失**)** 되는 철이니 **쇠 철**

[번체] 鐵 – 쇠(金) 중에 비로소(哉) 왕(王)이 된 철이니 '쇠 철'
+ 철은 쇠 중에 제일 많이 쓰이니 쇠 중의 왕인 셈이고, 또 흔하여 잃어도 된다고도 했네요.
+ 哉 zāi – 말(口)을 끊을(戈) 때 쓰는 어조사니 '어조사 재'
　　　　또 말(口)을 끊으며(戈) 비로소 일을 시작하니 '비로소 재'
+ 戈 – 제목번호 341 '戴 dài'의 주 참고
地铁 dìtiě ① 지하철 ② 지하철도 **2급**
地铁站 dìtiězhàn 지하철역 **2급**
铁路 tiělù 철도[= 铁道 tiědào] **3급**
高铁 gāotiě 高速铁路'(고속철도)의 준말 **4급**
+ 地 dì(땅 지), 站 zhàn(멈출 참, 정거장 참, 역 참), 路 lù(길 로), 高 gāo(높을 고)

---

338 弋 代贷 式试 – 弋과 代, 式으로 된 한자
　　　　익 대 대 식 시

7-9급

弋

yì

주살을 본떠서 **주살 익**

+ 주살 – 줄을 매어 쓰는 화살

3급

代

dài

전쟁터에서는 **사람(亻)**이 할 일을 **주살(弋)**이 대신하니 **대신할 대**
또 아버지를 대신하여 이어가는 세대니 **세대 대**

+ 화살이나 주살은 멀리 떨어져 있는 적을 향해 쏠 수도 있고 글이나 불을 묶어 보낼 수도 있기 때문에 사람이 할 일을 대신하는 셈이지요.
代表 dàibiǎo 대표(하다), 대신하다 **3급**
代表团 dàibiǎotuán 대표단 **3급**
代理 dàilǐ 대리(하다), 대신하다 **5급**
交代 jiāodài ① 알려주다 ② 인계하다, 건네주다 **5급**
+ 表 biǎo(겉 표, 錶: 시계 표), 团 tuán(團: 둥글 단, 모일 단), 理 lǐ(이치 리, 다스릴 리), 交 jiāo(사귈 교, 오고 갈 교)

dài

사는 **대신(代) 돈(贝)** 주고 빌리니 **빌릴 대**

+ 贝 bèi(貝: 조개 패, 재물 패, 돈 패)

贷款 dàikuǎn ① 대부하다 ② 대부금 5급

+ 款 kuǎn(정성 관, 조목 관, 기록 관)

shì

주살(弋)을 만들 때 **장인(工)**이 따르는 법과 의식이니

법 식, 의식 식

+ 式 shì는 영어의 스타일(style)이라는 뜻도 가지고 있습니다.
+ 工 gōng(일꾼 공, 일할 공, 연장 공)

形式 xíngshì 형식, 형태[내용을 표현하는 방식으로, 내용과 구별됨] 3급

正式 zhèngshì 정식의, 공식의[↔ 候补 hòubǔ] 3급

公式 gōngshì ① 공식 ② 일반 법칙 5급

+ 形 xíng(모양 형), 正 zhèng(바를 정, 딱 정, 바로 정, 정월 정), 公 gōng(공평할 공, 국가 공, 대중 공, 세계 공통 공, 존칭 공)

shì

말(讠)이 **법(式)**에 맞는지 시험하니 **시험할 시**

+ 讠 yán[言(말씀 언 변)의 간체자]

试题 shìtí 시험 문제 3급

试验 shìyàn ① 시험하다 ② 시험[≒ 尝试 chángshì] 3급

试卷 shìjuàn ① 시험지 ② 답안을 적은 시험지 4급

面试 miànshì 면접시험(하다)[= 面考 miànkǎo] 4급

试图 shìtú 시도하다 5급

꿀TIP 필기시험은 笔试 bǐshì, 면접시험은 面试 miànshì 라고 합니다.

+ 题 tí(題: 제목 제, 문제 제), 验 yàn(驗: 시험할 험), 卷 juàn(卷: 문서 권, 책 권, 捲: 말 권), 面 miàn(얼굴 면, 향할 면, 볼 면, 麵: 밀가루 면, 국수 면), 图 tú(圖: 그림 도, 꾀할 도)

7-9급

戈
gē

몸체가 구부러지고 손잡이 있는 창을 본떠서 **창 과**

干戈 gāngē 무기, 전쟁 참고어

+ 干 gān/gàn(방패 간, 乾: 마를 건, 幹: 줄기 간, 일할 간, 간부 간)

1급

找
zhǎo

손(扌)에 창(戈) 들고 찾아 보충하니 **찾을 조, 보충할 조**

找到 zhǎodào 찾아내다 1급
找出 zhǎochū 찾아내다 2급
寻找 xúnzhǎo 찾다, 구하다[≒ 寻觅 xúnmì, 找寻 zhǎoxún] 4급

+ 到 dào(이를 도, 주도면밀할 도), 出 chū(나올 출, 나갈 출), 寻 xún(尋: 찾을 심)

3급

戏
戲
xì

손(又)에 창(戈) 들고 놀며 희롱하니 **놀 희, 희롱할 희**

번체 戲 – 범(虍) 모양을 제기(豆) 위에 놓고 창(戈)으로 찌르는 시늉을 하며 놀고 희롱하니 '놀 희, 희롱할 희'

+ 又 yòu(오른손 우, 또 우), 虍 hū(범 호 엄), 豆 dòu(제기 두, 콩 두)

游戏 yóuxì ① 게임, 레크리에이션 ② 놀다, 장난치다 3급
戏剧 xìjù ① 희극, 연극 ② 극본 5급

+ 游 yóu(헤엄칠 유, 놀 유), 剧 jù(劇: 심할 극, 연극 극)

2급

划
劃
huá

창(戈)이나 칼(刂)로 그으며 계획하니 **그을 획, 계획할 획**

번체 劃 – 그림(畫) 그리듯 칼(刂)로 그으며 계획하니 '그을 획, 계획할 획'

+ 싸움이 많았던 옛날에는 항상 창이나 칼을 지니고 생활했으니, 이런 어원이 가능하지요.
+ 畫(그림 화, 그을 획: 画 huà), 刂 dāo(칼 도 방)

计划 jìhuà ① 계획하다 ② 계획, 작정 2급
划船 huá chuán ① 배를 젓다 ② 카누, 보트 3급
划分 huàfēn ① 나누다 ② 구분하다 5급
规划 guīhuà 기획하다, 계획하다 5급

+ 计 jì(計: 셈할 계), 船 chuán(배 선), 规 guī(規: 법 규)

5급

戒

jiè

창(戈)을 받쳐 들고(廾) 적을 경계하니 **경계할 계**

+ 비 戎 róng(오랑캐 융)
+ 廾 gǒng(받쳐 들 공) - 제목번호 035 참고

5급

绒

絨

róng

굵은 베**실**(纟)에 털을 **창**(戈)처럼 **많이**(十) 찍어서 만든 융이니 **융 융**

+ 융(绒 róng) - 표면이 부드럽고 부풋부풋한 옷감의 하나

羽绒服 **yǔróngfú** 다운재킷[= 羽毛衣 yǔmáoyī, 羽绒衣 yǔróngyī] 5급
+ 羽 yǔ(羽: 깃 우), 服 fú/fù(옷 복, 먹을 복, 복무할 복, 복종할 복, 첩 복)

2급

或

huò

창(戈) 들고 **식구**(口)와 **땅**(一)을 지키며 혹시라도 있을지 모르는 적의 침입에 대비하니 **혹시 혹**

+ 口 kǒu('입 구, 말할 구, 구멍 구'지만 여기서는 식구로 봄)
或者 **huòzhě** ① 어쩌면, 혹시 ② ~이든가 ~이다 2급
或许 **huòxǔ** 아마, 어쩌면, 혹시 (~인지 모른다) 4급
或是 **huòshì** ① ~이/가 아니면 ~이다 ② 아마, 혹시 5급
+ 者 zhě(者: 놈 자, 것 자), 许 xǔ(許: 허락할 허), 是 shì(옳을 시, 이 시, ~이다 시)

5급

域

yù

땅(土)에서 **혹시**(或)라도 있을지 모르는 분쟁을 막기 위하여 나눠 놓은 구역이니 **구역 역**

区域 **qūyù** 구역, 지역 5급
+ 区 qū(區: 나눌 구, 구역 구)

참고자

戋
(戔)
jiān

1급

钱
(錢)
qián

3급

线
(綫 線)
xiàn

4급

浅
(淺)
qiǎn

하나(一)의 창(戈)으로 해치니 해칠 잔
또 해치면 적어도 원망이 쌓이고 찌꺼기가 남으니
적을 전, 쌓일 전, 나머지 전

번체 戔 – 창(戈)을 두 개나 들고 해치니 '해칠 잔'
또 해치면 적어도 원망이 쌓이고 찌꺼기가 남으니
'적을 전, 쌓일 전, 나머지 전'

쇠(钅)로 만들어 쌓아(戋) 놓고 쓰는 돈이니 돈 전

+ 钅 jīn[金(쇠 금, 금 금, 돈 금 변)의 간체자]
钱包 qiánbāo 돈지갑, 돈 가방 1급
价钱 jiàqian ① 가격, 값 ② 조건 3급
+ 包 bāo(쌀 포), 价 jià(價: 값 가, 가치 가)

실(纟)이 쌓이도록(戋) 길게 이어지는 줄이니 줄 선

번체 線(綫) – 실(糸)이 샘(泉)의 물줄기처럼 길게 이어지는 줄이니 '줄 선'
+ 纟 sī[糸 mì/sī(실 사, 실 사 변의 간체자)], 泉 quán(샘 천)
路线 lùxiàn ① (철도 따위의) 노선 ② 여정 ③ 계획, 방법 3급
线索 xiànsuǒ ① 실마리, 단서 ② 줄거리, 맥락 5급
光线 guāngxiàn 광선, 빛 5급
直线 zhíxiàn ① 직선[↔ 曲线 qūxiàn] ② 직선으로, 급격히 5급
+ 路 lù(길 로), 索 suǒ(동아줄 삭, 찾을 색, 쓸쓸할 삭), 光 guāng(빛 광, 영광 광), 直 zhí(直: 곧을 직, 바를 직)

물(氵)속에 돌이나 흙이 쌓여(戋) 얕으니
얕을 천

4급

戴

dài

끊어(𢦏) 버리고 **다른(異)** 사람을 추대하여 받드니 **받들 대**
또 받들어 몸에 착용하니 **착용할 대**

+ 𢦏 – 많이(十) 창(戈) 같은 도구로 찍어 끊으니 '끊을 재', 이 글자는 실제 쓰
  이는 한자는 아니지만 여러 한자에 쓰인 것으로 보아 𢦏에는 '끊다'의
  뜻이 있고, 음도 '재'라고 생각되어 추정해본 한자입니다.
+ 十 shí(열 십, 많을 십), 戈 gē(창 과)

5급

裁

cái

옷(衣)감을 **잘라(𢦏)** 재단하려고 몸의 크기를 헤아리고 결단하니
재단할 재, 헤아릴 재, 결단할 재

+ 재단(剪裁 jiǎncái) – (옷감 등을) 치수에 맞게 자르는 것, 마름질
+ 剪 jiǎn(자를 전)

裁判 cáipàn ① 심판 ② 심판을 보다 ③ 판정하다 5급
总裁 zǒngcái ① (정당의) 총재 ② (기업의) 총수 5급
+ 判 pàn(判: 판단할 판), 总 zǒng(總: 모두 총, 모을 총, 거느릴 총)

4급

載

載

zài/zǎi

수레(车)에 물건을 **잘라(𢦏)** 실으니 **실을 재**(zài)
또 싣듯이 어디에 기재하니 **기재할 재**
또 모든 것을 싣고 가는 **해(年)**의 뜻도 있어서 **해 재**(zǎi)

+ 车 chē(車: 수레 거, 차 차), 年 nián(해 년, 나이 년)
记载 jìzài ① 기재하다, 기록하다 ② 기록[≒ 记录 jìlù] 4급
下载 xiàzài 다운로드하다[↔ 上载 shàngzài] 4급
+ 记 jì(記: 기록할 기, 기억할 기), 下 xià(아래 하, 내릴 하)

1급

工

gōng

일꾼이 일할 때 쓰는 연장을 본떠서 일꾼 공, 일할 공, 연장 공

工人 gōngrén 노동자 1급

工具 gōngjù ① 공구, 작업 도구 ② 수단, 방법 3급

工资 gōngzī 임금[≒ 薪资 xīnzī, 薪水 xīnshui, 工薪 gōngxīn] 3급

人工 réngōng ① 인공의 ② 수공[↔ 自然 zìrán, 天然 tiānrán] 3급

手工 shǒugōng ① 손으로 하는 일 ② 손으로 만들다 ③ 수공예인 4급

꿀TIP 工具는 공구 이외에 '도구'라는 뜻으로도 사용되어, 학습 도구를 学习工具 xuéxí gōngjù라고 합니다.

+ 具 jù(갖출 구, 기구 구), 资 zī(資: 재물 자, 자격 지), 手 shǒu(손 수, 재주 수, 재주 있는 사람 수)

4급

江

jiāng

물(氵)이 흘러가며 **만들어지는(工)** 강이니 강 강

2급

红

红

hóng

(붉은색을 좋아하는 중국에서)
실(纟)을 가공하면(工) 주로 붉으니 붉을 홍
또 붉게 번창하여 남는 이윤이니 이윤 홍

+ 중국인들은 붉은색을 좋아하여 환영 · 찬양 · 축하의 뜻으로 많이 사용합니다.
+ 纟 sī[糸 mì/sī(실 사, 실 사 변의 간체자)]

红色 hóngsè ① 적색[= 红颜色 hóngyánsè] ② 혁명적 2급

红茶 hóngchá 홍차 3급

红酒 hóngjiǔ 붉은 포도주 3급

+ 色 sè(빛 색), 颜 yán(顏: 얼굴 안, 색 안), 茶 chá(차 차), 酒 jiǔ(술 주)

3급

功

gōng

일하며(工) 힘(力)들인 공이며 공로니 공 공, 공로 공

+ 공로(功劳 gōng láo) – 일에 애쓴 공적
+ 力 lì(힘 력), 劳 láo(勞: 수고할 로, 일할 로)

功夫 gōngfu ① 시간 ② 재주, 솜씨 3급

功能 gōngnéng 기능, 효능[≒ 功效 gōngxiào, 功用 gōngyòng] 3급

成功 chénggōng ① 성공하다 ② 성공적이다[↔ 失败 shībài] 3급

+ 夫 fū(사내 부, 남편 부), 能 néng(능할 능), 成 chéng(이룰 성)

5급

zhù

대(⺮)로도 **장인(工)**은 **보통(凡)** 나무처럼 쌓아 지으니

쌓을 축, 지을 축

[번체] 築 – 대(⺮)로도 장인(工)은 보통(凡) 나무(木)처럼 쌓아 지으니
　　　　'쌓을 축, 지을 축'

+ ⺮[竹 zhú(대 죽)이 부수로 쓰일 때의 모양], 工 gōng(일꾼 공, 일할 공, 연장
　공), 凡 fán(무릇 범, 보통 범, 모두 범)

建筑 jiànzhù ① 건축물 ② 건축하다 ③ 구성하다 5급

+ 建 jiàn(세울 건, 제안할 건)

3급

kǒng

일하며(工) 무릇(凡) 실수할까 봐 **마음(心)**속으로 두려워하니

두려워할 공

恐怕 kǒngpà ① 아마 ~일 것이다 ② 대체로, 대략 ③ 걱정하다 3급

+ 怕 pà(두려워할 파)

---

343 空控 – 空으로 된 한자
　　　공 공

2급

kōng/kòng

굴(穴)처럼 **만들어(工)** 속이 비니 빌 공(kōng)
또 공간을 비도록 비우니 비울 공(kòng)

+ '空'은 '텅 비다, 헛되다' 뜻일 때는 1성으로, '비우다, 한가한 시간' 등의 뜻으
　로 쓰일 때는 4성으로 발음됩니다.
+ 穴 xué(구멍 혈, 굴 혈)

空气 kōngqì ① 공기 ② 분위기[≒ 气氛 qìfēn] 2급

有空儿 yǒu kòngr 틈[짬, 겨를]이 있다 2급

空儿 kòngr ① 틈, 짬, 겨를 ② 빈자리 ③ 기회 3급

空调 kōngtiáo ① (에어컨으로) 공기를 조절하다 ② 에어컨 3급

填空 tiánkòng ① 빈자리(직위)를 메우다 ② 빈칸에 써넣다 4급

空中 kōngzhōng ① 공중 ② 가공 5급

+ 气 qì(氣: 기운 기, 공기 기, 날씨 기), 有 yǒu(가질 유, 있을 유), 儿 ér(사람
　인 발, 접미사 아, 兒: 아이 아), 调 diào/tiáo(調: 조사할 조, 옮길 조, 고를
　조, 조절할 조), 填 tián(塡: 채울 전), 中 zhōng(가운데 중, 맞힐 중)

5급

控

kòng

손(扌)으로 불만이 **없게(空)** 통제하고 고소하니

통제할 공, 고소할 공

控制 kòngzhì ① 통제하다, 제어하다 ② 억제하다 ③ 장악하다 **5급**

+ 制 zhì(제도 제, 억제할 제, 製: 지을 제)

---

344 ▶ **经轻劲** – 조으로 된 한자
　　　　경 경 경

2급

经
(經)

jīng

실(纟) 중 **물줄기(조)**처럼 길게 지나가는 날실이니

지날 경, 날실 경

또 지내면서 겪은 경험으로 경영하니 경험할 경, 경영할 경

+ 조 – 하나(一)의 냇물(ㄑ)이 흐르면서 만들어지는(工) 물줄기니 '물줄기 경'
+ 비 조 shèng(聖: 성스러울 성, 성인 성) – 2권 제목번호 221 참고
+ 번체 巠 – 하나(一)의 냇물(巛)처럼 만들어지는(工) 물줄기니 '물줄기 경'
　베를 짤 때 길게 늘어뜨린 쪽의 실을 날실(经 jìng), 좁은 쪽의 실을 씨실(纬 wěi)이라 하지요.
+ ㄑ(냇물의 모양으로 봄), 巛 chuān(개미허리 천), 纬 wěi(緯: 씨실 위)

经过 jīngguò 경과하다, 통과하다 **2급**

经理 jīnglǐ 사장 **2급**

已经 yǐjīng 이미, 벌써[≒已然 yǐrán] **2급**

经验 jīngyàn ① 경험, 체험 ② 직접 체험하다 **3급**

꿀TIP 한국어의 사장(社长 shèzhǎng)을 중국어에서는 总经理 zǒngjīnglǐ, 혹은 经理 jīnglǐ라고 합니다.

+ 过 guò(過: 지날 과, 지나칠 과, 허물 과), 理 lǐ(이치 리, 다스릴 리), 已 yǐ(이미 이), 验 yàn(驗: 시험할 험)

2급

qīng (輕)

수레(车)가 물줄기(조)처럼 저절로 달리도록 가벼우니

가벼울 경

+ 车 chē(車: 수레 거, 차 차)

年轻 niánqīng 젊다[= 年青 niánqīng] **2급**

轻松 qīngsōng 수월하다, 가볍다[↔ 沉重 chénzhòng, 紧张 jǐnzhāng] **4급**

轻易 qīngyì ① 경솔하다 ② 수월하다[주로 부정형으로 쓰임] **4급**

减轻 jiǎnqīng 경감하다, 덜다 **5급**

+ 年 nián(해 년, 나이 년), 松 sōng(소나무 송, 느슨할 송), 易 yì(쉬울 이, 바꿀 역), 减 jiǎn(减: 줄어들 감)

4급

jìn/jìng (勁)

물줄기(조)처럼 뻗어가는 힘(力)이니 힘 경(jìn)

또 힘이 있어 굳세니 굳셀 경(jìng)

有劲儿 yǒujìnr ① (늠름하고) 힘이 있다 ② 힘이 솟다 ③ 효과가 있다 **4급**

使劲儿 shǐjìnr 힘을 쓰다[= 用力 yònglì] **4급**

+ 有 yǒu(가질 유, 있을 유), 儿 ér(사람 인 발, 접미사 아, 兒: 아이 아,), 使 shǐ(하여금 사, 부릴 사)

---

345 ▶ 巧号 亏污 – 丂, 亏로 된 한자
　　　 교 호 　 휴 오

3급

qiǎo

만드는(工) 것이 교묘하니(丂) 교묘할 교

+ 丂 qiǎo – 하나(一)를 싸(勹) 만듦이 교묘하니 '교묘할 교'
+ 工 gōng(일꾼 공, 일할 공, 연장 공), 勹[勹 bāo(쌀 포)의 변형]

巧克力 qiǎokèlì[음역어] 초콜릿 **4급**

+ 克 kè(능할 극, 이길 극), 力 lì(힘 력)

440

hào

입(口)으로 크게(丂) 부르니 부를 호
또 부르는 이름이나 부호니 이름 호, 부호 호

[번체] 號 – 입(口)을 크게(丂) 벌리고 범(虎)처럼 부르니 '부를 호'
또 부르는 이름이나 부호니 '이름 호, 부호 호'

+ 丂 qiǎo['교묘할 교'지만 여기서는 大 dà/dài(큰 대)의 변형으로 봄], 虎 hǔ
(범 호)

信号 xìnhào 신호, 사인 2급
号召 hàozhào ① 호소하다 ② 호소[≒ 宣传 xuānchuán] 5급
称号 chēnghào 칭호, 호칭 6급
口号 kǒuhào ① 구호, 슬로건 ② 암호 5급

+ 信 xìn(믿을 신, 소식 신), 召 zhào(부를 소), 称 chēng(稱: 부를 칭, 일컬을
칭), 口 kǒu(입 구, 말할 구, 구멍 구)

kuī

한(一) 번 교묘하게(丂) 부딪쳐 이지러지니 이지러질 휴
또 이지러져 모자라고 손해 보니 모자랄 휴, 손해 볼 휴
또 한(一) 번 교묘하게(丂) 어려움을 벗어나 다행이니 다행 휴

[번체] 虧 – 범(虍)이나 새(隹)처럼 한(一) 번 교묘하게(丂) 부딪쳐 이지러지니
'이지러질 휴'
또 이지러져 모자라고 손해 보니 '모자랄 휴, 손해 볼 휴'

+ 虍 hū(범 호 엄), 隹 zhuī(새 추)

wū

물(氵)에 한(一) 번 크게(丂) 적신 듯 더러우니 더러울 오

+ 丂 qiǎo['교묘할 교'지만 여기서는 大 dà/dài(큰 대)의 변형으로 봄]

污水 wūshuǐ 오수, 더러운 물 5급
污染 wūrǎn 오염시키다, 오염되다 5급

+ 染 rǎn(물들일 염)

1급

yòng

성(冂)에서 두(二) 개의 송곳(l)을 쓰니 쓸 용

+ 冂 jiōng(멀 경, 성 경), l gùn('뚫을 곤'이지만 여기서는 송곳으로 봄)

有用 yǒuyòng 쓸모가 있다, 유용하다 **1급**

不用 búyòng ~할 필요가 없다 **1급**

常用 chángyòng 늘 쓰다, 일상적으로 사용하다 **2급**

作用 zuòyòng ① 작용, 영향 ② 작용하다, 영향을 미치다 **2급**

实用 shíyòng ① 실용적이다 ② 실제로 쓰다 **4급**

用不着 yòngbuzháo 소용되지 않다, 쓸모없다 **5급**

用来 yònglái ① (~에) 쓰(이)다, 사용하다 ② 써(사용해) 보니 **5급**

用于 yòngyú ~에 쓰다 **5급**

通用 tōngyòng 통용되다, 두루 쓰이다 **5급**

+ 常 cháng(항상 상, 보통 상), 作 zuò(지을 작), 实 shí(實: 열매 실, 실제 실), 着 zhào/zhe/zhāo/zhuó(着: 붙을 착, 어조사 착, 첨가할 착, 입을 착), 来 lái(來: 올 래), 于 yú(어조사 우), 通 tōng/tòng(통할 통, 수량사 통)

5급

擁

yōng

손(扌)을 써(用) 안으니 안을 옹
또 무엇을 안듯이 둘러싸니 둘러쌀 옹

[번체] 擁 – 손(扌)으로 머리(亠)까지 작은(纟) 새(隹)처럼 안으니 '안을 옹'

+ 亠 tóu(머리 부분 두), 纟 xiāng['鄕: 시골 향, 고향 향'의 간체지만 여기서는 작을 요, 어릴 요(幺)의 변형으로 봄], 隹 zhuī(새 추)

拥抱 yōngbào 포옹하다, 껴안다 **5급**

拥有 yōngyǒu 보유하다, 소유하다 **5급**

+ 抱 bào(안을 포), 有 yǒu(가질 유, 있을 유)

참고자

fǔ

많이(十) 쓰이도록(用) 점(丶)까지 찍어가며 만들어 크고 넓으니
클 보, 넓을 보

+ 十 shí(열 십, 많을 십), 丶 zhǔ(점 주, 불똥 주)

5급

辅

〔輔〕

fǔ

차(车)로 크게(甫) 도우니 **도울 보**

+ 车 chē(車: 수레 거, 차 차)

辅助 fǔzhù ① 도와주다 ② 보조적인, 부차적인[≒ 扶助 fúzhù] **5급**

+ 助 zhù(도울 조)

5급

葡

pú

풀(艹)잎 아래 **싸여(勹)** 크는(甫) 포도니 **포도 포**

+ 勹 bāo(쌀 포)

葡萄 pútáo ① 포도 ② 포도나무 **5급**

葡萄酒 pútáojiǔ 포도주 **5급**

+ 萄 táo(쏘노 노), 酒 jiǔ(술 주)

---

347 ▶ **甬痛通勇** – 甬으로 된 한자
　　　　　　 용 통 통 용

참고자

甬

yǒng

꽃봉오리가 부풀어 솟아오르는 모양을 본떠서 **솟을 용**

3급

痛

tòng

병(疒) 기운이 **솟아(甬)** 아프니 **아플 통**

+ 疒 nè(병들 녁)

痛苦 tòngkǔ ① 고통, 아픔[≒ 苦痛 kǔtòng, 难过 nánguò ↔ 幸福 xìngfú, 快乐 kuàilè] ② 고통스럽다. 괴롭다 **3급**

+ 苦 kǔ(쓸 고, 괴로울 고)

443

通

tōng/tòng

무슨 일이나 **솟을**(甬) 정도로 **뛰며**(辶) 열심히 하면 통하니
통할 **통**(tōng)
또 통하듯 같은 동작의 횟수를 세는 수량사니 수량사 **통**(tòng)

通过 tōngguò 통과하다 2급
通知 tōngzhī ① 통지, 통지서 ② 통지하다, 알리다 2급
交通 jiāotōng ① 교통 ② 서로 통하다 2급
通常 tōngcháng ① 평상시, 통상 ② 보통이다 3급
通信 tōngxìn ① 통신하다 ② 통신, 서신 왕래 3급
通知书 tōngzhīshū 통지서 4급
+ 过 guò(過: 지날 과, 지나칠 과, 허물 과), 知 zhī(알 지), 交 jiāo(사귈 교,
오고 갈 교), 常 cháng(항상 상, 보통 상), 信 xìn(믿을 신, 소식 신), 书 shū
(書: 쓸 서, 글 서, 책 서)

勇

yǒng

솟는(甬) **힘**(力)이 있어 날래니 날랠 **용**

勇敢 yǒnggǎn 용감하다[↔ 懦弱 nuòruò, 胆怯 dǎnqiè] 4급
勇气 yǒngqì 용기 4급
+ 敢 gǎn(감히 감, 용감할 감), 气 qì(氣: 기운 기, 공기 기, 날씨 기)

---

348 **角确解触** – 角으로 된 한자
각 확 해 촉

角

jiǎo/jué

짐승의 뿔이 모남을 본떠서 뿔 **각**, 모날 **각**(jiǎo)
또 뿔을 대고 겨루듯 연기하는 배우니 겨룰 **각**, 배우 **각**(jué)

角度 jiǎodù 각도 2급
角色 juésè ① (연극이나 영화·TV 등의) 배역 ② 어떤 역을 맡은 사람 4급
+ 度 dù(법도 도, 정도 도, 시간 보낼 도, 헤아릴 탁), 色 sè(빛 색)

确
確
què

돌(石)이나 뿔(角)처럼 굳게 확실하니 **굳을 확, 확실할 확**

[번체] 確 – 돌(石)로 덮으면(宀) 새(隹)도 날지 못함이 굳게 확실하니
　　　　'굳을 확, 확실할 확'

+ 石 shí(돌 석), 宀 mì(덮을 멱), 隹 zhuī(새 추)

正确 zhèngquè 정확하다[↔ 错误 cuòwù] 2급

确定 quèdìng ① 확정하다 ② 확정적이다 3급

明确 míngquè ① 명확하다 ② 명확하게 하다[↔ 含糊 hánhu] 3급

确认 quèrèn ① 확인(하다) ② 확인 4급

確立 quèlì 확고하게 세우다[≒ 建立 jiànlì, 树立 shùlì] 5급

+ 正 zhèng(바를 정, 딱 정, 바로 정, 정월 정), 定 dìng(정할 정), 明 míng(밝을
명), 认 rèn(認: 인정할 인), 立 lì(설 립)

解
解
jiě

뿔(角)부터 칼(刀)로 소(牛)를 해부하듯 문제를 푸니
해부할 해, 풀 해

+ 刀 dāo(칼 도), 牛 niú(소 우)

理解 lǐjiě 알다, 이해하다 3급

了解 liǎojiě ① 이해하다 ② 조사하다, 알아보다 4급

分解 fēnjiě ① 분해하다 ② 분열되다 ③ (분쟁을) 해결하다 5급

误解 wùjiě ① 오해하다 ② 오해[≒ 误会 wùhuì] 5급

+ 理 lǐ(이치 리, 다스릴 리), 了 le/liǎo(마칠 료, 밝을 료, 어조사 료), 分 fēn
(나눌 분, 단위 분, 단위 푼, 신분 분, 분별할 분, 분수 분, 점수 분, 성분 분),
误 wù(誤: 그르칠 오)

触
觸
chù

뿔(角) 같은 촉수를 내둘러 벌레(虫)는 닿으니 **닿을 촉**

[번체] 觸 – 뿔(角) 같은 촉수를 휘둘러 애벌레(蜀)는 닿으니 '닿을 촉'

+ 蜀 shǔ – 그물(罒) 같은 집에 싸여(勹) 있는 애벌레(虫)니 '애벌레 촉'

+ 罒 wǎng(그물 망, 인터넷 망, =网, 㓁), 勹 (쌀 포)

接触 jiēchù ① 접촉하다, 관계를 갖다 ② 교전하다[↔ 隔离 gélí] 5급

+ 接 jiē(이을 접, 대접할 접)

참고자

尃

fū

널리(甫) 마디(寸)마디 펴 두루 알리니 **펄 부, 두루 알릴 부**

+ 甫 fǔ– 많이(十) 쓰이도록(用) 점(丶)까지 찍어가며 만들어 크고 넓으니
'클 보, 넓을 보'
+ 寸 cùn(마디 촌, 법도 촌)

5급

傅

fù

사람(亻) 중 지식을 두루 펴(尃) 가르치는 스승이니 **스승 부**
또 **사람(亻)이 두루 펴(尃) 바르게 붙이니 바를 부, 붙일 부**

+ 비 传 chuán(傳: 전할 전, 전기 전, 이야기 전) – 제목번호 279 참고
师傅 shīfu 기사님, 선생님[기예·기능을 가진 사람에 대한 존칭] 5급
+ 师 shī(師: 스승 사, 전문가 사)

5급

博

bó

많은(十) 방면으로 펴(尃) 넓으니 **넓을 박**

博客 bókè 블로그 5급
博览会 bólǎnhuì 박람회 5급
博士 bóshì 박사 5급

+ 客 kè(손님 객), 览 lǎn(覽: 볼 람), 会 huì(會: 모일 회, 잠깐 회, 알 회, 회
계할 회), 士 shì(선비 사, 군사 사, 칭호나 직업에 붙이는 말 사)

4급

薄

báo/bó

풀(艹)이 물(氵)에 펴져(尃) 엷으니 **엷을 박** (báo)
또 엷게 만들어 부실하니 **부실할 박** (bó)

薄弱 bóruò 박약하다, 취약하다[≒ 单薄 dānbó ↔ 雄厚 xiónghòu] 5급
+ 弱 ruò(弱: 약할 약)

부수자

冂

jiōng

멀리 떨어져 윤곽만 보이는 성을 본떠서 멀 경, 성 경

1급

肉

ròu

고깃덩어리(冂)에 근육이나 기름이 있는 모양(仌)을 본떠서

고기 육

또 부수로 쓰일 때는 육 달 월(月)

+ 肉가 부수로 쓰일 때는 月인데, 이때의 月는 '달'이라는 뜻이 아닌 '고기'라는
  의미로 풀이됩니다.
+ 冂 jiōng['멀 경, 성 경'이지만 여기서는 고깃덩어리로 봄]

肌肉 jīròu 근육[= 筋肉 jīnròu] 5급

+ 肌 jī(근육 기, 살갗 기)

3급

内

nèi

성(冂)으로 사람(人)이 들어간 안이니 안 내

[번체] 內 – 성(冂)으로 들어(入)간 안이니 '안 내'

内部 nèibù 내부[→ 外部 wàibù] 4급

在内 zàinèi 내포하다, 포함하다[→ 在外 zàiwài] 5급

꿀TIP 内의 반대말이 外 wài(밖 외)니, 内行 nèiháng(전문가)의 반대말은 外行
wàiháng(초보자)이네요.

+ 部 bù(나눌 부, 마을 부, 거느릴 부), 在 zài(있을 재), 行 xíng/háng(다닐 행,
  행할 행, 줄 항)

5급

锅

guō

쇠(钅)에 구멍(口)을 안(内)으로 파서 만든 솥이니 솥 과

[번체] 鍋 – 쇠(金)에 구멍을 비뚤어지게(咼) 파서 만든 솥이니 '솥 과'
+ 咼 wāi – 입(口)이 비뚤어진 모양을 본떠서 '입 비뚤어질 괘, 입 비뚤어질 와'
+ 钅 jīn[金(쇠 금, 금 금, 돈 금 변)의 간체자]

电饭锅 diànfànguō 전기(밥)솥[= 电锅 diànguō] 5급

+ 电 diàn(電: 번개 전, 전기 전), 饭 fàn(飯: 밥 반)

447

tóng

성(冂)에서 하나(一)의 출입구(口)로 같이 다니니 같을 동

+ 口 kǒu(입 구, 말할 구, 구멍 구)

同学 tóngxué ① 같은 학교(학과)를 다니다 ② 동창생, 동급생 1급

同时 tóngshí 동시(에) 2급

不同 bùtóng 같지 않다, 다르다[↔ 相同 xiāngtóng] 2급

同意 tóngyì 동의(하다), 찬성(하다) 3급

同情 tóngqíng ① 동정하다 ② 공감하다 4급

如同 rútóng 마치 ~와 같다[주로 '一样 yīyàng', '一般 yībān'과 호응함][= 如像 rúxiàng, 仿佛 fǎngfú, 好像 hǎoxiàng] 5급

꿀TIP 同学 tóngxué는 학생이 다른 학생을 부를 때나 선생님이 학생을 부를 때 모두 쓸 수 있어요. 보통 이름 뒤에 同学를 붙여 호칭하는데, 이름을 모르면 그냥 同学라고만 해도 됩니다.

+ 学 xué(學: 배울 학), 时 shí(時: 때 시), 意 yì(뜻 의), 情 qíng(情: 뜻 정, 정 정, 형편 정), 如 rú(같을 여)

dòng

물(氵)을 같이(同) 쓰는 마을이나 동굴이니 마을 동, 동굴 동
또 물(氵) 같이(同) 순리대로 살아 사리에 밝으니 밝을 통

+ 물은 자기 모양을 주장하지 않고 담기는 곳에 모양을 맞추며, 항상 낮은 곳으로 흐르고, 구덩이가 있으면 채우고 넘쳐야 흐르는 등 배울 점이 많으니, 이러한 물처럼 살면 사리에 밝다고 본 것이네요.

漏洞 lòudòng ① 구멍, 틈새 ② 빈틈, 약점, 맹점 5급

+ 漏 lòu(샐 루)

xiàng

표시(丿)된 성(冂) 입구(口)를 향하여 나아가니
향할 향, 나아갈 향

+ 丿 piě('삐침 별'이지만 여기서는 안내표시로 봄)

方向 fāngxiàng 방향 2급

向上 xiàngshàng 향상(하다)[↔ 向下 xiàngxià] 5급

一向 yíxiàng ① 줄곧, 내내 ② 최근, 근래 ③ 그동안[≒ 一贯 yíguàn, 向来 xiànglái] 5급

转向 zhuǎnxiàng ① 방향을 바꾸다 ② 정치적 입장을 바꾸다 ③ ~방향[쪽]으로 향하다 5급

+ 方 fāng(모 방, 방향 방, 방법 방), 转 zhuǎn(轉: 구를 전, 돌 전, 바뀔 전)

响 _響

xiǎng

입(口)으로 **향하여**(向) 외치는 소리가 울리니 소리 **향**, 울릴 **향**

[번체] 響 – 시골(鄉)에서 소리(音)치면 산이 울리니 '울릴 향'
+ 鄉 – 어려서(乡) 흰(白)쌀밥을 숟가락(匕)으로 먹으며 살았던 시골 고을(阝)
이 고향이니 '시골 향, 고향 향'
[간체] 乡 xiāng(시골 향, 고향 향) – 제목번호 032 참고
+ 音 yīn(소리 음), 白 bái(흰 백, 밝을 백, 깨끗할 백, 아뢸 백), 匕 bǐ(비수 비,
숟가락 비), 阝 yì(고을 읍 방)

影响 yǐngxiǎng ① 영향을 주다(끼치다) ② 영향 [2급]
+ 影 yǐng(그림자 영)

再

zài

하나(一)의 성(冂)처럼 흙(土)으로 다시 두 번이나 쌓으니
다시 재, 두 번 재

再见 zàijiàn 안녕히 계세요(혹은 안녕히 가세요)[≒ 再会 zàihuì] [1급]
一再 yízài 거듭, 반복해서 [4급]
再次 zàicì 재차, 거듭, 두 번째 [5급]
+ 见 jiàn(見: 볼 견, 뵐 현), 次 cì(다음 차, 차례 차, 번 차)

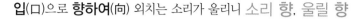

352 ▶ **两 俩 辆 满** – 两으로 된 한자
　　　　　　량(냥) 량 량 만

两 _兩

liǎng

하나(一)의 성(冂)에 사람 둘(人人)씩 짝지어 있으니
둘 량, 짝 량
또 화폐 단위로도 쓰여 **냥 냥**

[번체] 兩 – 하나(一)의 성(冂)을 둘로 나누어(丨) 양쪽에 들어(入) 있는 둘이나
짝이니 '둘 량, 짝 량'
또 화폐 단위로도 쓰여 '냥 냥'
+ 冂 jiōng(멀 경, 성 경), 人 rén(사람 인), 丨 gùn('뚫을 곤'이지만 여기서는 나
뉜 모양으로 봄), 入 rù(들 입)

两边 liǎngbiān ① 양변, 양쪽, 양측 ② 쌍방 [4급]

[꿀TIP] 양사(量词 liàngcí) 앞에 숫자 2를 써야 할 때는 二 èr이 아니라 两을 써야 합
니다. 그래서 두 사람은 二个人 èrgèrén이 아니라 两个人 liǎnggèrén이라고
하지요.
+ 边 biān(邊: 가 변), 量 liáng/liàng(헤아릴 량, 용량 량), 词 cí(詞: 말 사,
글 사), 个 gè(個: 낱 개)

4급

俩

liǎ/liǎng

2급

辆

liàng

2급

满

mǎn

사람(亻)이 둘(两)이니 두 사람 량(liǎ)

또 두 사람 역할도 하는 재주니 재주 량(liǎng)

수레(车) 중 양(两)쪽으로 바퀴 달린 수레니 수레 량

+ 车 chē(車: 수레 거, 차 차)
车辆 chēliàng 차량 2급

물(氵)이 풀(艹)처럼 양(两)쪽으로 가득 차니 찰 만

[번체] 滿 - 물(氵)이 그릇(凵)의 양(兩)쪽에 가득 차니 '찰 만'

+ 艹 cǎo(艹: 초 두), 凵 qū(입 벌릴 감, 그릇 감)

满意 mǎnyì 만족하다, 만족스럽다[↔ 不满 bùmǎn] 2급

不满 bùmǎn ① 불만족하다 ② 불만 ③ 차지 않다 2급

满足 mǎnzú ① 만족하다, 흡족하다 ② 만족시키다 3급

充满 chōngmǎn ① 가득 퍼지다, 가득 채우다 ② 충만하다 3급

+ 意 yì(뜻 의), 足 zú(발 족, 넉넉할 족), 充 chōng(가득 찰 충, 채울 충)

1급

fēng

거의(几) 모든 것을 **다스리듯**(乂) 흔들며 부는 바람이니 **바람 풍**
또 바람으로 말미암은
풍속 **풍**, 경치 **풍**, 모습 **풍**, 기질 **풍**, 병 이름 **풍**

[번체] 風 – 무릇(凡) 벌레(虫)를 옮기는 바람이니 '바람 풍'
또 바람으로 말미암은 '풍속 풍, 경치 풍, 모습 풍, 기질 풍, 병 이름 풍'
+ 작은 벌레는 바람을 타고 옮겨간다고 하지요.
+ 几 jǐ(안석 궤, 책상 궤, 거의 궤, 幾: 몇 기, 기미 기), 乂 yì(벨 예, 다스릴
예, 어질 예), 凡 fán(무릇 범, 보통 범, 모두 범), 虫 chóng(벌레 충)

风格 **fēnggé** ① 성격, 스타일 ② 풍격, 기풍 [4급]
风景 **fēngjǐng** 풍경, 경치 [4급]
风俗 **fēngsú** 풍속[≒ 习俗 xísú] [4급]
风度 **fēngdù** 품격, 풍모, 기품 [5급]
风光 **fēngguāng** 풍광, 풍경, 경치 [5급]

+ 格 gé(격식 격, 의성어 격), 景 jǐng(풍경 경, 상황 경), 俗 sú(저속할 속, 속
세 속, 풍속 속), 度 dù(법도 도, 정도 도, 시간 보낼 도, 헤아릴 탁), 光
guāng(빛 광, 영광 광)

5급

fēng

병(疒)으로 **바람**(风) 든 것처럼 미치니 **미칠 풍**

疯狂 **fēngkuáng** ① 미치다, 실성하다 ② 미친 듯이 날뛰다 [5급]
+ 狂 kuáng(미칠 광)

網

wǎng

양쪽 기둥에 얽어 맨 그물을 본떠서 그물 망
또 그물처럼 얽힌 인터넷이니 인터넷 망

[번체] 網 – 실(糸)로 만들어 없는(罔) 것처럼 쳐놓은 그물이니 '그물 망'
+ [통] 罒 wǎng – 양쪽 기둥에 그물을 얽어맨 모양을 본떠서 '그물 망' (= 网, 罓)
+ 罔 wǎng – 그물(罒)로 고기를 잡아 죽여(亡) 없으니 '없을 망'
+ 糸 mì/sī(실 사, 실 사 변), 罒[그물 망(罒, 网, 罓)의 변형], 亡 wáng(망할 망,
 달아날 망, 죽을 망)

网上 wǎngshàng 온라인, 인터넷 [1급]
网友 wǎngyǒu PC통신을 매개로 만난 친구, 인터넷 동호인 [1급]
网球 wǎngqiú 테니스, 테니스공 [2급]
网址 wǎngzhǐ 인터넷 주소 [4급]
+ 网은 '그물'이라는 뜻이기에 영어의 네트(net)라는 의미로 중국어에서도 사용
 됩니다.
+ 友 yǒu(벗 우), 球 qiú(둥글 구, 공 구), 址 zhǐ(터 지)

---

354 冈钢纲刚 – 冈으로 된 한자
강 강 강 강

岡

gāng

성(冂)처럼 둘러싸고 안에 **파인(乂)** 골짜기도 있는 산등성이니
산등성이 강

[번체] 岡 – 그물(罒)친 것 같은 산(山)등성이니 '산등성이 강'
+ 乂 yì(벨 예, 다스릴 예, 어질 예), 罒 gāng[그물 망, 인터넷 망(罒, 网, 罓)의
 변형], 山 shān(산 산)
山冈 shāngāng 낮고 작은 산, 언덕 [참고어]

鋼

gāng/gàng

쇠(钅) 중에 **산등성이(冈)**처럼 강한 강철이니 강철 강 (gāng)
또 강철처럼 단단하니 단단할 강 (gàng)

+ 钅 jīn[金(쇠 금, 금 금, 돈 금 변)의 간체]
钢笔 gāngbǐ ① 펜 ② 만년필 [5급]
+ 笔 bǐ(筆: 붓 필)

5급

纲
（綱）
gāng

실(纟) 중에 산등성이(冈)처럼 강하고 질긴 벼리니 벼리 강
또 벼리처럼 큰 줄기인 대강이니 대강 강

+ 벼리는 그물의 위쪽 코를 꿰어 오므렸다 폈다 하는 그물에서 제일 중요한 줄로, 질기고 강하게 만드니, 일이나 글의 뼈대가 되는 줄거리로 비유되기도 합니다.
+ 대강(大纲 dàgāng) - (자세한 내용이 아닌)큰 줄기. '대강 처리하다'란 말은, 일의 중요한 큰 부분만 대충 처리한다는 뜻
+ 纟 sī[糸 mì/sī(실 사, 실 사 변의 간체자)]
  大纲 dàgāng 대강, 요강, 적요 5급

2급

刚
（剛）
gāng

산등성이(冈)도 자를 만큼 칼(刂)이 굳세어 바로 자르니
굳셀 강, 바로 강

+ 刂 dāo(칼 도 방)
  刚才 gāngcái 방금, 이제 금방 2급
  刚刚 gānggāng ① 지금 막 ② 겨우 ③ 마침 2급
+ 꿀TIP 중국어에서는 한자를 반복하여 강조의 의미를 나타냅니다. 刚刚과 刚은 의미와 용법이 거의 비슷하지만 전자가 후자보다 좀 더 시간적으로 급박한 상태를 나타내지요.
+ 才 cái(바탕 재, 재주 재, 재주 있는 사람 재, 겨우 재)

---

355 **西洒晒** – 西로 된 한자
서 쇄 쇄

1급

西
xī

지평선(一) 아래(口)로 해가 들어가는(儿) 서쪽이니 서쪽 서

+ 口[囗 wéi/guó(에운담)의 변형이지만 여기서는 지평선 아래로 봄], 儿 ér['아이 아, 접미사 아, 사람 인 발'이지만 여기서는 들어가는 모양으로 봄]
  西方 xīfāng ① 서쪽 ② 서양 2급
  西餐 xīcān 서양 요리, 양식 2급
  西部 xībù 서부[= 西边 xībian, 西面 xīmiàn] 3급
+ 方 fāng(모 방, 방향 방, 방법 방), 餐 cān(먹을 찬, 밥 찬), 部 bù(나눌 부, 마을 부, 거느릴 부)

5급

sǎ

물(氵)을 **서쪽**(西)부터 뿌리며 씻으니 **뿌릴 쇄, 씻을 쇄**

[번체] 灑 – 물(氵)을 곱게(麗) 뿌려 씻으니 '뿌릴 쇄, 씻을 쇄'
✦ 麗(고울 려: 丽 11) – 제목번호 359 참고

4급

shài

햇(日)볕을 **서쪽**(西)부터 쬐어 말리니 **쬘 쇄, 말릴 쇄**

[번체] 曬 – 햇(日)볕에 곱게(麗) 쬐어 말리니 '쬘 쇄, 말릴 쇄'

---

356 ▶ 酉酒配 – 酉로 된 한자
　　　　유 주 배

참고자

yǒu

술 담는 그릇을 본떠서 **술그릇 유, 술 유**
또 술 마시듯 고개를 쳐들고 물을 마시는 닭이니 **닭 유**
또 닭은 열째 지지니 **열째 지지 유**

✦ 술과 관련된 한자에 부수로도 쓰입니다.

2급

酒

jiǔ

물(氵)처럼 **술그릇**(酉)에 있는 술이니 **술 주**

酒店 jiǔdiàn ① 대형 호텔(여관) ② 술집, 식당 **2급**

啤酒 píjiǔ 맥주[= 麦酒 màijiǔ] **3급**

酒吧 jiǔbā (서양식) 술집, 바[= 酒吧间 jiǔbājiān] **4급**

白酒 báijiǔ 배갈, 백주[= 白干儿 báigānr, 烧酒 shāojiǔ] **5급**

꿀TIP 중국의 남부지역인 광동(广东 Guǎngdōng), 홍콩(香港 Xiānggǎng) 일대의 호텔 명칭에는 酒店 jiǔdiàn(술집)이 많고, 북방지역의 호텔 명칭에는 饭店 fàndiàn(식당)이 많은데, 옛날 우리나라의 주막에서도 밥·술·취침까지 제공했던 것을 생각하면 이해되는 명칭이지요.

✦ 店 diàn(가게 점), 啤 pí(맥주 비), 吧 bā(어조사 파), 白 bái(흰 백, 밝을 백, 깨끗할 백, 아뢸 백)

3급

配

pèi

(혼례식에서) **술**(酉)을 **자기**(己)와 나누어 마신 짝이니

나눌 배, 짝 배

配合 pèihé ① 협력하다 ② 맞물리다 ③ 배합하다 **3급**

分配 fēnpèi 분배(하다), 배당(하다) **3급**

配套 pèitào 조립하다, 맞추다 **5급**

支配 zhīpèi ① 안배(하다) ② 지배(하다), 지도(하다) **5급**

✦ 合 hé(합할 합, 맞을 합), 套 tào(덮개 투, 세트 투), 支 zhī(받칠 지, 가를 지, 지출할 지)

---

357 ▶ 尊遵 – 尊으로 된 한자
존 준

5급

尊
尊

zūn

우두머리(酋)에게처럼 말 **한 마디**(寸)라도 높이고 존경하니

높일 존, 존경할 존

✦ 酋 qiú – 이쪽저쪽(丷)으로 술(酉)까지 베푸는 우두머리니 '우두머리 추'

번체 酋 – 나누어(八) 술(酉)까지 베푸는 우두머리니 '우두머리 추'

✦ 寸 cùn(마디 촌, 법도 촌), 八 bā(여덟 팔, 나눌 팔)

尊敬 zūnjìng ① 존경하다 ② 존경하는[≒ 尊重 zūnzhòng ↔ 轻视 qīngshì, 轻慢 qīngmàn] **5급**

尊重 zūnzhòng ① 존중하다[↔ 侮辱 wǔrǔ, 鄙薄 bǐbó] ② 점잖다 **5급**

✦ 敬 jìng(공경할 경), 重 zhòng(무거울 중, 귀중할 중, 거듭 중)

455

5급

遵
遵

zūn

존경하는(尊) 사람을 따라 **가듯(辶)** 법도를 지키니
따라갈 준, 지킬 준

+ 辶 chuò(뛸 착, 갈 착)
遵守 zūnshǒu (규정 등을) 준수하다[↔ 违犯 wéifàn, 违反 wéifǎn] **5급**
+ 守 shǒu(지킬 수)

---

358 册删 – 册으로 된 한자
책 산

5급

册

cè

글을 적은 대 조각을 엮어 만들었던 책이니 책 책
또 책을 세우듯 세우니 세울 책

+ 图 册 cè(책 책, 세울 책)
注册 zhùcè (주관기관·학교 등에) 등록하다, 등기하다 **5급**
+ 注 zhù(물 댈 주, 쏟을 주)

7–9급

删

shān

책(册)처럼 반듯하게 **칼(刂)**로 깎으니 깎을 산
또 깎아 삭제하니 삭제할 산

删除 shānchú (불필요한 것을) 삭제하다, 빼다, 지우다 **참고어**
+ 除 chú(제거할 제, 덜 제, 나눗셈 제)

5급

丙

bǐng

하나(一)의 성(冂)에서 **사람**(人)이 출입하는 문이 있는 남쪽이니
남쪽 **병**
또 남쪽은 불처럼 밝으니 불 **병**, 밝을 **병**, 셋째 천간 **병**

+ 우리가 사는 북반구에서는 남쪽이 밝아서, 대부분 남향으로 집을 짓고 주 출입구도 남쪽에 있지요.

1급

病

bìng

병들어(疒) 밤새 불 **밝혀**(丙) 놓고 치료하며 근심하니
병들 **병**, 근심할 **병**

+ 疒 nè(병들 녁)

病人 bìngrén 병자, 환자[= 病号 bìnghào] 1급

看病 kàn//bìng ① 문병하다 ② 진찰하다 ③ 진찰을[치료를] 받다 1급

生病 shēngbìng 병이 나다, 병에 걸리다 1급

病毒 bìngdú ① 병독[병을 일으키는 독기] ② 바이러스 5급

꿀TIP 우리나라의 병원에 해당하는 중국어는 医院 yīyuàn입니다. 중국에서 病院 bìngyuàn은 특정한 질병(전염병, 정신병 등)을 전문적으로 치료하는 곳이지요.

+ 看 kàn(볼 간), 毒 dú(독할 독)

1급

南

nán

많은(十) **성**(冂)마다 **이쪽저쪽**(丷)으로 열리는 **방패**(干) 같은 문이 있는 남쪽이니 남쪽 **남**

+ 十 shí(열 십, 많은 십), 干 gān/gàn(방패 간, 乾: 마를 건, 幹: 줄기 간, 일할 간, 간부 간)

南方 nánfāng ① 남방, 남쪽 ② 중국의 남부지방 2급

西南 xīnán ① 서남(간, 쪽) ② 중국 시난 지역 2급

南部 nánbù 남부 3급

+ 方 fāng(모 방, 방향 방, 방법 방), 西 xī(서쪽 서), 部 bù(나눌 부, 마을 부, 거느릴 부)

5급

献

xiàn

남쪽(南) 지방에서 **개**(犬)를 바치니 바칠 **헌**

[번체] 獻 – 범(虍) 대신 솥(鬲)에 개(犬)를 삶아 바치니 '바칠 헌'

+ 虍 hū(범 호 엄), 鬲(솥 력, 막을 격: 鬲 gé)

丽 (麗)

lì

머리(一)부터 이쪽(阝)저쪽(阝)을 꾸며 곱고 빛나니
고울 려, 빛날 려

[번체] 麗 – 고운(丽) 사슴(鹿)처럼 곱고 빛나니 '고울 려, 빛날 려'
+ 一 yī('한 일'이지만 여서는 머리로 봄), 鹿 lù(사슴 록)

美丽 **měilì** 아름답다, 예쁘다 3급
+ 美 měi(아름다울 미)

---

360 困 因 烟 – 困과 因으로 된 한자
곤 인 연

困

kùn

무엇으로 에워싸여(囗) 자라기 곤란한 나무(木)처럼 곤란하니
곤란할 곤

+ 나무는 적당한 햇빛과 수분 등이 있어야 잘 자라지요.
+ 囗 wéi/guó(에운담)

困难 **kùnnan** ① 곤란, 빈곤 ② 곤란하다 ③ 빈곤하다 3급
困扰 **kùnrǎo** ① 괴롭힘, 성가심 ② 귀찮게 굴다, 괴롭히다 5급
+ 难 nan(難: 어려울 난), 扰 rǎo(擾: 어지러울 요)

因

yīn

에워싼(囗) 큰(大) 울타리에 말미암아 의지하니
말미암을 인, 의지할 인

+ 사회가 안정되지 않았던 옛날에는 크고 튼튼한 울타리에 많이 의지하였지요.

因为 **yīnwèi** ① 왜냐하면['所以(suǒyǐ)'와 호응하여 쓰임] ② ~때문에, ~로 인하여 2급
原因 **yuányīn** 원인[↔ 结果 jiéguǒ] 2급
因此 **yīncǐ** 이로 인하여, 이 때문에 3급
因而 **yīn'ér** 그러므로, 그런 까닭에 5급
+ 为 wèi(爲: 할 위, 위할 위), 原 yuán(언덕 원, 처음 원, 근원 원), 此 cǐ(이 차), 而 ér(말 이을 이, 어조사 이)

烟

yān

불(火)**로 말미암아**(因) **나는 연기니 연기 연**

또 연기 내며 피우는 담배니 담배 연

+ [동] 煙 yān - 불(火)을 잘 타지 못하게 막으면(垔) 나는 연기니 '연기 연'
  또 연기 내며 피우는 담배니 '담배 연'
+ 垔 yīn - 서쪽(西)을 흙(土)으로 막으니 '막을 인'

抽烟 chōuyān ① 담배(를) 피우다, 흡연하다 ② 연기를 빼내다 4급

+ 抽 chōu(뽑을 추, 꺼낼 추, 마실 추, 피울 추)

高搞敲 亭停 – 高, 亭으로 된 한자
고 고 고 정 정

高

gāo

지붕(亠)**과 창틀**(口)**과 몸체**(冂)**와 출입구**(口) **있는 높은 누각을 본떠서 높을 고**

+ 亠 tóu('머리 부분 두'지만 여기서는 지붕으로 봄), 口 kǒu(입 구, 말할 구, 구멍 구), 冂 jiōng('멀 경, 성 경'이지만 여기서는 몸체로 봄)

高中 gāozhōng 고등학교[= 高级中学 gāojí zhōngxué] 2급

提高 tígāo 제고하다, 향상시키다 2급

高尚 gāoshàng 고상하다, 품위 있다 4급

高大 gāodà ① 높고 크다 ② (나이가) 많다 5급

高度 gāodù ① 고도, 높이 ② 정도가 매우 높다 5급

高于 gāoyú ~보다 높다, ~보다 귀중하다 5급

高原 gāoyuán 고원 5급

꿀TIP 중국의 중학교는 6년제로서 전 3년을 初级中学 chūjí zhōngxué, 후 3년을 高级中学 gāojí zhōngxué라 합니다.

+ 提 tí(끌어올릴 제, 들 제), 尚 shàng(尙: 아직 상, 높을 상, 숭상할 상, 풍조 상), 度 dù(법도 도, 정도 도, 시간 보낼 도, 헤아릴 탁), 于 yú(어조사 우), 原 yuán(언덕 원, 처음 원, 근원 원)

搞

gǎo

손(扌)**을 높이**(高) **들어 다루고 처리하니 다룰 고, 처리할 고**

搞好 gǎohǎo (일을) 잘 해내다, 더할 나위 없이 잘하다 5급

+ 好 hǎo(좋을 호, 좋아할 호)

qiāo

tíng

tíng

높이(高) 들어 **두드리니(攴)** 두드릴 고

✦ 攴 pū(칠 복, = 攵)

敲门 qiāomén ① 문을 두드리다, 노크하다 ② 방문하다 5급

✦ 门 mén(門: 문 문)

높이(亩) 지어 **장정(丁)**들이 쉬도록 한 정자니 정자 정

✦ 亩[高 gāo(높을 고)의 획 줄임], 丁 dīng(고무래 정, 넷째 천간 정, 장정 정, 쩡쩡 정)

报亭 bàotíng 신문·잡지 가판점 참고어

✦ 报 bào(報: 알릴 보, 갚을 보, 신문 보)

사람(亻)이 **정자(亭)**에 머무르니 머무를 정

停车 tíngchē 정차하다, 차를 멈추다(세우다) 2급
停车场 tíngchēchǎng 주차장[= 停车处 tíngchēchù] 2급
停止 tíngzhǐ 정지하다, 중지하다[↔ 运行(yùnxíng) 3급
停下 tíngxià 그치다 4급
停留 tíngliú (잠시) 머물다, 묵다, 멈추다 5급
不停 bùtíng 멈추지 않다, 끊임없이 5급

✦ 车 chē(車: 수레 거, 차 차), 场 chǎng(場: 마당 장, 장소 장, 무대 장), 止 zhǐ(그칠 지), 下 xià(아래 하, 내릴 하), 留 liú(머무를 류)

460

夭
yāo

참고자

위(丿)로 **크게**(大) 자라나는 모양이 젊고 예쁘니

젊을 요, 예쁠 요

또 **기울어**(丿) **큰**(大) 뜻을 펼치지 못하고 일찍 죽으니

일찍 죽을 요

+ 丿 piě('삐침 별'이지만 여기서는 위로 봄), 大 dà/dài (큰 대)

笑
xiào

1급

대(⺮)가 구부러지듯 **예쁘게**(夭) 허리 굽히며 웃으니 웃을 소

+ ⺮[竹 zhú(대 죽)이 부수로 쓰일 때의 모양]

开玩笑 kāiwánxiào ① 농담하다, 놀리다 ② 장난으로 여기다 1급
笑话(儿) xiàohua(r) ① 우스갯소리 ② 웃음거리 ③ 비웃다 2급
微笑 wēixiào ① 미소 짓다 ② 미소 3급

+ 开 kāi(開: 열 개, 시작할 개, 끓을 개), 玩 wán(희롱할 완), 话 huà(話: 말씀 화, 이야기 화), 儿 ér(사람 인 발, 접미사 아, 兒: 아이 아), 微 wēi(작을 미, 숨을 미)

乔
喬
qiáo

7-9급

젊은(夭) 사람이 높이 **오른**(丿丨) 모양에서 높을 교

번체 喬 – 젊은(夭) 사람이 높이(高) 오른 모양에서 '높을 교'
+ 高[高 gāo(높을 고)의 획 줄임]

乔装 qiáozhuāng (신분을 숨기기 위해) 변장하다 참고어

+ 装 zhuāng(裝: 꾸밀 장)

桥
橋
qiáo

3급

나무(木)로 **높이**(乔) 걸쳐 만든 다리니 다리 교

+ 건축 자재가 귀한 옛날에는 다리도 나무로 놓았지요.

4급

jīn

성(冂)처럼 사람(丨)이 몸에 두르는 수건이니 수건 건

+ 冂 jiōng(멀 경, 성 경), 丨 gǔn['뚫을 곤'이지만 여기서는 사람으로 봄]

毛巾 máojīn 수건, 타월 4급

围巾 wéijīn 목도리, 머플러, 스카프 4급

+ 毛 máo(털 모), 围 wéi(圍: 둘레 위, 둘러쌀 위)

3급

bì

사람들이 제일(丿) 많이 사용하는 수건(巾) 모양의 돈이니 돈 폐

[번체] 幣 – (너무 많이 써서) 해진(敝) 수건(巾) 모양의 돈이니 '돈 폐'
　　　　또 돈이나 선물을 넣어 보내는 폐백이니 '폐백 폐'

+ 폐백 – 신부가 처음으로 시부모를 뵐 때 올리는 것

+ 丿 piě('삐침 별'이지만 여기서는 제일의 뜻으로 봄), 敝 bì(敝: 해질 폐, 깨질 폐)

人民币 rénmínbì 인민폐(위안화) 3급

[꿀TIP] '人民币'는 중국의 법정화폐를 말하며, 단위는 '元 yuán'이고, 회화체에서는 块 kuài로도 씁니다. 중국 지폐에는 일률적으로 모택동(毛泽东 Máo Zédōng 마오 쩌둥)의 초상화가 새겨져 있지요.

+ 民 mín(백성 민)

5급

簾

lián

구멍(穴)을 수건(巾) 같은 천으로 가리는 발이니 발 렴

[번체] 簾 – 대(竹)로 청렴하듯(廉) 얇게 만들어 문에 치는 발이니 '발 렴'

+ 穴 xué(구멍 혈, 굴 혈), 竹[竹 zhú(대 죽)이 부수로 쓰일 때의 모양], 廉 lián(廉: 청렴할 렴, 값쌀 렴)

窗帘 chuānglián 커튼 5급

+ 窗 chuāng(창문 창)

5급

飾

shì

**밥(饣) 먹는 식탁을 사람(亠)이 수건(巾) 같은 천으로 꾸미니
꾸밀 식**

또 겉을 꾸미며 숨기니 숨길 식

+ 亠[人 rén(사람 인)의 변형], 巾 jīn(수건 건)

装饰 zhuāngshì ① 장식(품) ② 장식하다 5급

+ 装 zhuāng(裝: 꾸밀 장)

市

shì

머리(亠)를 **수건(巾)**으로로도 꾸미고 가던 시장이나 시내니
시장 시, 시내 시

+ 亠 tóu(머리 부분 두)

市长 shìzhǎng 시장 2급
超市 chāoshì 슈퍼마켓 2급
市场 shìchǎng 시장 3급
城市 chéngshì 도시[→ 乡村 xiāngcūn] 3급
市区 shìqū 시내 지역 4급

+ 长 cháng/zhǎng(長: 길 장, 자랄 장, 어른 장), 超 chāo(뛰어넘을 초), 场 chǎng(場: 마당 장, 장소 장, 무대 장), 城 chéng(성 성), 区 qū(區: 나눌 구, 구역 구)

柿

shì

나무(木) 열매 중 **시장(市)**에서 인기 있던 감이니 감 시

+ 요즘에는 수입 과일이 들어와 여러 과일이 풍성하지만, 옛날에는 감이 과일 중 으뜸이있답니다.

西红柿 xīhóngshì 토마토 6급
柿子 shìzi 감나무, 감 참고어

+ 西 xī(서쪽 서), 红 hóng(紅: 붉을 홍), 子 zī/zi(아들 자, 첫째 지지 자, 자네 자, 접미사 자)

---

364 ▶ **帅师** – 帅로 된 한자
수 사

帅
帥
shuài

칼(刂)을 **수건(巾)**으로 닦으며 위험을 대비하는 장수니 장수 수
또 장수처럼 씩씩하여 멋있으니 멋있을 수

변체 帥 – 쌓인(𠂤) 듯 많은 군사를 거느리고 깃발(巾)을 든 장수니 '장수 수'
+ 刂[刀 dāo(칼 도 방)의 변형], '칼 도 방'은 오른쪽에 붙는데 여기서는 왼쪽에 붙었네요.
+ 𠂤 duī[흙이 비스듬히(丿) 쌓인 모양에서 '쌓일 퇴, 언덕 퇴'로, 堆 duī(쌓일 퇴, 언덕 퇴)'의 원래 한자인 垍 duī의 획 줄임]

帅哥 shuàigē ① 잘생긴 남자를 부르거나 이르는 말 ② 남자에 대한 호칭 4급

+ 哥 gē(형 가)

师

shī

부하 있는 **장수**(帅)와 **한**(一) 가지로 제자 있는 스승이나 전문가니
스승 **사**, 전문가 **사**
또 **장수**(帅)가 **하나**(一) 같이 거느리는 군사니 군사 **사**

[번체] 師 – 쌓이듯(𠂤) 많은 제자들이 빙 둘러(帀) 있는 스승이나 전문가니
　　　'스승 사, 전문가 사'
　　　또 쌓이듯(𠂤) 많이 둘러싼(帀) 군사니 '군사 사'
+ 帀 zā – 머리(一)에 수건(巾) 두른 모양에서 '두를 잡'
+ 一 yī('한 일'이지만 여기서는 머리로 봄)

教师 jiàoshī 교사, 교원 [2급]

师傅 shīfu 기사님, 선생님[기예·기능을 가진 사람에 대한 존칭] [5급]

摄影师 shèyǐngshī 촬영기사, 사진사 [5급]

[꿀TIP] 师傅 shīfu의 원래 뜻은 '스승'이지만, 중국어에서는 요리사·택시 운전사 등
처럼 기술이나 기능을 가진 직업인에 대한 존칭으로도 널리 쓰입니다.

+ 教 jiào(敎: 가르칠 교, 시킬 교), 傅 fù(스승 부, 바를 부, 붙일 부), 摄
shè(攝: 끌어당길 섭, 알맞게 할 섭), 影 yǐng(그림자 영)

---

365 ▶ **布希带常 制刷** – 巾으로 된 한자
　　　　포 희 대 상　제 쇄

布

bù

자주(𠂇) **수건**(巾)처럼 베를 펴니 베 **포**, 펼 **포**

+ 𠂇[十 shí(열 십, 많을 십)의 변형]

公布 gōngbù 공포(공표)하다 [3급]

布置 bùzhì ① 안배하다, 배치하다 ② 계획하다 [4급]

分布 fēnbù (일정한 지역에) 분포하다, 널려 있다 [4급]

发布 fābù 발포하다, 선포하다 [5급]

+ 置 zhì(置: 둘 치), 分 fēn/fèn(나눌 분, 단위 분, 단위 푼, 신분 분, 분별할
분, 분수 분, 점수 분, 성분 분), 发 fā(發: 쏠 발, 일어날 발, 髮: 머리털 발)

希

xī

찢어진(乂) **베**(布)옷이면 새 옷을 바라니 바랄 **희**

+ 乂 yì(벨 예, 다스릴 예, 어질 예)

希望 xīwàng ① 희망, 소망 ② 희망하다, 바라다 [3급]

+ 望 wàng(바랄 망, 보름 망)

2급

dài

带

장식을 꿰어 만든 **끈**(艹)으로 **덮어**(冖) **수건**(巾)처럼 둘러차는 띠니

찰 대, 띠 대

+ 冖 mì(덮을 멱)

带来 dàilái 가져오다, 가져다주다 2급

带动 dàidòng ① (이끌어) 움직이다, 이끌어 나가다 ② (동력을 전달하여) 움직이게 하다 3급

带领 dàilǐng ① 인솔하다, 이끌다 ② 안내하다 3급

带有 dàiyǒu 지니고 있다, 띠고 있다 5급

地带 dìdài 지대, 지역, 지구 5급

一带 yídài 일대 5급

+ 来 lái(來: 올 래), 动 dòng(動: 움직일 동), 领 lǐng(領: 거느릴 령), 有 yǒu (가질 유, 있을 유), 地 dì(땅 지)

1급

cháng

常

(인간이) **숭상함**(尚)이 **옷**(巾)임은 항상 보통의 일이니

항상 상, 보통 상

+ 인간의 생존에 기본으로 필요한 것을 식(食 shí-밥 식, 먹을 식), 주(住 zhù-살 주, 사는 곳 주)보다 의(衣 yī-옷 의)를 먼저 써서 '의식주(衣食住)'라고 함은 인간에게 옷이 중요함을 강조한 것이지요.

+ 尚 shàng(尚: 아직 상, 높을 상, 숭상할 상, 풍조 상), 巾 jīn('수건 건'이지만 여기서는 옷으로 봄)

常常 chángcháng 늘, 항상, 자주[≒ 经常 jīngcháng, 时常 shícháng, 往往 wǎngwǎng ↔ 偶尔 ǒu'ěr, 间或 jiànhuò, 有时 yǒushí] 1급

经常 jīngcháng ① 일상, 보통 ② 일상적인 ③ 언제나 2급

平常 píngcháng ① 보통 때 ② 평범하다, 일반적이다[≒ 平时 píngshí, 通常 tōngcháng ↔ 特殊 tèshū] 2급

正常 zhèngcháng 정상적인[↔ 异常 yìcháng, 反常 fǎncháng] 2급

+ 经 jīng(經: 지날 경, 날실 경, 경험할 경, 경영할 경), 平 píng(平: 평평할 평, 평화 평), 正 zhèng(바를 정, 딱 정, 바로 정, 정월 정)

3급

zhì

制

소(牛)고기나 **수건**(巾) 같은 천을 **칼**(刂)로 자르는 제도니 제도 제
또 제도에 맞게 억제하니 억제할 제
또 제도에 따라 옷을 지어 만드니 지을 제, 만들 제

+ 牛 niú(소 우), 刂 dāo(칼 도 방)

制定 zhìdìng (방침·정책·법률·제도 등을) 제정하다 3급

制度 zhìdù 제도, 규칙, 규정 3급

制作 zhìzuò ① 제작하다 ② 창작하다 3급

复制 fùzhì 복제(하다) 4급

+ 定 dìng(정할 정), 度 dù(법도 도, 정도 도, 시간 보낼 도, 헤아릴 탁), 作 zuò (지을 작), 复 fù(復: 다시 부, 돌아올 복, 複: 거듭 복, 겹칠 복)

4급

（나무판의）**몸**(尸)을 **수건**(巾)으로 닦고 **칼**(刂)로 새겨서 인쇄하니
닦을 쇄, 인쇄할 쇄

+ 옛날에는 나무판에 글자를 새겨 인쇄했지요.
+ 尸 shī(주검 시, 몸 시)

刷牙 shuāyá 이를 닦다 `4급`

刷子 shuāzi 솔 `4급`

印刷 yìnshuā 인쇄하다 `5급`

+ 牙 yá(어금니 아), 子 zǐ/zi(아들 자, 첫째 지지 자, 자네 자, 접미사 자), 印 yìn(찍을 인, 도장 인)

shuā

---

366 雨雪雷 振震晨 – 雨, 辰으로 된 한자
　　　우 설 뢰　진 진 신

1급

하늘(一)의 **구름**(冂)에서 **물**(氺)로 내리는 비니 **비 우**

+ 一 yī('한 일'이지만 여기서는 하늘로 봄), 冂 jiōng('멀 경, 성 경'이지만 여기서는 구름으로 봄), 氺[水 shuǐ(물 수 발)의 변형]

下雨 xiàyǔ 비가 내리다(오다) `1급`

雨水 yǔshuǐ ① 빗물, 강우량 ② 우수[24절기의 하나, 양력 2월 19일경] `5급`

+ 下 xià(아래 하, 내릴 하)

yǔ

2급

비(雨)가 얼어 **고슴도치 머리**(⺕)처럼 어지럽게 내리는 눈이니
눈 설
또 눈처럼 깨끗하게 씻으니 **씻을 설**

+ ⺕(고슴도치 머리 계, 오른손 우)

下雪 xiàxuě 눈이 내리다(오다) `2급`

冰雪 bīngxuě ① 얼음과 눈 ② 심성의 결백함 `4급`

꿀TIP '눈사람을 만들다'는 堆 duī(쌓일 퇴, 언덕 퇴)를 붙여 堆雪人 duīxuěrén이라고 하지요.

+ 冰 bīng(얼음 빙, 찰 빙, = 氷 bīng)

xuě

雷

léi

비(雨) 올 때 **밭(田)** 같은 구름장 사이에서 울리는 천둥이니

천둥 **뢰**

+ 천둥 – 공중의 전기와 땅의 물체에 흐르는 전기 사이에 방전 작용으로 일어
   나는 자연 현상, 뇌성, 벽력, 우레라고도 함
+ 田 tián(밭 전)

打雷 dǎléi 천둥 치다 4급

+ 打 dǎ(칠 타, 공격할 타, 어조사 타, 다스 타)

振

zhèn

손(扌)으로 만든 물건이 **별(辰)**처럼 빛나 이름을 떨치니

떨칠 **진**, 떨 **진**

+ 辰 chén – 전갈자리별 모양을 본떠서 '별 진, 날 신, 다섯째 지지 진'

振动 zhèndòng 진동하다[= 振荡 zhèndàng] 5급

+ 动 dòng(動: 움직일 동)

震

zhèn

비(雨) 올 때 **별(辰)**처럼 번쩍이며 치는 벼락이니 벼락 **진**

또 벼락 친 듯 천지가 진동하니 진동할 **진**

震惊 zhènjīng 깜짝 놀라게 하다 5급
地震 dìzhèn 지진 5급

+ 惊 jīng(驚: 놀랄 경), 地 dì(땅 지)

晨

chén

해(日)는 뜨는데 아직 **별(辰)**도 보이는 새벽이니 새벽 **신**

早晨 zǎochén (이른) 아침, 새벽, 오전[= 早上 zǎoshang, 清早 qīngzǎo, 清晨
qīngchén] 2급

清晨 qīngchén 이른 아침[일출 전후의 시간] 5급

+ 早 zǎo(일찍 조), 清 qīng(淸: 맑을 청)

2급

而

ér

입(一) 아래(丿) 이어진 **수염**(而)처럼 말을 이어주는 어조사니

말 이을 **이**, 어조사 **이**

而是 érshì 그러나 **4급**

反而 fǎn'ér 반대로, 거꾸로, 역으로 **4급**

然而 rán'ér 그러나, 그렇지만 **4급**

✚ 是 shì(옳을 시, 이 시, ~이다 시), 反 fǎn(거꾸로 반), 然 rán(그러할 연)

5급

耐

nài

이어지는(而) 고통도 **법도**(寸)에 따라 참고 견디니

참을 **내**, 견딜 **내**

✚ 寸 cùn(마디 촌, 법도 촌)

耐心 nàixīn ① 참을성이 있다 ② 인내심[↔ 性急 xìngjí, 急躁 jízào] **5급**

不耐烦 búnàifán 귀찮다, 성가시다 **5급**

✚ 烦 fán(煩: 번거로울 번)

3급

需

xū

비(雨)가 **이어져**(而) 내리면 구하여 쓰니 **구할 수, 쓸 수**

✚ 雨 yǔ(비 우)

需求 xūqiú ① 필요로 하다 ② 수요, 필요 **3급**

需要 xūyào ① 필요하다 ② (사물에 대한) 욕망, 욕구 **3급**

必需 bìxū ① 필요로 하다 ② 필수품 **5급**

✚ 求 qiú(구할 구), 要 yāo(중요할 요, 바랄 요, 요구할 요), 必 bì(반드시 필)

1급

門

mén

문을 본떠서 문 문

门票 ménpiào 입장권 **1급**

大门 dàmén ① 대문, 정문, 앞문 ② 좋은 가문 **2급**

专门 zhuānmén ① 전문적이다 ② 전문적으로, 오로지 **3급**

上门 shàng//mén ① 문을 닫다 ② 영업을 중지하다 ③ (남의 집을) 방문하다 **4급**

门诊 ménzhěn 외래 진찰(진료)[= 出诊 chūzhěn] **5급**

热门 rèmén 유행하는 것[↔ 冷门 lěngmén] **5급**

入门 rùmén ① 입문[주로 책 이름에 쓰임] ② 입문하다 ③ 문으로 들어가다 **5급**

꿀TIP 공원·동물원·기념관 등과 같이 특정한 장소나 건물에 입장할 때 구입하는 티켓은 门票라 하고, 차표는 车票 chēpiào, 비행기표는 机票 jīpiào라고 하는 것처럼 교통수단의 티켓은 '교통수단의 이름 + 票'라고 하지요.

➕ 票 piào(표 표, 티켓 표), 专 zhuān(專: 오로지 전, 마음대로 할 전), 诊 zhěn (診: 진찰할 진), 热 rè(熱: 더울 열)

1급

們

men

사람(亻)들이 **문**(门) 앞에 늘어선 무리니 무리 문
또 무리(복수)를 나타내는 '들'이니 들 문

➕ 们은 복수형을 만드는 접미사로, 인칭대명사의 뒤에 쓸 수 있을 뿐만 아니라, 学生们 xuéshengmen(학생들)과 같이 사람을 나타내는 명사 뒤에도 쓸 수 있습니다.

➕ 들 – 앞에 붙은 말이 복수임을 나타내는 보조사

你们 nǐmen 너희들[2인칭 복수] **1급**

他们 tāmen 그들[3인칭 복수] **1급**

我们 wǒmen 우리들[1인칭 복수] **1급**

朋友们 péngyǒumen 친구들 **1급**

人们 rénmen ① 사람들[자신을 포함하지 않음] ② 타인 **2급**

它们 tāmen 그것들, 저것들 **2급**

➕ 你 nǐ(너 니), 他 tā(다를 타, 남 타), 我 wǒ(나 아), 朋 péng(벗 붕, 무리 붕), 友 yǒu(벗 우), 它 tā(그것 타, 그 타)

문(门) 앞에서 **말하여**(口) 물으니 물을 문

请问 qǐngwèn 잠깐 여쭙겠습니다 1급
问路 wènlù 길을 묻다 2급
提问 tíwèn ① 질문하다 ② 질문[↔ 回答 huídá] 3급
学问 xuéwen ① 학식, 지식 ② 학문[≒ 学识 xuéshí] 4급
＋ 请 qǐng(請: 청할 청), 路 lù(길 로), 提 tí(끌어올릴 제, 들 제), 学 xué(學: 배울 학)

wèn 問

문(门)에 **귀**(耳) 대고 들으니 들을 문
또 소리를 듣듯이 냄새를 맡으니 냄새 맡을 문

＋ 耳 ěr(귀 이)
新闻 xīnwén ① 뉴스 ② 새로운 일(사건) 2급
꿀TIP 중국어에서 新闻은 '뉴스'라는 뜻으로 쓰이고, 한국어에서의 '신문'이라는 말은 중국어에서 报纸 bàozhǐ를 사용합니다.
＋ 新 xīn(새로울 신), 报 bào(報: 알릴 보, 갚을 보, 신문 보), 纸 zhǐ(紙: 종이 지)

wén 聞

문(门)안이 **시장**(市)처럼 시끄러우니 시끄러울 료

＋ 市 shì(시장 시, 시내 시)
闹钟 nàozhōng 자명종, 알람[= 定时钟 dìngshízhōng] 4급
热闹 rènao 번화하다, 북적거리다 4급
＋ 钟 zhōng(鐘: 쇠북 종, 종 치는 시계 종), 热 rè(熱: 더울 열)

nào 鬧

문(门)안에서 **나무**(木)를 가꿀 정도로 한가하니 한가할 한

休闲 xiūxián ① 한가롭게 보내다 ② 휴작하다 5급
＋ 休 xiū(쉴 휴)

xián 閑

문(门)에서 불이 **번쩍이는**(人) 번개니 번쩍일 섬, 번개 섬

＋ 人 rén('사람 인'이지만 여기서는 불이 번쩍이는 모양으로 봄)
闪电 shǎndiàn ① 번개 ② 번개가 번쩍이다 4급
＋ 电 diàn(電: 번개 전, 전기 전)

shǎn 閃

470

潤

(潤)

rùn

물(氵)이 윤달(闰)처럼 넉넉하여 생활도 윤택하니 **윤택할 윤**

또 윤택하게 붙는 이윤이니 **이윤 윤**

+ 闰 rùn – (대궐 밖에 나가지 않고) 문(门)안에만 왕(王)이 있었던 윤달이니
  '윤달 윤'
+ 윤택(潤澤 rúnzé) – ① 윤이 나서 번지르르함 ② 살림이 넉넉함
+ 澤 zé(澤: 연못 택, 은혜 택)
+ 태양력에는 4년마다 한 번의 윤일이 있고(2월 29일), 태음력에서는 5년에 두
  번의 비율로 1년을 13개월로 하지요.

利潤 lìrùn 이윤 5급
+ 利 lì(이로울 리, 날카로울 리)

---

369 ▶ **间 竹简临** – 间과 竹으로 된 한자
간 죽 간 림

间

(間)

jiān/jiàn

문(门)안으로 햇(日)빛이 들어오는 사이니 **사이 간**

+ 1성으로 발음하면 주로 물리적인 사이, 4성으로 발음하면 감정상의 사이나 간
  접적인 것을 뜻합니다.

时间 shíjiān ① 시간 ② 시각[≒ 时刻 shíkè, 时候 shíhou] 1급
中间 zhōngjiān ① 중간 ② 중앙 ③ 안, 사이[≒ 当中 dāngzhōng] 1급
民间 mínjiān ① 민간 ② 비공식적, 사적 3급
空间 kōngjiān 공간 4급
之间 zhījiān ~의 사이 4급
+ 时 shí(時: 때 시), 中 zhōng(가운데 중, 맞힐 중), 民 mín(백성 민), 空 kōng/
  kòng(빌 공, 하늘 공), 之 zhī(갈 지, ~의 지, 이 지)

竹

zhú

댓잎을 본떠서 **대 죽**

+ 부수로 쓰일 때는 ⺮으로, 내려 그은 획을 짧게 씁니다.
+ 종이가 없었던 옛날에는 대쪽에 글을 썼기 때문에 책과 관련된 한자에 ⺮이
  들어가지요.

竹子 zhúzi 대나무 5급
+ 子 zǐ/zi(아들 자, 첫째 지지 자, 자네 자, 접미사 자)

3급

简
(簡)
jiǎn

(종이가 없던 옛날에) **대**(竹) 조각 **사이**(间)에 적었던 편지니
편지 간
또 편지처럼 줄여 써 간단하니 간단할 간

简单 jiǎndān ① 간단하다 ② 보통이다 ③ 적당히 처리하다 **3급**
简直 jiǎnzhí ① 그야말로, 진짜로 ② 곧바로 ③ 차라리, 아예 **3급**
简历 jiǎnlì ① 이력서 ② 약력 **4급**
+ 单 dān(單: 홑 단), 直 zhí(直: 곧을 직, 바를 직), 历 lì(歷: 지낼 력, 겪을 력, 曆: 달력 력)

4급

临
(臨)
lín

칼(刂)로 **대**(ㅅ)를 잘라 **물건**(ㅿ)에 임하니 임할 림

[번체] 臨 – 엎드려(臥) 물건(品) 가까이 임하니 '임할 림'
+ 刂[刂 dāo(칼 도 방)의 변형], ㅅ[竹 zhú(대 죽)이 부수로 쓰일 때의 모양(竹)의 획 줄임], 臥[臥 wò(엎드릴 와, 누울 와)의 변형], ㅿ[品 pǐn(물건 품, 등급 품, 품위 품, 품평할 품)의 변형]
临时 línshí 임시로, 잠시 **4급**
光临 guānglín 오다, 왕림하다 **4급**
面临 miànlín (~에) 직면하다 **4급**
+ 时 shí(時: 때 시), 光 guāng(빛 광, 영광 광), 面 miàn(얼굴 면, 향할 면, 볼 면, 麵: 밀가루 면, 국수 면)

---

370 ▶▶ **兰烂** – 兰으로 된 한자
란 란

7-9급

兰
(蘭)
lán

이쪽저쪽(丷)으로 하루에 **세**(三) 번이나 바라보는 난초나 목련이니
난초 란, 목련 란
또 **이쪽저쪽**(丷)으로 **세**(三) 번이나 막은 난간이니 난간 란

[번체] 蘭 – 풀(艹) 중 문(門)안에서 장소를 가려(柬) 키우는 난초나 목련이니
　　　 '난초 란, 목련 란'
　　　 또 난초를 두는 난간이니 '난간 란'
+ 門(문 문: 门 mén), 柬 jiǎn(가릴 간, 편지 간)

5급

烂

(爛)

làn

불(火)에 **난간**(쓰)이 타듯 문드러지니 **문드러질 란**
또 불(火)빛에 **난초**(쓰)가 빛나니 빛날 **란**

[번체] 爛 – 불(火)에 막아(闌) 놓은 것이 타 문드러지니 '문드러질 란'
　　　또 불(火)을 바람 막고(闌) 켜 놓은 듯 빛나니 '빛날 란'
+ 闌 (가로막을 란: 闌 lán)
+ 문드러지다 – 썩거나 물러서 힘없이 처지고 떨어지다

---

371 ▶ **开研 形型** – 开로 된 한자
　　　 개 연　형 형

1급

开

(開)

kāi

문의 **빗장**(一)을 받쳐 **들고**(廾) 여니 **열 개**
또 열고 시작하니 시작할 **개**
또 열고 시작하듯 물이 끓으니 끓을 **개**

[번체] 開 – 문(門)의 빗장(一)을 받쳐 들고(廾) 여니 '열 개'
　　　또 열고 시작하니 '시작할 개'
+ 一 yī('한 일'이지만 여기서는 빗장으로 봄), 廾 gǒng(받쳐 들 공)
+ 开는 '개척하다, 뚫다, 따다, (꽃이) 피다, (금지령 따위를) 풀다, (얼음이) 녹
다, (기계 따위를) 조정하다, 출동하다, 늘어놓다, 작성하다, 지불하다, (물이)
끓다, 캐럿[순금의 함유도나 보석의 무게를 나타내는 단위] 등 다양한 뜻으로
쓰입니다.

开会 kāihuì ① 개회하다 ② 회의하다 **1급**

开心 kāixīn ① 기쁘다 ② 놀리다[↔ 烦闷 fánmèn] **2급**

开学 kāi//xué 개학하다 **2급**

开发 kāifā 개발하다, 개척하다 **3급**

开业 kāi//yè 개업하다 **3급**

公开 gōngkāi ① 공개적인 ② 공개하다[↔ 秘密 mìmì] **3급**

解开 jiěkāi ① 해체하다 ② (끈·보따리·단추·매듭 따위를) 풀다 **3급**

开水 kāishuǐ 끓인 물 **4급**

+ 会 huì(會: 모일 회, 잠깐 회, 알 회, 회계할 회), 学 xué(學: 배울 학), 发
fā/fà(發: 쏠 발, 일어날 발, 髮: 머리털 발), 业 yè(業: 업 업, 일 업), 解
jiě(解: 해부할 해, 풀 해)

yán

돌(石) 속의 무늬가 **열리듯(开)** 드러나게 가니 갈 **연**
또 갈고 닦듯이 연구하니 연구할 **연**

+ 石 shí(돌 석)

研究 yánjiū 연구(하다), 논의(하다), 검토(하다) 4급

研制 yánzhì ① 연구 제작(제조)하다[= 研造 yánzào] ② 빻아서 가루약을 만
들다 4급

+ 究 jiū(연구할 구), 制 zhì(제도 제, 억제할 제, 製: 지을 제)

3급

xíng

우물(开)에 긴 머리(彡)가 비친 모양이니 모양 **형**

+ 开 kāi[開(열 개, 시작할 개, 끓을 개)의 중국 한자(간체자)지만, 여기서는 井
jǐng(우물 정, 우물틀 정)의 변형으로 봄]
+ 거울이 없던 옛날에는 우물에 자기의 모습을 비추어 보기도 했지요.
+ 彡 shān(터럭 삼, 긴머리 삼)

形成 xíngchéng 형성되다 3급

形式 xíngshì 형식, 형태 3급

形容 xíngróng ① 묘사하다 ② 형상, 모양, 모습 4급

形态 xíngtài 형태 5급

地形 dìxíng 지형, 땅의 형세 5급

情形 qíngxing 정황, 상황, 형편[≒ 情境 qíngjìng, 情景 qíngjǐng] 5급

+ 成 chéng(이룰 성), 式 shì(법 식, 의식 식), 容 róng(얼굴 용, 받아들일 용,
용서할 용), 态 tài(모양 태), 地 dì(땅 지), 情 qíng(情: 뜻 정, 정 정, 형편
정)

4급

xíng

우물틀(开)처럼 **칼(刂)**로 **흙(土)**을 다듬어 만든 틀이나 모형이니
틀 **형**, 모형 **형**

+ 형(型 xíng) - ① 거푸집 ② 꼴 ③ 다른 것들과 구별되는 특징을 이루는 유형
이나 형태

型号 xínghào 사이즈, 형 4급

大型 dàxíng 대형의[↔ 小型 xiǎoxíng] 4급

类型 lèixíng 유형 4급

小型 xiǎoxíng ① 소형의 ② 소규모의 4급

新型 xīnxíng 신형, 신식 4급

+ 号 hào(號: 부를 호, 이름 호, 부호 호), 类 lèi(類: 닮을 류, 무리 류), 新
xīn(새로울 신)

참고자

井

jǐng

나무로 엇갈리게 쌓아 만든 우물과 우물틀 모양을 본떠서

우물 정, 우물틀 정

+ 옛날에는 우물을 파고 흙이 메워지지 않도록 통나무를 엇갈려 네모지게 쌓았는데 이것이 우물틀이지요.

2급

讲 講

jiǎng

말(讠)을 **우물틀(井)**처럼 얽어서 익히고 설명하니

익힐 강, 설명할 강

[번체] 講 − 말(言)을 쌓듯이(冓) 여러 번 익히고 설명하니 '익힐 강, 설명할 강'
+ 冓 gòu −우물틀(井)처럼 다시(再) 쌓으니 '쌓을 구'
+ 讠 yán[言(말씀 언 변)의 간체자], 再 zài(다시 재, 두 번 재)

讲话 jiǎnghuà ① 발언하다 ② 질책하다 ③ 담화 2급
听讲 tīngjiǎng 강연이나 강의를 듣다 2급
讲座 jiǎngzuò 강좌 4급
演讲 yǎnjiǎng ① 강연, 연설, 웅변 ② 강연하다 4급

+ 话 huà(話: 말씀 화, 이야기 화), 听 tīng(聽: 들을 청), 座 zuò(자리 좌, 위치 좌), 演 yǎn(펼 연, 행할 연)

1급

进 進

jìn

우물(井)에 물 긷기 위해 **나아가니(辶)** 나아갈 진

[번체] 進 − (앞으로만 나아가는) 새(隹)처럼 나아가니(辶) '나아갈 진'
+ 옛날에는 공동우물에서 물을 길어다 사용했고, 새는 뒤로는 가지 못하고 앞으로만 나아가지요.
+ 隹 zhuī(새 추)

进来 jìnlái 들어오다 1급
进去 jìnqù 들어가다[↔ 出来 chūlái] 1급
请进 qǐngjìn 어서 오세요, 들어오세요 1급
进入 jìnrù (어떤 범위 또는 시기에) 들다, 진입하다 2급
进展 jìnzhǎn ① 진전하다, 발달하다 ② 진전 3급
前进 qiánjìn 전진(하다) 3급
推进 tuījìn ① 추진하다(시키다) ② 밀고 나가다 3급
进口 jìnkǒu ① 수입하다 ② (배가) 입항하다 ③ 입구 4급
进化 jìnhuà 진화하다[↔ 退化 tuìhuà] 5급

+ 来 lái(來: 올 래), 去 qù(갈 거, 제거할 거), 请 qǐng(請: 청할 청, 부탁할 청), 展 zhǎn(펼 전, 넓을 전), 前 qián(앞 전), 推 tuī(밀 추, 추천할 추), 口 kǒu(입 구, 말할 구, 구멍 구), 化 huà(될 화, 변화할 화, 가르칠 화)

475

집(宀) 우물(井) 하나(一)에서 나뉘어(八) 나온 물이 얼음(冫)처럼 차니 찰 **한**

+ 冫 bīng – 氷 bīng(얼음 빙)이 부수로 쓰일 때의 모양으로 글자의 왼쪽에 붙는 '이 수 변'이지만 이 한자에서는 아래에 붙었네요.
+ 宀 mián(집 면), 八 bā(여덟 팔, 나눌 팔)

寒假 **hánjià** 겨울방학 4급

+ 假 jià(거짓 가, 임시 가, 暇: 휴가 가)

hán

집(宀)에 우물(井) 하나(一)를 파면서(八) 물이 잘 나오도록 돈(贝) 놓고 굿하니 굿할 **새**

또 굿할 때처럼 즐겁게 시합하니 시합할 **새**

+ 옛날에는 우물을 파서 그 물을 이용했으니, 우물을 파면서 물이 잘 나오기를 빌며 굿도 했겠지요.
+ 贝 bèi(貝: 조개 패, 재물 패, 돈 패)

比赛 **bǐsài** ① 경기, 시합 ② 겨루다, 시합하다 3급

决赛 **juésài** 결승 3급

大奖赛 **dàjiǎngsài** 경연대회 5급

竞赛 **jìngsài** 경쟁하다, 시합하다[≒ 比赛 bǐsài] 5급

+ 比 bǐ(나란할 비, 견줄 비, 예를 들 비), 决 jué(決: 결정할 결), 奖 jiǎng(獎: 장려할 장), 竞 jìng(競: 겨룰 경)

sài

---

373 ▶ **奂换 央映英** – 奂, 央으로 된 한자
　　　　환 환 　 앙 영 영

사람(ク)이 가운데(央)서 힘차게 일하는 모습이 빛나니 빛날 **환**

[번체] 奐 – 성(冂) 위아래에서 사람들(ク儿)이 크게(大) 일하는 모습이 빛나니 '빛날 환'

+ ク[人 rén(사람 인)의 변형], 央 yāng(가운데 앙), 冂 jiōng(멀 경, 성 경), 儿 ér(사람 인 발, 접미사 아, 兒: 아이 아)

huàn

2급

换 [换]
huàn

손(扌)으로 **빛나게**(奂), 즉 분명하게 바꾸니 **바꿀 환**

+ 扌 shǒu(손 수 변)

交换 jiāohuàn 교환하다 **4급**

更换 gēnghuàn 교체하다, 변경하다 **5급**

+ 交 jiāo(사귈 교, 오고 갈 교), 更 gēng(고칠 경, 더욱 갱, 다시 갱)

5급

央
yāng

성(冂)이 크게(大) 서 있는 가운데니 **가운데 앙**

中央 zhōngyāng ① 중앙 ② 정부의 최고 기관[↔ 地方 dìfāng] **6급**

+ 中 zhōng(가운데 중, 맞힐 중)

4급

映
yìng

해(日)가 가운데(央)서 비추니 **비출 영**

反映 fǎnyìng ① 반사하다 ② 반영하다 ③ 보고하다 **4급**

+ 反 fǎn(거꾸로 반)

2급

英
yīng

풀(艹)의 가운데(央)에서 핀 꽃부리니 **꽃부리 영**
또 꽃부리처럼 빛나는 업적을 쌓은 영웅이니 **영웅 영**

+ 꽃부리(花冠 huāguān) - 꽃잎 전체를 이르는 말
+ 冠 guān/guàn(갓 관, 모자 관)

英文 Yīngwén 영문, 영어[= 英语 Yīngyǔ] **2급**

英语 Yīngyǔ 영어 **2급**

+ 文 wén(글 문, 문명 문, 문화 문), 语 yǔ(語: 말씀 어)

3급

決
jué

決

얼음(冫)을 깨뜨려 물이 **터지게(夬)** 하듯 마음을 결정하니
결정할 결

[번체] 決 – 물(氵)이 한쪽으로 터지듯(夬) 무엇을 한쪽으로 결정하니 '결정할 결'
+ 夬 guài – 가운데 앙(央)의 한쪽이 터지니 '터질 쾌'

決定 juédìng 결정(하다) **3급**
解決 jiějué ① 해결하다 ② 없애다 **3급**
決心 juéxīn ① 결심 ② 결심하다[≒ 決计 juéjì, 决意 juéyì] **3급**
決不 juébù 별말씀을요[고맙다는 말에 대한 정중한 대답] **5급**

+ 定 dìng(정할 정), 解 jiě(解: 해부할 해, 풀 해), 心 xīn(마음 심, 중심 심)

3급

缺
qué

장군(缶)이 **터져(夬)** 이지러지고 내용물이 빠지니
이지러질 결, 빠질 결

+ 缶 fǒu(장군 부) – 제목번호 157 참고

缺点 quēdiǎn 결점, 단점[↔ 优点 yōudiǎn] **3급**
缺少 quēshǎo 부족하다, 모자라다[≒ 缺乏 quēfá] **3급**
缺乏 quēfá 결핍되다, 결여되다 **5급**

+ 点 diǎn(點: 점 점, 점검할 점, 불 켤 점), 少 shǎo(적을 소, 젊을 소), 乏 fá(가난할 핍, 모자랄 핍)

1급

块
kuài

塊

흙(土)을 **터지도록(夬)** 두드려 만든 덩어리니
덩어리 괴
또 덩어리로 함께 있는 장소나 중국의 화폐 단위니
함께 괴, 장소 괴, 중국의 화폐 단위 괴

[번체] 塊 – 흙(土)이 뭉친 귀신(鬼) 모양의 덩어리니 '덩어리 괴'
+ 元 yuán과 같은 크기로 회화체에서 많이 사용합니다.
+ 土 tǔ(흙 토), 鬼 guǐ(귀신 귀)

一块儿 yíkuàir ① 동일한 장소 ② 함께, 같이[= 一同 yìtóng, 一起 yìqǐ]
③ 부근, 곁, 옆 **1급**

1급

快

kuài

막혔던 **마음**(忄)이 **터진**(夬) 듯 상쾌하니 상쾌할 **쾌**
또 상쾌하게 빠르고 날카로우니 빠를 **쾌**, 날카로울 **쾌**

快乐 kuàilè 즐겁다, 행복하다 **2급**
快餐 kuàicān 즉석 음식, 패스트푸드 **2급**
快点儿! kuàidiǎnr 좀 빨리 해! **2급**
快要 kuàiyào 곧 ~하다[일반적으로 문장 끝에 '了 le'가 옴] **2급**
+ 乐 yuè/lè/yào(樂: 노래 악, 즐길 락, 좋아할 요), 餐 cān(먹을 찬, 밥 찬), 点
diǎn(點: 점 점, 점검할 점, 불 켤 점), 要 yào(중요할 요, 바랄 요, 요구할 요)

2급

筷

kuài

대(⺮)로 음식을 **빠르게**(快) 먹도록 만든 젓가락이니 젓가락 **쾌**

+ ⺮[竹 zhú(대 죽)이 부수로 쓰일 때의 모양]
+ 箸 zhù(젓가락 저)라는 한자도 있지만 중국어에서는 '筷子 kuàizi'를 많이 사
용합니다. 이유는 箸 zhù의 발음이 '멈추다'라는 뜻이 住 zhù(살 주, 멈출 주)
와 같기 때문에, 빨리 움직여야 겨우 먹고살 수 있었던 옛날의 백성들에게는
기분 좋은 단어가 아니어서, '빠르다'라는 뜻의 '快 kuài'를 사용하여 새로운
의미로 만들어 쓰게 된 것이랍니다.
筷子 kuàizi 젓가락 **2급**
+ 子 zǐ/zi(아들 자, 첫째 지지 자, 자네 자, 접미사 자)

---

375 〉 **尸届属 漏慰假 后** − 尸로 된 한자와 后
시 계 속 루 위 가 후

5급

尸

shī

사람이 누워 있는 모양을 본떠서 주검 **시**, 몸 **시**

+ 사람이나 집과 관련된 한자에 부수로도 쓰입니다.

5급

届

jiè

몸(尸)이 **말미암은**(由) 곳으로 가 이르니 이를 **계**

[번체] 屆 − 주검(尸)이 흙(土)을 판 구덩이(凵)에 이르니 '이를 계'
+ 凵 kǎn/qiǎn('입 벌릴 감, 그릇 감'이지만 여기서는 구덩이로 봄)

属 shǔ

몸(尸)에 벌레(禹)들이 붙어사니 붙어살 속
또 붙어사는 무리니 무리 속

[번체] 屬 – 몸(尸)에 진액(氺)을 빨아먹으려고 벌레(蜀)들이 붙어사니 '붙어살 속'
또 붙어사는 무리니 '무리 속'

＋ 禹 yǔ – 비뚤어진(丿) 일도 항상 중심(中)을 잡고 짐승 발자국(内)처럼 흔적
을 남기게 일했던 우임금이니 '우임금 우'
또 삐뚤어지게(丿) 물건의 가운데(中)에 붙어 발자국(内) 남기며 파
먹는 벌레니 '벌레 우'

＋ 氺 shuǐ(물 수 발), 蜀 shǔ(애벌레 촉), 内 róu(발자국 유)

属于 shǔyú ～에 속하다, ～의 소유이다 _{3급}

家属 jiāshǔ 딸린 식구[≒ 家眷 jiājuàn] _{3급}

＋ 于 yú(어조사 우), 家 jiā(집 가, 전문가 가)

漏 lòu

물(氵)이 뚫어진 지붕(尸)에서 비(雨)만 오면 새니 샐 루

＋ 尸 shī('주검 시, 몸 시'지만 여기서는 지붕으로 봄)

漏洞 lòudòng ① 구멍, 틈새 ② [비유] 빈틈, 약점 _{5급}

＋ 洞 dòng(마을 동, 동굴 동, 밝을 통)

慰 wèi

벼슬아치(尉)가 마음(心)으로 위로하니 위로할 위

＋ 尉 wèi – 주검(尸)을 보아도(示) 두려워하지 않고 법도(寸)를 지켜 처리하는
벼슬이니 '벼슬 위'

＋ 示 shì(보일 시, 신 시), 寸 cùn(마디 촌, 법도 촌)

慰问 wèiwèn 위문하다, 위로하고 안부를 묻다 _{5급}

安慰 ānwèi ① 위로가 되다 ② 위로하다 _{5급}

＋ 问 wèn(問: 물을 문), 安 ān(편안할 안)

假 jiǎ, jià

사람(亻)이 빌려서(叚) 꾸민 거짓이고 임시니
거짓 가, 임시 가(jiǎ)
또 사람(亻)이 날을 빌려서(叚) 쉬는 휴가니 휴가 가(jià)

[번체] 暇 – 날(日)을 빌려온(叚) 듯 겨를이 있고 한가하니 '겨를 가, 한가할 가'

＋ 叚 – 지붕(尸)을 두(二) 번이나 일꾼(彐)의 손(又)을 빌려 고쳐야하는 허물이
니 '빌릴 가, 허물 가'

＋ 尸[尸 shī(주검 시, 몸 시)의 변형으로 여기서는 지붕으로 봄], 彐[工 gōng(일
꾼 공, 일할 공, 연장 공)의 변형], 又 yòu(오른손 우, 또 우)

放假 fàngjià 방학하다, 쉬다 _{1급}

假期 jiàqī ① 휴가 기간 ② 휴일[= 假日 jiàrì] _{2급}

假如 jiǎrú 만약, 만일, 가령 _{4급}

＋ 放 fàng(놓을 방), 期 qī(기간 기, 기약할 기), 如 rú(같을 여)

480

后

後

hòu

몸(尸)의 뒤에 있는 **구멍**(口), 즉 항문이 있는 뒤니 **뒤 후**
또 **몸**(尸)이나 **입**(口)으로 지시했던 왕후니 **왕비 후**

[번체] 後 – 조금씩 걷고(彳) 조금(幺)씩 천천히 걸으면(夊) 뒤지고 늦으니
　　　'뒤 후, 늦을 후'
+ 尸[尸 shī(주검 시, 몸 시)의 변형], 彳 chì(조금 걸을 척), 幺 yāo(작을 요, 어
　릴 요), 夊 zhī(천천히 걸을 쇠, 뒤쳐올 치)

后边 hòubian 뒤, 뒤쪽, 이후 1급

后天 hòutiān ① 모레[= 后日 hòurì] ② 후천(적) 1급

后来 hòulái ① 그 후 ② 후진, 신참[↔ 起初 qǐchū] 2급

以后 yǐhòu 이후, 금후[= 过后儿 guòhòur, 往后 wǎnghòu] 2급

后果 hòuguǒ (주로 안 좋은) 결과, 뒤탈 3급

后面 hòumiàn 뒤, 뒤쪽, 뒷면 3급

后年 hòunián 내후년 3급

后头 hòutou ① 뒤, 뒤쪽 ② 이후 ③ 그 뒤에 4급

之后 zhīhòu ① ~뒤, ~다음 ② 그 후, 그 뒤[단독으로 문장 앞에 쓰여 앞의
문장에서 말한 사정의 뒤임을 나타냄][= 以后 yǐhòu] 4급

此后 cǐhòu 이후, 이다음 5급

+ 边 biān(邊: 가 변), 天 tiān(天: 하늘 천), 来 lái(來: 올 래), 以 yǐ(써 이),
　果 guǒ(과일 과, 결과 과), 面 miàn(얼굴 면, 향할 면, 볼 면, 麵: 밀가루 면,
　국수 면), 头 tóu/tou(頭: 머리 두, 우두머리 두, 접미사 두), 之 zhī(갈 지,
　~의 지, 이 지), 此 cǐ(이 차)

尺尽迟局 – 尺으로 된 한자
척 진 지 국

尺

chǐ

몸(尸) 구부리고(乀) 길이를 재는 자니 **자 척**

+ 1자는 약 30.3cm
+ 乀 fú('파임 불'이지만 여기서는 구부리는 모양으로 봄)

尺寸 chǐcùn ① 길이, 치수, 사이즈 ② 분별력, 절도 4급

尺子 chǐzi ① 자 ② 표준, 척도, 잣대 4급

+ 寸 cùn(마디 촌, 법도 촌)

3급

jìn/jǐn · 盡

자(尺)로 눈금을 잴 때처럼 한 **점**(丶) 한 **점**(丶) 최선을 다하니

다할 진

[번체] 盡 – 손(ㅋ)에 부젓가락(丄) 들고 불(灬) 있는 화로 그릇(皿)을 뒤적이면 꺼져 다하니 '다할 진'

✦ 부젓가락(火筷子 huǒkuàizi) – 불을 뒤적이는 젓가락 모양의 막대
✦ 불을 뒤적이면 산소가 들어가 금방 다 타버리거나 꺼지고 말지요.
✦ ㅋ(고슴도치 머리 계, 오른손 우), 灬 huǒ(불 화 발), 皿 mǐn(그릇 명), 筷 kuài(젓가락 쾌)

尽量 jǐnliàng 양을 다 채우다, 양껏 하다 **3급**
尽快 jǐnkuài 되도록 빨리 **4급**
尽力 jìnlì 온 힘을(전력을) 다하다[≒ 竭力 jiélì, 努力 nǔlì] **4급**
尽管 jǐnguǎn ① 비록(설령) ~라 하더라도 ② 얼마든지 ③ 언제나 **5급**

✦ 量 liáng/liàng(헤아릴 량, 용량 량), 快 kuài(상쾌할 쾌, 빠를 쾌, 날카로울 쾌), 力 lì(힘 력), 管 guǎn(대롱 관, 피리 관, 관리할 관)

4급

chí · 遲

자(尺)로 재면서 **가듯**(辶) 천천히 걸어 더디고 늦으니

더딜 지, 늦을 지

[번체] 遲 – 몸(尸)에 물(氵)이 출렁거려 소(牛)처럼 천천히 가(辶) 더디고 늦으니 '더딜 지, 늦을지'

✦ 辶 chuò(뛸 착, 갈 착), 尸 shī(주검 시, 몸 시), 氵[水 shuǐ(물 수 발)의 변형], 牛 niú(소 우)

迟到 chídào 지각하다 **4급**
推迟 tuīchí 늦추다, 연기하다[↔ 提前 tíqián] **4급**

✦ 到 dào(이를 도, 주도면밀할 도), 推 tuī(밀 추, 추천할 추)

4급

jú

자(尺)로 재어 나누고 **말하며**(口) 구역을 확정지은 판이나 관청이니

판 국, 관청 국
또 어떤 판 같은 상황이니 상황 국

✦ 판 – 일이 벌어진 자리, 또는 그 장면
✦ 尸[尺 chǐ/chě(자 척)의 변형], 口 kǒu(입 구, 말할 구, 구멍 구)

局面 júmiàn 국면, 형세, 양상 **5급**
局长 júzhǎng 국장, 서장 **5급**

✦ 面 miàn(얼굴 면, 향할 면, 볼 면, 麵: 밀가루 면, 국수 면), 长 cháng/zhǎng(長: 길 장, 자랄 장, 어른 장)

4급

户
戶
hù

한 짝으로 된 문을 본떠서 **문 호**
또 (옛날에는 대부분 문이 한 짝씩 달린 집이었으니) 집도 나타내어
집 호
또 집의 사람이나 통장 계좌로도 쓰여 **사람 호, 계좌 호**

窗户 chuānghu 창문, 창 **4급**
客户 kèhù ① 이주자 ② 소작인 ③ 거래처, 바이어, 고객 **5급**
用户 yònghù 사용자, 가입자, 아이디 **5급**
+ 窗 chuāng(창문 창), 客 kè(손님 객), 用 yòng(쓸 용)

2급

护
護
hù

손(扌)으로 **집(户)**을 보호하니 **보호할 호**

[번체] 護 – 말(言) 못하는 풀(艹) 속의 새(隹)들도 또(又)한 보호하니 '보호할 호'
+ 言 yán(말씀 언), 隹 zhuī(새 추), 又 yòu(오른손 우, 또 우)
护照 hùzhào 여권 **2급**
保护 bǎohù 보호하다[≒ 维护 wéihù] **3급**
护士 hùshi 간호사 **4급**
爱护 àihù 소중히 하다, 사랑하고 보호하다 **4급**
+ 照 zhào(비출 조), 保 bǎo(지킬 보, 보호할 보), 士 shì(선비 사, 군사 사, 칭호나 직업에 붙이는 말 사), 爱 ài(愛: 사랑 애, 즐길 애, 아낄 애)

5급

启
啓
qǐ

마음의 **문(户)**을 **말하여(口)** 열도록 일깨우니 **열 계, 일깨울 계**

[번체] 啓 – 마음의 문(戶)을 치면서(攵) 말하여(口) 열도록 일깨우니
　　　'열 계, 일깨울 계'
+ 口 kǒu(입 구, 말할 구, 구멍 구), 攵 pō(칠 복, = 攴)
启动 qǐdòng ① (기계·설비 따위를) 시동하다 ② 놀라게 하다, 놀래다[= 惊动 jīngdòng] ③ (컴퓨터의) 프로그램을 열다 **5급**
启发 qǐfā ① 계발, 깨우침 ② 일깨우다, 계발하다 **5급**
启事 qǐshì 광고, 공고 **5급**
+ 动 dòng(動: 움직일 동), 发 fā(發: 쏠 발, 일어날 발, 髮: 머리털 발), 事 shì(일 사, 섬길 사)

문(户)처럼 몸(月)에서 쩍 벌어진 어깨니 **어깨 견**

또 어깨에 짊어지니 **짊어질 견**

+ 月 yuè(달 월, 육 달 월)

jiān

扁骗编篇遍 – 扁으로 된 한자
편 편 편 편 편

문(户)이 **책(冊)**처럼 작고 넓적하니 **작을 편, 넓적할 편**

+ 冊 cè[册(책 책, 세울 책)의 변형]

biǎn/piān

말(马) 등이 **넓적하여(扁)** 쉽게 속이며 뛰어오르니

속일 편, 뛰어오를 편

+ 马 mǎ(馬: 말 마)

骗子 piànzi 사기꾼

+ 子 zǐ/zi(아들 자, 첫째 지지 자, 자네 자, 접미사 자)

骗

piàn

실(纟)로 **작은(扁)** 것들을 엮으니 **엮을 편**

+ 纟 sī[糸 mì/sī(실 사, 실 사 변의 간체자)]

编辑 biānjí ① 편집하다 ② 편집자 ③ 편집

+ 辑 jí(輯: 편집할 집)

编

biān

篇

piān

(종이가 없던 옛날에) 대(竹)를 **작게(扁)** 쪼개 글을 써서 만든 책이니 **책 편**

✦ '편, 장'처럼 글이나 종이 등을 세는 단위로도 쓰입니다.
✦ 竹[竹 zhú(대 죽)이 부수로 쓰일 때의 모양]

2급

遍

biàn

작은(扁) 곳까지 두루 **가니(辶)** 두루 **편**
또 두루 하나씩 세는 편이나 차례니 **편 편, 차례 편**

✦ 한 동작의 처음부터 끝까지의 전 과정을 가리키는 '번, 차례, 회'로도 쓰입니다.

普遍 pǔbiàn 보편적인, 널리 퍼져 있는[≒ 广泛 guǎngfàn] 3급

✦ 普 pǔ(넓을 보, 보통 보)

379 ▷ 几 机 肌 朵 躲 – 几, 朵로 된 한자
　궤(기) 기 기　타 타

1급

几

jī/jǐ

안석이나 책상의 모양을 본떠서 **안석 궤, 책상 궤**(jī)
또 안석과 책상의 모양처럼 거의 같으니 **거의 궤**(jī)

[번체] 幾 – (아직은) 작고(幺) 작게(幺) 보이는 창(戈)과 사람(人)이지만 몇이나
되는지 살피는 기미니 '몇 기, 기미 기'
✦ 안석 – 앉을 때 몸을 편하게 기대는 도구
✦ 幺 yāo(작을 요), 戈 gē(창 과)

几乎 jīhū ① 거의, 거의 모두 ② 하마터면 4급

✦ 乎 hū(어조사 호)

机 jī

나무(木) 몇(几) 개로 얽어 만들었던 기계니 기계 **기**

또 기계로 날도록 만든 비행기니 비행기 **기**

또 기계처럼 작용하는 기능이나 기회니 기능 **기**, 기회 **기**

[번체] 機 – 나무(木) 몇(幾) 개로 얽어 만든 베틀이니 '베틀 기'
　　　또 베틀 같은 기계나 기회니 '기계 기, 기회 기'
＋ 중국 한자(간체자)에서는 机를 번체자에 없는 '비행기 기'의 뜻으로도 씁니다.

机票 jīpiào 비행기표[= 飞机票 fēijīpiào] 1급

手机 shǒujī 휴대폰 1급

开机 kāijī ① 기계를 가동하다 ② (영화나 TV 드라마의) 촬영을 시작하다[= 开镜 kāijìng] 2급

机会 jīhuì 기회, 시기, 찬스 3급

机制 jīzhì ① 기계로 제조한 ② 메커니즘, 시스템 5급

时机 shíjī (유리한) 시기, 기회, 때 5급

＋ 票 piào(표시할 표, 표 표, 티켓 표), 开 kāi(開: 열 개, 시작할 개, 끓을 개), 会 huì(會: 모일 회, 잠깐 회, 알 회, 회계할 회), 制 zhì(제도 제, 억제할 제, 製: 지을 제), 时 shí(時: 때 시)

肌 jī

몸(月)이 안석(几)에 앉을 때 닿는 근육이나 살갗이니

근육 **기**, 살갗 **기**

肌肉 jīròu 근육[= 筋肉 jīnròu] 5급

＋ 肉 ròu(고기 육)

朵 duǒ

몇(几) 개의 나무(木) 위에 맺은 꽃송이 같은 송이니 송이 **타**

＋ '송이, 조각, 점'으로, 꽃, 구름이나 그와 비슷한 물건을 세는 단위로 쓰입니다.

耳朵 ěrduo 귀 5급

＋ 耳 ěr(귀 이)

躲 duǒ

몸(身)을 송이(朵)처럼 볼록한 곳에 피하여 숨으니

피할 **타**, 숨을 **타**

＋ 身[身 shēn(몸 신)의 변형]

凭 (憑) píng
5급

맡아(任)놓은 **안석**(几)에 의지하니 **의지할 빙**
또 의지하는 자료는 증거니 **증거 빙**

[번체] 憑 – 의지하는(馮) 마음(心)이니 '의지할 빙'
　　　　또 의지하는 자료는 증거니 '증거 빙'
+ 馮 féng/píng – 얼음(冫)이나 말(馬) 위에 올라타 의지하니
　　　　'올라탈 빙, 의지할 빙'
+ 任 rèn(맡을 임, 맡길 임) – 제목번호 196 참고

亮 (亮) liàng
2급

높은(亠) 사람의 **안석**(几)처럼 빛나고 밝으니
빛날 량, 밝을 량

[번체] 亮 – 높게(亠) 배운 사람(儿)처럼 빛나고 사리에 밝으니 '빛날 량, 밝을 량'
+ 亠[高 gāo(높을 고)의 획 줄임], 儿 ér(사람 인 발, 접미사 아, 兒: 아이 아)
月亮 yuèliang 달 2급
漂亮 piàoliang ① 예쁘다, 아름답다 ② (일 처리·행동·말 등이) 멋지다 2급
明亮 míngliàng ① 밝다[= 光亮 guāngliàng] ② 빛나다 ③ 명백하다 5급
+ 月 yuè(달 월, 육 달 월), 漂 piào(뜰 표, 빨래할 표), 明 míng(밝을 명)

沉 chén
4급

물(氵)에 **덮여**(冖) **책상**(几)까지 잠기니
잠길 침

+ [동] 沈 chén – 물(氵)에 머물러(冘) 잠기니 '잠길 침'
+ 沈과 같은 뜻인데 중국에서는 沉으로 많이 씁니다.
+ 冘 yóu/yín – 무엇에 덮인(冖) 듯 집안에 사람(儿)이 머물러 머뭇거리니
　　　　'머무를 유, 머뭇거릴 유'
+ 冖 mì(덮을 멱), 儿[儿 ér(사람 인 발, 접미사 아, 兒: 아이 아)의 변형]
沉默 chénmò ① 침묵하다 ② 과묵하다 4급
沉重 chénzhòng ① 몹시 무겁다 ② (정도가) 심하다 ③ (심정이) 우울하다[≒
繁重 fánzhòng ↔ 轻松 qīngsōng] 4급
+ 默 mò(말 없을 묵, 고요할 묵), 重 zhòng(무거울 중, 귀중할 중, 거듭 중)

微 wēi
4급

걸어서(彳) **산**(山)에 가 **한**(一) 개의 **안석**(几)을 만들기 위해 나무를
치고(攵) 보니 작다는 데서 **작을 미**
또 작으면 잘 숨으니 **숨을 미**

+ 彳 chì(조금 걸을 척), 攵 pō(칠 복, = 攴)
微信 wēixìn 위챗[중국 메신저 프로그램] 4급
微博 wēibó 미니 블로그[중국 sns 프로그램] 5급
+ 信 xìn(믿을 신, 소식 신), 博 bó(넓을 박)

5급

虎

虎

hǔ

범(虍) 머리와 **몇(几)** 개 줄무늬를 본떠서 범 호

[번체] 虎 – 범(虍)은 사람처럼 영리하니 사람 인 발(儿)을 붙여서 '범 호'

＋虍 hū – 입 벌린 범의 머리를 본떠서 '범 호 엄'으로 범과 관련된 글자에 쓰이는 부수

＋범 – 호랑이

＋虎 hǔ를 경성으로 발음한 '马虎 mǎhu'는 말이나 호랑이와는 상관없이 형용사로 '대충대충 하다, 덤벙대다'의 뜻이 됩니다.

＋儿 ér(사람 인 발, 접미사 아, 兒: 아이 아), 马 mǎ(馬: 말 마)

4급

慮

慮

lǜ

범(虍)처럼 무서운 것을 **마음(心)**에 생각하며 염려하니

생각할 려, 염려할 려

[번체] 慮 – 범(虍)처럼 무서운 것을 생각하고(思) 염려하니 '생각할 려, 염려할 려'

＋思 sī(생각할 사)

考虑 kǎolǜ 고려(하다), 생각(하다) 4급

＋考 kǎo(살필 고, 생각할 고)

5급

虛

虚

xū

범(虍)처럼 무서운 것 때문에 **일(业)**을 못 하여 비고 헛되니

빌 허, 헛될 허

[번체] 虛 – 범(虍)이 이쪽저쪽(业)으로 다니는 땅(一)은 모두 도망가 비니 '빌 허'
또 비어 아무것도 못 잡아 헛되니 '헛될 허'

＋业 yè(業: 업 업, 일 업) – 제목번호 133 참고

虚心 xūxīn 겸손하다, 겸허하다[↔ 自满 zìmǎn, 骄傲 jiāo'ào] 5급

＋心 xīn(마음 심, 중심 심)

부수자

殳

shū

안석(几) 같은 것을 **손(又)**에 들고 치니 칠 **수**
또 들고 치는 창이나 몽둥이니 창 **수**, 몽둥이 **수**

+ 几 jī(안석 궤, 책상 궤, 거의 궤, 몇 기, 기미 기, 幾: 몇 기, 기미 기), 又 yòu(오른손 우, 또 우)

3급

设
設

shè

말(讠)로 상대 주장을 **치면서(殳)** 자기 주장을 세우고 베푸니
세울 **설**, 베풀 **설**

设备 shèbèi ① 설비 ② 갖추다, 설비하다 3급
设立 shèlì 설립하다[≒ 设置(shèzhì)] 3급
设想 shèxiǎng ① 가상하다, 상상하다 ② 가상, 상상[想象 xiǎngxiàng] 5급
+ 备 bèi(備: 갖출 비), 立 lì(설 립), 想 xiǎng(생각할 상)

1급

没
沒

mò/méi

물(氵)에 **창(殳)**이 빠져 다하니 빠질 몰, 다할 몰(mò)
또 다하여 없으니 없을 몰(méi)

[번체] 沒 – 물(氵)에 사람(⺈)이 또(又) 빠져 다하여 없으니
'빠질 몰, 다할 몰, 없을 몰'
+ 沒은 중국어에서 부정사로 쓰이며, 이때는 méi로 발음하며, 문법에서 소유·
존재를 부정하거나 동작의 완성·실현·발생 등을 부정할 때는 '不 bù'가 아니
라 '沒 méi'를 사용합니다.
+ ⺈[人 rén(사람 인)의 변형]
没有 méiyǒu ① 없다, 가지고 있지 않다 ② 부족하다 1급
没用 méiyòng ① 쓸모가[소용이] 없다 ② 쓰지 않았다 3급
+ 有 yǒu(가질 유, 있을 유), 用 yòng(쓸 용)

4급

投

tóu

손(扌)으로 **창(殳)**을 던지니 던질 **투**
또 던져 집어넣거나 부치니 집어넣을 **투**, 부칠 **투**

投入 tóurù ① 참가하다 ② (자금 등을) 투입하다 ③ 몰두하다 4급

2급

段

duàn

언덕(阝)을 치고(殳) 깎아서 일정한 간격으로 만든 계단이니
계단 **단**
또 계단 같은 차례니 차례 **단**

+ 여기서 阝을 厓 yá(언덕 애)의 변형으로 풀었습니다.
+ 厓 yá – 굴 바위(厂) 아래 땅(圭)의 언덕이니 '언덕 애'
+ 圭 guī['홀 규, 영토 규, 서옥 규'지만 土 tǔ(흙 토)를 반복하였으니 여기서는
  땅으로 봄]
  阶段 jiēduàn 단계, 계단 4급
  手段 shǒuduàn 수단, 방법 5급
+ 阶 jiē(階: 계단 계), 手 shǒu(손 수, 재주 수, 재주 있는 사람 수)

4급

锻

锻

duàn

쇠(钅)를 차례(段)로 불에 달구어 두드리며 불리니 쇠 불릴 단
또 쇠 불리듯 단련하니 단련할 **단**

+ 쇠 불리다 – 쇠를 불에 달구어 성질을 변화시키다

7~9급

舟

zhōu

통나무배를 본떠서
배 **주**

船

chuán

배(舟) 중 **안석**(几) 같은 의자도 있고 출입하는 **구멍**(口)도 있는 배니 배 선

+ 口 kǒu(입 구, 말할 구, 구멍 구)

划船 huá chuán ① (노 따위로) 배를 젓다 ② 카누, 보트 **3급**

轮船 lúnchuán (증)기선 **4급**

+ 划 huá(劃: 그을 획, 계획할 획), 轮 lún(輪: 바퀴 륜, 배 륜)

航

háng

배(舟)에 **높은**(亢) 돛을 세우고 건너니 건널 항

+ 亢 kàng – 머리(亠) 아래 안석(几)처럼 이어진 목이니 '목 항'
  또 목처럼 높으니 '높을 항'

航班 hángbān (배·비행기의) 운행 노선 **4급**

航空 hángkōng ① 항공의 ② (하늘을) 비행하다 **4급**

导航 dǎoháng 항해나 항공을 유도하다, 네비게이션 **참고어**

꿀TIP 대기권 내의 비행에는 航空 hángkōng을, 대기권을 벗어난 비행에는 航天 hángtiān을 사용합니다.

+ 班 bān(나눌 반, 반 반, 근무할 반), 空 kòng(빌 공, 하늘 공), 导 dǎo(導: 이끌 도, 인도할 도)

般

bān

옛날 **배**(舟)는 **창**(殳) 같은 노를 저어 옮겨 감이 일반이었으니 옮길 반, 일반 반

+ 般은 주로 '일반'이라는 뜻으로 쓰이고, '옮기다'의 뜻으로는 '搬 bān(옮길 반, 나를 반)'을 씁니다.

一般 yìbān ① 일반적이다 ② 엇비슷하다 **2급**

一般来说 yìbānláishuō 일반적으로 (말하면) **4급**

+ 来 lái(來: 올 래), 说 shuō(說: 달랠 세, 말씀 설, 기쁠 열)

搬

bān

손(扌)으로 **옮겨**(般) 나르니 옮길 반, 나를 반

搬家 bānjiā 이사하다, 위치나 장소를 옮기다 **3급**

+ 家 jiā(집 가, 전문가 가)

참고자

mǐn

받침 있는 그릇을 본떠서

그릇 명

+ 그릇을 뜻하는 부수로도 쓰입니다.

2급

静

wēn

물(氵)이 해(日)가 비친 그릇(皿)에 있어 따뜻하니 따뜻할 온
또 무슨 일을 따뜻해지도록 여러 번 반복하여 익히니 익힐 온

[번체] 溫 – 물(氵)을 죄인(囚)에게도 그릇(皿)으로 떠 주는 마음이 따뜻하니
　　　'따뜻할 온'
　　　또 무슨 일을 따뜻해지도록 여러 번 반복하여 익히니 '익힐 온'

+ 囚 qiú(죄인 수)

温度 wēndù 온도 2급

气温 qìwēn 기온 2급

温暖 wēnnuǎn 따뜻하다, 온정이 넘치다 3급

温和 wēnhé (날씨, 말투, 성품 등이) 온화하다 5급

高温 gāowēn 고온 5급

+ 度 dù(법도 도, 정도 도, 시간 보낼 도, 헤아릴 탁), 气 qì(氣: 기운 기, 공기
　기, 날씨 기), 暖 nuǎn(따뜻할 난), 和 hé(화목할 화, 화답할 화, 섞을 화, 반
　죽할 화), 高 gāo(높을 고)

4급

鹽

yán

흙(土)을 점(卜)치듯 골라 그릇(皿)처럼 둑을 쌓고 바닷물을 담아
만드는 소금이니 소금 염

[번체] 鹽 – 엎드린(臣) 듯 허리 구부리고 소금밭(鹵)에서 긁어 모아 그릇(皿)에
　　　담는 소금이니 '소금 염'

+ 鹵 – 소금밭을 본떠서 '소금 로, 소금밭 로'
+ 염전에서는 바닷물을 잘 관리하여 소금을 만들지요.
+ 卜 bǔ(점 복, 葡: 무 복), 臣[臥 wò(엎드릴 와, 누울 와)의 변형]

pán

배(舟)처럼 물건을 담아 나를 수 있는 **그릇(皿)** 같은 쟁반이니
쟁반 반
또 쟁반처럼 둥글게 빙빙 도니 빙빙 돌 반

[번체] 盤 – 물건을 옮길(般) 때 쓰는 그릇(皿) 같은 쟁반이니 '쟁반 반'

+ 舟 zhōu(배 주), 般 bān(옮길 반, 일반 반)

盘子 pánzi 쟁반 4급
光盘 guāngpán 시디(CD) 4급

+ 子 zī/zi(아들 자, 첫째 지지 자, 자네 자, 접미사 자), 光 guāng(빛 광, 영광
광)

---

xuè

찢어져(丿) 나온 피를 **그릇(皿)**에 담는 모양에서 피 혈

+ 옛날에는 짐승의 피를 그릇에 담아 놓고 맹세하거나 고사를 지냈답니다.
+ 丿 piě('삐침 별'이지만 여기서는 '찢어짐'으로 봄)

---

yì

이쪽저쪽(丷)으로 **한(一)** 번 더 **나누어(八) 그릇(皿)**에 더하면
유익하니 더할 익, 유익할 익

[번체] 益 – 나누고(八) 한(一) 번 더 나누어(八) 그릇(皿)에 더하면 유익하니
'더할 익, 유익할 익'

+ 八 bā(여덟 팔, 나눌 팔)

利益 lìyì 이익[↔ 害处 hàichu] 4급
收益 shōuyì 수익, 이득, 수입 4급

+ 利 lì(이로울 리, 날카로울 리), 收 hōu(거둘 수)

---

pén

위가 **나누어(分)**지게 벌어진 **그릇(皿)**은 동이니 동이 분

脸盆 liǎnpén 세숫대야 5급

+ 脸 liǎn(臉 얼굴 검)

官
guān

4급

옛날에 **집(宀)**이 높은 **언덕(目)**에 있으면 주로 국가의 관청이었으니
국가 관, 관청 관
또 관청에 근무하는 벼슬이니 벼슬 관

+ 目[自 duī(쌓일 퇴, 언덕 퇴)의 획 줄임]
官方 guānfāng 정부 당국 4급
器官 qìguān (생명체의) 기관 4급
外交官 wàijiāoguān 외교관[= 外交家 wàijiāojiā, 外交员 wàijiāoyuán] 4급
+ 方 fāng(모 방, 방향 방, 방법 방), 器 qì(그릇 기, 기구 기), 外 wài(밖 외),
交 jiāo(사귈 교, 오고 갈 교)

馆
(館)
guǎn

1급

출장 가면 **먹고(饣)** 묵을 수 있도록 **관리(官)**들을 위해 지은 집인
객사니 **집 관, 객사 관**

+ 饣 shí[食(밥 식, 먹을 식 변)의 간체자]
图书馆 túshūguǎn 도서관 1급
饭馆(儿) fànguǎn(r) ① 요리점 ② 식당 2급
大使馆 dàshǐguǎn 대사관 3급
旅馆 lǚguǎn 여관의 통칭[= 饭店 fàndiàn, 客店 kèdiàn, 旅店 lǚdiàn, 旅舍
lǚshè] 3급
博物馆 bówùguǎn 박물관 5급
+ 图 tú(圖: 그림 도, 꾀할 도), 书 shū(書: 쓸 서, 글 서, 책 서), 饭 fàn(飯: 밥
반), 使 shǐ(하여금 사, 부릴 사), 旅 lǚ(군사 려, 나그네 려), 博 bó(넓을 박),
物 wù(물건 물)

管
guǎn

3급

대(竹)가 **벼슬(官)**한 것처럼 좋게 쓰인 대롱이나 피리니
대롱 관, 피리 관
또 피리 구멍을 조정하여 연주하듯 잘 관리하니 **관리할 관**

+ 竹[竹 zhú(대 죽)이 부수로 쓰일 때의 모양]
管理 guǎnlǐ ① 관리하다 ② 단속하다 3급
不管 bùguǎn ① ~에 관계없이 ② 상관하지 않다, 돌보지 않다 4급
吸管 xīguǎn ① 흡입관 ② 빨대 4급
+ 理 lǐ(이치 리, 다스릴 리), 吸 xī(숨 들이쉴 흡, 마실 흡)

언덕(阜)까지 쫓아서 따라가니(辶) 쫓을 추, 따를 추

+ 阜 duī[흙이 비스듬히(丿) 쌓인 모양에서 '쌓일 퇴, 언덕 퇴'로, '堆 duī(쌓일 퇴, 언덕 퇴)'의 원래 한자인 垖 duī의 획 줄임]

追求 zhuīqiú ① 추구하다 ② (이성에게) 구애하다 4급

+ 求 qiú(구할 구)

zhuī

---

387 ▶ **曲典** – 曲으로 된 한자
곡 전

대바구니의 굽은 모양을 본떠서 굽을 곡(qū)
또 굽은 듯 올라가고 내려가는 가락의 노래니 노래 곡(qǔ)

歌曲 gēqǔ 노래, 가곡 5급

+ 歌 gē(노래 가)

qū/qǔ

구부러진(曲) 것도 종류별로 나누어(八) 법으로 만든 책이니
법 전, 책 전
또 법으로 물건을 전당 잡히니 전당 잡힐 전

+ 曲[曲 qū/qǔ(굽을 곡, 노래 곡)의 변형], 八 bā(여덟 팔, 나눌 팔)

典型 diǎnxíng 전형, 본보기, 유형 4급

经典 jīngdiǎn ① 경전 ② 사상·행동의 표준이 되는 권위 있는 저작 4급

典礼 diǎnlǐ 의식, 행사 5급

辞典 cídiǎn 사전[=词典 cídiǎn] 5급

+ 型 xíng(틀 형, 모양 형), 经 jīng(經: 지날 경, 날실 경, 경험할 경, 경영할
경), 礼 lǐ(禮: 예도 례), 辞 cí(辭: 말씀 사, 글 사, 물러날 사)

diǎn

참고자

yì

이리저리 베어 다스리는 모양이 어지니

벨 예, 다스릴 예, 어질 예

5급

shā

(殺)

베어(乂) 나무(木)를 죽이거나 감하니 죽일 살, 감할 쇄

[번체] 殺 – 베고(乂) 찍고(ヽ) 나무(木)로 쳐서(殳) 죽여 빨리 감하니
'죽일 살, 빠를 쇄, 감할 쇄'
+ 감(減 jiǎn)하다 – 적어지다, 줄다, 줄이다
+ ヽ zhǔ('점 주, 불똥 주'지만 여기서는 찍는 모양으로 봄), 殳 shū(칠 수, 창 수, 몽둥이 수)

杀毒 shādú ① 소독하다 ② 컴퓨터 바이러스를 제거하다 5급

自杀 zìshā 자살(하다)[= 自尽 zìjìn, ↔ 他杀 tāshā] 6급

+ 毒 dú(독할 독), 自 zì(자기 자, 스스로 자, 부터 자)

4급

xiōng

몸(月)의 흉한(凶) 부분을 감싼(勹) 가슴이니 가슴 흉

+ 凶 xiōng – 움푹 파이고(凵) 베인(乂) 모양이 흉하니 '흉할 흉'
+ 가슴은 간, 심장, 허파 등 중요한 장기를 감싸 보호하지요
+ 月 yuè(달 월, 육 달 월), 勹 bāo(쌀 포), 凵 kǎn/qiǎn('입 벌릴 감, 그릇 감'이 지만 여기서는 움푹 파인 모양)

胸部 xiōngbù 흉부, 가슴 4급

+ 部 bù(나눌 부, 마을 부, 거느릴 부)

3급

fù

사람이 알아야 할 것을 조목조목 나누어(八) 어질게(乂) 가르치 는 아버지니 아버지 부

父母 fùmǔ 부모 3급

父亲 fùqīn 부친, 아버지 3급

+ 母 mǔ(어머니 모), 亲 qīn(親: 어버이 친, 친할 친)

1급

yé
爺

아버지(父)나 **병부**(卩)처럼 믿음이 가는 할아버지나 아저씨니
할아버지 **야**, 아저씨 **야**

[번체] 爺 – 아버지(父)나 할아버지처럼 대해야 할 분께 어조사(耶)를 붙여서
　　　 '아버지 야, 할아버지 야'
＋ '아저씨, 선생님, 영감님'처럼 연장자나 나이 든 남자에 대한 경칭으로도 쓰입
니다.
＋ 병부(兵符 bīngfú) – 옛날 중국에서 군대를 지휘하거나 병력을 사용하는 데
　　　　　　　　　　　사용된 신호 – 제목번호 237 卩의 주 참고
＋ 卩(병부 절, 무릎 꿇을 절, = 㔾), 耶 yē(어조사 야), 兵 bīng(군사 병), 符
　 fú(부절 부, 부호 부, 들어맞을 부)

爺爺 yéye ① 할아버지, 조부 ② 할아버지뻘 되는 남자를 부르는 호칭 **1급**
大爺 dàyé ① 하인이 주인을 높여 이르는 말 ② 돈과 권세 있는 사람을 높여 이
르는 말 **4급**

1급

bà

아버지(父)께 무엇을 **바란**(巴) 듯 예쁘게 불러서 아버지 **파**

＋ 巴 bā(뱀 파, 꼬리 파, 바랄 파) – 제목번호 082 참고

爸爸 bàba 아빠, 아버지 **1급**

[꿀TIP] 공식적인 장소에서 격식을 갖추어 말할 때에는 父亲 fùqīn을 사용합니다.

---

389 ▶ **义议** – 义로 된 한자
　　　　　의 의

3급

yì
義

한 **점**(丶) 부끄럼 없도록 **어질게**(乂) 처리함이 옳고 의로우니
옳을 **의**, 의로울 **의**

[번체] 義 – 양(羊)처럼 내(我)가 행동함이 옳고 의로우니 '옳을 의, 의로울 의'
＋ 무슨 일이나 순한 양처럼 행동하면 옳고 의롭지요.
＋ 丶 zhǔ(점 주, 불똥 주), 乂[羊 yáng(양 양)의 변형], 我 wǒ(나 아)

意义 yìyì ① 의미, 뜻 ② 의의, 가치 **3급**
含义 hányì 내포된 뜻, 담긴 의미 **4급**
义务 yìwù ① 의무, 책임 ② 무보수의[↔ 权利 quánlì] **4급**
＋ 意 yì(뜻 의), 含 hán(함: 머금을 함), 务 wù(務: 일 무, 힘쓸 무)

(좋은 결론을 위해) **말(讠)**로 **의롭게(义)** 의논하니 의논할 의

yì

+ 讠 yán[言(말씀 언 변)의 간체자]

建议 jiànyì ① 제안하다, 건의하다 ② 제안, 건의안 3급

议论 yìlùn ① 의논하다 ② 의견[≒ 讨论 tǎolùn] 4급

协议 xiéyì ① 협의 ② 협의하다 5급

协议书 xiéyìshū 합의서, 협의서 5급

+ 建 jiàn(세울 건, 제안할 건), 论 lùn(論: 논할 론, 평할 론), 协 xié(協: 도울 협), 书 shū(書: 쓸 서, 글 서, 책 서)

交校较饺胶咬 郊效 - 交로 된 한자
교 교 교 교 교 교 교 효

2급

交

jiāo

머리(亠)에 갓을 쓰고 **아버지(父)**는 사람을 사귀거나 오고 갔으니 **사귈 교, 오고 갈 교**

+ 亠 tóu(머리 부분 두), 父 fù(아버지 부)
+ 어른들은 옷을 제대로 입고 격식을 갖추어 사람을 만나거나 오고 가지요.

交朋友 jiāo péngyou 동무를 사귀다, 친구와 교제하다 2급

交费 jiāofèi 비용을 내다 3급

交警 jiāojǐng 교통경찰[= 交通警察 jiāotōng jǐngchá] 3급

交流 jiāoliú ① 교류하다 ② (동시에) 흐르다[≒ 交换 jiāohuàn] 3급

交往 jiāowǎng ① 왕래하다 ② 교제, 왕래[≒ 来往 láiwǎng] 3급

交际 jiāojì 교제하다 4급

成交 chéngjiāo 거래가 성립하다 5급

+ 朋 péng(벗 붕, 무리 붕), 友 yǒu(벗 우), 费 fèi(費: 쓸 비, 비용 비), 警 jǐng(경계할 경), 流 liú(흐를 류, 번져 퍼질 류), 往 wǎng(갈 왕), 际 jì(際: 경계 제, 때 제, 사귈 제), 成 chéng(이룰 성)

校

xiào/jiào

나무(木)에 지주를 **교차**(交)시켜 바로잡듯이 사람을 바르게
가르치는 학교나 장교니 학교 교, 장교 교(xiào)
또 **나무**(木)에 지주를 **교차**(交)시켜 바로잡듯이 글을 교정보니
교정볼 교(jiào)

学校 xuéxiào 학교 1급
校园 xiàoyuán 교정, 캠퍼스 2급
校长 xiàozhǎng 학교장 2급
校正 jiàozhèng 교정하다, 검토하여 바로잡다[≒ 校订 jiàodìng, 校对 jiàoduì]
참고어

+ 学 xué(學: 배울 학), 园 yuán(園: 동산 원, 밭 원), 长 cháng/zhǎng(長: 길
　장, 자랄 장, 어른 장), 正 zhèng(바를 정, 딱 정, 바로 정, 정월 정)

较

jiào

차(车)를 **오고 가며**(交) 타보고 다른 차와 비교하니 비교할 교

+ 车 chē(車: 수레 거, 차 차)

比较 bǐjiào 비교하다 3급

+ 比 bǐ(나란할 비, 견줄 비)

饺

餃

jiǎo

음식(饣) 중 서로 **사귀듯**(交) 속이 든 만두니 만두 교

+ 다진 고기, 채소 따위로 만든 소를 넣고 길쭉한 반달 모양으로 빚은 만두
+ 속이 들어 있지 않은 '만두, 찐빵'은 중국어로 馒头 mántou라고 합니다.
+ 饣 shí[食(밥 식, 먹을 식 변)의 간체자], 馒 mán(饅: 만두 만), 头 tóu/tou
　(頭: 머리 두, 우두머리 두, 접미사 두)

餃子 jiǎozi 만두[속이 들어 있는 만두] 2급

+ 子 zǐ/zi(아들 자, 첫째 지지 자, 자네 자, 접미사 자)

胶

膠

jiāo

죽은 동물의 몸(月)을 **섞어**(交) 고아 만든 아교니 아교 교

번체 膠 – 죽은 동물의 몸(月)을 높은(翏) 온도로 고아 만든 아교니 '아교 교'
+ 翏 liù – 새 깃(羽)처럼 사람(人)의 머리털(彡)이 높이 나니 '높이 날 료'
+ 아교(皮胶 píjiāo) – 가죽이나 나무를 붙이는 풀
+ 月 yuè(달 월, 육 달 월), 羽 yǔ(羽: 날개 우, 깃 우), 彡 shān(터럭 삼, 긴머
　리 삼),

胶带 jiāodài ① (접착용) 테이프 ② 카세트테이프 5급
胶水 jiāoshuǐ 풀 5급

+ 带 dài(帶: 찰 대, 띠 대), 漆 qī(옻 칠)

5급

咬

齩

yǎo

입(口)으로 **사귀듯**(交) 이로 무니 물 교

번체 齩 – 이(齒)을 교차하여(交) 무니 '물 교'

+ 齿 chǐ(齒: 이 치, 나이 치)

5급

郊

jiāo

사귀듯(交) **고을**(⻏)에 붙어있는 들이나 교외니 들 교, 교외 교

+ ⻏ yì(고을 읍 방)

郊区 **jiāoqū** (도시의) 변두리[市区 shìqū와 구별됨] 5급

+ 区 qū(區: 나눌 구, 구역 구)

3급

效

xiào

좋은 분과 **사귀어**(交) 자신을 **치며**(攵) 본받으면 있는 효험이니 본받을 효, 효험 효

+ 攵 pō(칠 복, = 攴)

效果 **xiàoguǒ** 효과[≒ 成效 chéngxiào] 3급

有效 **yǒuxiào** 유효하다, 효력이 있다[↔ 无效 wúxiào] 3급

效率 **xiàolǜ** 능률, 효율 4급

成效 **chéngxiào** 효능, 효과 5급

+ 果 guǒ(과일 과, 결과 과), 率 lǜ/shuài(비율 률, 거느릴 솔, 솔직할 솔), 成 chéng(이룰 성)

1급

文
wén

머릿(亠)속의 지혜로 **어질게(乂)** 지은 글이니 글 문
또 글을 익혀 깨치는 문명이나 문화니 문명 문, 문화 문

+ 亠 tóu(머리 부분 두), 乂 yì(벨 예, 다스릴 예, 어질 예)

课文 kèwén 본문 1급

中文 Zhōngwén 중국의 언어와 문자 1급

作文 zuòwén ① 글을 짓다 ② 작문, 글 2급

文化 wénhuà ① 문화 ② 교양, 지식 3급

文明 wénmíng ① 문명 ② 문명화된 ③ 교양이 있다 3급

文学 wénxué 문학 3급

天文 tiānwén 천문, 천문학 5급

꿀TIP 중국어의 文化에는 '문화'라는 뜻 이외에도 사람들이 갖추어야 할 상식, 교양 혹은 학력 등의 의미도 포함되어 있어서, 没有文化 méiyǒu wénhuà라고 하면, '배운 게 없다, 교양이 없다, 문화가 없다' 가운데 어떤 의미로 쓰였는지는 듣는 이가 판단해야 합니다.

+ 课 kè(課: 조목 과, 과목 과), 作 zuò(지을 작), 化 huà(될 화, 변화할 화, 가르칠 화), 明 míng(밝을 명), 学 xué(學: 배울 학), 天 tiān(天: 하늘 천), 没 méi(沒: 빠질 몰, 다할 몰, 없을 몰), 有 yǒu(가질 유, 있을 유)

1급

这
zhè
這

글(文) 중 어디를 가(辶)면서도 읽을 정도로 재미있는 이것이니
이 저, 이것 저

번체 這 - 말(言)로 가면서(辶) 일컫는 이것이니 '이 저, 이것 저'
+ 辶 chuò(뛸 착, 갈 착), 言 yán(말씀 언)

这边 zhèbiān 여기, 이곳, 이쪽[↔ 那边 nàbiān] 1급

这里 zhèlǐ 이곳, 여기[↔ 那里 nàlǐ] 1급

这儿 zhèr ① 여기, 이곳 ② 지금, 이제, 이때[오로지 打 dǎ, 从 cóng, 由 yóu 뒤에만 쓰임] 1급

这些 zhèxiē 이것들, 이들[가까이 있는 둘 이상의 사람이나 사물을 가리킴][↔ 那些 nàxiē] 1급

这么 zhème ① 이러한 ② 이쪽 ③ 수량사와 연용하여 수·양이 적음을 강조함 2급

这样 zhèyàng 이렇다, 이렇게 2급

+ 边 biān(邊: 가 변), 里 lǐ(마을 리, 거리 리, 裏: 속 리), 些 xiē(약간 사, 적을 사), 么 me(麼: 작을 마, 어조사 마), 样 yàng(樣: 모양 양)

齐
qí

济
jì

挤
jǐ

3급

잘 써 놓은 글(文)처럼 **이쪽저쪽**(丿丨)이 가지런하니
가지런할 제

[번체] 齊 – 벼 이삭이 패서 가지런한 모양을 본떠서 '가지런할 제'
整齐 zhěngqí ① 정연하다, 단정하다 ② 가지런히 하다 3급
齐全 qíquán 완전히 갖추다[≒ 齐备 qíbèi] 5급
✚ 整 zhěng(가지런할 정, 완전할 정, 온전할 정), 全 quán(全: 온전할 전)

물(氵)을 **가지런히**(齐) 다스려 건너거나 빠진 사람을 구제하니
건널 제, 구제할 제

经济 jīngjì 경제, 경제 활동 3급
✚ 经 jīng(經: 지날 경, 날실 경, 경험할 경, 경영할 경)

손(扌)으로 **가지런하도록**(齐) 밀쳐 빽빽하니
밀칠 제, 빽빽할 제

4급

hui

匯

물(氵)이 상자(匚)처럼 파인 곳에 고인 듯 모인 무리니

모일 휘, 무리 휘

또 모아 바꾸는 환이니 환 회

[번체] 匯 – 상자(匚)처럼 파인 곳에 물(氵)이 새(隹) 떼처럼 모인 무리니
　　　　'모일 휘, 무리 휘'
　　　　또 모아 바꾸는 환이니 '환 회'

＋ 환(換 huàn) – ① 멀리 있는 채권자에게 현금 대신에 어음, 수표, 증서 따위
　　　　를 보내어 결제하는 방식. 우편환 · 은행환 · 전신환, 내국환 ·
　　　　외국환 따위가 있음 ② 돈표(현금으로 바꿀 수 있는 표)

＋ 匚 fāng(상자 방), 隹 zhuī(새 추), 換 huàn(換: 바꿀 환)

汇报 huìbào (상황이나 관련 자료를) 종합하여 보고하다 4급

汇率 huìlǜ 환율[= 汇价 huìjià] 4급

词汇 cíhuì 어휘, 용어 4급

外汇 wàihuì 외화, 외환 4급

汇款 huìkuǎn 송금하다 5급

＋ 报 bào(報: 알릴 보, 갚을 보, 신문 보), 率 lǜ/shuài(비율 률, 거느릴 솔, 솔
직할 솔), 词 cí(詞: 말 사, 글 사), 外 wài(밖 외), 款 kuǎn(정성 관, 조목 관,
기록 관)

5급

pǐ

감싸주는(匚) 어진 사람(儿)이 진정한 짝이니 짝 필

또 (한 필 두 필 하고) 하나씩 천(베)이나 말을 세는 단위니

하나 필, 단위 필

＋ 匚(감출 혜, 덮을 혜, = 匸), 匚 fāng(상자 방)은 모나게 쓴 한자, 匸(감출 혜,
덮을 혜)는 모가 좀 덜 난 것이라고 하지만 잘 구분되지 않아 적절한 것을 골
라 어원을 풀었습니다.

3급

qū

區

상자(匚)에 든 물건을 베어(乂) 나누니 나눌 구

또 나눠 놓은 구역이니 구역 구

[번체] 區 – 감추려고(匸) 물건(品)을 나누니 '나눌 구',
　　　　또 나눠 놓은 구역이니 '구역 구'

＋ 品 pǐn(물건 품, 등급 품, 품위 품, 품평할 품)

区别 qūbié ① 구별(하다) ② 구별 3급

地区 dìqū 지구, 지역 3급

山区 shānqū 산악 지구 5급

＋ 别 bié(나눌 별, 다를 별), 地 dì(땅 지)

4급

怒

恼

nǎo

어떤 **생각(忄)**이 **정수리(囟)**에 계속 떠올라 괴로워하니

괴로워할 뇌

[번체] 惱 – 어떤 생각(忄)이 냇물(巛)처럼 정수리(囟)에 계속 흘러 괴로워하니
'괴로워할 뇌'

➔ 정수리(头顶 tóudǐng) – 머리 위에 있는 자리

➔ 囟[囟 xìn(정수리 신)의 변형], 巛 chuān(개미허리 천)

1급

脑

腦

nǎo

몸(月)의 **정수리(囟)** 속에 들어 있는 뇌니 뇌 뇌

[번체] 腦 – 몸(月)에서 흐르는 냇물(巛)처럼 쉴 새 없이 생각하는 정수리(囟)의
뇌니 '뇌 뇌'

电脑 diànnǎo 컴퓨터 1급

头脑 tóunǎo ① 두뇌, 머리, 사고력 ② 우두머리 3급

脑袋 nǎodai ① 머리(통) ② 두뇌, 지능 4급

脑子 nǎozi ① 뇌(수), 머릿골 ② 두뇌 ③ 기억력 5급

大脑 dànǎo 대뇌 5급

➔ 电 diàn(電: 번개 전, 전기 전), 头 tóu/tou(頭: 머리 두, 우두머리 두, 접미
사 두), 袋 dài(자루 대)

2급

离

離

lí

머리(亠) 흉한(凶) 짐승처럼 **성(冂)** 같은 발자국을 남기고
사사로이(厶) 헤어지니 헤어질 리

[번체] 離 – 헤어지는(离) 새(隹)처럼 기약 없이 헤어지니 '헤어질 리'

➔ 亠 tóu (머리 부분 두), 凶 xiōng(흉할 흉), 冂 jiōng(멀 경, 성 경), 厶 sī/
mǒu(사사로울 사, 나 사), 隹 zhuī(새 추)

离开 líkāi 떠나다, 벗어나다[≒ 脱离 tuōlí] 2급

离婚 líhūn 이혼(하다) 3급

离不开 líbukāi 떨어질 수 없다, 그만둘 수 없다[↔ 离得开 lídekāi] 4급

分离 fēnlí ① 분리(하다) ② 헤어지다 5급

➔ 开 kāi(開: 열 개, 시작할 개, 끓을 개), 婚 hūn(결혼할 혼), 分 fēn/fèn(나눌
분, 단위 분, 단위 푼, 신분 분, 분별할 분, 분수 분, 점수 분, 성분 분)

5급

옥(王) 성분을 헤어지게(离) 뽑아 만든 유리니 유리 리

+ 王 wáng(임금 왕, 으뜸 왕, 구슬 옥 변)

玻璃 bōli ① 유리 ② 유리 모양의 물건 5급

+ 玻 bō(유리 파)

lí

---

394 ▶ **丁灯打 订顶宁厅** – 丁으로 된 한자
정 등 타 정 정 녕 청

7-9급

고무래를 본떠서 고무래 정, 넷째 천간 정
또 고무래처럼 튼튼한 장정도 가리켜서 장정 정 (dīng)
또 쩡쩡의 의성어로도 쓰여 쩡쩡 정 (zhēng)

+ 고무래 – 곡식을 말릴 때 넓게 펴서 고르는 도구로, 단단한 나무로 튼튼하게
  만듦

dīng/zhēng

2급

불(火)을 고무래(丁) 같은 등잔 위에 켜놓은 등불이니 등불 등

[번체] 燈 – 불(火)을 높이 올려(登) 켜놓은 등불이니 '등불 등'
+ 登 dēng(오를 등, 기재할 등)

电灯 diàndēng 전등, 백열등 4급

灯光 dēngguāng ① 불빛[= 灯亮儿 dēngliàngr] ② 광도, 럭스 ③ 조명 4급

꿀TIP 중국어에서 电灯 diàndēng은 대개 전구를 지칭합니다.
+ 电 diàn(電: 번개 전, 전기 전), 光 guāng(빛 광, 영광 광)

燈

dēng

dǎ/dá

손(扌)에 **고무래**(丁) 같은 도구를 들고 치며 공격하니

칠 **타**, 공격할 **타**

또 치듯 앞에 붙여 무엇을 함을 나타내는 어조사니

할 **타**, 어조사 **타**(dǎ)

또 물품 12개를 나타내는 양사로도 쓰여 다스 **타**(dá)

✦ 2성으로 발음하면 '다스'로, 물품 12개를 한 묶음으로 하여 셀 때의 단위를 뜻합니다.

打开 dǎkāi ① 열다, 펼치다, 풀다 ② 타개하다 ③ 두들겨 쪼개다(깨다) 1급

打球 dǎqiú ① (핸드볼에서) 공격자의 볼을 치는 수비 ② 공을 치다 1급

打工 dǎgōng 일하다 2급

打算 dǎsuàn ① ~할 생각이다 ② 생각, 계획 2급

打扫 dǎsǎo 쓸다, 청소하다 4급

打败 dǎbài ① 쳐서 물리치다 ② (전쟁이나 경기에서) 지다[= 打输 dǎshū] 4급

打击 dǎjī 치다, 때리다 5급

✦ 开 kāi(開: 열 개, 시작할 개, 끓을 개), 球 qiú(둥글 구, 공 구), 工 gōng(일꾼 공, 일할 공, 연장 공), 算 suàn(셈할 산), 扫 sǎo(掃: 쓸 소), 败 bài(敗: 패할 패), 击 jī(擊: 칠 격)

---

dìng

말(讠)을 **고무래**(丁)로 곡식을 펴듯 바로잡으니 바로잡을 **정**

또 바로잡아 정하고 예약하니 정할 **정**, 예약할 **정**

✦ 讠 yán[言(말씀 언 변)의 간체자]

预订 yùdìng 예약하다, 예매하다 4급

签订 qiāndìng (조약을) 체결하다[= 签定 qiāndìng, 缔结 dìjié] 5급

✦ 预 yù(預: 미리 예, 맡길 예, 참여할 예), 签 qiān(簽, 籤: 제비 첨, 쪽지 첨, 적을 첨)

---

dǐng

고무래(丁)처럼 약간 들어간 **머리**(页)의 정수리니 정수리 **정**

또 정수리 있는 머리 꼭대기니 꼭대기 **정**

✦ 정수리(头顶 tóudǐng) – 머리 위에 있는 자리

✦ 头 tóu/tou(頭: 머리 두, 우두머리 두, 접미사 두)

宁

寧

ning/nìng

집(宀)에 머무는 **장정(丁)**처럼 편안하니 편안할 녕 (níng)
또 어찌 편안히만 있겠냐며 차라리 무엇이라도 하겠다는 데서

어찌 녕, 차라리 녕 (nìng)

[번체] 寧 – 집(宀)에서 마음껏(心) 그릇(皿)에 음식을 담아 먹는 장정(丁)처럼
편안하니 '편안할 녕'
또 어찌 편안히만 있겠냐며 차라리 무엇이라도 하겠다는 데서
'어찌 녕, 차라리 녕'

+ 宀 mián(집 면), 皿 mǐn(그릇 명)

宁静 níngjìng (환경·마음 따위가) 편안하다 4급

+ 静 jìng(靜: 고요할 정)

厅

廳

tīng

헛간(厂)처럼 넓게 지어 **장정(丁)**들이 일하는 관청이니 관청 청

[번체] 廳 – 집(广) 중 백성들의 의견을 들어주는(聽) 관청이니 '관청 청'

+ 厂 chǎng(굴 바위 엄, 언덕 엄, 廠: 헛간 창, 공장 창), 广 guǎng(집 엄, 廣:
넓을 광, 많을 광), 聽(들을 청: 听 tīng)

餐厅 cāntīng 식당 5급

大厅 dàtīng ① 대청, 홀 ② 법정 5급

客厅 kètīng 객실, 응접실 5급

+ 餐 cān(먹을 찬, 밥 찬), 客 kè(손님 객)

---

395 > 可 哥歌 – 可와 哥로 된 한자
　　　가　가 가

可

kě

장정(丁)처럼 씩씩하게 **말할(口)** 수 있는 것은 옳으니 옳을 가
또 옳으면 가히 허락하니 가히 가, 허락할 가

+ 口 kǒu(입 구, 말할 구, 구멍 구)

可爱 kě'ài 사랑스럽다, 귀엽다 2급

可是 kěshì ① 그러나 ② 아무래도 2급

可以 kěyǐ ① ~할 수 있다 ② ~해도 좋다 ③ ~할 가치가 있다 2급

许可 xǔkě 허가하다[≒ 允许 yǔnxǔ, 容许 róngxǔ] 5급

+ 爱 ài(愛: 사랑 애, 즐길 애, 아낄 애), 是 shì(옳을 시, 이 시, ~이다 시), 以
yǐ(써 이), 许 xǔ(許: 허락할 허)

gē

옳다(可) 옳다(可) 하듯 따라야 할 형이나 오빠니

형 가, 오빠 가

✦ 같은 항렬의 친척 중 나이가 많은 남자나 같은 또래의 남자에 대한 존칭으로 쓰입니다. 중국어로는 형이나 오빠를 둘 다 哥哥 gége라고 하지요.

哥哥 gēge 형, 오빠 `1급`

大哥 dàgē ① 큰형 ② 형님[연배가 높은 남자에 대한 존칭] `4급`

帅哥 shuàigē ① 잘생긴 남자를 부르거나 이르는 말 ② 남자에 대한 호칭 `4급`

`꿀TIP` 집안에는 堂哥 tánggē (사촌 형이나 사촌 오빠)처럼 堂 táng을 붙이고, 외가에는 表哥 biǎogē (외사촌 형이나 외사촌 오빠)처럼 表 biǎo를 붙입니다.

✦ 帅 shuài(帥: 장수 수, 멋있을 수), 堂 táng(집 당, 당당할 당), 表 biǎo(겉 표, 錶: 시계 표)

---

gē

옳다(可) 옳다(可) 하며 **하품하듯(欠)** 입 벌리고 부르는 노래니

노래 가

✦ 欠 qiàn(하품 흠, 모자랄 흠)

歌迷 gēmí 노래 애호가 `3급`

歌声 gēshēng 노랫소리 `3급`

歌手 gēshǒu ① 가수 ② 노래를 잘 부르는 사람 `3급`

诗歌 shīgē 시, 시가 `5급`

✦ 迷 mí(헷갈릴 미, 매혹될 미), 声 shēng(聲: 소리 성), 手 shǒu(손 수, 재주 수, 재주 있는 사람 수), 诗 shī(詩: 글 시)

[3급]

何

hé

사람(亻)이 **옳은**(可) 일만 하는데 무엇을 어찌하겠는가에서
무엇 **하**, 어찌 하

任何 rènhé 어떠한, 무슨[주로 都(dōu)와 호응하여 쓰임] [3급]
如何 rúhé ① 어떠한가 ② 어찌하면 ③ 왜, 어째서 [3급]
+ 任 rèn(맡을 임), 如 rú(같을 여)

[2급]

河

hé

물(氵)이 **가히**(可) 틀을 잡고 흘러가는 내나 강이니 내 **하**, 강 하

[4급]

阿

ē/ā

언덕(阝)에 오를 때처럼 허리 굽히고 **옳다고만**(可) 하며 아첨하니
아첨할 **아**, 언덕 **아** (ē)
또 (앞에 붙어) 아첨하듯 친밀함을 나타내는 어조사니
어조사 **아** (ā)

+ 阝 fù(언덕 부 변)
阿姨 āyí ① 아주머니 ② 이모 ③ 유아원 혹은 유치원의 보육 교사 [4급]
+ 姨 yí(이모 이)

[4급]

啊

ā/á/ǎ/à/a

입(口)으로 말할 때 **아**(阿)! 하고 소리 내는 어조사니 어조사 **아**

+ 啊는 문장 끝에 쓰여 다양한 성조로 '놀람 · 감탄 · 가벼운 긍정 · 반문 · 대답'
등의 뜻을 나타냅니다.

3급

奇

qí/jī

크게(大) 옳으면(可) 기이하니 기이할 기(qí)
또 기이하게 남은 홀수나 우수리니 홀수 기, 우수리 기(jī)

+ 우수리(剩余 shèngyú) – 일정한 수나 수량에 차고 남는 수나 수량
+ 剩 shèng(남을 잉), 余 yú(나 여, 餘: 남을 여)

奇怪 qíguài 기이하다, 이상하다 3급
好奇 hàoqí 호기심을 갖다, 궁금하게 생각하다 3급
神奇 shénqí 신기하다 5급

+ 怪 qí(괴이할 괴), 好 hǎo(좋을 호, 좋아할 호), 神 shén(神: 귀신 신, 신비할 신, 정신 신)

2급

骑 (騎)

qí

말(马)을 기이하게(奇) 두 다리 벌리고 올라타니 올라탈 기
또 말 타듯이 걸터앉으니 걸터앉을 기

+ 말·소·낙타·자전거·오토바이 등과 같이 두 다리를 벌려서 탈 때는 동사 '骑 qí'를, 자동차·배·비행기 등의 교통수단에는 '坐 zuò'를 사용합니다.

骑车 qíchē 자전거를 타다 2급

+ 车 chē(車: 수레 거, 차 차)

2급

椅

yǐ

나무(木)를 기이하게(奇) 구부려 만든 의자니 의자 의

椅子 yǐzi 의자 2급
轮椅 lúnyǐ 휠체어 4급

+ 轮 lún(輪: 바퀴 륜, 배 륜)

4급

寄

jì

집(宀)에 기이하게(奇) 붙어사니 붙어살 기
또 붙어살도록 부치니 부칠 기

+ 宀 mián(집 면)

2급

sī

허리 구부리고(ㄱ) 한(一) 사람의 입(口)에서 나온 명령을 맡으니
맡을 **사**

司机 sījī 운전사, 기관사, 조종사 2급

公司 gōngsī 회사, 직장 2급

+ 公司는 공기업에만 쓰는 우리나라와 달리, 중국에서는 개인기업, 주식회사 등의 사기업을 가리키는 경우가 많습니다.

+ 机 jī(機: 기계 기, 비행기 기, 기능 기, 기회 기), 公 gōng(공평할 공, 국가 공, 대중 공, 세계 공통 공, 존칭 공)

2급

cí

詞

말(讠)을 맡아서(司) 하는 말이나 쓰는 글이니 말 사, 글 사

+ 큰 모임이나 단체에는 말을 맡아서 발표하는 대변인이 있지요.

+ 讠 yán[言(말씀 언 변)의 간체자]

词典 cídiǎn 사전 2급

词语 cíyǔ 단어와 어구, 어휘, 글자 2급

生词 shēngcí 새로 생긴 낱말 2급

词汇 cíhuì 어휘, 용어 4급

+ 사전(词典)은 또한 '辞典 cídiǎn'이라고도 쓰며, 어휘를 수집하여 일정한 순서로 배열하고 설명을 추가하여 사람들이 조회하고 참조할 수 있도록 하는 참고서로, 언어 사전, 전문 사전, 종합 사전으로 나뉩니다.

+ 典 diǎn(법 전, 책 전), 语 yǔ(語: 말씀 어), 汇 huì(滙: 무리 휘, 모일 휘), 辞 cí(辭: 말씀 사, 글 사, 물러날 사)

2급

chéng

무성하게(戊), 즉 힘차게 장정(ㄱ)처럼 일하여 이루니
이룰 성

+ 戊 wù – 초목(丿)이 창(戈)처럼 자라 무성하니 '무성할 무, 다섯째 천간 무'
+ ㄱ[丁 dīng/zhēng(고무래 정, 넷째 천간 정, 장정 정, 쩡쩡 정)의 변형]

成为 chéngwéi ~이(가) 되다, ~(으)로 되다 2급
完成 wánchéng 완성하다 2급
成长 chéngzhǎng 성장하다, 발전하다 3급
建成 jiànchéng ① 건설하다 ② (건축물을) 완성하다[= 落成 luòchéng] ③ 확립하다 3급
成人 chéngrén ① 성인 ② 어른이 되다 4급
成本 chéngběn 원가, 자본금 5급
分成 fēnchéng 나누다 5급
制成 zhìchéng 완성하다, 만들어 내다 5급

+ 为 wèi(爲: 할 위, 위할 위), 完 wán(완전할 완), 长 cháng/zhǎng(長: 길 장, 자랄 장, 어른 장), 建 jiàn(세울 건, 제안할 건), 本 běn(뿌리 본, 근본 본, 책 본, 판 본), 制 zhì(제도 제, 억제할 제, 製: 지을 제)

3급

chéng

흙(土)을 쌓아 이룬(成) 성이니 성 성

城市 chéngshì 도시[↔ 乡村 xiāngcūn] 3급
长城 Chángchéng '만리장성'의 줄임말 3급
城里 chénglǐ 시내 5급

+ 市 shì(시장 시, 시내 시), 长 cháng/zhǎng(長: 길 장, 자랄 장, 어른 장), 里 lǐ/li(마을 리, 거리 리, 裏: 속 리)

4급

誠

chéng

말(讠)한 대로 이루려고(成) 들이는 정성이니 정성 성

诚实 chéngshí 진실하다, 성실하다[≒ 老实 lǎoshi, 忠实 zhōngshí] 4급
真诚 zhēnchéng 진실하다, 성실하다[↔ 虚伪 xūwěi, 虚假 xūjiǎ, 伪善 wěishàn] 5급

+ 实 shí(實: 열매 실, 실제 실), 真 zhēn(眞: 참 진)

4급

咸
鹹
xián

개(戌)는 한 마리만 짖어도(口) 다 짖으니 다 함
또 다 소금으로 만든 듯 짜니 **짤 함**

[번체] 鹹 – 소금(鹵)으로만 다한(咸) 듯 짜니 '짤 함'
＋ 戌 xū – 무성하던(戊) 잎 하나(一)까지 떨어지는 구월이니 '구월 술'
　　　　또 무성하게(戊) 하나(一)같이 짖는 개니 '개 술'
　　　　또 개는 열한 번째 지지니 '열한 번째 지지 술'
＋ 鹵 – 소금밭을 본떠서 '소금 로, 소금밭 로'
＋ 鹹(짤 함)의 획수가 많기 때문에 중국 한자(간체자)에서는 같은 발음인 '咸'으로 사용하지요.

2급

喊
hǎn

입(口)을 다(咸) 벌려 고함지르니
고함지를 함

2급

减
jiǎn

얼음(冫)이 다(咸) 녹은 것처럼 부피가 줄어드니
줄어들 감

＋ 冫 bīng(이 수 변)
减肥 jiǎnféi 살을 빼다, 체중을 줄이다 [4급]
减少 jiǎnshǎo 감소하다, 줄다, 줄이다[↔ 增加 zēngjiɑ, 增多 zēngduō] [4급]
减轻 jiǎnqīng 덜다, 가볍게 하다 [5급]
＋ 肥 féi(살찔 비), 少 shǎo(적을 소, 젊을 소), 轻 qīng(輕: 가벼울 경)

2급

感
gǎn

정성을 다해(咸) 마음(心) 쓰면 느끼고 감동하니
느낄 감, 감동할 감

＋ 정성을 다하면 느껴서 감동하고, 감동하면 영원히 잊지 못하지요. 그러니 영원하려면 감동을 주어야 하고, 감동을 주려면 정성을 다해야 합니다.
感到 gǎndào 느끼다, 생각하다[= 觉得 juéde] [2급]
感动 gǎndòng ① 감동하다, 감동되다 ② 감동시키다 [2급]
感觉 gǎnjué ① 감각 ② 느끼다 ③ 생각하다 [2급]
感情 gǎnqíng ① 감정 ② 정[≒ 情感 qínggǎn] [3급]
情感 qínggǎn 정감, 감정, 느낌 [3급]
＋ 到 dào(이를 도, 주도면밀할 도), 动 dòng(動: 움직일 동), 觉 jué(覺: 깨달을 각, 잠 교), 情 qíng(情: 뜻 정, 정 정, 형편 정)

찾아보기

한자 독음으로 찾아보기

ㄴ

(뒤의 숫자는 제목번호)
찾아보기

525

(뒤의 숫자는 제목번호) 찾아보기

한어 병음으로 찾아보기

뒤의 숫자는 제목번호
찾아보기

(뒤의 숫자는 제목번호) 찾아보기

(뒤의 숫자는 제목번호)
찾아보기

554

(뒤의 숫자는 제목번호)
찾아보기

555

(뒤의 숫자는 제목번호)

찾아보기

좋은 책을 만드는 길, 독자님과 함께 하겠습니다.

중국어 한자암기박사 1 기초학습
- 읽으면 저절로 외워지는 기적의 암기공식

개정1판1쇄 발행	2024년 07월 25일 (인쇄 2024년 06월 25일)
초 판 발 행	2017년 01월 25일 (인쇄 2016년 11월 17일)
발 행 인	박영일
책 임 편 집	이해욱
저 자	박원길 · 박정서
편 집 진 행	신명숙
표지디자인	김지수
편집디자인	신지연 · 채현주
발 행 처	(주)시대고시기획
출 판 등 록	제10-1521호
주 소	서울시 마포구 큰우물로 75 [도화동 538 성지 B/D] 9F
전 화	1600-3600
팩 스	02-701-8823
홈 페 이 지	www.sdedu.co.kr

I S B N	979-11-383-7368-5(13720)
정 가	23,000원

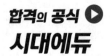